北京统计年鉴

BEIJING STATISTICAL YEARBOOK

2003

北京市统计局编

COMPILED BY BEIJING

MUNICIPAL BUREAU OF STATISTICS

（京）新登字041号

图书在版编目（CIP）数据

北京统计年鉴.2003/北京市统计局编.－北京：中国统计出版社，2003.7
ISBN 7-5037-4093-0

Ⅰ.北... Ⅱ.北... Ⅲ.统计资料－北京市－2003－年鉴 Ⅳ.C832.1-54

中国版本图书馆CIP数据核字（2003）第037950号

北京统计年鉴－2003
作　　者/北京市统计局
责任编辑/蔡启新
E-mail/yearbook@stats.gov.cn
责任校对/于秀琴
美术设计/刘恢银　孙宝文
出版发行/中国统计出版社
通信地址/北京市西城区三里河月坛南街75号　中国统计出版社
邮　　编/100826
电　　话/（010）63262295
设计制作/北京新景文建广告有限公司
印　　刷/北京鑫正大印刷有限公司
经　　销/新华书店
开　　本/889毫米×1194毫米　1/16开本
字　　数/165万字
印　　张/34印张　彩插/5印张
印　　数/0001～2000册
版　　别/2003年6月第1版
版　　次/2003年6月第1次印刷
书　　号/ISBN 7-5037-4093-0/F·1609
定　　价/280.00元

发展中的北京

现代汽车签约

（亿元） 国内生产总值

3212.7
2845.7
2478.8

1000
500
0

1997年 1998年 1999年 2000年 2001年 2002年

明城墙遗址公园

中机器人

中国北京国际科技产业博览会

回眸 2002

社会进步

北京市建立了党政一把手亲自抓、负总责，综合治理人口问题的机制。连续十四年市长同各区、县长签定计划生育责任书

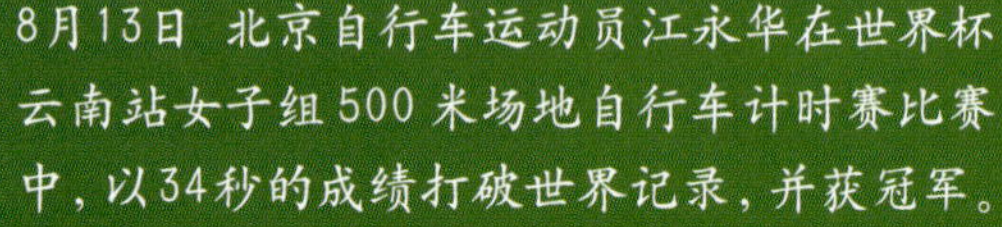

8月13日 北京自行车运动员江永华在世界杯云南站女子组500米场地自行车计时赛比赛中，以34秒的成绩打破世界记录，并获冠军。

9月25日菖蒲河公园、明城墙遗址公园建成开放。

房展会

提速北京

紫竹立交桥匝道桥建成通车

国家开发银行与北京市政府签定合作协议，共同构建长期稳定的银政合作关系

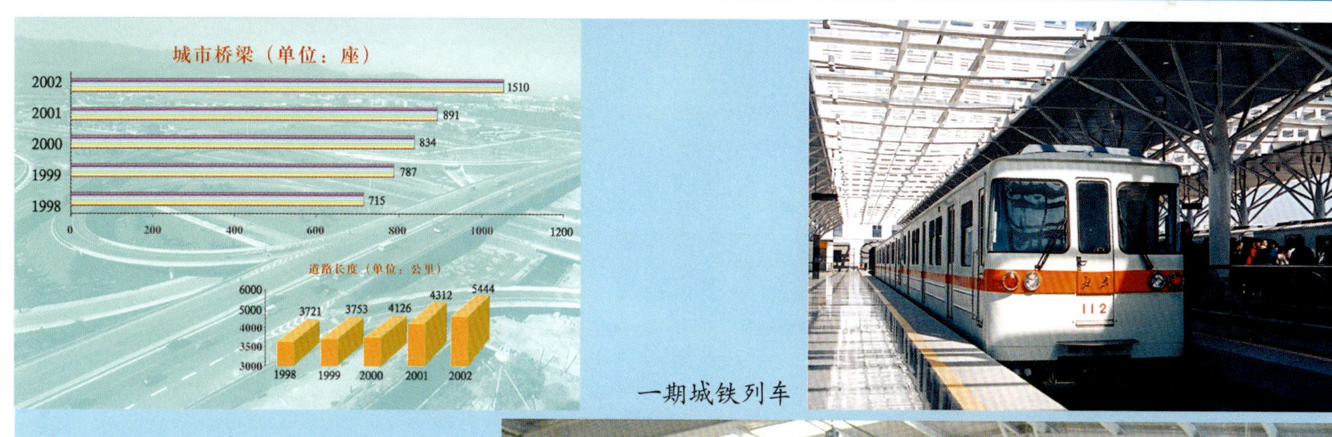

一期城铁列车

9月28日，北京城铁西线通车。北京城市轻轨线路全长40.85公里，设计时速80公里，共设16座车站。先行通车的西线为回龙观东站到西直门。

城铁新型列车

回眸2002

关注奥运

1

2

3

4

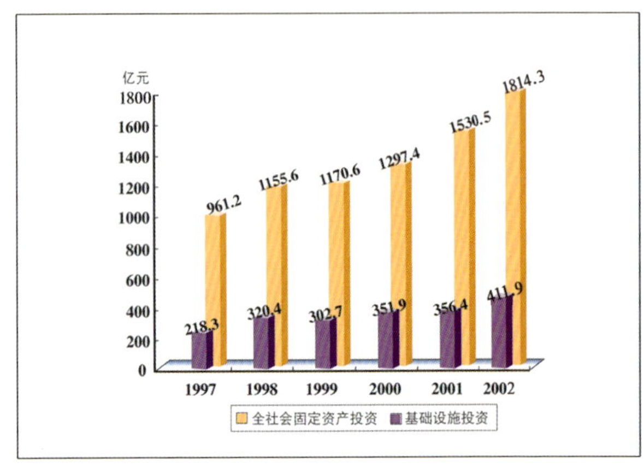

1、奥林匹克公园和五棵松文化体育中心总体规划方案的国际招标工作7月完成，并面向全市市民征求意见。

2、8月30日北京奥组委通过电视会议系统，向远在瑞士洛桑的国际奥委会执委会介绍了2008年奥运会筹办工作的进展情况。在认真听取了汇报后，国际奥委会主席罗格表示，北京奥运会的筹备工作取得了快速的进展，国际奥委会对此十分满意，并将对北京奥组委的工作给予全面的支持。

3、7月13日，五名“申奥宝宝”共度周岁生日，庆祝申奥成功一周年

4、7月2日，2008北京奥运设计大会开幕

现代制造业

北京高科技企业——三元基因生产车间

5月29日，北京汽车工业控股有限责任公司与韩国现代汽车集团签定合资组建北京现代汽车有限公司合作协议。11月23日，北京现代索娜塔轿车下线。

首钢日电电子有限公司大规模集成电路生产线

8月28日，欧曼（H_2车身）新产品下线。

一、市统计局乔迁新局址

2002年11月底，市统计局搬迁至广安门南大街36号新办公用房，并于12月2日举行简朴挂牌仪式。

二、统计分析取得重要成果

市统计局推出的《北京市提前两年率先实现基本现代化可行性研究》、《2008年奥运会对提升北京现代化水平向国际大都市迈进的影响和推动分析》、《北京与国内主要城市国际竞争力比较研究》、《人均GDP3000美元后北京社会经济发展的趋势研究》等分析研究文章，得到市委、市政府领导及有关部门的高度评价和肯定。

三、北京市工业发展速度计算方法改革进入实施阶段

在对全市600余家大中型企业统计人员进行培训基础上，新的工业发展速度计算方法改革全面展开。

四、完善指标体系，建立了信息产业和城市信息化统计指标体系

相继建立了软件产业、环境、电子商务和物流业统计制度，社区统计内容首次纳入年报统计制度。

《北京统计》评出

北京市2002年统计十大新闻

五、开展北京市先行经济指数的研究工作

在赴美学习的基础上，市统计局先行指数课题研究小组参考美国先行指数研究的经验和技术，编制了北京市以先行经济指数为重点的各类景气指数。目前，指数研究进入试算阶段。

六、全市统计依法行政工作进展显著

市统计局向全社会公布了8项行政审批事项办事程序，各区县统计局努力完善经济行政监督管理机构，全市统计依法行政工作进展显著。

七、北京市第二次基本单位普查工作全面完成

市普查办按期向国家普查办上报全市汇总数据并通过了国家普查办事后数据质量的抽查。

八、各区县大力推进统计信息自动化建设

全市已有17个区县建立了统计网站，同时，各区县不断提高统计数据开发应用能力，注重人才培养，积极开展网络升级改版和统计报表软件的开发应用、数据系统的应用和建设。

九、全市统计“四五”普法启动

各部门、乡镇、街道统计人员1100余人参加了普法培训，普法宣传对象达3万余人。

十、北京市《统计志》正式出版发行。历时12年编纂完成的《北京志·统计志》正式出版发行。

崇礼
赤城
延庆
怀来
(沙城镇)
涿鹿
官厅水库
河
北
省
太
行
西
山
昌平
海淀
朝阳
市政府
石景山
丰台
门头沟
房山
大兴
涿州市
固安

北京市地形图

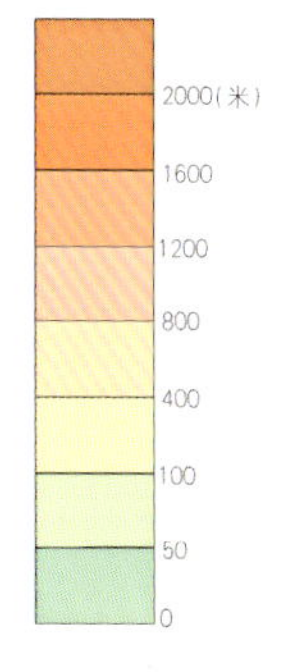

1：800 000

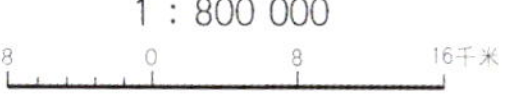

河
北
省
延庆县
昌平区
海淀区
门头沟区
石景山区
丰台区
房山区
大兴区
朝阳区
顺义区
怀柔区
官厅水库
白河堡水库
十三陵水库
怀柔水库
永定河
白河
拒马河
昆明湖
永定河引水渠
京密引水渠
温榆河
崇礼
赤城
怀来
涿鹿
延庆
昌平
门头沟
房山
大兴
涿州市
固安

北京市行政区划图

1：800 000

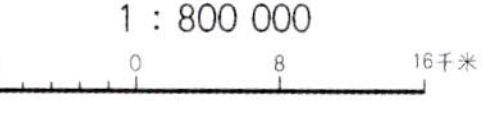

河
北
省
赤城
白
河
白
延庆
怀来
官厅水库
1956.3
昌平
温
1952.7
永
海淀
朝阳
门头沟
1949.6
石景山
定
丰台
1949.1
房山
(良乡)
大兴
(黄村)
拒
马
河
河
1958.3
北
拒
马
河
白
沟
河
涿州市
固安

北京市区划变更图

北京市

▲ 第二届中国人唱外国歌曲电视大赛颁奖晚会

为提高北京市民整体外语水平和文化素质，营造更好的国际化语言境，进一步塑造北京国际化大都市的良好形象，推进首都城市现代化程，成功举办2008年奥运会，北京市政府专门成立了以张茅副市长任任，市政府办公厅、市政府外事办公室等部门和18个区县负责人担任员的北京市民讲外语活动组织委员会，以创新的精神大力开展并扎实推了“市民讲外语活动”。组委会办公室设在市政府外办。聘请著名外语育专家、北外教授陈琳等23位中外籍专家、学者担任顾问。顾问团将绕北京市民讲外语活动总体规划的目标，积极开展决策咨询建议工作，北京市外语语言环境建设和2008年奥运会做贡献。

两年来，在组委会的大力推动下，已举办大量丰富多彩的全市性市讲外语活动，有力地支持了北京申奥和第21届世界大学生运动会的成举办。2002年以来，为真正使各项群众性活动收到实效，组委会确定“普及性、实用性、群众性和趣味性”指导思想。无论是举办名家公益座、系列外语电视比赛，还是开通市民学外语热线电话，举办学外语征和外语游园会等活动都力争体现这一指导思想，真正吸引广大市民真诚与，并通过参加活动提高市民外语水平。目前，组委会举办的各项活动

▲ 北京市首届商务英语电视比赛

▲ 北京市首届中学生英语演讲比赛

▲ 首届中学生英语比赛选手在演讲

民讲外语活动蓬勃开展

吸引百余万市民的热情参与和中外媒体的普遍关注，取得了良好的社会效果。

北京市民讲外语活动组委会办公室和北京勺海市场调查有限责任公司进行了《北京市外语环境现状及发展对策研究调研》，得出基本结论：北京市常住人口中，外语人口总数约为312万，其中在校生141万。

今后的市民讲外语活动将深入贯彻落实北京市第九次党代会“广泛开展市民学外语”的要求，坚持先进文化前进方向，以“新北京、新奥运”为主题，继续以提高市民外语水平，营造北京国际化语言环境为基本工作方针，扎实掀起全市市民学外语热潮，为促进首都城市现代化进程贡献力量。

深入调研全市外语环境现状，广泛借鉴非英语母语国家营造国际化的语言环境的成功经验，制定符合北京市情的《讲外语活动总体规划（2003–2008）》，并通过扎实落实规划的各项措施，提高市民整体外语水平和外语人口的数量，为成功举办2008年奥运会、营造北京国际化语言氛围服务。

继续切实贯彻落实普及性、实用性、群众性及趣味性原则，抓好以外语公益免费讲座为重点的各项活动的深入开展。深入开展机关公务员学外语、讲外语活动。各窗口行业将加强对从业人员的外语培训，充分发挥街道、社区优势，带动市民学外语、讲外语。充分发挥各级各类学校教育机构的作用和优势。组织院校、教学单位适时编写、更新、出版面向市民和不同行业学习特点的教材、音像制品。广泛组织志愿者为市民学习服务。创建外语服务品牌单位、行业和先进个人，对开展活动成绩突出的单位和个人进行奖励。全面规范机场、车站、道路交通的双语路标和旅游景点、博物馆、展览馆的双语说明。增加电视台、广播电台外语节目的播出，在各类报刊开办“外语专栏”，创造良好的语言环境。

▲ 北京市民生活英语电视大赛

▲ 北京市民讲外语活动组委会顾问团成立

▲ 组委会主任张茅副市长出席“市民生活英语电视比赛”现场

▲ 组委会常务副主任张虹海出席“首届商务英语电视比赛”现场

▲ 北京市首届市民外语游园会

北京市科学

全面开创北京科技工作新局面

2002年在市委、市政府的领导下，在国家科技部的指导下，北京市科委主要是围绕"首都二四八重大创新工程"，开展和实施了三个方面的工作。

第一，两大体系建设进展顺利，为构建首都区域创新体系奠定了坚实基础。

截至2002年底。全市孵化器总数已达54家，数量超过全国总数的15%；孵化面积达到55万平方米，在孵企业1150多家；全市累积投入孵化器建设资金15亿元，其中政府投入0.6亿元，吸引社会各类资金投入14.4亿元。

在建设首都经济创新服务体系方面，改组了北京生产力促进中心，新建了中关村技术产权交易所；加强了行业协会和事业单位的规范建设；强化了对区县科技中介服务建设的指导，形成了极具地方特色的区域性服务网络，如大兴区创新服务体系是主要针对民营科技企业发展，而平谷区信息服务体系主要是为发展农业技术、促进农村经济发展服务的。

第二，以四大基地为基础的创新平台建设取得重要进展

1、软件产业基地和软件产业化

北京市认定软件企业1005家，累计登记软件产品2972件，软件产业销售收入330亿元，同比增长30%；有150家2010人获"双高人员"奖励，发放奖金6000多万元，本年度"双高人员"奖励首次对跨国公司开放；全年软件产品增殖税退税超过10亿元。全国约有70%的自主软件产品在北京完成研究与开发，北京成为中国软件产业最重要的技术创新源头。

同时，软件产业的国际化和区域化步伐加快。微软、IBM、CA、SUN、BEA、ORACLE等28个国际著名软件公司已经或将要建立研发和生产机构；国内大型软件企业东软、亿阳、浪潮、中创等也决定在京建立研发生产和商务基地；清华鼎新、联想、用友、亿阳通信、北佳、东方通等36家软件企业CMM2级以上评估，占全国比例超过70%。

、

新

技术委员会

ISHUWEIYUANHUI

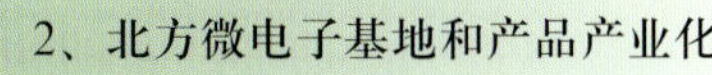

2、北方微电子基地和产品产业化

依托北京微电子技术研究所的京南孵化基地和依托北京自动测试技术研究所的中关村孵化基地取得进展，目前已经完成了6600平米孵化空间改造；国家集成电路设计产业化中心基地——北京集成电路设计园正式开园，已有20家IC和软件企业入驻。

3、 北京生物医药基地、新材料基地建设和成果产业化

以中关村为核心的生物工程和新医药研发基地中的企业已达386家；以北京经济技术开发区为核心的京南生物工程和新医药制造基地中的企业达48家。基地研发和产业化工作有了新的突破，人血代用品的研究开发完成临床前实验研究，开始进入中试放大阶段；组织了国家西药一类新药双环春（抗肝炎）、国家一类新药哔格列酮（治糖尿病）、国家西药一类新药盐酸埃他卡林（抗高血压）等一批重大项目，形成了北京的"重磅产品"。

在"新材料基地北新園"正式挂牌运作的基础上，2002年又建设了中关村永丰基地新材料园，中科园纳米工程中心、安泰科技股份有限公司等已经正式入驻。在项目研发方面取得一批成果。英纳超导公司生产的铋系高温超导线材，单线长度已超过1000米；中数威利超导公司研制成功性能达到国际水平的GSM1800超导滤波器子系统。

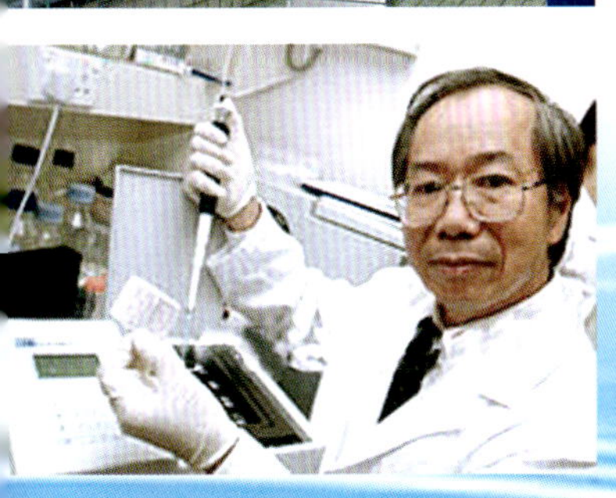

第三，以"创新和产业化"为目标，部署和实施了一批重大项目

为了更好地实施好"首都二四八重大创新工程"，我委组织实施了六大主题项目，即长远发展主题项目、提高居民生活质量主题项目、条件建设主题项目、提升传统产业和振兴现代制造业主题项目、可持续发展主题项目和科技奥运主题项目。目前，已经有一批项目取得了阶段性成果，这些项目的对经济的拉动效应也日益显现。

2003年的科技工作的主要任务是：1.加快科技中介服务体系建设，进一步完善首都区域创新体系；2．站在新的高度上，继续组织实施重大项目；3.加快用高新技术改造传统产业，振兴现代制造业步伐；4.继续深入开展社会发展科技工作和科普工作；5.抓住机遇，积极推动奥运科技行动计划取得新进展；6.加强指导，促进院所分类改革迈上新台阶。

与时俱进、锐意进取

北京市旅游局

2002年，北京市旅游业以“三个代表”重要思想为指导，在市委、市政府领导下，认真贯彻“创新”精神，以建设一支高素质、掌握高技术手段、不断创造出高水平工作业绩的行业队伍为宗旨，各项工作又取得了新突破，新发展。

全年接待海外旅游者310.4万人次，同比增长8.6%；旅游外汇收入达到31.1亿美元，同比增长5.4%；接待国内游客1.15亿人次，国内旅游收入930亿元人民币，同比均增长5%。

全市饭店业营业收入达到153.47亿元，同比增长8.4%；上缴税金12.8亿元，同比增长10.6%。饭店、公寓平均房价392元/间天，同比增长2.1%；全市旅游饭店利润总额6.4亿元。旅行社业、旅游区（点）、旅游汽车公司也都取得了比较好的经济效益。各区县接待旅游者人数和旅游收入也有较大幅度的增长。

北京市旅游业将继续坚持面向现代化，面向世界，面向未来，将“绿色奥运、科技奥运、人文奥运”的理念融汇到工作之中，坚持创新，与时俱进，使北京旅游业再上一个新台阶，走在全国的最前列。

北京市消费者协会

北京市消费者协会是经市政府批准，于1987年1月21日成立，其领导机构是理事会，理事会由政府有关部门和社会各方面代表组成。市消协的常设机构为三部一室，并开设了咨询投诉热线电话接待消费者。

北京市消协系统维权组织网络遍布京城各个角落。目前，区县级消协19个，分会144个，联络站733个，投诉站2690个，发展维权志愿者4017人，有力地推动了消费者权益保护工作的发展。

在市委、市政府的领导下，市消费者协会依照《消费者权益保护法》赋予的权力履行自己的职能：在引导 消费方面，开发商品对比试验、推荐优质产品、组织市场调研；在传播消费知识方面，消费者协会与企业共同创办了通讯、保险、出国留学等各具特色的消费教育学校80余所，扩大了消费者接受教育的层面；消费维权方面，进入新世纪后，有了新的发展。建立了投诉披露制度、成立了投诉与法律支持中心、设立了法律支持金和先行赔偿金，使消费者的合法权益得到更加有效的保护。截止到2002年底，全市消协系统受理消费者投诉14万余件，接待消费者咨询225万人次，为消费者挽回经济损失10127万元。

近两年来，市消费者协会为消费者提供消费信息120万条、发布消费警示171条、就有关侵害消费者权益的问题和事件向行政部门发出查询函424件、提出建议155条。有力地保护了消费者的合法权益。

北京市消费者协会每年推出富有时代特色的年主题活动。如“京城百店筑诚信”、“消费维权进农家”、“明明白白打电话”、“绿色消费博览会”、“健康食品进社区”、“科学消费知识竞赛”等。这些活动主题鲜明、形式多样、内容丰富、深入持久，受到广大消费者的喜爱。

北京市消费者协会将认真贯彻十六大精神，努力实践“三个代表”的重要思想，依法履行职能，与时俱进，维护消费者的合法权益，努力开创消保维权工作新局面。

首都北京三道屏障

2002年是首都绿化美化工作取得显著成效的一年。全市绿化林业系统广大干部职工认真实践“三个代表”的重要思想，按照市委、市政府和首都绿化委员会的总体部署，以“办绿色奥运，建生态城市”为目标，全力建设高标准的绿色生态体系、高效益的绿色产业体系、高水平的森林资源安全保障体系，构筑山区、平原、城市隔离地区三道绿色生态屏障，建设以林业为主体的国土生态安全体系和生态文明社会。全面实施《“绿色奥运——2008”生态环境建设行动计划》，与时俱进，开拓创新，在全市城郊掀起了绿化美化建设的高潮，全年造林4万公顷，植树5800多万株。目前，全市林木覆盖率已经达到45.5%，人均拥有绿地42平方米。

几年来，北京市委、市政府高度重视生态环境建设，加大投入，确立了多项重点绿

山区绿色生态屏障（京西房山区）

平原绿色生态屏障（京沈路通州段）

绿化治沙（大兴区）

城市绿化隔离地区绿色生态屏障（朝阳将台）

建生态城市

绿城郊

化工程，积极组织各界群众广泛参与建绿、护绿，加强林业技术合作，推广林业科技实用技术50多项，全面提升绿化美化水平。

2003年，市委、市政府全面贯彻十六大关于加快生态环境建设的精神，带领全市人民谱写着新的绿色篇章；继续完善第一道绿化隔离地区绿化建设；启动第二道绿化隔离地区绿化工程；基本完成"五河十路"绿色通道绿化建设和山区退耕还林任务；继续实施京津风沙源治理工程；加强过熟林改造和森林风景区绿化美化。计划全年实现绿化造林3.6万公顷。同时大力发展绿色产业，巩固森林资源安全保障体系。各部门切实加强领导，加快绿化步伐，决心到2005实现林木覆盖率50%和人均绿地面积50平方米的"双五十"目标，基本实现山区无宜林荒山、沙区无裸露沙地、平原无扬尘土地、城区无裸露地面的"四无"目标。

到2008年，首都北京将形成城市青山环抱、市区森林环绕、郊区绿海田园的优美景观和良好的生态环境。

首都绿化委员会办公室北京市林业局
联系电话：62052244

果品产业（昌平苹果）

种苗产业（北方国家级林木种苗示范基地）

花卉产业
（房山芍药）

速生林产业

封沙育草

绿树护堤（永定河大兴段）

绿色产业

兴未艾

北京市信息化工作办公室

北京市信息化工

在中共北京市委和信息化工作领导小组的直接领导下，全市以国家关于信息化建设的战略方针为依据，以“数字北京”为目标与口号，以“数字奥运”规划为发展契机，在信息化系统工程建设、信息资源的开发利用以及信息化软环境建设等各方面都取得了较大进展，作为“数字北京”网络基础设施的首都公用信息平台也初具规模。

2001年8月启动的北京市电子政务专网工程，采用IP、ATM和SDH等先进的数据交换和数据传输技术，建立服务于整个北京市国家机关，集数据、文本、语音、图形和图像于一体的，互联互通的宽带网络系统。从2001年6月开始，市计委等15家政府部门进行网上办公试点，目前，全市绝大多数委办局和区县机关已基本建成内部办公网络。全市政务电视会议系统已连接了近40个会场。一批政府应用信息系统相继建成，科技、教育、计划、财政、税务、工商、物价、经贸、公安、交通、水利、统计、规划、卫生、劳动和社会保障、城市建设等部门，根据业务需要分别建立了应用信息系统。

首都电子商城初步建成，解决了电子商务设计的认证、安全配置、支付平台、物流配送、网络平台、法律环境、协同工作体系等关键环节，为面向国内外的电子商务提供了支撑环境。全市400家大中型工业企业有半数建立了自己的网站，部分大中型企业运用内部局域网，建立了办公自动化系统（OA）和管理信息系统(MIS)，促进了企业管理的集约化。

医疗保险信息系统一期工程建设完成。至2001年11月底，依托医保信息系统，我市完成了209万参保人员的医保基金的收缴工作和信息采集工作，超额完成了国务院下达我市200万医保参保人群的任务指标。2万多张北京市民卡在西城、宣武两区44家医院进行了试点。社区服务信息网络系统正式开通，形成了覆盖市、区（县）、街道三级网络体系，18个区县及所辖街道的信息网络中心建成，制作完成各级社区服务网站170个，部署全市各街道、居委会（乡）热线呼叫系统150个。

空间信息工程建设初具规模。1：500、1：2000、1：10000的电子地图数据已覆盖北京全域，北京市电子地图数据库正在设计，市数字正射影像图正在处理和制作，市航空遥感影像数据库1.0版已经初步建立，遥感影

作办公室

beijing information

北京市信息系统工程监理和信息系统安全测评工作新闻发布会

北京市人民政府新闻办公室
北京市信息化工作办公室

像数据库二期工程和地理编码数据库一期工程正在组织实施中。航摄影像已经成为主要地理信息系统更新的重要手段。已经完成了北京市全球卫星定位综合应用服务系统的可行性分析、系统总体设计和详细设计，基于GPS的应用已经在交通、公安等领域得到局部应用。

作为“数字北京”的重点示范工程，继2000年完成了一期后，数字绿化带二期工程正在组织实施，扩大了绿化带的规划、建设和管理的规模和范围，将综合反映绿化隔离地区的建设和社会经济环境发展状况，为政府各部门提供先进的技术手段和信息支持。

根据2001年10月出台的《数字奥运行动规划》，“数字奥运”开发各种与奥运相关的信息资源，充分利用现代信息技术，建设各种必要的信息基础设施和信息应用系统，营造良好的信息化环境，为各种相关组织和个人提供优质的信息服务，保证2008年奥运会办成历史上最出色的一届奥运会。“数字奥运”的目标是：基本实现任何人，任何时候，在任何与奥运相关的场所，都能够安全、方便、快捷、高效地获取可支付得起的、丰富的、无语言障碍的、个性化的信息服务。目前，该工作已经完成了奥运场馆地质环境评估和历届奥运信息系统比较研究。“数字奥运”规划的各个项目正在设计和实施之中。

信息资源的开发利用是北京市信息化发展战略的核心任务，是“数字北京”建设的关键。深度开发和综合应用各种信息资源是“十五”时期首都信息化发展规划的八大主要任务之一，内容包括：加强对全市信息资源开发和利用的总体规划，加强信息资源的开发、管理、交换、共享和分发等工作，协调好各信息系统间的数据交流；为各类用户提供综合性信息资源服务。

作为首都信息化“十五”发展规划中确立的21项重大信息化工程之一，北京市信息资源网中心工程启动实施，北京市信息资源元数据库、遥感数据库、电子地图数据库、地理编码数据库、经济社会基本单元数据库和政务内网信息交换平台、公众信息服务平台的设计和开发建设正在实施。

城市规划、建设、管理部门的城市基础地理信息系统、城市规划管理信息系统、城市房产管理信息系统等应用系统以及相关的数据库建设已经基本建成，并且运行和应用良好。

全市52个委办局和区县已经建设了104个应用系统和69个数据库，包括企业数据库、人口数据库、税收数据库、统计数据库、车辆数据库、人才数据库、市政管理数据库和水资源数据库等。

信息化政策、法规与标准体系建设力度不断加大，《首都信息化标准体系》和《首都信息化标准化指南》，《首都之窗管理办法》，《北京市政务与公共服务信息化工程建设管理办法》（市政府67号令），《北京市信息系统工程监理管理办法》，《北京市党政机关计算机网络信息安全管理办法》（京办发[2001]27号），《关于推进政府部门使用正版计算机软件工作的意见》等相继出台。全市计算机信息系统集成资质认证工作全面展开，该项工作已走在全国各省市前列。

针对全市干部队伍的信息化教育培训工作也在不间断地如期举办。

信息化是北京面向21世纪和信息社会重要的城市发展战略。实现首都的信息化，把北京建成为全国的信息中心和重要的信息产业基地，以首都信息化推动首都现代化，这是历史赋予我们的机遇和责任。我们要抓住时机，为将北京建成为世界一流水平的现代化国际大都市而奋斗。

审计组深入基建审计现场

国库审计现场

北京市审计局

北京市审计机关在市委、市政府、审计署和区县委、政府领导下，紧紧围绕北京市改革和经济建设这个中心，贯彻朱总理“全面审计，突出重点”的指示精神和北京市审计工作的指导思想，在治理和整顿经济秩序，促进政府部门加强管理，完善宏观管理措施，提高经济运行质量，促进廉政建设等方面发挥了重要作用。从2000年至2002年三年间，全市审计机关共审计2314个单位，查出违规行为金额292亿元，其中：决定处罚金额149亿元，指明要纠正金额143亿元；应上缴财政33亿元，已上缴财政31亿元（其中包括以前年度欠缴数），减少财政拨款和补贴2966万元，归还原渠道资金8亿元，为国家增收节支41亿元。

对外国政府贷款城市铁路项目进行审计

北京市国土资源和房屋管理局是负责本市土地、地质矿产、房屋和住房制度改革的市政府组成部门，其下设28个职能处室及多个事业单位。2002年，全市国土房管工作以为北京市“十五”计划和率先基本实现现代化提供国土资源和房管工作保障为目标，以落实高水平经营国土资源、高效能管理房地产市场为重点，以提高基础工作水平、加强行业作风建设为保证，正确处理国土资源工作中“保护与开发”、“管理与服务”、“行政审批与市场配置”三个方面的关系，依法行政，开拓创新，扎实工作，在建立土地市场，整顿房地产市场、解决群众关心的热点难点问题等各项工作中取得了新的进展。

▲ 刘敬民副市长、市局领导参加2002年北京地热国际研讨会——地热与北京2008奥运会

2002年，建立了公开有形的土地市场；加强闲置建设用地回收处理力度；依法查处违法违章用地、稳定用地秩序；矿产资源管理秩序进一步好转，地质灾害监测预报和治理工作逐步加强；整顿市场秩序，规范市场行为，继续推进“放心中介”活动，规范中介行为。廉租住房工作进展顺利；农转居购房工作全面推开；国土资源管理基础工作得到加强。

◀ 国土资源部寿嘉华副部长，付韶华副局长出席延庆硅化木国家地质公园开园揭牌仪式

北京市国土资源和房屋管理局

▲ 刘敬民副市长，苗乐如局长在“我为社区服好务，我为首都添光彩”物业管理规范化服务活动动员大会上讲话

▲ 市委副书记、纪委书记阳安江、局党委书记王文英到市土地整理储备中心调研

◀ 与俄罗斯友好往来

北京市计划生育委员会

多年来，在市委、市政府的领导，下北京市计生委认真贯彻中央有关人口与计划生育的方针政策，坚持可持续发展战略，努力“建首善，创一流”，初步摸索出一条符合市情的人口与计划生育工作新路子，推动了人口与计划生育工作的稳定、持续、健康发展。实现了人口再生产类型由高出生、低死亡、高增长向低出生、低死亡、低增长的转变，为我市经济、社会的协调发展提供了良好的人口环境。

一、建立“三个机制”，为做好人口与计划生育工作提供切实保障

建立党政一把手亲自抓、负总责，综合治理人口问题的机制，形成党政负责、部门配合、群众参与、优势互补、齐抓共管的人口与计划生育工作格局；依法开展人口与计划生育工作的机制，使人口与计划生育工作进一步走向规范化法制化；建立以人口与计划生育工作“三结合”（与发展农村经济、帮助农民勤劳致富奔小康、建设文明幸福家庭相结合）为重点的利益导向机制，提高群众自觉实行计划生育的积极性。

二、突出“两个重点”，带动人口与计划生育工作迈上新台阶

大力开展人口与计划生育的宣传教育工作，营造良好的社会舆论环境。全面推进计划生育优质服务，树立人口计划生育工作的新形象。

三、抓好“两项建设”，为开展人口与计划生育工作注入活力

加强基层基础建设，积极探索人口与计划生育工作的新路。加强人口与计划生育工作干部队伍建设，支持计划生育协会工作。

四、实现工作思路与工作方法的“两个转变”，提升人口与计划生育工作水平

经过多年不懈的努力，我市的人口与计划生育工作取得了显著成绩，被国家计生委列为人口与计划生育工作一类地区和率先基本实现“三为主”（宣传教育为主、避孕为主、经常性工作为主）的省级单位。人口出生多年稳定在低生育水平。

▲ 2001年3月2日，首都各界群众举行《中共中央国务院关于加强人口与计划生育工作稳定低生育水平的决定》颁布一周年纪念活动

▶ 男性参与计划生育，是近年来京城又一亮点，拓宽了计生工作的领域和空间

▲ 多年来，联合国人口基金会等国际组织和专家相继来京考察，对首都人口与计划生育工作给予了好评

▶ 多年来，北京市广泛在校园、社区开展青春期教育，2001年在全市启动了“计生教育联手，推进青春健康”教育项目活动

中共北京市委农村工作委员会
北京市农村工作委员会

根据中共中央、国务院批准的《北京市党政机关改革方案》和中共北京市委、市人民政府关于机构设置的通知，设置中共北京市委农村工作委员会（简称市委农工委）和北京市农村工作委员会（简称市农委），两委合署办公。市委农工委作为市委派出机构，内设组织、宣传、干部、研究、社会管理等处室，负责本市农口系统党的建设，思想政治工作和干部管理工作；市农委作为市政府组成部门，内设法制、种植业管理、养殖业管理、企业管理、经贸、发展计划、科教、村镇规划建设管理、山区建设办公室等业务处室，负责本市农村经济、统筹协调农村工作。

郊区农业农村工作按照“四新”标准的要求，以率先基本实现现代化为目标，以“新北京，新奥运”为主题，以发展为第一要务，以改革开放为动力，以全面加强和改进党的建设为保证，牢牢把握增加农民收入这个中心任务，坚持与时俱进，开拓创新，致力于全面推进农业现代化、农村工业化、郊区城市化和社会现代化进程，不断地为建设社会主义现代化新郊区而努力。

▲ 市委农工委书记、市农委主任李进山同志陪同市委副书记强卫同志视察农业高科技园区

近年来，郊区上下紧紧围绕增加农民收入这个中心任务，深化农业结构调整，开展乡镇企业二次创业，推进山区水利富民综合开发，加快小城镇建设步伐，郊区经济发展速度进一步加快，经济运行质量进一步提高，呈现出稳定、快速、健康的发展态势。

▲ 市委农工委书记、市农委主任李进山同志陪同副市长牛有成同志视察设施果品生产基地

▲ 现代高科技农业

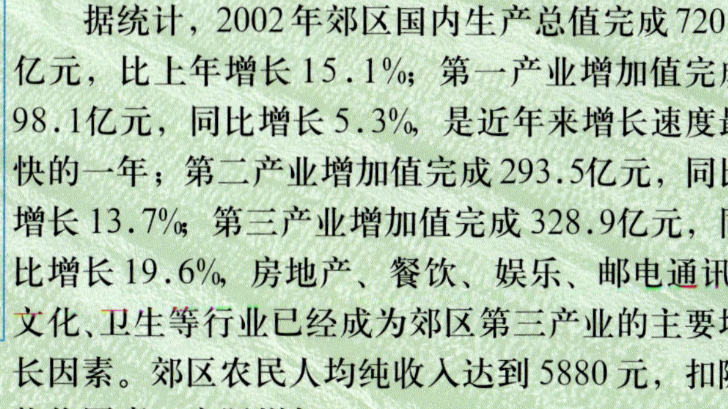

据统计，2002年郊区国内生产总值完成720.5亿元，比上年增长15.1%；第一产业增加值完成98.1亿元，同比增长5.3%，是近年来增长速度最快的一年；第二产业增加值完成293.5亿元，同比增长13.7%；第三产业增加值完成328.9亿元，同比增长19.6%，房地产、餐饮、娱乐、邮电通讯、文化、卫生等行业已经成为郊区第三产业的主要增长因素。郊区农民人均纯收入达到5880元，扣除物价因素，实际增长12.3%。

▲ 丰收

▲ 京郊小城镇

北京市粮食局是负责北京市粮食流通的行政管理机构，主要行使市场调控、储备粮管理、行业管理职能。2002年，北京市粮食流通体制改革和各项粮食工作都取得了较好成绩。

一、以建立四个体系为主要内容的粮食流通体制新模式初步形成

增强了政府宏观调控能力。以“储得实，管得好，调得动，用得上”为基本要求的市储备粮实物垂直管理体系基本建成；粮食信息监测网络覆盖面进一步扩大，在市场信息监测、粮食形势分析、预警等方面发挥了重要作用；粮食质量检测体系初步建立，形成了粮油专业质检机构、仓储企业、加工企业和营销企业层层负责的质量检测网络；以粮食竞价交易平台为依托，适时举办竞价交易会，起到了调控市场、发现价格、促进贸易的作用，带动了粮食市场交易体系的发展。

二、国有粮食企业改革取得了历史性突破，实现全行业扭亏为盈

2002年全市国有粮食企业综合考核实现利润1581万元，其中粮食购销企业实现利润1794万元，同比增加847万元；全市80%以上的国有粮食企业通过转制走出了困境。职工总数减少到2.1万人，冗员过多的矛盾得到缓解。采取财政消化历史挂帐、企业依法破产、贷款挂帐停息、盘活资产等多种形式，解决企业债务40多亿元。盘活土地面积158万平方米，直接收益7.76亿元。

三、《北京市储备粮管理办法》颁布，依法行政取得了重要进展

《北京市储备粮管理办法》经过市人民政府第49次常务办公会议通过，并以市人民政府98号令的形式向社会公布，于2002年8月1日起施行。制定了相关配套文件，组织了全市性的培训和行政执法检查，推动了依法管粮工作的开展。

四、市储备粮布局和结构调整取得新进展，促进了粮食购销企业的改革和发展

按照《北京市储备粮结构调整三年规划》，逐步把市储备粮向交通方便、储存条件好、管理水平高的库点集并。2002年，全市共集并库点65个，储粮库点由上年的178个减少到113个。通过轮换，市储备粮油的品种结构和质量进一步改善。建立了政府储备粮食库点集并专项资金，对国有粮食购销企业库点撤并、人员分流工作予以必要的支持，共启动资金2.4亿元，涉及库点99个，分流人员4989人，有力地支持了国有粮食企业各项改革工作的顺利进行。

五、建立竞价交易平台，活跃了粮油贸易

利用计算机网络、数据库和光电识别等现代信息技术，建立了粮食购销竞价交易平台。全年成功举办了8次粮食竞价交易会，累计有534家企业参加了交易，销售粮油13.15亿公斤，购入粮油2.63

地 址：北京市宣武区槐柏树街2号 邮政编码：100053

北京市粮食局是负责北京市粮食流通的行政管理机构，

北京市粮食局领导班子成员

亿公斤。我市利用粮食竞价交易平台和粮食企业资源库举办的粮食竞价交易会对北方粮食市场的影响越来越大，来自河南、河北、山东、吉林、辽宁、黑龙江等11个省市的262家企业加入粮食购销企业资源库，促进了我市与粮食主产区建立长期稳定的粮油购销关系。这种交易形式，技术含量高、效率高、费用低，确保了粮食交易活动的公开、公平和公正，成为我市储备粮轮换的重要载体和技术支撑。

六、落实“订单农业”，推动农业产业化经营

2002年市粮食局与房山等7个区县签定粮食收购订单，满足了农民出售余粮的需要。古船食品有限公司与通州区种粮大户签定了优质小麦订单，探索了大型龙头加工企业直接与农户合作的有效形式。

七、做好退耕还林补助粮食供应，支持了农业生产结构的调整

2002年是我市供应退耕还林补助粮食的第一年，市粮食局与有关部门一起制定了《北京市退耕还林补助粮食供应暂行办法》。到2002年底，已完成了2000年5万亩退耕还林两年补助粮食供应任务，共发放粮食1000万公斤，涉及6个区县41个乡260个村。

八、新增仓容1亿公斤，粮食仓储条件进一步改善

2002年国家下达了3个储备粮库建设项目，设计仓容1.05亿公斤，总投资5500万元。到2002年底，已累计完成投资5059.7万元，竣工房屋面积2.9万平方米，新增仓容1.14亿公斤，3个项目都通过了预验收。同时安排1500万元资金，维修库点30个、仓容15亿公斤。

九、完善军粮供应体系，积极参与军队后勤保障社会化改革

清理整顿了我市军粮供应企业。全市军供站由38个调整合并为18个，统一认证和挂牌。建立了计算机网络管理系统。为确保军供粮油质量，我市实行了统一采购。延伸军供服务，积极参与军队后勤保障社会化改革，承包20家餐厅，取得了良好的社会效益和经济效益。

电 话：(010)63011682 传 真：(010)63011622 网 址：www.bjlsj.gov.cn

主要行使市场调控、储备粮管理、行业管理职能。

海 淀

——“中关村”开始成为中国高新技术产业的品牌

第五届电脑节取得圆满成功

区委书记谭维克、区长周良洛检查工作

紫竹院新桥装扮更新

世纪坛

海淀标志

海淀区是首都的城近郊区之一，位于北京的西北部，面积426平方公里，总人口236.4万人，是全国著名的文教区，中关村科技园区的核心区座落在海淀。

2002年全区上下坚持以邓小平理论和“三个代表”重要思想为指导，认真落实中央、北京市的一系列决策和部署，抓住机遇，克服困难，开拓创新。以中关村科技园区海淀园建设为中心，构建高新技术产业发展的设施环境平台、制度服务平台、文明社区平台、教育人才平台。全面实现了中关村科技园区海淀园三年大变样的目标，知识经济在中关村科技园区初见端倪，“中关村”开始成为中国高新技术产业的品牌。全区经济持续快速健康发展，经济总量增长17.7%，一直保持两位数的增长态势。高新技术产业保持强劲增长势头，海淀园经济占全区经济总量近50%，成为带动全区经济协调发展的主力军。专业园区和产业基地建设进展顺利，现代服务业发展迅速，城市服务功能稳定提升。农业结构调整成效显著，小城镇建设步伐加快。投资促进与服务体系建设全面加强，第五届中关村电脑节签约559个项目，项目总金额达425.8亿元，霍尼韦尔等一批世界500强企业和大型跨国企业入住海淀。全面加强城乡环境综合整治，一大批道路建成通车，环境面貌有了新的变化。科技、教育、文化、卫生等各项社会事业快速发展。全区政治稳定，社会安定，人民安居乐业。

门头沟

门头沟区地处北京西部山区，全区面积1455平方公里，人口23.5万人，区政府辖4个街道办事处，9个镇。

生态旅游——灵山西藏风情节

门城卫星城是北京市总体规划14个卫星城之一，距离北京市中心只有25公里，位于首都城市中心区与西部生态旅游区、特色林牧区的过渡地带，是全区政治经济文化和对外交往中心，承载着全区三分之二的人口和80%的国内生产总值。2003年，区委、区政府提出了“一城带四区”的区域经济发展思路，即通过加快门城卫星城建设，带动生态旅游区、特色林牧区、新型建材区、石龙工业开发区的更高层次的发展，通过加速城市现代化和农村城镇化进程，大力推进“四区”建设，全面促进社会各项事业发展，提高卫星城品位档次。

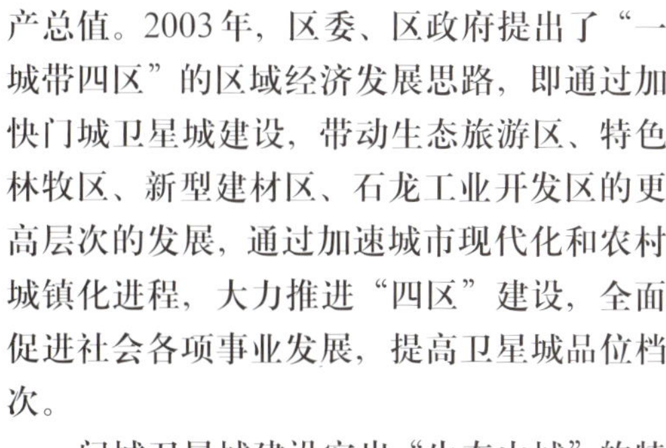
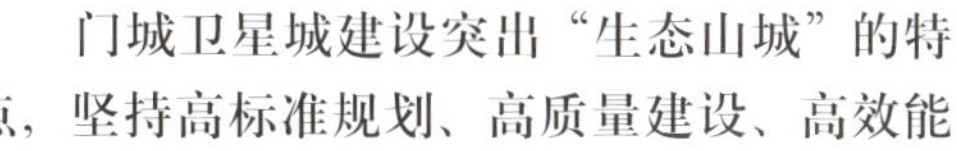
门头沟区区委书记　董瑞龙

特色林牧——斋堂种植园

门城卫星城建设突出“生态山城”的特点，坚持高标准规划、高质量建设、高效能管理、高水平经营，走具有自己特色的发展道路，强化基础设施建设，提升卫星城的吸纳承载能力，发挥连接首都城市中心与西部山区的桥梁纽带作用。

卫星城的现代化，可以形成聚集人流、物流、资金流、信息流的强势，促进山区旅游、林牧经济的发展；门城卫星城是我区新型建材的主要产地，加快卫星城建设，将直接带动新型建材产业进一步扩大规模，形成品牌优势，为北京“奥运行动规划”做贡献；门城卫星城是石龙工业开发区所在地和我区对外开放的窗口，大力改善卫星城的环境条件，加强软环境建设，能够增强石龙工业开发区乃至全区对资金、技术、人才等各种生产要素的吸纳能力。

新型建材——煤矸石空心砖

当前，全区人民正在区委、区政府的领导下，以发展为主题，以结构调整为主线，以改革创新为动力，振奋精神，奋发进取，为把门头沟建设成为经济繁荣、生态良好、环境优美、人民富裕的现代化新山城努力奋斗。

石龙工业开发区近景

CHANGPING

昌平创建投资创业 旅游休闲 生活居住首选之区

昌平地处京城西北部，自汉建县，曾设昌平区，至今有2000余年的历史，上载《史记》、下记《清史》。区域面积1352平方公里，常住人口62万，境内自然条件优越，资源丰富，文物古迹众多。全区林木覆盖率达49.1％，空气质量常年保持一、二级水平。1983年经国家批准，确定为首都重点发展的以高教、科研、旅游为城市性质的卫星城。

昌平作为奥运会旅游服务区，在首都率先基本实现现代化的过程中，发挥着繁荣首都经济、保护首都环境、吸纳市区人口等重要作用。近年来，在市委、市政府的领导下，通过社会各界和全区人民的共同努力，昌平的经济、社会呈现出蓬勃发展的新局面。

当前，全市上下正在以基本实现现代化为目标，以筹办奥运为契机，加快现代化建设步伐。昌平人民正在为把昌平创建成为“投资创业、旅游休闲、生活居住”三个首选之区的目标而努力奋斗。在此基础上，昌平区贯彻党的十六大精神，确定更高标准，以争创首都和全国文明区为目标，加快全面建设小康社会的步伐。

居庸关

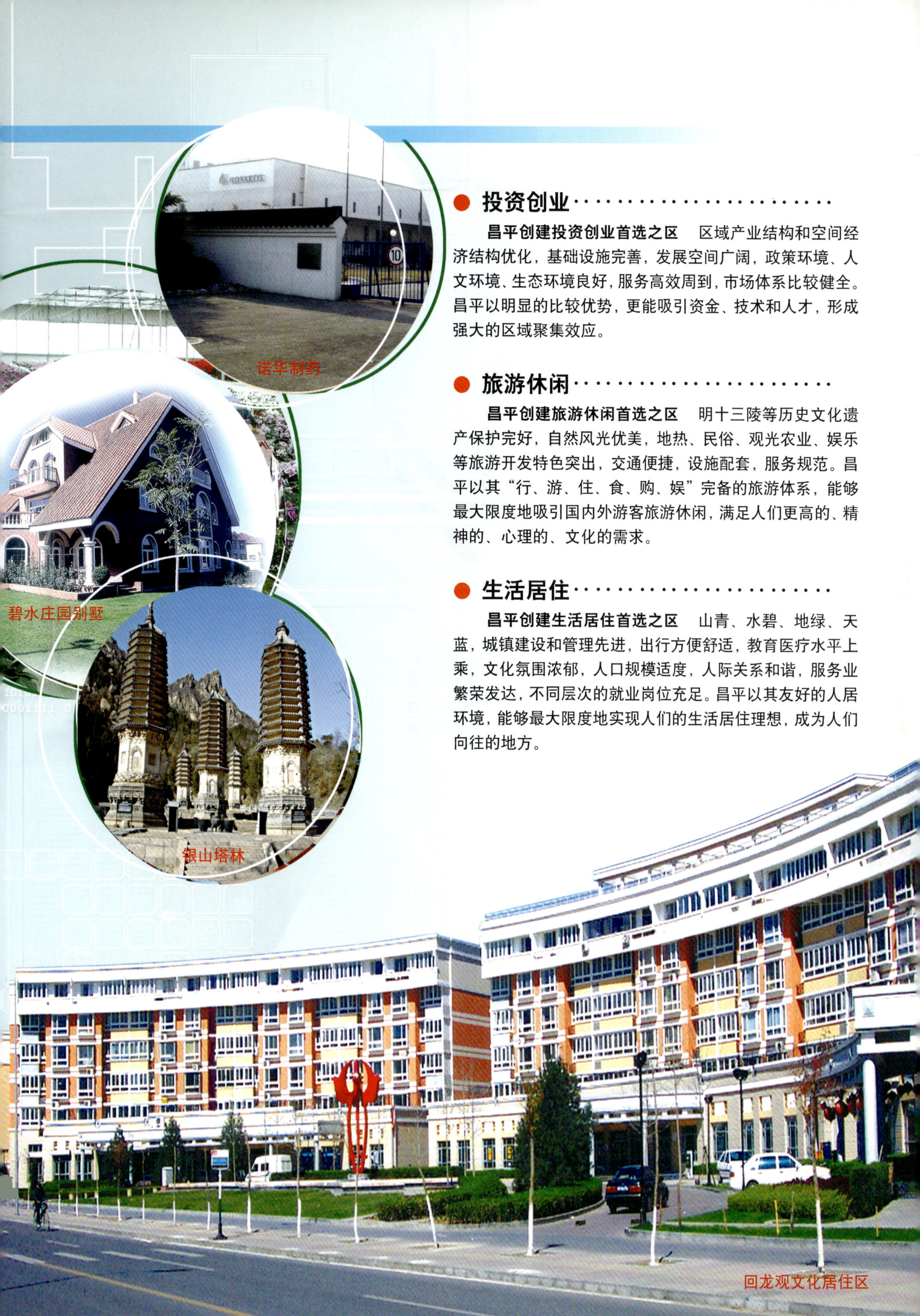

诺华制药

碧水庄园别墅

银山塔林

回龙观文化居住区

投资创业

昌平创建投资创业首选之区 区域产业结构和空间经济结构优化，基础设施完善，发展空间广阔，政策环境、人文环境、生态环境良好，服务高效周到，市场体系比较健全。昌平以明显的比较优势，更能吸引资金、技术和人才，形成强大的区域聚集效应。

旅游休闲

昌平创建旅游休闲首选之区 明十三陵等历史文化遗产保护完好，自然风光优美，地热、民俗、观光农业、娱乐等旅游开发特色突出，交通便捷，设施配套，服务规范。昌平以其“行、游、住、食、购、娱”完备的旅游体系，能够最大限度地吸引国内外游客旅游休闲，满足人们更高的、精神的、心理的、文化的需求。

生活居住

昌平创建生活居住首选之区 山青、水碧、地绿、天蓝，城镇建设和管理先进，出行方便舒适，教育医疗水平上乘，文化氛围浓郁，人口规模适度，人际关系和谐，服务业繁荣发达，不同层次的就业岗位充足。昌平以其友好的人居环境，能够最大限度地实现人们的生活居住理想，成为人们向往的地方。

充满活力的“两城四镇”

良乡工业开发区

高教园区签字仪式

韩村河山庄

良乡北潞园小区一角

琉璃河仿古一条街

长沟西厢苑小区

窦店——山水汇豪苑

良乡卫星城、燕房卫星城、窦店镇、长沟镇、琉璃河镇和韩村河镇是房山经济发展最具活力的“两城四镇”。

良乡卫星城是房山经济发展的龙头，是北京市14个卫星城之一，也是北京市六个重点开发建设的卫星城之一，是北京市“十五”期间重点发展的仓储物流基地和高教及科研基地，承担着疏散首都中心城市人口和产业功能。高科技园区、高教园区、绿色生态居住区、旅游休闲度假区、综合物流园区五区的相继启动和建设，进一步加快了良乡卫星城开发建设的步伐，增强了良乡卫星城在全区经济和社会发展的示范带动作用。

燕房卫星城正着眼于建设新型工业城市和北京新材料高科技园区，使燕化的品牌优势变为区域合作发展的优势。长沟新世纪工业区是北京市55家重点扶持的工业区之一。窦店镇近年来的房地产开发已经成为全镇经济的主要支柱。琉璃河镇的神州绿普蔬菜产销合作社是全区最大的农业产品出口企业，出口额占全区五分之一。韩村河镇素有“建筑之镇”之称，2002年韩建集团承建的北京市劳动力市场业务用房被评为中国建筑业的最高奖——鲁班奖。

优越的自然条件、人文资源和优惠的发展政策，促进“两城四镇”经济的发展，2002年“两城四镇”增加值64.9亿元，上缴税金11.9亿元，固定资产投资27亿元。按税收计算，“两城四镇”在全区经济总量中的比重为68%。

燕山健身广场

创业好去处 安居好地方

延庆县地处北京市西北部，距北京市区74公里，是首都北京的北大门。全县人口27.5万人，县域面积2000平方公里，其中山区面积占72.8%，全境平均海拔500米左右，独特的地理地貌形成延庆冬冷夏凉的气候，是著名的避暑胜地，有首都北京的“夏都”之称。八达岭高速公路的开通，缩短了从北京到延庆的距离。

延庆水资源丰富，水质优良，妫水河是全境最大的河流，流域面积1064.3平方公里。全县水资源总量7.8亿立方米，人均水资源占有量2088立方米，是北京市人均占有量的5倍。

延庆生态经济蓬勃发展，生态环境优良，地处北京市的上风上水地区，大气、水的质量均达到国家一、二类标准。为保护好首都的这一净土、净气、净水，先后建立了玉渡山、龙庆峡等10个县级自然保护区和10平方公里的县城防护林体系。1999年被国家环保总局评为国家级生态示范县。

延庆是京郊的农业大县，是首都北京的农副产品供应

环境优美的延庆山区

美丽的冰灯

基地，盛产名优果品，玫瑰红苹果曾荣获全国林业博览会金奖及马来西亚博览会银狮奖，红地球、里扎玛特、黑澳林三个优质品种葡萄获98年全国评比第一名，引进澳洲十四李子，韩国兴高梨等名特优新品种，发展势头迅猛。玉米、蔬菜、苹果等20多个品种，被注册为“八达岭”牌，销往国内外。

延庆旅游资源丰富，是京郊第一旅游大县，它拥有八达岭长城、龙庆峡及松山、古崖居、康西草原、妫河漂流、仓米古道等一大批旅游景区，每年都吸引着数以百万计的国内外游客前来观光渡假。近年来，除连续举办冰灯冰雪节和消夏避暑节”外，延庆的民俗旅游也异常火暴，涌现出一批独具特色的主题民俗村。这一个个村落，山清水秀，民风淳朴，文化底蕴丰厚。在这里，您可品尝山野菜、烧烤等民间美食，也可参与垂钓、扭秧歌、舞竹马等文娱活动，还能亲手采摘新鲜水果。目前，已建成7个规模观光采摘园。恬静的山村，古朴的民居，清新的空气，会给您返璞归真的全新体验。

延庆县城市面貌焕然一新，已修建了绿地面积达3万平方米的大型城市广场——妫川广场和拥有1000亩水面的夏都公园；日处理3.5万吨的大型污水处理厂，已开始施工建设。今年又修建了湿地公园和江水泉公园，是您休闲轻松的好去处。

北京工业大学

立足北京 融入北京

校园一角

北京工业大学是一所以工科为主，理工、经管、人文相结合的市属重点大学。2001年6月以优异成绩通过国家“211工程”一期建设的验收，2002年10月通过了“十五”期间“211工程”建设的可行性论证。

学校目前占地面积1200亩，总建筑面积49万多平方米。设有机械工程与应用电子技术学院、经济与管理学院、建筑工程学院、材料科学与工程学院、计算机学院、环境与能源工程学院、电子信息与控制工程学院、应用数理学院、人文社会科学学院、软件学院、外国语学院、生命科学与生物工程学院以及高等职业教育学院、成人教育学院。学校还拥有一个与民办企业联合办学、全面实行综合教育改革的实验学院。为更好地为首都经济发展服务，学校成立了跨学科以高层次人才培养和承接重大科研项目为主的激光工程研究院、电子政府技术研究院、智能交通系统研究院、生命科学与生物工程研究院、北京社会经济发展研究院。

外国旅游团参观工大

学校现有专任教师1100余人，高级职称的教师占50%，具有博士、硕士学位的人数60%以上。教师中有两院院士6人，博士生导师111人，教授196人。全校有34个本科专业，43个学科具有硕士学位授予权，11个领域具有工程硕士学位授予权，16个学科具有博士授予权，有10个学科可以招收博士后工作人员。目前有全日制在校学生16000余人，其中博士、硕士研究生2500余人。在为北京市培养人才方面，北京工业大学具有不可替代的作用。理科招生人数是全国各重点院校在京招生总数的四分之一，是各市属院校在京理科招生总数的55%。

学校已培养5万余名毕业生遍布北京各条战线

学校拥有2个国家重点学科、8个北京市重点学科，11个北京市重点建设学科，1个国家级产学研激光加工中心、1个中德激光技术中心、2个教育部重点实验室，1个教育部数字社区工程中心，11个北京市高新技术实验室和重点实验室，全国35家示范性软件园和北京市3大软件园之一的北工大软件园正在北京经济技术开发区加紧建设。近年来到校科研经费一直位居北京地区高校前列。学校目前已与美、英、日、德、加、俄等国家和地区近百所大学、科研机构和企业建立了合作和联系。

光电子高技术实验室

学校荣获北京市“党建和思想政治工作先进校”、“首都精神文明标兵单位”、“全国精神文明建设工作先进单位”的称号。“十五”期间，学校将进一步抓好学科建设和校园整体建设，促进学校以工科为主的单科性大学向以工科为主，理、工、经、管、文、法相结合的多科性大学转变，从教学型大学向教学研究型大学转变。

辐射全国 面向世界

北京交通发展研究中心

TRC

北京交通发展研究中心是经北京市政府批准，于2001年12月成立的全额拨款事业单位。北京交通发展研究中心是北京市政府的交通决策咨询机构。

其主要职责是：制定首都城市交通发展研究计划，确定研究项目，组织开展研究工作，负责对研究成果进行评审；跟踪研究城市交通热点和瓶颈问题，提出相应对策和解决方案；鉴定、汇集、处理和发布有关城市交通发展的各类信息、数据和文献资料，编制北京市交通发展年鉴；代表市政府下达交通、建设和管理方面的任务，执行交通发展的有关决议。

北京交通发展研究中心自成立以来，认真贯彻落实市政府指示精神，积极发挥中心的协调作用和专业技术人员的优势，为市政府提供了有力的决策咨询保障。中心先后对“北京电动自行车发展对策”、“出租车空驶问题”“北京旧城交通对策研究”等城市热点问题进行调查和论证；牵头编制《北京交通年报》、《北京交通发展纲要》；组织“北京市智能交通系统规划与实施方案”、“北京交通综合信息平台”、等重大项目的研究。

北京交通发展研究中心将继续保持并发展同政府部门、研究机构和企业界的广泛、紧密的联系，解放思想、开拓创新、大胆工作，为建设一个通畅有序的交通系统作出应有的贡献。

新世界中國地產有限公司
New World China Land Limited
新世界
尽显王者风范
新世界集团是香港十大财团和四大地产商之一，拥有物业、酒店、基建、服务、电讯等多元事业。位于京城崇文门的北京新世界中心、新世界太华公寓、新世界家园、新裕家园以及地处北京经济开发区的新世界新康家园等，亦是新世界中国地产投资开发的物业。新世界集团在物业的发展与管理上为客户提供全国一致的国际水准服务，多年精心打造的品牌使新世界成为一面房地产业鲜明的旗帜，客户信心的保障。
新世界太华公寓 BEIJING NEW WORLD TAIHUA APARTMENTS
新世界家园 BEIJING NEW WORLD VILLA
新裕家园 XINYU VILLA
新康家园 XINKANG GARDEN
投资商：新世界中国地产有限公司
发展商：北京崇文·新世界房地产发展有限公司 北京崇裕房产开发有限公司 北京新康房地产发展有限公司
新世界北京项目管理中心 北京市崇文门外大街9号正仁大厦10层 电话：010-67087788 传真：010-67085360 E-mail:bjnw@public.bta.net.cn

《北京统计年鉴》编辑委员会

编 辑 说 明

1. 《北京统计年鉴》是一部按年连续出版的大型统计资料书。本书通过大量的统计数据，真实地记录了北京市一年来社会经济和科技方面的发展变化情况，是国内外各界人士了解北京、认识北京的重要资料工具书。

2. 《北京统计年鉴—2003》为中英文对照版，参照《中国统计年鉴》，篇目顺序有所调整。内容上增设了国民经济核算，教育、卫生及民政局所属的社会福利三部分的内容根据专业部门提供的制度有所调整。新增加了 R&D 情况、会展调查情况、工业物流调查情况及北京市第二次全国基本单位普查资料、2002 年外来人口动态监测调查统计资料，并根据实际情况调整了少量统计指标和统计表。每个细目都针对主要指标制作了统计图并编排了指标解释。随书配有统计年鉴电子版，具备数据加工、制图和快速查询的功能。

3. 年鉴正文分为两部分——文章和统计图表。第一部分登载了《北京市 2002 年国民经济和社会发展统计公报》、《北京市第二次全国基本单位普查公报》、《北京市 2002 年外来人口动态监测调查公报》；第二部分统计图表分综合，国民经济核算，人口，劳动力和工资，固定资产投资及房地产业，能源生产和消费，物价，城市公用事业，人民生活，农业和农村经济，工业，建筑业，交通运输及邮电通信业，批发零售贸易及餐饮业，对外经济贸易，旅游业，金融、保险，教育、文化，科技，卫生、体育，城市公用事业，人民生活，社会福利、政法及其他，服务业，企业及企业集团情况，开发区情况，专项调查等 25 个细目；在附录部分中还分列了北京市自改革开放以来的主要经济数据等。

4. 本年鉴的资料来源大部分为年度统计报表，部分来自抽样调查。

5. 本年鉴对以前发表的统计资料重新进行了核实，相应地调整了部分数据。读者在使用历史资料时，如数据有出入，请以本年鉴为准。

6. 本年鉴根据统计方法制度改革及社会经济发展情况对部分统计资料进行了增减或调整，恕不一一说明。

7. 本年鉴采用的国民经济行业分类是按照中华人民共和国国家标准《国民经济行业分类和代码》划分的；登记注册类型是按照 1998 年 9 月国家统计局、国家工商行政管理局颁发的《关于划分企业登记注册类型的规定》划分的；使用的度量衡单位均采用国家统一的标准计量单位。

8. 本年鉴中平谷县、怀柔县已调整为平谷区、怀柔区。

9. 统计资料若无年份说明，均为 2002 年当年数据。

10. 各表分组数相加与总计数略有差额，因四舍五入之故。

11. 本年鉴使用的符号说明：“…”表示数据不足该表最小单位数；“空格”表示该项指标数据不详或没有数据；“#”表示其中项。

二〇〇三年六月

目录

CONTENTS

文章选编

ARTICLES

统计图表

STATISTICAL GRAPH AND CHART

主要统计指标统计图

GRAPH OF MAIN STATISTICAL INDICATORS

六、能源生产与消费

PRODUCTION AND CONSUMPTION OF ENERGY

七、物价

PRICE INDEX

主要统计指标统计图

GRAPH OF MAIN STATISTICAL INDICATORS

二十、卫生、体育

HEALTH AND SPORTS

二十一、社会福利、政治及其他

SOCIAL WELFARE,POLITICS AND LAW AND OTHERS

文章选编

ARTICLES

北京市统计局2002年
国民经济和社会发展统计公报

2003年1月22日

2002年，在市委、市政府的领导下，全市人民以邓小平理论和“三个代表”的重要思想为指导，努力克服世界经济低速增长的不利影响，积极应对加入WTO后出现的新情况，紧抓机遇，开拓创新，大力推进首都经济发展战略的实施，全面提高城市综合竞争力。全市经济继续保持了快速增长的良好态势，改革开放和现代化建设不断取得新进展，社会事业全面进步，人民生活水平进一步提高。

一、综合经济

经济实力：全市经济保持快速健康增长。初步统计，2002年全市实现国内生产总值3130亿元，比上年增长10.2%，实现了预期增长目标。人均国内生产总值达到27746元，比上年增长8.9%，按当前汇率折算，约合3355美元。

产业结构：全市第一产业实现增加值95.5亿元，比上年增长5%；第二产业1114.4亿元，增长8.8%；第三产业1920.1亿元，增长11.4%。三次产业比重分别为3.1%、35.6%和61.3%，其中第三产业比重比上年提高0.8个百分点。

所有制结构：非公经济实现增加值占全市国内生产总值的比重达到46.5%，比1997年提高23.5个百分点。5年来，非公经济增势强劲，年均增速高达25.9%，为全市经济增长不断注入新的活力。2002年，非公经济对全市经济增长的贡献率达到64.6%，比5年前提高12.4个百分点。

三大需求：三大需求共同拉动，全市经济增长的内在动力继续增强。

固定资产投资保持较快增长。全年完成全社会固定资产投资1814.3亿元，比上年增长18.5%。投资重点集中于住宅和基础设施两个方面。全年完成住宅投资634.6亿元，比上年增长20.1%；住宅投资占全社会固定资产投资的比重为35%，同比提高0.5个百分点。全年完成基础设施投资411.9亿元，比上年增长15.6%；基础设施投资占全社会固定资产投资的比重为22.7%，从投资主体看，非国有单位投资是带动全市投资快速增长的主要力量。全年非国有单位投资完成1063.4亿元，增长36.7%，占全社会固定资产投资的比重达到58.6%，其中非国有内资企业完成投资716亿元，增长44.3%，占全社会投资的比重为39.5%。投资领域初步改变了前几年过度依赖政府支持的局面。

消费市场热点比较突出。全年实现社会消费品零售额1744.8亿元，增长9.5%，扣除价格因素，实际增长11.3%。消费热点主要集中于交通、通信和住房等领域。全年销售商品住宅1604.4万平方米，增长42.3%（销售额716.7亿元，增长34.8%）；销售各类汽车26.0万辆，增长13.7%；城镇居民人均用于交通通信方面的消费支出达到1271元，增长51.4%，增幅比上年提高24.3个百分点。

居民消费倾向有所提高，消费结构升级步伐加快。全年城镇居民人均消费性支出10285.8元，增长15.3%，增幅比上年提高10.2个百分点。平均消费倾向为0.83，比上年提高0.055。服务性消费比重达到30%，比上年提高17个百分点。

出口增幅超过上年。在加入WTO的新形势下，我市积极推进“大通关”工作，狠抓新的出口增长点，不断增强外贸企业市场竞争力，地方出口大幅增长。全年地方企业出口总值达到59亿美元，比上年增长21.1%，增幅提高15.8个百分点。机电产品和高新技术产品成为我市的主要出口商品，占全市出口总额的比重分别达到63.5%和44.6%。

市场价格：全市居民消费价格指数为98.2%，工业品出厂价格指数为96.6%，原材料、燃料及动力购进价格指数为97.1%，分别比上年下降4.9个、2.8个和3.4个百分点。从动态看，2002年下半年以后，价格降幅趋于减缓，全年三类价格指数分别比上半年提高0.6个、2.3个和0.3个百分点。

财政收支：财政收入保持较快增长。全年完成地方财政收入534亿元，比上年增长25.9%，连续8年保持20%以上的增长速度。财政收入中，增值税、营业税分别为66.7亿元和227.8亿元，比上年增长13.0%和25.6%；企业所得税、个人所得税分别为100.0亿元和61.3亿元，增长17.6%和21.1%。地方财政支出625.5亿元，增长21.4%。

二、城市建设

道路建设：道路建设取得突破性进展。轨道交通工程建设全面展开，城市快速轨道交通西线工程竣工通车，地铁八通线进展顺利。高速公路、城市快速路、主干路和城区路网加密工程加快实施，德外大街、五环路二期、三期和六环路一期、京承高速路一期等陆续建成通车，二环路进行了全面改造，三环路改造正式开工。全年道路建设总投资153.9亿元，比上年增长51.8%，占基础设施投资的比重达到37.4%。年末，全市道路总长度达到4400公里，比上年末增加70公里；高速公路达到463公里，比上年末增加 128 公里。轨道交通运营里程达到 74.6 公里，比上年末增加 20.6 公里。全市基本形成了以轨道交通为先导，高速公路为龙头、干线路为骨干、路网为联络线、县乡路为支脉的放射形交通网络。

危旧房改造：全年城八区完成危旧房改造投资 179.3 亿元，拆除房屋 232.4 万平方米，其中危房 89.9 万平方米，动迁居民近 7.4 万户。截止到年底，全市危旧房改造工程开复工总面积达到 1160.8 万平方米，其中本年新开工 454.6 万平方米，竣工 332.2 万平方米。在危改过程中，我市十分重视古都风貌的保护工作，制定了《关于加强危改中的"四合院"保护工作的若干意见》，研究讨论了《关于稳步推进北京旧城历史文化保护区内房屋修缮和改建工作实施意见》，以妥善处理城市现代化建设与历史文化名城保护的关系

环境保护和治理：大气污染得到有效治理。从 1998 年开始，全市先后分 8 个阶段实施了数十项控制大气污染的紧急措施，使主要大气污染物浓度显著下降，空气质量明显好转。2002 年，全市空气质量达到二级和好于二级的天数为 203 天，占全年总天数的 55.6%，超过年初确定的 55%的目标。全市能源结构得到进一步调整。全年城近郊区共有 1681 台燃煤锅炉改用清洁能源，全市天然气供应量达到 18 亿立方米，比上年增长 12.5%。全年新增集中供热面积 800 万平方米，新增电采暖面积 400 万平方米。机动车排气污染控制力度加强。清洁燃料公交车增加到 1800 辆。机动车尾气路检达标率已达 90%。严格控制扬尘污染，治理裸露土地和季节性裸露农田 397 万平方米和 130 万亩。积极治理工业污染，关停 5 个水泥厂、20 个石灰厂，四环路内 12 家有污染的企业搬迁或停产。

城市绿化取得新进展。继续推进三道绿色生态屏障建设，城区建成 51 处集中大绿地，城市绿化隔离带绿化面积达到 110 平方公里，"五河十路"绿色通道完成绿化 366 公里，山区人工造林 20 万亩，五大风沙危害区完成造林 4 万亩，全市林木覆盖率和市区绿化覆盖率分别达到 45.5% 和 40.2%，比上年提高 6.2 个和 6.8 个百分点。

城市环境综合整治工作继续加强。北环水系综合整治工程正式开工，清河和凉水河污水截流工程加快建设。肖家河污水处理厂和清河污水处理厂一期工程投入运行，城市污水日处理能力达到 150 万吨，比上年增长 17%。全市污水处理率超过 45%的预期目标，比上年高了 3 个百分点。全市在 250 个居民小区开展生活垃圾分类收集试点，高安屯垃圾卫生填埋厂一期工程投入使用，市区垃圾日产日清，且全部实现无害化处理。全年城市垃圾无害化处理率达到 86.5%，比上年高 5 个百分点。

公共交通：城市公交体系逐步完善。年末，全市共有公共交通运营车辆 1.5 万辆,客运出租车营运车辆 6.5 万辆，公共电汽车线路 582 条。全年城市公共交通共运送乘客 48 亿人次（不含出租车），比上年增长 6%；其中公共电汽车运送乘客 43.2 亿人次，占 90%；轨道交通 4.8 亿人次，占 10%。全年出租汽车客运量达到 6 亿人次。

公用事业：城市水电气热供应能力大幅度提高。全年自来水售水量 6.6 亿吨，其中生活用水 5.6 亿吨。自来水日供水能力达到 371 万吨。全年北京地区用电 384.8 亿千瓦时，比上年增长 10.9%。年末天然气家庭用户达到 191 万户，占全市燃气总户数的 57%。城市热力管网集中供热面积达到 6915 万平方米。

三、主要行业

农业：农业在结构调整中加快增长。全年实现农业增加值95.5亿元，比上年增长5%，连续第三年保持4%以上增速。全市完成农林牧渔业总产值235.5亿元，比上年增长10%，增幅提高0.3个百分点。其中，种植业产值105.9亿元，增长6.8%，养殖业产值129.6亿元，增长12.8%。养殖业占农业的比重达到55%，比上年提高1.3个百分点。粮食播种面积253.4万亩，比上年调减21%；各类经济作物和其他农作物占耕地面积的比重由上年的41.3%上升到45.4%。全年粮食产量82.3万吨，粮食亩产324.8公斤。主要农副产品产量稳定增长，肉类、蔬菜、牛奶产量分别比上年增长12.7%、4.1%、28.4%。

工业：工业生产总体继续保持增长。全年完成工业增加值 870 亿元，比上年增长 7.9%。工业增加值占国内生产总值的比重 27.8%，对全市经济增长的贡献率为 23.2%。全年规模以上工业增加值 823.3 亿元，增长 8%；其中国有工业完成增加值 164.3 亿元，股份制工业增加值 26.2 亿元，分别比上年增长 9.5%、29.1%，外商及港澳台工业完成增加值 336.2 亿元，比上年下降 0.8%。

全市高新技术产业实现工业增加值 251.6 亿元，比上年下降 0.6%，高新技术产业占全市工业增加值的比重为 28.9%。

产销衔接基本正常，企业运营状况稳步改善。全年规模以上工业企业产品销售率达到 98.2%，比上年下降 0.95 个百分点。规模以上独立核算工业企业实现利润 152.2 亿元，比上年增长 8.7%。利税总额 307.7 亿元，增长 10.9%。工业企业经济效益综合指数达到 135.2%，比上年提高 6.1 个百分点。成本利润率为 4.94%，比上年提高 0.09 个百分点；全员劳动生产率 80554 元/人，比上年提高 14.7%。

建筑业：建筑业生产增势强劲。在固定资产投资特别是住宅建设的带动下，全市建筑业总产值突破千亿元，达到1055.1亿元，比上年增长18.8%。实现增加值244.4亿元，比上年增长12%，增幅提高5.8个百分点。建筑业占国内生产总值的比重达到7.8%，比上年提高0.3个百分点。建筑企业劳动生产率继续提高,全员劳动生产率达到117679元，比

上年增长11.1%。建筑业实现利润21亿元，增长12.3%，人均利润3688元，增长14%。

邮电通信业：邮电通信业稳步发展。全年邮电通信业实现增加值 154.8 亿元，比上年增长 7.9%；完成邮电业务总量 233.3 亿元，比上年增长 17.1%。

邮政业务有涨有落。全年订销报纸 12.3 亿份，比上年下降 8.9%；订销杂志 5263 万份，比上年下降 1.4%；收寄特快专递 971 万件，比上年下降 2%。邮政新业务发展迅速。全年完成商函制作 28044 万件，比上年增长 48.3%；年末邮政储蓄余额达到 242 亿元，比上年增长 18.3%。

通信业健康发展。固定电信稳步发展。全市局用交换机容量达 804 万门，比上年增长 13.2%。全市固定电话用户达 585.5 万户，比上年增长 13.1%。电话主线普及率达到 51.6 线/百人，其中城市电话主线普及率达到 74.3 线/百人，乡村电话主线普及率达到 16.8 线/百人。移动通信高速发展。年末，全市移动电话用户达到 940 万户，比上年增长 49%；移动电话普及率达到 82 部/百人。此外，新兴通信业务如数据通信、多媒体、互联网、电话信息服务、手机短信等迅速扩展。

交通运输业：交通运输平稳增长，运输方式积极变化。2002 年，交通运输业实现增加值 78.1 亿元，比上年增长 0.5%。

货物运输平稳增长。全年货运总量 30790.8 万吨，比上年增长 0.8%。其中，铁路运输 2370 万吨，下降 5.4%；公路运输 28375 万吨，增长 1.3%；民用航空运输 45.8 万吨，增长 21.5%。

旅客运输快速增长。全年旅客运输量 29559.6 万人次，比上年增长 31.6%。其中，铁路 5170 万人次，增长 8.8%；公路 23112.3 万人次，增长 39%；民用航空 1277.3 万人次，增长 17.2%。

商业：多元业态促进商业繁荣。全年批发零售贸易和餐饮业实现增加值 250.7 亿元，比上年增长 7.1%。大中型批发零售贸易企业实现商品销售总值 3484.9 亿元，增长 5.5%；购进总值 3199.2 亿元，增长 5.5%。大中型商业企业经济效益有所改善，实现销售收入 3085.9 亿元，增长 8.7%；实现利润 58.0 亿元，增长 32.9%。新型商业业态快速发展，年末连锁企业已达到 139 家，连锁商业全年实现零售额 326.3 亿元，增长 31.2%，高于全市商业平均增速。物流中心、配送中心、网上购物也有发展。年末已有家乐福、万客隆、普尔斯马特等 20 多家国际知名零售企业落户北京，促进了我市商业经营管理方式的转变。

金融保险业：金融保险业稳健发展。全年金融保险业增加值 484.9 亿元，比上年增长 10.6%。

金融业务进一步扩大。年末，北京市金融机构各项人民币存款余额 15392.7 亿元，比年初增加 3161.3 亿元，增量比上年增长 27.7%。其中企业存款余额 8562.8 元，比年初增加 1857.9 亿元，增量比上年增长 45.3%；居民储蓄余额 4389.7 亿元，比年初增加 853.4 亿元，增量比上年增长 39.2%。金融贷款余额 9230.8 亿元，比年初增加 1724.4 亿元，增量比上年增长 44.4%。其中企业贷款余额 8086.5 亿元，比年初增加 1293.4 亿元，增量比上年增长 52.6%；消费贷款余额 1162.3 亿元，比年初增加 431.0 亿元，增量比上年增长 24.2%。全年金融机构现金收入 12193.9 亿元，现金支出 12111.7 亿元，收支相抵回笼现金 82.2 亿元。

保险市场快速发展。保费收入 226.8 亿元，比上年增长 60.9%。其中，财产险保费收入 44.2 亿元，增长 15.6%；人身险保费收入 182.6 亿元，增长 77.8%。

证券市场稳步发展。全年证券市场各类证券成交额 13331.2 亿元，比上年增长 5.8%；其中股票成交额 4553.5 亿元，比上年减少 14.7%。年末，全市发行 A 股上市企业 68 家，当年上市企业 6 家，通过证券市场融资 152.17 亿元。

房地产业：房地产业健康发展。全年实现增加值 129.8 亿元，比上年增长 16.7%，占第三产业增加值比重达到 6.8%，占国内生产总值的比重为 4.1%。全市完成房地产开发投资 989.4 亿元，比上年增长 26.2%，房地产投资占全社会投资的比重达到 54.5%。全市商品房施工面积达 7510.8 万平方米，竣工面积 2384.4 万平方米，销售 1708.3 万平方米，分别是上年的 125.9%、139.7%和 141.8%。全年实现商品房销售额 813.8 亿元，比上年增长 33.4%。

房地产开发热点是商品住宅。全年商品住宅投资 586.7 亿元，比上年增长 26.4%，占房地产投资的比重达到 59.3%。商品住宅开复工面积 5397.6 万平方米，增长 24.1%；竣工面积 1926.2 万平方米，增长 38.2%。

四、对外开放

外贸进出口：对外贸易规模不断扩大。据海关统计，全市海关进出口贸易总值 525.1 亿美元，增长 2.0%。其中进口总值 398.9 亿美元，出口总值 126.1 亿美元，分别比上年增长 0.4%和 7.2%。地方企业进出口贸易总值为 140.4 亿美元，增长 4.8%。其中进口为 81.4 亿美元,为去年同期的 95.5%;出口总值 59 亿美元，增长 21.1%。从进出口结构看，出口增长快于进口增长，贸易逆差有所缩小。地方出口产品中，出口产品结构不断改善，机电产品出口比重有所提高，全年出口机电产品 37.4 亿美元，增长 28.5%，占地方出口总额的比重达 63.5%，比上年提高 4 个百分点。

对外承包工程和劳务合作：对外服务贸易稳定增长。全年新签对外承包工程和劳务合作合同额 2.79 亿美元，完成营业额 2.32 亿美元。年末在外人数 2134 人。

旅游：海外来京游客继续增长。全年接待海外游客突破 300 万人次，达到 310.4 万人次，增长 8.6%。旅游创汇收入达到 31 亿美元，比上年增长 5.1%。国内旅游发展良好，全年接待国内旅游者 1.15 亿人次，比上年增长 5%；旅游收入 930 亿元，比上年增长 5%。年末，全市共有旅游定点饭店 622 家，其中星级饭店 572 家，客房数达到 10.3 万间，比上年末增加 1 万间。客房出租率达到 61.7%。

利用外资：利用外资取得新进展。全市新批外资项目 1370 项，协议外资金额 28.1 亿美元，分别比上年增长 19.4% 和 3.6%。实际吸引外资 51 亿美元，其中客商直接入资 17.9 亿美元，分别增长 27.2%和 1.4%。外资投向趋于合理，投向第三产业的外资比重为 61.3%。跨国公司投资势头良好，全球 500 家跨国公司中已有 160 家左右在京投资。

开发区：开发区成为全市经济发展的热点。年末，各类开发区累计入区企业 17592 家，其中投产企业 16309 家。全年各类开发区实现总收入 3020.9 亿元，比上年增长 20.9%；实现工业总产值 1689.3 亿元，增长 25.0%（现价）；实现利润 119.3 亿元，增长 32.9%；上缴税费 144 亿元，增长 23.9%。开发区全年完成固定资产投资 112.1 亿元，增长 21.1%。世界 500 强企业中已有 40 多家在开发区设立了研发和生产基地。

中关村“一区五园”保持高速发展势头。年末园区高新技术企业总数已达 11340 家，全年实现总收入 2420 亿元，比上年增长 20.1%；实现增加值 537 亿元，增长 17%（现价），占全市国内生产总值的比重为 17.2%；上缴税费 110 亿元，增长 23%。

五、社会事业

科学技术：科技投入继续增加，全市科技活动经费支出总额达 370 亿元，比上年增长 7.8%；其中 R&D 经费支出 180 亿元，增长 5.1%。

科研机构和队伍稳定。年末，全市开展科技活动的单位为 3350 个，其中科研院所 360 个；北京地区拥有科技活动人员 25 万人，其中科学家和工程师（指大学本科及以上学历或有中高级技术职称的人员）19.7 万人，占科技活动人员总数的 78.8%。

创业创新体系建设取得进展。年末，拥有孵化器 53 家，居全国之首，在孵企业约 1150 家。提高服务水平，加速科技成果转化，全年技术合同登记 27038 项，合同成交总金额 221.1 亿元，其中技术交易额 181.0 亿元，保持全国领先地位。近年来，北京吸收本地区技术商品和辐射全国各地的技术商品，其金额和项数大致各占一半，技术市场呈现持续稳定发展的局面。

四大基地建设加快。软件产业基地、北方微电子基地、生物医药基地、新材料基地等“四个基地”建设初具规模。年末，认定软件企业突破 1000 家，累计登记软件产品达到 3605 个，全国约有 70%的自主软件产品在北京开发。以中关村开发区为主，生物医药制造产业群渐成规模，全市生物医药和新医药产业实现增加值 16.4 亿元，增长 24.4%。支持新材料领域 7 家企业上市。在微电子领域，研制出一批具有自主知识产权的产品如“星光 1 号”、“星光 2 号”、“中国芯”等。

教育：教育事业蓬勃发展。教育投入稳步增加，全年教育经费投入319.2亿元，其中，财政预算内教育经费拨款 94.66亿元。

各级各类教育全面发展。高考改革取得进展，春季招生改革试点顺利进行，高考“3+X”考试科目改革平稳实施。高校后勤社会化改革稳步推进，大学生公寓建设取得重大进展，全年共竣工学生公寓53万平方米，入住学生4万人。总建筑面积31万平方米的望京花园东区教师住宅竣工交付使用。年末，北京共有普通高等学校62所，成人高等学校 38所，全市有46所普通高校和124个科研机构培养研究生。普通高等教育、成人高等教育招生规模继续扩大，全年招生人数为25.46万人，高考录取率达到74%，18-22岁年龄组人口高等教育毛入学率达到46%，居全国最高水平。

基础教育走在全国前列。全市学龄儿童入学率一直保持在99.9%以上，初中阶段毛入学率保持在100%，普通高中特别是优质高中招生规模稳步扩大，普通高中实际招生 8.5万人，高中阶段入学率达95%以上。

职业教育、成人教育快速发展。五年来，全市有 30% 的市民和 50%以上的从业人员接受各种形式的教育和培训，年培训量已达到 500 万人次以上。职业教育和成人教育迅速发展，五年共为社会输送毕业生 40.81 万人。目前全市已建立了 8 所社区学院，城近郊区 80%以上的街道建立了社区教育中心或市民学校，社区教育进入了全面推进的新阶段。

教育信息化程度明显提高。北京教育信息网的远程教学服务已辐射到全市 10 个远郊区县。作为“数字北京”工程重要组成部分的“校校通”工程进展顺利。年末，全市建起校园网的小学校已有 400 所，高校 46 所。重点大学学生人均每年上网 300 小时以上，学生上网率在 90%以上。

文化：文化艺术繁荣活跃。全市各主要剧场文艺演出 1.3 万余场，引进国外及港、澳、台地区来京交流项目 131 批，来京的涉外演出 201 台、3290 场次。社区文化、企业文化、校园文化、家庭文化蓬勃发展，城乡人民业余文化生活丰富多彩。年末，全市有区县文化馆 20 个，全市各街道和乡镇基本都建有基础文化设施（文化站），建筑总面积 18.2 万平方米。建成各类文化广场 972 个，总面积 454 万平方米，总投资 14.6 亿元。以基层文化工作者、文化志愿者和业余文艺骨干为重点的基层文艺队伍日益壮大，全市基层文化工作者队伍共有 12.4 万人，群众业余文艺创作更加繁荣，涌现出一大批业余文艺创作精品。全市有 31 部作品和 270 余名业余文艺骨干在“群星奖”等全国各类文艺评比和赛事中获奖。

公共图书馆事业规模不断扩大。全市已初步形成以国家图书馆、首都图书馆、市少儿图书馆为龙头，区级图书馆为区域中心，乡街文化站图书室为基础的公共图书馆体系。到2002年底，全市共有公共图书馆26个，其中少儿图书馆5个；5个图书馆建筑面积达到万平方米以上，平均每人拥有藏书2.8册。全市有5家社区图书馆挂牌成立，成为北京市首批社区图书馆。

到2002年底，全市共有各类电影放映单位213个，电影院64个。北京地区电视节目17套，广播电视综合覆盖率达99.9%。广播电视播出时间位居全国前列。出版发行业经过改组改造，集约化程度不断提高。年末，北京地区出版的报纸达到244种，总印数67.4亿份，分别比上年增长0.4%和减少2.8%；出版的期刊达到2378种，总印数8.2亿册，分别比上年增长0.2%和1.3%；全市出版图书81782种，总印数12.6亿册，分别比上年增长27.9%和22.6%。

文物古迹保护工作成果显著。年内又有明长城遗址公园、菖蒲河公园等一批展示古都风貌的工程向公众开放。年末，全市拥有国家级文物保护单位60处，市级文物保护单位234处，历史文化保护街区25处。市级财政加大对文物保护专项资金的投入，到2002年底共投入3.3亿元。全市面向社会开放的博物馆达到118个，除固定展出外，每年举办临展、巡展及外展200余个，参观人次达1800万人次。

卫生：卫生事业迅速发展。服务体系逐步完善，医疗卫生力量不断增强。全市卫生技术人员保持稳定，医院床位年均增长1.8%，全市平均每千人口拥有医院床位6.31张，每千人拥有医生4.64人。医院硬件设施逐步接近国际先进水平，一般医疗设备的普及率达到100%。

传染病危害程度显著下降，居民主要健康指标达到国际先进水平。全市计划免疫四苗全程接种率达到99%以上，计划免疫相关疾病依然保持在较低水平，已连续18年没有发现野毒株引起的脊髓灰质炎病例。全市人均期望寿命接近76岁。

社会医疗保障体系基本形成。2001年，全市开始进行城镇医疗保险制度改革，计划对596万城镇职工分布实施。2002年是城镇医疗保险制度改革的第二年，年末实际参保人数达到325万人，约占城镇从业人员总数的55%。社区卫生服务体系不断完善，全市社区卫生服务建站工作已完成规划的94.6%，89.4%的社区卫生服务站通过验收。卫生资源进一步优化整合，32家大型综合医院与113家社区卫生服务中心建立了定点协作关系，形成双向转诊关系。

体育：群众体育蓬勃发展。2002年，全市经常参加体育锻炼的人数达到543.79万人，占全市常住人口的比重达到41.83%；大中小学生体育锻炼达标率达到95%以上。全民健身晨、晚练活动场所近3000个。全民健身工程的配建力度加强。全年配建1200个“居家工程”，39个“标准工程”，6个“市级工程”，总面积86.1万平方米，总投资1.8亿元，其中市体育彩票公益金投入达4500万元。

竞技体育水平稳步提高。年末，全市有优秀体育运动员791人。2002年举办国际国内体育比赛37个项目106项次；市级竞技系列体育比赛（奥运会项目）21个项目49项次；群众系列体育比赛28个项目120项次。共获得国际和全国性比赛奖牌110枚，其中金牌45枚，银牌36枚。在釜山亚运会，我市共有52名运动员和17名教练员入选中国体育代表团，参加了24个项目的角逐。其中有12人在7个项目的比赛中夺得20枚金牌、8枚银牌和5枚铜牌，实现了我市参加亚运会夺取金牌数的历史性突破。

六、人口、就业、人民生活

人口：人口总量得到控制，常住人口缓慢增长。年末，全市共有常住人口（在京居住半年以上人口）1423.2万人，比上年增加39.9万人，增长2.9%。全市人口出生率为6.6‰，比上年增加0.5个千分点；死亡率5.7‰，比上年增加0.4个千分点；自然增长率0.9‰，比上年增加0.1个千分点。据公安部门统计，2002年末，全市户籍人口1136.3万人，比上年末增长1.2%。

就业和社会保障：全市积极开辟就业渠道，逐步完善社会保障体系。据劳动部门统计，2002年末，全市实有城镇登记失业人员6.02万人，城镇登记失业率为1.35%，控制在2%预定目标以内。运行5年的再就业服务中心正式退出历史舞台，实现了下岗职工基本生活保障向失业保险制度的平稳并轨。全市初步建立起下岗职工基本生活保障、城市居民最低生活保障制度与养老、失业、医疗保险相互衔接、相互补充的基本生活保障体系。

居民收入：城镇居民人均可支配收入12463.92元，比上年增长13.5%，扣除价格因素，实际增长15.5%；全年人均消费性支出为10285.83元，比上年增长15.3%，扣除价格因素，实际增长17.4%。城镇居民恩格尔系数33.8%，比上年降低2.7百分点。农民人均纯收入5880元，比上年增长11.5%，扣除价格因素，实际增长12.3%；农民人均生活消费性支出4206元，比上年增长8.6%。

居民住房：居住环境有较大改善。全市住宅竣工2189.6万平方米，增长21.3%；其中经济适用住房竣工316.4万平方米。全市城镇居民人均使用面积由上年的17.62平方米上升到18.2平方米，增加0.58平方米。农村居民人均生活用房面积32.6平方米，比上年增加1.6平方米。

附 1　公报注释：

1. 本公报数据为初步统计数。
2. 本公报中增加值为现价，除注明外，增长速度均按可比价计算。
3. 居民平均消费倾向是指居民消费支出占可支配收入的比重。
4. 社会劳动生产率按现价增加值计算。
5. 社会消费品零售额中不含居民住宅销售额。
6. 恩格尔系数是指居民食品消费支出占消费支出的比重。

附 2　2002 年经济发展统计表：

指标名称	单位	2002 年	2002 年为 2001 年%
社会消费品零售额	**亿元**	**1744.8**	**109.5**
吃	亿元	469.9	102.2
穿	亿元	191.3	99.1
用	亿元	1015.9	121.8
主要农副产品产量			
粮食总产量	万吨	82.3	78.5
蔬菜总产量	万吨	545.6	104.1
肉类总产量	万吨	73.5	112.7
鲜蛋总产量	万吨	16.9	108.3
牛奶总产量	万吨	55.1	128.4
水产品总产量	万吨	7.4	100.0
出栏猪	万头	474.7	104.8
主要工业产品产量			
成品钢材	万吨	750	103.3
发电量	亿千瓦小时	142	104.7
供热量	万百万千焦	2961	88.2
液化石油气	万吨	42	105.0
化肥（折纯）	万吨	1.0	89.3
水泥	万吨	884	103.2
乙烯	万吨	90.4	166.4
汽车	万辆	24.3	144.7
彩色显象管	万只	751.3	131.5
显示器	万部	311	120.3
移动通信设备	万部（信道）	58.2	80.1
微型计算机	万部	415.7	118.7
移动电话机	万部	2280.1	105.3
程控交换机	万线	2017.7	55.3
饮料酒	万吨	138.7	101.6
乳制品	吨	13869	92.8
各种运输方式运量（北京地区）：			
货物运输量	万吨	30790.8	100.8
铁路万	吨	2370	94.6
公路万	吨	28375	101.3
民航万	吨	45.8	121.5
旅客运输量	万人次	29559.6	131.5

铁路	万人次	5170	108.8
公路	万人次	23112.3	139
民航	万人次	1277.3	117.2
居民消费价格指数(以上年为 100)			**98.2**
食品			98.0
烟酒及用品			100.6
衣着			95.9
家庭设备用品及维修服务			97.0
医疗保健和个人用品			100.2
交通和通讯			99.5
娱乐教育文化用品及服务			99.5
居住			101.9
城镇居民耐用消费品拥有量(每百户):			
空调器	台	106.5	118.7
淋浴热水器	个	83.5	106.9
彩电	台	148.4	99.7
电冰箱	台	101.6	95.3
洗衣机	台	98.6	96.5
家用电脑	台	55.5	122.5
微波炉	台	73.1	108.1
脱排油烟机	台	78.5	111.5
电炊具	台	98.1	85.9

注：本公报数据为年度初步统计数据，正式年报数据以本年鉴报告数据为准。

北京市第二次全国基本单位普查公报

北　京　市　统　计　局
北京市第二次全国基本单位普查领导小组办公室
（2003 年 2 月）

根据国务院办公厅《关于认真做好第二次全国基本单位普查的通知》要求，我市以 2001 年 12 月 31 日为时点，对行政区域内除农户和个体工商户以外的所有法人单位[注一]及其所属的产业活动单位[注二]进行了普查。目前已完成普查数据的初步汇总工作，并通过了全国基本单位普查办公室的质量验收。现将普查结果公布如下：

一、单位的总体情况

截止 2001 年 12 月 31 日，全市除农户和个体工商户以外，共有法人单位 246767 个，按可比口径计算，全市单位总规模比 1996 年扩大 50.1%。其中，企业法人 222303 个，占 90.1%；事业法人 10130 个，占 4.1%；社会团体法人 2530 个，占 1.0%；机关法人（国家机关、政党机关）2133 个，占 0.9%；其他法人（居村委会、民办非企业）9671 个，占 3.9%。共有产业活动单位 266262 个，其中生产经营性产业活动单位 238560 个，占 89.6%；非生产经营性产业活动单位 27702 个，占 10.4%。

表 1　按单位类别分组的单位数

类　　别	单位数(个)	比重（%）
一、法人单位	**246767**	**100.0**
企业法人	222303	90.1
事业法人	10130	4.1
机关法人	2133	0.9
社会团体法人	2530	1.0
其他法人	9671	3.9
二、产业活动单位	**266262**	**100.0**
生产经营性产业活动单位	238560	89.6
非生产经营性产业活动单位	27702	10.4

从地区分布看，全市法人单位主要集中在近郊区（朝、海、丰、石），比重达到 47.0%，比 1996 年上升了 2.7 个百分点；城区（东、西、崇、宣）的单位数量则呈减少趋势，比重下降了 4.5 个百分点。法人单位居前六位的区县分别是海淀、朝阳、丰台、西城、东城、门头沟，约占全市单位总量的三分之二。

表 2　法人单位的地区分布

地　　区	单位数（个）	比重（%）
合　计	**246767**	**100.0**
东城区	18857	7.7
西城区	19488	7.9
崇文区	6777	2.7
宣武区	7681	3.1
朝阳区	43852	17.8
丰台区	20192	8.2
石景山区	4990	2.0
海淀区	47056	19.1
门头沟区	14218	5.8
房山区	7247	2.9
通州区	8780	3.6
顺义区	5984	2.4
昌平区	7593	3.1
大兴区	11062	4.5
平谷县	7465	3.0
怀柔县	6771	2.7
密云县	4459	1.8
延庆县	3366	1.4
亦庄开发区	815	0.3
其他	114	-

从地理分布看，全市法人单位主要集中在四环路以外，比重达到 47.8%，比 1996 年上升了 1.0 个百分点；二环路以内法人单位比重下降了 3.5 个百分点；二环路至三环路、三环路至四环路法人单位比重分别略有上升。

二、产业结构与行业分布

普查结果表明，本市法人单位从事第一产业的有 1921 个，占 0.8%；从事第二产业的有 42852 个，占 17.4%；从事第三产业的有 201994 个，占 81.8%。

表 3 法人单位产业构成及变化

	构成（%）		比 1996 年增减（百分点）
	2001 年	1996 年	
总　计	**100.0**	**100.0**	-
第一产业	0.8	0.9	-0.1
第二产业	17.4	27.7	-10.3
第三产业	81.8	71.4	10.4

与 1996 年相比，第一、第二产业的法人单位占全部法人单位的比重分别下降了 0.1 和 10.3 个百分点，而第三产业的法人单位所占比重上升了 10.4 个百分点。

2001 年末，各类法人单位的从业人员共 675.3 万人，其中，第一产业 5.7 万人，占 0.9%，比 1996 年减少 0.8 万人；第二产业 276.5 万人，占 40.9%，比 1996 年减少 34.1 万人；第三产业 393.1 万人，占 58.2%，比 1996 年增加 76.7 万人。从业人员逐渐从第一、第二产业向第三产业转移，第三产业已成为扩大就业的主渠道。

从国民经济行业的分布看，2001 年末，在各类法人单位中，从事批发和零售贸易、餐饮业单位 79610 个，占 32.3%；社会服务业 63735 个，占 25.8%；科学研究和综合技术服务业 20049 个，占 8.1%。全市法人单位主要集中于以上三个行业，所占比重达 66.2%。 从事房地产经营开发、信息咨询、计算机应用及租赁服务等新兴行业的单位增长较多；而从事零售、餐饮、旅馆等传统服务行业的增长缓慢。

表 4 法人单位的行业分布

行业门类	单位数（个）	比重（%）
总　　计	**246767**	**100.0**
农林牧渔业	2941	1.2
采掘业	678	0.3
制造业	33352	13.5
电煤水的生产和供应业	132	0.1
建筑业	8694	3.5
地质勘察水利管理业	337	0.1
交通运输仓储邮电通信业	2603	1.1
批发零售餐饮业	79610	32.3
金融保险业	1641	0.7
房地产业	6025	2.4
社会服务业	63735	25.8
卫生体育社会福利业	1934	0.8
教育文化艺术广播电影电视业	7975	3.2
科学研究综合技术服务业	20049	8.1
国家机关政党机关社会团体	12590	5.1
其他行业	4471	1.8

三、企业法人所有制结构

1996 年以来，企业法人所有制结构发生了显著变化，非公有制企业增长速度明显加快。在全部企业法人单位中，国有企业（包括国有、国有联营、国有独资）17990 个，占 8.1%；集体企业（包括集体、集体联营、股份合作企业）41397 个，占 18.6%。与 1996 年相比，单位数量分别减少了 15.7%和 0.7%。私营企业 112360 个，占 50.5%；股份制企业 41048 个，占 18.5%；港澳台商投资企业 3204 个，占 1.4%；外商投资企业 5230 个，占 2.4%。与 1996 相比，单位数量分别增长 6.5 倍、6.6 倍、68.3%和 46.8%。

表 5 企业法人单位经济类型构成

	单位数（个）	比重（%）	从业人员（万人）	比重（%）
总　　计	**222303**	**100.0**	**558.5**	**100.0**
国有企业	17990	8.1	188.4	33.7
集体企业	41397	18.6	113.7	20.4
私营企业	112360	50.5	71.2	12.8
股份制企业	41048	18.5	124.7	22.3
港澳台商投资企业	3204	1.4	22.5	4.0
外商投资企业	5230	2.4	34.2	6.1
其他企业	1074	0.5	3.8	0.7

四、企业资本金及营业收入

2001 年末，全市企业法人单位实收资本金达 16803.9 亿元，其中国家资本 9841.8 亿元，占 58.6%；集体资本 455.9 亿元，占 2.7%；法人资本[注三]3811.7 亿元，占 22.7%；个人资本 1061.3 亿元，占 6.3%；港澳台商资本 658.3 亿元，占 3.9%，外商资本 974.7 亿元，占 5.8%。与 1996 年相比，国家资本和集体资本所占比重分别下降了 13.1 和 3.5 个百分点 。而法人资本和外商资本（含港澳台商资本）比重则分别上升了 12.5 和 4.3 个百分点。虽然国家资本所占比重与 1996 年相比有所减少，但在金融、邮电通讯、铁路运输等关系国计民生的重要行业，国家资本仍占主导地位。

从企业的营业收入看，企业法人年营业收入在 500 万元以下的 203813 个，占 91.7%；500-999 万元的 7030 个，占 3.2%；1000-1999 万元 4541 个，占 2.1%；2000-2999 万元的 1848 个，占 0.8%；3000-4999 万元的 1663 个，占 0.7%；5000 万元以上的 3408 个，占 1.5%。

表 6 按年营业规模分组的企业法人单位情况

	单位数（个）	比重（%）
总　计	**222303**	**100.0**
500 万元以下	203813	91.7
500-999 万元	7030	3.2
1000-1999 万元	4541	2.1
2000-2999 万元	1848	0.8
3000-4999 万元	1663	0.7
5000 万元以上	3408	1.5

五、企业规模

我市企业法人单位规模普遍较小，在全部企业法人中，从业人员在 50 人以下的企业 205491 个，占 92.4 %；50-99 人的 9005 个，占 4.1 %；100-499 人的 6576 个，占 3.0 %；500-999 人的 684 个，占 0.3%；1000 人及以上的企业 547 个，占 0.2%，其中 5000 人以上的企业 59 个。

六、普查数据质量

经北京市第二次基本单位普查办公室对本次普查数据进行审核和抽查，单位漏报率 0.31%，指标差错率 0.15%，普查数据质量符合国家规定的质量标准。

注一：法人单位是指依法成立，有自己的名称、组织机构和场所，能独立承担民事责任；独立拥有和使用（或授权使用）资产，有权与其他单位签订合同；会计上独立核算，能够编制资产负债表的单位。

注二：产业活动单位是指在一个场所从事一种或主要从事一种社会经济活动；相对独立组织生产或业务活动；能够掌握收入和支出等业务资料的单位。

注三：法人资本是指其他法人单位投入本企业的资本。其中包括国家资本、集体资本、个人资本等。

北京市2002年外来人口动态监测调查公报

北京市统计局

为了全面掌握我市外来人口的数量、结构、分布等方面的变化，北京市于2002年11月1日在全市范围内进行了外来人口动态监测调查，现将监测调查结果公布如下：

一、外来人口动态监测调查方法

此次外来人口动态监测采用了抽样调查的方法，抽样数据对全市及18个区县都具有代表性。全市共抽取408个居、村委会，调查对象是在京居住一天以上的外来人口，调查时点为11月1日零时。以实际调查数为依据，分别对各区县进行外来人口总量推算，推算结果比较准确地反映了全市及各区县外来人口情况。

二、外来人口主要数据

1. 人口总量

全市在京居住一天以上的外来人口为386.6万人，比2001年的328.1万人增加58.5万人。其中：务工经商人员为296.5万人，比2001年的256.1万人增加40.4万人；居住半年以上的为286.9万人，比2001年的262.8万人增加24.1万人。

2. 地区分布

在386.6万外来人口中，城区为46.5万人，占12.0%，比2001年的40.5万人增加6.0万人；近郊区为223.9万人，占57.9%，比2001年的198.0万人增加25.9万人；远郊区县为116.2万人，占30.1%，比2001年的89.6万人增加26.6万人。

3. 年龄构成

0-14岁人口占8.0%，比2001年的7.4%上升0.6个百分点；15-59岁人口占90.8%，与2001年持平，其中15-39岁人口占79.8%，比2001年的80.1%下降0.3个百分点；60岁及以上人口占1.2%，比2001年的1.8%下降0.6个百分点。

4. 在京状况

务工经商人员占76.7%，比2001年的78.1%下降1.4个百分点；随亲家属占13.7%，比2001年的13.4%上升0.3个百分点；学习培训占6.1%，比2001年的4.6%上升1.5个百分点；探亲访友、因公出差、旅游购物、治病疗养、旅途中转占1.9%，比2001年的2.6%下降0.7个百分点。

5. 来京时间

来京三个月以下的人口占17.0%，比2001年的15.5%上升1.5个百分点；来京三个月至半年的占8.8%，比2001年的4.4%上升4.4个百分点；来京半年以上的占74.2%，比2001年的80.1%下降5.9个百分点。

6. 居住场所

租住农民、居民、单位房屋的占49.2%，比2001年的48.6%上升0.6个百分点；住单位提供房屋的占22.6%，比2001年的22.9%下降0.3个百分点；住工作场所的占9.9%，比2001年的8.7%上升1.2个百分点；住工棚的占5.4%，比2001年的6.0%下降0.6个百分点；住自建、自购、雇主、亲友房屋及旅馆饭店、医院等处的占12.9%，比2001年的13.8%下降0.9个百分点。

7. 受教育程度

6岁及以上外来人口中，受大专及以上教育的占9.3%，比2001年的9.7%下降0.4个百分点；受过高中教育的占15.8%，比2001年的15.4%上升0.4个百分点；受过初中教育的占58.3%，比2001年的58.4%下降0.1个百分点；受过小学教育的占14.3%，比2001年的14.2%上升0.1个百分点；不识字或识字很少的2.3%，与2001年持平。

8. 来源地构成

外来人口来自全国各个省市自治区，相对集中在河北、河南、安徽、四川、山东、湖北、江苏、黑龙江、浙江九个省占77.8%，比2001年的76.3%上升了1.5个百分点，其中排在前三位的仍然是河北、河南、安徽三省，分别占21.1%、15.0%和9.3%。

9. 就业者来京途径

在务工经商的人员中，自行来京的占58.1%，比2001年的53.4%上升4.7个百分点；亲朋介绍的占27.6%，比2001年的32.9%下降5.3个百分点；劳务输出的占13.6%，比2001年的12.9%上升0.7个百分点；其他方式的占0.7%,比2001年的0.8下降0.1个百分点。

10. 就业者从事职业

在务工经商的人员中，各类专业技术人员占3.2%；单位负责人占0.2%；办事人员占3.0%；商业工作人员占18.9%；废旧物资回收人员占1.4%；餐饮服务工作人员占14.4%；修理服务工作人员占3.0%；其他服务工作人员占14.5%；农林牧渔劳动者占2.1%；工业劳动者占15.0%；建筑业劳动者占19.8%；运输业劳动者占2.7%；不便分类的劳动者占1.7%。

二〇〇三年一月十日

统计图表

STATISTICAL GRAPH AND CHART

一 综 合

GENERAL SURVEY

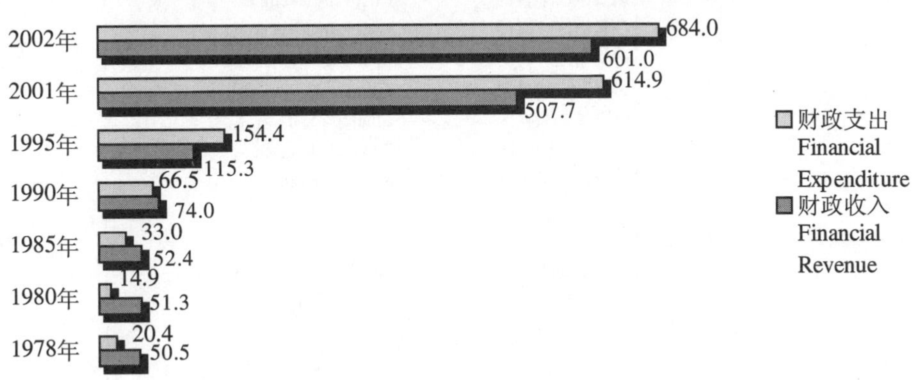
地方财政收支 （单位：亿元）
Local Financial Revenue and Expenditure (100 million yuan)
2002年
684.0
601.0
2001年
614.9
507.7
1995年
154.4
115.3
1990年
66.5
74.0
1985年
33.0
52.4
1980年
14.9
51.3
1978年
20.4
50.5
财政支出 Financial Expenditure
财政收入 Financial Revenue

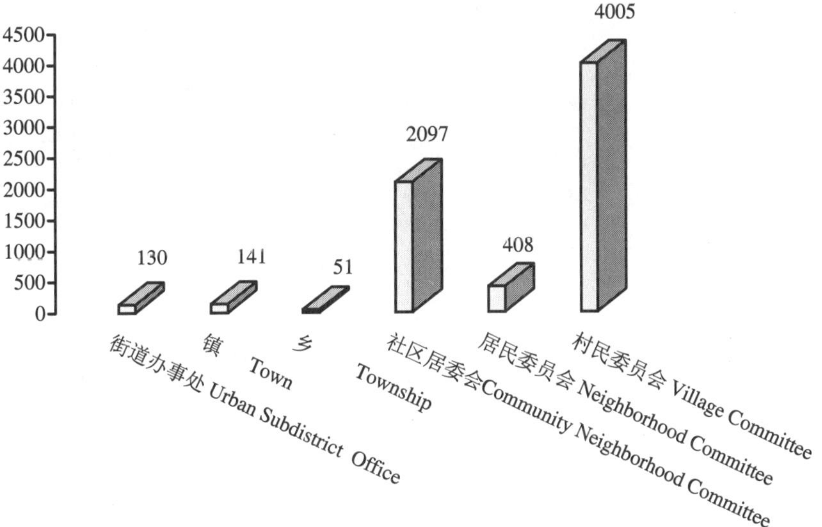
行政区划（单位：个）
Administrative Divisions(number)
4500
4000
3500
3000
2500
2000
1500
1000
500
0
130
141
51
2097
408
4005
街道办事处 Urban Subdistrict Office
镇 Town
乡 Township
社区居委会Community Neighborhood Committee
居民委员会 Neighborhood Committee
村民委员会 Village Committee

1-1 土 地 面 积
LAND AREA

项目	Item	范围	Scope	面积(平方公里) Area (sq.km)	比重(%) Proportion (%)
全市	**Total**			**16807.8**	**100.00**
城区	City Proper	东城区、西城区、崇文区、宣武区	Dongcheng, Xicheng, Chongwen, Xuanwu	92.0	0.55
近郊区	Near Suburbs	朝阳区、丰台区、石景山区、海淀区	Chaoyang, Fengtai, Shijingshan, Haidian	1289.4	7.67
远郊区	Outer Suburbs	门头沟区、房山区、通州区、顺义区、昌平区、大兴区、平谷区、怀柔区、	Mentougou, Fangshan, Tongzhou, Shunyi, Changping, Daxing, Pinggu, Huairou,	11110.8	66.11
各县	Counties	密云县、延庆县	Miyun,Yanqing	4315.6	25.68
规划市区	**Programmed Scope of the City**	东：定福庄 南：南苑 西：石景山 北：清河	East：Dingfuzhuang South：Nanyuan West：Shijingshan North：Qinghe	**1041.0**	**6.20**
市区中心地区	Central Part of the City	边缘大体在四环路内外	The edge is roughly around the Fourth Ring Road	289.8	1.70
建成区	Developed Area			654.5	3.89
三环路以内	Within The Third Ring Road			158.0	0.90

附：全市平原面积6390.3平方公里，占38%。山区面积10417.5平方公里，占62%。
Appendix：Area of plain is 6390.3 sq.km, as 38% of total while area of mountain is 10147.5 sq.km, as 62% of total.
注：规划市区、市中心地区面积是1992年重新修订北京市城市总体规划后确定的数字。
Nite: Figures on area of programmed scope of the city and central part of the city were in line with revised overall plan of Beijing in 1992.

1-2 气 象
METEOROLOGY

月份 Month	降水量(毫米) Precipitation (mm)	平均气温(℃) Average Temperature (℃)	日照时数(时) Hours of Sunshine (hour)	平均风速(米/秒) Average Wind Speed (mile/second)	平均气压(百帕) Average Pressure (100 pa)	大风日数(日) Days of Strong Wind (day)
全年 Total	**370.4**	**13.2**	**2588.4**	**2.3**	**1012.7**	**15**
1	0	0.1	206.7	2.0	1020.7	1
2	0.5	3.4	207.6	2.1	1020.5	1
3	6	9.8	259.9	3.2	1012.7	3
4	37.7	14.1	218.8	3.2	1009.4	5
5	12.3	21.9	267.1	2.4	1007.6	0
6	103.5	23.6	181.8	2.3	1002.0	3
7	54.9	27.5	249.4	2.1	999.7	0
8	74.3	25.7	206.9	2.0	1004.4	0
9	50.7	20.5	231.2	2.0	1012.4	0
10	22.6	10.7	225.8	2.1	1016.1	1
11	0	3.4	220.4	2.6	1020.0	1
12	7.9	-2.9	112.8	1.8	1026.6	0

附：1.无霜期199天。
2.年极端最高气温41.1℃，出现日期7月14日。
3.年极端最低气温-12.8℃，出现日期12月31日。

a) Annual frost-free period is 199 days.
b) Annual utmost highest air temperature is 41.1℃,on the14th of July.
c) Annual utmost lowest air temperature is -12.8℃,on the 31th of December.

1-3 行 政 区 划
ADMINISTRATIVE DIVISIONS

单位：个 (number)

地区	Region	街道办事处 Urban Subdistrict Office	镇 Town	乡 Township	社区居委会 Community Neighborhood Committee	居民委员会 Neighborhood Committee	村民委员会 Village Committee
全 市	**Total**	**130**	**141**	**51**	**2097**	**408**	**4005**
城 区	**City Propers**	**35**			**525**		
东城区	Dongcheng	10			136		
西城区	Xicheng	10			195		
崇文区	Chongwen	7			82		
宣武区	Xuanwu	8			112		
近郊区	**Near Suburbs**	**70**	**4**	**35**	**1115**	**271**	**326**
朝阳区	Chaoyang	22		24	182	187	163
丰台区	Fengtai	16	2	3	241		71
石景山区	Shijingshan	10			126	71	4
海淀区	Haidian	22	2	8	566	13	88
远郊区	**Outer Suburbs**	**25**	**109**	**11**	**441**	**66**	**2959**
门头沟区	Mentougou	4	9		129		187
房山区	Fangshan	6	14	6	115		462
通州区	Tongzhou	4	10	1	38		480
顺义区	Shunyi	3	19		35		425
昌平区	Changping	1	16		53		308
大兴区	Daxing	3	14		71		539
平谷区	Pinggu	2	15	2		36	271
怀柔区	Huairou	2	12	2		30	287
各 县	**Counties**		**28**	**5**	**16**	**71**	**720**
密云县	Miyun		17	1		66	344
延庆县	Yanqing		11	4	16	5	376

1-4 全部法人、产业活动单位数
TOTAL INSTITUTIONAL UNITS AND ESTABLISHMENTS

单位：个 (unit)

项目	Item	法人单位数合计 Institutional Units	单产业法人 Single Sector	多产业法人 Multi-sector	多产业法人单位的产业活动单位数 Establishments of Multi-sector Institutional Units
总计	**Total**	**170181**	**164749**	**5432**	**23972**
按登记注册类型分	**Grouped by Registration Status**				
内资经济	Domestic Investment Economy	161482	156220	5262	22797
国有经济	State-owned	29022	26845	2177	11041
集体经济	Collective-owned	27575	26612	963	4830
股份合作企业	Share Holding	15237	14934	303	980
联营经济	Joint-owned	1045	1008	37	133
国有独资公司	State-owned Funded Company	319	285	34	196
其他有限责任公司	Other Limited-Liability Corporations	26316	25533	783	2639
股份有限公司	Share Holding Corporations Ltd.	3424	3295	129	820
私营经济	Private	49241	48574	667	1818
其他	Others	9303	9134	169	340
港澳台商投资经济	Hongkong,Macao and Taiwan Funded	3230	3170	60	317
与港澳台商合资经营	Joint Venture with Hongkong, Macao and Taiwan	1675	1633	42	170
与港澳台商合作经营	Cooperative with Hongkong, Macao and Taiwan	326	322	4	21
港、澳、台商独资经济	Hongkong,Macao and Taiwan Funded	1179	1168	11	110
港澳台商投资股份有限公司	Hongkong,Macao and Taiwan Share Holding Corporations Ltd.	50	47	3	16
外商投资经济	Foreign Funded	5469	5359	110	858
中外合资经营	Chinese-Foreign Joint Venture	2096	2045	51	490
中外合作经营	Chinese-Foreign Cooperative	368	355	13	82
外资(独资)经济	Foreign Funded	2946	2905	41	250
外商投资股份有限公司	Foreign Share Holding Corporation Ltd.	59	54	5	36
按单位类别分	**Grouped by Type of Units**				
农业	Agriculture	1684	1654	30	164
工业	Industry	28792	28235	557	1593
建筑业	Construction	6147	5972	175	850
运输邮电业	Transportation,Posts and Telecommunications	1206	1135	71	981
批发零售贸易及餐饮业	Wholesale, Retail and Catering	46245	44488	1757	9646
服务业	Services	59978	58239	1739	6556
房地产开发销售	Real Estate	2233	2170	63	88
行政事业	Administrative Units,Institutions and Others	23896	22856	1040	4094
按隶属关系分	**Grouped by Administrative Relationship**				
中央属	Central	13132	12239	893	4525
市属	City	11304	10502	802	4077
区县属	Districts and Counties	16519	15223	1296	6470
街道属	Subdistrict	3678	3538	140	1197
镇属	Town	7559	7425	134	536
乡属	Township	2971	2844	127	462
居委会属	Neighborhood Committee	1300	1299	1	2
村委会属	Village Committee	10923	10799	124	319
其他	Others	102795	100880	1915	6384
按地理位置分	**Grouped by Geographic Position**				
二环路以内	Within the Second Ring Road	24489	23373	1116	5401
二环路至三环路	the Second-third Ring Road	33984	32961	1023	3611
三环路至四环路	the Third-Fourth Ring Road	30802	30128	674	4311
四环路以外	Beyond the Fourth Ring Road	80906	78287	2619	10649
按执行会计制度分	**Grouped by Accounting System Executed**				
企业	Enterprises	146250	141842	4408	1627
事业	Institutions	11456	10842	614	2598
机关	Agencies and Organizations	2830	2608	222	18041
其他	Others	9645	9457	188	1706

1-5 企业法人单位数
ENTERPRISE INSTITUTIONAL UNITS

单位：个 (unit)

项目 Item		法人单位合计 Institutional Unit	项目 Item		法人单位合计 Institutional Unit
总计	**Total**	**146000**	私营企业	Private	48714
			其他内资企业	Others	469
按营业状况分	**Grouped by Business Condition**		港澳台商投资企业	Hongkong,Macao and Taiwan Funded	3205
营业	Going on	128502	与港澳台商合资经营企业	Joint Venture with Hongkong, Maocao and Taiwan	1674
停业	Closed	8254	与港澳台商合作经营企业	Cooperative with Hongkong, Macao and Taiwan	321
筹建	Preparation	6003	港、澳、台商独资企业	Hongkong,Macao and Taiwan Funded	1160
当年关闭	Close in this Year	776	港澳台商投资股份有限公司	Hongkong,Macao and Taiwan Share Holding Corporations Ltd.	50
当年破产	Bankruptcy in this Year	62	外商投资企业	Foreign Funded	5342
其他	Others	2403	中外合资经营企业	Chinese-Foreign Joint Venture	2091
按开业时间分	**Grouped by Openning Time**		中外合作经营企业	Chinese-Foreign Cooperative	358
1949年以前	Before 1949	210	外资(独资)企业	Foreign Funded	2835
1950——1965		1699	外商投资股份有限公司	Foreign Share Holding Corporations Ltd.	58
1966——1979		1864	**按地理位置分**	**Grouped by Location**	
1980——1989		11685	二环路以内	Within the Second Ring Road	20765
1990年以后	After 1990	130542	二环路至三环路	Between the Second-third Ring Road	30189
按企业规模分	**Grouped by Size**		三环路至四环路	Between the Third-Fourth Ring Road	27991
大型	Large	360	四环路以外	Beyond the Fourth Ring Road	67055
中型	Medium	553	**按控股情况分**	**Grouped by Share Holding Conditions**	
小型	Small	27736	# 国有绝对控股	State-owned Relative Holding	22065
按登记注册类型分	**Grouped by Registration Status**		国有相对控股	State-owned Absolute Holding	2310
内资企业	Domestic Investment Enterprises	137453			
国有企业	State-owned	17000			
集体企业	Collective-owned	25285			
股份合作企业	Share Holding Cooperative	15155			
联营企业	Joint-owned	987			
国有独资公司	State-owned Funded Company	315			
其他有限责任公司	Other Limited-Liability Corporations	26251			
股份有限公司	Share Holding Corporations Ltd.	3277			

1-6 国民经济各行业法人和产业活动单位数(按行业分)
INSTITUTIONAL UNITS AND ESTABLISHMENTS(BY SECTOR)

单位：个 (unit)

行业	Sector	法人单位数合计 Institutional Units	单产业法人 Single Sector	多产业法人 Multi-sector	多产业法人单位的产业活动单位数 Establishments of Multi-sector Institutional Units
合计	**Total**	**170181**	**164749**	**5432**	**23972**
农业	Agriculture	869	847	22	104
林业	Forestry	257	253	4	13
畜牧业	Animal Husbandry	533	528	5	43
渔业	Fishery	78	77	1	7
农、林、牧、渔服务业	FFAF Services	704	684	20	52
煤炭采选业	Coal Mining and Dressing	254	253	1	13
石油和天然气开采业	Petroleum and Natural Gas Extraction	2	2		
黑色金属矿采选业	Ferrous Metals Mining and Dressing	25	25		1
有色金属矿采选业	Nonferrous Metals Mining and Dressing	12	12		3
非金属矿采选业	Nonmetal Minerals Mining and Dressing	348	343	5	25
其他矿采选业	Other Minerals Mining and Dressing	4	4		
木材及竹材采运业	Timber Processing,Bamboo Mining and Carry				
食品加工业	Food Processing	914	898	16	42
食品制造业	Food Making	935	917	18	52
饮料制造业	Beverage Making	459	448	11	25
烟草制造业	Tobacco Processing	3	3		
纺织业	Textile	687	661	26	54
服装及其他纤维制品制造业	Garments and Other Fiber Products	1547	1516	31	74
皮革、毛皮、羽绒及其制品业	Leather,Furs,Down and Related Products	188	183	5	7
木材加工及竹、藤、棕、草制品业	Timber Processing,Bamboo,Cane, Palm Fiber and Straw Products	368	367	1	6
家具制造业	Furniture Manufacturing	858	844	14	25
造纸及纸制品业	Papermaking and Paper Products	705	701	4	12
印刷业、记录媒介的复制	Printing and Record Medium Reproduction	1306	1292	14	46
文教体育用品制造业	Stationery,Education and Sports Goods	312	302	10	18
石油加工及炼焦业	Petroleum Processing and Coking	238	232	6	18
化学原料及化学制品制造业	Raw Chemical Materials and Chemical Products	2066	2043	23	89
医药制造业	Medical and Pharmaceutical Products	427	412	15	31
化学纤维制造业	Chemical Fiber	60	60		1

1-6 续表 1 continued

单位：个 (unit)

行业 Sector		法人单位数合计 Institutional Units	单产业法人 Single Sector	多产业法人 Multi-sector	多产业法人单位的产业活动单位数 Establishments of Multi-sector Institutional Units
橡胶制品业	Rubber Products	176	172	4	13
塑料制品业	Plastic Products	1073	1062	11	28
非金属矿物制品业	Nonmetal Mineral Products	2560	2513	47	114
黑色金属冶炼及压延加工业	Smelting and Processing of Ferrous Metals	100	94	6	22
有色金属冶炼及压延加工业	Smelting and Processing of Nonferrous Metals	171	169	2	11
金属制品业	Metal Products	3515	3486	29	100
普通机械制造业	Ordinary Machinery	1632	1586	46	121
专业设备制造业	Special Purpose Equipment	1508	1482	26	88
交通运输设备制造业	Transportation Equipment	1952	1897	55	185
武器弹药制造业	Weapons and Ammunition	8	5	3	3
电气机械及器材制造业	Electric Equipment and Machinery	1372	1340	32	69
电子及通信设备制造业	Electronic and Telecommunications Equipment	1189	1152	37	71
仪器仪表及文化办公用机械制造业	Instruments,Meters,Cultural and Office Machinery	831	812	19	31
其他制造业	Other Manufacturing	826	798	28	108
电力、蒸汽、热水的生产和供应业	Electricity,Steam,Hot Water Production and Supply	85	76	9	55
煤气生产和供应业	Gas Production and Supply	23	20	3	7
自来水的生产和供应业	Tap Water Production and Supply	41	38	3	17
土木工程建筑业	Civil Engineering	2283	2170	113	623
线路、管道和设备安装业	Lines,Pipelines and Equipment Installation	1529	1500	29	110
装修装饰业	Fitting and Decoration	2337	2302	35	117
地质勘查业	Geological Prospecting	73	66	7	9
水利管理业	Water Conservancy	212	199	13	49
铁路运输业	Railway Transport	59	55	4	79
公路运输业	Highway Transport	797	758	39	128
管道运输业	Pipeline Transport	1	1		
水上运输业	Waterway Transport	11	11		1
航空运输业	Air Transport	26	22	4	60
交通运输辅助业	Transport Supporting and Auxiliary Services	906	884	22	193
其他交通运输业	Other Transport	80	79	1	5
仓储业	Storage	369	360	9	38
邮电通信业	Posts and Telecommunications	186	165	21	725
食品、饮料、烟草和家庭用品批发业	Wholesale of Food, Beverage, Tobacoo and Household Articles	6885	6655	230	771

1-6 续表 2 continued

单位：个 (unit)

行业	Sector	法人单位数合计 Institutional Units	单产业法人 Single Sector	多产业法人 Multi-sector	多产业法人单位的产业活动单位数 Establishments of Multi-sector Institutional Units
能源、材料和机械电子设备批发业	Wholesale of Energy, Materials and Electronic Equipment	8137	7934	203	709
其他批发业	Other Wholesale Trade	1175	1136	39	139
零售业	Retail Trade	25025	23932	1093	6511
商业经纪与代理业	Commercial Brokerage and Agencies	115	112	3	4
餐饮业	Catering	4968	4777	191	1501
金融业	Banking	1490	1072	418	2184
保险业	Insurance	134	133	1	34
房地产开发与经营业	Real Estate Development and Operation	2237	2175	62	88
房地产管理业	Real Estate Management	2487	2350	137	284
房地产代理与经纪业	Real Estate Brokerage and Agency	627	607	20	30
公共服务业	Public Services	1958	1900	58	153
居民服务业	Resident Services	5459	5260	199	1260
旅馆业	Hotels	2756	2596	160	610
租赁服务业	Leasing Services	987	969	18	69
旅游业	Tourism	608	586	22	68
娱乐服务业	Recreational Services	769	748	21	119
信息、咨询服务业	Information and Consultancy Services	13684	13502	182	341
计算机应用服务业	Computer Application Services	6842	6770	72	178
其他社会服务业	Other Social Services	4018	3910	108	337
卫　生	Health	1002	917	85	396
体　育	Sports	340	332	8	18
社会福利保障业	Social Welfare	557	548	9	36
教　育	Education	4585	4271	314	1564
文化艺术业	Culture and Arts	2637	2552	85	214
广播电影电视业	Radio,Film,Television	385	371	14	43
科学研究业	Scientific Research	974	922	52	83
综合技术服务业	Polytechnical Services	12317	12165	152	290
国家机关	Government Organs	1795	1602	193	1318
政党机关	Party Organs	414	407	7	9
社会团体	Social Bodies	2209	2165	44	81
基层群众自治组织	Masses Autonomous Body	7942	7791	151	151
其他行业	Other Sectors	4573	4401	172	438

1-7全市私营个体经济基本情况

STATISTICS FOR INDIVIDUAL AND PRIVATE ECONOMY

单位：万元 (10000 yuan)

项目	Item	私营 Private			个体 Individuals		
		2002	2001	2002年为2001年% 2002 as % of 2001	2002	2001	2002年为2001年% 2002 as % of 2001
工商登记注册 *	**Registered in Department of Industry and Commerce**						
户数 （户）	Number of Households (household)	150873	124133	121.5	312932	259107	120.8
从业人员 （人）	Employed Persons (person)	95665	88047	108.7	440636	371147	118.7
注册资本	Registered Capital	19885894	16330213	121.8	373236	311393	119.9
地税税收	**Taxes to Local Tax Department**						
入库税收合计	Taxes Put into National Treasury	432498	281264	153.8	42610	13854	307.6
# 营业税	Business Tax	219074	121168	180.8	13837	5527	250.4
国税税收	**Taxes to National Tax Department**						
纳税总金额	Total Taxes Paid	124904	88217	141.6	45818	38264	119.7
# 增值税	Increased Value Tax	123908	88116	140.6	36840	30592	120.4
单位代码发放 *	**Institution Code Sent out**						
户数 （户）	Number of Households (household)	19005	13525	140.5			
工业总产值	**Gross Output Value of Industry**				**530000**	**420000**	**126.2**
商品销售额	**Sales Value**				**3050979**	**2931055**	**104.1**
固定资产投资完成额	**Investment in Fixed Assets Completed**	**53018**	**16189**	**327.5**			

注：1.私营工商登记注册从业人员不含自然人有限公司从业人员。

2.由于统计口径原因，反映个体经济地方入库税收情况应使用营业税指标。

3.固定资产投资完成额为私营个体合计数。

4.*为时点累计数。

a) Employed persons registered of private economy exclude those of limited company established by natural persons.

b) Business tax reflect taxes put into national treasury of individual.

c) Investment in fixed assets completed is total data of private and individual economy.

d) Data with * indicates the accumulative one at the year-end.

1-8 个体工商业户数及人数
OUTLETS AND PERSONNEL OF SELF-EMPLOYMENT BUSINESS

单位：个、人 (unit,person)

项目		Item	2002 全市 Total	2002 城镇 Urban	2002 农村 Rural	2001 全市 Total	2001 城镇 Urban	2001 农村 Rural
总户数		**Total Outlets**	**312932**	**199430**	**113502**	**259107**	**147537**	**111570**
总人数		**Total Persons**	**440636**	**282932**	**157704**	**371147**	**207172**	**163975**
农林牧渔业								
Farming,Forestry,Animal	户数	Units	2038	703	1335	1505	279	1226
Husbandry and Fishery	人数	Persons	4085	1453	2632	2894	558	2336
工业	户数	Units	16066	7679	8387	15321	6631	8690
Industry	人数	Persons	32791	13712	19079	31883	7485	24398
建筑业	户数	Units	543	285	258	526	240	286
Construction	人数	Persons	1658	837	821	1653	654	999
交通运输业	户数	Units	10932	7334	3598	10315	5900	4415
Transportation	人数	Persons	12161	8150	4011	11902	6615	5287
商业	户数	Units	203876	129638	74238	163084	87941	75143
Commerce	人数	Persons	255485	162124	93361	203592	110578	93014
饮食业	户数	Units	34060	23178	10882	33576	25373	8203
Catering	人数	Persons	72588	54188	18400	71750	52097	19653
服务业	户数	Units	33000	24570	8430	23602	15726	7876
Services	人数	Persons	45856	34745	11111	33966	22071	11895
修理业	户数	Units	10060	5018	5042	9663	4949	4714
Repairs	人数	Persons	12333	5995	6338	11387	6439	4948
其他行业	户数	Units	2357	1025	1332	1515	498	1017
Others	人数	Persons	3679	1728	1951	2120	675	1445

1-9 国民经济主要指标
MAJOR INDICATORS FOR NATIONAL ECONOMY

项目		Item		2002	2001	2002年为2001年% 2002 as % of 2002
人口		**Population**				
年末全市常住人口	(万人)	Year-end Total Population	(10000 persons)	1423.2	1383.0	102.9
年末户籍人口	(万人)	Year-end Permanent Residents Registered	(10000 persons)	1136.3	1122.3	101.2
劳动力		**Labor Force**				
从业人员	(万人)	Employment	(10000 persons)	679.2	628.9	108.0
# 在岗职工人数	(万人)	Fully Employed Staff and Workers	(10000 persons)	434.7	400.3	108.5
国内生产总值	**(亿元)**	**Gross Domestic Product**	**(100 million yuan)**	**3212.7**	**2845.7**	**110.4**
工农业总产值		**Gross Output Value of Industry and Agriculture**		**3603.9**	**3319.9**	**105.3**
(现价,亿元)		**(at current prices, 100 million yuan)**				
全社会固定资产投资	**(亿元)**	**Total Investment in Fixed Assets**	**(100 million yuan)**	**1814.3**	**1530.5**	**118.5**
# 固定资产投资	(亿元)	Investment in Fixed Assets	(100 million yuan)	1688.2	1417.1	119.1
# 基本建设投资	(亿元)	Capital Construction	(100 million yuan)	414.7	387.3	107.1
更新改造投资	(亿元)	Innovation	(100 million yuan)	169.6	186.5	90.9
房地产开发投资	(亿元)	Real Estate Development	(100 million yuan)	989.4	783.8	126.2
财政		**Finance**				
地方财政收入	(亿元)	Local Revenue	(100 million yuan)	534.0	454.2	125.9
地方财政支出	(亿元)	Local Expenditures	(100 million yuan)	628.3	559.1	112.4
物价		**Price Indices**				
居民消费价格总指数	(%)	Consumer Price Index	(%)	98.2	103.1	
商品零售价格总指数	(%)	Retail Price Index	(%)	98.4	98.8	
在岗职工工资		**Wages of Fully Employed Staff and Workers**				
工资总额	(亿元)	Total Wages	(100 million yuan)	950.9	777.3	122.3
平均工资	(元)	Average Wage	(yuan)	21852	19155	114.1
居民消费水平	**(元)**	**Per Capita Consumption**	**(yuan)**	**9291**	**8197**	**112.7**
非农业居民	(元)	Non-Agricultural	(yuan)	11365	10150	111.7
农业居民	(元)	Agricultural	(yuan)	4390	3831	111.8
农村经济		**Rural Economy**				
农业总产值		Gross Output Value of Agriculture		230.4	214.1	111.1
(现价,亿元)		(at current prices)	(100 million yuan)			
乡镇集体企业数	(个)	Number of Township and Village Enterprises	(unit)	134025	11268	118.9
乡镇企业从业人数	(万人)	Employment of Township and Village Enterprises	(10000 persons)	113.6	65.4	173.7
乡镇企业总收入	(亿元)	Total Revenue of Township and Village Enterprises	(100 million yuan)	1407.9	737.1	191.0
工业		**Industry**				
工业总产值(现价,规模以上,亿元)		Gross Output Value (at current prices,in scale, 100 million yuan)		3173.5	2908.8	109.6
轻工业	(亿元)	Light Industry	(100 million yuan)	773.5	717.4	101.6
重工业	(亿元)	Heavy Industry	(100 million yuan)	2400.0	2191.4	112.3

注：工农业总产值、工业总产值、农业总产值绝对值按现价计算，发展速度按可比价计算

Note: Gross output value of industry and agriculture,gross output value and gross output value of agriculture were calculated at curent prices,while the related indices are calculated at comparable prices.

1-9 续表 1 continued

项　目 Item				2002	2001	2002年为2001年% 2002 as % of 2001
规模以上工业企业综合效益指数	(%)	Aggregate Index of Industrial Economic Deficiency	(%)	136.13		
规模以上工业企业总资产贡献率	(%)	Raio of Total Assets to Industrial Output Value	(%)	7.84	7.38	
规模以上工业企业资保值增值率	(%)	Changing Rate of Net Assets	(%)	111.39	108.57	
规模以上工业企业资产负债率	(%)	Assets Liabilities Ratio	(%)	53.30	55.29	
规模以上工业企业流动资产周转率	(次)	Turnover Rate of Circulating Assets	(time)	1.51	1.48	
规模以上工业企业成本费用利润率	(%)	Ratio of Profits to Industrial Cost	(%)	5.37	4.63	
规模以上工业企业全员劳动生产率	(元)	Overall Labor Productivity	(yuan)	78133	71204	
规模以上工业企业产品销售率	(%)	Proportion of Products Sold	(%)	99.27	98.17	
运输邮电		**Transportation,Posts and Telecommunications**				
货物周转量	(亿吨公里)	Freight Ton-Kilometers	(100millionton-km)	324.6	316	102.7
铁路	(亿吨公里)	Railways	(100millionton-km)	221.4	216.7	102.1
公路	(亿吨公里)	Highways	(100millionton-km)	83.6	82.6	101.1
民航	(亿吨公里)	Civil Aviation	(100millionton-km)	19.6	16.6	118.1
管道	(万吨公里)	Pipelines	(100millionton-km)	301.1	377.5	79.8
旅客周转量	(亿人公里)	Passenger-Kilometers	(100millionpassenger-km)	396.2	346.3	114.4
铁路	(亿人公里)	Railways	(100millionpassenger-km)	64.3	67.7	94.9
公路	(亿人公里)	Highways	(100millionpassenger-km)	60.4	53	113.9
民航	(亿人公里)	Civil Aviation	(100millionpassenger-km)	271.5	225.6	120.4
邮电业务总量	(亿元)	Business Volume of Posts and Telecommunication Services	(100millionyuan)	254	218.3	116.4
本地电话主线普及率	(线/百人)	Wide Spreading Rate of Teliphone by Local	(line/100Persons)	51.5	46.8	110.0
商　业		**Commerce**				
社会消费品零售额	(亿元)	Total Retail Sales of Consumer Goods	(100millionyuan)	1744.8	1593.5	109.5
批发零售贸易业	(亿元)	Wholesale and Retail	(100millionyuan)	1258.9	1128.3	111.6
餐饮业	(亿元)	Catering	(100millionyuan)	112.4	96.6	116.4
其他	(亿元)	Others	(100millionyuan)	373.4	368.5	101.3
商业饮食业服务业营业网点	(万个)	Outlets of Commerce,Catering and Services	(10000)	32.3	27.3	118.3
# 商业	(万个)	Commerce	(10000)	23.4	19.3	121.2
饮食业	(万个)	Catering	(10000)	4	4	100.0
服务业	(万个)	Services	(10000)	4.8	4	120.0
对外经济贸易和旅游		**Foreign Economy,Trade and Tourism**				
地方企业进出口总额	(亿美元)	Total Import and Export of Local Enterprises	(USD100million)	140.4	134	104.8
进口额	(亿美元)	Total Imports	(USD100million)	81.4	85.3	95.5
出口额	(亿美元)	Total Exports	(USD100million)	59	48.7	121.1
新批外商投资企业数	(个)	Number of Foreign-funded Enterprises	(unit)	1377	1149	119.8
协议外资金额	(亿美元)	Total Amount of Foreign Capital in the Signed Agreements	(USD 100 million)	55.3	33.1	167.1

1-9 续表 2 continued

项目		Item		2002	2001	2002年为2001年% 2002 as % of 2001
实际利用外资	(亿美元)	Total Amount of Foreign Capital Actually Used	(USD100million)	51.0	40.1	127.2
# 外商直接投资	(亿美元)	Foreign Direct Investments	(USD100million)	17.9	17.7	101.1
接待海外旅游人数	(万人次)	Number of International Tourists	(10000person.times)	310.4	285.8	108.6
旅游外汇收入	(亿美元)	Foreign Exchange Earning From International Tourism	(10000person.times)	31.1	29.5	105.4
金融保险		**Banking and Insurance**				
金融机构存款增加额	(亿元)	Adding Deposits of Financial Institutions	(100millionyuan)	3132.2	2439.1	128.4
金融机构贷款增加额	(亿元)	Adding Loans of Financial Institutions	(100millionyuan)	1741.6	1207.9	144.1
城乡居民储蓄存款余额	(亿元)	Saving Deposits of Urban and Rural Residents	(100millionyuan)	4389.7	3536.3	124.1
城镇	(亿元)	Urban	(100millionyuan)	4073.1	3253.9	125.2
农村	(亿元)	Rural	(100millionyuan)	316.6	282.5	112.1
保险公司保险费收入	(亿元)	Premiums Income of Insurance Company	(100millionyuan)	226.8	140.8	161.1
教育		**Education**				
毕业生数	(万人)	Number of Graduates	(10000persons)	62.3	51.4	100.8
研究生	(万人)	Postgraduates	(10000persons)	1.7	1.5	113.3
普通高等学校本专科	(万人)	Regular Higher Schools Undergraduate Course and Technological Academy	(10000persons)	6.6	5.6	117.9
中等专业学校	(万人)	Specialized Secondary Schools	(10000persons)	3.2	3.2	持平
普通中学	(万人)	Regular Secondary School	(10000persons)	22.0	20.1	109.5
小学	(万人)	Primary Schools	(10000persons)	15.7	16.7	94.0
文化		**Culture**				
公共图书馆藏书	(万册)	Collection of Public Libraries	(10000copies)	3248.2	3133.1	103.7
艺术剧团国内演出场次	(场)	Times of Domestic Performance of Art Troup	(time)	9528	8466	112.5
科技		**Science and Technology**				
科技人员	(万人)	Personnel	(10000persons)	144.5	129.7	111.4
卫生		**Health**				
医院病床数	(万张)	Hospitals Beds	(10000)	6.9	6.7	103.0
卫生技术人员数	(万人)	Medical Technical Personnel	(10000persons)	11.0	11.6	94.8
# 医生	(万人)	Doctors	(10000persons)	4.7	5.2	90.4
护师(士)	(万人)	Senior and Junior Nurses	(10000persons)	3.9	4.1	95.1
城市公用事业		**Urban Public Utilities**				
用电量	(亿千瓦时)	Electricity Consumption	(100millionkwh)	384.2	346.4	110.9
自来水销售量	(亿吨)	Sales of Tap Water	(100milliontons)	7.9	7.0	112.9
居民燃气用户	(万户)	Households of Access to Gas	(10000)	341.0	310.0	110.0
城市公共交通客运量	(亿人次)	Passengers Carried of City Public Transport	(100millionperson.times)	49.2	45.0	109.3
城市大型立交桥	(座)	Large Flyovers	(unit)	180.0	160.0	112.5
城市绿化覆盖率	(%)	Coverage Rate of Urban Green Area	(%)	40.6	38.8	104.6
城市居民人均住房使用面积	(平方米)	Per Capita Using Space of Rooms of Urban Residents	(sq.m)	18.2	17.62	103.3
农村居民人均住房面积	(平方米)	Per Capita Floor Space of Rooms of Rural Residents	(sq.m)	32.58	31.01	105.1

1-10 国民经济主要指标比例关系
PROPORTIONS OF MAIN NATIONAL ECONOMIC INDICATORS

项目	Item	绝对值(万元) Value(10000 yuan) 2002	2001	构成(%) Composition(%) 2002	2001
全市从业人员 (人)	**Total Employment (person)**	**6792047**	**6288759**	**100**	**100**
第一产业	Primary Industry	676180	710763	10.0	11.3
第二产业	Secondary Industry	2353146	2159241	34.6	34.3
第三产业	Tertiary Industry	3762721	3418755	55.4	54.4
国内生产总值	**Gross Domestic Product**	**32127100**	**28456500**	**100**	**100**
第一产业	Primary Industry	980500	930800	3.1	3.3
第二产业	Secondary Industry	11165300	10606000	34.7	36.2
第三产业	Tertiary Industry	19981300	17219700	62.2	60.5
固定资产投资	**Investment in Fixed Assets**	**6988352**	**6332548**	**100**	**100**
第一产业	Primary Industry	19581	17653	0.3	0.3
第二产业	Secondary Industry	1553588	1306766	22.2	20.6
第三产业	Tertiary Industry	5415183	508129	77.5	79.1
固定资产投资拨贷款	**Allocations and Loans on Investment in Fixed Assets**	**7069109**	**6453527**	**100**	**100**
国家预算内资金	State Budgetary Appropriation	1084859	1349778	15.3	20.9
国内贷款	Domestic Loans	1610673	890492	22.8	13.8
利用外资	Foreign Capital	246778	153610	3.5	2.4
自筹资金	Self-raised Funds	3860003	3725445	54.7	57.7
# 股 票	Stocks	19007	22971	0.3	0.4
其他资金	Other Capital	260437	309121	3.7	4.8
工农业总产值(现价)	**Gross Output Value of Industry and Agriculture (at current prices)**	**36038730**	**33104868**	**100**	**100**
工 业	Industry	33734762	30964185	93.6	93.5
农 业	Agriculture	2303968	2140683	6.4	6.5
工业总产值 (规模以上，现价)	**Gross Output Value of Industry(in Scale,at current prices)**	**31734762**	**29088152**	**100**	**100**
轻工业	Light Indutry	7734942	7174374	24.4	24.7
重工业	Heavy Industry	23999820	21913777	75.6	75.3
农业总产值(现价)	**Gross Output Value of Agriculture(at current prices)**	**2303968**	**2140683**	**100**	**100**
种植业	Farming	900788	897041.4	39.1	41.9
林 业	Forestry	128116	95335	5.6	4.5
牧 业	Animal Husbandry	1172347	1052351	50.8	49.2
渔 业	Fishery	102717	95955.4	4.5	4.5
货运量 (万吨)	**Freight Traffic (10000 tons)**	**30813.2**	**30607.1**	**100**	**100**
铁 路	Railways	2347.7	2505.4	7.6	8.2
公 路	Highways	28375	28007	92.2	91.5
民 航	Civil Aviation	44.3	37.7	0.1	0.1
管 道	Pipelines	46.2	57.0	0.1	0.2
客运量 (万人)	**Passenger Traffic (10000 persons)**	**28384.3**	**22469.1**	**100**	**100**
铁 路	Railways	5032.3	4749.6	17.7	21.1
公 路	Highways	22103	16630	77.9	74
民 航	Civil Aviation	1249	1089.5	4.4	4.8
社会消费品零售总额	**Retail Sales of Consumer Goods**	**17447866**	**15934797**	**100**	**100**
批发零售贸易业	Wholesale and Retail	12589041	11283151	72.2	70.8
餐饮业	Catering	1124396	966271	6.4	6.1
制造业	Manufacturing	1119553	946703	6.4	6.1
其 他	Others	2614876	2720672	15.0	17.1
# 农民对非农民	Peasants Saling to Non-Peasants	91459	80676	0.5	0.5

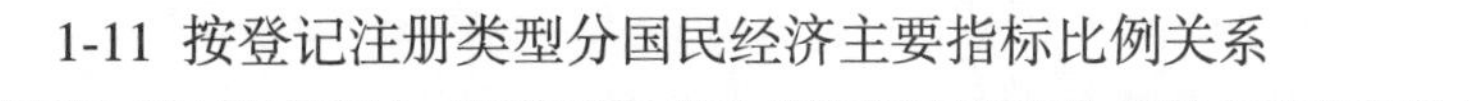

1-11 按登记注册类型分国民经济主要指标比例关系
PROPORTIONS OF MAIN NATIONAL ECONOMIC INDICATORS BY REGISTRATION STATUS

项目	Item	绝对值 Value		构成(%) Composition(%)	
		2002	2001	2002	2001
全市从业人员 （人）	**Total Employment (person)**	**6792047**	**6288759**	**100**	**100**
国有	State-Owned	2248456	2463217	33.1	39.2
集体	Collective Owned	368022	458136	5.4	7.3
其他	Others	2188323	1472557	32.2	23.4
城镇个体、私营	Urban Individuals and Private	331221	248087	4.9	3.9
农村劳动者	Rural Labor Force	1656025	1646762	24.4	26.2
固定资产投资(不含房地产)(万元)	**Investment in Fixed Assets(Exclude Investment in Real Estate) (10000 yuan)**	**6988352**	**6332548**	**100**	**100**
国有	State-Owned	5353037	5486790	76.6	86.6
集体	Collective Owned	65747	67487	0.9	1.1
联营	Joint Owned	2601	5341	…	0.1
股份合作企业	Share Holding Enterprises	17383	22603	0.2	0.4
股份有限公司	Share Holding Company	443394	373769	6.3	5.9
有限责任公司	Limited-liability Company	454560	154493	6.5	2.4
其他内资企业	Others	83016	4083	1.2	0.1
中外合资经营	Chinese-foreign Joint Venture	82351	70052	1.2	1.1
中外合作经营	Chinses-foreign Cooperative	29791	33673	0.4	0.5
外商(独资)企业	Foreign Enterprises	100494	35895	1.4	0.6
外商投资股份有限公司	Foreign Funded Share Holding Company	800	18187	…	0.3
港澳台合资经营	Joint Venture with HongKong, Macao and Taiwan	31742	30591	0.5	0.5
港澳台合作经营	Cooperative from HongKong,Macao and Taiwan	5235	16403	0.1	0.3
港澳台商独资	HongKong,Macao and Taiwan Enterprises	10452	13181	0.1	0.2
港澳台商投资股份有限公司	Hongkong,Macao and Taiwan Funded Share Holding Company	307749		4.4	
工业总产值(规模以上,现价,万元)	**Gross Output Value of Industry (in Scale, 10000 yuan)**	**31734762**	**29088152**	**100**	**100**
国有	State-Owned	5990453	8122238	18.8	27.9
集体	Collective Owned	1326341	1390791	4.2	4.8
私营	Private	1169531	670089	3.7	2.3
联营	Joint Owned	188662	197563	0.6	0.7
股份合作企业	Share Holding Enterprises	727163	496688	2.3	1.7
股份有限公司	Share Holding Company	3533342	2536384	11.4	8.7
有限责任公司	Limited-liability Company	6162561	2438992	19.3	8.4
其他内资企业	Others	55937	55109	0.2	

1-11 续表 continued

项目	Item	绝对值 Value 2002	2001	构成(%) Composition(%) 2002	2001
中外合资经营	Chinese-foreign Joint Venture	7216145	8187151	22.6	28.1
中外合作经营	Chinses-foreign Cooperative	197424	193441	0.6	0.7
外商(独资)企业	Foreign Enterprises	1262503	1111997	4.0	3.8
外商投资股份有限公司	Foreign Funded Share Holding Company	276499	181150	0.9	0.6
港澳台合资经营	Joint Venture with HongKong, Macao and Taiwan	1280674	1254315	4.0	4.3
港澳台合作经营	Cooperative from HongKong,Macao and Taiwan	62126	66193	0.2	0.2
港澳台商独资	HongKong,Macao and Taiwan Enterprises	2244291	2129061	7.1	7.3
港澳台商投资股份有限公司	Hongkong,Macao and Taiwan Funded Share Holding Company	41111	56991	0.1	0.2
建筑业总产值 (万元)	**Gross Output Value of Construction (10000 yuan)**	**10550535**	**8879099**	**100**	**100**
国有	State-Owned	3213596	3143793	30.5	35.4
集体	Collective Owned	1187753	1167218	11.3	13.1
私营	Private	676599	425118	6.4	4.8
联营	Joint Owned	44979	57631	0.4	0.6
股份合作企业	Share Holding Enterprises	396442	253205	3.8	2.9
股份有限公司	Share Holding Company	531146	617299	5.0	7.0
有限责任公司	Limited-liability Company	4221684	2931708	40.0	33.0
其他内资企业	Others	4520	700	…	…
外商投资企业	Foreign Funded Enterprises	173899	156267	1.6	1.8
港澳台商投资企业	Hongkong,Macao and Taiwan Funded Enterprises	99917	126160	0.9	1.4
大中型批发零售贸易业消费品零售额 (万元)	**Retail Sales Consumer Goods of Large and Medium Wholesale and Retail Sales (10000 yuan)**	**9044022**	**7386711**	**100**	**100**
国有	State-Owned	2634294	2729092	29.1	36.9
集体	Collective Owned	482920	479026	5.3	6.5
股份有限公司	Share Holding Company	1324079	1216795	14.6	16.5
其他内资企业	Other Domestic Investment Enterprises	3906396	2385629	43.2	32.3
外商投资企业	Foreign Funded Enterprises	497811	425819	5.5	5.8
港澳台商投资企业	Hongkong,Macao and Taiwan Funded Enterprises	198522	150350	2.2	2.0

1-12 北 京 一 日
A DAY IN BEIJING

项目	Item	2002	2001
生产量	**Output**		
国内生产总值 (当年价格，万元)	Gross Domestic Product (atcurrentprices,10000yuan)	88039.5	77963.0
工业总产值 (当年价格，万元)	Gross Output Value of Industry (atcurrentprices,10000yuan)	86944.6	79693.6
发电量 (万千瓦时)	Electricity (10000kwh)	3889.7	3634.5
汽车 (辆)	Motor Lehick (unit)	495.4	391.1
移动电话机 (部)	Mobile Telephong (unit)	62468.7	59272.0
农业总产值 (当年价格，万元)	Gross Output Value of Agriculture (atcurrentprices,10000yuan)	6312.2	5864.9
独立核算建筑施工企业建筑业总产值 (万元)	Gross Output Value of Construction Enterprises with Independent Accounting System (10000yuan)	28905.6	24326.3
新建住宅竣工面积 (万平方米)	Floor Space of New Residence Completed (10000sq.m)	6.0	4.1
货运量 (包括管道，万吨)	Freight Traffic (includingpipelines,10000tons)	84.4	83.9
客运量 (万人)	Passenger Traffic (10000persons)	77.8	61.6
社会消费品零售总额 (万元)	Retail Sales of Consumer Goods (10000yuan)	47802.4	43657
地方企业海关出口额 (万美元)	Exports of Local Enterprises (USD10000)	1616.2	1335
地方财政收入 (万元)	Local Financial Revenue (10000yuan)	16464.6	13909
旅游外汇收入 (万美元)	Foreign Exchange Earning from Tourism (USD10000)	852.1	808.2
消费量	**Consumption**		
粮 食 (吨)	Grain (ton)	1279.1	1257.3
猪 肉 (吨)	Pork (ton)	477.2	525.3
牛羊肉 (吨)	Beef and Mutton (ton)	218.7	207.5
鲜 蛋 (吨)	Fresh Eggs (ton)	201.2	175.5
水产品 (吨)	Aquatic Products (ton)	345.4	272
食用植物油 (吨)	Edible Vegetable Oil (ton)	346.9	211.6
鲜 菜 (吨)	Fresh Vegetable (ton)	4335.1	3537
生活用水(自来水厂) (万吨)	Residential Use of Tap Water (10000tons)	157.5	156.2
其 他	**Others**		
市内公共交通客运量 (万人次)	Urban Passenger Traffic (10000person.times)	1348.3	1232.1
接待入境旅游人数 (人次)	Foreign Tourists Received (person.time)	8503.7	7829.8
移动电话通话量 (万次)	Mobil Telephong Calls (1000times)	2479.0	1870.9
邮政储蓄 (万元)	Post Savings Deposit (10000yuan)	6867.3	5603.1
城乡居民储蓄存款 (万元)	Saving Deposit of Urban and Rural Residents (10000yuan)	23379.9	16797.7
出生人口 (人)	Birth Population (person)	253.7	229.5
死亡人口 (人)	Death Population (person)	219.1	199.4
登记结婚对数 (对)	Marriage Registered (couple)	208.6	213.7
离婚对数 (对)	Registered Divorces (couple)	15.9	

1-13 平均每人主要社会经济活动

SELECTED INDICATORS ON PER CAPITA SOCIAL AND ECONOMIC ACTIVITIES

项目		Item		2002	2001
国内生产总值	(当年价格,元)	**Gross Domestic Product**	(atcurrentprices,yuan)	**28273.4**	**25354.4**
工农业总产值	(现价,元)	**Gross Output Value of Industry and Agriculture**	(at current prices yuan)	**31715.9**	**29581.1**
地方财政收入	(元)	**Local Financial Revenue**	(yuan)	**5288.7**	**4523.4**
房屋建筑竣工面积	(平方米)	**Floor Space of Building Completed**	(sq.m)	**2.7**	**2.3**
# 新建住宅	(平方米)	New Residence	(sq.m)	1.9	1.6
工　业		**Industry**			
工业总产值	(现价，元)	Gross Output Value of Industry	(at current prices yuan)	27928.2	25941.4
主要工业产品产量		Output of Major Products			
布	(米)	Cloth	(meter)	9.1	10.1
原　煤	(千克)	Coal	(kg)	775.3	615.0
发电量	(千瓦时)	Electricity	(kwh)	1249.5	1182.0
钢	(千克)	Steel	(kg)	718.9	735.0
农　业		**Agriculture**			
农业总产值	(现价，元)	Gross Output Value of Agriculture	(at current prices yuan)	2027.6	1907.4
主要农产品产量		Output of Major Products	(kg)		
粮　食	(千克)	Grain		72.4	93.5
肉　类	(千克)	Meat	(kg)	64.7	58.1
鲜　蛋	(千克)	Fresh Eggs	(kg)	13.4	13.9
鲜　菜	(千克)	Fresh Vegetable	(kg)	480.2	465.9
水产品	(千克)	Aquatic Products	(kg)	6.5	6.6
牛　奶	(千克)	Milk	(kg)	48.5	38.2
干鲜果	(千克)	Dry and Fresh Fruit	(kg)	61.6	57.8
商　业		**Commerce**			
社会消费品零售总额	(元)	Retail Sales of Consumer Goods	(yuan)	15355	14197.8
# 吃的商品	(元)	Food	(yuan)	4135.6	4098.8
穿的商品	(元)	Clothing	(yuan	1683.2	1720.2
用的商品	(元)	Daily Used Articles	(yuan)	8940.1	7883.1
主要消费品零售量		Retail Sales of Major Consumer Goods in Quantity			
粮　食	(千克)	Grain	(kg)	41.1	40.9
食用植物油	(千克)	Edible Vegetable Oil	(kg)	11.1	6.9
猪　肉	(千克)	Pork	(kg)	15.2	17.1
鲜　蛋	(千克)	Fresh Eggs	(kg)	6.5	5.7
水产品	(千克)	Aquatic Products	(kg)	11.1	8.8
邮　电		**Posts and Telecommunications**			
移动电话通话量	(次)	Mobil Telephong Calls	(times)	796.3	608.5
城市公用事业		**Urban Public Utilities**			
城市居民居住面积	(平方米)	Living Space of Urban Residents	(sq.m)	11.93	11.64
平均每千人拥有公共交通车辆	(辆)	Possession of Public Traffic Vehicles Per 1000 Persons	(unit)	1.55	1.38
乘坐公共电汽车次数	(人次)	Times of Riding in Bus or Trolley	(person.time)	433.1	400.7
公共绿地面积	(平方米)	Public Green Areas	(sq.m)	10.7	10.1
卫　生		**Health**			
平均每千人拥有医生	(人)	Number of Doctors Per 1000 Persons	(person)	4.18	4.64
平均每千人拥有医院床位	(张)	Number of Beds Per 1000 Persons	(unit)	6.46	6.31
人民生活		**Pepople's Livelihood**			
在岗职工年平均工资	(元)	Annual Average Wage of Fully Employed Staff and Workers	(yuan)	21852	19155
城镇居民人均可支配收入	(元)	Annual Discretionary Income Per Urban Residents	(yuan)	12463.9	11577.8
农民人均可支配收入		Annual Discretionary Income Per Rural Residents	(yuan)	5880.1	5274.3
城乡居民储蓄存款余额	(元)	Savings Deposit of Urban and Rural Residents	(yuan)	38631.4	31509.6
城镇居民	(元)	Urban	(yuan)	50477.9	47945.2
农村居民	(元)	Rural	(yuan)	9612.2	6366.1

1-14 地方财政收入
LOCAL FINANCIAL REVENUE

项 目	Item	绝对数（万元）Value(10000 yuan)		2002年为2001年% 2002 as % of 2001	构 成（%）Composition(%)	
		2002	2001		2002	2001
总 计	**Total**	**6009594**	**5076799**	**125.8**	**100.0**	**100.0**
一般预算财政收入	**General Budgetary Financial Revenue**	**5339900**	**4541676**	**125.9**	**88.9**	**89.5**
# 增值税	Increased Value Tax	666884	589957	113.0	11.1	11.6
营业税	Business Tax	2277893	1813472	125.6	37.9	35.7
个人所得税	Private Income Tax	612931	795167	121.1	10.2	15.7
城市维护建设税	City Maintenance Tax	249114	205316	121.3	4.1	4.0
固定资产投资方向调节税	Adjusting Tax of Investment in Fixed Assets	2387	11745	20.3	…	0.2
农牧业税和耕地占用税类	Tax for Farming and Animal Husbandry and Cultivated Land Occupation	18916	12373	152.9	0.3	0.2
企业所得税	Enterprise Income Tax	1024446	899075	115.3	17.0	17.7
国有资产经营收益	Business Income of State-owned Assets	8270	174	4752.9	0.1	…
国有企业计划亏损补贴类	osing Subsidies of Planning of State-owned Enterprises	-516958	-532229	97.1		
企业所得税退税	Returned Tax of Income Tax of Enterprises	-24464	-38354	63.8		
罚没收入、行政性收费	Forfeit and Administrative Fee	242614	170729	142.1	4.0	3.4
基金预算收入合计	**Total Fund Budgetary Income**	**669694**	**535123**	**125.1**	**11.1**	**10.5**

注：企业所税、个人所得税的增速是以新体制口径换算2001年基期数得出。
Note:The rate of enterprise income tax and private imcome tax included statistic calibre of 2001.

1-15 地方财政支出
LOCAL FINANCIAL EXPENDITURE

项 目	Item	绝对数（万元）Value(10000 yuan)		2002年为2001年% 2002 as % of 2001	构 成（%）Composition(%)	
		2002	2001		2002	2001
总 计	**Total**	**6839751**	**6149230**	**111.2**	**100.0**	**100.0**
一般预算财政支出	**General Budgetary Financial Expenditure**	**6283496**	**5591063**	**112.4**	**91.9**	**90.9**
# 基本建设支出	Capital Construction	643100	929621	69.2	9.4	15.1
企业挖潜改造资金	Innovation Funds of Enterprises	413647	354651	116.6	6.0	5.8
科技三项费用	Science and Technology Promotion	63704	48664	130.9	0.9	0.8
流动资金	Circulating Funds		11903			0.2
农林水气等部门事业费	Agriculture, Forestry, Water Conservancy and Meteorology	64770	49621	130.5	0.9	0.8
支援农村生产支出	Supporting Agricultural Production	134634	117269	114.8	2.0	1.9
城市维护费	City Maintenance	332346	273217	121.6	4.9	4.4
工业交通等部门的事业费	Fees of Industrial and Transportation Departments	29166	28369	102.8	0.4	0.5
文体广播事业费	Fees of Culture and Radio	141881	114758	123.6	2.1	1.9
教育事业费	Fees of Education	858185	722553	118.8	12.5	11.8
卫生经费	Funds of Health	379281	330792	114.7	5.5	5.4
科学事业费	Fees of Science	87806	72723	120.7	1.3	1.2
行政管理费	Government Administration	352020	273574	128.7	5.1	4.4
公检法司支出	Public Security Agency, Procuratorial Agency and Court of Justice	500775	391025	128.1	7.3	6.4
抚恤和社会福利救济费	Pensions and Relief Funds for Social Welfare	179808	143878	125.0	2.6	2.3
政策性补贴支出	Policy Subsidies	42057	68509	61.4	0.6	1.1
基金支出合计	**Funds Expenditure**	**556255**	**558167**	**99.7**	**8.1**	**9.1**

1-16 各区县主要指标
MAJOR INDICATORS FOR DISTRICTS AND COUNTIES

单位：万元

项目	Item	国内生产总值 Gross Domestic Product 2002	2001	2002年为2001年% 2002 as % of 2001	第一产业 Primary industry 2002	2001	2002年为2001年% 2002 as % of 2001	第二产业 Secondary Industry 2002	2001	2002年为2001年% 2002 as % of 2001
东城区	Dongcheng	2940785.1	2591717.8	113.5				198474.6	200384.0	99.0
西城区	Xicheng	3103931.0	2790125.0	111.3				428213.0	405122.0	105.7
崇文区	Chongwen	750982.6	670567.2	112.0				192407.9	178933.0	107.5
宣武区	Xuanwu	1848609.0	1627596.7	113.6				662328.0	547277.6	121.0
朝阳区	Chaoyang	5919514.7	5009667.9	118.2	26367.9	26422.9	99.8	1653456.6	1638949.3	100.9
丰台区	Fengtai	2060536.0	1696986.0	113.6	15701.0	16083.0	97.6	620469.0	581290.0	106.7
石景山区	Shijingshan	1188278.6	1107701.2	107.3	1475.1	1696.5	86.9	822417.2	831334.1	98.9
海淀区	Haidian	7097561.6	6033490.3	117.6	22153.5	19980.2	110.9	2535865	2191550.6	115.7
门头沟区	Mentougou	406493.7	332993.0	122.1	5330.1	5213.6	102.21	194078.5	159763.9	121.5
房山区	Fangshan	1662865.1	1369231.4	121.4	111942.8	98515.5	113.6	981454.8	738444.4	132.9
通州区	Tongzhou	900985.4	765473.2	117.7	132308.5	114929.4	115.1	398240.9	335322.7	118.8
顺义区	Shunyi	1328472.1	1160456.0	114.5	214251.6	193434.9	110.8	577202.3	557708.5	103.5
昌平区	Changping	1118920.6	854628.9	130.9	52631.4	51040.3	103.1	576168.3	393245.2	146.5
大兴区	Daxing	879354.0	711288.9	123.6	136161.9	130660.4	104.2	342764.3	274185.3	125.0
平谷区	Pinggu	423614.1	370976.2	114.2	90621.3	86387.8	104.9	179862.1	151485.4	118.7
怀柔区	Huairou	521739.8	448749.0	116.3	45227.4	42058.9	107.5	290827.2	249851.2	116.4
密云县	Miyun	566058.5	444592.4	127.3	89348.0	78605.0	113.7	278899.1	215660.7	129.3
延庆县	Yanqing	315912.5	276763.4	114.1	88414.5	81855.2	108.0	104532.0	91816.3	113.8

项目	Item	# 工业 Industry 2002	2001	2002年为2001年% 2002 as % of 2001	第三产业 Tertiary Industry 2002	2001	2002年为2001年% 2002 as % of 2001	工业总值(当年价格)Gross Outputvalue of industry (at current prices) 2002	2001	2002年为2001年% 2002 as % of 2001
东城区	Dongcheng	109093.6	133347.9	81.8	2742310.5	2391333.8	114.7	634370.7	925090.7	68.6
西城区	Xicheng	279301.0	254285.0	109.8	2675718.0	2385003.0	112.2	657599.5	608430.4	108.1
崇文区	Chongwen	119695.5	110977.5	107.9	558574.7	491634.2	113.6	221919.0	192860.0	115.1
宣武区	Xuanwu	578016.9	473801.5	122.0	1186281.0	1080319.0	109.8	1177881.6	1077866.9	109.3
朝阳区	Chaoyang	1290837.9	1219133.5	105.9	4239690.2	3344295.7	126.8	4440373.8	4121698.0	107.7
丰台区	Fengtai	435400.0	394127.0	110.5	1424366.0	1099613.0	116.2	1556806.8	1403291.6	110.9
石景山区	Shijingshan	760901.5	778167.7	97.8	364386.4	274670.6	132.7	3409841.5	3278310.1	104.0
海淀区	Haidian	2235016.7	1927501.6	116.0	4539543.1	3821959.5	118.8	5104455.6	4541621.6	112.4
门头沟区	Mentougou	162813.8	137271.9	118.6	207085.1	168015.5	123.3	376421.0	330824.6	113.8
房山区	Fangshan	748194.6	511730.9	146.2	569467.5	532271.5	107.0	3547144.1	3030009.4	117.1
通州区	Tongzhou	313804.3	256987.8	122.1	370436.0	315221.1	117.5	1262488.5	900636.5	140.2
顺义区	Shunyi	483911.7	482257.1	100.3	537018.2	409312.6	131.2	2117510.2	2025477.9	104.5
昌平区	Changping	452554.4	329867.5	137.2	490120.9	410343.4	119.4	2196875.5	1512753.0	145.2
大兴区	Daxing	255673.2	213771.0	119.6	400428.0	306443.0	130.7	1208250.0	978600.0	123.5
平谷区	Pinggu	138768.1	115730.5	119.9	153130.7	133103.0	115.0	665313.6	557222.0	119.4
怀柔区	Huairou	237926.7	201069.1	118.3	185685.2	156838.9	118.4	1235106.0	1014639.1	121.7
密云县	Miyun	230482.2	181245.8	127.2	197811.4	150326.7	131.6	842746.0	674482.5	124.9
延庆县	Yanqing	57001.6	51096.2	111.6	122966.0	103091.9	119.3	242661.7	216479.7	112.1

1-16 续表 1 continued

单位：万元

项目 Item		全社会固定资产投资 Total Investment inFixed Assets			社会消费品零售总额 Total Retail Sales of Consumer Goods			实际利用外资(万美元) Total Amount of Foreign Capital Actually Used(USD 100 MILLION)		
		2002	2001	2002年为2001年% 2002 as % of 2001	2002	2001	2002年为2001年% 2002 as % of 2001	2002	2001	2002年为2001年% 2002 as % of 2001
东城区	Dongcheng	1457000.0	1248512.0	116.7	1245471.0	1093707.0	113.9	16057.5	20056.7	80.1
西城区	Xicheng	1520128.0	1403126.0	108.3	1541492.1	1474765.4	104.5	3277.5	15444.6	21.2
崇文区	Chongwen	605273.0	516753.0	117.1	588192.0	540000.0	108.9	3082.0	2928.3	105.2
宣武区	Xuanwu	908220.0	750014.0	121.1	701118.0	657588.0	106.6	675.5	3089.8	21.9
朝阳区	Chaoyang	1967751.0	1577988.0	124.7	2689619.0	2434817.0	110.5	76020.8	62179.4	122.3
丰台区	Fengtai	544382.0	433566.0	125.6	1455134.0	1063205.0	136.9	2310.9	1855.1	124.6
石景山区	Shijingshan	298755.0	328275.0	91.0	666236.0	526076.0	126.6			
海淀区	Haidian	2689062.0	2407434.0	111.7	3435598.0	3221280.0	106.7	26220.0	25800.0	101.6
门头沟区	Mentougou	112506.0	86461.0	130.1	220998.7	201664.0	109.6	366.5	1626.0	22.5
房山区	Fangshan	585078.0	487525.0	120.0	535401.4	493788.2	108.4	2207.9	2005.4	110.1
通州区	Tongzhou	534977.0	407209.0	131.4	407386.0	356661.0	114.2	6573.0	6168.3	106.6
顺义区	Shunyi	423738.0	309820.0	136.8	453725.1	397710.0	114.1	11522.6	11366.1	101.4
昌平区	Changping	587235.0	372668.0	157.6	311989.0	294078.0	106.1	1606.1	1388.1	115.7
大兴区	Daxing	838719.0	506515.0	165.6	357927.0	327489.0	109.3	1037.9	5517.0	18.8
平谷区	Pinggu	128576.0	77998.0	164.8	165328.0	148228.0	111.5	1343.4	1392.8	96.5
怀柔区	Huairou	308459.0	200476.0	153.9	175358.0	154208.0	113.7	4539.9	4629.3	98.1
密云县	Miyun	636502.0	454280.0	140.1	195673.0	176400.0	110.9	2558.5	1949.0	131.3
延庆县	Yanqing	203000.0	155000.0	130.9	284503.0	255693.0	111.3	140.0	91.4	153.2

项目 Item		地方财政收入 Gross Domestic Product			城镇居民人均可支配收入(元) Annual Disc-retionary Income Perurban Residents (yuan)			农村居民纯收入 (元) Annual Net Income of Rural Residents (yuan)		
		2002	2001	2002年为2001年% 2002 as % of 2001	2002	2001	2002年为2001年% 2002 as % of 2001	2002	2001	2002年为2001年% 2002 as % of 2001
东城区	Dongcheng	272873.0	234065.0	116.6	13117.2	11774.7	111.4			
西城区	Xicheng	310842.0	276443.0	112.4	12916.0	11557.0	111.8			
崇文区	Chongwen	65261.0	57792.0	112.9	11745.0	10505.0	118.1			
宣武区	Xuanwu	135406.0	117628.0	115.1	11092.5	10426.1	112.7			
朝阳区	Chaoyang	528356.0	459236.0	115.1	12626.0	11037.0	114.4	8259.0	7343.0	112.5
丰台区	Fengtai	111860.0	91931.0	121.7	11424.6	10831.3	111.2	6953.0	6367.0	109.2
石景山区	Shijingshan	90389.0	76730.0	117.8	11018.1	8789.2	125.4	6574.5	5932.0	110.8
海淀区	Haidian	421419.0	351132.0	120.0	13778.8	13229.2	107.8	7945.4	7282.1	109.1
门头沟区	Mentougou	46476.0	35985.0	129.2	10209.7	9435.5	114.4	5095.4	4505.8	113.1
房山区	Fangshan	82202.0	61651.0	133.3	9791.6	8701.3	112.5	5492.0	5047.0	108.8
通州区	Tongzhou	69424.0	47536.0	146.0	10081.0	8505.5	118.5	5835.0	5269.6	110.7
顺义区	Shunyi	79528.0	63551.0	125.1	11735.9	9982.0	117.6	5850.0	5416.0	108.0
昌平区	Changping	67091.0	44044.0	152.3	9424.9	8400.1	112.2	5751.3	5155.3	111.6
大兴区	Daxing	82492.0	52318.0	157.7	9685.0	9003.0	107.6	5538.3	5006.5	110.6
平谷区	Pinggu	44225.0	35613.0	124.2	10972.8	9646.4	113.8	5102.3	4435.5	115.0
怀柔区	Huairou	54792.0	41772.0	131.2	11160.0	10262.0	108.8	5302.8	4583.2	115.7
密云县	Miyun	73339.0	35761.0	205.1	10551.0	9318.0	113.2	5171.0	4552.0	113.6
延庆县	Yanqing	23255.0	18481.0	125.8	11368.6	10027.3	113.4	5042.0	4378.0	115.2

1-16 续表 2 continued

项目	Item	从业人员 (人) Number of Employed Persons (person)			第一产业 (人) Primary industry (person)			第二产业 (人) Secondary Industry (person)		
		2002	2001	2002年为2001年% 2002 as % of 2001	2002	2001	2002年为2001年% 2002 as % of 2001	2002	2001	2002年为2001年% 2002 as % of 2001
东城区	Dongcheng	337052.0	323735.0	104.1				51243.0	50488.0	101.5
西城区	Xicheng	451409.0	399968.0	112.9				110415.0	94020.0	117.4
崇文区	Chongwen	138813.0	130952.0	106.0				52275.0	51103.0	102.3
宣武区	Xuanwu	262027.0	244484.0	107.2	4.0			130074.0	114100.0	114.0
朝阳区	Chaoyang	772209.0	729042.0	105.9	2992.0	4780.0	62.6	301602.0	307920.0	97.9
丰台区	Fengtai	394892.0	392242.0	100.7	573.0	411.0	139.4	219349.0	232683.0	94.3
石景山区	Shijingshan	176565.0	182565.0	96.7	69.0			113519.0	124509.0	91.2
海淀区	Haidian	924642.0	832290.0	111.1	2942.0	1739.0	169.2	265819.0	203251.0	130.8
门头沟区	Mentougou	80762.0	71134.0	113.5	323.0	418.0	77.3	44691.0	37993.0	117.6
房山区	Fangshan	401253.0	385054.0	104.2	78710.0	73399.0	107.2	185465.0	172176.0	107.7
通州区	Tongzhou	136933.0	111742.0	122.5	1629.0	1548.0	105.2	90759.0	70257.0	129.2
顺义区	Shunyi	177724.0	127004.0	139.9	7010.0	2398.0	292.3	121675.0	82777.0	147.0
昌平区	Changping	159138.0	141283.0	112.6	6201.0	5105.0	121.5	79004.0	69644.0	113.4
大兴区	Daxing	331742.0	332468.0	99.8	97591.0	114337.0	85.4	117044.0	109975.0	106.4
平谷区	Pinggu	60946.0	40429.0	150.7	1663.0	1207.0	137.8	28755.0	14308.0	200.9
怀柔区	Huairou	52019.0	35297.0	147.4	775.0	516.0	150.2	26354.0	13560.0	194.4
密云县	Miyun	66081.0	50040.0	132.1	553.0	497.0	111.3	32506.0	20798.0	156.3
延庆县	Yanqing	137815.0	135130.0	102.0	53439.0	52261.0	102.2	34949.0	34502.0	101.2

项目	Item	#工业 (人) Industry (person)			第三产业 (人) Tertiary Industry (person)			在岗职工平均工资(元) Average Wage of Jully Employed Staff and Workers (yuan)		
		2002	2001	2002年为2001年% 2002 as % of 2001	2002	2001	2002年为2001年% 2002 as % of 2001	2002	2001	2002年为2001年% 2002 as % of 2001
东城区	Dongcheng	24222.0	26604.0	91.1	285809.0	273247.0	104.6	27596.0	23865.0	115.6
西城区	Xicheng	55079.0	46600.0	118.2	340994.0	325092.0	104.9	27541.0	23103.0	119.2
崇文区	Chongwen	21626.0	20204.0	107.0	86538.0	79849.0	108.4	18363.0	16186.0	113.4
宣武区	Xuanwu	39509.0	41588.0	95.0	131949.0	130384.0	101.2	20735.0	19920.0	104.1
朝阳区	Chaoyang	191707.0	196389.0	97.6	467615.0	416342.0	112.3	24289.0	20954.0	115.9
丰台区	Fengtai	82267.0	82766.0	99.4	174970.0	159148.0	109.9	17261.0	15224.0	113.4
石景山区	Shijingshan	92001.0	104074.0	88.4	62977.0	58056.0	108.5	19550.0	18353.0	106.5
海淀区	Haidian	182885.0	145228.0	125.9	655881.0	627300.0	104.6	25975.0	21150.0	122.8
门头沟区	Mentougou	37698.0	33279.0	113.3	35748.0	32723.0	109.2	16982.4	14864.0	114.3
房山区	Fangshan	118634.0	105562.0	112.4	137078.0	139479.0	98.3	15707.2	15560.0	100.9
通州区	Tongzhou	63943.0	43070.0	148.5	44545.0	39937.0	111.5	12934.0	12203.0	106.0
顺义区	Shunyi	101253.0	70813.0	143.0	49039.0	41829.0	117.2	12624.0	12998.0	97.1
昌平区	Changping	72911.0	65632.0	111.1	73933.0	66534.0	111.1	15057.0	13786.0	109.2
大兴区	Daxing	92443.0	86126.0	107.3	117107.0	108156.0	108.3	14112.0	12372.0	114.1
平谷区	Pinggu	23289.0	11603.0	200.7	30528.0	24914.0	122.5	12941.1	13490.6	95.9
怀柔区	Huairou	19253.0	11582.0	166.2	24890.0	21221.0	117.3	15776.2	16172.0	97.6
密云县	Miyun	25619.0	17242.0	148.6	33022.0	28745.0	114.9	15169.0	14073.0	107.8
延庆县	Yanqing	14463.0	13706.0	105.5	49427.0	48367.0	102.2	15096.0	12476.0	121.0

主要统计指标解释

法人单位 指具备（1）依法成立、有自己的名称、组织机构和场所、能够独立承担民事责任；（2）独立拥有和使用（或授权使用）资产、承担负债、有权与其它单位签订合同；（3）会计上独立核算、能够编制资产负债表。法人单位包括企业法人、事业单位法人、机关法人、社会团体法人和其他法人。

单产业法人 指只在一个地点，主要从事一种生产经营活动的法人单位。

多产业法人 指坐落于两个及两个以上地点、或主要从事两种及两种以上生产经营活动的，按照单位划分规定可以划分为两个或两个以上产业活动单位的法人单位。

产业活动单位 指具备（1）在一个场所从事一种或主要从事一种社会经济活动；（2）相对独立组织生产经营和业务活动；（3）能够掌握收入和支出等业务核算资料。

登记注册类型 以在工商行政管理机关登记注册的各类企业为划分对象。行政机关、事业单位和社会团体及其他经济组织参照执行。

国有企业 指企业全部资产归国家所有，并按国家有关法律规定登记注册的非公司制的经济组织。不包括有限责任公司中的国有独资公司。

集体企业 指企业资产归集体所有，并按国家有关法律规定登记注册的经济组织。

股份合作企业 以合作制为基础，由企业职工共同出资入股，吸收一定比例的社会资产投资组建，实行自主经营、自负盈亏，共同劳动，民主管理，按劳分配与按股分红相结合的一种集体经济组织。

联营企业 指两个及两个以上相同或不同所有制的企业法人或事业单位法人，按自愿、平等、互利的原则，共同投资组成的经济组织。包括国有联营、集体联营、国有与集体联营和其他联营企业。

有限责任公司 指根据国家有关法律规定登记注册，由两个以上，五十个以下的股东共同出资，公司以其全部资产对其债务承担责任的经济组织。包括国有独资公司以及其他有限责任公司。

股份有限公司 指根据国家有关法律规定登记注册，其全部注册资本由等额股份构成并通过发行股票筹集资本的经济组织。

私营企业 指由自然人投资设立或由自然人控股，以雇佣劳动为基础的盈利性经济组织。包括按照有关法律、条例规定登记注册的私营独资企业、私营合伙企业、私营有限责任公司和私营股份有限公司。

其他企业 指上述单位之外的其他内资经济组织。

港、澳、台商投资企业 指港澳台地区投资者依照中华人民共和国有关涉外经济的法律、法规，以合资、合作、独资、股份有限公司的形式在内地设立的企业。凡其中港澳台股本占公司注册资本比例小于25%的，属于内资企业中的股份有限公司。

外商投资企业 指外国企业或外国人依照中华人民共和国有关涉外经济的法律、法规，以合资、合作、独资、股份有限公司的形式在中国内地投资设立的企业。凡其中外资股本占公司注册资本比例小于25%的，属于内资企业中的股份有限公司。

一般预算财政收入 是通过一定的形式和程序，由各级财政部门组织并纳入预算管理的各项收入，也就是会计制度改革以前所称的“预算收入”。

基金预算收入 是按规定收取，转入或通过当年财政安排，由财政管理并具有指定用途的政府性基金预算收入等。

一般预算财政支出 是各级财政部门对集中的一般预算收入有计划地分配和使用而安排的支出。

基金预算支出 是各级财政部门用基金预算收入安排的支出。

二　国民经济核算

NATIONAL ACCOUNTS

国内生产总值 （单位：亿元）
Gross Domestic Product (100 million yuan)

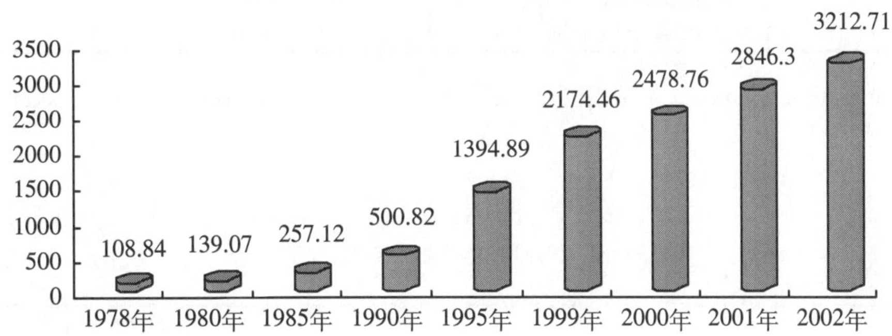

国内生产总值产业构成
Industry Composition of Gross Domestic Product

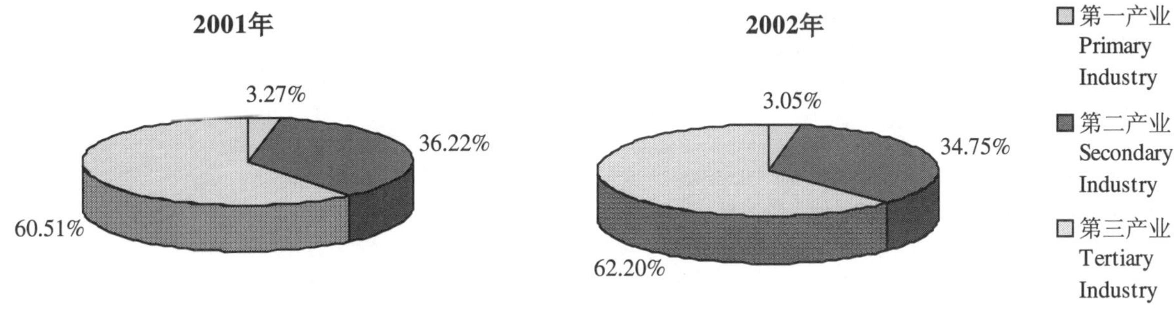

2-1 总　产　出
TOTAL OUTPUT

单位：万元　　(10000 yuan)

项目	Item	2002	2001	2002年为2001年% 2002 as % of 2001
总　计	**Total**	**111434900**	**96087600**	**113.5**
第一产业	Primary Industry	2303900	2140700	107.3
第二产业	Secondary Industry	50001000	46301900	108.1
工　业	Industry	38983700	36719800	106.9
建筑业	Construction	11017300	9582100	112.7
第三产业	Tertiary Industry	59130000	47645000	119.3
# 交通运输、仓储及邮电业	Transportation,Storage,Posts and Telecommunications	5466500	5251300	102.1
批发和零售贸易、餐饮业	Wholesale,Retail and Catering Trade	5619600	5216800	106.3

注：绝对数按现价计算，发展速度按可比价格计算(下同)。

Note: The data in terms of value are calculated at current prices,while the related indices are calculated at comparable prices (The followings are the same).

2-2 国民生产总值
GROSS NATIONAL PRODUCT

单位：万元　　(10000 yuan)

项目	Item	2002	2001	2002年为2001年% 2002 as % of 2001	构成(%) Composition(%)	
					2002	2001
国民生产总值	**Gross National Product**	**32134400**	**28462900**	**110.4**		
国内生产总值	**Gross Domestic Product**	**32127100**	**28456500**	**110.4**	**100**	**100**
第一产业	**Primary Industry**	**980500**	**930800**	**105.0**	**3.1**	**3.3**
第二产业	**Secondary Industry**	**11165300**	**10306000**	**108.5**	**34.8**	**36.2**
工　业	Industry	8741500	8162400	107.8	27.2	28.7
建筑业	Construction	2423800	2143600	110.9	7.6	7.5
第三产业	**Tertiary Industry**	**19981300**	**17219700**	**112.0**	**62.2**	**60.5**
交通运输、仓储及邮电业	Transportation,Storage, Posts and Telecommunications	2355600	2185300	105.2	7.4	7.7
批发和零售贸易、餐饮业	Wholesale,Retail and Catering	2563200	2378300	107.1	8.0	8.4
金融保险业	Banking and Insurance	4694400	4412200	105.8	14.6	15.5
地质勘探业、水利管理业	Geological Prospecting and Water	64200	53100	115.1	0.2	0.2
房地产业	Real Estate	1631200	1110300	136.8	5.1	3.9
社会服务业	Social Services	3226000	2202000	130.6	10.0	7.7
农林牧渔服务业	FFAF Services	21700	24900	88.8	0.1	0.1
卫生、体育、社会福利事业	Health,Sports and Social Welfare	554500	515000	105.6	1.7	1.8
教育、文艺、广播电影电视事业	Education,Culture,Art,Radio, Film and Television	2121600	1916000	108.6	6.6	6.7
科学研究和综合技术服务业	Scientific Research and Poly-technical Services	1710000	1477100	112.9	5.3	5.2
国家政党机关、社会团体	Government Organs,Party Organs and Social Bodies	842600	767700	108.1	2.6	2.7
其他	Others	196300	177800	105.2	0.6	0.6
国外(地区)净要素收入	**Net Income of Essential Factor from Foreign Country(Territory)**	**7300**	**6400**	**112.9**		
人均国内生产总值(元)	**Per Capita Gross Domestic Products (yuan)**	**28449**	**25523**	**109.0**		

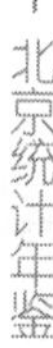

2-3 国内生产总值构成项目
COMPOSITION OF GROSS DOMESTIC PRODUCT

单位：万元 (10000 yuan)

项目	Item	增加值 Added Value	劳动者报酬 Compensation for Labors	生产税净额 Net Taxes on Production	固定资产折旧 Depreciation of Fixed Asset	营业盈余 Operating Surplus
国内生产总值	**Gross Domestic Product**	**32127100**	**14277300**	**4266000**	**5240600**	**8343200**
第一产业	**Primary Industry**	**980500**	**572200**	**5100**	**66500**	**336700**
第二产业	**Secondary Industry**	**11165300**	**5068900**	**2180400**	**1840300**	**2075700**
工　业	Industry	8741500	3604900	1714400	1639600	1782600
建筑业	Construction	2423800	1464000	466000	200700	293100
第三产业	**Tertiary Industry**	**19981300**	**8636200**	**2080500**	**3333800**	**5930800**
交通运输、仓储及邮电业	Transportation,Storage, Posts and Telecommunications	2355600	486900	147300	746700	974700
批发和零售贸易、餐饮业	Wholesale,Retail and Catering	2563200	1113700	185800	242200	1021500
金融保险业	Banking and Insurance	4694400	681700	400500	243800	3368400
地质勘探业、水利管理业	Geological Prospecting and WaterConservancy	64200	38200	2700	25100	-1800
房地产业	Real Estate	1631200	490900	516100	706700	-82500
社会服务业	Social Services	3226000	1822800	425400	582100	395700
农林牧渔服务业	FFAF Services	21700	16700	100	7500	-2600
卫生、体育、社会福利事业	Health,Sports and Social Welfare	554500	459700	5200	74500	15100
教育、文艺、广播电影电视事业	Education,Culture,Art,Radio,Film and Television	2121600	1547900	124900	253300	195500
科学研究和综合技术服务业	Scientific Research and Poly-technical Services	1710000	1166300	208200	219900	115600
国家政党机关、社会团体	Government Organs,Party Organs and Social Bodies	842600	655700	7200	179300	400
其　他	Others	196300	155700	57100	52700	-69200

2-4 按支出法计算的国内生产总值
GROSS DOMESTIC PRODUCT BY EXPENDITURE APPROACH

单位：万元 (10000 yuan)

项目	Item	2002	2001	2002年为2001年% 2002 as % of 2001
国内生产总值	**Gross Domestic Product**	**32127100**	**28456500**	**110.4**
最终消费	Final Consumption Expenditure	16998100	14677100	115.8
居民总消费	Household Consumption	10492100	9139500	114.1
农业居民	Agricultural	1474100	1319900	108.9
非农业居民	Non-Agricultural	9018000	7819600	115.0
政府消费	Government Consumption	6506000	5537600	118.7
资本形成总额	Gross Capital Formation	20100200	17753000	113.2
固定资产形成总额	Completed Fixed Assets	19131200	16318300	117.1
存货增加	Changes in Inventories	969000	1434700	69.6
货物和服务净出口	Net Export of Goods and Services	-4971200	-3973600	

2-5 居民总消费水平
HOUSEHOLD CONSUMPTION

单位：元 (yuan)

项目	Item	2002	2001	2002年为2001年% 2002 as % of 2001
全市居民总消费水平	**All Households**	**9291**	**8197**	**112.7**
农业居民	Agricultural	4390	3831	111.8
非农业居民	Non-Agricultural	11365	10150	111.7
农业居民与非农业居民对比 (以农业居民为100)	**Ratio of Consumption of Agricultural to Non-Agricultural(Agricultural=100)**	**1: 2.6**	**1: 2.6**	

2-6 最终消费
FINAL CONSUMPTION EXPENDITURE

单位：万元 (10000 yuan)

项目	Item	2002	2001
最终消费	**Final Consumption Expenditure**	**16998100**	**14677100**
居民消费	**Household Consumption**	**10492100**	**9139500**
农业居民	Agricultural	1474100	1319900
自给性消费	Self-sufficiency	24000	23000
商品性消费	Commodity	837500	789200
文化生活及服务性消费	Culture and Services	400800	330300
住房及水电消费	Residence,Water and Electricity	211800	177400
# 住房消费	Residence	108700	91200
非农业居民	Non-Agricultural	9018000	7819600
商品性消费	Commodity	4837800	4406000
文化生活及服务性消费	Culture and Services	3233800	2505600
住房及水电消费	Residence,Water and Electricity	946400	908000
# 住房消费	Residence	628900	600100
政府消费	**Government Consumption**	**6506000**	**5537600**

2-7 主要社会经济效益指标
MAJOR ECONOMIC EFFICIENCY INDICATORS

项目	Item		2002	2001
社会劳动生产率(当年价格)	(元/人) **Overall Labor Productivity (at current prices)**	**(yuan/person)**	**49121**	**45597**
第一产业	(元/人) Primary Industry	**(yuan/person)**	14139	12928
第二产业	(元/人) Secondary Industry	**(yuan/person)**	49487	48604
第三产业	(元/人) Tertiary Industry	**(yuan/person)**	55647	50640
资本形成率（投资率）	**(%) Rate of Capital Formation**	**(%)**	**62.6**	**62.4**
消费率	**(%) Consumption Rate**	**(%)**	**52.9**	**51.4**
总产出中间投入率	**(%) Intermediate Input/Total Output**	**(%)**	**71.2**	**70.4**
第一产业	(%) Primary Industry	(%)	**57.4**	**56.5**
第二产业	(%) Secondary Industry	(%)	**77.7**	77.7
第三产业	(%) Tertiary Industry	(%)	66.2	63.9
增加值率	**(%) GDP/Total Output**	(%)	**28.8**	**29.6**
第一产业	(%) Primary Industry	**(%)**	42.6	43.5
第二产业	(%) Secondary Industry	(%)	22.3	22.3
第三产业	(%) Tertiary Industry	(%)	33.8	36.1

2-8 2001 年国民经济总体帐户
OVERALL ACCOUNT OF NATIONAL ECONOMY OF 2001
2-8-1 生 产 帐 户（2001）
PRODUCTION ACCOUNT（2001）

单位：亿元 (100 million yuan)

劳动者报酬	Compensation for Labors	1301.8	总产出	Total Output	9608.8
工资及工资性收入	Wages and Related Income	1134.1	减：中间消耗	Subtract：Intermediate Consumption	6763.1
单位社会保险付款	Employer's Contribution of Social Securities	167.8			
生产税净额	Net Taxes on Production	376.0			
生产税	Production Taxes	470.3			
减：生产补贴	Subtract: Production Subsidies	94.4			
亏损补贴	Losing Subsidies	77.4			
价格补贴	Price Subsidies	17.0			
固定资产折旧	Depreciation of Fixed Assets	469.7			
营业盈余	Earnings Surplus	698.2			
增加值分配	**Distribution of Value Added**	**2845.7**	**增加值**	**Value Added**	**2845.7**

2-8-2收入分配及支出帐户(2001)
INCOME DISTRIBUTION AND EXPENDITURE ACCOUNT(2001)

单位：亿元 (100 million yuan)

财产收入支付	Payment for Property Income	1421.1	营业盈余	Earnings Surplus	698.2
利息支出	Interest	475.5	固定资产折旧	Depreciation of Fixed Asset	469.7
红利支出	Dividend	93.8	财产收入	Property Income	1622.3
土地租金支出	Land Rental		利息收入	Interest	475.5
其他支出	Others	851.8	红利收入	Dividend	335.3
经常转移支出	Payment for Current Transfer	614.4	土地租金收入	Land Rental	
收入税支出	Income Taxes	187.2	其他收入	Others	811.5
财政经常性拨款支出	Fiscal Current Allocation		劳动者报酬	Compensation for Labors	1301.8
社会保险付款支出	Payment to Social Security	167.8	工资及工资性收入	Wages and Related Income	1134.1
社会补助支出	Allowance	20.8	单位社会保险付款	Employer's Contribution of Social Securities	167.8
其他经常转移支出	Others	238.6			
可支配总收入	Total Disposable Income	3163.7	生产税净额	Net Taxes on Production	376.0
最终消费	Final Consumption Expenditure	1467.7	生产税	Production Tax	470.3
居民消费	Household Consumption	914.0	减:生产补贴	Subtract：Production Subsidies	94.4
政府消费	Government Consumption	553.8	亏损补贴	Losing Subsidies	77.4
总储蓄	Savings	1695.9	价格补贴	Price Subsidies	17.0
			经常转移收入	Current Transfer Income	731.2
			收入税收入	Income Tax	187.2
			财政经常性拨款收入	Fiscal Current Allocation	
			社会保险付款收入	Social Security Payment	167.8
			社会补助收入	Allowance	20.8
			其他经常转移收入	Others	355.5
支出和总储蓄	**Expenditure and Savings**	**5199.2**	**收　入**	**Income**	**5199.2**

2-8-3 资 本 帐 户(2001)
CAPITAL ACCOUNT(2001)

单位：亿元 (100 million yuan)

固定资本形成总额	Gross Fixed Capital Formation	1631.8	总储蓄	Total Savings	1695.9
存货增加	Changes in Inventories	143.5	资本转移收入净额	Capital Transfer,Net	
其他非金融资产获得减处置	Minus Items from Other Non-financial Capital		资本转移收入	Capital Transfer Income	160.1
			投资性补助收入	Investment Allowance	160.1
资金余缺	Surplus or Shortage of Capital	-79.4	其他资本转移收入	Others	
			减:资本转移支出	Subtract:Capital Transfer Expenditure	160.1
统计误差	Statistical Discrepancy				
			投资性补助支出	Investment Allowance	160.1
			其他资本转移支出	Others	
资本运用	**Capital Utilization**	**1695.9**	**资本筹集**	**Capital Source**	**1695.9**

2-8-4 金 融 帐 户(2001)
FINANCIAL ACCOUNT(2001)

单位：亿元 (100 million yuan)

国内金融交易	Domestic Financial Transaction	5270.4	国内金融交易	Domestic Financial Transaction	5350.4
通货	Currency in Circulation	106.0	通货	Currency in Circulation	
存款	Deposits	2116.1	存款	Deposits	2179.1
短期存款	Short-term	1000.1	短期存款	Short-term	1000.1
长期存款	Long-term	1116.0	长期存款	Long-term	1179.0
贷款	Loans	1335.8	贷款	Loans	1335.8
短期贷款	Short-term	341.7	短期贷款	Short-term	341.7
长期贷款	Long-term	994.0	长期贷款	Long-term	994.0
证券(不含股票)	Securities(excluding stock)	390.9	证券(不含股票)	Securities(excluding stock)	390.9
短期证券	Short-term		短期证券	Short-term	
长期证券	Long-term	390.9	长期证券	Long-term	390.9
股票及其他股权	Stock and Other Stock Ownership	330.3	股票及其他股权	Stock and Other Stock Ownership	1017.4
保险准备金	Reserves for Insurance Business		保险准备金	Reserves for Insurance Business	
其他金融资产	Other Financial Capital	991.3	其他负债	Other Liabilities	427.2
国际资本往来	International Capital Flow	-1.7	国际资本往来	International Capital Flow	-2.3
短期资本	Short-term	-4.1	短期资本	Short-term	1.0
长期资本	Long-term	2.4	长期资本	Long-term	-3.3
国际储备资产	Assets in International Reserves		资金余缺	Surplus or Shortage of Capital	-79.4
金融资产净增额	**Net Increase of Financial Capital**	**5268.7**	**负债净增额与资金余缺**	**Net Increase of Liability and Surplus or Shortage of Capital**	**5268.7**

2-8-5 期 末 资 产 负 债 帐 户(2001)
YEAR-END BALANCE ACCOUNT(2001)

单位：亿元 (100 million yuan)

非金融资产	Non-financial Capital	18451.0	负债	Liabilities	25286.3
固定资产	Fixed Assets	12813.7	国内金融负债	Domestic Financial Liabilities	23776.6
存货	Inventories	4485.8	通货	Currency in Circulation	
其他非金融资产	Others	1151.5	存款	Deposits	14526.8
金融资产	Financial Capital	27066.3	短期存款	Short-term	7580.7
国内金融资产	Domestic Financial Capital	26736.2	长期存款	Long-term	6946.1
通货	Currency in Circulation	247.3	贷款	Loans	6114.5
存款	Deposits	10180.7	短期贷款	Short-term	2746.7
短期存款	Short-term	4839.5	长期贷款	Long-term	3367.8
长期存款	Long-term	5341.2	证券(不含股票)	Securities(excluding stock)	9.4
贷款	Loans	7870.4	短期证券	Short-term	6.1
短期贷款	Short-term	3829.8	长期证券	Long-term	3.3
长期贷款	Long-term	4040.6	股票及其他股	Stock and Other Stock Ownership	2712.6
证券(不含股票)	Securities(excluding stock)	1595.8	保险准备金	Reserves for Insurance Business	89.9
短期证券	Short-term	1037.3	其他负债	Others	323.4
长期证券	Long-term	558.5	国外金融负债	Foreign Financial Liabilities	1509.8
股票及其他股权	Stock and Other Stock Ownership	6659.0	短期负债	Short-term	606.3
保险准备金	Reserves for Insurance Business	89.9	长期负债	Long-term	903.4
其他金融资产	Others	93.1	资产负债差额	Balance of Assets and Liabilities	20230.9
国外金融资产	Foreign Financial Capital	330.1			
短期资本	Short-term Capital	330.1			
长期资本	Long-term Capital				
储备资产	Reserves		**负债与资产负债**	**Liabilities and Balance of Capital and**	**45517.3**
资　产	**Capital**	**45517.3**	**差　额**	**Liabilities**	

主要统计指标解释

国民生产总值 指一个国家（或地区）所有常住单位在一定时期内收入初次分配的最终结果。一国常住单位从事生产活动所创造的增加值在初次分配中主要分配给该国的常住单位，但也有一部分以生产税及进口税（扣除生产和进口补贴）、劳动者报酬和财产收入等形式分配给非常住单位；同时，国外生产所创造的增加值也有一部分以生产税及进口税（扣除生产和进口补贴）、劳动者报酬和财产收入等形式分配给该国的常住单位，从而产生了国民生产总值的概念。它等于国内生产总值加上来自国外的净要素收入。与国内生产总值不同，国民生产总值是个收入概念，而国内生产总值是个生产概念。

国内生产总值 是按市场价格计算的国内生产总值的简称。它是一个国家（地区）所有常住单位在一定时期内生产活动的最终成果。国内生产总值有三种表现形式，即价值形态、收入形态和产品形态。从价值形态看，它是所有常住单位在一定时期内所生产的全部货物和服务价值超过同期投入的全部非固定资产货物和服务价值的差额，即所有常住单位的增加值之和；从收入形态看，它是所有常住单位在一定时期内所创造并分配给常住单位和非常住单位的初次分配收入之和；从产品形态看，它是最终使用的货物和服务减去进口货物和服务。在实际核算中，国内生产总值的三种表现形态表现为三种计算方法，即生产法、收入法和支出法。三种方法分别从不同的方面反映国内生产总值及其构成。

三次产业 根据社会生产活动历史发展的顺序对产业结构的划分，产品直接取自自然界的部门称为第一产业，对初级产品进行再加工的部门成为第二产业。为生产和消费提供各种服务的部门称为第三产业。它是世界上通用的产业结构分类，但各国的划分不尽一致。我国的三次产业划分是：

第一产业：农业（包括种植业、林业和渔业）。

第二产业：工业（包括采掘工业、制造业、自来水、电力、蒸汽、热水、煤气）和建筑业。

第三产业：除第一、第二产业以外的其他各业。由于第三产业包括的行业多、范围广，根据我国的实际情况第三产业可分为两大部门：一是流通部门，二是服务部门。具体又可分为四个层次：

第一层次：流通部门，包括交通运输业、邮电通讯业、商业、饮食业、物资供销业和仓储业。

第二层次：为生产和生活服务的部门，包括金融、保险业、地质普查业、房地产业、公用事业，居民服务业，咨询服务业和综合技术服务业，农、林、牧、渔、服务业和水利业，公路、内河（湖）航道养护业等。

第三层次：为提高科学文化水平和居民素质服务的部门，包括教育、文化、广播电视，科学研究、卫生、体育和社会福利事业。

第四层次：为社会公共需要服务的部门，包括国家机关、社会团体，以及军队和警察等。

支出法国内生产总值 指一个国家（或地区）所有常住单位在一定时期内用于最终消费、资本形成总额，以及货物和服务的净出口总额，它反映本期生产的国内生产总值的使用构成。

最终消费 指常住单位在一定时期内对于货物和服务的全部最终消费支出，也就是常住单位为满足物质、文化和精神生活的需要，从本国经济领土和国外购买的货物和服务的支出。它不包括非常住单位在本国经济领土内的消费支出。最终消费分为居民消费和政府消费。

（一）居民消费：指常住住户在一定时期内对于货物和服务的全部最终消费支出。居民关于货物的最终消费支出在货物的所有权发生变化时记录，关于服务的最终支出在服务提供的时候记录。居民消费支出按市场价格计算，即按居民支付的购买者价格计算，货物的购买价格是购买者取得交货所支付的价格，它包括购买者支付的运输和商业费用。居民支出除了直接以货币形式购买的货物和服务的消费支出外，还包括以其他方式获得的货物和服务的消费支出，即所谓的虚拟消费支出。居民虚拟消费支出包括如下几种类型：单位以实物报酬及实物转移的形式提供给劳动者的货物和服务；住户生产并由本住户消费了的货物和服务，其中自有住房服务；金融机构提供的金融媒介服务；保险公司提供的保险服务。

（二）政府消费 指政府部门为全社会提供的公共服务的消费支出和免费或以较低的价格向居民住户提供的货物和服务的净支出，前者等于政府服务的产出价值减去政府单位所获得的经营收入的价值，政府服务的产出价值等于它的经常性业务支出加上固定资产折旧；后者等于政府部门向居民住户提供的货物和服务的市场价值减去向居民住户收取的价值。

资本形成总额 指常住单位在一定时期内获得减去处

置的固定资产和存货的净值，包括固定资产形成总额和存货增加两项。

（一）固定资产形成总额　指常住单位在一定时期内购置、转入和自产自用的固定资产价值，扣除固定资产的销售和转出后的价值 。可分为有形固定资产形成总额和无形固定资产形成总额。有形固定资产形成总额包括一定时期内完成的建筑工程、安装工程和设备工器具购置（减处置）价值，以及土地改良、新增役、种、奶、毛、娱乐用牲畜和新增经济林木价值。无形固定资产形成总额包括矿藏的勘探、计算机软件、娱乐和文学艺术品原件等获得价值。

（二）存货增加　指常住单位在一定时期内存货实物量变动的市场价值即期末价值减期初价值的差额。存货增加可以是正值，也可以是负值，正值表示存货上升，负值表示存货下降。它包括生产单位购进的原材料、燃料和储备物资等存货，以及生产单位生产的产成品、在制品和半成品等存货等。

货物和服务净出口　指货物和服务出口减货物和服务进口的差额。出口包括常住单位向非常住单位出售或无偿转让的各种货物和服务的价值；进口包括常住单位从非常住单位购买或无偿得到的各种货物和服务的价值。由于服务活动的提供与使用同时发生，因此服务的进出口业务并不发生出入境现象，一般把常住单位从国外得到的服务作为进口，非常住单位从本国得到的服务作为出口。货物的出口和进口都按离岸价格计算。

净出口　指出口与进口的差额。出口包括常住单位向非常住单位出售或无偿转让的各种货物和服务的总值；进口包括常住单位从非常住单位购买或无偿得到的各种货物和服务的总值。由于服务活动提供与使用同时发生，因此服务的进出口业务并不发生出入境现象，应把常住单位从国外得到的服务作为进口，反之，非常住单位从我国得到的服务作为出口。

劳动者报酬　劳动者报酬是指劳动者因从事生产活动所获得的全部报酬。它包括劳动者获得的各种形式工资、奖金和津贴，既包括货币形式的，也包括实物形式的，它还包括劳动者所享受的公费医疗和医药卫生费、上下班交通补贴和单位支付的社会保险费等。单位支付的社会保险费，就是单位直接支付给负责社会保险的政府单位（一般指劳动部门）的社会保险金或为本单位职工离退休、发生死亡、伤残、医疗保险等而支付的保险费。对于个体经济来说，其所有者所获得的劳动报酬和经营利润不易区分，这两部分统一作为劳动者报酬处理。

生产税净额　指生产税减生产补贴后的差额。生产税指政府对生产单位生产、销售和从事经营活动以及因从事生产活动使用某些生产要素，如固定资产、土地、劳动力所征收的各种税、附加费和规费。具体包括销售税金及附加、增值税、管理费中开支的各种税、应交纳的养路费、排污费和水电费附加、烟酒专卖上缴政府的专项收入等。生产补贴与生产税相反，是政府对生产单位的单方面收入转移，因此视为负生产税处理，包括政策亏损补贴、粮食系统价格补贴、外贸企业出口退税收入等。

固定资产折旧　指一定时期内为弥补固定资产损耗按照核定的固定资产折旧率提取的固定资产折旧，或按国民经济核算统一规定的折旧率虚拟计算的固定资产折旧。它反映了固定资产在当期生产中的转移价值。各种类型企业和企业化管理的事业单位的固定资产折旧指实际计提并计入成本费用中的折旧费；不计提折旧的单位，如政府机关、非企业化管理的事业单位和居民住房的固定资产折旧则是按照统一规定的折旧率和固定资产原值计算的虚拟折旧。原则上，固定资产折旧应按固定资产的重置价值来计算，但是我国目前尚不具备对全社会固定资产进行重估价的基础，所以暂时只能采用上述方法来计算。

营业盈余　指常住单位创造的增加值扣除劳动者报酬、生产税净额和固定资产折旧后的余额。它相当于企业的经营利润加上生产补贴，但要扣除从利润中开支的工资和福利以及从税后利润中提取的公益金等。

三 人口

POPULATION

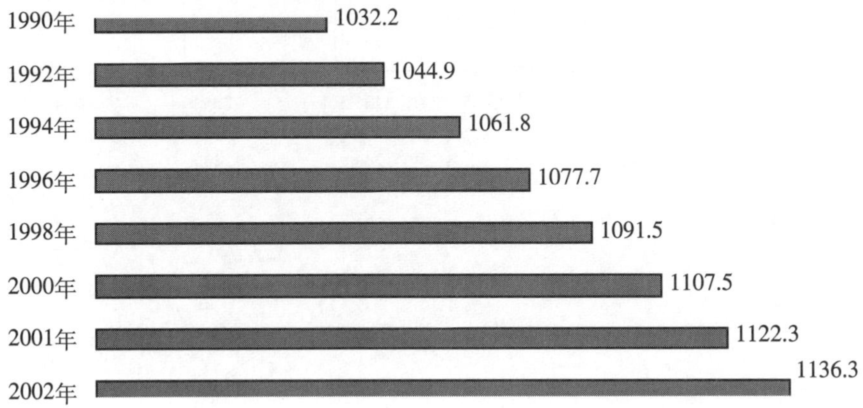
户籍人口　　（单位：万人）
Permanent Residents (10000 persons)
1990年 1032.2
1992年 1044.9
1994年 1061.8
1996年 1077.7
1998年 1091.5
2000年 1107.5
2001年 1122.3
2002年 1136.3

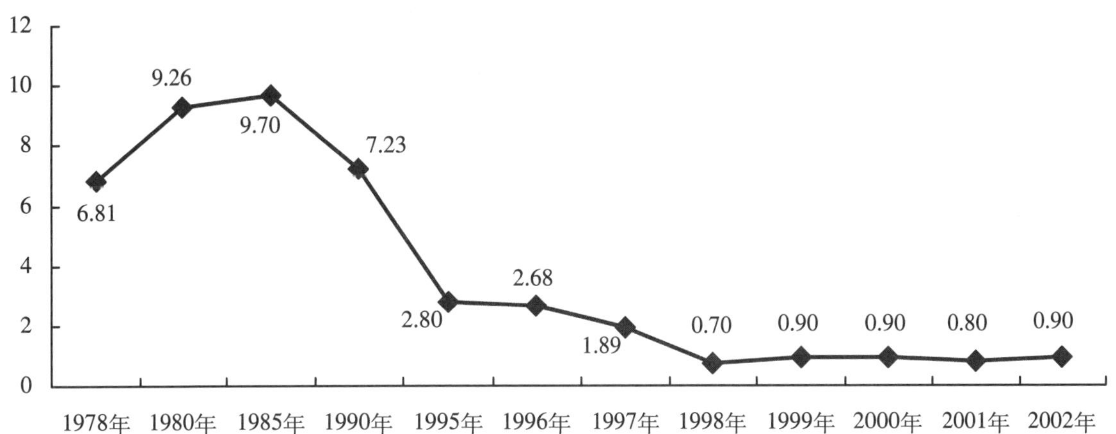
人口自然增长率　（单位：‰）
Natural Growth Rate of Population (‰)
12
10
8
6
4
2
0
6.81
9.26
9.70
7.23
2.80
2.68
1.89
0.70
0.90
0.90
0.80
0.90
1978年
1980年
1985年
1990年
1995年
1996年
1997年
1998年
1999年
2000年
2001年
2002年

3-1 户数及人口数(户籍统计)
HOUSEHOLD AND POPULATION(REGISTERED STATISTICS)

地区	Region	户籍人口 Permanent Residents						暂住人口(万人) Temporary Residents (10000 persons)
		户数(万户) Households(10000 households)			人口数(万人) Residents(10000 persons)			
		合计 Total	非农业户 Non-Agricultural	农业户 Agricultural	合计 Total	非农业户 Non-Agricultural	农业户 Agricultural	
全市	**Total**	**416.2**	**296.7**	**119.5**	**1136.3**	**806.9**	**329.4**	**358.9**
城区	**City Propers**	**87.4**	**87.4**	**…**	**240.6**	**240.6**	**…**	**45.3**
东城区	Dongcheng	23.4	23.4		63.8	63.8		13.8
西城区	Xicheng	28.2	28.2	…	79.2	79.2	…	12.9
崇文区	Chongwen	15.2	15.2	…	40.7	40.7	…	6.9
宣武区	Xuanwu	20.6	20.6	…	56.9	56.9	…	11.7
近郊区	**Near Suburbs**	**159.8**	**140.8**	**19.0**	**448.6**	**404.8**	**43.8**	**210.3**
朝阳区	Chaoyang	59.7	52.0	7.7	157.4	140.1	17.3	97.2
丰台区	Fengtai	32.9	26.9	6.0	84.8	70.4	14.4	35.9
石景山区	Shijingshan	11.9	11.7	0.2	33.8	33.4	0.4	13.4
海淀区	Haidian	55.3	50.2	5.1	172.6	160.9	11.7	63.8
远郊区	**Outer Suburbs**	**141.9**	**60.0**	**81.9**	**377.8**	**142.1**	**235.7**	**100.0**
门头沟区	Mentougou	9.6	6.5	3.1	23.5	16.1	7.4	4.0
房山区	Fangshan	27.4	11.9	15.5	74.8	29.7	45.1	10.2
通州区	Tongzhou	24.9	10.4	14.5	60.7	21.8	38.9	14.6
顺义区	Shunyi	20.0	6.7	13.3	54.4	14.7	39.7	15.7
昌平区	Changping	17.1	8.2	8.9	44.5	20.5	24.0	26.2
大兴区	Daxing	18.5	7.5	11.0	54.1	18.5	35.6	23.0
平谷区	Pinggu	13.7	4.9	8.8	39.1	11.6	27.5	2.2
怀柔区	Huairou	10.7	3.9	6.8	26.7	9.2	17.5	4.1
各县	**Counties**	**27.1**	**8.5**	**18.6**	**69.3**	**19.4**	**49.9**	**3.3**
密云县	Miyun	16.3	5.1	11.2	42.2	12.0	30.2	1.7
延庆县	Yanqing	10.8	3.4	7.4	27.1	7.4	19.7	1.6

3-2 人　口　密　度(户籍统计)
POPULATION DENSITY(REGISTERED STATISTICS)

地　区	Region	户籍人口 (万人) Permanent Population (10000 persons)	土地面积 (平方公里) Land Area (sq.km)	人口密度 (人/平方公里) Population Density (person/sq.km)
全　市	**Total**	**1136.3**	**16807.8**	**675**
城　区	**City Proper**	**240.6**	**87.1**	**27552**
市中心最稠密街道	The Densest Streets			
椿树街道	Chunshu Street	4.4	1.0	44233
前门街道	Qianmen Street	4.6	1.1	42238
崇文门外街道	Chongwenmenwai Street	4.0	1.1	36264
大栅栏街道	Dashanlan Street	4.4	1.3	33988
体育馆路街道	Tiyuguanlu Street	5.5	1.8	30533
东 城 区	Dongcheng	63.8	24.7	25847
西 城 区	Xicheng	79.2	30.0	26415
崇 文 区	Chongwen	40.7	15.9	25625
宣 武 区	Xuanwu	56.9	16.5	34027
近 郊 区	**Near Suburbs**	**448.6**	**1282.8**	**3488**
朝 阳 区	Chaoyang	157.4	470.8	3343
丰 台 区	Fengtai	84.8	304.2	2787
石景山区	Shijingshan	33.8	81.8	3988
海 淀 区	Haidian	172.6	426.0	4051
远 郊 区	**Outer Suburbs**	**377.8**	**11122.3**	**340**
门头沟区	Mentougou	23.5	1331.3	177
房 山 区	Fangshan	74.8	1866.7	401
通 州 区	Tongzhou	60.7	870.0	698
顺 义 区	Shunyi	54.4	980.0	555
昌 平 区	Changping	44.5	1430.0	311
大 兴 区	Daxing	54.1	1012.0	534
平 谷 区	Pinggu	39.1	1075.0	364
怀 柔 区	Huairou	26.7	2557.3	104
各　县	**Counties**	**69.3**	**4315.6**	**161**
密 云 县	Miyun	42.2	2335.6	180
延 庆 县	Yanqing	27.1	1980.0	137

3-3 户籍人口性别构成及性别比(户籍统计)
SEX COMPOSITION AND SEX RATIO OF PERMANENT RESIDENTS (REGISTERED STATISTICS)

地区	Region	户籍人口(万人) Permanent Population(10000 persons) 合计 Total	男 Male	女 Female	性别比(女=100) Sex Ratio (female=100)
全　市	**Total**	**1136.3**	**567.3**	**569.0**	**99.7**
城　区	**City Propers**	**240.6**	**120.5**	**120.1**	**100.3**
东城区	Dongcheng	63.8	31.3	32.5	96.4
西城区	Xicheng	79.2	39.3	39.9	98.5
崇文区	Chongwen	40.7	20.6	20.1	102.1
宣武区	Xuanwu	56.9	29.3	27.6	106.2
近郊区	**Near Suburbs**	**448.6**	**225.0**	**223.6**	**100.6**
朝阳区	Chaoyang	157.4	78.9	78.5	100.5
丰台区	Fengtai	84.8	42.6	42.2	101.0
石景山区	Shijingshan	33.8	17.7	16.1	109.5
海淀区	Haidian	172.6	85.8	86.8	98.8
远郊区	**Outer Suburbs**	**377.8**	**187.2**	**190.6**	**98.2**
门头沟区	Mentougou	23.5	12.2	11.3	107.6
房山区	Fangshan	74.8	37.4	37.4	100.3
通州区	Tongzhou	60.7	29.7	31.0	95.7
顺义区	Shunyi	54.4	26.6	27.8	95.6
昌平区	Changping	44.5	21.7	22.8	95.2
大兴区	Daxing	54.1	26.8	27.3	97.8
平谷区	Pinggu	39.1	19.4	19.7	98.7
怀柔区	Huairou	26.7	13.4	13.3	100.6
各　县	**Counties**	**69.3**	**34.6**	**34.7**	**100.2**
密云县	Miyun	42.2	21.0	21.2	99.5
延庆县	Yanqing	27.1	13.6	13.5	101.4

3-4 户籍人口自然变动情况(户籍统计)
NATURAL CHANGE OF REGISTERED POPULATION(REGISTERED STATISTICS)

单位：人 (person)

地区	Region	出生人数 Number of Birth 2002	2001	死亡人数 Number of Death 2002	2001	自然增加人数 Number of Natural Growth 2002	2001
全　市	**Total**	**59528**	**59759**	**51620**	**52652**	**7908**	**7107**
城　区	**City Propers**	**8520**	**8212**	**10074**	**11500**	**-1554**	**-3288**
东城区	Dongcheng	2423	2322	2465	2812	-42	-490
西城区	Xicheng	3184	2983	3219	3484	-35	-501
崇文区	Chongwen	1153	1211	1692	2219	-539	-1008
宣武区	Xuanwu	1760	1696	2698	2985	-938	-1289
近郊区	**Near Suburbs**	**21602**	**20318**	**17210**	**17795**	**4392**	**2523**
朝阳区	Chaoyang	7679	7326	6436	6953	1243	373
丰台区	Fengtai	4062	3921	4039	3906	23	15
石景山区	Shijingshan	1373	1255	1559	1535	-186	-280
海淀区	Haidian	8488	7816	5176	5401	3312	2415
远郊区	**Outer Suburbs**	**24271**	**25882**	**21208**	**20397**	**3063**	**5485**
门头沟区	Mentougou	1629	1678	1293	1399	336	279
房山区	Fangshan	5206	5884	4189	4563	1017	1321
通州区	Tongzhou	3466	3884	3533	3363	-67	521
顺义区	Shunyi	3145	3369	3460	3743	-315	-374
昌平区	Changping	2987	2981	1955	1836	1032	1145
大兴区	Daxing	3983	4000	3466	2292	517	1708
平谷区	Pinggu	2195	2457	1859	1519	336	938
怀柔区	Huairou	1660	1629	1453	1682	207	-53
各　县	**Counties**	**5135**	**5347**	**3128**	**2960**	**2007**	**2387**
密云县	Miyun	2960	2937	1450	1242	1510	1695
延庆县	Yanqing	2175	2410	1678	1718	497	692

3-5 户籍人口变动(户籍统计)
POPULATION CHANGE(REGISTERED STATISTICS)

单位：人 (person)

项目	Item	2002	2001
自然变动	**Natural Change**		
自然增加	Natural Increase	7908	7107
非农业人口	Non-agricultural Population	7439	2666
农业人口	Agricultural Population	469	4441
出　生	Birth	59528	59759
非农业人口	Non-agricultural Population	36270	33482
农业人口	Agricultural Population	23258	26277
死　亡	Death	51620	52652
非农业人口	Non-agricultural Population	28831	30816
农业人口	Agricultural Population	22789	21836
机械变动	**Non-natural Change**		
机械增加	Non-natural Increase	124492	121702
非农业人口	Non-agricultural Population	121103	113221
农业人口	Agricultural Population	3389	8481
市外迁入	Move in from outside	155712	158638
非农业人口	Non-agricultural Population	150408	146352
农业人口	Agricultural Population	5304	12286
迁往市外	Move out	31220	36936
非农业人口	Non-agricultural Population	29305	33131
农业人口	Agricultural Population	1915	3805

3-6 常住人口及自然变动情况
ACTUAL NATURAL CHANGE OF POPULATION IN 2002

项目	Item		常住人口 Permanent Population
总人口(万人)	**Total Population**	**(10000 person)**	**1423**
# 男	Male		743
# 非农业人口	Non-agriculture		1011
自然变动人数(人)	**Natural Change of Population**	**(person)**	
出生人数	Number of Birth		92614
死亡人数	Number of Death		79985
自然增加人数	Natural Increase of Population		12629
自然变动率 (‰)	**Natural Growth Rate**	(‰)	
出生率	Birth Rate		6.6
死亡率	Death Rate		5.7
自然增长率	Natural Growth Rate		0.9

注：本表"常住人口"栏中数字为2002年人口变动情况抽样调查推算数字。

Note: Data in column"Permanent Residents" are estimated through sample survey on population change in 2002.

3-7 家 庭 户 规 模(人口变动情况抽样调查资料)
FAMILY SIZE(SAMPLE SURVEY ON POPULATION CHANGE)

地 区	Region	家庭总户数(户) Total Number of Households (household)	家庭户规模所占比重(%) Percentage of Various Sized Family(%)				
			一人户 One Person	二人户 Two Persons	三人户 Three Persons	四人户 Four Persons	五人及以上户 Five Persons and above
全 市	**Total**	**12977**	**12.0**	**23.9**	**41.8**	**14.0**	**8.3**
城 区	**City Propers**	**2033**	**12.7**	**24.8**	**43.8**	**12.0**	**6.7**
东城区	Dongcheng	593	12.8	22.8	45.7	12.8	5.9
西城区	Xicheng	711	11.8	28.3	39.5	12.7	7.7
崇文区	Chongwen	216	11.1	23.6	42.6	11.6	11.1
宣武区	Xuanwu	513	14.6	22.6	48.2	10.1	4.5
近郊区	**Near Suburbs**	**6973**	**13.5**	**24.9**	**42.6**	**12.0**	**7.0**
朝阳区	Chaoyang	2720	13.6	25.2	41.0	13.3	6.9
丰台区	Fengtai	1586	11.4	21.9	48.3	11.3	7.1
石景山区	Shijingshan	583	8.9	25.9	41.2	13.2	10.8
海淀区	Haidian	2084	16.3	26.4	40.7	10.6	6.0
远郊区	**Outer Suburbs**	**3463**	**8.3**	**21.8**	**39.5**	**18.8**	**11.6**
门头沟区	Mentougou	350	10.0	19.7	43.4	18.0	8.9
房山区	Fangshan	544	8.3	23.5	49.8	11.4	7.0
通州区	Tongzhou	480	8.5	28.5	41.7	14.8	6.5
顺义区	Shunyi	551	6.9	20.5	37.6	19.6	15.4
昌平区	Changping	518	11.4	20.5	37.6	18.0	12.5
大兴区	Daxing	483	9.7	19.7	30.2	25.1	15.3
平谷区	Pinggu	321	5.0	18.4	27.1	28.3	21.2
怀柔区	Huairou	216	2.8	22.2	51.4	18.5	5.1
各 县	**Counties**	**508**	**12.6**	**22.4**	**37.6**	**18.1**	**9.3**
密云县	Miyun	325	6.8	20.6	45.2	17.5	9.9
延庆县	Yanqing	183	23.0	25.7	24.0	19.1	8.2

3-8 年 龄 组 人 口 数(人口变动情况抽样调查资料)
POPULATION GROUPED BY AGE(SAMPLE SURVEY ON POPULATION CHANGE)

项 目	Item	2002年被抽样人口 Sample Data of 2002		2001年人口抽样调查各年龄组占总人口比重(%) Percentage of Each Groupe in Total of 2001 (%)
		抽样人口数(人) Number of Persons Sampled (person)	年龄组人口占总人口比重(%) Percentage (%)	
总 计	**Total**	**41530**	**100.0**	**100.0**
# 法定婚龄 男(22岁以上)	Legal Marry Age: Male (age 22 and above)	16514	39.8	37.8
女(20岁以上)	Female (age 20 and above)	15946	38.4	37.0
育龄妇女(15-49岁)	Women of Child-bearing Age (age15-49)	11880	28.6	30.4
不满周岁婴儿(0岁)	Below Age 1	274	0.6	0.6
学龄前儿童(1-6岁)	Age 1-6	1445	3.5	4.2
小学学龄组(7-12岁)	Age 7-12	1991	4.8	6.1
初中学龄组(13-15岁)	Age 13-15	1618	3.9	3.9
劳动年龄组	Of Labor Age	29178	70.3	70.7
男(16-59岁)	Male(age 16-59)	16311	39.3	38.4
女(16-54岁)	Female(age 16-54)	12867	31.0	32.3
超过劳动年龄组	Over Labor Age	7024	16.9	14.5
男(60岁以上)	Male(age 60 and above)	2899	7.0	6.1
女(55岁以上)	Female(age 55 and above)	4125	9.9	8.4

3-9 人口年龄构成（人口变动情况抽样调查资料）
AGE COMPOSITION OF POPULATION(SAMPLE SURVEY ON POPULATION CHANGE)

年龄组 Age Group	抽样人口数(人) Number of Persons Sampled (person)			占抽样人口数的比重(%) Percentage(%)		
	合计 Total	男 Male	女 Female	合计 Total	男 Male	女 Female
总计 Total	**41530**	**21967**	**19563**	**100.0**	**52.9**	**47.1**
0-4	1190	618	572	2.9	1.5	1.4
5-9	1429	735	694	3.4	1.8	1.6
10-14	2130	1100	1030	5.1	2.6	2.5
15-19	3010	1689	1321	7.2	4.0	3.2
20-24	4268	2500	1768	10.3	6.0	4.3
25-29	3224	1766	1458	7.8	4.3	3.5
30-34	4025	2277	1748	9.7	5.5	4.2
35-39	4288	2354	1934	10.3	5.7	4.6
40-44	3751	1977	1774	9.0	4.7	4.3
45-49	3827	1950	1877	9.2	4.7	4.5
50-54	2573	1311	1262	6.2	3.2	3.0
55-59	1667	791	876	4.0	1.9	2.1
60-64	1672	744	928	4.0	1.8	2.2
65-69	1831	922	909	4.4	2.2	2.2
70-74	1309	612	697	3.2	1.5	1.7
75-79	781	376	405	1.9	0.9	1.0
80-84	360	167	193	0.9	0.4	0.5
85-89	156	62	94	0.4	0.2	0.2
90岁及以上 90 and above	39	16	23	0.1	…	0.1

3-10 年龄构成指数(人口变动抽样调查资料)
DEPENDENCY RATIO OF POPULATION ON LABOR AGE (SAMPLE SURVEY ON POPULATION CHANGE)

单位：%　　(%)

地区 Region	总负担系数 Total	老年人口抚养系数 Of the Aged	少年儿童抚养系数 Of Children
全市 Total	**28.6**	**13.9**	**14.7**
城区 City Proper	21.0	13.1	7.9
近郊区 Near Suburbs	29.5	14.9	14.6
远郊区 Outer Suburbs	33.4	13.0	20.4
各县 Counties	30.6	10.8	19.8

3-11 育龄妇女分年龄、孩次的生育状况(人口变动情况抽样调查资料)

FERTILITY OF WOMEN ON CHILDBEARING AGE BY AGE OF MOTHER AND BIRTH ORDER (SAMPLE SURVEY ON POPULATION CHANGE)

单位：人，‰ (person, ‰)

年龄 Age	平均育龄妇女人数 Average Number of Women on Childbearing Age	出生人数 Number of Birth	生育率 Fertility Rate	第一孩 1st Birth 出生数 Birth Number	第一孩 1st Birth 生育率 Fertility Rate	第二孩 2nd Birth 出生数 Birth Number	第二孩 2nd Birth 生育率 Fertility Rate	第三孩及以上 3rd Birth and over 出生数 Birth Number	第三孩及以上 3rd Birth and over 生育率 Fertility Rate
总计 Total	**11926**	**274**	**23.0**	**239**	**20.0**	**21**	**1.8**	**14**	**1.2**
15-19	1454								
20-24	1613	46	28.5	43	26.7	2	1.2	1	0.6
25-29	1522	138	90.7	119	78.2	7	4.6	12	7.9
30-34	1699	72	42.4	65	38.3	7	4.1		
35-39	1997	16	8.0	12	6.0	3	1.5	1	0.5
40-44	1788	1	0.6			1	0.6		
45-49	1855	1	0.5			1	0.5		

3-12 计划生育状况

FAMILY PLANNING

项目		Item		2002	2001	2002年比2001年增、减 2002 compared with 2001
全市		**Total**				
计划内生育	(人)	Within Plan	(person)	72300	73470	-1170
计划生育率	(%)	Family Planning Rate	(%)	98.0	97.8	0.2
已婚育龄妇女人数	(人)	Number of Women of Childbearing Age	(person)	2257497	2311304	-53807
实际采取节育措施人数	(人)	Number of Women Controlled Birth	(person)	1985173	2043143	-57970
独生子女领证率	(%)	Acceptance Rate of Only-child Certificate	(%)	67.8	67.0	0.8
城市		**Urban Area**				
计划生育率	(%)	Family Planning Rate	(%)	99.4	99.3	0.1
已婚育龄妇女人数	(人)	Number of Women of Childbearing Age	(person)	1430260	1441715	-11455
实际采取节育措施人数	(人)	Number of Women Controlled Birth	(person)	1239174	1253198	-14024
独生子女领证率	(%)	Acceptance Rate of Only-child Certificate	(%)	80.1	80.7	-0.6
农村		**Rural Area**				
计划生育率	(%)	Family Planning Rate	(%)	95.8	95.8	
已婚育龄妇女人数	(人)	Number of Women of Childbearing Age	(person)	827237	869589	-42352
实际采取节育措施人数	(人)	Number of Women Controlled Birth	(person)	745999	789945	-43946
独生子女领证率	(%)	Acceptance Rate of Only-child Certificate	(%)	46.6	44.4	2.2

资料来源:北京市计划生育委员会

Data Source: Beijing Birth Control Committee

3-13 外来人口总量
TOTAL NUMBER OF NONNATIVES

单位：万人 (10000 persons)

地 区	Region	总 计 Total	# 居住半年以上 Live in Beijing Half a Year	# 务工经商 in Works or Business
全 市	**Total**	**386.6**	**286.9**	**296.5**
城 区	**City Propers**	**46.5**	**33.4**	**36.7**
东城区	Dongcheng	13.3	9.5	10.2
西城区	Xicheng	14.9	10.7	12.1
崇文区	Chongwen	7.5	5.4	5.9
宣武区	Xuanwu	10.8	7.8	8.5
近郊区	**Near Suburbs**	**223.9**	**165.9**	**169.4**
朝阳区	Chaoyang	87.4	65.3	69.4
丰台区	Fengtai	43.2	32.5	35.7
石景山区	Shijingshan	16.5	12.3	12.8
海淀区	Haidian	76.8	55.8	51.5
远郊区	**Outer Suburbs**	**110.4**	**83.2**	**87.1**
门头沟区	Mentougou	4.3	3.2	2.7
房山区	Fangshan	11.8	8.6	9.5
通州区	Tongzhou	15.6	12.2	13.1
顺义区	Shunyi	16.5	12.3	12.8
昌平区	Changping	31.1	23.5	24.0
大兴区	Daxing	23.2	17.4	18.8
平谷区	Pinggu	2.4	2.0	2.2
怀柔区	Huairou	5.5	4.0	4.0
各 县	**Counties**	**5.8**	**4.4**	**4.4**
密云县	Miyun	3.2	2.5	2.6
延庆县	Yanqing	2.6	1.9	1.8

资料来源：根据2002年北京市外来人口动态监测调查资料推算。

Source: Data of this table were dead reckoning ones from 2002 Nonnatives Dynamic Control Data of Beijing.

3-14 外来人口户口所在地
RESIDENCE CARD LOCATION OF NONNATIVES

户口所在地 Residence Card Location		占外来人口的百分比（%） Percentage in Total Nonnatives(%)		
		合 计 Total	男 Male	女 Female
总 计	**Total**	**100.0**	**61.5**	**38.5**
天 津	Tianjin	0.5	0.3	0.2
河 北	Hebei	21.1	13.8	7.3
山 西	Shanxi	2.9	1.7	1.2
内蒙古	Neimenggu	2.8	1.5	1.3
辽 宁	Liaoning	2.2	1.2	1.0
吉 林	Jilin	1.7	0.8	0.9
黑龙江	Heilongjiang	3.7	1.9	1.8
上 海	Shanghai	0.1	0.1	…
江 苏	Jiangsu	4.6	3.5	1.1
浙 江	Zhejiang	2.9	1.6	1.3
安 徽	Anhui	9.3	5.8	3.5
福 建	Fujian	1.4	0.9	0.5
江 西	Jiangxi	2.2	1.3	0.9
山 东	Shandong	7.7	4.7	3.0
河 南	Henan	15.0	9.4	5.6
湖 北	Hubei	5.1	3.0	2.1
湖 南	Hunan	1.8	1.0	0.8
广 东	Guangdong	0.8	0.5	0.3
广 西	Guangxi	0.3	0.2	0.1
海 南	Hainan	0.1	0.1	…
重 庆	Chongqing	0.9	0.5	0.4
四 川	Sichuan	8.5	5.2	3.3
贵 州	Guizhou	0.4	0.2	0.2
云 南	Yunnan	0.2	0.1	0.1
西 藏	Xizang	…	…	…
陕 西	Shanxi	2.1	1.3	0.8
甘 肃	Gansu	1.1	0.6	0.5
青 海	Qinghai	0.1	0.1	…
宁 夏	Ningxia	0.2	0.1	0.1
新 疆	Xinjiang	0.3	0.1	0.2

资料来源：2002年北京市外来人口动态监测调查资料（表3-14至表3-20同）。
Source: 2002 Nonnatives Dynamic Control Data of Beijing(3-14 to 3-20 are the same).

3-15 外来人口的受教育状况
EDUCATIONAL LEVEL OF NONNATIVES

受教育程度 Educational Level		占6岁及以上外来人口的百分比（%） Percentage in Nonnatives at six-year-old and above(%)		
		合计 Total	男 Male	女 Female
6岁及以上人口合计	**Total**	**100.0**	**61.7**	**38.3**
不识字或识字很少	Illiterate or Semi-illiterate	2.3	0.7	1.6
小　　学	Primary School	14.3	7.6	6.7
初　　中	Junior Middle School	58.3	38.7	19.6
高　　中	Senior Middle School	15.9	9.5	6.4
大 学 专 科	Undergraduate	6.7	3.7	3.0
大学本科及以上	College Level and above	2.5	1.5	1.0

3-16 外来人口的来京时间分布
PERIOD IN BEIJING OF NONATIVES

来京时间 Period in Beijing		占外来人口的百分比（%） Percentage in Total Nonnatives(%)		
		合计 Total	男 Male	女 Female
总　　计	**Total**	**100.0**	**61.5**	**38.5**
一个月以下	below One Month	7.8	5.2	2.6
一个月至三个月以下	One Month-Three Months	9.1	5.1	4.0
三个月至半年以下	Three Months-Half a Year	8.8	5.4	3.4
半年至一年以下	Half a Year-One Year	22.1	14.9	7.2
一年至三年以下	One Year-Three Years	33.4	19.8	13.6
三年至五年以下	Three-Five Years	7.6	4.4	3.2
五年及以上	Five Years and above	11.2	6.7	4.5

3-17 外来人口性别年龄构成
AGE AND SEX COMPOSITION OF NONNATIVES

年龄组 Age Group		占外来人口的百分比（%） Percentage in Total Nonnatives(%)			性别比（女=100） Sex Ratio (Female=100)
		合计 Total	男 Male	女 Female	
总 计	**Total**	**100.0**	**61.5**	**38.5**	**159.5**
0 - 4		3.8	2.1	1.7	126.2
5 - 9		2.6	1.5	1.1	135.9
10 - 14		1.6	0.9	0.7	118.5
15 - 19		12.0	6.6	5.4	122.9
20 - 24		22.5	13.1	9.4	139.2
25 - 29		17.7	10.7	7.0	152.5
30 - 34		17.1	11.0	6.1	181.5
35 - 39		10.5	7.2	3.3	216.2
40 - 44		4.6	3.3	1.3	255.9
45 - 49		3.4	2.4	1.0	246.4
50 - 54		2.0	1.4	0.6	217.5
55 - 59		1.0	0.6	0.4	164.8
60 - 64		0.6	0.4	0.2	137.9
65岁及以上	65 years old and above	0.6	0.3	0.3	110.2

3-18 外来人口的在京状况
STATISTICS FOR NONNATIVES IN BEIJING

单位：% (%)

地 区 Region		合计 Total	务工经商 in Work or Business	暂无工作 Having no Job Currently	随亲家属 Famliy Member	探亲访友 Visiting Relatives and Friends
全 市	**Total**	**100.0**	**76.7**	**1.4**	**13.7**	**0.9**
城 区	City Propers	9.9	7.8	0.1	1.1	0.2
近郊区	Near Suburbs	57.6	43.4	0.8	7.3	0.5
远郊区	Outer Suburbs	31.3	24.6	0.5	5.0	0.2
各 县	Counties	1.2	0.9	…	0.3	…

地 区 Region		因公出差 on Business Trip	学习培训 for Study and Training	旅游购物 Tourism and Purchasing	治病疗养 under Treatment and Recuperation	旅途中转 Transfer During Trip	其 他 Others
全 市	**Total**	**0.4**	**6.1**	**0.2**	**0.3**	**0.1**	**0.2**
城 区	City Propers	0.2	0.3	0.1	0.1	…	…
近郊区	Near Suburbs	0.2	5.1	0.1	0.1	…	0.1
远郊区	Outer Suburbs	…	0.7	…	0.1	0.1	0.1
各 县	Counties		…		…	…	…

3-19 外来人口的职业分布
VOCATION DISTRIBUTION OF NANNATIVES

职业	Vocation	占就业人口的百分比（%） Percentage in Employment Population(%) 合计 Total	男 Male	女 Female
总计	**Total**	**100.0**	**67.9**	**32.1**
各类专业技术人员	Professional Technical Personnel	3.2	2.1	1.1
国家机关，党群组织，企事业单位负责人	Chairman of Government Organs,Party,Mass Organizations,Enterprises and Institutions	0.3	0.2	0.1
办事人员和有关人员	Office Workers and Related Personnel	3.0	2.0	1.0
商业工作人员	Commerce	18.9	10.8	8.1
废旧物资回收人员	Waste Recovery	1.4	1.0	0.4
餐饮服务工作人员	Catering	14.4	7.8	6.6
修理服务工作人员	Repairs Services	3.0	2.5	0.5
其他服务性工作人员	Other Services	14.5	7.4	7.1
农林牧渔劳动者	Farming,Forestry,animal Husbandry and Fishery	2.1	1.3	0.8
工业劳动者	Industry	15.0	10.3	4.7
建筑业劳动者	Construction	19.8	19.0	0.8
运输业劳动者	TRsportation	2.7	2.5	0.2
不便分类的劳动者	No Classfied Labor	1.7	1.0	0.7

3-20 外来人口的住所形式
HOUSING OF NONNATIVES

单位：% (%)

地区	Region	合计 Total	租住房屋 Rent	自建房屋 Self-building	自购房屋 Purchase	单位宿舍 Living Quarters	工作场所 Working Place
全市	**Total**	**100.0**	**49.2**	**1.7**	**2.3**	**22.6**	**9.9**
城区	City Propers	9.9	2.9	…	0.4	2.2	1.2
近郊区	Near Suburbs	57.6	31.1	0.6	0.7	12.1	5.9
远郊区	Outer Suburbs	31.3	14.5	1.0	1.1	8.0	2.8
各县	Counties	1.2	0.7	0.1	0.1	0.3	…

地区	Region	工棚 Builder's Temporary Shed	雇主房屋 House of Employer	亲友房屋 House of Relatives	旅馆饭店 Hotels	其他 Others
全市	**Total**	**5.4**	**3.6**	**2.6**	**2.0**	**0.7**
城区	City Propers	0.5	0.7	1.0	1.0	…
近郊区	Near Suburbs	3.1	1.5	1.1	0.9	0.6
远郊区	Outer Suburbs	1.8	1.4	0.5	0.1	0.1
各县	Counties	…	…	…	…	…

主要统计指标解释

人口数 指一定时点、一定地区范围内有生命的个人的总和。年度统计的年末人口数是指每年12月31日24时的人口数。

户籍人口 指根据户籍登记情况统计的人口，以派出所办理的户籍登记和监狱管理局、劳教工作管理局掌握的服刑人员的情况为基础进行汇总而成。

暂住人口 指不具有本市常住户口，来自北京市行政区划以外的省、直辖市、自治区，在京暂住三日以上，并向公安机关申报暂住登记以及领取暂住证件的人员。

常住人口 指在某地区实际居住半年以上的人口。

出生率 指在一定时期内（通常为一年）出生人数与同期平均人数(或期中之数)的比率，一般用千分率表示。计算公式：

$$出生率 = \frac{年出生人数}{年平均人数} \times 1000‰$$

出生人数是指活产，即脱离母体时（不管怀孕月数），有过呼吸或其他生命现象的活婴儿总和。

年平均人数是年初、年底人口数的平均数，也可用年中人口数代替。

死亡率 指在一定时期内（通常为一年）一定地区的死亡人数与同期平均人数（或期中人数）之比，一般用千分率表示。计算公式：

$$死亡率 = \frac{年死亡人数}{年平均人数} \times 1000‰$$

人口自然增长率 指在一定时期内（通常为一年）人口自然增加数（出生人数减死亡人数）与该时期内平均人数（或期中人数）之比，一般用千分率表示。计算公式：

$$人口自然增长率 = \frac{本年出生人数 - 本年死亡人数}{年平均人数} \times 1000‰$$

$$人口自然增长率 = 人口出生率 - 人口死亡率$$

外来人口 指在一定的标准时间上，在京居住或停留一天以上、非北京市户口的外来人员（不包括在京的外籍和港澳台人员，也不包括驻京中国人民解放军现役军人和中国人民武装警察）。

总负担系数 指人口总体中非劳动年龄人口数与劳动年龄人口数之比。通常用百分比表示。说明每100名劳动年龄人口大致要负担多少名非劳动年龄人口。用于从人口角度反映人口与经济发展的基本关系。

少年儿童抚养系数 指某一人口中少年儿童人口数与劳动年龄人口数之比。通常用百分比表示。反映每100名劳动年龄人口要负担多少名少年儿童。

老年人口抚养系数 指某一人口中老年人口数与劳动年龄人口数之比。通常用百分比表示。表明每100名劳动年龄人口要负担多少名老年人。

四 劳动力和工资

LABOR FORCE AND WAGE

BEIJING STATISTICAL YEARBOOK

全市从业人员（按产业分）（单位：万人）
Employed Persons (by Indutry, 10000 persons)

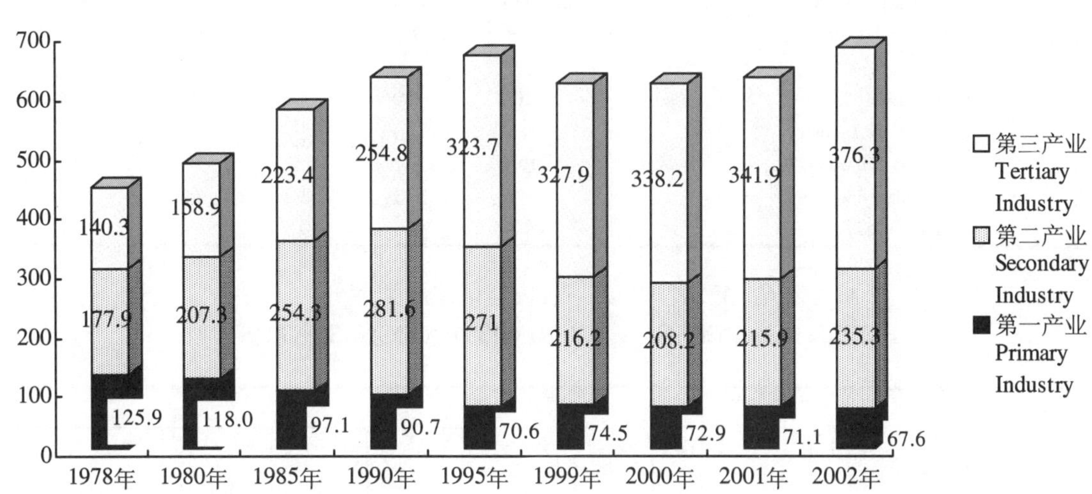

职工平均工资　　　（单位：元）
Average Wage of Staff and Workers (yuan)

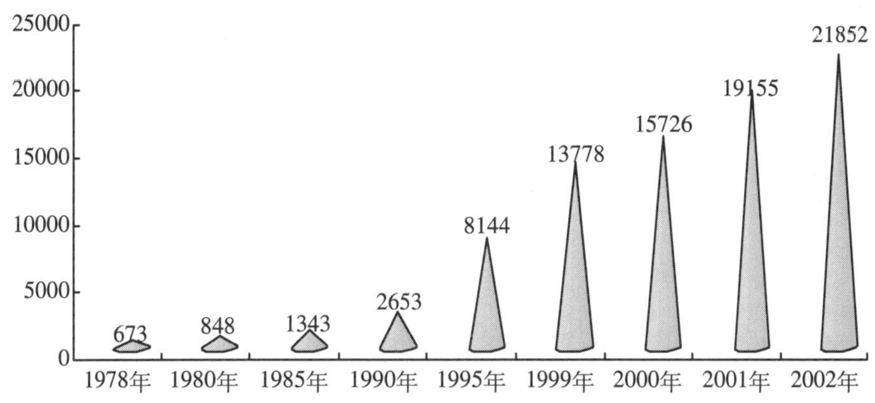

4-1 全市从业人员(按产业)
EMPLOYED PERSONS BY INDUSTRY AND DEPARTMENT

项目 Item		2002			2001		
		合计 Total	城市 Urban	农村 Rural	合计 Total	城市 Urban	农村 Rural
人数 (人)	**Number of Persons (person)**	**6792047**	**5136022**	**1656025**	**6288759**	**4641997**	**1646762**
按产业分	**Grouped by Industry**						
第一产业	Primary Industry	676180	35100	641080	710763	27659	683104
第二产业	Secondary Industry	2353146	1865999	487147	2159241	1631925	527316
第三产业	Tertiary Industry	3762721	3234923	527798	3418755	2982413	436342
构成 (%)	**Composition (%)**	**100**	**100**	**100**	**100**	**100**	**100**
按产业分	**Grouped by Industry**						
第一产业	Primary Industry	10.0	0.7	38.7	11.3	0.6	41.5
第二产业	Secondary Industry	34.6	36.3	29.4	34.3	35.2	32.0
第三产业	Tertiary Industry	55.4	63.0	31.9	54.4	64.2	26.5

4-2 全市从业人员(按登记注册类型分)
EMPLOYED PERSONS BY REGISTRATION STATUS

单位：人 (person)

行业	Sector	合计 Total	国有经济 State-owned	集体经济 Collective Owned	其他经济 Others	城镇私营劳动者 Urban Private	城镇个体劳动者 Urban Individuals	农村劳动者 Rural Labors
总计	**Total**	**6792047**	**2248456**	**368022**	**2188323**	**48289**	**282932**	**1656025**
农、林、牧、渔业	Farming,Forestry,Animal Husbandry and Fishery	676180	17216	2293	13547	591	1453	641080
采掘业	Excavation	29725	1813	1723	23379	73	13	2724
制造业	Manufacturing	1452249	275424	89960	736305	11144	13699	325717
电力、煤气及水的生产和供应业	Electricity,Gas,Water Production and Supply	38904	20122	262	17314			1206
建筑业	Construction	832268	219450	135719	317347	1415	837	157500
地质勘查业水利管理业	Geological Prospecting and Water Conservancy	13083	10388	878	1817			
交通运输、仓储及邮电通信业	Transportation,Storage,Post and Telecommunication	351744	134377	4476	51351	429	8150	152961
批发和零售贸易餐饮业	Wholesale,Retail Trade and Catering Services	1008350	130174	48043	308002	20529	216312	285290
金融、保险业	Finance and Insurance	82294	53035		29259			
房地产业	Real Estate Trade	167020	42290	6602	114300			3828
社会服务业	Social Services	923033	314746	43608	434643	11258	40740	78038
卫生体育和社会福利业	Health Care,Sports and Social Welfare	142422	124541	10988	5256			1637
教育、文化艺术和广播电影电视业	Education,Culture,Art,Radio,Film and Television	428557	391581	10074	25948			954
科学研究和综合技术服务业	Scientific Research and Polytechnical Services	264292	175684	6651	81659			298
国家机关、政党机关和社会团体	Government Agencies,Party Agencies and Social Organizations	229975	228240	1236	499			
其他行业	Others	151951	109375	5509	27697	2850	1728	4792

4-3 城镇单位从业人员年末人数
YEAR-END EMPLOYED PERSONS IN URBAN UNITS

单位：人　　　　(person)

项　　目	Item	从业人员 Employed Persons	在岗职工 Fully Employed Staff and Workers at their Posts	聘用留用的离退休人员 Retired and VCSR Engaged and Kept on	聘用的外籍及港澳台方人员 Personnel of Foreign,Hong-kong,Macao and Taiwan	人事档案关系保留在原单位人员 Personnel Organizational Affiliation Reserved
总　计	**Total**	**4804801**	**4341771**	**164944**	**7398**	**290688**
按登记注册类型分	**Grouped by Registration Status**					
内资经济	Domestic Investment Economy	4343214	3943741	150664	1109	247700
国有经济	State-owned	2248456	2126437	53117	475	68427
集体经济	Collective-owned	368022	326593	19576	15	21838
联营经济	Joint-owned	41420	38413	1181	7	1819
股份有限公司	Share Holding Corporations Ltd.	270747	243122	5514	29	22082
有限责任公司	Limited-Liability Corporations	850011	731494	36644	237	81636
股份合作企业	Share Holding	146945	130569	7784	55	8537
其他经济	Others	417613	347113	26848	291	43361
外商投资经济	Foreign Funded	291855	253968	7159	4391	26337
港、澳、台商投资经济	Hongkong,Macao and Taiwan Funded	169732	144062	7121	1898	16651
按隶属关系分	**Grouped by Administrative Relationship**					
# 中央	Central	1151568	1072785	33892	870	44021
地方	Local	2542684	2316497	75501	2651	148035
按行业分	**Grouped by Sector**					
农、林、牧、渔业	Farming,Forestry,Animal Husbandry and Fishery	33056	31573	396	35	1052
# 农业	Farming	6698	6429	105	12	152
采掘业	Excavation	26915	26661	209	15	30
制造业	Manufacturing	1101689	1013698	31902	1893	54196
电力、煤气及水的生产和供应业	Electricity,Gas,Water Production and Supply	37698	37332	132		234
建筑业	Construction	672516	640993	12498	105	18920
地质勘查业水利管理业	Geological Prospecting and Water Conservancy	13083	12360	244		479
交通运输、仓储及邮电通信业	Transportation,Storage,Posts and Telecommunications	190204	177149	1579	125	11351
# 交通运输业	Transportation	122327	115277	738	81	6231
邮电通信业	Posts and Telecommunications	57471	52223	631	38	4579
批发和零售贸易餐饮业	Wholesale, Retail Trade and Catering Services	486219	410204	23114	452	52449
# 批发业	Wholesale Trade	140477	116840	8071	160	15406
零售业	Retail Trade	241984	204945	12368	97	24574
餐饮业	Catering Services	86566	72154	2404	193	11815
金融、保险业	Finance and Insurance	82294	80644	682	124	844
房地产业	Real Estate Trade	163192	130481	12444	501	19766
社会服务业	Social Services	792997	673493	35837	2019	81648
# 公共服务业	Public Services	227755	199647	7263	13	20832
居民服务业	Resident Services	47761	38366	2914	67	6414
旅馆业	Hotels	133225	115833	5372	385	11635
卫生体育和社会福利业	Health Care,Sports and Social Welfare	140785	135527	3303	132	1823
# 卫生	Health Care	124725	120587	2804	108	1226
体育	Sports	8214	7539	225	24	426
教育、文化艺术和广播电影电视业	Education,Culture,Art, Radio,Film and Television	427603	394033	16104	857	16609
教育	Education	327340	305056	12415	680	9189
文化艺术业	Culture and Art	78803	71002	3003	112	4686
广播电影电视业	Radio,Film and Television	21460	17975	686	65	2734
科学研究和综合技术服务业	Scientific Research and Polytechnical Services	263994	217301	19621	362	26710
科学研究业	Scientific Research	111558	105163	5532	48	815
综合技术服务业	Polytechnical Services	152436	112138	14089	314	25895
国家机关、政党机关和社会团体	Government Agencies,Party Agencies and Social Organizations	229975	223740	4307	1	1927
其他行业	Others	142581	136582	2572	777	2650

注：城镇单位从业人员年末人数与报国家统计局劳动工资年报口径一致，不含城镇个体、私营企业、农村从业人员。

Note:Data in this table is in accordance to the annual bulletin of labors and wages reported to state statistical bureau, not include urban individuals, private and rural employees.

4-4 在 岗 职 工 人 数
NUMBER OF FULLY EMPLOYED STAFF AND WORKERS

单位：人 (person)

项目	Item	2002	2001	2002年为2001年% 2002 as % of 2001
总计	**Total**	**4341771**	**4003165**	**108.5**
按登记注册类型分	**Grouped by Registration Status**			
内资经济	Domestic Investment Economy	3943741	3650316	108.0
国有经济	State-owned	2126437	2358756	90.2
集体经济	Collective-owned	326593	399938	81.7
联营经济	Joint-owned	38413	40862	94.0
股份有限公司	Share Holding Corporations Ltd.	243122	150990	161.0
有限责任公司	Limited-Liability Corporations	731494	420506	174.0
股份合作企业	Share Holding	130569	84252	155.0
其他经济	Others	347113	195012	178.0
外商投资经济	Foreign Funded	253968	223933	113.4
港、澳、台商投资经济	Hongkong,Macao and Taiwan Funded	144062	128916	111.7
按隶属关系分	**Grouped by Administrative Relationship**			
# 中央	Central	1072785	1071791	100.1
地方	Local	2316497	2331193	99.4
按行业分	**Grouped by Sector**			
农、林、牧、渔业	Farming,Forestry,Animal Husbandry and Fishery	31573	26336	119.9
# 农业	Farming	6429	3304	194.6
采掘业	Excavation	26661	25296	105.4
制造业	Manufacturing	1013698	891603	113.7
电力、煤气及水的生产和供应业	Electricity,Gas,Water Production and Supply	37332	39240	95.1
建筑业	Construction	640993	562711	113.9
地质勘查业水利管理业	Geological Prospecting and Water Conservancy	12360	13941	88.7
交通运输、仓储及邮电通信业	Transportation,Storage,Posts and Telecommunications	177149	171938	103.0
# 交通运输业	Transportation	115277	121772	94.7
邮电通信业	Posts and Telecommunications	52223	43037	121.3
批发和零售贸易餐饮业	Wholesale, Retail Trade and Catering Services	410204	400642	102.4
# 批发业	Wholesale Trade	116840	139984	83.5
零售业	Retail Trade	204945	198733	103.1
餐饮业	Catering Services	72154	57266	126.0
金融、保险业	Finance and Insurance	80644	71574	112.7
房地产业	Real Estate Trade	130481	109786	118.9
社会服务业	Social Services	673493	573288	117.5
# 居民服务业	Resident Services	38366	40656	94.4
旅馆业	Hotels	115833	106275	109.0
卫生体育和社会福利业	Health Care,Sports and Social Welfare	135527	134870	100.5
# 卫生	Health Care	120587	120945	99.7
体育	Sports	7539	8415	89.6
教育、文化艺术和广播电影电视业	Education,Culture,Art, Radio,Film and Television	394033	387872	101.6
教育	Education	305056	305279	99.9
文化艺术业	Culture and Art	71002	64524	110.0
广播电影电视业	Radio,Film and Television	17975	18069	99.5
科学研究和综合技术服务业	Scientific Research and Polytechnical Services	217301	237184	91.6
科学研究业	Scientific Research	105163	103352	101.8
综合技术服务业	Polytechnical Services	112138	133832	83.8
国家机关、政党机关和社会团体	Government Agencies,Party Agencies and Social Organizations	223740	241711	92.6
其他行业	Others	136582	115173	118.6

4-5 从业人员人数增减情况
CHANGES IN NUMBER OF EMPOLYED PERSONS

单位：人 (person)

项目	Item	2002 合计 Total	2002 #中央单位 Central	2002 #地方单位 Local	2001 合计 Total	2001 #中央单位 Central	2001 #地方单位 Local
净增人数	**Net Increase**	**-42097**	**-1635**	**-90431**	**-81684**	**-39441**	**-109818**
增加人数	**Number of Persons Increased**	**801813**	**144189**	**396997**	**793802**	**144270**	**407900**
从农村招收	Recruited from Rural Area	254351	32748	115079	272797	28700	128341
从城镇招收	Recruited from Urban Area	102283	19628	30357	89648	12014	33661
录用的退伍军人	Employment of Demobilized Soldiers	5909	1348	3092	5944	1251	3168
录用大中专技校毕业生	Employment of Graduate	92988	26404	51229	80368	23691	46690
调入人数	Job Changes	145742	34972	68908	147867	38523	75801
# 市外调入	from Outside Beijing	19387	4884	4652	17864	4362	3854
其他	Others	200540	29089	128332	197178	40091	120239
减少人数	**Number of Persons Decreased**	**843910**	**145824**	**487428**	**875486**	**183711**	**517718**
离休退休退职	Retire and Quit	100072	20181	72983	108845	25780	76528
开除除名辞退	be Discharged	57056	9225	23995	67859	18562	27803
终止解除合同	Contract Expiration	320900	48973	189076	317991	49115	197408
在岗职工无岗	Staff and Workers at their posts but have no work	23361	3905	18047	41496	5497	34704
调出人数	Job Changes	135559	34731	72992	151427	45176	81078
# 调往市外	to Outside Beijing	9935	2391	3925	11264	1303	2109
其他	Others	206962	28809	110335	187868	39581	100197

4-6 国民经济各行业在岗职工人数(按隶属关系、登记注册类型分)

单位：人

行业	Sector	全市 Total	#中央 Central	#地方 Local
总计	**Total**	**4341771**	**1072785**	**2316497**
农、林、牧、渔业	**Farming,Forestry,Animal Husbandry and Fishery**	**31573**	**1973**	**26140**
#农、林、牧、渔服务业	FFAF Services	7097	1115	5788
采掘业	**Excavation**	**26661**		**26239**
制造业	**Manufacturing**	**1013698**	**126063**	**737231**
食品加工业	Food Processing	20428	1254	13983
食品制造业	Food Making	32676	303	23708
饮料制造业	Beverage Making	21238	333	19110
烟草制造业	Tobacco Processing	821	821	
纺织业	Textile Industry	45436	116	41240
服装及其他纤维制品制造业	Garments and Other Fiber Products	63385	912	45742
皮革、毛皮、羽绒及其制品业	Leather,Furs,Down and Related Products	5200	54	3356
木材加工及竹、藤、棕、革制品业	Timber Processing,Bamboo,Cane,Palm Fiber and Straw Products	4821	400	2861
家具制造业	Furniture Manufacturing	15045	579	8938
造纸及纸制品业	Papermaking and Paper Products	9843	509	7797
印刷业、记录媒介的复制	Printing and Record Medium Reproduced	43644	17680	18838
文教体育用品制造业	Stationery,Education and Sports Goods	10217	34	7444
石油加工及炼焦业	Petroleum Processing and Coking Products	29947	22506	6880
化学原料及化学制品制造业	Raw Chemical Materials and Chemical Products	48137	1906	40024
医药制造业	Medical and Pharmaceutical Products	31705	1924	26688
化学纤维制造业	Chemical Fibers	1485		1359
橡胶制品业	Rubber Products	5935	91	5276
塑料制品业	Plastic Products	20313	683	14110
非金属矿物制品业	Nonmetal Mineral Products	69569	4349	53741
黑色金属冶炼及压延加工业	Smelting and Pressing Ferrous Metals	91533		91063
有色金属冶炼及压延加工业	Smelting and Pressing of Nonferrous Metals	7207	24	6506
金属制品业	Metal Products	49180	1913	34220
普通机械制造业	Ordinary Machinery	54163	5551	38920
专业设备制造业	Special Purpose Equipment	45308	7376	28963
交通运输设备制造业	Transportation Equipment	91352	28773	55172
武器弹药制造业	Weapons and Ammunition	8604	8604	
电气机械及器材制造业	Electric Equipment and Machine	66524	6272	49633
电子及通信设备制造业	Electronic and Telecommunication	81185	8657	65399
仪器仪表及文化办公用机械制造业	Instruments,Meters,Cultural and Official Machinery	26383	4165	17560
其他制造业	Other Manufacturing	12414	274	8700
电力、煤气及水的生产和供应业	**Electricity,Gas and Water Production and Supply**	**37332**	**15652**	**20885**
电力、蒸汽、热水的生产和供应业	Electricity,Steam and Hot Water Production and Supply	23875	15652	7743
煤气生产和供应业	Gas Production and Supply	8298		8070
自来水的生产和供应业	Water Production and Supply	5159		5072
建筑业	**Construction**	**640993**	**93362**	**237883**
土木工程建筑业	Civil Engineering	546540	72640	198750
线路、管道和设备安装业	Circuit,Pipeline and Equipment Installation	63239	18019	29707
建筑物的装修装饰业	Buildings Fitting up and Decoration	31214	2703	9426
地质勘查业、水利管理业	**Geological Prospecting and Water Conservancy**	**12360**	**3760**	**8178**
地质勘查业	Geological Prospecting	5260	3500	1349
水利管理业	Water Conservancy	7100	260	6829

NUMBER OF FULLY EMPLOYED STAFF AND WORKERS BY SECTOR (BY ADMINISTRATIVE RELATIONSHIP AND REGISTRATION STATUS)

(person)

国有经济 State-Owned	# 中 央 Central	# 地 方 Local	集体经济 Collective-Owned	其他经济 Others
2126437	**906633**	**1114914**	**326593**	**1888741**
16991	**1093**	**15883**	**2077**	**12505**
5449	1079	4370	794	854
1789		**1789**	**1719**	**23153**
261510	**102929**	**156231**	**81772**	**670416**
3330	74	3173	598	16500
4075	27	3992	1080	27521
6514	95	6327	674	14050
821	821			
15586	61	15525	4695	25155
3721	739	2949	7732	51932
493		493	1060	3647
505	32	473	426	3890
705	98	580	1361	12979
2403	243	2148	1056	6384
21704	15938	5582	4737	17203
883	22	859	915	8419
26496	22382	4114	307	3144
7408	1170	6225	4123	36606
5329	1324	3897	1217	25159
194		194	375	916
2113	74	2039	974	2848
2692	368	2319	2965	14656
15715	3833	11781	10123	43731
18982		18982	40	72511
646		646	269	6292
6373	1607	4586	5691	37116
19685	3554	16030	8756	25722
14720	6106	8509	3453	27135
35011	22930	11626	7475	48866
8604	8604			
12319	5449	6861	4186	50019
12973	4936	7780	2524	65688
8938	2352	6562	2623	14822
2572	90	1979	2337	7505
19997	**10864**	**9133**	**258**	**17077**
12230	10864	1366	244	11401
2902		2902	14	5382
4865		4865		294
213962	**67217**	**65196**	**129314**	**297717**
197848	60276	57335	113104	235588
12361	5540	6463	14161	36717
3753	1401	1398	2049	25412
10012	**2892**	**6754**	**766**	**1582**
3802	2632	804	33	1425
6210	260	5950	733	157

4-6 续表 1 continued

单位：人

行业	Sector	全市 Total	#中央 Central	#地方 Local
交通运输、仓储及邮电通信业	**Transportation,Storage,Posts and Telecommunications**	**177149**	**117606**	**46704**
铁路运输业	Railway	55212	55212	
公路运输业	Highway	23447	1551	16739
管道运输业	Pipeline			
航空运输业	Airway	10175	10175	
交通运输辅助业	Transport Supporting ans Auxiliary Services	26443	10419	12457
其他交通运输业	Others			
仓储业	Storage	9649	1551	7012
邮电通信业	Posts and Telecommunications	52223	38698	10496
批发和零售贸易餐饮业	**Wholesale,Retail Trade and Catering Services**	**410204**	**51429**	**179287**
批发业	Wholesale Trade	116840	24190	44581
零售业	Retail Trade	204945	12086	111073
商业经纪与代理业	Commercial Management and Agency	16265	11982	3730
餐饮业	Catering Trade	72154	3171	19903
金融、保险业	**Finance and Insurance**	**80644**	**74900**	**2498**
金融业	Finance	73296	69325	1370
保险业	Insurance	7348	5575	1128
房地产业	**Real Estate Trade**	**130481**	**12539**	**66311**
房地产开发与经营业	Real Estate Development	39817	1983	22405
房地产管理业	Real Estate Management	86704	10492	42713
房地产代理与经纪业	Real Estate Brokerage and Agency	3960	64	1193
社会服务业	**Social Services**	**673493**	**104270**	**382638**
公共设施服务业	Public Facilities Utilities	199647	9376	150807
# 市内公共交通业	Public Transportation in City	137934	4899	101692
# 市内公共汽电车业	Public Bus and Trolleybus	60766		60420
园林绿化业	Gardens Afforest	19111	299	16930
环境卫生业	Environmental Sanitation	22398	132	19031
市政工程管理业	Municipal Engineering Management	5745	473	4916
居民服务业	Resident Services	38366	4623	14712
旅馆业	Hotels	115833	45441	43880
租赁服务业	Leasing	8009	1301	3019
旅游业	Tourism	11663	3845	5797
娱乐服务业	Recreation	12241	707	4732
信息、咨询服务业	Information and Consultancy Services	74907	13207	17995
# 广告业	Advertisement	14796	1899	1605
计算机应用服务业	Computer Application Services	91550	5735	63861
其他社会服务业	Other Social Services	121277	20035	77835
# 市场管理服务业	Market Management Services	20956	1102	9681
卫生、体育和社会福利业	**Health Care,Sports and Social Welfare**	**135527**	**38781**	**92979**
卫生	Health Care	120587	35415	83051
体育	Sports	7539	2780	3787
社会福利	Social Welfare	7401	586	6141
教育、文化艺术及广播电影电视业	**Education,Culture and Arts, Radio,Film and Television**	**394033**	**152801**	**231073**
教育	Education	305056	87357	211793
高等教育	Higher Education	106839	75568	30800
普通高等教育	Ordinary Higher Education	92284	70915	21369
成人高等教育	Adult Higher Education	14555	4653	9431

4-6 续表 2 continued

(person)

国有经济 State-Owned	# 中 央 Central	# 地 方 Local	集体经济 Collective-Owned	其他经济 Others
126599	**101726**	**24431**	**3970**	**46580**
55212	55212			
13305	699	12588	1603	8539
8517	8517			1658
11017	5003	5807	1329	14097
7098	1180	5724	709	1842
31450	31115	312	329	20444
118481	**35376**	**78396**	**40451**	**251272**
40221	16663	21761	11933	64686
56078	6951	46745	22845	126022
13182	10681	2480		3083
9000	1081	7410	5673	57481
52623	**52411**	**49**		**28021**
50079	49867	49		23217
2544	2544			4804
36788	**5638**	**29353**	**5798**	**87895**
9617	1242	7883	1285	28915
26363	4343	20755	4423	55918
808	53	715	90	3062
290780	**70065**	**210761**	**35414**	**347299**
110127	6112	103541	7325	82195
63498	2980	60283	5527	68909
46300		46300	7	14459
15416	80	15328	721	2974
18303	47	18256	495	3600
4558	414	4075	61	1126
10442	3260	6815	6349	21575
56635	27518	21422	8745	50453
1773	970	750	1319	4917
5279	3131	1809	322	6062
1492	134	1157	1150	9599
13745	10139	3299	3012	58150
1956	1215	704	646	12194
7380	4534	2713	806	83364
83907	14267	69255	6386	30984
6572	603	5770	2129	12255
121400	**36461**	**84347**	**10380**	**3747**
108984	33124	75305	9817	1786
6131	2753	3378	22	1386
6285	584	5664	541	575
371901	**149221**	**222094**	**4860**	**17272**
291753	86655	204619	4410	8893
104581	75242	29329	436	1822
92284	70915	21369		
12297	4327	7960	436	1822

4-6 续表 3 continued

单位：人

行业	Sector	全市 Total	# 中央 Central	# 地方 Local
中等教育	Secondary School Education	106631	4249	99902
中等专业学校	Specialized Secondary Schools	14633	940	13344
普通中学	Regular Secondary Schools	72753	2284	69235
农业、职业中学	Agricultural and Vocational Schools	8614	221	8370
技工学校	Technical Schools	2635	179	2452
成人中等学校	Adult Secondary Schools	7545	625	6091
工读学校	Schools for Juvenile Delinquents	451		410
初等教育	Primary Education	63619	1197	62355
小学校	Primary Schools	63619	1197	62355
成人初等学校	Adult Primary Schools			
学前教育	Preschool Education	12338	1940	9526
特殊教育	Special Education	1020		988
其他教育	Other Education	14609	4403	8222
文化艺术业	Culture and Arts	71002	53510	13967
艺术	Arts	7499	4538	2805
出版	Publication	41811	36982	4536
文物保护	Historical Relics Preservation	4388	2917	1374
图书馆	Library	2509	1402	1107
档案馆	Archives	1079	702	376
群众文化	Mass Culture	3161	462	2566
新闻	News	4056	3973	74
文化艺术经纪与代理业	Brokers and Agents for Cultural and Arts Activities	2489	744	220
其他文化艺术业	Others	4010	1790	909
广播电影电视业	Radio,Film and Television	17975	11934	5313
广播	Radio	4760	3932	825
电影	Film	4356	2624	1314
电视	Television	8859	5378	3174
科学研究和综合技术服务	**Scientific Research and Polytechical Services**	**217301**	**136012**	**58451**
科学研究业	Scientific Research	105163	97273	6030
自然科学研究	Natural Science Research	80719	75081	4134
社会科学研究	Social Science Research	11926	10869	869
其他科学研究	Other Scientific Research	12518	11323	1027
综合技术服务业	Polytechnical Services	112138	38739	52421
气象	Atmospheric	2207	1748	413
地震	Seismology	487	417	70
测绘	Surveying and Mapping	2631	1295	1300
技术监督	Technology Supervisor	6284	2475	3038
海洋环境	Sea and Ocean Environments	450	305	145
环境保护	Environmental Protection	3975	1026	2761
技术推广和科技交流服务业	Technology Promotion and Exchange Services	28288	5374	15775
工程设计业	Engineering Design	21396	13781	6054
其他综合技术服务业	Other Polytechnical Services	46420	12318	22865
国家机关、政党机关和社会团体	**Government Agencies,Party Agencies and Social Organizations**	**223740**	**55101**	**168586**
国家机关	Government Agencies	200002	39387	160600
政党机关	Party Agencies	11652	6877	4769
社会团体	Social Organizations	12086	8837	3217
其他行业	**Other Sectors**	**136582**	**88536**	**31414**

4-6 续表 4 continued

(person)

国有经济 State-Owned	# 中 央 Central	# 地 方 Local	集体经济 Collective-Owned	其他经济 Others
101895	4183	97391	1554	3182
14138	940	12961	135	360
70671	2253	68399	365	1717
8546	221	8325		68
2634	179	2452		1
5455	590	4844	1054	1036
451		410		
63426	1197	62229	50	143
63426	1197	62229	50	143
9429	1844	7585	1755	1154
988		988		32
11434	4189	7097	615	2560
63504	50850	12556	343	7155
7273	4535	2738	21	205
39835	35571	4167	135	1841
4257	2899	1358	34	97
2509	1402	1107		
1079	702	376		
2988	457	2531	8	165
4047	3973	74		9
696	652	44	93	1700
820	659	161	52	3138
16644	11716	4919	107	1224
4690	3932	758	8	62
3841	2604	1237	44	471
8113	5180	2924	55	691
154546	**130412**	**22596**	**3938**	**58817**
103460	96929	5319	41	1662
79208	74737	3431	40	1471
11798	10869	869		128
12454	11323	1019	1	63
51086	33483	17277	3897	57155
2121	1748	373		86
487	417	70		
2056	1071	985		575
4774	2334	2433	458	1052
450	305	145		
3083	982	2101	47	845
7919	4339	3558	1366	19003
16284	12717	3543	620	4492
13912	9570	4069	1406	31102
222708	**54790**	**167881**	**714**	**318**
200002	39387	160600		
11652	6877	4769		
11054	8526	2512	714	318
106350	**85538**	**20020**	**5162**	**25070**

4-7 国民经济各行业在岗职工人数(按用工期限分)

单位：人

行业	Sector	全市 Total	# 女性 Female	比重(%) Proportion (%)	# 长期职工 Permanent Workers
总　　计	**Total**	**4341771**	**1585632**	**36.5**	**3460977**
农、林、牧、渔业	**Farming,Forestry,Animal Husbandry and Fishery**	**31573**	**12683**	**40.2**	**20947**
# 农、林、牧、渔服务业	FFAF Services	7097	2493	35.1	6290
采掘业	**Excavation**	**26661**	**4868**	**18.3**	**23889**
制造业	**Manufacturing**	**1013698**	**392558**	**38.7**	**862532**
食品加工业	Food Processing	20428	7985	39.1	15771
食品制造业	Food Making	32676	16163	49.5	24842
饮料制造业	Beverage Making	21238	8313	39.1	18047
烟草制造业	Tobacco Processing	821	348	42.4	821
纺织业	Textile Industry	45436	31282	68.8	38916
服装及其他纤维制品制造业	Garments and Other Fiber Products	63385	48038	75.8	42538
皮革、毛皮、羽绒及其制品业	Leather,Furs,Down and Related Products	5200	2864	55.1	4016
木材加工及竹、藤、棕、革制品业	Timber Processing,Bamboo,Cane, Palm Fiber and Straw Products	4821	1538	31.9	3423
家具制造业	Furniture Manufacturing	15045	4441	29.5	11019
造纸及纸制品业	Papermaking and Paper Products	9843	4620	46.9	7612
印刷业、记录媒介的复制	Printing and Record Medium Reproduced	43644	20490	46.9	36524
文教体育用品制造业	Stationery,Education and Sports Goods	10217	4764	46.6	8681
石油加工及炼焦业	Petroleum Processing and Coking Products	29947	9390	31.4	29130
化学原料及化学制品制造业	Raw Chemical Materials and Chemical Products	48137	17644	36.7	41675
医药制造业	Medical and Pharmaceutical Products	31705	15894	50.1	28586
化学纤维制造业	Chemical Fibers	1485	686	46.2	1098
橡胶制品业	Rubber Products	5935	2270	38.2	4242
塑料制品业	Plastic Products	20313	8701	42.8	15439
非金属矿物制品业	Nonmetal Mineral Products	69569	17638	25.4	54420
黑色金属冶炼及压延加工业	Smelting and Pressing Ferrous Metals	91533	22762	24.9	91007
有色金属冶炼及压延加工业	Smelting and Pressing of Non-ferrous Metals	7207	2215	30.7	6700
金属制品业	Metal Products	49180	12021	24.4	34476
普通机械制造业	Ordinary Machinery	54163	15813	29.2	48037
专业设备制造业	Special Purpose Equipment	45308	14011	30.9	40746
交通运输设备制造业	Transportation Equipment	91352	25361	27.8	77753
武器弹药制造业	Weapons and Ammunition	8604	2877	33.4	8604
电气机械及器材制造业	Electric Equipment and Machine	66524	24400	36.7	60245
电子及通信设备制造业	Electronic and Telecommunication	81185	33225	40.9	74255
仪器仪表及文化办公用机械制造业	Instruments,Meters,Cultural and Office Machinery	26383	10414	39.5	24538
其他制造业	Other Manufacturing	12414	6390	51.5	9371
电力、煤气及水的生产和供应业	**Electricity,Gas and Water Production and Supply**	**37332**	**12671**	**33.9**	**36336**
电力、蒸汽、热水的生产和供应业	Electricity,Steam and Hot Water Production and Supply	23875	7654	32.1	23322
煤气生产和供应业	Gas Production and Supply	8298	2980	35.9	8043
自来水的生产和供应业	Water Production and Supply	5159	2037	39.5	4971
建筑业	**Construction**	**640993**	**65000**	**10.1**	**338992**
土木工程建筑业	Civil Engineering	546540	49733	9.1	278351
线路、管道和设备安装业	Lines,Pipelines and Equipment Installation	63239	10383	16.4	42953
建筑物的装修装饰业	Fitting and Decoration	31214	4884	15.6	17688
地质勘查业、水利管理业	**Geological Prospecting and Water Conservancy**	**12360**	**3234**	**26.2**	**10936**

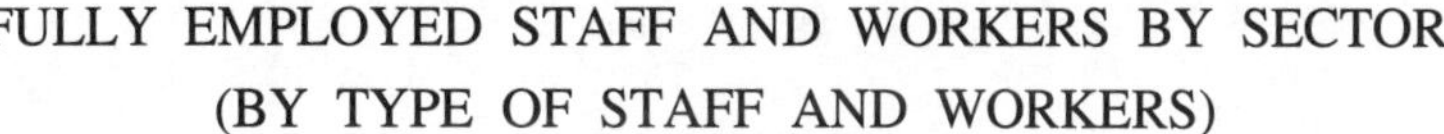

FULLY EMPLOYED STAFF AND WORKERS BY SECTOR (BY TYPE OF STAFF AND WORKERS)

# 全市国有经济 Total State-owned Economy	# 长期职工 Permanent Workers	# 地方国有经济 Local State-Owned Economy	# 长期职工 Permanent Workers
2126437	**1807597**	**1114914**	**229844**
16991	**12052**	**15883**	**2321**
5449	4813	4370	44
1789	**1171**	**1789**	**58**
261510	**245428**	**156231**	**17718**
3330	2407	3173	869
4075	3466	3992	1886
6514	6272	6327	445
821	821		6
15586	14955	15525	30
3721	2617	2949	158
493	493	493	
505	459	473	91
705	452	580	182
2403	2212	2148	173
21704	20021	5582	1174
883	830	859	103
26496	26395	4114	30
7408	6668	6225	976
5329	4336	3897	539
194	181	194	12
2113	1092	2039	666
2692	2481	2319	198
15715	14498	11781	1069
18982	18921	18982	73
646	602	646	471
6373	4970	4586	1920
19685	19318	16030	752
14720	13814	8509	986
35011	33990	11626	1078
8604	8604		128
12319	11760	6861	1483
12973	12043	7780	1703
8938	8616	6562	312
2572	2134	1979	205
19997	**19481**	**9133**	**730**
12230	11992	1366	496
2902	2745	2902	2
4865	4744	4865	232
213962	**122526**	**65196**	**67817**
197848	109430	57335	58208
12361	10623	6463	7159
3753	2473	1398	2450
10012	**8772**	**6754**	**1185**

4-7 续表 1 continued

单位：人

行业	Sector	全市 Total	# 女性 Female	比重 (%) Proportion (%)	# 长期职工 Permanent Workers
地质勘查业	Geological Prospecting	5260	1422	27.0	5066
水利管理业	Water Conservancy	7100	1812	25.5	5870
交通运输、仓储及邮电通信业	**Transportation,Storage,Posts and Telecommunications**	**177149**	**54091**	**30.5**	**158204**
铁路运输业	Railway	55212	9766	17.7	55212
公路运输业	Highway	23447	6079	25.9	15356
管道运输业	Pipeline				
航空运输业	Airway	10175	4421	43.4	10175
交通运输辅助业	Transportation Subsidiary Services	26443	8285	31.3	17751
其他交通运输业					
仓储业	Storage	9649	2787	28.9	8049
邮电通信业	Posts and Telecommunications	52223	22753	43.6	51661
批发和零售贸易餐饮业	**Wholesale,Retail Trade and Catering Services**	**410204**	**202544**	**49.4**	**313064**
批发业	Wholesale Trade	116840	45366	38.8	91963
零售业	Retail Trade	204945	113357	55.3	164444
商业经纪与代理业	Commercial Brokerage and Agency	16265	6104	37.5	15128
餐饮业	Catering Trade	72154	37717	52.3	41529
金融、保险业	**Finance and Insurance**	**80644**	**41472**	**51.4**	**76752**
金融业	Finance	73296	37816	51.6	70098
保险业	Insurance	7348	3656	49.8	6654
房地产业	**Real Estate**	**130481**	**49467**	**37.9**	**98934**
房地产开发与经营业	Real Estate Development and Operation	39817	14536	36.5	32809
房地产管理业	Real Estate Management	86704	32943	38.0	63086
房地产代理与经纪业	Real Estate Brokerage and Agency	3960	1988	50.2	3039
社会服务业	**Social Services**	**673493**	**237829**	**35.3**	**518474**
公共设施服务业	Public Utilities	199647	63101	31.6	177382
# 市内公共交通业	Public Transportation in City	137934	40007	29.0	130170
# 市内公共汽电车业	Public Bus and Trolleybus	60766	30473	50.1	59483
园林绿化业	Gardens Afforest	19111	7799	40.8	14999
环境卫生业	Environmental Sanitation	22398	8170	36.5	16681
市政工程管理业	Municipal Engineering Management	5745	1522	26.5	4512
居民服务业	Resident Services	38366	15939	41.5	25513
旅馆业	Hotels	115833	58991	50.9	88700
租赁服务业	Leasing	8009	2541	31.7	5857
旅游业	Tourism	11663	5631	48.3	9648
娱乐服务业	Recreation	12241	6333	51.7	8244
信息、咨询服务业	Information and Consultancy Services	74907	34771	46.4	58700
# 广告业	Advertisement	14796	6762	45.7	10568
计算机应用服务业	Computer Application Services	91550	30113	32.9	86938
其他社会服务业	Other Social Services	121277	20409	16.8	57492
# 市场管理服务业	Market Management Services	20956	5579	26.6	12575
卫生、体育和社会福利业	**Health Care,Sports and Social Welfare**	**135527**	**90248**	**66.6**	**125172**
卫生	Health Care	120587	83055	68.9	113089
体育	Sports	7539	3190	42.3	6533
社会福利保障业	Social Welfare	7401	4003	54.1	5550
教育、文化艺术及广播电影电视业	**Education,Culture and Arts, Radio, Film and Television**	**394033**	**216030**	**54.8**	**358777**
教育	Education	305056	176925	58.0	279011
高等教育	Higher Education	106839	49604	46.4	95666
普通高等教育	Ordinary Higher Education	92284	42159	45.7	82828
成人高等教育	Adult Higher Education	14555	7445	51.2	12838

4-7 续表 2 continued

(person)

# 全市国有经济 Total State-owned Economy	# 长期职工 Permanent Workers	# 地方国有经济 Local State-Owned Economy	# 长期职工 Permanent Workers
3802	3649	804	38
6210	5123	5950	1147
126599	**116967**	**24431**	**11847**
55212	55212		33
13305	7255	12588	5181
8517	8517		91
11017	8128	5807	5450
7098	6437	5724	379
31450	31418	312	713
118481	**102721**	**78396**	**13557**
40221	35940	21761	4456
56078	48773	46745	4568
13182	12494	2480	68
9000	5514	7410	4465
52623	**49434**	**49**	**651**
50079	47330	49	636
2544	2104		15
36788	**29809**	**29353**	**7159**
9617	8073	7883	1669
26363	21112	20755	5460
808	624	715	30
290780	**210241**	**210761**	**33045**
110127	98355	103541	9395
63498	61853	60283	1279
46300	45641	46300	862
15416	12922	15328	1783
18303	13482	18256	3821
4558	3546	4075	1201
10442	8533	6815	1663
56635	41568	21422	14532
1773	1423	750	250
5279	4493	1809	528
1492	788	1157	401
13745	12560	3299	1241
1956	1620	704	351
7380	7066	2713	645
83907	35455	69255	4390
6572	6090	5770	240
121400	**113039**	**84347**	**7994**
108984	102583	75305	6566
6131	5582	3378	698
6285	4874	5664	730
371901	**342065**	**222094**	**26740**
291753	268703	204619	20379
104581	93785	29329	12362
92284	82828	21369	10671
12297	10957	7960	1691

4-7 续表 3 continued

单位：人

行业	Sector	全市 Total	# 女性 Female	比重(%) Proportion (%)	# 长期职工 Permanent Workers
中等教育	Secondary School Education	106631	63241	59.3	99683
中等专业学校	Specialized Secondary Schools	14633	7934	54.2	13474
普通中学	Regular Secondary Schools	72753	45308	62.3	68922
农业、职业中学	Agricultural and Vocational Schools	8614	5244	60.9	8001
技工学校	Technical Schools	2635	1280	48.6	2417
成人中等学校	Adult Secondary Schools	7545	3306	43.8	6434
工读学校	Schools for Juvenile Delinquents	451	169	37.5	435
初等教育	Primary Education	63619	45513	71.5	60835
小学校	Primary Schools	63619	45513	71.5	60835
成人初等学校	Adult Primary Schools				
学前教育	Preschool Education	12338	11300	91.6	10414
特殊教育	Special Education	1020	756	74.1	903
其他教育	Other Education	14609	6511	44.6	11510
文化艺术业	Culture and Arts	71002	31671	44.6	63218
艺术	Arts	7499	2932	39.1	6794
出版	Publication	41811	18735	44.8	38019
文物保护	Historical Relics Preservation	4388	1840	41.9	4088
图书馆	Library	2509	1560	62.2	2341
档案馆	Archives	1079	577	53.5	1052
群众文化	Mass Culture	3161	1523	48.2	2781
新闻	News	4056	1605	39.6	3723
文化艺术经纪与代理业	Brokers and Agents for Cultural and Arts Activities	2489	1167	46.9	1914
其他文化艺术业	Others	4010	1732	43.2	2506
广播电影电视业	Radio,Film and Television	17975	7434	41.4	16548
广播	Radio	4760	2117	44.5	4603
电影	Film	4356	1671	38.4	3946
电视	Television	8859	3646	41.2	7999
科学研究和综合技术服务	**Scientific Research and Polytechnical Services**	**217301**	**81561**	**37.5**	**201452**
科学研究业	Scientific Research	105163	41701	39.7	99237
自然科学研究	Natural Science Research	80719	31815	39.4	75769
社会科学研究	Social Science Research	11926	4837	40.6	11364
其他科学研究	Other Scientific Research	12518	5049	40.3	12104
综合技术服务业	Polytechnical Services	112138	39860	35.5	102215
气象	Atmospheric	2207	937	42.5	2176
地震	Seismology	487	188	38.6	484
测绘	Surveying and Mapping	2631	883	33.6	2557
技术监督	Technology Supervisor	6284	2462	39.2	5678
海洋环境	Sea and Ocean Environments	450	154	34.2	450
环境保护	Environmental Protection	3975	1508	37.9	3315
技术推广和科技交流服务业	Technology Promotion and Exchange Services	28288	9928	35.1	25221
工程设计业	Engineering Design	21396	8539	39.9	20285
其他综合技术服务业	Other Polytechnical Services	46420	15261	32.9	42049
国家机关、政党机关和社会团体	**Government Agencies,Party Agencies and Social Organizations**	**223740**	**70907**	**31.7**	**204169**
国家机关	Government Agencies	200002	61917	31.0	183259
政党机关	Party Agencies	11652	3912	33.6	10025
社会团体	Social Organizations	12086	5078	42.0	10885
其他行业	**Other Sectors**	**136582**	**50469**	**37.0**	**112347**

4-7 续表 4 continued

# 全市国有经济 Total State-owned Economy	# 长期职工 Permanent Workers	# 地方国有经济 Local State-Owned Economy	# 长期职工 Permanent Workers
101895	96103	97391	4038
14138	13075	12961	674
70671	67465	68399	2660
8546	7943	8325	370
2634	2416	2452	73
5455	4769	4844	254
451	435	410	7
63426	60651	62229	1575
63426	60651	62229	1575
9429	8011	7585	793
988	879	988	55
11434	9274	7097	1556
63504	57865	12556	5255
7273	6638	2738	670
39835	36233	4167	3209
4257	3985	1358	591
2509	2341	1107	124
1079	1052	376	68
2988	2639	2531	419
4047	3723	74	27
696	655	44	9
820	599	161	138
16644	15497	4919	1106
4690	4537	758	243
3841	3574	1237	264
8113	7386	2924	599
154546	**145593**	**22596**	**7986**
103460	97718	5319	4013
79208	74408	3431	2381
11798	11255	869	181
12454	12055	1019	1451
51086	47875	17277	3973
2121	2090	373	296
487	484	70	20
2056	1989	985	32
4774	4413	2433	348
450	450	145	
3083	2481	2101	157
7919	7435	3558	555
16284	15807	3543	464
13912	12726	4069	2101
222708	**203399**	**167881**	**11741**
200002	183259	160600	10621
11652	10025	4769	730
11054	10115	2512	390
106350	**84899**	**20020**	**19295**

4-8 在岗职工工资总额
TOTAL WAGES OF FULLY EMPLOYED STAFF AND WORKERS

单位：万元 (10000 yuan)

项目	Item	2002	2001	2002年为2001年% 2002 as % of 2001
总计	**Total**	**9508796**	**7772635**	**122.3**
按登记注册类型分	**Grouped by Registration Status**			
内资经济	Domestic Investment Economy	8129048	6738079	120.6
国有经济	State-owned	5088023	4777711	106.5
集体经济	Collective-owned	400026	448379	89.2
联营经济	Joint-owned	57637	60859	94.7
股份有限公司	Share Holding Corporations Ltd.	502638	311644	161.3
有限责任公司	Limited-Liability Corporations	1433571	782398	183.2
股份合作企业	Share Holding	174697	93326	187.2
其他经济	Others	472456	263761	179.1
外商投资经济	Foreign Funded	983716	760928	129.3
港、澳、台商投资经济	Hongkong,Macao and Taiwan Funded	396032	273627	144.7
按隶属关系分	**Grouped by Administrative Relationship**			
# 中央	Central	3071519	2532908	121.3
地方	Local	4922438	4283349	114.9
按行业分	**Grouped by Sector**			
农、林、牧、渔业	Farming,Forestry,Animal Husbandry and Fishery	43197	35428	121.9
# 农业	Farming	7575	4025	188.2
采掘业	Excavation	48272	37307	129.4
制造业	Manufacturing	1826712	1549410	117.9
电力、煤气及水的生产和供应业	Electricity,Gas,Water Production and Supply	117284	102966	113.9
建筑业	Construction	920404	793485	116.0
地质勘查业水利管理业	Geological Prospecting and Water Conservancy	28922	28826	100.3
交通运输、仓储及邮电通信业	Transportation,Storage,Posts and Telecommunications Services	469070	388203	120.8
# 交通运输业	Transportation	256701	252430	101.7
邮电通信业	Posts and Telecommunications	195139	123840	157.6
批发和零售贸易餐饮业	Wholesale,Retail Trade and Catering Services	763839	681481	112.1
# 批发业	Wholesale Trade	259349	291903	88.8
零售业	Retail Trade	326494	297402	109.8
餐饮业	Catering Trade	87320	68310	127.8
金融、保险业	Finance and Insurance	398603	272312	146.4
房地产业	Real Estate	293415	225128	130.3
社会服务业	Social Services	1542941	1112975	138.6
居民服务业	Resident Services	56098	41398	135.5
旅馆业	Hotels	213960	184243	116.1
卫生体育和社会福利业	Health Care,Sports and Social Welfare	406642	348483	116.7
# 卫生	Health Care	372028	318213	116.9
体育	Sports	20495	19910	102.9
教育、文化艺术和广播电影电视业	Education,Culture,Art, Radio,Film and Television	1034146	871802	118.6
教育	Education	754905	647864	116.5
文化艺术业	Culture and Art	217027	165913	130.8
广播电影电视业	Radio,Film and Television	62214	58026	107.2
科学研究和综合技术服务业	Scientific Research and Polytechnical Services	659115	585497	112.6
科学研究业	Scientific Research	334885	263198	127.2
综合技术服务业	Polytechnical Services	324230	322299	100.6
国家机关、政党机关和社会团体	Government Agencies,Party Agencies and Social Organizations	589105	535843	109.9
其他行业	Others	367129	203487	180.4

4-9 在岗职工平均工资
AVERAGE WAGE OF FULLY EMPLOYED STAFF AND WORKERS

单位：元 (yuan)

项目	Item	2002	2001	2002年为2001年% 2002 as % of 2001
总计	**Total**	**21852**	**19155**	**114.1**
按登记注册类型分	**Grouped by Registration Status**			
内资经济	Domestic Investment Economy	20547	18172	113.1
国有经济	State-owned	23754	19776	120.1
集体经济	Collective-owned	11997	11063	108.4
联营经济	Joint-owned	15157	14312	105.9
股份有限公司	Share Holding Corporations Ltd.	21434	20836	102.9
有限责任公司	Limited-Liability Corporations	19510	18487	105.5
股份合作企业	Share Holding	12888	11003	117.1
其他经济	Others	13978	14128	98.9
外商投资经济	Foreign Funded	39428	34481	114.3
港、澳、台商投资经济	Hongkong,Macao and Taiwan Funded	27193	21210	128.2
按隶属关系分	**Grouped by Administrative Relationship**			
# 中央	Central	28527	23231	122.8
地方	Local	20777	17839	116.5
按行业分	**Grouped by Sector**			
农、林、牧、渔业	Farming,Forestry,Animal Husbandry and Fishery	13170	13290	99.1
# 农业	Farming	11034	11476	96.1
采掘业	Excavation	18039	14642	123.2
制造业	Manufacturing	17645	16571	106.5
电力、煤气及水的生产和供应业	Electricity,Gas,Water Production and Supply	28111	25221	111.5
建筑业	Construction	14455	13840	104.4
地质勘查业水利管理业	Geological Prospecting and Water Conservancy	23444	20248	115.8
交通运输、仓储及邮电通信业	Transportation,Storage,Posts and Tele-communications Services	26651	22571	118.1
# 交通运输业	Transportation	22335	21021	106.3
邮电通信业	Posts and Telecommunications	38640	28017	137.9
批发和零售贸易餐饮业	Wholesale,Retail Trade and Catering Services	18476	16632	111.1
# 批发业	Wholesale Trade	21773	20242	107.6
零售业	Retail Trade	15716	14589	107.7
餐饮业	Catering Trade	12500	11983	104.3
金融、保险业	Finance and Insurance	50189	37910	132.4
房地产业	Real Estate	22779	21194	107.5
社会服务业	Social Services	23022	19557	117.7
居民服务业	Resident Services	13402	10194	131.5
旅馆业	Hotels	18126	17080	106.1
卫生体育和社会福利业	Health Care,Sports and Social Welfare	30271	25961	116.6
# 卫生	Health Care	31117	26382	117.9
体育	Sports	27146	23870	113.7
教育、文化艺术和广播电影电视业	Education,Culture,Art, Radio,Film and Television	26287	22507	116.8
教育	Education	24749	21195	116.8
文化艺术业	Culture and Art	30777	25859	119.0
广播电影电视业	Radio,Film and Television	34830	33131	105.1
科学研究和综合技术服务业	Scientific Research and Polytechnical Services	30143	24551	122.8
科学研究业	Scientific Research	31499	24922	126.4
综合技术服务业	Polytechnical Services	28860	24256	119.0
国家机关、政党机关和社会团体	Government Agencies,Party Agencies and Social Organizations	26742	22292	120.0
其他行业	Others	27983	18030	155.2

4-10 国民经济各行业在岗职工工资总额及平均工资

行业	Sector	工资总额(万元) Total Wages (10000 yuan)	# 中央 Central	# 地方 Local	国有经济 State-owned
总　计	**Total**	**9508796**	**3071519**	**4922438**	**5088023**
农、林、牧、渔业	**Farming,Forestry,Animal Husbandry and Fishery**	**43197**	**3565**	**36486**	**27399**
# 农、林、牧、渔服务业	FFAF Services	13764	2623	10921	11324
采掘业	**Excavation**	**48272**		**47907**	**1880**
制造业	**Manufacturing**	**1826712**	**295058**	**1326227**	**477529**
食品加工业	Food Processing	30702	5756	19230	4839
食品制造业	Food Making	57759	369	40763	5949
饮料制造业	Beverage Making	34452	372	30756	10151
烟草制造业	Tobacco Processing	4980	4980		4980
纺织业	Textile Industry	49235	125	44835	18687
服装及其他纤维制品制造业	Garments and Other Fiber Products	63693	1271	45973	4399
皮革、毛皮、羽绒及其制品业	Leather,Furs,Down and Related Products	5834	87	4006	797
木材加工及竹、藤、棕、革制品业	Timber Processing,Bamboo,Cane,Palm Fiber and Straw Products	6365	553	4514	701
家具制造业	Furniture Manufacturing	18062	676	11012	861
造纸及纸制品业	Papermaking and Paper Products	13813	896	11387	3506
印刷业、记录媒介的复制	Printing and Record Medium Reproduced	71564	37289	25855	43080
文教体育用品制造业	Stationery,Education and Sports Goods	15724	58	12541	1014
石油加工及炼焦业	Petroleum Processing and Coking Products	76950	60486	15890	71398
化学原料及化学制品制造业	Raw Chemical Materials and Chemical Products	84632	2943	72765	11958
医药制造业	Medical and Pharmaceutical Products	72801	4517	63143	10518
化学纤维制造业	Chemical Fibers	2100		1974	1040
橡胶制品业	Rubber Products	9170	202	8265	2275
塑料制品业	Plastic Products	24338	1076	17459	4145
非金属矿物制品业	Nonmetal Mineral Products	98939	6972	78733	27171
黑色金属冶炼及压延加工业	Smelting and Pressing Ferrous Metals	172296		171933	12841
有色金属冶炼及压延加工业	Smelting and Pressing of Nonferrous Metals	12703	15	11732	1089
金属制品业	Metal Products	59096	3107	41309	9391
普通机械制造业	Ordinary Machinery	85535	8744	60771	32524
专业设备制造业	Special Purpose Equipment	90165	17010	53941	27835
交通运输设备制造业	Transportation Equipment	172316	65447	98410	72150
武器弹药制造业	Weapons and Ammunition	15646	15646		15646
电气机械及器材制造业	Electric Equipment and Machine	168414	15266	139157	25626
电子及通信设备制造业	Electronic and Telecommunication	242536	31284	195127	32744
仪器仪表及文化办公用机械制造业	Instruments,Meters,Cultural and Official Machinery	52219	9456	34072	16391
其他制造业	Other Manufacturing	14674	456	10674	3823
电力、煤气及水的生产和供应业	**Electricity,Gas and Water Production and Supply**	**117284**	**68129**	**45368**	**68806**
电力、蒸汽、热水的生产和供应业	Electricity,Steam and Hot Water Production and Supply	87666	68129	16233	51549
煤气生产和供应业	Gas Production and Supply	16983		16671	5240
自来水的生产和供应业	Water Production and Supply	12636		12464	12017
建筑业	**Construction**	**920404**	**175252**	**426416**	**331609**
土木工程建筑业	Civil Engineering	760651	133428	350298	295125
线路、管道和设备安装业	Circuit,Pipeline and Equipment Installation	117636	36777	62322	30813
建筑物的装修装饰业	Buildings Fitting up and Decoration	42118	5048	13796	5671
地质勘查业、水利管理业	**Geological Prospecting and Water Conservancy**	**28922**	**10169**	**18274**	**21451**
地质勘查业	Geological Prospecting	13897	9316	4143	8612
水利管理业	Water Conservancy	15025	854	14132	12839

TOTAL WAGES AND AVERAGE WAGE OF FULLY EMPLOYED STAFF AND WORKERS

		集体经济 Collective-Owned	其他经济 Others	平均工资 (元) Average Wage (yuan)	国有经济 State-owned	集体经济 Collective-Owned	其他经济 Others
# 中 央 Central	# 地 方 Local						
2563834	**2407869**	**400026**	**4020747**	**21852**	**23754**	**11997**	**21432**
2578	**24803**	**2122**	**13676**	**13170**	**15729**	**9623**	**10380**
2559	8764	1086	1355	18613	19999	13537	14554
	1880	**1862**	**44530**	**18039**	**10692**	**10837**	**19125**
226798	**247706**	**87720**	**1261464**	**17645**	**17337**	**10189**	**18723**
80	4674	519	25343	15094	13247	8525	15762
19	5885	1015	50795	17574	12317	9218	18858
94	9922	847	23454	16092	15675	11596	16513
4980				60215	60215		
68	18619	3913	26635	10831	11845	8136	10709
1160	3222	6225	53069	10003	11554	7916	10205
	797	1373	3664	10846	15153	12237	9821
78	623	427	5237	12815	13053	8752	13285
111	728	1123	16078	11357	12191	8636	11570
382	3110	1074	9233	14120	14162	9852	14851
34079	8812	4790	23694	16255	19282	10083	13992
38	973	1108	13602	15565	12214	11329	16400
60224	11175	325	5226	25299	26355	10418	17346
1540	10400	4848	67825	17195	13763	11064	18763
3137	7267	2008	60274	23118	19579	14977	24326
	1040	223	837	12854	30575	5944	9121
176	2099	1043	5852	13642	11223	10220	15927
508	3614	2704	17490	12036	14606	9420	12050
6306	20559	9769	61998	13424	15595	8588	13806
	12841	24	159430	17828	6464	6074	20776
	1089	340	11274	17522	14236	12451	18149
2638	6422	5794	43912	12054	13918	9559	12124
4512	27845	9975	43037	15269	15254	10892	16852
12843	14848	4639	57692	19760	18142	12882	21619
44713	26790	8491	91675	17919	19026	10469	18287
15646				17590	17590		
13921	11695	5011	137777	25265	20328	11452	27735
14411	17936	3115	206678	29873	24258	11835	31767
5040	11285	4152	31677	19252	17814	15366	20811
92	3439	2845	8007	11702	14113	10874	11097
49095	**19711**	**209**	**48269**	**28111**	**28617**	**8109**	**27709**
49095	2453	193	35924	31866	32852	7914	31033
	5240	16	11726	19496	16589	11495	21174
	12017		619	22974	23137		20216
126222	**127828**	**149888**	**438908**	**14455**	**15971**	**11630**	**14619**
107873	111434	125024	340502	14148	15621	11073	14440
16115	14192	22266	64557	17277	20691	16254	16344
2234	2202	2598	33849	13587	14901	11445	13581
6723	**14366**	**2036**	**5436**	**23444**	**21260**	**26678**	**36629**
5870	2381	37	5249	26649	22335	11091	39582
854	11985	1999	187	21097	20595	27382	11850

4-10 续表 1 continued

行业	Sector	工资总额(万元) Total Wages (10000 yuan)	# 中央 Central	# 地方 Local	国有经济 State-owned
交通运输、仓储及邮电通信业	**Transportation,Storage,Posts and Telecommunications**	**469070**	**310252**	**128223**	**319156**
铁路运输业	Railway	102016	102016		102016
公路运输业	Highway	36085	3906	24873	20891
管道运输业	Pipeline				
航空运输业	Airway	52948	52948		44641
交通运输辅助业	Transport Supporting ans Auxiliary Services	65652	31968	26898	32081
其他交通运输业	Others				
仓储业	Storage	17230	3458	12487	13627
邮电通信业	Posts and Telecommunications	195139	115955	63965	105900
批发和零售贸易餐饮业	**Wholesale,Retail Trade and Catering Services**	**763839**	**202137**	**322696**	**303185**
批发业	Wholesale Trade	259349	93920	88274	114504
零售业	Retail Trade	326494	26593	190581	99524
商业经纪与代理业	Commercial Management and Agency	90676	76204	12838	76567
餐饮业	Catering Trade	87320	5419	31002	12590
金融、保险业	**Finance and Insurance**	**398603**	**362404**	**13191**	**241495**
金融业	Finance	355533	326222	8258	226783
保险业	Insurance	43070	36182	4933	14712
房地产业	**Real Estate Trade**	**293415**	**33456**	**152697**	**87828**
房地产开发与经营业	Real Estate Development	126622	7403	69604	30776
房地产管理业	Real Estate Management	157753	25903	80496	55351
房地产代理与经纪业	Real Estate Brokerage and Agency	9040	150	2598	1700
社会服务业	**Social Services**	**1542941**	**250109**	**874524**	**526888**
公共设施服务业	Public Facilities Utilities	327890	18285	272301	229922
# 市内公共交通业	Public Transportation in City	195061	5343	165566	124257
# 市内公共汽电车业	Public Bus and Trolleybus	112201		111662	90827
园林绿化业	Gardens Afforest	41581	302	39536	37051
环境卫生业	Environmental Sanitation	44219	227	37643	36920
市政工程管理业	Municipal Engineering Management	13449	1447	11250	10176
居民服务业	Resident Services	56098	9958	23279	19768
旅馆业	Hotels	213960	92311	85438	94221
租赁服务业	Leasing	13294	3274	4630	3707
旅游业	Tourism	26693	11479	11578	13216
娱乐服务业	Recreation	16316	1541	6760	2819
信息、咨询服务业	Information and Consultancy Services	261802	45133	95747	43844
# 广告业	Advertisement	36514	6723	3709	5473
计算机应用服务业	Computer Application Services	460118	19430	303725	23686
其他社会服务业	Other Social Services	166770	48697	71067	95704
# 市场管理服务业	Market Management Services	32261	2147	17601	15292
卫生、体育和社会福利业	**Health Care,Sports and Social Welfare**	**406642**	**133815**	**266678**	**374699**
卫生	Health Care	372028	123297	244489	343244
体育	Sports	20495	9416	9691	18334
社会福利	Social Welfare	14119	1102	12498	13121
教育、文化艺术及广播电影电视业	**Education,Culture and Arts, Radio,Film and Television**	**1034146**	**436722**	**580787**	**987943**
教育	Education	754905	227629	517705	732807
高等教育	Higher Education	289106	197071	91521	285775
普通高等教育	Ordinary Higher Education	251195	186120	65075	251195
成人高等教育	Adult Higher Education	37911	10952	26446	34580

4-10 续表 2 continued

				平均工资 (元) Average Wage (yuan)			
		集体经济 Collective-Owned	其他经济 Others		国有经济 State-owned	集体经济 Collective-Owned	其他经济 Others
# 中 央 Central	# 地 方 Local						
271435	**46818**	**6046**	**143868**	**26651**	**24426**	**14160**	**35026**
102016				18511	18511		
1114	19761	2146	13048	15522	15938	13116	15345
44641			8307	53070	52593		55792
16246	15219	1634	31937	24685	25727	12980	24821
2806	10571	1163	2440	16296	17197	14168	13350
104611	1266	1103	88136	38640	31555	19914	53781
151508	**144195**	**53130**	**407524**	**18476**	**24399**	**12676**	**16482**
65947	44850	19415	125429	21773	27006	15394	19567
16077	80247	28318	198653	15716	16861	12061	15861
68270	8201		14108	54303	56902		43517
1213	10896	5397	69333	12500	13427	9266	12686
240909	**171**		**157108**	**50189**	**46636**		**56847**
226197	171		128750	48958	45946		55350
14712			28358	63338	60693		64804
15147	**68596**	**7612**	**197975**	**22779**	**23782**	**13147**	**22997**
4539	24327	1374	94471	31881	31840	11608	32726
10480	42750	6107	96295	18539	20905	13529	17798
128	1520	130	7209	22623	21605	14175	23130
164486	**347371**	**40795**	**975258**	**23022**	**18082**	**11253**	**28470**
12917	216187	6029	91939	16617	20697	8323	11639
3160	120870	3843	66961	14403	19509	7317	10071
	90827	9	21366	18611	19506	6745	15585
96	36939	842	3688	20695	22443	9457	13696
79	36840	406	6894	20123	20556	8111	19623
1235	8771	201	3072	23921	22821	32358	27901
6456	12787	7029	29301	13402	19033	10651	11781
48336	35229	11195	108545	18126	16368	12160	21171
2294	1346	1620	7967	15603	18471	11628	15561
9712	2823	349	13128	22887	25703	10051	21263
162	2395	810	12687	13478	16342	7146	13720
34132	9078	4646	213311	36470	32054	15427	38717
3533	1881	1483	29559	25263	28066	23466	24898
13284	9861	1997	434435	50521	31594	22717	52532
37193	57665	7120	63945	14154	11629	11058	21982
1572	13247	1524	15444	16124	22357	9190	13418
124865	**248218**	**25072**	**6872**	**30271**	**31090**	**24304**	**19656**
114440	227252	24511	4273	31117	31731	25139	26169
9334	9000	23	2138	27146	29759	10290	15640
1091	11966	539	460	19537	21207	9900	9280
423837	**562976**	**7564**	**38639**	**26287**	**26568**	**15362**	**23240**
226700	505259	6956	15142	24749	25085	15608	17945
196821	88931	755	2576	27207	27416	17005	16273
186120	65075			27288	27288		
10701	23856	755	2576	26681	28386	17005	16273

4-10 续表 3 continued

行业	Sector	工资总额(万元) Total Wages (10000 yuan)	# 中央 Central	# 地方 Local	国有经济 State-owned
中等教育	Secondary School Education	263339	12749	246233	254601
中等专业学校	Specialized Secondary Schools	36244	2484	33195	35294
普通中学	Regular Secondary Schools	180374	8078	169813	175967
农业、职业中学	Agricultural and Vocational Schools	23297	588	22667	23199
技工学校	Technical Schools	7149	267	6874	7148
成人中等学校	Adult Secondary Schools	15172	1331	12658	11889
工读学校	Schools for Juvenile Delinquents	1104		1026	1104
初等教育	Primary Education	142521	3912	138364	141900
小学校	Primary Schools	142521	3912	138364	141900
成人初等学校	Adult Primary Schools				
学前教育	Preschool Education	24834	3907	19716	20849
特殊教育	Special Education	2379		2334	2334
其他教育	Other Education	32726	9990	19537	27348
文化艺术业	Culture and Arts	217027	169970	41654	196208
艺术	Arts	19190	12471	6524	18910
出版	Publication	146365	126101	19341	134326
文物保护	Historical Relics Preservation	13081	9642	3282	12884
图书馆	Library	6087	3619	2468	6087
档案馆	Archives	2809	1706	1101	2809
群众文化	Mass Culture	7254	1147	5936	7015
新闻	News	10657	10445	142	10588
文化艺术经纪与代理业	Brokers and Agents for Cultural and Arts Activities	4021	1094	681	1060
其他文化艺术业	Others	7563	3743	2180	2529
广播电影电视业	Radio,Film and Television	62214	39123	21428	58928
广播	Radio	14505	10723	3780	14159
电影	Film	9351	5934	2395	8108
电视	Television	38358	22465	15253	36660
科学研究和综合技术服务	**Scientific Research and Polytechical Services**	**659115**	**439109**	**168129**	**488332**
科学研究业	Scientific Research	334885	312314	19263	328534
自然科学研究	Natural Science Research	264965	248656	13698	258903
社会科学研究	Social Science Research	29932	27038	2549	29712
其他科学研究	Other Scientific Research	39987	36620	3015	39919
综合技术服务业	Polytechnical Services	324230	126795	148866	159798
气象	Atmospheric	7788	6396	1171	7392
地震	Seismology	948	785	163	948
测绘	Surveying and Mapping	8567	3605	4936	7214
技术监督	Technology Supervisor	17284	8514	7537	14633
海洋环境	Sea and Ocean Environments	1103	716	387	1103
环境保护	Environmental Protection	8886	3250	5229	7291
技术推广和科技交流服务业	Technology Promotion and Exchange Services	84034	17891	44869	22425
工程设计业	Engineering Design	76512	47562	25692	59271
其他综合技术服务业	Other Polytechnical Services	119107	38076	58883	39522
国家机关、政党机关和社会团体	**Government Agencies,Party Agencies and Social Organizations**	**589105**	**147148**	**441884**	**586753**
国家机关	Government Agencies	527214	105233	421962	527214
政党机关	Party Agencies	26711	14631	12067	26711
社会团体	Social Organizations	35180	27284	7854	32828
其他行业	**Other Sectors**	**367129**	**204193**	**72950**	**243072**

4-10 续表 4 continued

				平均工资 (元) Average Wage (yuan)			
# 中 央 Central	# 地 方 Local	集体经济 Collective-Owned	其他经济 Others		国有经济 State-owned	集体经济 Collective-Owned	其他经济 Others
12634	241412	2739	5999	24769	25061	17556	18955
2484	32417	189	761	24972	25205	12664	21024
7996	167939	902	3506	24849	24947	26443	20488
588	22611		97	26818	26926		13695
267	6874		1	27635	27642		8400
1299	10543	1648	1635	20253	22012	15405	16025
	1026			24532	24532		
3912	137987	210	412	22056	22027	42000	28003
3912	137987	210	412	22056	22027	42000	28003
3806	17043	2521	1463	20268	22203	14063	13677
	2334		45	23370	23602		15444
9526	17552	731	4647	22477	23769	11986	19014
158463	37474	487	20332	30777	31050	13555	29188
12469	6441	23	256	25495	25876	11089	12942
116562	17494	239	11801	35341	34033	17556	65197
9617	3267	39	157	29521	30189	12211	12002
3619	2468			24260	24260		
1706	1101			25987	25987		
1136	5880	12	227	22438	22880	15359	14256
10445	142		69	26616	26502		77059
993	67	101	2860	16741	16360	9379	17374
1915	614	72	4963	19319	29822	13322	16471
38674	20243	121	3165	34830	35645	11243	25899
10723	3436	11	335	30686	30385	13750	56794
5901	2207	42	1200	21261	21055	9566	23863
22049	14600	68	1629	43903	45705	12202	24689
420420	**64884**	**6828**	**163954**	**30143**	**31222**	**16910**	**28162**
311162	15039	47	6304	31499	31357	11385	41914
247504	9479	46	6017	32444	32240	11430	45514
27038	2549		220	25010	25065		19295
36620	3012	1	67	31536	31654	9600	9841
109258	49844	6781	157651	28860	30949	16966	27797
6396	995		396	35675	35435		40820
785	163			19343	19343		
3006	4208		1354	32990	35535		23877
8289	6322	643	2007	27805	31335	13743	18620
716	387			24624	24624		
3110	4181	57	1538	22450	23825	12465	18052
14113	8254	2080	59530	29341	26785	14406	31623
43199	16024	1975	15267	35424	35959	29301	34369
29645	9310	2026	77559	25774	28242	14841	25138
146303	**440393**	**1669**	**683**	**26742**	**26761**	**22962**	**21890**
105233	421962			26869	26869		
14631	12067			22579	22579		
26439	6364	1669	683	28728	29292	22962	21890
193507	**47953**	**7473**	**116584**	**27983**	**23716**	**14146**	**49780**

4-11 分地区在岗职工人数、平均工资
NUMBER AND AVERAGE WAGEOF FULLY EMPLOYED STAFF AND WORKERS,BY REGION

地区	Region	在岗职工人数(人) Staff and Workers(person)		平均工资(元) Average Wage(yuan)	
		2002	2001	2002	2001
全市	**Total**	**4341771**	**4003165**	**21852**	**19155**
东城区	Dongcheng	354973	354620	26545	23055
西城区	Xicheng	426619	464641	28943	22241
崇文区	Chongwen	124465	121796	18403	16412
宣武区	Xuanwu	236200	236169	21362	17725
朝阳区	Chaoyang	736504	707807	25363	21849
丰台区	Fengtai	485176	430583	16203	15365
石景山区	Shijingshan	155275	162682	20061	18705
海淀区	Haidian	819793	733108	25865	21150
门头沟区	Mentougou	60425	57451	17088	14887
房山区	Fangshan	138133	121925	15905	15839
通州区	Tongzhou	118858	76651	13418	13798
顺义区	Shunyi	154018	81569	13356	15271
昌平区	Changping	144243	112488	14857	13801
大兴区	Daxing	153039	146988	17784	16018
平谷区	Pinggu	55404	39059	12787	13379
怀柔区	Huairou	51018	35291	15990	16164
密云县	Miyun	59227	47904	15010	14202
延庆县	Yanqing	39560	39072	15334	13889
外地	**Nonlocal**	**28841**	**33361**	**8982**	**4944**

4-12 分地区从业人员人数、劳动报酬
NUMBER AND REMUNERATION OF EMPLOYED PERSONS BY REGION

地区	region	人数(人) Number of Employed Persons(person)		劳动报酬(万元) Remuneration(10000yuan)	
		2002	2001	2002	2001
全市	**Total**	**4804801**	**4393910**	**10499904**	**8526825**
东城区	Dongcheng	403772	397907	1022862	890107
西城区	Xicheng	488478	514317	1342263	1128293
崇文区	Chongwen	137035	131245	246923	220063
宣武区	Xuanwu	258638	270302	512253	455699
朝阳区	Chaoyang	835233	789151	2150727	1765989
丰台区	Fengtai	521859	467057	816665	697185
石景山区	Shijingshan	166778	171429	339953	333933
海淀区	Haidian	951012	832290	2427361	1791504
门头沟区	Mentougou	63512	59248	107518	88842
房山区	Fangshan	144190	127642	249533	226060
通州区	Tongzhou	122288	78595	167003	111627
顺义区	Shunyi	157151	83195	223179	135028
昌平区	Changping	152777	118376	235262	168886
大兴区	Daxing	163942	156159	299260	248001
平谷区	Pinggu	55913	39342	74039	55708
怀柔区	Huairou	51870	35706	94983	59508
密云县	Miyun	61220	48694	92691	70745
延庆县	Yanqing	40241	39845	70546	60601
外地	**Nonlocal**	**28892**	**33410**	**26883**	**19048**

主要统计指标解释

从业人员　指从事一定社会劳动并取得劳动报酬或经营收入的人员。包括：(1) 全部在岗职工 (2) 再就业的离退休人员 (3) 私营业主 (4) 个体户主 (5) 私营和个体从业人员 (6) 乡镇企业从业人员 (7) 农村从业人员 (8) 其他从业人员（包括民办教师、宗教职业者等人事档案关系保留在原单位的人员）本市从业从员不含现役军人。这一指标反映了一定时期内全部劳动力资源的实际利用情况，是研究我国基本国情国力的重要指标。

在岗职工　指在国有经济、城镇集体经济、联营经济、股份合作经济、股份有限公司、有限责任公司、外商和港、澳、台商投资经济、其他经济及其附属机构的某一岗位工作，并由其直接支付工资或生活费的各类人员，但不包括离退休再就业人员、港、澳、台和外籍人员。

在岗职工工资总额　指单位在一定时期内直接支付给本单位在岗职工的全部劳动报酬总额。

在岗职工平均工资　指企业、事业、机关单位的在岗职工在一定时期内平均每人所得的货币工资额。它表明一定时期在岗职工工资收入的高低程度，是反映在岗职工工资水平的主要指标。计算公式为：

$$在岗职工平均工资=\frac{报告期实际支付的全部在岗职工工资总额}{报告期全部在岗职工平均人数}$$

劳动报酬总额　指在报告期内直接支付给本单位使用的全部劳动力报酬总额。包括：在岗职工工资总额；聘用、留用的离退休人员劳动报酬；外籍及港澳台方人员劳动报酬以及人事档案关系保留在原单位人员的劳动报酬。

五 固定资产投资及房地产业

INVESTMENT IN FIXED ASSETS AND REAL ESTATE

全社会固定资产投资　　（单位：亿元）
Total Investment in Fixed Assets (100 million yuan)

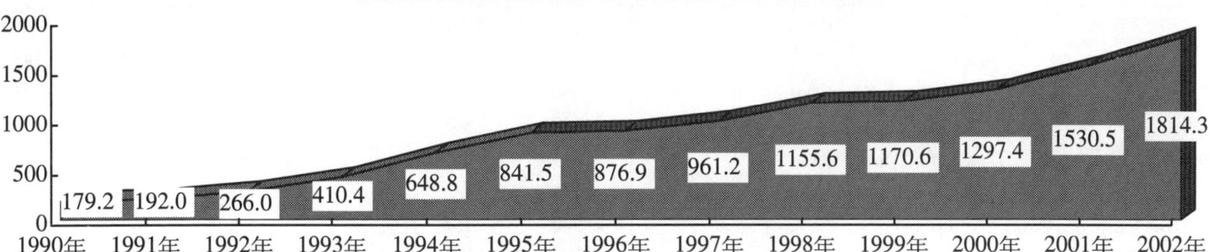

城市基础设施占全社会固定资产投资比重（单位：%）
Percentage of Municipal Infrastructure in Total Fixed Assets (%)

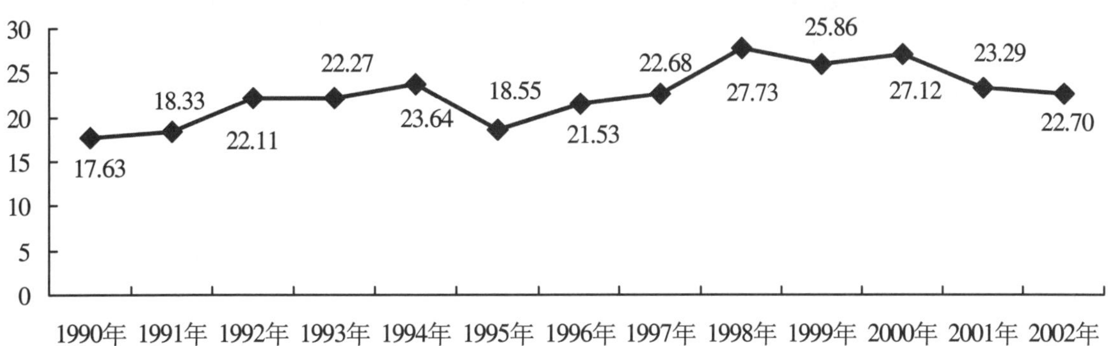

商品房屋建设（单位：万平方米）
Commercial Buildings (10000 sq.m)

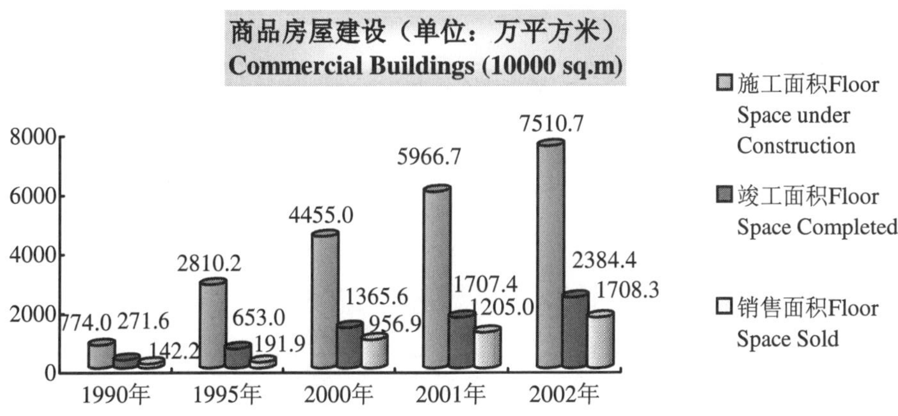

5-1 全社会固定资产投资额
TOTAL INVESTMENT IN FIXED ASSETS

单位：亿元 (100 million yuan)

项目	Item	2002 合计 Total	2002 # 国有 State-owned	2002 # 集体 Collective-owned	2001 合计 Total	2001 #国有 State-owned	2001 # 集体 Collective-owned
投资总额	**Total**	**1814.3**	**771.5**	**53.9**	**1530.5**	**752.6**	**45.8**
# 地　方	Local	1581.8	551.8	53.4	1227.2	477.4	45.5
固定资产投资	Investment in Fixed Assets	1688.2	762.7	31.9	1417.1	744.9	28.7
# 地　方	Local	1458.4	545.2	31.9	1116.1	471.7	28.7
基本建设投资	Capital Construction	414.7	316.9		387.3	326.8	
中央	Central	154.0	152.2		161.8	157.3	
地方	Local	260.7	164.7		225.5	169.5	
更新改造措施	Innovation	169.6	110.5		186.5	169.2	
中央	Central	53.6	51.5		102.9	101.8	
地方	Local	116.0	59.0		83.6	67.4	
国有其他	Others of the Whole People Ownership	107.9	107.9		52.7	52.7	
城镇集体	Urban Collective	6.6		6.6	6.8		6.8
房地产开发	Real Estate Development	989.4	227.4	25.3	783.8	196.2	21.9
# 地　方	Local	967.2	213.7	25.3	747.5	182.1	21.9
零星固定资产建造及购置	Building and Purchase of Odd Fixed Assets	11.5	8.8	2.7	10.0	7.7	2.3
中央	Central	2.7	2.3	0.4	2.3	2.0	0.3
地方	Local	8.8	6.5	2.3	7.7	5.7	2.0
城镇私营、个体投资	Urban Private and Individual	11.9			8.8		
城镇私人建房投资	Individual Building Construction in Urban Area	0.2			0.9		
农村固定资产投资	Investment in Fixed in Rural Assets	102.5		19.2	93.7		14.8
非农户固定资产投资	Investment in Fixed Assets Non-agriculture Households	72.5		19.2	62.7		14.8
农户固定资产投资	Investment in Fixed Assets of Agriculture Households	30.0			31.0		
# 私人建房	Individual Building Construction	27.2			22.7		

注：自1999年年报起国家统计制度对固定资产投资统计范围进行了调整，增加城镇私营、个体投资统计，调整扩大农村固定资产投资统计范围。

Note: According to state statistical rules, statistical range of investment in fixed assets has been adjusted-adding data of urban private and individual units, expanding the range of rural investment.

5-2 产业投资及比重
INVESTMENT AND PROPORTION BY TYPE INDUSTRY

项目	Item	投资额（万元） Investment(10000 yuan) 2002	投资额（万元） Investment(10000 yuan) 2001	比重（%） Proportion(%) 2002	比重（%） Proportion(%) 2001
总　　计	**Total**	**6988352**	**6332548**	**100.0**	**100.0**
第一产业	Primary Industry	19581	17653	0.3	0.3
第二产业	Secondary Industry	1553588	1306766	22.2	20.6
第三产业	Tertiary Industry	5415183	5008129	77.5	79.1

注：本表不含房地产投资。

Note: Data of this table exclude investment in real estate.

5-3 全市固定资产投资额
INVESTMENT IN FIXED ASSETS OF THE CITY

单位：万元 (10000 yuan)

项目 Item		2002 合计 Total	2002 # 基本建设 Capital Construction	2002 # 更新改造 Technical Updating and Trans-formation	2001 合计 Total	2001 # 基本建设 Capital Construction	2001 # 更新改造 Technical Updating and Trans-formation
投资额	**Total**	**6988352**	**4146951**	**1696309**	**6332548**	**3872781**	**1865058**
按构成分	**Grouped by Use of Funds**						
建筑安装工程	Construction and Installation	3922460	2795576	485299	3635316	2679789	615003
设备工器具购置	Purchases of Equipments and Instruments	1417590	428526	957024	1410959	329757	1067473
其他	Others	1648302	922849	253986	1286273	863235	182582
按用途分	**Grouped by User**						
农林牧渔业用	Farming,Forestry,Animal Husbandry and Fishery	12903	12801	102	6714	6713	1
工业、建筑业用	Industry,Construction	1411748	786933	598218	1143694	580845	543278
商业、运输邮电业用	Commerce,Transportation, Posts and Telecommunications	2112886	321887	708847	1388282	241286	620740
住宅	Residential Buildings	478541	442725	25805	640543	603832	19100
其他	Others	2972274	2582605	363337	3153315	2440105	681939
更新改造投资按用途分	**Grouped by Purpose of Investment in Innovation**						
增产	Increasing Production	147340		147340	238331		238331
节约能源	Energy Saving	9014		9014	4843		4843
其他节约	Other Saving Measures	583		583	1095		1095
增加品种	Increasing Varieties	52880		52880	69327		69327
提高产品质量	Improving Quality of Products	56613		56613	57452		57452
三废治理	Environmental Protection	131317		131317	190798		190798
其他	Others	1298562		1298562	1303212		1303212
按建设性质分	**Grouped by Type of Construction**						
新建	New Construction	2561497	1470922	9773	1516108	969217	5912
改建和扩建	Repconstruction and Expansion	3875903	2498431	1330925	4213941	2579672	1594544
单纯建造生活设施	Living Installation	150793	134129	11479	277496	256546	10505
迁建和恢复	Movement and Recovery	221197		170849	136338	65523	68919
单纯购置设备	Purchase of Equipment	178962	5319	173283	188665	1823	185178

注：本表及以下各表包括基本建设、更新改造和其他投资，不含房地产开发投资。

Note: This table and its followings include capital construction,innovation and other investment,exclude real estate development investment.

5-3 续表 continued

单位：万元 (10000 yuan)

项目	Item	2002 合计 Total	2002 # 基本建设 Capital Construction	2002 # 更新改造 Technical Updating and Transformation	2001 合计 Total	2001 # 基本建设 Capital Construction	2001 # 更新改造 Technical Updating and Transformation
按建设项目规模分	**Grouped by Size of Construction Projects**						
基本建设大中型项目	Large and Medium Projects of Capital Construction	378641	378641		537970	537970	
基本建设小型项目	Small Projects of Capital Construction	3762991	3762991		3332988	3332988	
更新改造限额以上项目	Projects of Innovation above the Limits	969878		969878	1000058		1000058
更新改造限额以下项目	Projects of Innovation below the Limits	553148		553148	679822		679822
其他	Others	1323694	5319	173283	781710	1823	185178
按企业登记注册类型分	**Grouped by Registration Status of Enterprises**						
内资企业	Domestic Investment Enterprises	6419738	3925359	1349287	6114566	3679736	1840121
国有企业	State-owned	5353037	3169144	1104548	5486790	3267749	1691819
集体企业	Collective-owned	65747			67487		
联营企业	Joint Owned	2601	2230	371	5341	3188	2153
股份合作企业	Share Holding	17383	12127	5256	22603	16303	6300
股份有限公司	Share Holding Corporations Ltd.	443394	272202	171192	373769	285991	87778
有限责任公司	Limited-Liability Corporations	454560	387914	66646	154493	102783	51710
其他企业	Others	83016	81742	1274	4083	3722	361
港澳台商投资企业	Hongkong,Macao and Taiwan Funded Enterprises	355178	63990	291188	60175	48694	11481
港澳台合资经营	Joint Venture	31742	22332	9410	30591	19110	11481
港澳台合作经营	Cooperative	5235	5063	172	16403	16403	
港澳台商独资企业	Hongkong,Macao and Taiwan Enterprises	10452	10090	362	13181	13181	
港澳台商投资股份有限公司	Hongkong,Macao and Taiwan Share Holding Corporations Ltd.	307749	26505	281244			
外商投资企业	Foreign Funded Enterprises	213436	157602	55834	157807	144351	13456
中外合资经营	Joint Venture	82351	38469	43882	70052	56596	13456
中外合作经营	Cooperative	29791	28904	887	33673	33673	
外资(独资)企业	Foreign Enterprises	100494	90229	10265	35895	35895	
外商投资股份有限公司	Foreign Share Holding Corporation Ltd.	800		800	18187	18187	

5-4 地方固定资产投资额
LOCAL INVESTMENT IN FIXED ASSETS

单位：万元 (10000 yuan)

项目	Item	2002 合计 Total	2002 #基本建设 Capital Construction	2002 #更新改造 Technical Updating and Transformation	2001 合计 Total	2001 #基本建设 Capital Construction	2001 #更新改造 Technical Updating and Transformation
投资额	**Total**	**4912168**	**2607077**	**1159999**	**3685727**	**2254610**	**836408**
按构成分	**Grouped by Use of Funds**						
建筑安装工程	Construction and Installation	2596086	1668118	286383	2173012	1493399	339089
设备工器具购置	Purchases of Equipments and Instruments	956825	231279	693506	542372	126705	401938
其他	Others	1359257	707680	180110	970343	634506	95381
按用途分	**Grouped by User**						
农林牧渔业用	Farming,Forestry,Animal Husbandry and Fishery	12903	12801	102	6468	6467	1
工业、建筑业用	Industry,Construction	1027250	484462	516191	728604	413259	295774
商业、运输邮电业用	Commerce,Transportation, Posts and Telecommunications	1577119	182867	312100	603782	63696	13830
住宅	Residential Buildings	213681	198745	4925	238111	206165	14335
其他	Others	2081215	1728202	326681	2108762	1565023	512468
更新改造投资按用途分	**Grouped by Purpose of Investment in Innovation**						
增产	Increasing Production	126373		126373	74628		74628
节约能源	Energy Saving	7606		7606	3093		3093
其他节约	Other Saving Measures	583		583	30		30
增加品种	Increasing Varieties	38063		38063	47755		47755
提高产品质量	Improving Quality of Products	46988		46988	36378		36378
三废治理	Environmental Protection	117546		117546	187765		187765
其他	Others	822840		822840	486759		486759
按建设性质分	**Grouped by Type of Construction**						
新建	New Construction	2299016	1215162	3052	1330305	783416	5910
改建和扩建	Repconstruction and Expansion	2166177	1277022	842608	1927977	1282737	605515
单纯建造生活设施	Living Installation	93545	80614	7746	162857	143314	9098
迁建和恢复	Movement and Recovery	214191	31737	170256	115019	44239	68884
单纯购置设备	Purchase of Equipment	139239	2542	136337	149569	904	147001

5-4 续表 continued

单位：万元 (10000 yuan)

项目	Item	2002 合计 Total	2002 # 基本建设 Capital Construction	2002 # 更新改造 Technical Updating and Trans-formation	2001 合计 Total	2001 # 基本建设 Capital Construction	2001 # 更新改造 Technical Updating and Trans-formation
按建设项目规模分	**Grouped by Size of Construction Projects**						
基本建设大中型项目	Large and Medium Projects of Capital Construction	244804	244804		409016	409016	
基本建设小型项目	Small Projects of Capital Construction	2359731	2359731		1844690	1844690	
更新改造限额以上项目	Projects of Innovation above the Limits	863866		863866	499968		499968
更新改造限额以下项目	Projects of Innovation below the Limits	159796		159796	189439		189439
其他	Others	1283971	2542	136337	742614	904	147001
按企业登记注册类型分	**Grouped by Registration Status of Enterprises**						
内资企业	Domestic Investment Enterprises	4348970	2389359	814519	3503132	2096952	811471
国有企业	State-owned	3315830	1646927	589558	2895603	1694648	673733
集体企业	Collective-owned	65747			67487		
联营企业	Joint Owned	1621	1250	371	3841	1688	2153
股份合作企业	Share Holding	17383	12127	5256	22603	16303	6300
股份有限公司	Share Holding Corporations Ltd.	417138	265724	151414	363730	284702	79028
有限责任公司	Limited-Liability Corporations	448235	381589	66646	145785	95889	49896
其他企业	Others	83016	81742	1274	4083	3722	361
港澳台商投资企业	Hongkong,Macao and Taiwan Funded Enterprises	351260	60244	291016	42475	30994	11481
港澳台合资经营	Joint Venture	31233	21823	9410	27186	15705	11481
港澳台合作经营	Cooperative	1826	1826		2108	2108	
港澳台商独资企业	Hongkong,Macao and Taiwan Enterprises	10452	10090	362	13181	13181	
港澳台商投资股份有限公司	Hongkong,Macao and Taiwan Share Holding Corporations Ltd.	307749	26505	281244			
外商投资企业	Foreign Funded Enterprises	211938	157474	54464	140120	126664	13456
中外合资经营	Joint Venture	80853	38341	42512	68903	55447	13456
中外合作经营	Cooperative	29791	28904	887	33635	33635	
外资(独资)企业	Foreign Enterprises	100494	90229	10265	35895	35895	
外商投资股份有限公司	Foreign Share Holding Corporation Ltd.	800		800	1687	1687	

5-5 固定资产投资财务拨贷款额

FINANCIAL ALLOCATIONS AND LOANS FOR INVESTMENT IN FIXED ASSETS

单位：万元 (10000 yuan)

项目	Item	2002 合计 Total	2002 # 基本建设 Capital Construction	2002 # 更新改造 Technical Updating and Trans-formation	2001 合计 Total	2001 # 基本建设 Capital Construction	2001 # 更新改造 Technical Updating and Trans-formation
上年结余资金	**Balance of Last Year**	**1547792**	**1391468**	**149036**	**1324710**	**1158614**	**159322**
本年拨款贷款	**Allocations and Loans in this Year**	**7069109**	**4256149**	**1879275**	**6453527**	**4128810**	**1870005**
国家预算内资金	State Appropriations	1084859	997196	87463	1349778	1288791	60987
国内贷款	Domestic Loans	1610673	710278	96091	890492	364240	177165
债　券	Bonds	6359	6359		25081	24703	378
利用外资	Foreign Investment	246778	135371	108618	153610	145753	7857
自筹资金	Fundraising	3860003	2164737	1579531	3725445	2018720	1607640
# 股票	Stocks	19007	834	18173	22971	1106	21865
其他资金	Others	260437	242208	7572	309121	286603	15978

5-6 地方固定资产投资财务拨贷款额

FINANCIAL ALLOCATIONS AND LOANS FOR LOCAL INVESTMENT IN FIXED ASSETS

单位：万元 (10000 yuan)

项目	Item	2002 合计 Total	2002 # 基本建设 Capital Construction	2002 # 更新改造 Technical Updating and Trans-formation	2001 合计 Total	2001 # 基本建设 Capital Construction	2001 # 更新改造 Technical Updating and Trans-formation
上年结余资金	**Balance of Last Year**	**1005472**	**906525**	**91659**	**696838**	**556867**	**139971**
本年拨款贷款	**Allocations and Loans in this Year**	**4857345**	**2569522**	**1354138**	**3833110**	**2552840**	**1280270**
国家预算内资金	State Appropriations	463842	379196	84446	742166	694879	47287
国内贷款	Domestic Loans	1335469	467045	64120	727427	289803	437624
债　券	Bonds	6359	6359		20000	20000	
利用外资	Foreign Investment	238315	126908	108618	140069	133453	6616
自筹资金	Fundraising	2617907	1411949	1090223	1958258	1192033	766225
# 股票	Stocks	18707	534	18173	22971	1106	21865
其他资金	Others	195453	178065	6731	245190	222672	22518

5-7 城市基础设施投资额
MUNICIPAL INFRASTRUCTURE INVESTMENT

项目	Item	投资额(万元) Investment(10000 yuan) 全市 Total	# 地方 Local	比重(%) Proportion(%) 全市 Total	# 地方 Local
全市总计	**Total**	**4118702**	**3326478**	**100.0**	**100.0**
能源	**Energy**	**494538**	**238614**	**12.0**	**7.2**
电力	Electricity	260046	4122	6.3	0.1
供热	Heat	72158	72158	1.8	2.2
供气	Gas	132414	132414	3.2	4.0
供水	Water	29920	29920	0.7	0.9
公共服务业	**Public Services**	**1298692**	**1298692**	**31.5**	**39.0**
市内公共交通	Public Traffic	446003	446003	10.8	13.4
# 市内公交电汽车	Buses and Trolleys	76623	76623	1.9	2.3
出租汽车	Taxies	28062	28062	0.7	0.8
园林绿化	Parks and Green Areas	34817	34817	0.8	1.0
环境卫生	Environmental Sanitation	6964	6964	0.2	0.2
市政工程管理	Municipal Construction	810536	810536	19.7	24.4
其他公共服务业	Others	372	372	…	…
交通运输	**Transportation**	**1151005**	**1098878**	**27.9**	**33.0**
铁路	Railway	13583		0.3	
公路	Highway	1069974	1069974	26.0	32.2
管道运输	Pipeline				
航空	Aviation	13641		0.3	
其他	Others	53807	28904	1.3	0.9
邮政电信	**Posts and Telecommunications**	**787364**	**309149**	**19.1**	**9.3**
邮政	Posts	15709		0.4	
电信	Telecommunications	771655	309149	18.7	9.3
其他	**Others**	**387103**	**381145**	**9.5**	**11.5**
水利	Water Conservancy	100962	100962	2.5	3.1
环境保护	Environmental Protection	163030	159657	4.0	4.8
其他	Others	123111	120526	3.0	3.6

5-8 能源及交通投资额
INVESTMENT IN ENERGY AND TRANSPORTATION

单位：万元 (10000 yuan)

项目	Item	全市 Total 2002	2001	# 地方 Local 2002	2001
全市固定资产投资总额	**Investment in Fixed Assets of the City**	**6988352**	**6332548**	**4912168**	**3685727**
# 能源、交通投资额	Investment in Energy and Transportation	2458824	1904234	1633028	742039
占全市投资额比重 (%)	Proportion (%)	35.2	30.0	33.3	20.1
能源投资额	Investment in Energy	518232	420828	224951	210362
占全市投资额比重 (%)	Proportion (%)	7.4	6.6	4.6	5.7
运输、邮电投资额	Investment in Transportation,Posts and Telecommunications	1940592	1483406	1408077	531677
占全市投资额比重 (%)	Proportion (%)	27.8	23.4	28.7	14.4
在能源投资中	**Of the Investment in Energy**				
煤(国家统配煤矿)	Coal(State Collieries)	1206	2210	1206	2210
电(公用电厂及小水电)	Electricity(Public Power Plants and Hydropower Stations)	277727	195716	7160	17040
油品(炼油厂原油加工)	Oil Products(Crude Oil Processing of Refinery)	24822	33007	4242	1217
燃料气(液化石油气、焦炉煤气)	Fuel Gas(Liquefied Petroleum Gas,Gas)	140185	113201	140185	113201
热气(燃气集团)	Heat(Gas turbing group)	74292	76694	72158	76694
在运输投资中	**Of Investment in Transportation**				
铁路	Railway	13643	27033		
公路	Highway	1069974	530329	1069974	530329
航空	Aviation	13641	20424		
邮政、电信	Posts and Telecommunications	787447	851225	309149	
交通运输辅助业	Transportation Subsidiary Services	55887	54395	28954	1348

5-9 施工及投入生产(或交付使用)的项目数
NUMBER OF PROJECTS UNDER CONSTRUCTION AND PUT INTO USE (OR PUT INTO OPERATION)

单位：个 (unit)

项目	Item	全市 Total 2002	全市 Total 2001	#地方 Local 2002	#地方 Local 2001
全市施工项目	**Total Projects under Construction**	**2535**	**2447**	**1294**	**1241**
# 本年新开工	Started this Year	1457	1333	727	626
全部竣工投产项目	Total Projects Completed and Put into Use	1339	1305	690	670
建设项目投产率 (%)	Rate of Projects Completed and Put into Use (%)	52.8	53.3	53.3	54.0
基本建设施工项目	**Capital Construction Projects under Construction**	**1086**	**1138**	**754**	**726**
# 本年新开工	Started this Year	473	472	379	337
全部竣工投产项目	Total Projects Completed and Put into Use	442	451	342	330
建设项目投产率 (%)	Rate of Projects Completed and Put into Use (%)	40.7	39.6	45.4	45.5
更新改造措施施工项目	**Innovation Projects under Construction**	**1378**	**1242**	**469**	**448**
# 本年新开工	Started this Year	940	833	304	261
全部竣工投产项目	Total Projects Completed and Put into Use	857	814	308	300
建设项目投产率 (%)	Rate of Projects Completed and Put into Use (%)	62.2	65.5	65.7	67.0
其他投资施工项目	**Other Projects under Construction**	**71**	**67**	**71**	**67**
# 本年新开工	Started this Year	44	28	44	28
全部竣工投产项目	Total Projects Completed and Put into Use	40	40	40	40
建设项目投产率 (%)	Rate of Projects Completed and Put into Use (%)	56.3	59.7	56.3	59.7

5-10 全市固定资产投资额及新增固定资产(按行业分)
INVESTMENT IN FIXED ASSETS AND ITS INCREMENTAL FIXED ASSETS (BY SECTOR)

单位：万元 (10000 yuan)

行业	Sector	投资额 Investment 合计 Total	# 中央 Central	# 地方 Local	新增固定资产 Incremental Fixed Assets 合计 Total	# 中央 Central	# 地方 Local
总计	**Total**	**6988352**	**2076184**	**4912168**	**5117625**	**1694130**	**3423495**
农、林、牧、渔业	**Farming,Forestry,Animal Husbandry and Fishery**	**21969**		**21969**	**9932**		**9932**
农业	Farming	7332		7332	6717		6717
林业	Forestry	12249		12249	3215		3215
农、林、牧、渔服务业	FFAF Services	2388		2388			
采掘业	**Excavation**	**12125**		**12125**	**11828**		**11828**
煤炭采选业	Coal Mining and Dressing	1206		1206	1206		1206
黑色金属矿采选业	Ferrous Metals Mining and Dressing	10397		10397	10090		10090
铁矿采选业	Iron Mining and Dressing	10397		10397	10090		10090
非金属矿采选业	Nonmetal Minerals Mining and Dressing	522		522	532		532
土砂石开采业	Sand and Stone Mining and Dressing	522		522	532		532
制造业	**Manufacturing**	**950846**	**147877**	**802969**	**757460**	**192166**	**565294**
食品加工业	Food Processing	8394		8394	1774		1774
粮食及饲料加工业	Foodstuff and Forage	1600		1600	1600		1600
屠宰及肉类蛋类加工业	Butcher, Meat and Egg	6744		6744	124		124
其他食品加工业	Others	50		50	50		50
食品制造业	Food Making	34355		34355	21430		21430
糕点、糖果制造业	Pastry and Candy	18429		18429	10923		10923
乳制品制造业	Diary Products	10307		10307	8000		8000
罐头食品制造业	Canned Foodstuff	820		820	820		820
调味品制造业	Flavorings	2850		2850	500		500
其他食品制造业	Other Foods	1949		1949	1187		1187
饮料制造业	Beverage Making	46246		46246	51291		51291
酒精及饮料酒制造业	Alcohol and Beverage Wine	20190		20190	18653		18653
软饮料制造业	Soft Drinking	26056		26056	32638		32638
烟草加工业	Tobacco Making	1503		1503			
纺织业	Textile Industry	16586	1358	15228	8743	118	8625
棉纺织业	Cotton Textile	5846		5846	5711		5711
毛纺织业	Woolen Textile	601	118	483	632	118	514
针织品业	Knitting Textile	8268		8268	2400		2400
其他纺织业	Others	1871	1240	631			
服装及其他纤维制品制造业	Garments and Other Fiber Products	9189		9189	11847		11847
服装制造业	Garment Industry	9189		9189	11847		11847
皮革、毛皮、羽绒及其制品业	Leather,Furs,Down and Related Products	300		300	300		300
皮革制品制造业	Leathers and Related Products	300		300	300		300
木材加工及竹、藤、棕、草制品业	Timber Processing,Bamboo,Cane, Palm Fiber and Straw Products	200		200			
人造板制造业	Artificial Board	200		200			
家具制造业	Furniture Industry	561		561	561		561
木制家具制造业	Wooden Furniture	561		561	561		561

5-10 续表1 continued

单位：万元 (10000 yuan)

行业	Sector	投资额 Investment 合计 Total	# 中央 Central	# 地方 Local	新增固定资产 Incremental Fixed Assets 合计 Total	# 中央 Central	# 地方 Local
造纸及纸制品业	Papermaking and Paper Products	3329		3329	970		970
造纸业	Papermaking	2359		2359			
纸制品业	Paper Products	970		970	970		970
印刷业、记录媒介的复制	Printing and Record Medium Reproduced	45864	27390	18474	46391	26136	20255
印刷业	Printing	43406	27390	16016	43933	26136	17797
记录媒介的复制	Record Medium	2458		2458	2458		2458
文教体育用品制造业	Stationery,Education and Sports Goods	15		15			
乐器及其他文娱用品制造业	Music Instruments and Other Stationery Goods	15		15			
石油加工及炼焦业	Petroleum Processing and Coking Products	24822	20580	4242	27563	20038	7525
原油加工业	Petroleum Processing	12043	12043		11343	11343	
石油制品业	Petroleum Products	8537	8537		8695	8695	
炼焦业	Coking Products	4242		4242	7525		7525
化学原料及化学制品制造业	Raw Chemical Materials and Chemical Products	50524	24616	25908	64871	46664	18207
基本化学原料制造业	Elementary Raw Chemical Materials	4811		4811	1703		1703
化学肥料制造业	Chemical Fertilizer	776		776	2051		2051
有机化学产品制造业	Organic Chemical Products	17243	8208	9035	22226	12421	9805
合成材料制造业	Synthetic Materials	7221	5121	2100	6810	6810	
专用化学产品制造业	Special Purpose Chemical Products	6900	600	6300			
日用化学产品制造业	Daily Use Chemical Products	13573	10687	2886	32081	27433	4648
医药制造业	Medical and Pharmaceutical Products	56817	3378	53439	38157	1148	37009
化学药品原药制造业	Original Chemical Medicine	3901		3901	1495		1495
化学药品制剂制造业	Preparation Chemical Medicine	21145	400	20745	9167		9167
中药材及中成药加工	Raw Material and Products of Chinese Medicine	22974		22974	21200		21200
生物制品业	Biological Products	8797	2978	5819	6295	1148	5147
化学纤维制造业	Chemical Fiber						
橡胶制品业	Rubber Products	2458	1370	1088	3734	1370	2364
轮胎制造业	Tire						
橡胶板、管、棒材制造业	Board,Pipe and Stick Products	740		740	1184		1184
橡胶制品翻修业	Rebuilding	348		348	1180		1180
其他橡胶制品业	Others	1370	1370		1370	1370	
塑料制品业	Plastic Products	12533		12533	8114		8114
塑料薄膜制造业	Plastic Film	3364		3364	3723		3723
塑料 板、管、棒材制造业	Board,Pipe and Stick Products	7909		7909	429		429
塑料零件制造业	Plastic Accessory	1000		1000	3962		3962
其他塑料制品业	Others	260		260			
非金属矿物制品业	Nonmetal Mineral Products	41329	3279	38050	27389	1251	26138
水泥制造业	Cement	14255		14255	5118		5118
水泥制品和石棉水泥制品业	Cement Products and Asbestos Cement Products	7387	231	7156	2739	571	2168

5-10 续表2 continued

单位：万元 (10000 yuan)

行业	Sector	投资额 Investment			新增固定资产 Incremental Fixed Assets		
		合计 Total	# 中央 Central	# 地方 Local	合计 Total	# 中央 Central	# 地方 Local
砖瓦、石灰和轻质建筑材料制造业	Brick,Tile,Lime and Light Construction Material	11395	3048	8347	15808	680	15128
玻璃及玻璃制品业	Glass and Glass Products	5242		5242	2922		2922
陶瓷制品业	Ceramics Products	893		893			
耐火材料制品业	Refractory Products	2157		2157	802		802
石墨及碳素制品业	Graphite and Carbon	66139	10590	55549	47307	9500	37807
黑色金属冶炼及压延加工业	Smelting and Pressing Ferrous Metals	66139	10590	55549	47307	9500	37807
炼钢业	Steelmaking	10885	10590	295	9713	9500	213
钢压延加工业	Steel Pressing	55174		55174	37594		37594
铁合金冶炼业	Ferroalloy	80		80			
有色金属冶炼及压延加工业	Nonferrous Metals Smelt and Prolong	2159		2159	1988		1988
有色金属压延加工业	Nonferrous Metals Prolong	2159		2159	1988		1988
金属制品业	Metal Products	21641	3178	18463	10573		10573
金属结构制造业	Metal Structure	548		548	165		165
铸铁管制造业	Castiron Pipe	1750		1750			
工具制造业	Tools	917		917	2922		2922
集装箱和金属包装物品制造业	Container and Metal Cover	2373		2373	1486		1486
建筑用金属制品业	Products for Construct Use	14405	3178	11227	5946		5946
金属表面处理及热处理业	Tinsel and Heat Treatment	1648		1648	54		54
普通机械制造业	Ordinary Machinery	27617		27617	35375		35375
锅炉及原动机制造业	Boiler and Motive Machine	4788		4788	2168		2168
金属加工机械制造业	Metal Processing Machine	10547		10547	21315		21315
通用设备制造业	Universal Equipment	941		941			
轴承、阀门制造业	Axletree and valve	655		655	181		181
其他通用零部件制造业	Other Universal Components and Parts	6973		6973	1051		1051
铸锻件制造业	Casting and Malleation	2923		2923	10660		10660
其他普通机械制造业	Others	790		790			
专用设备制造业	Equipment for Special Purpose	103389	5300	98089	35416	865	34551
机电工业专用设备制造业	Equipment for Engine and Electricity	5495	4015	1480	2345	865	1480
石化及其他工业专用设备制造业	Equipment for Petroleum and Other Sector of Industry	71842		71842	2430		2430
轻纺工业专用设备制造业	Equipment for Light-textile Industry	5315	1285	4030	5121		5121
医疗器械制造业	Medical Machines	20290		20290	21736		21736
其他专用设备制造业	Other Special Purpose Equipments	447		447	3784		3784
交通运输设备制造业	Transport Equipment	160853	35051	125802	124082	70515	53567
铁路运输设备制造业	Railway Transportation	12450	11499	951	12206	9836	2370
汽车制造业	Motor Vehicles	124471		124471	50817		50817
航空航天器制造业	Aviation and Spaceflight	23237	23237		60679	60679	
交通运输设备修理业	Transport Equipment Repairing	695	315	380	380		380

5-10 续表3 continued

单位：万元 (10000 yuan)

行业	Sector	投资额 Investment			新增固定资产 Incremental Fixed Assets		
		合计 Total	#中央 Central	#地方 Local	合计 Total	#中央 Central	#地方 Local
电气机械及器材制造业	Electric Equipment and Appliances	48302		48302	37546		37546
电机制造业		156		156	156		156
输配电及控制设备制造业	Electricity Transmit,Distribution and Control Equipment	34964		34964	9440		9440
电工器材制造业	Electrical Appliances	8148		8148	17805		17805
日用电器制造业	Daily Use Electrical Appliances	2608		2608	7719		7719
其他电气机械制造业	Others	2426		2426	2426		2426
电子及通信设备制造业	Electronic and Telecommunication Equipment	116567	6172	110395	111091	2868	108223
通信设备制造业	Telecommunication Equipment	9195	3431	5764	25885	2135	23750
广播电视设备制造业	Radio and Television Equipment	13559		13559	1977		1977
电子计算机制造业	Computer	14164		14164	1240		1240
电子器件制造业	Electronic Device	23796	683	23113	29726	733	28993
电子元件制造业	Electronic Cell	35496		35496	36070		36070
日用电子器具制造业	Daily Use Electronic Appliances	356		356			
电子设备及通讯设备修理业	Repair Electronic and Telecommunication	2130		2130			
其他电子设备制造业	Other Electronic Machines	17871	2058	15813	16193		16193
仪器仪表及文化、办公用机械制造业	Instruments,Meters,Cultural and Office Machinery	44552	5615	38937	37523	11693	25830
通用仪器仪表制造	General Instruments and Meters	30389	1401	28988	12409		12409
专用仪器仪表制造业	Special Purpose Instruments	4214	4214		11693	11693	
计量器具制造业	Measuring Implements	8895		8895	8167		8167
其他制造业	Other Manufacturing	4602		4602	3424		3424
工艺美术品制造业	Art Products	3380		3380	2202		2202
日用杂品制造业	Commodity	153		153	153		153
其他生产、生活用品制造业	Others	1069		1069	1069		1069
电力、煤气及水的生产和供应业	**Electricity,Gas and Water Production and Supply**	**522124**	**272701**	**249423**	**351367**	**70244**	**281123**
电力、蒸汽、热水的生产和供应业	Electricity,Steam and Hot Water Production and Supply	352019	272701	79318	125603	70244	55359
电力生产业	Electricity Production	28346	24224	4122	18998	18118	880
电力供应业	Electricity Supply	249381	246343	3038	53030	49992	3038
蒸汽、热水生产和供应业	Steam and Hot Water Production and Supply	74292	2134	72158	53575	2134	51441
煤气生产和供应业	Gas Production and Supply	140185		140185	188593		188593
煤气供应业	Gas Supply	140185		140185	188593		188593
自来水的生产和供应业	Water Production and Supply	29920		29920	37171		37171
自来水生产业	Water Production	15008		15008	34321		34321
自来水供应业	Water Supply	14912		14912	2850		2850
建筑业	**Construction**	**68493**	**19716**	**48777**	**92329**	**37004**	**55325**
土木工程建筑业	Civil Engineering Construct	68493	19716	48777	92329	37004	55325
房屋建筑业	Building Construction	48056	11112	36944	77323	26499	50824
铁路、公路、遂道、桥梁建筑业	Railways,Highways,Tunnels and Bridges Construction	13560	2027	11533	6759	2558	4201
其他土木工程建筑业	Other Civil Engineering Construction	6877	6577	300	8247	7947	300

5-10 续表4 continued

单位：万元 (10000 yuan)

行业	Sector	投资额 Investment			新增固定资产 Incremental Fixed Assets		
		合计 Total	# 中央 Central	# 地方 Local	合计 Total	# 中央 Central	# 地方 Local
地质勘业、水利管理业	**Geological Prospecting and Water Conservancy**	**105539**	**1758**	**103781**	**123567**	**300**	**123267**
地质勘察业	Geological Prospecting	1758	1758		300	300	
区域地质勘查业	Area Geological Prospecting	300	300		300	300	
矿产地质勘查业	Mineral Resources	1458	1458				
水利管理业	Water Conservancy	103781		103781	123267		123267
交通运输、仓储及邮电通信业	**Transportation,Storage,Posts and Telecommunications**	**1954303**	**533649**	**1420654**	**808893**	**438567**	**370326**
铁路运输业	Railways	13643	13643		15103	15103	
公路运输业	Highways	1069974		1069974	18784		18784
汽车运输业	Motor Vehicles	1052117		1052117	927		927
其他公路运输业	Others	17857		17857	17857		17857
航空运输业	Aviations	13641	13641		4053	4053	
航空客货运输业	Passenger and Freight Transportation	13641	13641		4053	4053	
交通运输辅助业	Transportation Subsidiary Services	55887	26933	28954	53141	17507	35634
公路管理及养护业	Highway Management and Maintenance	28904		28904	35584		35584
机场及航空运输辅助业	Airport and Logistics of Aviation	26933	26933		17507	17507	
其他类未包括的交通运输辅助业	Others	50		50	50		50
仓储业	Storage	13711	1134	12577	7087	328	6759
邮电通信业	Posts and Telecommunications	787447	478298	309149	710725	401576	309149
邮政业	Posts	15792	15792		28953	28953	
电信业	Telecommunications	771655	462506	309149	681772	372623	309149
批发和零售贸易餐饮业	**Wholesale,Retail Trade and Catering Services**	**88221**	**8906**	**79315**	**46457**	**1146**	**45311**
食品、饮料、烟草和家庭用品批发业	Wholesale of Food,Beverage, Tobacco and Family Use Goods	10327	5857	4470	7220		7220
食品、饮料、烟草批发业	Food,Beverage and Tobacco	7227	5857	1370	1766		1766
纺织品、服装和鞋帽批发业	Textile,Garments,Shoes and Hats	2400		2400	3954		3954
日用百货批发业	Daily Use Goods	700		700	1500		1500
能源、材料、机械和电子设备批发业	Wholesale of Energy,Materials Machine and Electronic Equipment	7194	196	6998	1533	196	1337
能源批发业	Energy	1895	196	1699	1050	196	854
建筑材料批发业	Building Materials	64		64	243		243
金属材料批发业	Metallic	358		358			
机械电子设备批发业	Machine and Electron	2929		2929			
再生物资回收批发业	Recovery of Reclaimed Materials	1948		1948	240		240
其他批发业	Other Wholesale Trade	18406	1903	16503			
图书报刊批发业	Books,Newspaper and Magazines	1903	1903				

5-10 续表5 continued

单位：万元 (10000 yuan)

行业	Sector	投资额 Investment 合计 Total	# 中央 Central	# 地方 Local	新增固定资产 Incremental Fixed Assets 合计 Total	# 中央 Central	# 地方 Local
农业生产资料批发业	Agricultural Producers' goods	850		850			
其他类未包括的批发业	Others	15653		15653			
零售业	Retail Trade	51674	950	50724	37704	950	36754
食品、饮料和烟草零售业	Food,Beverage and Tobacco	2385		2385			
日用百货零售业	Daily Use Goods	26943		26943	21534		21534
五金交电化工零售业	Hardware,Electrical Appliance and Chemical	750		750	1700		1700
图书报刊零售业	Books,Newspaper and Magazines	3938		3938	5505		5505
其他零售业	Others	17658	950	16708	8965	950	8015
商业经纪与代理业	Commercial Brokerage and Agencies	620		620			
金融、保险业	**Finance and Insurance**	**10466**	**10326**	**140**			
金融业	Finance	10466	10326	140			
商业银行	Commercial Bank	10326	10326				
信用合作社	Credit Union	140		140			
房地产业	**Real Estate**	**35968**	**400**	**35568**	**21264**	**400**	**20864**
房地产开发与经营业	Empolder and Manage Realty	14101		14101	11982		11982
房地产管理业	Management	21867	400	21467	9282	400	8882
社会服务业	**Social Services**	**1244447**	**25442**	**1219005**	**1378417**	**22744**	**1355673**
公共服务业	Public Services	1111190		1111190	1270498		1270498
市内公共交通业	Urban Public Traffic	446339		446339	891830		891830
园林绿化业	Gardens Afforest	33317		33317	28160		28160
环境卫生业	Environmental Sanitation	6964		6964	570		570
市政工程管理业	Municipal Engineering Management	624198		624198	349566		349566
风景名胜区管理业	Beauty Spot Management	372		372			
居民服务业	Resident Services	2696		2696	9879		9879
殡葬业	Funeral and Interment Services	2696		2696	9879		9879
旅馆业	Hotels	74714	20460	54254	48685	14504	34181
租赁服务业	Tenancy	760		760	760		760
旅游业	Tourism	19127	76	19051	25016		25016
娱乐服务业	Recreation	4553	780	3773	1324		1324
信息、咨询服务业	Information and Consultancy	6781	3526	3255	7024		7024
其他类未包括的信息咨询服务业	Others	6781	3526	3255	7024		7024
计算机应用服务业	Computer Application	8751	600	8151	9800	8240	1560
软件开发咨询业	Software Development Consultancy	2160	600	1560	9800	8240	1560
计算机设备维护咨询业	Computer maintenance and Consultancy	6591		6591			
其他社会服务业	Other Social Services	15875		15875	5431		5431
市场管理服务业	Market Management	8174		8174	3035		3035
其他类未包括的社会服务业	Others	7701		7701	2396		2396
卫生体育和社会福利业	**Health Care,Sports and Social Welfare**	**184307**	**85006**	**99301**	**93953**	**33520**	**60433**
卫生	Health Care	149857	65145	84712	86678	27269	59409
医院	Hospitals	138042	65145	72897	75263	27269	47994
疗养院	Sanatoriums	980		980	980		980
卫生防疫站	Sanitation and Antiepidemic Stations	5461		5461	2718		2718

5-10 续表6 continued

单位：万元 (10000 yuan)

行业	Sector	投资额 Investment 合计 Total	# 中央 Central	# 地方 Local	新增固定资产 Incremental Fixed Assets # 合计 Total	# 中央 Central	# 地方 Local
妇幼保健所(站)	Maternity and Child Care Centrs	1599		1599			
药品检验所(室)	Mediine Test	180		180	165		165
其他医院	Other Hospitals	3595		3595	7552		7552
体育	Sports	25302	19861	5441	6451	6251	200
社会福利保障业	Social Welfare and Security	9148		9148	824		824
社会福利业	Social Welfare	9148		9148	824		824
教育、文化艺术及广播电影电视业	**Education,Culture and Arts,Radio,Film and Television**	**612277**	**382397**	**229880**	**509566**	**376602**	**132964**
教育	Education	424973	260432	164541	368149	245429	122720
高等教育	Higher Education	300538	242208	58330	264579	216123	48456
中等教育	Secondary School Education	103705	10169	93536	80384	19324	61060
初等教育	Primary Education	10065	4464	5601	13040	7086	5954
学前教育	Preschool Education	21		21			
特殊教育	Special Education	84		84	84		84
其他教育	Other Education	10560	3591	6969	10062	2896	7166
文化艺术业	Culture and Arts	156457	97447	59010	84886	75342	9544
艺术	Arts	67719	65279	2440	24478	23616	862
出版	Publication	28098	28098		39499	39499	
文物保护	Historical Relics Preservation	21666	63	21603	2327	227	2100
图书馆	Libraries	62		62	122		122
群众文化	Mass Culture	2117		2117	6460		6460
新闻	News	29884	4007	25877	12000	12000	
其他文化艺术业	Others	6911		6911			
广播电影电视业	Radio,Film and Television	30847	24518	6329	56531	55831	700
广播	Radio	4119	153	3966			
电影	Film	2462	2462		306	306	
电视	Television	24266	21903	2363	56225	55525	700
科学研究和综合技术服务业	**Scientific Research and Polytechnical Services**	**428271**	**218841**	**209430**	**322172**	**220541**	**101631**
科学研究业	Scientific Research	187724	172328	15396	207549	203739	3810
自然科学研究	Natural Science	158487	143211	15276	163982	160172	3810
社会科学研究	Social Science	6329	6329		13302	13302	
其他科学研究	Others	22908	22788	120	30265	30265	
综合技术服务业	Polytechnical Services	240547	46513	194034	114623	16802	97821
气象	Meteorology	12018	11818	200	5495	5295	200
地震	Earthquake	884	884				
技术监督	Technology Control	11648	8340	3308	6837	3167	3670
环境保护	Environment Protection	163571	3373	160198	71697		71697
技术推广和科技交流服务业	Technology Spreading and Scientific Technical Exchanges	961	540	421	540	540	
工程设计业	Engineering Design	13573	13258	315	6432	6432	
其他综合技术服务业	Others	37892	8300	29592	23622	1368	22254
国家机关、政党机关和社会团体	**Government Agencies,Party Agencies and Social Organizations**	**590857**	**304156**	**286701**	**358693**	**162419**	**196274**
国家机关	Government Agencies	433734	215600	218134	294113	98789	195324
政党机关	Party Agencies	76022	76022		49247	49247	
社会团体	Social Organizations	81101	12534	68567	15333	14383	950
其他行业	**Other Sectors**	**158139**	**65009**	**93130**	**231727**	**138477**	**93250**
企业管理机构	Administrative Organs of Enterprises	132661	59761	72900	193002	138477	54525
其他类未包括的行业	Others	25478	5248	20230	38725		38725

5-11 全市基本建设投资额及新增固定资产(按行业分)

INVESTMENT IN CAPITAL CONSTRUCTION AND ITS INCREMENTAL FIXED ASSETS (BY SECTOR)

单位：万元 (10000 yuan)

行业	Sector	投资额 Investment			新增固定资产 Incremental Fixed Assets		
		合计 Total	#中央 Central	#地方 Local	合计 Total	#中央 Central	#地方 Local
总计	**Total**	**4146951**	**1539874**	**2607077**	**3719622**	**1195865**	**2523757**
农、林、牧、渔业	**Farming,Forestry,Animal Husbandry and Fishery**	**21969**		**21969**	**9932**		**9932**
农业	Farming	7332		7332	6717		6717
林业	Forestry	12249		12249	3215		3215
农、林、牧、渔服务业	FFAF Services	2388		2388			
采掘业	**Excavation**	**1363**		**1363**	**2800**		**2800**
黑色金属矿采选业	Ferrous Metals Mining and Dressing	1363		1363	2800		2800
铁矿采选业	Iron Mining and Dressing	1363		1363	2800		2800
制造业	**Manufacturing**	**385575**	**82307**	**303268**	**460915**	**126120**	**334795**
食品加工业	Food Processing	7434		7434	1724		1724
粮食及饲料加工业	Foodstuff and Forage	1600		1600	1600		1600
屠宰及肉类蛋类加工业	Butcher, Meat and Egg	5834		5834	124		124
食品制造业	Food Making	20194		20194	12501		12501
糕点、糖果制造业	Pastry and Candy	8690		8690	3131		3131
乳制品制造业	Diary Products	10307		10307	8000		8000
罐头食品制造业	Canned Foodstuff	420		420	420		420
其他食品制造业	Other Foods	777		777	950		950
饮料制造业	Beverage Making	13987		13987	13000		13000
酒精及饮料酒制造业	Alcohol and Beverage Wine	987		987			
软饮料制造业	Soft Drinking	13000		13000	13000		13000
纺织业	Textile Industry	1149		1149	2450		2450
毛纺织业	Caddice Weave	45		45	50		50
针织品业	Knitting Textile	1104		1104	2400		2400
服装及其他纤维制品制造业	Garments and Other Fiber Products	3341		3341	5811		5811
服装制造业	Garment Industry	3341		3341	5811		5811
皮革、毛皮、羽绒及其制品业	Leather,Furs,Down and Related Products	300		300	300		300
皮革制品制造业	Leathers and Related Products	300		300	300		300
家具制造业	Furniture Industry	561		561	561		561
木制家具制造业	Wooden Furniture	561		561	561		561
造纸及纸制品业	Papermaking and Paper Products	970		970	970		970
纸制品业	Paper Products	970		970	970		970
印刷业、记录媒介的复制	Printing and Record Medium Reproduced	17429	11116	6313	10652	7642	3010
印刷业	Printing	17429	11116	6313	10652	7642	3010

5-11 续表1 continued

单位：万元 (10000 yuan)

行业	Sector	投资额 Investment			新增固定资产 Incremental Fixed Assets		
		合计 Total	#中央 Central	#地方 Local	合计 Total	#中央 Central	#地方 Local
石油加工及炼焦业	Petroleum Processing and Coking Products	3181		3181	6464		6464
炼焦业	Coking Products	3181		3181	6464		6464
原油加工业	Petroleum Processing						
化学原料及化学制品制造业	Raw Chemical Materials and Chemical Products	24033	11287	12746	32491	27433	5058
有机化学产品制造业	Organic Chemical Products	1460		1460	410		410
合成材料制造业	Synthetic Materials	2100		2100			
专用化学产品制造业	Special Purpose Chemical Products	6900	600	6300			
日用化学产品制造业	Daily Use Chemical Products	13573	10687	2886	32081	27433	4648
医药制造业	Medical and Pharmaceutical Products	30531	3350	27181	21553	1120	20433
化学药品原药制造业	Original Chemical Medicine	1622		1622	1395		1395
化学药品制剂制造业	Preparation Chemical Medicine	12471	400	12071	6666		6666
中药材及中成药加工	Raw Material and Products of Chinese Medicine	9634		9634	7860		7860
生物制品业	Biological Products	6804	2950	3854	5632	1120	4512
橡胶制品业	Rubber Products	590		590	1034		1034
橡胶板、管、棒材制造业	Board, Pipe and Stick	590		590	1034		1034
塑料制品业	Plastic Products	11874		11874	7935		7935
塑料薄膜制造业	Plastic Film	3364		3364	3723		3723
塑料板、管、棒材制造业	Board, Pipe and Stick	7250		7250	250		250
塑料零件制造业	Plastic Accessory	1000		1000	3962		3962
其他塑料制品业	Others	260		260			
非金属矿物制品业	Nonmetal Mineral Products	4024	460	3564	9283	1180	8103
水泥制品和石棉水泥制品业	Cement Products and Asbestos Cement Products	386	160	226	726	500	226
砖瓦、石灰和轻质建筑材料料制造业	Brick,Tile,Lime and Light Construction Material	1168	300	868	8335	680	7655
玻璃及玻璃制品业	Glass and Glass Products	222		222	222		222
陶瓷制品业	Ceramics Products	893		893			
耐火材料制品业	Refractory Products	1355		1355			
黑色金属冶炼及压延加工业	Smelting and Pressing Ferrous Metals	10590	10590		9500	9500	
炼钢业	Steelmaking	10590	10590		9500	9500	
有色金属冶炼及压延加工业	Nonferrous Metals Smelt and Prolong	2159		2159	1988		1988
有色金属压延加工业	Nonferrous Metals Prolong	2159		2159	1988		1988
金属制品业	Metal Products	17156	3178	13978	8725		8725
金属结构制造业	Metal Structure	548		548	165		165
工具制造业	Tools	917		917	2922		2922
建筑用金属制品业	Products for Construct Use	14043	3178	10865	5584		5584
金属表面处理及热处理业	Tinsel and Heat Treatment	1648		1648	54		54
普通机械制造业	Ordinary Machinery	21345		21345	32909		32909
锅炉及原动机制造业	Boiler and Motive Machine	4622		4622	2168		2168
金属加工机械制造业	Metal Processing Machine	6692		6692	21100		21100
通用设备制造业	Universal Equipment	941		941			
轴承、阀门制造业	Axletree and valve	655		655	181		181
其他通用零部件制造业	Other Universal Components and Parts	5922		5922			
铸锻件制造业	Casting and Malleation	1723		1723	9460		9460
其他普通机械制造业	Others	790		790			
专用设备制造业	Equipment for Special Purpose	29036	4015	25021	30416	865	29551

5-11 续表2 continued

单位：万元 (10000 yuan)

行业	Sector	投资额 Investment			新增固定资产 Incremental Fixed Assets		
		合计 Total	#中央 Central	#地方 Local	合计 Total	#中央 Central	#地方 Local
机电工业专用设备制造业	Equipment for Engine and Electricity	5495	4015	1480	2345	865	1480
石化及其他工业专用设备制造业	Equipment for Petroleum and Other Sector of Industry	630		630	1330		1330
轻纺工业专用设备制造业	Equipment for Light-textile Industry	4030		4030	5121		5121
医疗器械制造业	Medical Machines	18881		18881	21620		21620
交通运输设备制造业	Transport Equipments	47651	30158	17493	87732	65954	21778
铁路运输设备制造业	Railway Transport	6606	6606		5275	5275	
汽车制造业	Motor Vehicles	17493		17493	21778		21778
航空航天器制造业	Aviation and Spaceflight	23237	23237		60679	60679	
交通运输设备修理业	Transport Equipments Repairing	315	315				
电气机械及器材制造业	Electric Equipment and Appliances	15829		15829	30563		30563
输配电及控制设备制造业	Electricity Transmit,Distribution and Control Equipment	4296		4296	8555		8555
电工器材制造业	Electric Appliances	6754		6754	15199		15199
日用电器制造业	Daily Use Electrical Appliances	2353		2353	4383		4383
其他电气机械制造业	Others	2426		2426	2426		2426
电子及通信设备制造业	Electronic and Telecommunication Equipment	84144	3939	80205	104353	733	103620
通信设备制造业	Telecommunication Equipment	5045	1198	3847	23750		23750
广播电视设备制造业	Radio and Television Equipment	1150		1150	1150		1150
电子计算机制造业	Computer	7058		7058	1240		1240
电子器件制造业	Electronic Device	20970	683	20287	29356	733	28623
日用电子器具制造业	Daily Use Electronic Appliances	32113		32113	32727		32727
其他电子设备制造业	Other Electronic Machines	17808	2058	15750	16130		16130
仪器仪表及文化、办公用机械制造业	Instruments,Meters,Cultural and Office Machinery	16534	4214	12320	25645	11693	13952
通用仪器仪表制造	General Instruments and Meters	10555		10555	12187		12187
专用仪器仪表制造业	Special Purpose Instruments	4214	4214		11693	11693	
计量器具制造业	Measuring Implements	1011		1011	1011		1011
其他制造业	Other Manufacturing	1533		1533	2355		2355
工艺美术品制造业	Art Products	1380		1380	2202		2202
日用杂品制造业	Commodity	153		153	153		153
电力、煤气及水的生产和供应业	**Electricity,Gas and Water Production and Supply**	**448159**	**257105**	**191054**	**293682**	**49127**	**244555**
电力、蒸汽、热水的生产和供应业	Electricity,Steam and Hot Water Production and Supply	304829	257105	47724	84820	49127	35693
电力生产业	Electricity Production	12533	12533		906	906	
电力供应业	Electricity Supply	244572	244572		48221	48221	
蒸汽、热水生产和供应业	Steam and Hot Water Production and Supply	47724		47724	35693		35693
煤气生产和供应业	Gas Production and Supply	127365		127365	180635		180635
煤气供应业	Gas Supply	127365		127365	180635		180635
自来水的生产和供应业	Water Production and Supply	15965		15965	28227		28227
自来水生产业	Water Production	10277		10277	28227		28227
自来水供应业	Water Supply	5688		5688			

5-11 续表3 continued

单位：万元 (10000 yuan)

行业	Sector	投资额 Investment 合计 Total	# 中央 Central	# 地方 Local	新增固定资产 Incremental Fixed Assets 合计 Total	# 中央 Central	# 地方 Local
建筑业	**Construction**	**50777**	**15899**	**34878**	**74604**	**33487**	**41117**
土木工程建筑业	Civil Engineering Construct	50777	15899	34878	74604	33487	41117
房屋建筑业	Building Construction	33577	10232	23345	62535	25619	36916
铁路、公路、遂道、桥梁建筑业	Railways,Highways,Tunnels and Bridges Construction	13260	1727	11533	6759	2558	4201
其他土木工程建筑业	Others	3940	3940		5310	5310	
地质勘察业、水利管理业	**Geological Prospecting and Water Conservancy**	**101630**	**1758**	**99872**	**117176**	**300**	**116876**
地质勘察业	Geological Prospecting	1758	1758		300	300	
区域地质勘查业	Area Geological Prospecting	300	300		300	300	
矿产地质勘查业	Mineral Resources	1458	1458				
水利管理业	Water Conservancy	99872		99872	116876		116876
交通运输、仓储及邮电通信业	**Transportation,Storage,Posts and Telecommunications**	**179532**	**136722**	**42810**	**78248**	**43534**	**34714**
铁路运输业	Railways	60	60		60	60	
航空运输业	Aviations	7717	7717				
航空客货运输业	Passenger and Freight Transportation	7717	7717				
交通运输辅助业	Transportation Subsidiary Services	19255	16927	2328	11630	11580	50
公路管理及养护业	Highway Management and Maintenance	2278		2278			
机场及航空运输辅助业	Airport and Logistics of Aviation	16927	16927		11580	11580	
其他类未包括的交通运输	Others	50		50	50		50
仓储业	Storage	13711	1134	12577	7087	328	6759
邮电通信业	Posts and Telecommunications	138789	110884	27905	59471	31566	27905
邮政业	Posts	6606	6606		24757	24757	
电信业	Telecommunications	132183	104278	27905	34714	6809	27905
批发和零售贸易餐饮业	**Wholesale,Retail Trade and Catering Services**	**82184**	**7956**	**74228**	**43484**	**196**	**43288**
食品、饮料、烟草和家庭用品批发业	Wholesale of Food,Beverage, Tobacco and Family Use Goods	9627	5857	3770	5720		5720
食品、饮料、烟草批发业	Food,Beverage and Tobacco	7227	5857	1370	1766		1766
纺织品、服装和鞋帽批发业	Textile,Garments,Shoes and Hats	2400		2400	3954		3954
能源、材料、机械和	Wholesale of Energy,Materials Machine	4944	196	4748	1170	196	974
能源批发业	Energy	1775	196	1579	930	196	734
机械电子设备批发业	Machine and Electron	2929		2929			
再生物资回收批发业	Recovery of Reclaimed Materials	240		240	240		240

5-11 续表4 continued

单位：万元　　　　(10000 yuan)

行业	Sector	投资额 Investment			新增固定资产 Incremental Fixed Assets		
		合计 Total	#中央 Central	#地方 Local	合计 Total	#中央 Central	#地方 Local
其他批发业	Others	18406	1903	16503			
图书报刊批发业	Books,Newspaper and Magazines	1903	1903				
农业生产资料批发业	Agricultural Producers' goods	850		850			
其他类未包括的批发业	Others	15653		15653			
零售业	Retail Trade	48587		48587	36594		36594
食品、饮料和烟草零售业	Food,Beverage and Tobacco	2385		2385			
日用百货零售业	Daily Use Goods	26839		26839	21374		21374
药品及医疗器械零售业	Medicines and Medical Instruments	750		750	1700		1700
图书报刊零售业	Books,Newspaper and Magazines	3938		3938	5505		5505
其他零售业	Others	14675		14675	8015		8015
商业经纪与代理业	Commercial Brokerage and Agencies	620		620			
金融、保险业	**Finance and Insurance**	**10466**	**10326**	**140**			
金融业	Finance	10466	10326	140			
商业银行	Commercial Bank	10326	10326				
信用合作社	Credit Union	140		140			
房地产业	**Real Estate**	**29969**	**400**	**29569**	**16288**	**400**	**15888**
房地产开发与经营业	Empolder and Manage Realty	13601		13601	11482		11482
房地产管理业	Management	16368	400	15968	4806	400	4406
社会服务业	**Social Services**	**1084151**	**22090**	**1062061**	**1199550**	**20172**	**1179378**
公共服务业	Public Services	971305		971305	1114524		1114524
市内公共交通业	Urban Public Traffic	335175		335175	760635		760635
园林绿化业	Gardens Afforest	29325		29325	27460		27460
环境卫生业	Environmental Sanitation	6964		6964	570		570
市政工程管理业	Municipal Engineering Management	599469		599469	325487		325487
风景名胜区管理业	Beauty Spot Management	372		372			
居民服务业	Resident Services	2696		2696	9879		9879
殡葬业	Funeral and Interment Services	2696		2696	9879		9879
旅馆业	Hotels	58953	17888	41065	28342	11932	16410
旅游业	Tourism	19127	76	19051	25016		25016
娱乐服务业	Recreation	3773		3773	1324		1324
信息、咨询服务业	Information and Consultancy	6781	3526	3255	7024		7024
其他类未包括的信息咨询服务业	Others	6781	3526	3255	7024		7024
计算机应用服务业	Computer Application	7191	600	6591	8240	8240	
软件开发咨询业	Software Development Consultancy	600	600		8240	8240	
计算机设备维护咨询业	Computer maintenance and Consultancy	6591		6591			
其他社会服务业	Other Social Services	14325		14325	5201		5201
市场管理服务业	Market Management	6624		6624	2805		2805
其他类未包括的社会服务业	Others	7701		7701	2396		2396
卫生体育和社会福利业	**Health Care,Sports and Social Welfare**	**176054**	**83976**	**92078**	**89130**	**32490**	**56640**
卫生	Health Care	143043	65035	78008	83294	27159	56135
医院	Hospitals	131228	65035	66193	71879	27159	44720
疗养院	Sanatoriums	980		980	980		980

5-11 续表5 continued

单位：万元　　　　(10000 yuan)

行业	Sector	投资额 Investment			新增固定资产 Incremental Fixed Assets		
		合计 Total	#中央 Central	#地方 Local	合计 Total	#中央 Central	#地方 Local
卫生防疫站	Sanitation and Antiepidemic Stations	5461		5461	2718		2718
妇幼保健所(站)	Maternity and Child Care Centrs	1599		1599			
药品检验所(室)	Medicine Test	180		180	165		165
其他医院	Other Hospitals	3595		3595	7552		7552
体育	Sports	24382	18941	5441	5531	5331	200
社会福利保障业	Social Welfare and Securation	8629		8629	305		305
社会福利业	Social Welfare	8629		8629	305		305
教育、文化艺术及广播电影电视业	**Education,Culture and Arts,Radio,Film and Television**	**606041**	**381188**	**224853**	**507930**	**376296**	**131634**
教育	Education	419041	259527	159514	366819	245429	121390
高等教育	Higher Education	299150	241303	57847	264579	216123	48456
中等教育	Secondary School Education	102525	10169	92356	79054	19324	59730
初等教育	Primary Education	9215	4464	4751	13040	7086	5954
学前教育	Preschool Education	21		21			
特殊教育	Special Education	84		84	84		84
其他教育	Other Education	8046	3591	4455	10062	2896	7166
文化艺术业	Culture and Arts	156457	97447	59010	84886	75342	9544
艺术	Arts	67719	65279	2440	24478	23616	862
出版	Publication	28098	28098		39499	39499	
文物保护	Historical Relics Preservation	21666	63	21603	2327	227	2100
图书馆	Libiaries	62		62	122		122
群众文化	Mass Culture	2117		2117	6460		6460
新闻	News	29884	4007	25877	12000	12000	
其他文化艺术业	Others	6911		6911			
广播电影电视业	Radio,Film and Television	30543	24214	6329	56225	55525	700
广播	Radio	4119	153	3966			
电影	Film	2158	2158				
电视	Television	24266	21903	2363	56225	55525	700
科学研究和综合技术服务业	**Scientific Research and Polytechnical Services**	**269820**	**214863**	**54957**	**246834**	**217944**	**28890**
科学研究业	Scientific Research	183976	168890	15086	205492	201682	3810
自然科学研究	Natural Science	154739	139773	14966	161925	158115	3810
社会科学研究	Social Science	6329	6329		13302	13302	
其他科学研究	Others	22908	22788	120	30265	30265	
综合技术服务业	Polytechnical Services	85844	45973	39871	41342	16262	25080
气象	Meteorologe	12018	11818	200	5495	5295	200
地震	Earthquake	884	884				
技术监督	Technology Control	11648	8340	3308	6837	3167	3670
环境保护	Environment Protection	13874	3373	10501			
技术推广和科技交流服务业	Technology Spreading and Scientific Technical Exchanges	421		421			
工程设计业	Engineering Design	13573	13258	315	6432	6432	
其他综合技术服务业	Others	33426	8300	25126	22578	1368	21210
国家机关、政党机关和社会团体	**Government Agencies,Party Agencies and Social Organizations**	**585965**	**300154**	**285811**	**357468**	**161518**	**195950**
国家机关	Government Agencies	429389	212145	217244	293435	98435	195000
政党机关	Party Agencies	75475	75475		48700	48700	
社会团体	Social Organizations	81101	12534	68567	15333	14383	950
其他行业	**Other Sectors**	**113296**	**25130**	**88166**	**221581**	**134281**	**87300**
企业管理机构	Administrative Organs of Enterprises	89088	19882	69206	185754	134281	51473
其他类未包括的行业	Others	24208	5248	18960	35827		35827

5-12 全市更新改造投资额及新增固定资产(按行业分)

INVESTMENT IN INNOVATION AND ITS INCREMENTAL FIXED ASSETS (BY SECTOR)

单位：万元 (10000 yuan)

行业	Sector	投资额 Investment 合计 Total	# 中央 Central	# 地方 Local	新增固定资产 Incremental Fixed Assets 合计 Total	# 中央 Central	# 地方 Local
总计	**Total**	**1696309**	**536310**	**1159999**	**1308483**	**498265**	**810218**
采掘业	**Excavation**	6897		6897	1934		1934
煤炭采选业	Coal Mining and Dressing	400		400	400		400
黑色金属矿采选业	Ferrous Metals Mining and Dressing	5975		5975	1002		1002
铁矿采选业	Iron Mining and Dressing	5975		5975	1002		1002
非金属矿采选业	Nonmetal Minerals Mining and Dressing	522		522	532		532
土沙石开采业	Sand and Stone Mining and Dressing	522		522	532		532
制造业	**Manufacturing**	**529426**	**65570**	**463856**	**275738**	**66046**	**209692**
食品制造业	Food Making	11311		11311	8429		8429
糕点、糖果制造业	Pastry and Candy	9739		9739	7792		7792
罐头食品制造业	Canned Foodstuff	400		400	400		400
其他食品制造业	Other Foods	1172		1172	237		237
饮料制造业	Beverage Making	32259		32259	38291		38291
酒精及饮料酒制造业	Alcohol and Beverage Wine	19203		19203	18653		18653
软饮料制造业	Soft Drink	13056		13056	19638		19638
烟草加工业	Tobacco Processing	1503		1503			
纺织业	Textile Industry	14999	1358	13641	5829	118	5711
棉纺织业	Cotton Textile	5846		5846	5711		5711
毛纺织业	Caddice Weave	118	118		118	118	
针织品业	Knitting Textile	7164		7164			
其他纺织业	Others	1871	1240	631			
服装及其他纤维制品制造业	Garments and Other Fiber Products	3748		3748	3736		3736
服装制造业	Garment Industry	3748		3748	3736		3736
木材加工及竹、藤、棕、草制品业	Timber Processing,Bamboo,Cane, Palm Fiber and Straw Products	200		200			
人造板制造业	Artificial Board	200		200			

5-12 续表1 continued

单位：万元 (10000 yuan)

行业	Sector	投资额 Investment 合计 Total	# 中央 Central	# 地方 Local	新增固定资产 Incremental Fixed Assets 合计 Total	# 中央 Central	# 地方 Local
造纸及纸制品业	Papermaking and Paper Products	2359		2359			
纸制品业	Paper products	2359		2359			
印刷业、记录媒介的复制	Printing and Record Medium Reproduced	27333	16274	11059	34637	18494	16143
印刷业	Printing	24875	16274	8601	32179	18494	13685
文教体育用品制造业	Stationery,Education and Sports Goods	15		15			
乐器及其他文娱用品制造业	Music Instruments and Other Stationery Goods	15		15			
石油加工及炼焦业	Petroleum Processing and Coking Products	21641	20580	1061	21099	20038	1061
原油加工业	Petroleum Processing	12043	12043		11343	11343	
石油制品业	Petroleum Products	8537	8537		8695	8695	
炼焦业	Coking Products	1061		1061	1061		1061
化学原料及化学制品制造业	Raw Chemical Materials and Chemical Products	26281	13329	12952	31970	19231	12739
基本化学原料制造业	Elementary Raw Chemical Materials	4601		4601	1293		1293
化学肥料制造业	Chemical Fertilizer	776		776	2051		2051
有机化学产品制造业	Organic Chemical Products	15783	8208	7575	21816	12421	9395
合成材料制造业	Synthetic Materials	5121	5121		6810	6810	
医药制造业	Medical and Pharmaceutical Products	12442	28	12414	4169	28	4141
化学药品原药制造业	Original Chemical Medicine	2200		2200	100		100
化学药品制剂制造业	Preparation Chemical Medicine	7874		7874	1701		1701
中药材及中成药加工	Raw Material and Products of Chinese Medicine	2340		2340	2340		2340
生物制品业	Biological Products	28	28		28	28	
橡胶制品业	Rubber Products	1720	1370	350	1720	1370	350
橡胶板、管、棒材制造业	Board, Pipe and Stick	150		150	150		150
橡胶制品翻修业	Rebuilding	200		200	200		200
其他橡胶制品业	Others	1370	1370		1370	1370	
塑料制品业	Plastic Products	659		659	179		179
塑料板、管、棒材制造业	Board,Pipe and Stick	659		659	179		179
非金属矿物制品业	Nonmetal Mineral Products	35241	2819	32422	16192	71	16121
水泥制造业	Cement	12591		12591	3604		3604

5-12 续表2 continued

单位：万元 (10000 yuan)

行业	Sector	投资额 Investment			新增固定资产 Incremental Fixed Assets		
		合计 Total	#中央 Central	#地方 Local	合计 Total	#中央 Central	#地方 Local
水泥制品和石棉水泥制品业	Cement Products and Asbestos	6601	71	6530	1613	71	1542
砖瓦、石灰和轻质建筑材料制造业	Brick,Tile,Lime and Light Construction Material	10227	2748	7479	7473		7473
玻璃及玻璃制品业	Glass and Glass Products	5020		5020	2700		2700
耐火材料制品业	Refractory Products	802		802	802		802
黑色金属冶炼及压延加工业	Smelting and Pressing of Ferrous Metals	55549		55549	37807		37807
炼钢业	Steelmaking	295		295	213		213
钢压延加工业	Steel Pressing	55174		55174	37594		37594
铁合金冶炼业	Ferroalloy	80		80			
金属制品业	Metal Products	4485		4485	1848		1848
铸铁管制造业	Cast-iron Pipe	1750		1750			
集装箱和金属包装物品制造业	Container and Metal Cover	2373		2373	1486		1486
建筑用金属制品业	Products for Construct Use	362		362	362		362
普通机械制造业	Ordinary Machinery	5651		5651	1845		1845
锅炉及原动机制造业	Boiler and Motive Machine	166		166			
金属加工机械制造业	Metal Processing Machine	3855		3855	215		215
其他通用零部件制造业	Other Universal Components and Parts	430		430	430		430
铸锻件制造业	Casting and Malleation	1200		1200	1200		1200
专用设备制造业	Equipments for Special Purpose	74353	1285	73068	5000		5000
石化及其他工业专用设备制造业	Equipments for Petroleum and Other Sector of Industry	71212		71212	1100		1100
轻纺工业专用设备制造业	Equipment for Light - Textile Industry	1285	1285				
医疗器械制造业	Medical Machines	1409		1409	116		116
其他专用设备制造业	Other Equipments for Special Purpose	447		447	3784		3784
交通运输设备制造业	Transport Equipments	113202	4893	108309	36350	4561	31789
铁路运输设备制造业	Railway Transport	5844	4893	951	6931	4561	2370
汽车制造业	Motor Vehicles	106978		106978	29039		29039
交通运输设备修理业	Transport Equipments Repairing	380		380	380		380

5-12 续表3 continued

单位：万元 (10000 yuan)

行业	Sector	投资额 Investment			新增固定资产 Incremental Fixed Assets		
		合计 Total	# 中央 Central	# 地方 Local	合计 Total	# 中央 Central	# 地方 Local
电气机械及器材制造业	Electric Equipment and Appliances	32473		32473	6983		6983
电机制造业		156		156	156		156
输配电及控制设备制造业	Electricity Transmit,Distribution and Control Equipments	30668		30668	885		885
电工器材制造业	Electrician Equipment	1394		1394	2606		2606
日用电器制造业	Daily Use Electrical Appliances	255		255	3336		3336
电子及通信设备制造业	Electronic and Telecommunication Equipments	25286	2233	23053	6707	2135	4572
通信设备制造业	Telecommunication Equipments	4150	2233	1917	2135	2135	
广播电视设备制造业	Radio and Television Equipments	12409		12409	827		827
电子器件制造业	Electronic Device	2826		2826	370		370
电子元件制造业	Electronic Cell	3352		3352	3312		3312
日用电子器具制造业	Daily Use Electronic Appliance	356		356			
电子设备及通讯设备修理业	Repair Electronic and Telecommunication	2130		2130			
其他电子设备制造业	Other	63		63	63		63
仪器仪表及文化、办公用机械制造业	Instruments,Meters,Cultural and Office Machinery	25647	1401	24246	11878		11878
通用仪器仪表制造	General Instruments and Meters	17463	1401	16062	222		222
计量器具制造业	Measuring Implements	7884		7884	7156		7156
其他制造业	Others	1069		1069	1069		1069
其他生产、生活用品制造	Other Goods for Production and Life	1069		1069	1069		1069
电力、煤气及水的生产和供应业	**Electricity,Gas and Water Production and Supply**	**73965**	**15596**	**58369**	**57685**	**21117**	**36568**
电力、蒸汽、热水的生产和供应业	Electricity,Steam and Hot Water Production and Supply	47190	15596	31594	40783	21117	19666
电力生产业	Electricity Production	15813	11691	4122	18092	17212	880
电力供应业	Electricity Supply	4809	1771	3038	4809	1771	3038
蒸汽、热水生产和供应业	Steam and Hot Water Production and Supply	26568	2134	24434	17882	2134	15748
煤气生产和供应业	Gas Production and Supply	12820		12820	7958		7958
煤气供应业	Gas Supply	12820		12820	7958		7958
自来水的生产和供应业	Water Production and Supply	13955		13955	8944		8944
自来水生产业	Water Production	4731		4731	6094		6094
自来水供应业	Water Supply	9224		9224	2850		2850
建筑业	**Construction**	**13187**	**3817**	**9370**	**12696**	**3517**	**9179**
土木工程建筑业	Civil Engineering Construct	13187	3817	9370	12696	3517	9179
房屋建筑业	Building Construction	9950	880	9070	9759	880	8879

5-12 续表4 continued

单位：万元 (10000 yuan)

行业	Sector	投资额 Investment 合计 Total	# 中央 Central	# 地方 Local	新增固定资产 Incremental Fixed Assets 合计 Total	# 中央 Central	# 地方 Local
铁路、公路、遂道、桥梁建筑业	Railways,Highways,Tunnels and Bridges Construction	300	300				
其他土木工程建筑业	Others	2937	2637	300	2937	2637	300
地质勘查业、水利管理业	**Geological Prospecting and Water Conservancy**	**3909**		**3909**	**6391**		**6391**
水利管理业	Water Conservancy	3909		3909	6391		6391
交通运输、仓储及邮电通信业	**Transportation,Storage,Posts and Telecommunications**	**697518**	**396927**	**300591**	**695061**	**395033**	**300028**
铁路运输业	Railways	13583	13583		15043	15043	
公路运输业	Highways	19347		19347	18784		18784
汽车运输业	Motor Vehicles	1490		1490	927		927
其他公路运输业	Others	17857		17857	17857		17857
航空运输业	Aviations	5924	5924		4053	4053	
航空客货运输业	Passenger and Freight Transportation	5924	5924		4053	4053	
交通运输辅助业	Logistic Support for Transportation	10006	10006		5927	5927	
机场及航空运输辅助业	Airport and Logistics of Aviation	10006	10006		5927	5927	
邮电通信业	Posts and Telecommunications	648658	367414	281244	651254	370010	281244
邮政业	Posts	9186	9186		4196	4196	
电信业	Telecommunications	639472	358228	281244	647058	365814	281244
批发和零售贸易餐饮业	**Wholesale,Retail Trade and Catering Services**	**1492**	**950**	**542**	**1313**	**950**	**363**
能源、材料、机械和电子设备批发业	Wholesale of Energy,Materials Machine and Electronic Equipment	542		542	363		363
能源批发业	Energy	120		120	120		120
建筑材料批发业	Building Materials	64		64	243		243
金属材料批发业	Metalline Stuff	358		358			
零售业	Retail Trade	950	950		950	950	

5-12 续表5 continued

单位：万元 (10000 yuan)

行业	Sector	投资额 Investment			新增固定资产 Incremental Fixed Assets		
		合计 Total	#中央 Central	#地方 Local	合计 Total	#中央 Central	#地方 Local
其他零售业	Other	950	950		950	950	
房地产业	**Real Estate**	**5002**		**5002**	**4061**		**4061**
房地产管理业	Management	5002		5002	4061		4061
社会服务业	**Social Services**	**151144**	**3352**	**147792**	**167368**	**2572**	**164796**
公共服务业	Public Services	139785		139785	155874		155874
市内公共交通业	Urban Public Traffic	111164		111164	131195		131195
园林绿化业	Gardens Afforest	3992		3992	700		700
市政工程管理业	Municipal Engineering Management	24629		24629	23979		23979
旅馆业	Hotels	8389	2572	5817	9704	2572	7132
娱乐服务业	Recreation	780	780				
计算机应用服务业	Computer Application	1560		1560	1560		1560
软件开发咨询业	Software Development Consultancy	1560		1560	1560		1560
其他社会服务业	Other Social Services	630		630	230		230
市场管理服务业	Market Management	630		630	230		230
卫生体育和社会福利业	**Health Care,Sports and Social Welfare**	**8253**	**1030**	**7223**	**4823**	**1030**	**3793**
卫生	Health Care	6814	110	6704	3384	110	3274
医院	Hospitals	6814	110	6704	3384	110	3274
体育	Sports	920	920		920	920	
社会福利保障业	Social Welfare and Securation	519		519	519		519
社会福利业	Social Welfare	519		519	519		519
教育、文化艺术及广播电影电视业	**Education,Culture and Arts,Radio,Film and Television**	**6086**	**1209**	**4877**	**1366**	**306**	**1060**
教育	Education	5782	905	4877	1060		1060
高等教育	Higher Education	1388	905	483			
中等教育	Secondary School Education	1030		1030	1060		1060
初等教育	Primary Education	850		850			
其他教育	Other Education	2514		2514			
广播电影电视业	Radio,Film and Television	304	304		306	306	
电影	Film	304	304		306	306	
科学研究和综合技术服务业	**Scientific Research and Polytechnical Services**	**153985**	**3978**	**150007**	**74294**	**2597**	**71697**
科学研究业	Scientific Research	3748	3438	310	2057	2057	
自然科学研究	Natural Science	3748	3438	310	2057	2057	
综合技术服务业	Polytechnical Services	150237	540	149697	72237	540	71697
技术监督	Technologh control						
环境保护	Environment Protection	149697		149697	71697		71697
技术推广和科技交流服务业	Technologh Spreading and Scientific Technical Exchanges	540	540		540	540	
国家机关、政党机关和社会团体	**Government Agencies,Party Agencies and Social Organizations**	**4892**	**4002**	**890**	**1225**	**901**	**324**
国家机关	Government Agencies	4345	3455	890	678	354	324
政党机关	Party Agencies	547	547		547	547	
其他行业	**Other Sectors**	**40553**	**39879**	**674**	**4528**	**4196**	**332**
企业管理机构	Administrative Organs of Enterprises	40553	39879	674	4528	4196	332

5-13 新增生产能力(或效益)
INCREMENTAL PRODUCTION CAPACITY(OR EFFICIENCY)

能力名称 Production Capacity			合计 Total	#国有 State-owned	#集体 Collective-owned
天燃气管输	(公里) Natural Gas Pipeline Carrying	(km)	151	151	
	(亿立方米/年)	(100 million cu.m/year)	9	9	
输电线路长度	(11万伏及以上,公里) Length of Transmit Electricity Line	(over 11,0000 volts,km)	24	24	
变电设备能力	(11万千伏安及以上) Capacity of Transformer Equipments	(over 11,0000 volts)	150	150	
水泥	(万吨/年) Cement	(10000 ton/year)	30		
氮肥	(吨/年) Nitrogenous Fertilizer	(ton/year)	10500		
塑料树脂及共聚物	(吨/年) Plastic Resin and Copolymer	(ton/year)	1300		
注射液	(万支/年) Injection	(10000 piece/year)	10040		
片剂	(万片/年) Troche	(10000 piece/year)	10000		
输液	(万瓶/年) Transfusion	(10000 bottle/year)	630		
胶囊剂	(万粒/年) Capsule	(10000/year)	500		
中成药	(吨/年) Patent Medicine	(ton/year)	530		
铁路机车制造	(台/年) Railroad Motorcycle	(unit/year)	80	80	
# 内燃机车制造	(台/年) Gas Engine	(unit/year)	80	80	
载货汽车制造	(辆/年) Trucks	(unit/year)	50000	50000	
啤酒	(万吨/年) Beer	(10000 tons/year)	10.2	10.2	
软饮料	(吨/年) Soft Drink	(ton/year)	173000	40000	
# 瓶装(或罐装)饮用	(吨/年) Bottled or Canned Drink	(ton/year)	162000	40000	
服 装	(万件/年) Garment	(10000/year)	200		
程控交换机	(万线/年) Program Control Telephong Exchange	(10000 line/year)	260	80	
新建公路	(公里) Highway New Built	(km)	136.8	136.8	
# 高速公路	(公里) Express Highway	(km)	128.0	128.0	
改建公路	(公里) Reconstructed Highways	(km)	69.1	69.1	
# 一级公路	(公里) First-grade	(km)	30.6	30.6	
# 二级公路	(公里) Second-grade	(km)	19.6	19.6	

5-13 续表 continued

能力名称 Production Capacity				合计 Total	#国有 State-owned	#集体 Collective-owned
新建独立公路桥梁	(延长米) New Road Bridge of Stand Along		(extend.m)	105	105	
	(座)		(unit)	1	1	
粮食仓库	(万公斤) Grain Storehouse		(10000kg)	7400	7400	
	(平方米)		(sq.m)	12100	12100	
高等院校：学生席位	(个) Institutions of Higher Education: Student Seats		(unit)	11115	11115	
建筑面积	(平方米)	Floor Space	(sq.m)	44318	44318	
中等院校：学生席位	(个) Secondary Schools: Student Seats		(unit)	15928	15928	
建筑面积	(平方米)	Floor Space	(sq.m)	130335	130335	
小学校：学生席位	(个) Primary Schools: Student Seats		(unit)	1560	1560	
建筑面积	(平方米)	Floor Space	(sq.m)	7725	7725	
其他学校：学生席位	(个) Other Schools: Student Seats		(unit)	1500	1500	
建筑面积	(平方米)	Floor Space	(sq.m)	3800	3800	
影剧院:座席	(个) Seats of Theatre		(unit)	1300	1300	
建筑面积	(平方米)	Floor Space	(sq.m)	23481	23481	
医院病床	(张) Hospital Beds		(unit)	674	674	
疗养院、所病床	(张) Sanatoriums Beds		(unit)	146	146	
宾馆旅馆招待所客房数	(间) Guest Rooms of Hotels		(room)	1098	166	280
	(平方米)		(sq.m)	88896	21346	19780
城市自来水管道长度	(公里) Tap Water Length of Pipelines of City		(km)	73.3	73.3	
城市煤气生产能力	(万立方米/日) Gas Throughput of City		(10000cu.m/day)	1.1		
城市供热能力:蒸汽	(吨/小时) Supply Capacity		(ton/hour)	75.0	75.0	
城市公共交通车辆购置	(辆) Purchase of Public Traffic Vehicles		(unit)	2997	1118	
城市道路扩建长度	(公里) Expanded Length of Highways		(km)	51.3	40.3	
城市道路扩建面积	(万平方米) Expanded Area of Highways		(10000sq.m)	170.6	139.6	
城市排水管道铺设长度	(公里) Length of Paved Drainage Pipeline		(km)	25	25	
城市污水处理能力	(万吨/日) Disposal Capability		(10000tons/day)	20	20	
城市永久性桥梁	(座) Perpetual Bridges		(unit)	5	4	

5-14 房屋建筑施工及竣工面积
FLOOR SPACE OF BUILDINGS UNDER CONSTRUCTION AND COMPLETED

单位：万平方米 (10000 sq.m)

项目	Item	2002	2001	占竣工面积(%) Proportion in Floor Space Completed(%) 2002	2001
施工总面积	**Floor Space of Buildings under Construction**	**9697.7**	**8203.3**		
竣工总面积	**Floor Space of Buildings Completed**	**3121.8**	**2554.6**	**100.0**	**100.0**
在竣工总面积中:	**Of the Floor Space Completed**				
按用途分	**Grouped by Use**				
# 厂房	Plant	118.6	73.4	3.8	2.9
仓库	Storehouse	13.9	19.8	0.4	0.8
办公室	Office	172.1	147.1	5.5	5.8
家属住宅	Families Residence	1740.3	1330.1	55.7	52.1
单身宿舍	Benchelor Quarters	49.4	50.0	1.6	2.0
教育用房	Education	80.4	86.8	2.6	3.4
科研用房	Scientific Research	22.6	22.0	0.7	0.9
医疗用房	Medical	23.8	19.4	0.8	0.8
商业营业用房	Commerce	109.2	81.1	3.5	3.2
礼堂、俱乐部	Assembly Hall and Club	0.8	4.4	0	0.2
影剧院	Theater and Cinema	2.8	1.7	0.1	0.1
托儿所、幼儿园	Nursery and Kindergarten	4.3	5.1	0.1	0.2
宾馆	Hotel	10.8	9.6	0.3	0.4
按隶属关系分	**Grouped by Administrative Relationship**				
中　央	Central	351.5	427.0	11.3	16.7
地　方	Local	385.8	420.2	12.4	16.4
# 国　有	State-owned	240.3	317.8	7.7	12.4
集　体	Collective-owned	19.7	29.6	0.6	1.2
房地产开发企业	Real Estate Development Enterprises	2384.5	1707.4	76.4	66.8
按地区分	**Grouped by Region**				
城　区	City Propers	356.1	232.4	11.4	9.1
近郊区	Near Suburbs	2349.8	1529.9	75.3	59.9
远郊区	Outer Suburbs	415.9	792.3	13.3	31.0

5-15 经济适用房
ECONOMIC AND SUITABLE HOUSES

项目	Item		合计 Total 2002	2001	# 住宅 Residence 2002	2001
完成投资	(万元) Investment Completed	(10000 yuan)	898289	718025	669470	589773
施工面积	(万平方米) Floor Space of Buildings under Construction	(10000 sq.m)	795.1	633.0	660.2	584.7
竣工面积	(万平方米) Floor Space of Buildings Completed	(10000 sq.m)	316.4	258.2	228.4	234.3
竣工套数	(套) Suites of Rooms Completed	(suite)	20593	21662	20593	21662
销售面积	(万平方米) Floor Space of Buildings Sold	(10000 sq.m)	220.7	185.2	220.7	185.2
销售套数	(套) Suites of Rooms Sold	(suite)	19810	16630	19810	16630
预售面积	(万平方米) Floors Space of Buildings Sold in advance	(10000 sq.m)	114.2	48.3	114.2	48.3
预售套数	(套) Suites of Rooms Sold in advance	(suite)	10349	4134	10349	4134

5-16 房屋建筑每平方米造价
COST PER SQ.M OF BUILDINGS

项　目	Item	2002	2001	2002年比2001年增(+)减(-) Increase or Decrease
平均造价	**Average Cost**	**1850**	**1842**	**8**
# 厂房	Plant	1943	1571	372
仓库	Storehouse	1509	2313	-804
办公室	Office	2192	3060	-868
家属住宅	Families Residence	1601	1549	52
单身宿舍	Benchelor Quarters	1846	1491	355
教育用房	Education	2092	2135	-43
科研用房	Scientific Research	3174	2187	987
医疗用房	Medical	3052	2284	768
商业营业用房	Commerce	2093	2079	14
礼堂、俱乐部	Assembly Hall and Club	4041	2381	1660
影剧院	Theater and Cinema	5860	2162	3698
托儿所、幼儿园	Nursery and Kindergarten	1690	1561	129
宾馆	Hotel	3545	4390	-845

5-17 新建住宅竣工面积
FLOOR SPACE OF NEW RESIDENTIAL BUILDINGS COMPLETED

单位：万平方米 (10000 sq.m)

项目	Item	1997	1998	1999	2000	2001	2002
总计	**Total**	**996.8**	**1093.1**	**1519.9**	**1499.7**	**1804.9**	**2191.4**
低层住宅（1-3层）	Low-storied (1-3 Stories)	43.8	34.5	46.4	51.8	40.2	86.6
多层住宅（4-6层）	More-storied (4-6 Stories)	480.8	512.7	709.2	567.7	715.3	844.0
中高层住宅（7-9层）	Mid and High Storied (7-9 stories)	80.7	63.4	62.2	92.2	91.8	108.7
高层住宅（10层以上）	High-storied (10 stories and above)	391.5	482.5	702.1	788.0	957.6	1152.1
在总计中	**Of Total**						
城区	City Proper	136.1	141.8	208.1	214.5	117.1	180.2
近郊区	Near Suburb	666.1	703.5	884.9	864.2	1083.5	1738.4
远郊区	Outer Suburb	194.6	247.8	426.9	421.0	604.3	272.8

5-18 农村集体及城乡私人建房面积
BUILDING CONSTRUCTION BY RURAL COLLECTED-OWNED UNITS,URBAN AND RURAL INDIVIDUALS

单位：万平方米、间 (10000 sq.m,room)

项目	Item	2002年			2001年		
		建成房屋面积 Floor Space of Buildings in 2002	#住宅面积 Floor Space of Residence	#住宅间数 Rooms of Residence	建成房屋面积 Floor Space of Buildings in 2001	#住宅面积 Floor Space of Residence	#住宅间数 Rooms of Residence
总计	**Total**	**1041.8**	**653.7**	**544749**	**1025.2**	**620.3**	**516917**
城镇私人建房	Urban Individuals	1.2	1.1	916	12.4	11.0	9167
农村集体建房	Rural Collective-owned Units	1040.6	652.6	543833	1012.8	609.3	507750
非农户	Agriculture	461.4	98.9	82416	400.9	108.2	90167
农户	Non-agriculture	579.2	553.7	461417	611.9	501.1	417583

5-19 房地产开发企业基本情况
BASIC INFORMATION OF REAL ESTATE DEVELOPMENT ENTERPRISES

项目	Item	企业单位个数(个) Number of Enterprises (unit)	实收资本合计(万元) Contributed Capital (10000 yuan)	资产总计(万元) Total Assets (10000 yuan)	年末从业人数(人) Staff and Workers (year-end) (person)
总计	**Total**	**1508**	**9935864**	**56371554**	**57067**
按企业登记注册类型分	**Grouped by Registration Status**				
内资企业	Domestic Investment Enterprises	1217	5919365	37032626	45113
国有企业	State-owned	221	1584472	15425025	14800
集体企业	Collective-owned	54	129741	795851	2154
联营企业	Joint Owned	6	10900	50080	165
股份合作企业	Share Holding	34	195581	651653	1425
股份有限公司	Share Holding Corporations Ltd.	90	1252469	4231405	2591
有限责任公司	Limited Liability Corporations	562	2142508	13031861	17750
其他企业	Others	250	603693	2846753	6228
港澳台商投资企业	Hongkong,Macao and Taiwan Funded Enterprises	204	2849042	14469377	7673
港澳台合资经营	Joint Venture	84	799474	3414297	2671
港澳台合作经营	Cooperative	110	1776676	9570259	4334
港澳台商独资企业	Hongkong,Macao and Taiwan Enterprises	7	83817	776857	239
港澳台商投资股份有限公司	Hongkong,Macao and Taiwan Funded Share Holding Corporations Ltd.	3	189075	707964	429
外商投资企业	Foreign Funded Enterprises	87	1167457	4869551	4281
中外合资经营	Joint Venture	29	328765	1650630	1309
中外合作经营	Cooperative	56	808248	2845262	2904
外资(独资)企业	Foreign Enterprises	2	30444	373660	68
按隶属关系分	**Grouped by Administrative Relationship**				
中央单位	Central	87	757022	3002719	2494
地方单位	Local	1421	9178842	53368835	54573
按资质等级分	**Grouped by Grade**				
一级	First-grade	34	616814	8672310	6117
二级	Second-grade	54	639295	4673532	3781
三级	Third-grade	39	270975	1524538	1801
四级	Fourth-grade	14	30985	243110	516
暂定	Provisional	1367	8377795	41258065	44852
按营业状况分	**Grouped by Business Condition**				
营业	Going on	1242	8776554	51986126	51444
停业	Closed down	19	135558	275609	249
筹建	Preparing to Establish	219	943561	3750904	4717
当年撤消	Cancel in this Year	2	1000	1599	45
其他	Others	26	79191	357316	612

5-20 房地产开发企业开发情况
REAL ESTATE DEVELOPMENT

单位：万元、平方米 (10000 yuan,sq.m)

项目	Item	全市 合计 Total	#国有企业 State-Owned	#三资企业 Foreign Funded	按隶属关系分 Grouped by Administrative Relationship 中央单位 Central Unit	地方单位 Local Unit
计划总投资	Total Planned Investment	58468201	15697072	14062219	1339894	57128307
自开始建设至本年度累计完成投资	Accumulative Investment Completed from Beginning to the End of this Year	30305884	8950052	7929973	1153034	29152850
本年完成投资合计	Investment Completed This Year	9894132	2273681	1551509	222038	9672094
# 商品房建设投资	Commercial House	5519555	1191193	932447	70928	5448627
土地开发投资	Land Development	440095	143625	42460	843	439252
土地购置费	Purchase of Land	1492014	315378	243784	40221	1451793
本年完成投资按用途分	Grouped by Purpose of Investment Completed This Year					
住　宅	Residential Buildings	5867410	1115238	754490	142947	5724463
办公楼	Office	973262	58630	309390	19407	953855
商业营业用房	Commerce	576078	100443	138106	10219	565859
其　他	Others	2477382	999370	349523	49465	2427917
本年土地开发	Land Development This Year					
完成开发土地面积	Land Space Developed	9249958	815449	505878	49830	9200128
购置土地面积	Land Space Purchased	20925048	10904389	1211293	236900	20688148
房屋建筑施工和竣工面积	Floor Space of Buildings under Construction or Completed					
施工面积	Floor Space of Buildings under Construction	75107467	19622780	12589120	1734778	73372689
# 住　宅	Residential Buildings	53975974	14583374	5867614	1049816	52926158
竣工面积	Floor Space of Buildings Completed	23844420	7099288	2416154	901387	22943033
# 住　宅	Residential Buildings	19261653	5494752	1590538	608706	18652947
销售面积	Floor Space of Selling House	17083396	4471810	2042736	193642	16889754
# 住　宅	Residential Buildings	16044191	4226510	1740631	170670	15873521
# 个　人	to Individuals	15629333	4029233	1631319	159030	15470303
销售额	Sales	8138380	1791378	1629606	101549	8036831
# 住　宅	Residential Buildings	7166593	1581517	1236029	84511	7082082
# 个　人	to Individuals	6859842	1481999	1118523	73501	6786341
平均销售价格	Selling Price	4764	4006	7978	5244	4758
# 住　宅	Residential Buildings	4467	3742	7101	4952	4462

主要统计指标解释

全社会固定资产投资 固定资产投资是全社会固定资产再生产的主要手段。通过建造和购置固定资产的活动，国民经济不断采用先进技术装备，建立新兴部门，进一步调整经济结构和生产力的地区分布，增强经济实力，为改善人民物质文化生活创造物质条件,这对我国的社会主义现代化建设具有重要意义。全社会固定资产投资包括固定资产投资、零星固定资产投资、城镇私营、个体经济固定资产投资、城镇和工矿区私人建房和农村固定资产投资。

固定资产投资 包括计划总投资或实际需要的总投资50 万元及以上的基本建设投资、更新改造投资、国有单位其他投资和城镇集体经济投资。

基本建设投资 是指经有权单位批准，包括在一个总体设计范围内进行建设，由一个或若干个设计文件规定的有内在联系的单项工程所组成的，经济上实行统一核算，行政上有独立组织形式，实行统一管理的基本建设单位建造和购置固定资产的投资。包括：(1）列入中央和各级地方本年基本建设计划的建设项目，以及虽未列入本年基本建设计划，但使用以前年度基本建设结转资金（包括基建库存设备和材料）在本年继续施工的建设项目；(2）本年基本建设计划内投资与更新改造计划内投资结合安排的新建项目和新增生产能力（或工程效益）达到大中型项目标准的扩建项目，以及为改变生产力布局而进行的全厂性迁建项目；(3）国有单位既未列入基本建设计划，也未列入更新改造计划的总投资在50万元及以上的新建、扩建、恢复项目和为改变生产力布局而进行的全厂性迁建项目，以及行政、事业单位增建业务用房和生活福利设施的项目。

更新改造投资 是指经有权单位批准，具有独立设计文件或项目建议书，能独立发挥效益的更新改造投资。包括：(1）列入中央和各级地方本年更新改造计划的建设项目，以及虽未列入本年更新改造计划，但使用以前年度更新改造结转资金（包括库存设备和材料）在本年继续施工的建设项目；(2）本年更新改造计划内投资与基本建设计划内投资结合安排的对企、事业单位原有设施进行技术改造或更新的项目，增建主要生产车间、分厂等其新增生产能力（或工程效益）未达到大中型项目标准的项目，以及由于城市环境保护和安全生产的需要而进行的迁建项目；(3）国有企事业单位既未列入基本建设计划也未列入更新改造计划的总投资在50万元及以上的属于改建或更新改造性质的建设项目，以及由于城市环境保护和安全生产的需要而进行的迁建项目。

国有单位其他投资 包括国有单位按规定不列入基本建设计划和更新改造计划管理的固定资产投资。包括（1）用油田维护费和石油开发基金进行的油田维护和开发工程；（2）煤炭、铁矿、森工等采掘采伐业用维简费进行的开拓延伸工程；（3）交通部门用公路养路费对原有公路、桥梁进行的改造工程；（4）商业部门用简易建筑费建造的仓库工程。

城镇集体经济投资 包括县及县以上人民政府所在地建制镇地域内的城镇集体经济单位建造和购置固定资产的投资。

房地产开发投资 包括各种经济类型的房地产开发公司及其他房地产开发单位统一开发的包括统建、代建、拆迁、还建的住宅、厂房、仓库、饭店、宾馆、度假村、写字楼、办公楼等房屋建筑物和配套的服务设施、土地开发工程（如道路、给水、排水、供电、供热、通讯、平整场地等基础设施工程）等开发投资。还包括非房地产开发企业实际从事房地产开发或经营活动的开发投资，不包括单纯的土地交易投资。

零星固定资产投资 是指总投资或实际需要的总投资在2万元以上50万元以下建设项目建造和购置固定资产的投资。

城镇私营、个体经济投资 是指县及县以上人民政府所在地建制镇地域内的全部城镇私营、个体经济的固定资产投资。城镇私营经济投资包括总投资 2 万元及以上建造和购置固定资产的投资；城镇个体经济投资包括总投资2000元及以上建造和购置固定资产的投资。

城镇和工矿区私人建房投资 是指包括市、县城、镇、工矿区所辖范围内的全部私人建房投资，不论其房主是否系本地常住户口均应包括。

农村投资 是指县及县以上人民政府所在地建制镇地域以外的全部农村固定资产投资。包括非农户投资和农户投资。非农户投资包括使用年限一年以上、单位价值 200 元以上的建造和购置固定资产的投资；农户投资包括使用年限一年以上、单位价值50元及以上建造和购置固定资产的投资。

固定资产投资资金来源 根据固定资产投资建设资金来源的不同，分为上年末结余资金、本年资金来源和各项应付款。本年资金来源包括国家预算内资金、国内贷款、债券、利用外资、自筹资金和其他资金等6种分类。

国家预算内资金 分为财政拨款和财政安排的贷款两

部分。包括中央财政的基本建设基金、专项支出、收回再贷、贴息资金，财政安排的挖潜革新改造和新产品试制支出、城建支出、商业部门简易建筑支出、不发达地区发展基金等基金中用于固定资产投资的资金，地方财政中由国家统筹安排的资金等。

国内贷款 是指报告期企事业单位向银行及非银行金融机构借入的用于固定资产投资的各种国内借款。国内贷款包括：银行利用自有资金及吸收的存款发放的贷款、上级主管部门拨入的国内贷款、国家专项贷款（包括煤代油贷款、劳改煤矿专项贷款等）、地方财政专项资金安排的贷款、国内储备贷款、周转贷款等。

债券 是指企业（公司）或金融机构通过发行各种债券，筹集用于固定资产投资的资金，包括由银行代理国家专业投资公司发行的重点企业债券和基本建设债券。

利用外资 是指报告期收到的用于固定资产建造和购置的境外资金。包括外商直接投资、对外借款（外国政府贷款、国际金融组织贷款、出口信贷、外国银行商业贷款、对外发行债券和股票）及外商其他投资（包括补偿贸易和加工装配中由外商提供的设备价款、国际租赁）。不包括我国自有外汇资金。国家统借统还的外资，是指由我国政府出面同外国政府、团体或金融组织签定贷款协议、并负责偿还本息的国外贷款。

自筹资金 是指建设单位报告期收到的，由各地区、各部门及企事业单位筹集用于固定资产投资的预算外资金。包括中央各部门、各级地方和企事业单位的自有资金。股票是指股份制企业通过发行股票筹集用于固定资产投资的资金。

其他资金 是指报告期收到的除以上各种资金之外其他用于固定资产投资的资金。包括社会集资、个人资金、无偿捐赠的资金及其他单位拨入的资金等。

固定资产投资按国民经济行业分 基本建设项目根据建成投产后的主要产品或主要用途划分国民经济行业；一般情况下，一个基本建设项目只能属于一种国民经济行业。更新改造、国有单位其他投资、城镇集体、私营、个体经济根据整个企事业单位的社会经济活动性质来划分国民经济行业；一个企事业单位只能属于一种国民经济行业。

固定资产投资按建设性质分 建设项目的建设性质一般分为新建、扩建、改建、单纯建造生活设施、迁建、恢复和单纯购置。基本建设投资按建设项目划分建设性质，更新改造投资、国有单位其他投资、城镇集体投资按整个企事业单位的建设情况确定建设性质。

新建 一般是指从无到有、“平地起家”开始建设的单位或独立工程。有的单位原有基础很小，经过建设后其新增加的固定资产价值超过原有固定资产价值（原值）三倍以上的也算新建。

扩建 是指为扩大原有产品的生产能力（或工程效益）或为增加新的产品生产能力，而增建主要生产车间（或主要工程）、独立的生产线、分厂的企业；行政事业单位在原单位增建业务用房（如学校增建教学用房、医院增建门诊部或病房、行政机关增建办公楼等）也作为扩建。

改建 是指现有企事业单位不增建主要生产车间、分厂等，而对原有设施进行技术改造或更新（包括相应配套的辅助性生产、生活福利设施）的作为改建；为适应市场变化的需要，而改变企业的主要产品种类，或原有产品生产作业线由于各工序之间能力不平衡，为填平补齐充分发挥原有生产能力而增建不增加本单位主要产品设计能力的车间，也作为改建。

单纯建造生活设施 是指在不扩建、改建生产性工程和业务用房的情况下，单纯建造职工住宅、托儿所、子弟学校、医务室、浴室、食堂等生活福利设施。

固定资产投资按用途分 固定资产投资按用途分为农林牧渔业用、工业建筑业用、商业运输邮电业用、住宅和其他五部分，是研究不同用途的固定资产投资之间比例关系的重要指标。基本建设项目、更新改造限额以上项目、国有单位其他投资、城镇集体投资按单项工程确定，更新改造限额以下项目按项目确定。

固定资产投资按构成分 固定资产投资活动按其工作内容和实现方式分为建筑安装工程，设备、工具、器具购置，其他费用三个部分。

建筑安装工程（建安工作量） 是指各种房屋、建筑物的建造工程和各种设备、装置的安装工程。包括各种房屋建造工程，各种设备基础和各种工业窑炉的砌筑工程；为施工而进行的各种准备工作和临时工程以及完工后的清理工作；铁路、道路的铺设，矿井的开凿及石油管道的架设等；水利工程；防空地下建筑等特殊工程；各种机械设备的安装工程；为测定安装工程质量，对设备进行的试行工作等。在安装工程中，不包括被安装设备本身的价值。

设备、工具、器具购置 是指购置或自制达到固定资产标准的设备、工具、器具的价值，固定资产的标准按财政部规定执行。新建及扩建单位的新建车间按照设计和计划要求购置或自制的全部设备、工具、器具，不论是否达到固定资产标准均计入“设备、工具、器具购置”中。

其他费用 是指在固定资产建造和购置过程中发生的，除上述几项以外的各种应摊入固定资产的费用。它包括两种性质的费用，一种是属于增加固定资产的费用，主要有：建设单位管理费，土地、青苗等补偿费，安置补助费，勘察设计费，研究试验费，农林单位牲畜购置费，各种经济林木的营造费，办公和生活家具、器具购置费，引进技术和进口设备项目的其他费用，联合试运转费等；一种是属于不增加固定资产的费用，主要有：土地出让金、施工机械转移费、生产职工培训费、农业开荒费用及报废工程损失费等。

施工项目 是指报告期内曾进行建筑或安装工程施工活动的建设项目。施工项目分为报告期正式施工项目、报告期收尾项目和以前年度全部停缓建项目。正式施工项目包括报告期内新开工项目、报告期以前开工跨入报告期继续施工的项目以及报告期施工过并在报告期内全部建成投产或停缓建的项目。

新增生产能力或工程效益 是指通过固定资产投资活动而增加的生产能力或工程效益，它是用实物形态表示的固定资产投资的成果。新增生产能力的计算，是以能独立发挥生产能力或工程效益的单项工程或建设项目为对象。当建设项目或单项工程建成，经有关部门鉴定合格，正式移交投入生产，即可计算新增生产能力或工程效益。计算新增生产能力或工程效益有以下几种表现形式：1. 以建设项目或单位工程建成投产后的年产能力表示。如煤炭开采、石油开采等；2. 以建设项目或单项工程建成投产后处理原料的能力表示。如选矿工程的处理矿石能力，洗煤厂年洗原煤能力等；3. 以新增的主要设备数量或容量表示。如棉纺锭数，发电机组容量等；4. 以建筑物容积、容量、面积或长度表示。如水库容量、铁路公路里程等。

新增生产能力或工程效益的数量按设计能力计算。设计能力是指设计文件中规定的在正常情况下能够达到的生产能力，而不论投产后的实际产量如何。以设备数量、建筑物容积、面积、长度等表示的新增生产能力或工程效益，则按建成的实际数量计算。

基础设施投资 基础设施投资包括第二产业中的电力、煤气及水的生产和供应业；第三产业中的水利业、铁路运输、公路运输、管道运输、航空运输、邮电通信、公共服务和环境保护等。

房屋施工面积 是指报告期内施工的全部房屋建筑面积。包括报告期新开工的面积、报告期施工过并在报告期竣工的面积，以及以前年度已停建在报告期继续施工的面积。房屋建筑面积是从房屋外墙线算起的各层平面面积的总和，包括房屋结构（如柱、墙）占用的面积和地下室面积。多层建筑按各自然层面积总和计算，包括房屋内的楼隔层，突出墙面的眺望间、门斗、有柱雨罩的面积。不包括突出墙面结构的构件、艺术装饰等所占的面积，如台阶等。凹阳台、挑阳台按其水平投影面积一半计算建筑面积。

房屋竣工面积 是指在报告期内房屋建筑按照设计要求已全部完工，达到住人和使用条件，经验收鉴定合格（或达到竣工验收标准），正式移交使用单位的建筑面积。

房屋面积竣工率 是指一定时期内房屋竣工面积占同期房屋施工面积的比率。它是从房屋建筑施工速度的角度反映投资效果和建筑业经济效益的指标。

新增固定资产 是指通过投资活动所形成的新的固定资产价值。包括已经建成投入生产或交付使用的工程价值和达到固定资产标准的设备、工具、器具的价值及有关应摊入的费用。它是以价值形式表示的固定资产投资成果的综合性指标，可以综合反映不同时期、不同部门、不同地区的固定资产投资成果。

建设项目投产率 是指一定时期内全部建成投产项目个数占同期正式施工项目个数的比率。它是从建设项目建设速度的角度反映投资效果的指标。

六 能源生产与消费

ENERGY PRODUCTION AND CONSUMPTION

6-1 能 源 消 费 总 量
TOTAL CONSUMPTION OF ENERGY

单位：万吨标准煤 (10000 tons of SCE)

项目	Item	2002 数量 Quantity	2002 构成(%) Composition(%)	2001 数量 Quantity	2001 构成(%) Composition(%)
合　计	**Total**	**4503.9**	**100.0**	**4312.7**	**100.0**
第一产业	Primary Industry	103.0	2.3	105.4	2.4
第二产业	Secondary Industry	2547.9	56.5	2506.1	58.1
# 工业	Industry	2458.7	54.6	2427.2	56.3
第三产业	Tertiary Industry	1269.1	28.2	1140.2	26.4
# 交通邮电	Transportation,Posts and Telecommunications	399.2	8.9	338.2	7.8
生活消费	Living Consumption	584.0	13.0	561.0	13.0
城　镇	Urban	444.0	9.9	409.7	9.5
农　村	Rural	140.0	3.1	151.3	3.5

注：电力、热力按等价热值折算标准煤，其他能源品种均按其当量热值折算标准煤，以下各表同。

Note: The coefficient for conversion of electricity and heat into SCE(standard coal) is calculated on equivalent heat and other energy conversed to SCE according to calorific value(the followings are the same) .

6-2 能 源 生 产 量
PRODUCTION OF ENERGY

项目		Item		2002	2001	2002年为2001年% 2002 as % of 2001
一次能源	**(吨标煤)**	**Primary Energy**	**(ton of SCE)**	**632.1**	**596.4**	**106.0**
原　煤	(万吨)	Coal	(10000 tons)	881.0	831.9	105.9
水　电	(亿千瓦时)	Hydropower	(100 million kwh)	0.9	1.0	88.0
二次能源	**(吨标煤)**	**Secondary Energy**	**(ton of SCE)**	**2388.1**	**2362.0**	**101.1**
煤制品	(万吨)	Coal Products	(10000 tons)		4.0	
焦　炭	(万吨)	Coke	(10000 tons)	357.4	396.2	90.2
焦炉煤气	(亿立方米)	Coking Gas	(100 million cu.m)	15.8	18	87.7
其他煤气	(亿立方米)	Other Gas	(100 million cu.m)		0.6	0.0
汽　油	(万吨)	Gasoline	(10000 tons)	154.1	146.7	105.1
柴　油	(万吨)	Diesel Oil	(10000 tons)	174.1	186.7	93.2
燃料油	(万吨)	Fuel Oil	(10000 tons)	64.4	67.4	95.6
液化石油气	(万吨)	Liquefied Petroleum	(10000 tons)	41.7	39.7	105.0
炼厂干气	(万吨)	Gas of Plant	(10000 tons)	19.0	17.9	105.9
其他石油制品	(万吨)	Other Petroleum Products	(10000 tons)	222.3	170.2	130.6
其他焦化产品	(万吨)	Other Coking Products	(10000 tons)	18.2	21.0	86.8
热　力	(万百万千焦)	Heat	(10 billion kilo-joules)	9064.0	8608.2	105.3
电　力	(亿千瓦时)	Electricity	(100 million kwh)	180.3	174.5	103.3

6-3 能源平衡表（实物量）（简表）

单位：万吨

项目	Item	原煤 Coal	洗精煤 Clean Coal	其他洗煤 Other Washing Coal	煤制品 Coal Products	焦炭 Coke	焦炉煤气（亿立方米） Coking Gas (100 million cu.m)	其它煤气（亿立方米） Other Gas (100 million cu.m)	原油 Crude Oil
可供本地区消费的能源量	**Total Energy Available for Consumption**	**2011.11**	**504.6**	**4.6**		**20.03**		**119.03**	**748.26**
加工转换投入(-)产出(+)量	**Input(-) or Output(+) in Processing and Transformation**	**-959.84**	**-480.93**	**-4.43**		**357.44**	**14.6**	**-31.44**	**-695.21**
火力发电	Thermal Power	-691.93		-3.43			-0.17	-15.82	
供　热	Heating	-267.91		-1			-1.01	-15.62	
洗选煤	Washing-dressing Coal								
炼　焦	Coking		-480.93			357.44	15.43		
炼　油	Petroleum Refining								-695.21
制　气	Gas Production						0.35		
# 焦炭再投入量(-)	Coke Re-input(-)								
煤制品加工	Coal Products Processing								
损失量	**Losses**						**1.29**		**2.71**
# 运输和输配损失	in Transportation and Transmission						1.29		2.71
终端消费量	**Final Consumption**	**1081.65**	**3.79**	**0.38**		**377.87**	**12.9**	**87.59**	**50.34**
第一产业	Primary Industry	44.82							
农、林、牧、渔业	Farming, Forestry, Animal Husbandry and Fishery	44.82							
第二产业	Secondary Industry	626.83	3.79	0.38		377.87	11.38	87.59	50.34
工　业	Industry	618.01	3.79	0.38		377.87	11.38	87.59	50.34
# 用作原料、材料	use in Materials	6.93				0.34			50.34
建筑业	Construction	8.82							
第三产业	Tertiary Industry	191					0.82		
# 交通运输、仓储及邮电通迅业	Transportation, Storage, Posts and Telecommunications	21							
生活消费	Residential Consumption	219					0.7		
城　镇	Urban	70					0.7		
乡　村	Rural	149							
平衡差额	Balance	-30.38	19.88	-0.21		-0.4	0.42		
消费量合计	**Total Energy Consumption**	**2041.49**	**484.72**	**4.81**		**377.87**	**15.37**	**119.03**	**748.26**

ENERGY BALANCE(ABRIDGED EDITION)

(10000 tons)

汽油 Gasoline	煤油 Kerosene	柴油 Diesel Fuel Oil	燃料油 Fuel Oil	液化石油气 Liquefied Petroleum	炼厂干气 Net Gas of Plant	天然气(亿立方米) Natural Gas (100 million cu.m)	其它石油制品 Other Petroleum Products	其它焦化产品 Other Coking Products	热力(万百万千焦) Heat (10000 million kilo-joule)	电力(亿千瓦时) Electricity (100 million kwh)	其它能源(万吨标准煤) Others (10000 tons of SCE)	合计(万吨标准煤) Total (10000 tons of SCE)
-86.56	**144.96**	**-125.29**	**6.68**	**-5.28**		**20.48**	**23.7**	**-6.28**		**257.42**	**50.52**	**4289.81**
154.12		**173.74**	**11.78**	**41.67**	**13.73**	**-2.3**	**208.54**	**18.22**	**9063.97**	**180.33**	**-14.42**	**-30.90**
		-0.26	-13.94							180.33		
		-0.05	-36.69		-5.22	-2.3	-13.74		9063.97		-14.42	
								18.22				-17.20
154.12		174.05	64.43	41.67	18.95		222.28					-12.91
			-2.02									-0.79
0.49		**0.25**	**0.04**	**0.79**		**1.97**			**344**	**36.94**		**171.14**
0.49		0.25	0.04	0.79		1.97			344	36.94		171.14
151.24	**145.17**	**108.42**	**18.54**	**31.14**	**13.73**	**16.51**	**241.11**	**12.04**	**8709.97**	**399.34**	**36.1**	**4301.90**
3.84		9.82								15.98		102.95
3.84		9.82								15.98		102.95
21.71	0.91	29.04	18.54	4.62	13.73	1.3	241.11	12.04	5235.48	179.65	36.1	2381.42
12.89	0.37	17.22	18.37	4.33	13.73	1	241.11	12.04	5235.48	164.81	36.1	2292.16
0.13		0.11	0.05				240.42	9.67				433.61
8.82	0.54	11.82	0.17	0.29		0.3				14.84		89.24
73.69	144.26	63.99		3.7		11.82			1919	141.11		1233.54
22.48	144.26	44.07								12.54		363.66
52		5.57		22.82		3.39			1555.49	62.6		583.99
52		5.57		22.82		3.39			1555.49	51.74		444.00
										10.86		139.99
-84.17	-0.21	-60.22	-0.12	4.46		-0.3	-8.87	-0.1	10	1.47		-214.14
151.73	**145.17**	**108.98**	**71.23**	**31.93**	**18.95**	**20.78**	**254.85**	**12.04**	**9053.97**	**436.28**	**50.52**	**4503.94**

6-4 工业分行业能源消费总量和主要能源品种消费量

单位：万吨

项目	Item	能源消费总量（万吨标准煤）Total Energy Consumption (10000 tons of SCE)	原煤 Coal	洗精煤 Clean Coal	其他洗煤 Other Washing Coal	焦炭 Coke	焦炉煤气（亿立方米）Coking Gas (100 million cu.m)	其他煤气（亿立方米）Other Gas (100 million cu.m)	原油 Crude Oil
工　业	**Industry**	**2458.70**	**1577.85**	**484.72**	**4.81**	**377.87**	**12.56**	**119.03**	**745.55**
轻工业	Light Industry	169.91	115.37		0.01	0.25			
重工业	High Industry	2288.79	1462.48	484.72	4.80	377.62	12.56	119.03	745.55
采掘业	**Excavation**	**13.33**	**19.55**						
煤炭采选业	Coal Mining and Dressing	5.87	13.29						
石油和天然气开采	Petroleum and Natural Gas Extraction								
黑色金属矿采选业	Ferrous Metals Mining and Dressing	5.33	5.40						
有色金属矿采选业	Nonferrous Metals Mining and Dressing	0.07	0.02						
非金属矿采选业	Nonmetal Minerals Mining and Dressing	2.03	0.84						
其他矿采选业	Other Minerals Mining and Dressing								
木材及竹材采运业	Timber and Bamboo Cutting and Shipping								
制造业	**Manufacturing**	**2201.65**	**692.23**	**484.72**	**4.81**	**377.87**	**12.55**	**119.03**	**745.55**
食品加工业	Food Processing	10.08	6.83						
食品制造业	Food Making	20.98	14.14						
饮料制造业	Beverage Making	35.56	36.76						
烟草加工业	Tobacco Processing	10.71	0.53						
纺织业	Textile Industry	21.63	15.46						
服装及其他纤维制品制造业	Garments and Other Fiber Products	8.48	9.59						
皮革、毛皮、羽绒及其制品业	Leather,Furs,Down and Related Products	2.42	0.77						
木材加工及竹、藤、棕、草制品业	Timber Processing,Bamboo,Cane,Palm Fiber and Straw Products	4.65	0.73						
家具制造业	Furniture Manufacturing	4.33	2.21			0.01			
造纸及纸制品业	Papermaking and Paper Products	9.43	7.58			0.24			
印刷业、记录媒介的复制	Printing and Record Medium Reproduced	14.67	4.74						
文教体育用品制造业	Stationery,Educational and Sports Goods	2.11	1.31						
石油加工及炼焦业	Petroleum Processing and Coking Products	626.70	8.68	237.29			3.86		695.21
化学原料及化学制品制造业	Raw Chemical Materials and Chemical Products	151.34	44.51				0.47		50.34
医药制造业	Medical and Pharmaceutical Products	13.83	10.75						
化学纤维制造业	Chemical Fibers	0.93	0.24						
橡胶制品业	Rubber Products	10.19	9.55						
塑料制品业	Plastic Products	12.78	5.66						
非金属矿物制品业	Nonmetal Mineral Products	221.68	219.43			1.10	0.29		
黑色金属冶炼及压延加工业	Smelting and Pressing of Ferrous Metals	863.40	216.94	247.43	4.51	373.44	7.79	119.03	
有色金属冶炼及压延加工业	Smelting and Pressing of Nonferrous Metals	5.27	0.91			0.10			
金属制品业	Metal Products	18.05	6.47			1.19	0.05		
普通机械制造业	Ordinary Machinery	21.84	10.53			1.40	0.01		
专用设备制造业	Equipment for Special Purpose	11.43	5.87		0.29	0.02	0.01		
交通运输设备制造业	Transportation Equipment	39.20	28.38			0.31	0.06		
武器弹药制造业	Weapon and Ammunition	4.12	2.56						
电气机械及器材制造	Electric Equipment and Machinery	16.49	12.41			0.04	0.01		
电子及通信设备制造	Electronic and Telecommunications	28.34	2.28						
仪器仪表及文化、办公用机械制造业	Instruments,Meters,Cultural and Office Machinery	4.16	2.06			0.02			
其他制造业	Other Manufacturing	6.81	4.35		0.01				
电力、煤气及水的生产和供应业	**Electricity,Gas and Water Production and Supply**	**243.73**	**866.07**				**0.01**		
电力、蒸汽、热水的生产和供应业	Electricity,Steam and Hot Water Production and Supply	243.35	865.94				0.01		
煤气生产和供应业	Gas Production and Supply	1.49	0.02						
自来水的生产和供应	Water Production and Supply	7.92	0.11						

注：各行业能源总消费量为各行业终端消费量与各行业分摊的损失量和加工转换损失量之和。不等于分品种能源消费量（标准煤）的合计。

CONSUMPTION OF TOTAL ENERGY AND ITS MAIN VARIETIES BY SECTOR

(10000 tons)

汽 油 Gasoline	煤 油 Kerosene	柴 油 Diesel Fuel Oil	燃料油 Fuel Oil	液 化 石油气 Liquefied Petroleum	炼 厂 干 气 Net Gas of Plant	天然气 (亿立方米) Natural Gas (100 million cu.m)	其 他 石油制品 Other Petroleum Products	其他焦 化产品 Other Coking Product	热 力 (万百万千焦) Heat (10 billion kilo-joule)	电 力 (亿千瓦时) Electricity (100 million kwh)
12.89	**0.37**	**17.53**	**71.02**	**4.33**	**18.95**	**3.30**	**254.85**	**12.04**	**5235.48**	**164.81**
4.23	0.06	2.99	0.02	0.24		0.27			343.12	18.61
8.66	0.31	14.54	71.00	4.09	18.95	3.03	254.85	12.04	4892.36	146.20
0.25		**0.88**								**2.25**
0.20		0.22								1.63
0.01		0.25								0.36
		0.02								0.01
0.04		0.39								0.25
12.06	**0.37**	**16.19**	**53.00**	**4.28**	**18.95**	**2.23**	**254.85**	**12.04**	**4872.29**	**140.10**
0.46		0.43	0.02	0.01					3.81	1.17
0.72		1.36		0.20		0.03			29.49	1.91
0.50	0.01	0.22							13.99	2.49
0.01		0.00				0.05				3.00
0.27	0.01	0.14		0.01		0.01			156.35	1.18
0.42	0.01	0.11				0.01			6.88	0.17
0.04		0.02								0.55
0.07		0.14							51.98	0.55
0.35		0.13							7.01	0.55
0.31	0.01	0.23							1.87	0.93
0.65	0.01	0.21		0.01		0.14			20.96	2.31
0.12	0.01	0.02							8.02	0.20
0.84	0.02	0.81	38.74	3.00	18.95	1.49	252.79	9.58	2863.02	22.02
0.72	0.02	0.45	1.99	0.37		0.06			476.06	12.40
0.18		0.06				0.01			39.93	1.20
0.02						0.01			4.12	0.14
0.12		0.02							3.80	0.96
0.31	0.01	0.33		0.03		0.02			2.27	2.31
1.14	0.03	3.56	4.61	0.26		0.21	2.03		36.85	15.35
0.43		4.62	6.68					2.37	678.87	48.84
0.07			0.69						0.26	1.06
1.04	0.02	0.42		0.27		0.01			3.31	2.84
0.51	0.17	0.73		0.03				0.09	50.27	2.92
0.43	0.01	0.17				0.01	0.03		47.72	1.27
0.94	0.02	1.50	0.18	0.01		0.02			91.03	4.50
0.03		0.08	0.04						17.43	0.44
0.44	0.01	0.17		0.02		0.01			81.39	1.85
0.63		0.17	0.05	0.04		0.13			114.30	5.97
0.15		0.04		0.01					10.61	0.61
0.14		0.05		0.01		0.01			50.69	0.41
0.58		**0.46**	**18.02**	**0.05**		**1.07**			**363.19**	**22.46**
0.38		0.44	18.02			1.06			354.29	19.85
0.16		0.01		0.05		0.01			8.90	0.21
0.04		0.01								2.40

Note:Total energy Consumption of each sector was add of final consumption and losses of each secor and losses of machining. unequal to consum ption.(ton of SCE)

6-5 平均每万元国内生产总值能源消费量
ENERGY CONSUMPTION PER 10000 YUAN GROSS DOMESTIC PRODUCT

项　目 Item			2002	2001
能源总消费量	**(吨标煤/万元) Total**	**(ton of SCE/10000 yuan)**	**1.40**	**1.52**
	(吨标煤/万元)按可比价计算	**(ton of SCE/1000yuan)**	**1.48**	**1.56**
煤　炭	(吨/万元) Coal	(ton/10000 yuan)	0.81	0.95
电　力	(万千瓦时/万元) Electricity	(10000 kwh/10000 yuan)	0.14	0.14
石　油	(吨/万元) Petroleum	(ton/10000 yuan)	0.27	0.25

6-6 人 均 生 活 用 能 量
PER CAPITA ENERGY CONSUMPTION FOR NON-PRODUCTION PURPOSE

项　目 Item			2002	2001
人均生活用能量	**(千克标准煤) Non-productive Consumption Per Capita**	**(kg of SCE)**	**416.2**	**408.5**
煤　炭	(千克) Coal	(kg)	156.1	209.7
电　力	(千瓦时) Electricity	(kwh)	446.1	392.7
液化石油气	(千克) Liquefied Petroleum	(kg)	16.3	13.1
天然气	(立方米) Natural Gas	(cu.m)	24.2	18.7
煤　气	(立方米) Gas	(cu.m)	5.0	6.9

注：本表按年常住人口年平均数计算。

Note: The top table according to average of year permanent registered.

主要统计指标解释

能源生产量 能源生产量是反映能源生产规模、构成、生产成果的重要指标。按能源的成因分为一次能源（亦称天然能源）生产量和二次能源（亦称人工能源）生产量。

能源总消费量 指报告期内社会各行业和居民生活所消费的各种能源数量，是观察本地区能源消费水平、构成和发展速度的总量指标，能源总消费量包括终端能源消费量、加工转换损失量和损失量三部分。

一次能源生产量 指报告期内生产一次能源的企业将自然界现存的能源资源经过开采而产出的合格产品，主要包括原煤、原油、天然气、水电等。

二次能源生产量 指报告期内将一次能源经过各种加工转换设备生产出的另一种形式的各种合格的能源产品。如火电、热力、洗煤、焦炭、各种石油制品、焦炉煤气、城市煤气等。

能源加工转换投入产出量 能源具有由一种能量形式转换为另一种能量形式及耗用过程中可用一种能源替代另一种能源的特征。为提高能源的利用价值和效率，对能源进行加工、转换，产出适合生产和生活需要的更高级的能源产品。在加工转换投入(-)产出(+)量中，“-”表示能源加工转换的投入量，“+”表示二次能源的产出量。

投入量 是指为加工转换二次能源及其它石油制品和其它焦化产品，所投入到加工转换设备的各种能源。在表中以负数表示。

产出量 是指各种能源经过加工转换后，产出的各种二次能源及非能源石油制品和焦化产品。

损失量 指能源在经营管理和生产、输送、分配、储存等过程中发生的损失以及由于自然因素等原因造成的损失。不包括加工转换损失量。

终端消费量 反映作为原料、燃料和动力消费的能源及其去向，它们的消费过程体现了能源消费的终止，不会再在社会上重新作为能源投入使用。终端消费量不包括用于能源加工转换投入量、加工转换损失量和损失量。

平均每万元国内生产总值能源消费量 能源总消费量或分品种能源消费量与国内生产总值之比。

人均生活用能量 指用于生活消费的各种能源数量与人口总数之比。

七 物 价

PRICE INDEX

居民消费价格指数（上年=100）（单位：%）
Comsumer Price Index (preceding year=100) (%)

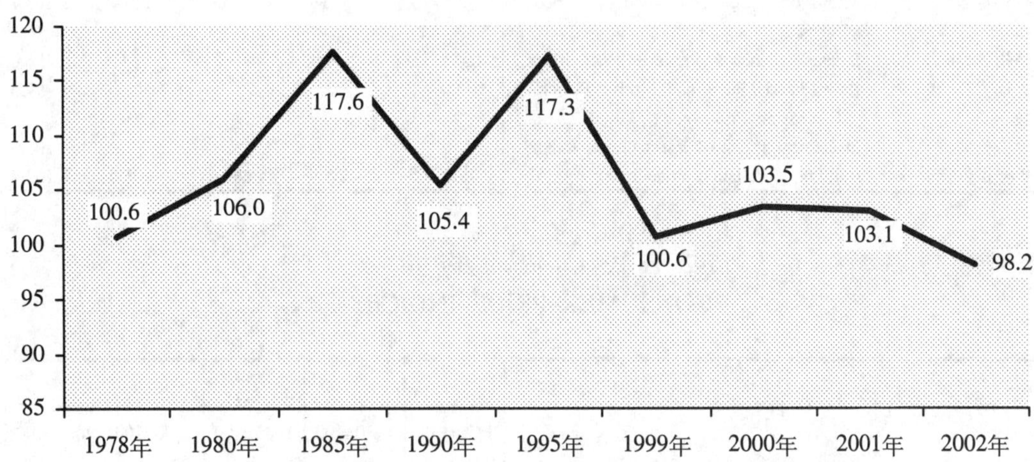

商品零售价格指数（上年=100）(单位：%）
Retail Price Index (preceding year=100) (%)

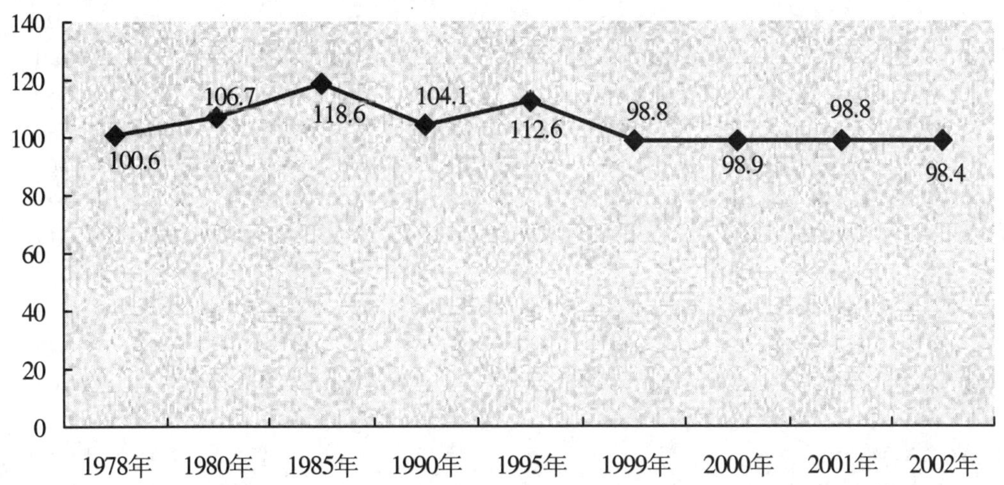

7-1 各种物价总指数
OVERALL PRICE INDICES

单位：%　　　　　　　　　　　　　　　　　　　　　　　　　　　　　　　　(%)

项目	Item	1978=100	1980=100	1985=100	1990=100	2000=100	2001=100
居民消费价格指数	Consumer Price Index	630.6	584.2	469.1	271.9	101.2	98.2
商品零售价格指数	Retail Price Index	452.5	416.3	330.8	189.6	97.2	98.4
农副产品收购价格指数	Purchasing price indices of farm and Sidelining Products	395.8	342.7	251.3	149.4	94.2	92.4
农业生产资料价格指数	Means of Agricultural Production Price Index	377.1	375.9	333.6	201.1	103.1	102.9
工业品出厂价格指数	Industrial Products Producer Price Index					96.0	96.6
原材料、燃料、动力购进价格指数	Raw Material,Fuels and Motive Power Purchasing Price Index					97.6	97.1
固定资产投资价格指数	Investment in Fixed Assets Price Index					101.0	100.4
建筑安装工程价格指数	Building Installation Price Index	497.5	355.9	287.6	106.0	102.7	101.2

7-2 居民消费价格指数
CONSUMER PRICE INDICES

单位：%　　　　　　　　　　　　　　　　　　　　　　　　　　　　　　　　(%)

项目	Item	1978=100	1980=100	1985=100	1990=100	2000=100	2001=100
总指数	**Aggregate Index**	**630.6**	**584.2**	**469.1**	**271.9**	**101.2**	**98.2**
服务项目	Services	2508.6	2502.4	2227.3	1077.3	115.2	99.4
食品类	Food	644.1	583.2	412.0	233.5	99.5	98.0
#粮食	Grain	602.0	602.0	578.8	408.0	93.6	98.5
油脂类	Oil	422.6	422.6	361.2	165.9	82.9	94.7
肉禽及其制品	Meat,Poultry and Related Products	634.4	513.5	377.6	220.3	101.5	98.9
水产品	Aquatic Products	1466.0	1041.5	415.4	163.6	92.7	95.7
菜类	Vegetable	988.9	874.8	453.8	240.7	86.0	85.7
#鲜菜	Fresh Vegetable	1030.0	901.5	425.4	224.1	84.9	84.7
干菜及菜制品	Dried Vegetable	497.4	479.1	417.0	230.3	96.7	95.4
调味品	Flavoring	726.3	747.8	680.3	368.4	105.1	103.3
干鲜瓜果类	Dried and Fresh Melon and Fruits	614.7	574.4	315.6	157.6	97.2	96.1
烟酒及用品	Tabacoo, Liquor and Related Products	382.3	382.3	267.9	174.7	102.1	100.6
衣着类	Clothing	365.1	373.4	394.7	223.4	96.3	95.9
#服装	Garments	372.4	384.3	424.9	225.2	94.8	94.8
衣着材料	Clothing Material	251.9	252.8	286.3	178.1	96.4	99.0
鞋袜帽	Shoes,Socks and Hats	416.2	422.3	397.1	246.7	99.6	97.6
家庭设备用品及维修服务	Household Facilities,Articles and Related Repairing Services	277.6	276.1	258.4	145.4	94.1	97.0
医疗保健和个人用品	Medical Health Care and Personal Articles	628.0	577.4	469.4	256.0	98.9	100.2
交通和通讯	Means of Transportation and Communications	129.1	129.1	145.6	108.9	100.3	99.5
娱乐教育文化用品及服务	Recreation,Education,Cultural Articles and Related Services	231.7	225.6	219.4	119.3	110.3	96.6
居住	Residence	543.9	731.3	701.5	535.9	106.2	101.9
#房租	Houese Rent	1456.2	2300.6	2282.8	2282.8	116.7	100.0
水电燃料	Water,Electricity and Fuel	543.1	543.1	479.9	448.0	119.1	109.3

7-3 居民消费价格分类指数
CONSUMER PRICE INDICES BY CATEGORIES

单位：%　　　　(%)

项目	Item	2001=100	项目	Item	2001=100
居民消费价格指数	Consumer Price Index	98.2	服　装	Garments	94.8
非食品价格指数	Non-food Price Index	98.2	衣着材料	Clothing Materials	99.0
服务项目价格指数	Price Index of Services	99.4	鞋袜帽	Shoes, Socks and Hats	97.6
扣除鲜菜鲜果指数	Aggregate Index exclude Fresh Vegetable and Fruit	98.6	衣着加工服务	Clothing Processing Services	103.3
			家庭设备用品及维修服务	Households Facilities, Articles and Repairing Services	97.0
消费品价格指数	Price Index of Consumer Goods	97.8			
食　品	Food	98.0	耐用消费品	Durable Consumer Goods	95.9
粮　食	Grain	98.5	室内装饰品	Room Ornament	99.6
淀粉及薯类	Amylum and Potato	98.7	床上用品	Bedding	101.3
干豆类及豆制品	Dry Bean and Bean Products	100.2	家庭日用杂品	Groceries for Households Daily Use	95.2
油　脂	Lipa	94.7			
肉禽及其制品	Meat, Pourtry and Raleted Products	98.9	家庭服务及加工维修服务	Households Services, Processing and Repairing	103.8
蛋	Eggs	99.8	医疗保健和个人用品	Medical Health Care and Personal Articles	100.2
水产品	Aquatic Products	95.7			
菜	Vegetable	85.7	医疗保健	Medical Health Care	100.7
调味品	Flavoring	103.3	个人用品及服务	Personal Articles and Services	98.4
糖	Sugar	102.0	交通和通讯	Transportation and Communication	99.5
茶及饮料	Tea and Beverage	99.5	交　通	Transportation	103.5
干鲜瓜果	Dry and Fresh Melon and Fruit	96.1	通　信	Communication	96.9
			娱乐教育文化用品及服务	Recreation,Education,Cultural Articles and Related Services	96.6
糕点饼干面包	Cake, Cookie and Bread	100.4			
奶及奶制品	Milk and Diary Products	99.2	文娱用耐用消费品及服务	Durable Consumer Goods and Services for Culture and Recreation	88.7
在外用膳食品	Out-dining Food	100.5			
其它食品及食品加工服务	Other Food and Food Processing Services	99.9	教　育	Education	99.8
			文化娱乐用品	Recreation and Education Articles	101.2
烟酒及用品	Tobacco, Liquor and Related Products	100.6	旅游及外出	Tourism and Outgoing	88.8
			居　住	Residence	101.9
烟　草	Tobacco	101.3	建房及装修材料	Building and Fitment Materials	98.4
酒	Liquor	99.6	租　房	Rent	100.0
吸烟饮酒用品	Related Products	100.8	自有住房	Own House	90.4
衣着	Clothing	95.9	水、电、燃料	Water, Electricity and Fuel	109.3

7-4 商品零售价格指数 (1995=100)
RETAIL PRICE INDICES

单位：%　　　　(%)

项目	Item	1995=100	项目	Item	1995=100
商品零售价格指数	**Aggregate Index**	**104.0**	呢绒	Woolen Fabric	119.2
食品类	Food	102.5	绸缎	Silk	111.2
粮食	Grain	91.7	其他纺织品	Other Textiles	109.6
油脂类	Oil	64.2	中西药品类	Traditional Chinese and Western Medicines	171.1
肉禽蛋	Meat, Poultry and Egg	92.2			
水产品	Aquatic Products	100.0	中药	Traditional Chinese Medicines	344.5
鲜菜	Fresh Vegetable	99.7	西药	Western Medicine	99.5
干菜	Dried Vegetable	122.0	医疗用品	Medicine and Medical Articles	121.3
鲜果	Fresh Fruit	77.0	化妆品类	Cosmetics	93.0
干果	Nuts	106.2	书报杂志类	Book,Newspaper and Magazine	188.7
其他食品类	Other Foods	124.1	文化体育用品类	Stationery and Sports Goods	116.8
饮食业	Catering	120.8	文化用品	Stationery	117.3
饮料烟酒类	Beverage,Tobacco and Liquor	111.2	体育用品	Sports Goods	105.9
饮料	Beverage	99.3	日用品类	Daily Use Articles	106.4
烟酒	Tobacco and Liquor	140.3	一般日用品	Ordinary Daily Use Articles	95.9
服装鞋帽类	Garments,Shoes,Hats	130.3	家具类	Furnitures	117.1
服装	Garments	132.7	日用杂品	Daily Use Sundiries	128.4
鞋	Shoes	122.3	家用电器类	Household Appliances	68.5
其他衣着	Other Clothing	136.5	首饰类	Jewelry	68.1
纺织品类	Textile	112.5	燃料类	Fuels	238.0
棉布	Cotton Cloth	107.4	建筑装璜材料类	Building Decoration Materials	118.5
棉花化纤混纺布	Blend Cloth	140.8	机电产品类	Mechanical and Electrical Products	62.0
化纤布	Chemical Fiber Cloth	104.5			

7-5 商品零售价格指数（上年=100）
RETAIL PRICE INDICES(PRECEDING YEAR=100)

单位：%　　　　(%)

项目	Item	2001=100	项目	Item	2001=100
商品零售价格指数	**Aggregate Index**	**98.4**	呢　绒	Woolen Fabric	103.6
食品类	Food	99.0	绸　缎	Silk	100.5
粮　食	Grain	99.9	其他纺织品	Other Textiles	98.7
油脂类	Oil	95.3	中西药品类	Traditional Chinese and Western Medicines	100.5
肉禽蛋	Meat, Poultry and Egg	99.3			
水产品	Aquatic Products	94.4	中　药	Traditional Chinese Medicines	98.0
鲜　菜	Fresh Vegetable	91.3	西　药	Western Medicine	102.4
干　菜	Dried Vegetable	97.3	医疗用品	Medicine and Medical Articles	99.3
鲜　果	Fresh Fruit	95.8	化妆品类	Cosmetics	98.6
干　果	Nuts	100.5	书报杂志类	Book,Newspaper and Magazine	95.5
其他食品类	Other Foods	101.9	文化体育用品类	Stationery and Sports Goods	98.8
饮食业	Catering	100.8	文化用品	Stationery	98.7
饮料烟酒类	Beverage,Tobacco and Liquor	101.2	体育用品	Sports Goods	99.7
饮　料	Beverage	99.8	日用品类	Daily Use Articles	96.6
烟　酒	Tobacco and Liquor	102.6	一般日用品	Ordinary Daily Use Articles	97.6
服装鞋帽类	Garments,Shoes,Hats	95.3	家具类	Furnitures	95.2
服　装	Garments	96.0	日用杂品	Daily Use Sundiries	101.7
鞋	Shoes	92.0	家用电器类	Household Appliances	94.1
其他衣着	Other Clothing	99.5	首饰类	Jewelry	105.2
纺织品类	Textile	103.5	燃料类	Fuels	107.6
棉　布	Cotton Cloth	104.0	建筑装璜材料类	Building Decoration Materials	95.8
棉花化纤混纺布	Blend Cloth	119.9	机电产品类	Mechanical and Electrical Products	97.3
化纤布	Chemical Fiber Cloth	102.8			

7-6 居民货币购买力指数
INDICES OF MONETARY PURCHASING POWER OF RESIDENTS

单位：%　　　　(%)

基期 Base Period	2002	2001
1957=100	15.4	15.1
1965=100	16.0	15.7
1970=100	15.7	15.4
1975=100	15.7	15.4
1978=100	15.8	15.5
1980=100	17.2	16.9
1985=100	21.4	21.0
1990=100	37.0	36.3
以上年为100 Preceding Year=100	101.8	97.0

7-7 工农业产品综合比价指数
AGGREGATE PRICE PARITY INDEX OF INDUSTRIAL AND AGRICULTURAL PRODUCTS

单位：% (%)

基　　期 Base Period	农副产品收购价格总指数 Purchasing Price Indices of Farm and Sidelining Products	农村工业品零售价格总指数 Retail Price Index of Industrial Products in in Rural Area	工农业产品综合比价指数 Aggregate Parity Index of Industrial and Agricultural Products	
			以农产品指数为100 Agricultural Products Index=100	以工业品指数为100 Industrial Products Index=100
1957=100	485.9	356.0	73.3	136.5
1965=100	436.6	345.9	79.2	126.2
1970=100	435.9	367.2	84.2	118.7
1975=100	405.6	377.8	93.1	107.4
1978=100	395.8	372.6	94.1	106.2
1980=100	342.7	368.6	107.6	93.0
1985=100	251.3	336.9	134.1	74.6
1990=100	149.4	197.9	132.5	75.5
1995=100	77.0	105.5	137.0	73.0
2000=100	94.2	98.7	104.8	95.4
2001=100	92.4	99.9	108.1	92.5

7-8 工业品出厂价格指数（上年=100）
INDUSTRIAL PRODUCTS PRODUCER PRICE INDICES（PRECEDING YEAR=100）

单位：% (%)

项　　目	Item	2002	2001
总指数	**Aggregate Index**	**96.6**	**99.4**
# 轻工业	Light Industry	97.6	99.6
以农产品为原料	Using Farm Products as Raw Materials	98.0	99.8
以非农产品为原料	Using Non-farm Products as Raw Materials	96.7	98.4
重工业	Heavy Industry	96.4	99.4
采　掘	Excavation	160.2	101.0
原　料	Raw Material	99.5	101.8
加　工	Processing	94.0	97.3
# 生产资料	Capital Goods	96.4	99.4
采　掘	Excavation	149.6	101.0
原　料	Raw Material	99.4	101.7
加　工	Processing	94.2	97.5
生活资料	Living Goods	98.0	99.6
食　品	Food	98.8	99.3
衣　着	Clothing	98.7	102.3
一般日用品	Articles for Daily Use	98.4	99.7
耐用消费品	Durable Consumer Goods	95.6	98.2

7-9 原材料、燃料购进价格指数（上年=100）

PRICE INDICES OF RAW MATERIAL, FUEL PURCHASING（PRECEDING YEAR=100）

单位：%　　　　　　　　　　　　　　　　　　　　　　　　　　　　　　　　（%）

项目	Item	2002	2001
总指数	**Aggregate Index**	**97.1**	**100.5**
燃料、动力类	Fuel and Motive Power	102.3	101.7
黑色金属材料类	Ferrous Metal Materials	96.4	100.3
# 钢　材	Steel Products	98.1	100.3
其　他	Others	93.6	100.3
有色金属材料类	Nonferrous Metal Materials	96.1	97.9
化工原料类	Industrial Chemicals	99.3	97.6
木材及纸浆类	Timber and Paper Pulp	102.5	98.3
建筑材料及非金属类	Construction Materials and Nonmetals	97.6	99.5
其它工业原材料及半成品类	Other Industrial Materials and Semi-manufactured Goods	92.3	98.8
农副产品类	Farming and Sideline Products	93.6	103.5
纺织原料类	Textile Materials	97.8	100.6

7-10 固定资产投资额价格指数

PRICE INDICES OF INVESTMENT IN FIXED ASSETS

单位：%　　　　　　　　　　　　　　　　　　　　　　　　　　　　　　　　（%）

项目	Item	1992=100	1993=100	1994=100	2000=100	2001=100
总 指 数	**Aggregate Index**	**191.3**	**151.2**	**130.0**	**101.0**	**100.4**
建筑安装工程	Building Installation	220.2	168.0	140.3	102.7	101.2
设备、工器具购置	Purchase of Equipment, Tools and Instruments	133.2	115.9	113.6	91.0	93.7
其他费用	Others	160.7	131.6	106.4	100.8	100.7

注：按国家统计局的有关规定，固定资产投资额价格指数从1992年开始计算。

Note: According to rules of State Statistical Bureau, price indices of investment in fixed assets are counted from 1992.

7-11 建筑安装工程价格指数

PRICE INDICES OF BUILDING INSTALLATION

单位：%　　　　　　　　　　　　　　　　　　　　　　　　　　　　　　　　（%）

项目	Item	1978=100	1985=100	1990=100	2000=100	2001=100
总　指　数	**Aggregate Index**	**497.5**	**355.9**	**287.6**	**102.7**	**101.2**
直接费用价格指数	**Price Index of Direct Cost**	**622.7**	**393.6**	**318.9**	**102.5**	**101.1**
人 工 费	Labor Cost	1118.4	768.9	825.2	108.8	105.1
材料费用	Material Cost	519.0	366.0	263.9	101.4	100.4
其他费用价格指数	**Price Index of Other Cost**	**344.4**	**248.2**	**197.0**	**103.4**	**101.6**

7-12 建筑安装工程中主要材料费用价格指数
PRICE INDICES OF MAJOR MATERIALS IN BUILDING INSTALLATION

单位：% (%)

项目	Item	1978=100	1985=100	1990=100	2000=100	2001=100
总指数	**Aggregate Index**	**519.0**	**366.0**	**263.9**	**101.4**	**100.4**
钢材	Rolled-steel Products	445.5	352.9	316.2	96.7	97.9
木材	Timber	808.1	416.4	304.3	100.7	100.4
水泥	Cement	719.4	511.9	326.2	103.7	102.2
地方材料	Local Materials	559.8	377.6	254.2	108.7	103.5
其他材料	Other Materials	548.0	389.2	274.1	101.9	100.5

7-13 房地产价格指数（上年=100）
PRICE INDICES OF REAL ESTATE(PRECEDING YEAR=100)

单位：% (%)

项目	Item	2002	2001
土地交易价格指数	**Price Indices of Land Transaction**	100.0	**100.0**
居民住宅用地	Residential Building	100.0	100.0
工业用地	Industry	100.0	100.0
商业旅游娱乐用地	Commerce,Tourism and Recreation	100.0	100.0
其他用地	Others	100.0	100.0
房地产销售价格指数	**Price Indices of Real Estate Sales**	100.3	**101.3**
商品房	Commodity Building	100.0	100.2
住宅	Residence	100.2	100.1
非住宅	Non-residence	98.4	100.3
私有住房	Transaction of Old Residence	100.8	100.0
公房交易	Public Residence	100.0	105.1
房地产租赁价格指数	**Price Indices of Real Estate Rent**	107.6	**125.5**
住宅	Residence	109.3	133.2
公房	Public	100.0	134.0
私房	Private	254.7	120.4
办公用房	Office	102.8	104.5
商业用房	Commerce	99.9	101.2
厂房仓库	Plant	114.3	105.1
旅店饭店客房	Guest Room of Hotel		

7-14 36个大中城市物价指数(以上年价格为100)
PRICE INDEX OF THE 36 LARGE AND MEDIUM CITIES(PRECEDING YEAR=100)

单位：%　　(%)

城市 City		2002 居民消费价格指数 Consumer Price Index	2002 商品零售价格指数 Retail Price Index	2001 居民消费价格指数 Consumer Price Index	2001 商品零售价格指数 Retail Price Index
平均指数	**Average Index**	**99.2**	**98.3**	**100.7**	**98.5**
北京	Beijing	98.2	98.4	103.1	98.8
天津	Tianjin	99.6	97.4	101.2	98.6
石家庄	Shijinazhuang	98.9	98.9	100.1	98.5
太原	Taiyuan	97.4	97.1	99.0	98.4
呼和浩特	Huhehaote	99.7	100.0	100.4	98.9
沈阳	Shenyang	100.4	97.0	100.0	98.4
大连	Dalian	98.0	97.2	99.5	99.9
长春	Changchun	99.7	98.7	102.3	100.7
哈尔滨	Haerbin	99.6	98.2	101.0	101.1
上海	Shanghai	100.5	98.7	100.0	98.5
南京	Nanjing	97.9	96.1	99.9	98.8
杭州	Hangzhou	98.8	97.9	99.5	95.3
宁波	Ningbo	99.2	98.6	99.3	94.8
合肥	Hefei	99.1	99.1	99.4	97.7
福州	Fuzhou	99.6	97.8	99.0	97.5
厦门	Xiamen	98.4	98.2	98.5	97.4
南昌	Nanchang	100.6	100.1	100.6	97.6
济南	Jinan	98.8	97.8	100.3	98.8
青岛	Qingdao	98.9	99.5	101.0	98.9
郑州	Zhengzhou	100.1	98.8	100.7	99.5
武汉	Wuhan	98.6	97.7	99.5	95.9
长沙	Changsha	99.2	98.6	98.4	98.2
广州	Guangzhou	97.6	97.4	98.9	97.4
深圳	Shenzhen	101.2	100.2	97.8	97.9
南宁	Nanning	99.4	97.5	102.8	95.9
海口	Haikou	99.2	99.0	98.8	97.6
重庆	Chongqing	99.6	98.9	101.7	99.0
成都	Chengdu	98.7	98.8	100.8	100.7
贵阳	Guiyang	98.4	99.0	103.2	96.2
昆明	Kunming	99.2	97.3	100.6	98.1
拉萨	Lasa	101.1	99.8	99.9	99.5
西安	Xian	98.6	98.5	99.9	98.9
兰州	Lanzhou	99.3	98.8	102.1	99.1
西宁	Xining	101.4	99.3	103.2	100.1
银川	Yinchuan	99.5	98.7	101.4	100.6
乌鲁木齐	Wulumuqi	98.5	97.3	105.0	103.2

主要统计指标解释

居民消费价格指数 是反映居民家庭所购买的生活消费品和支付的服务项目价格变动总趋势和程度的一种综合价格指数，分为城市居民消费价格指数和农村居民消费价格指数。通过编制居民消费价格指数，可以全面观察居民消费价格变动对居民生活的影响。居民消费价格指数还是反映通货膨胀的重要指标。按国家规定我市只编制上报城市居民消费价格指数。

商品零售价格指数 是反映工业、商业、餐饮业和其他零售业向城乡居民、机关团体出售生活消费品和办公用品价格变动总趋势和程度的一种综合价格指数。通过编制商品零售价格指数，可以全面掌握市场商品零售价格的变动情况。

工业产品出厂价格指数 是反映全部工业产品出厂价格总水平的变动趋势和程度的相对数。其中包括工业企业售给商业、外贸、物资部门的产品外，还包括售给工业和其他部门的生产资料以及直接售给居民的生活消费品。通过工业生产价格指数能观察出厂价格变动对工业总产值的影响。

固定资产投资价格指数 是反映固定资产投资额价格变动趋势和程度的相对数。固定资产投资额是由建筑安装工程投资完成额、设备、工器具购置投资完成额和其他费用投资完成额三部分组成的。编制固定资产投资价格指数应首先分别编制上述三部分投资的价格指数，然后采用加权算术平均法求出固定资产投资价格总指数。编制固定资产投资价格指数可以准确地反映固定资产投资中涉及的各类商品和取费项目价格变动趋势和变动幅度，消除按现价计算的固定资产投资指标中的价格变动因素，真实地反映固定资产投资的规模、速度、结构和效益，为国家科学地制定，检查固定资产投资计划并提高宏观调控水平，为完善国民经济核算体系提供科学的，可靠的依据。

原材料、燃料、动力购进价格指数 是反映全部工业原材料、燃料、动力购进价格总水平的变动趋势和程度的相对数。用其可以观察和研究工业企业原材料价格变动对生产的影响，以及企业对原材料涨价的消化能力和承受能力，为制订价格政策提供依据。

房地产价格指数 是反映全部房地产价格总水平的变动趋势和程度的相对数。包括土地交易价格指数、房地产销售价格指数、房地产租赁价格指数。

土地交易价格指数 是指房地产开发商或其他建设单位在进行商品房开发前为取得土地使用权而实际支付的价格的变动趋势和程度的相对数。

房地产销售价格指数 是指房地产销售价格总水平变动趋势和程度的相对数。

房地产租赁价格指数 是指房地产租赁价格总水平变动趋势和程度的相对数。

八　城市公用事业

URBAN PUBLIC UTILITIES

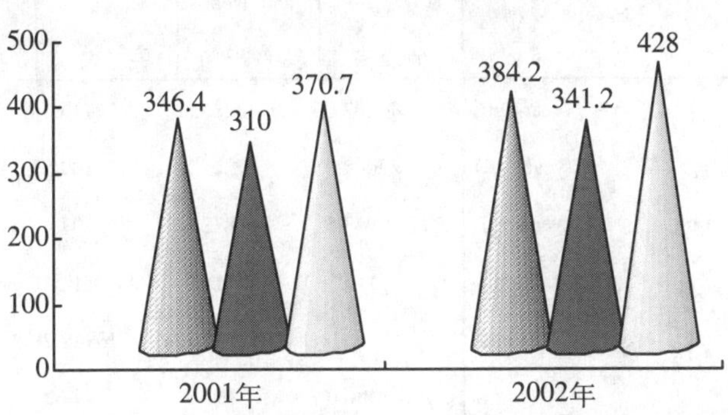
城市公用事业
Urban Public Utilities
500
400
300
200
100
0
346.4
310
370.7
384.2
341.2
428
2001年
2002年
用电量（亿千瓦时）
Electricity Consumption(100 million kwh)
居民燃气用户（万户）
Households with Access to Gas(10000 households)
自来水生产能力（万吨/日）
Production Capacity of Tap Water(10000 tons/day)

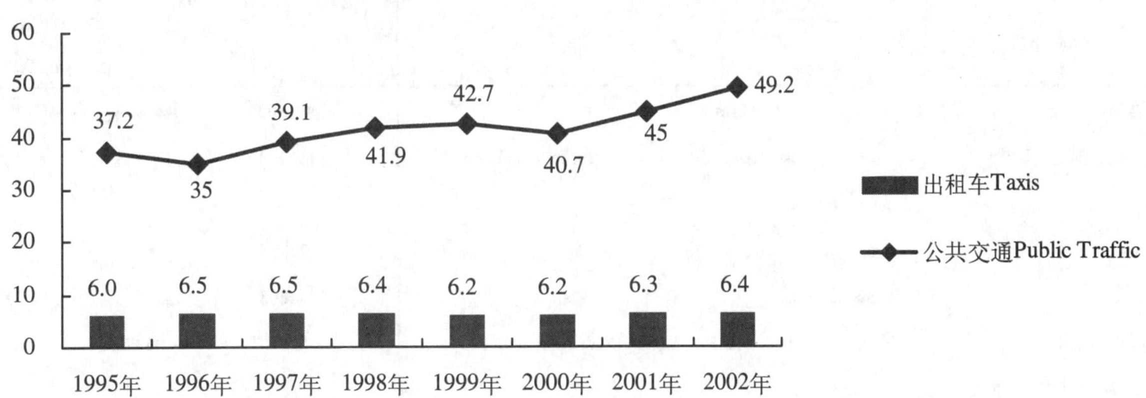
城市交通客运量（单位：亿人次）
City Passenger Traffic (100 million person.times)
60
50
40
30
20
10
0
37.2
35
39.1
41.9
42.7
40.7
45
49.2
6.0
6.5
6.5
6.4
6.2
6.2
6.3
6.4
1995年
1996年
1997年
1998年
1999年
2000年
2001年
2002年
出租车Taxis
公共交通Public Traffic

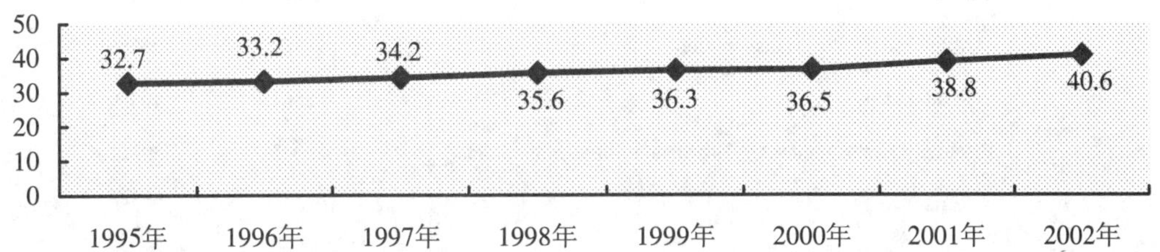
城市绿化覆盖率（%）
Coverage of City Green Areas (%)
50
40
30
20
10
0
32.7
33.2
34.2
35.6
36.3
36.5
38.8
40.6
1995年
1996年
1997年
1998年
1999年
2000年
2001年
2002年

8-1 城市居民居住水平
RESIDENTIAL CONDITIONS OF URBAN RESIDENTS

单位：万平方米 (10000 sq.m)

项目	Item		2002	# 市区 City Proper and Near Suburbs	2001	# 市区 City Proper and Near Suburbs
年末实有房屋建筑面积	Floor Space of Houses	(year-end)	40483.0	32281.8	37716.5	30592.7
年末实有住宅建筑面积	Floor Space of Residential Buildings	(year-end)	22008.0	17247.2	20109.5	16141.4
年末实有住宅居住面积	Living Space of Residential Building	(year-end)	9943.5	7832.6	9207.4	7433.5
平均每人居住面积(平方米)	Per Capita Living Space	(sq.m)	11.93	11.39	11.64	11.28
年末实有住宅使用面积	Using Space of Residential Buildings	(year-end)	15165.0	12023.1	13942.2	11331.5
平均每人使用面积(平方米)	Per Capita Using Space	(sq.m)	18.20	17.48	17.62	17.20

8-2 用电量(北京地区)
ELECTRICITY CONSUMPTION(BEIJING AREA)

单位：万千瓦小时 (10000 kwh)

项目	Item	2002	2001	2002年为2001年% 2002 as % of 2001
合计	**Total**	**3841503**	**3463976**	**110.9**
农、林、牧、渔、水利业	Farming,Forestry,Animals Husbandry,Fishery and Water Conservancy	137370	131811	104.2
采掘业	Excavation	75755	76181	99.4
制造业	Manufacturing	1445893	1330728	108.7
电力、蒸汽热水生产和供应业	Electricity,Steam and Hot Water Production and Supply	65510	36325	180.3
建筑业	Construction	148443	127146	116.8
地质普查和勘探业	Geological Survey and Prospecting	431	782	55.1
交通运输、邮电通信业	Transportations,Posts and Telecommunications	125415	122022	102.8
商业、公共饮食业、物资供销和仓储业	Commerce,Catering,Capital Goods Distribution and Storage	455994	404317	112.8
其他事业	Others	760650	695350	109.4
# 市内公共交通业	Municipal Public Transportation	24385	23980	101.7
# 路灯业	Road Lamps	8567	10559	81.1
城乡居民生活用电	Electricity Consumption by Urban and Rural Households	626042	539314	116.1
乡村	Rural	108656	100256	108.4
城市	Urban	517386	439058	117.8

8-3 供　热
HEAT SUPPLY

项　目		Item		2002	2001	2002年为2001年% 2002 as % of 2001
全市采暖面积合计	**（万平方米）**	**Total Heating Area**	**(10000 sq.m)**	**18172**	**14729**	**123.4**
集中供热		Central Heat Supply				
热力供应能力	（百万千焦/小时）	Supply Capacity	(10^9 joule/hour)	4253	4722	90.1
采暖单位	(户)	Heat Users	(unit)	3566	3432	103.9
采暖面积	(万平方米)	Heating Area	(10000sq.m)	6915	5548	124.6
管道长度	(公里)	Length of Pipeline	(km)	303	285	106.3
销售量	(万百万千焦)	Volume Supplied	(10^13 joule)	2865	2886	99.3
小区集中供热		Central Heat Supply in Residential Districts				
采暖面积	(万平方米)	Heating Area	(10000 sq.m)	11257	8991	125.2

注：小区集中供热统计范围为10万平米以上的供热面积。

Note: Figures for central heat supply only include those who heating areas are more than 100000 sq.m.

8-4 供　汽
STEAM SUPPLY

项　目		Item		2002	2001	2002年为2001年% 2002 as % of 2001
蒸汽供应能力	(吨／小时)	Supply Capacity	(ton/hour)	620	1350	45.9
用汽单位	(个)	Steam Users	(unit)	157	190	82.6
# 工　业	(个)	Industry	(unit)	157	190	82.6
管道长度	(公里)	Length of Pipeline	(km)	38	41	92.7
销售量	(万吨)	Volume Supplied	(10000 tons)	947	321	295.0
# 工　业	(万吨)	Industry	(10000 tons)	947	321	295.0

注：供气指标全部为市热力集团口径。

Note: Data of this table refers to that of Municipal Heat Group.

8-5 煤气、液化石油气及天然气
GAS,LIQUEFIED PETROLEUM GAS AND NATURAL GAS

项目		Item		2002	2001	2002年为2001年% 2002 as % of 2001
煤　气		**Gas**				
管道长度	(公里)	Length of Pipeline	(km)	394.7	382.0	103.3
供应量	(万立方米)	Gas Supply	(10000 cu.m)	34236.0	42413.0	80.7
销售量	(万立方米)	Gas Sale	(10000 cu.m)	21077.0	33960.0	62.1
# 工业用	(万立方米)	for Industrial Use	(10000 cu.m)	6359.0	7898.0	80.5
生活用	(万立方米)	for Living Use	(10000 cu.m)	14718.0	26062.0	56.5
用　户	(万户)	Consumer	(10000 households)	21.3	20.7	102.9
# 家庭用户	(万户)	Household	(10000 households)	21.2	20.5	103.4
液化石油气		**Liquefied Petroleum Gas**				
销售量	(吨)	Gas Sales	(ton)	234680.0	182188.0	128.8
# 工业用	(吨)	for Industrial Use	(ton)	2571.0	2272.0	113.2
生活用	(吨)	for Living Use	(ton)	232109.0	179916.0	129.0
用　户	(万户)	Consumer	(10000 households)	127.3	123.0	103.5
# 家庭用户	(万户)	Household	(10000 households)	124.2	120.6	103.0
天然气		**Natural Gas**				
管道长度	(公里)	Length of Pipeline	(km)	6838.0	5327.8	128.3
供应量	(万立方米)	Gas Supply	(10000 cu.m)	204774.0	167368.0	122.3
销售量	(万立方米)	Gas Sales	(10000 cu.m)	176504.0	150585.0	117.2
# 工业用	(万立方米)	for Industrial Use	(10000 cu.m)	19659.0	25998.0	75.6
生活用	(万立方米)	for Living Use	(10000 cu.m)	156845.0	124587.0	125.9
用　户	(万户)	Consumer	(10000 households)	192.6	170.4	113.0
# 家庭用户	(万户)	Household	(10000 households)	191.0	168.9	113.1
居民燃气用户	**(万户)**	**Household with Access to Gas**	**(10000 households)**	**341.2**	**310.0**	**110.1**

8-6 自来水及自备水源
TAP WATER AND SELF-PROVIDED SOURCE OF WATER

项目		Item		2002	# 城近郊区 City Propers and Near Suburbs	2001	# 城近郊区 City Propers and Near Suburbs
自来水		**Tap Water**					
生产能力	(万吨/日)	Production Capacity	(10000 tons/day)	428.0	299.0	370.7	303.5
管线长度	(公里)	Length of Pipelines	(km)	8555.0	6579.0	8146.1	6445.9
供水面积	(平方公里)	Area of Water Supply	(sq.km)	1086.0	578.0	783.4	576.1
售水量	(万吨)	Sales in Volume	(10000 tons)	79322.0	58703.0	69807.4	59129.0
# 生产运营用	(万吨)	for Production Use	(10000 tons)	21852.0	9767.0	12788.8	10129.0
生活用	(万吨)	for Living Use	(10000 tons)	57470.0	48936.0	57018.6	49000.0
自备水源		**Self-provided Source of Water**					
生产能力	(万吨/日)	Production Capacity	(10000 tons/day)	847.5	718.0	768.1	583.5
用水量	(万吨)	Consumption	(10000 tons)	57789.7	48465.0	59944.3	47554.4
# 生产运营用	(万吨)	Production	(10000 tons)	29068.7	23280.0	27761.2	21423.6
生活用	(万吨)	Living	(10000 tons)	28721.0	25185.0	32183.1	26130.8

8-7 节　　水
WATER SAVING

项　　目		Item		2002	2001	2002年为2001年% 2002 as % of 2001
节水量	(万吨)	Volume Saved	(10000 tons)	6142.0	5720.0	107.4
自来水	(万吨)	Tap Water	(10000 tons)	3732.4	3560.0	104.8
自备水井	(万吨)	Self-Provided Well	(10000 tons)	2259.6	1990.0	113.5
完成节水措施	(项)	Save Measures Completed	(item)	172	116	148.3

8-8 公 共 交 通
PUBLIC TRAFFIC

项　　目		Item		2002	# 城近郊区 City Propers and Near Suburbs	2001	# 城近郊区 City Propers and Near Suburbs
年末营运车辆	**(辆)**	**Operating Vehicles (year-end)**	**(unit)**	**17580**	**16151**	**15420**	**13897**
公共汽车	(辆)	Buses	(unit)	14445	14445	12305	11953
小公共汽车	(辆)	Mini-Buses	(unit)	1893	464	1858	687
无轨电车	(辆)	Trolley Buses	(unit)	601	601	640	640
地铁机车	(辆)	Subways	(unit)	641	641	617	617
营运线路		**Operating Routes**					
条　数	(条)	Number	(line)	592	532	555	504
公共汽车	(条)	Buses	(line)	501	498	467	459
小公共汽车	(条)	Mini-Buses	(line)	73	16	71	28
无轨电车	(条)	Trolley Buses	(line)	15	15	15	15
地　铁	(条)	Subways	(line)	3	3	2	2
长　度	(公里)	Length	(km)	15835	16716	13180	11934
公共汽车	(公里)	Buses	(km)	13143	16143	11368	11243
小公共汽车	(公里)	Mini-Buses	(km)	2427	308	1568	447
无轨电车	(公里)	Trolley Buses	(km)	190	190	190	190
地　铁	(公里)	Subways	(km)	75	75	54	54
客运量	**(万人次)**	**Passengers Carried**	**(10000 person.times)**	**492122**	**485556**	**449720**	**440195**
按车种分		By Type of Vehicles					
公共汽车及无轨电车	(万人次)	Buses and Trolley Buses	(10000 person.times)	434606	434605	392324	391344
小公共汽车	(万人次)	Mini-Buses	(10000 person.times)	9274	2709	10526	1981
地　铁	(万人次)	Subways	(10000 person.times)	48242	48242	46870	46870
按购票方式分		By Ways of Payment					
普　票	(万人次)	Common	(10000 person.times)	187349		155736	152438
月　票	(万人次)	Monthly	(10000 person.times)	296953		286413	280347
包　车	(万人次)	Hire	(10000 person.times)	2853		2778	2719
旅　游	(万人次)	Tourism	(10000 person.times)	870		607	594
免　费	(万人次)	Free of Charge	(10000 person.times)	4097		4186	4097
售出月票	**(万张)**	**Monthly Ticket Sales**	**(10000)**	**2069.0**		**1962.5**	**1923.3**
客运收入	**(万元)**	**Revenue of Passengers Traffic**	**(10000 yuan)**	**360558.0**		**314757.5**	**303733.5**

8-9 客运出租汽车
TAXIS SERVICE

项目		Item		2002	2001	2002年为2001年% 2002 as % of 2001
出租汽车营运单位		**Operating Units**		**1456**	**1504**	**96.8**
国有单位	(个)	State-Owned	(unit)	81	103	78.6
集体单位	(个)	Collective-Owned	(unit)	83	99	83.8
个 体 户	(个)	Individuals	(unit)	1163	1164	99.9
中外合资	(个)	Joint Venture	(unit)	4	4	100.0
其　他	(个)	Others	(unit)	125	134	93.3
营运车辆	**(辆)**	**Operating Vehicles**	**(unit)**	**66759**	**65155**	**102.5**
小轿车	(辆)	Cars	(unit)	62848	61740	101.8
旅行车	(辆)	Wagon Cars	(unit)	587	485	121.0
大客车	(辆)	Coaches	(unit)	3324	2930	113.4
客运量		**Passengers Carried**		**63805**	**63448**	**100.6**
小轿车	(万人次)	Cars	(10000 person.times)	59839	59846	100.0
旅行车	(万人次)	Wagon Cars	(10000 person.times)	548	467	117.3
大客车	(万人次)	Coaches	(10000 person.times)	3418	3134	109.1
里程利用率		**Utilization Rate of Mileage**				
小轿车	(%)	Cars	(%)	57	58	98.3
旅行车	(%)	Wagon Cars	(%)	83	84	98.8
大轿车	(%)	Coaches	(%)	88	88	100.0

8-10 市政工程设施情况
BASIC STATISTICS ON MUNICIPAL ENGINEERING

项目		Item		2002	# 城近郊区 City Proper and and Near Suburb	2001	# 城近郊区 City Proper and and Near Suburb
电视监视路口	**(个)**	**Surveillance Intersection by TV**	**(unit)**	**212**	**177**	**135**	**135**
道路		**Roads**					
道路长度	(公里)	Length	(km)	5444.0	3691.0	4312.4	3672.5
道路面积	(万平方米)	Areas of Roads	(10000 sq.m)	7645.0	5391.0	6061.8	5084.3
# 铺装步路	(万平方米)	Paved Roads	(10000 sq.m)	1037.0	770.0	758.1	631.1
城市桥梁	**(座)**	**City Bridges**	**(unit)**	**1051**	**780**	**891**	**767**
# 大型道路立交桥	(座)	Large Flyovers	(unit)	180	155	160	136
行人过街天桥	(座)	Overpass	(unit)	253	245	221	207
地下通道	**(座)**	**Underpass**	**(unit)**	**204**	**200**	**185**	**155**
路灯盏数	**(盏)**	**Number of Road Lamps**	**(unit)**	**243111**	**176842**	**230516**	**171608**

8-11 城市园林绿化
GARDENS AND PLANTED AREAS

项目 Item			2002	# 城近郊区 City Proper and and Near Suburb	2001	# 城近郊区 City Proper and and Near Suburb
年末公共绿地面积	(公顷) Public Green Areas(year-end)	(hectare)	7907	5942	7554	5748
平均每人占有公共绿地面积 (包括水面)	(平方米) Per Capita Public Green Areas (including water surface)	(sq.m)	10.7	9.4	10.1	8.9
城市绿化覆盖率	(%) Coverage of City Green Areas	(%)	40.6	40.2	38.8	38.6
道路绿化总长度	(公里) Total Length of Green Roads	(km)	2787	2144	2697	2084
年末实有树木	(万株) Trees(year-end)	(10000)	5101	3971	4741	3721
# 本年新植	(万株) Newly Planted	(10000)	372	259	657	545
苗圃面积	(公顷) Areas of Nursery	(hectare)	429	327	413	326
草坪面积	(万平方米) Areas of Lawn	(10000 sq.m)	6544	5168	6177	4931
# 本年新植	(万平方米) Newly Planted	(10000 sq.m)	437	304	580	386
公园个数	(个) Parks	(unit)	166	110	140	101
公园面积	(公顷) Areas of Parks	(hectare)	5134	4330	4997	4242
全年游园人数	(万人次) Visitors to Parks and Zoos	(10000 person.times)	9629	4366	12478	4379

8-12 城 市 排 水
DRAINAGE

项目 Item			2002	# 城近郊区 City Proper and and Near Suburb	2001	# 城近郊区 City Proper and and Near Suburb
下水道长度	**(公里) Length of Sewer**	**(km)**	**6170.0**	**4591.0**	**5162.5**	**4373.9**
污水管	(公里) Sewage Pipes	(km)	2658.0	1893.0	2163.3	1774.6
污水处理	**Dispose of Sewage**					
处理厂	(个) Disposal Plants	(unit)	12	7	8	4
处理能力	(万吨／日) Disposal Capability	(10000 tons/day)	180.6	152.0	143.5	128.5
年处理量	(万吨) Disposed Volume	(10000 tons)	43396	38489	36349	33401
处理率	(%) Disposal Rate	(%)	45.0	47.5	42.0	
平均每日污水量	(万吨) Daily Sewage	(10000 tons)	264.0	221.0	237.1	

注：污水处理能力为二级以上污水处理厂设计能力。

Note:Ability to dispose of sewage was second grade and better disposd plants design disposd Capability.

8-13 北京市环境保护基本情况
BASIC STATISTICS FOR ENVIRONMENT PROTECTION

项目 Item			2002	2001
工业废水排放量达标率	(%) Percentage of Industrial Waste Water up to the Standards for Discharge	(%)	98.34	97.00
工业固体废物综合利用率	(%) Percentage of Industrial Solid Wastes Utilized	(%)	75.95	75.00
烟尘控制区面积	(平方公里) Soot Controlling Area	(sq.km)	625.2	621.5
汽车尾气达标率	(%) Qualified Rate of Offgas of Automobiles Checked	(%)	80.39	83.72
自然保护区面积	(万公顷) Nature Protection Area	(10000 hectare)	8.9	8.6

注：汽车尾气达标率的统计范围由去年10个区的检查范围扩大到今年16个区的检查范围。

Note:From2002, data of Qualified Rate of Offgas of Automobiles Checked indade 16 districts.

8-14 城 市 环 境 卫 生
MUNICIPAL ENVIRONMENT AND SANITATION

项目	Item	2002	# 城近郊区 City Proper and and Near Suburb	2001	# 城近郊区 City Proper and and Near Suburb
工作量	**Work Load**				
清扫街道面积 (万平方米／日)	Area Cleaned (10000 sq.m/day)	8077	6379	7085	5641
清运垃圾 (万吨)	Garbage Disposal (10000 tons)	321.4	262.3	309.3	256.4
清运粪便 (万吨)	Night Soil Disposal (10000 tons)	311.7	278.8	301.0	241.6
垃圾无害化处理能力 (吨/日)	Capacity of Harmless Disposal of Garbage (ton/day)	8750	7580	6750	5580
环卫机械数量 (辆)	**Number of Environmental Sanitation (unit)**	**4321**	**3777**	**4231**	**3603**
# 大中型垃圾车 (辆)	Large and Medium Dustcarts (unit)	2121	1774	1952	1641
环卫设施	**Environmental Sanitation Facilities**				
公共厕所 (座)	Lavatories (unit)	5644	5134	5347	4803
密闭式集装箱垃圾站 (座)	Airtight Container Caerbage Stations (unit)	832	743	782	730

8-15 空气污染指数监测情况
MINITORING STATISTICS FOR AIR POLLUTION INDEX

单位：天 (day)

首要污染物 First Pollutant / 污染指数 Pollution Index		可吸入颗粒物 Pellet can be Breathe in	二氧化氮 Nitrogen Dioxide	二氧化硫 Sulphur Dioxide	合　计 Total
合　计	Total				
一　级	First Grade	17	2	2	21
二　级	Second Grade	151		31	182
三　级	Third Grade	137		6	143
四　级	Fourth Grade	8			8
五　级	Fifth Grade	11			11

单位：毫克/立方米 (mg/cu.m)

污染物 Pollutant / 年 份 Year	可吸入颗粒物 Pellet can be Breathe in	二氧化氮 Nitrogen Dioxide	二氧化硫 Sulphur Dioxide
2002	0.166	0.076	0.067
2001	0.165	0.071	0.064
2002年为 2001年% 2002 as % of 2001	100.6	107.0	104.7

注：上表反映全年被监测的三种主要污染物成为首要污染物的天数分布。

Note: The top table indicates day-distribution of the three main pollutant supervised in the whole year.

主要统计指标解释

输气管道长度

指报告期末从气源厂压缩机的出口或门站出口至各类用户引入管之间的全部已经通气投入使用的管道长度。不包括煤气生产厂、输配站、液化气储存站、灌瓶站、储配站、气化站、混气站、供应站等厂（站）内的管道。

自来水生产能力

指按供水设施取水、净化、送水、出厂输水干管等环节实际测定计算的综合生产能力。不包括供水高峰阶段，超负荷增加的生产能力。计算时，以四个环节中最薄弱的环节为主确定能力。

自来水管道长度

指供水设施的取水管道和供水管道长度之和。

取水管道长度指水源地至地表水水厂净化设施（或地下水水厂清水池）之间所有管道的长度，包括水源井之间的井群联络管道长度。

供水管道长度指从送水泵至用户水表之间所有管道的长度。不包括新安装尚未使用的管道。

生活用水量

指公共服务用水、居民用水和消防等特殊用水量之和。

公共服务用水指为城市社会公共生活服务的用水。包括行政事业单位、部队营区和公共设施服务、社会服务业、批发零售贸易业、旅馆饮食业以及社会服务业等单位的用水。

居民家庭用水指城市范围内所有居民家庭的日常生活用水。包括城市居民、农民家庭、公共供水站用水。

消防及其它特殊用水指城市灭火以及除居民家庭、公共服务、生产运营用水范围以外的各种特殊用水。包括消防用水、深井回灌用水、其他用水。

年末营运车数

指公交企业（单位）用于运营业务的全部车辆数。

运营线路总长度

指全部运营线路长度之和。计算公式：

运营线路长度=Σ各条运营线路长度

=Σ〔½（上行起点至终点里程+下行起点至终点里程+ 上下行终点掉头里程）〕

道路长度

指道路长度和与道路相通的桥梁、隧道的长度，按车行道中心线计算。城市道路由车行道和人行道两部分组成。在统计时只统计路面宽度在3.5米（含3.5米）以上的各种铺装道路，包括开放型工业区和住宅区道路在内。

城市桥梁

指为跨越天然或人工障碍物而修建的永久构筑物，其使用时间为50年以上，所采用的材料能保持规定的强度，在使用期间经过正常的使用与养护的桥梁。包括跨河桥、立交桥、人行天桥以及人行地下通道等。

公共绿地

指向公众开放的市级、区级、居住区级各类公园、街旁游园，包括其范围内的水域。其中居住区级公园应不小于1万平方米，街旁游园的宽度不小于8米，面积不小于400平方米。

绿化覆盖率

指报告期末区域内绿化覆盖面积与区域面积的比率。

计算公式：

$$\text{绿化覆盖率}=\frac{\text{区域内绿化覆盖面积}}{\text{区域面积}}\times 100\%$$

下水道长度

指所有排水总管、干管、支管、检查井及连接井进出口等长度之和。计算时应按单管计算，即在同一条街道上如有两条或两条以上并排的排水管道时，应按每条排水管道的长度相加计算。

污水日处理能力

指污水处理厂（或处理装置）每昼夜处理污水量的设计能力。

按污水处理的程度，一般可分为一级处理、二级处理和三级处理。

一级处理是以沉淀为主体的处理工艺。指去除污水中的漂浮物和悬浮物的净化过程，主要为沉淀。

二级处理是以生物处理为主体的处理工艺。指污水经一级处理后，用生物处理方法继续除去污水中胶体和溶解性有机物的净化过程。

三级处理也称高级处理或深度处理。指进一步去除二级处理不能完全去除的污水中的污染物的处理工艺。

垃圾无害化处理能力

指垃圾无害化处理场（厂）按工艺设计每天所能处理生活垃圾的数量。垃圾无害化处理场（厂）必须是按照有关技术、环境、卫生标准和规范进行设计、建设、运行、维护和管理的各种生活垃圾处理设施，主要包括卫生填埋场、堆肥厂和焚烧厂等。

九　人民生活

PEOPLE'S LIVELIHOOD

居民人均收入（单位：元）
Income Per Capita (yuan)

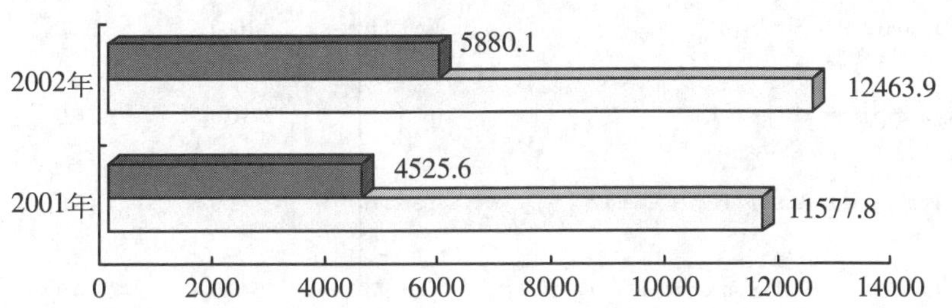

居民人均消费性支出（单位：元）
Annual Living Expenditures Per Capita (yuan)

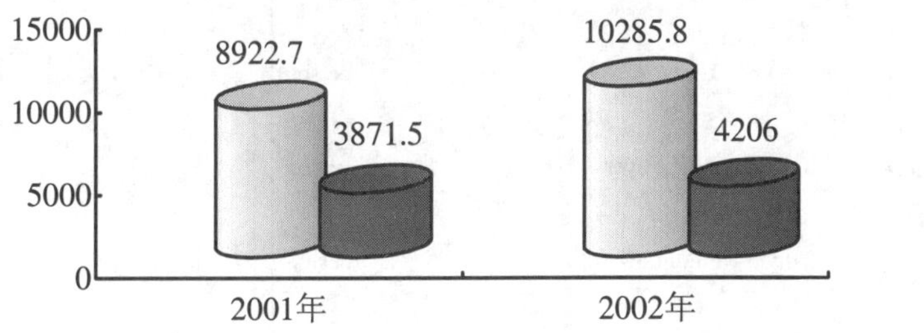

居民人均住房情况（单位：平方米）
Living Conditions Per Capita (sq.m)

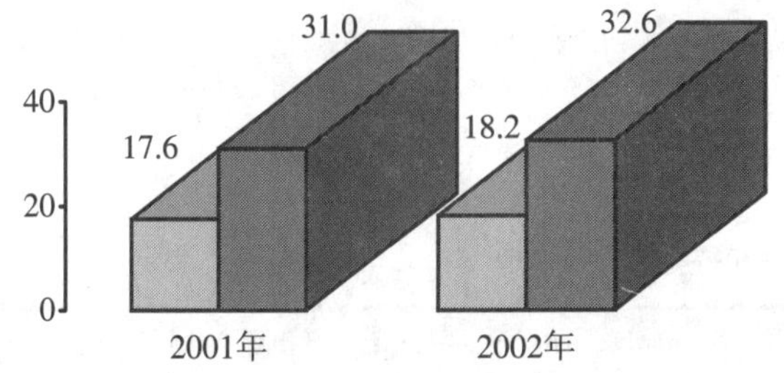

9-1 1000户城镇居民家庭基本情况
BASIC STATISTICS OF 1000 SAMPLED URBAN HOUSEHOLDS

项　目 Item				2002	2001	2002年为2001年% 2002 as % of 2001
一、调查户数	(户)	Households Surveyed	(household)	1000	1000	100.0
二、家庭人口数	(人)	Persons of Households	(person)	2990.0	3026.0	98.8
平均每户家庭人口	(人)	Average Persons Per Household	(person)	3.0	3.0	99.0
(一)有收入者人数	(人)	Persons Having Income	(person)	2340.0	2350.0	99.6
1.就业人口数	(人)	Employees	(person)	1650.0	1760.0	93.8
平均每户就业人口数	(人)	Average Employees Per Household	(person)	1.7	1.8	93.8
(1)国有经济单位职工人数	(人)	in State-owned Units	(person)	1150.0	1255.0	91.6
(2)集体经济单位职工人数	(人)	in Collective-owned Units	(person)	50.0	91.0	55.0
(3)其他经济类型职工人数	(人)	in Other Units	(person)	170.0	197.0	86.3
(4)个体经营者人数	(人)	Individual Employer	(person)	60.0	10.0	600.0
(5)个体被雇者人数	(人)	Individual Employee	(person)	30.0	24.0	125.0
(6)离退休再就业者人数	(人)	Reemployees after retirement	(person)	150.0	175.0	85.7
(7)其他就业者人数	(人)	Others	(person)	40.0	8.0	500.0
2.离退休人员数	(人)	Retirees	(person)	650.0	582.0	111.7
3.其它有收入者人员数	(人)	Others	(person)	40.0	8.0	500.0
(二)无收入者人数	(人)	Persons having no Income	(person)	650.0	676.0	96.2
三、平均每一就业者负担人数	(人)	Dependents Per Employee	(person)	1.4	1.4	101.4
四、平均每人年可支配收入	(元)	Annual Discretionary Income Per Capita	(yuan)	12463.9	11577.8	113.5
五、平均每人年消费性支出	(元)	Annual Living Expenditure Per Capita	(yuan)	10285.8	8922.7	115.3

注：可支配收入绝对值为新口径数，增幅按可比口径计算。新口径与原口径的区别主要在于新口径扣除了个人交纳的社会保障支出。（下同）

Note:Data of Annual Discretionary Income PerCapita in terms of value are calculated at current prices,while the related indices are calculated at comparable prices.new caliber deduct from expenditure for social welfare.(the followings are the same)

9-2 1000户城镇居民家庭基本情况(按收入水平分)
BASIC STATISTICS OF 1000 SAMPLED URBAN HOUSEHOLDS(BY INCOME LEVEL)

项目 Item				全市合计 Total	低收入户 Low Income	中等偏下收入户 Medium-Low Income	中等收入户 Medium Income	中等偏上收入户 Medium-High Income	高收入户 High Income
一、调查户数	(户)	Households Surveyed	(household)	1000	200	200	200	200	200
二、家庭人口数	(人)	Persons of Households	(person)	2990	637	624	610	581	538
平均每户家庭人口	(人)	Average Persons Per Household	(person)	3.0	3.2	3.1	3.1	2.9	2.7
(一)有收入者人数	(人)	Persons Having Income	(person)	2340	437	473	485	480	465
1.就业人口数	(人)	Employees	(person)	1650	332	343	329	330	316
平均每户就业人口数	(人)	Average Employees Per Household	(person)	1.7	1.7	1.7	1.7	1.7	1.6
(1)国有经济单位职工人数	(人)	in State-owned Units	(person)	1150	225	247	226	233	219
(2)集体经济单位职工人数	(人)	in Collective-owned Units	(person)	50	15	11	8	11	5
(3)其他经济类型职工人数	(人)	in Other Units	(person)	170	25	31	37	33	44
(4)个体经营者人数	(人)	Individual Employer	(person)	60	19	9	10	9	13
(5)个体被雇者人数	(人)	Individual Employee	(person)	30	9	5	9	4	3
(6)离退休再就业者人数	(人)	Reemployees after retirement	(person)	150	17	32	33	39	29
(7)其他就业者人数	(人)	Others	(person)	40	21	8	6	3	2
2.离退休人员数	(人)	Retirees	(person)	650	97	122	147	142	142
3.其它有收入者人员数	(人)	Others	(person)	40	8	7	9	7	9
(二)无收入者人数	(人)	Persons having no Income	(person)	650	200	151	126	101	72
三、平均每一就业者负担人数	(人)	Dependents Per Employee	(person)	1.4	1.6	1.5	1.4	1.3	1.3
四、平均每人年可支配收入	(元)	Annual Discretionary Income Per Capita	(yuan)	12463.9	6057.5	8941.2	11315.8	14210.7	23349.3
五、平均每人年消费性支出	(元)	Annual Living Expenditure Per Capita	(yuan)	10285.8	6837.5	8230.5	9777.3	12021.1	15354.3

9-3 1000户城镇居民家庭每人每年现金收入
ANNUAL CASH INCOME PER CAPITA OF THE 1000 URBAN HOUSEHOLDS

单位：元 (yuan)

项目	Item	全市平均 Average	低收入户 Low Income	中等偏下收入户 Medium-Low	中等收入户 Medium Income	中等偏上收入户 Medium-High	高收入户 High Income	2002年为2001年% 2002 as % of 2001
一、家庭总收入	**Familial Gross Income**	**13253.3**	**6820.9**	**9666.5**	**12029.7**	**15027.8**	**24295.1**	**113.7**
# 可支配收入	Annual Discretionary Income	12463.9	6057.5	8941.2	11315.8	14210.7	23349.3	113.5
(一)工薪收入	Emolument	9000.3	4852.9	6885.6	8188.7	10301.4	15751.2	107.8
1.工资及补贴收入	Laborage and Allowance Income	8812.5	4764.1	6778.2	8013.2	10184.7	15266.4	109.2
2.其它劳动收入	Other Income from Work	187.8	88.7	107.4	175.5	116.7	484.8	68.1
(二)经营性收入	Business Income	339.2	262.8	197.6	254.1	262.8	764.5	617.2
(三)财产性收入	Property Income	82.4	10.7	28.4	18.3	49.7	332.9	78.3
1.利息收入	Interest Income	21.8	1.3	2.1	5.6	6.8	101.7	48.9
2.股息与红利收入	Capital Bonus Income	15.1	5.2	3.1		3.4	69.3	104.7
3.保险收益	Insurance Proceeds	3.1	0.1	0.6	0.4	0.1	15.4	
4.其他投资收入	Other Income from Yield	0.9	0.2			1.2	3.5	
5.出租房屋收入	Lease House Income	41.1	3.9	22.6	11.7	37.7	141.7	
6.知识产权收入	Sciential Property Right							
7.其他财产性收入	Other Income from Property	0.5			0.5	0.6	1.5	1.0
(四)转移性收入	Transfer Income	3831.4	1694.4	2554.9	3568.7	4413.9	7446.4	121.6
# 养老金或离退休金	Annuities and Pension	3288.6	1550.1	2364.1	3303.9	4102.4	5484.7	123.7
社会救济收入	Receiving Special Reilief Income	5.5	10.4	3.2	0.9	3.2	9.8	
辞退金	Resignation Allowances	26.7	1.3	0.0	4.0	4.1	136.0	
保险收入	Insurance Income	33.7	1.6	1.4	6.1	4.5	169.5	
# 失业保险金	Unemployment Income	6.1	1.6	0.0	4.0	0.9	26.4	
赡养收入	Maintenance Income	149.3	14.1	43.7	91.8	88.2	555.8	190.2
赠送收入	Gift Income	145.9	13.2	33.6	37.6	58.9	640.9	95.4
亲友搭伙费	Poor Funds	33.9	12.3	11.8	21.3	40.8	90.9	81.2
提取住房公积金	Draw Money of Housing Accumulation Fund	16.4				0.3	89.2	
记帐补贴	Subsidies of Account	87.6	84.5	85.4	86.9	88.1	93.8	136.6
二、出售财物收入	Proceeds from Sales of Belongings	2.5	3.1	1.2	1.9	4.0	2.6	53.1
三、借贷收入	Credit Income	2136.8	2346.5	1274.9	1527.1	2660.6	2978.9	101.3

注：可支配收入绝对值为新口径数，增幅按可比口径计算。

Note:Data of Annual Discretionary Income PerCapita in terms of value are calculated at current prices,while the related indices are calculated at comparable prices.

9-4 1000户城镇居民家庭每人每年现金支出
ANNUAL CASH EXPENDITURES PER CAPITA OF THE 1000 URBAN HOUSEHOLDS

单位：元 (yuan)

项　　目	Item	全市平均 Average	低收入户 Low Income	中等偏下收入户 Medium-Low Income	中等收入户 Medium Income	中等偏上收入户 Medium-High Income	高收入户 High Income	2002年为2001年% 2002 as % of 2001
一家庭总支出	**Familial Gross Expenditures**	**12249.6**	**8585.8**	**9465.6**	**11347.2**	**14344.8**	**18445.1**	**114.7**
(一)消费支出	Living Expenditures	10285.8	6837.5	8230.5	9777.3	12021.1	15354.3	115.3
# 服务性消费支出	Service Living Expenditures	3163.5	2010.7	2315.8	2960.1	3855.8	4957.0	
(二)购房与建房支出	Expenditures on Purchasing and Builking Houses	395.6	663.7	108.6	229.1	511.0	467.3	39.6
1.购房	Purchasing	395.6	663.7	108.6	229.1	511.0	467.3	
2.建房	Builking Houses							
(三)转移性支出	Ambulant Expenditures	897.6	415.8	496.9	735.5	1112.5	1863.8	119.1
1.交纳的个人收入税	Individual Income-tax	33.4	10.4	14.5	22.0	29.9	98.2	135.0
2.捐赠支出	Gift Expenditures	498.8	137.3	265.8	468.4	607.1	1103.7	117.3
3.购买彩票	Buy Lottery Expenditures	15.1	8.9	11.6	14.1	18.4	23.7	
4.赡养支出	Support Expenditures	240.3	208.6	164.7	166.3	268.1	414.8	136.3
5.各种非储蓄性保险支出	Non-saving-deposits Insurance	53.0	28.2	16.6	35.6	91.8	100.9	74.1
# 车辆保险支出	Automotive Insurance	13.2	11.9			15.1	42.4	
6.其它转移性支出	Others	57.0	22.5	23.8	29.1	97.2	122.6	102.5
(四)财产性支出	Property Insurance	2.3	0.3	4.1	0.2	1.0	6.0	
(五)社会保障支出	Social Security Insurance	668.4	668.5	625.5	605.1	699.2	753.7	
1.个人交纳的养老基金	Annuities	248.4	301.4	246.2	217.9	235.5	236.1	
2.个人交纳的住房公基金	Housing Accumulation Fund	309.9	236.9	272.9	290.4	361.5	403.6	
3.个人交纳的医疗基金	Iatrical Accumulation Fund	80.5	91.7	81.1	74.1	73.8	80.9	
4.个人交纳的失业基金	Disemployed a Accumulation Fund	25.9	25.9	23.6	20.8	27.5	32.3	
5.其它社会保障支出	Others	3.8	12.6	1.7	1.9	0.9	0.9	
二、借贷支出	**Credit Expenditures**	**1975.1**	**477.5**	**992.2**	**1402.3**	**2164.0**	**5269.4**	**93.8**
# 存入储蓄款	Saving Deposits	1592.1	360.1	772.7	1003.0	1826.4	4359.2	99.5
归还借款	Returning Loans	59.7	19.9	29.2	117.2	23.8	116.5	183.6
储蓄性保险支出	Save up Premiums	152.0	54.3	80.1	98.7	176.8	380.2	62.7
购买有价证券	Purchase of Securities	60.2	29.1	43.6	85.2	30.1	120.7	68.0
归还住房贷款	Return the Housing Provide a Loan	54.3	5.3	52.9	55.2	66.8	98.8	301.7
归还汽车贷款	Return the Automotive Provide a Loan	6.1		4.4	4.0	2.0	21.9	
归还教育贷款	Return the Educational Provide a Loan	0.1			0.7			

9-5 1000户城镇居民家庭平均每人年消费性支出
ANNUAL LIVING EXPENDITURE PER CAPITA OF THE 1000 URBAN HOUSEHOLDS

单位：元 (yuan)

项目 Item		全市平均 Average	低收入户 Low Income	中等偏下收入户 Medium-Low Income	中等收入户 Medium Income	中等偏上收入户 Medium-High Income	高收入户 High Income	2002年为2001年% 2002 as % of 2001
消费性支出	**Living Expenditures**	**10285.8**	**6837.5**	**8230.5**	**9777.3**	**12021.1**	**15354.3**	**115.3**
1.食　品	Food	3472.5	2623.6	3193.6	3445.4	3810.9	4449.3	107.5
2.衣　着	Clothing	863.9	445.4	659.1	862.8	1026.7	1413.0	105.1
3.家庭设备用品及服务	Household Facilities, Articles and Services	636.2	333.7	534.4	609.9	868.7	885.3	75.1
4.医疗保健	Medicine and Medical Services	950.1	542.3	835.1	856.7	1022.9	1582.0	140.2
5.交通和通讯	Transportation and Communication	1271.0	817.4	733.2	1022.4	1544.6	2392.5	165.4
6.教育、文化、娱乐服务	Education,Culture and Recreation Services	1809.5	1271.0	1287.9	1745.2	2192.9	2692.2	126.6
7.居住	Residence	925.5	629.8	747.8	946.1	1102.6	1261.0	157.4
8.杂项商品与服务	Miscellaneous and servings	357.3	174.3	239.4	288.8	451.7	679.1	63.7

9-6 1000户城镇居民家庭消费性支出构成
MAKE UP OF ANNUAL LIVING EXPENDITURE THE 1000 URBAN HOUSEHOLDS

单位：% (%)

项目 Item		全市平均 Average	低收入户 Low Income	中等偏下收入户 Medium-Low Income	中等收入户 Medium Income	中等偏上收入户 Medium-High Income	高收入户 High Income	2002年比2001年增、减 2002 Compared with 2001
消费性支出	**Living Expenditures**	**100.0**	**100.0**	**100.0**	**100.0**	**100.0**	**100.0**	**100.0**
1.食　品	Food	33.8	38.4	38.8	35.2	31.7	29.0	-2.4
2.衣　着	Clothing	8.4	6.5	8.0	8.8	8.5	9.2	-0.8
3.家庭设备用品及服务	Household Facilities, Articles and Services	6.2	4.9	6.5	6.2	7.2	5.8	-3.3
4.医疗保健	Medicine and Medical Services	9.2	7.9	10.2	8.8	8.5	10.3	1.7
5.交通和通讯	Transportation and Communication	12.4	12.0	8.9	10.5	12.8	15.6	3.8
6.教育、文化、娱乐服务	Education,Culture and Recreation Services	17.6	18.6	15.6	17.8	18.2	17.5	1.6
7.居住	Residence	9.0	9.2	9.1	9.7	9.3	8.2	2.4
8.杂项商品与服务	Miscellaneous and servings	3.5	2.5	2.9	3.0	3.8	4.4	-2.8

9-7 1000户城镇居民家庭平均每人年购买食品支出

ANNUAL EXPENDITURE OF FOOD PER CAPITA OF THE 1000 URBAN HOUSEHOLDS

单位：元 (yuan)

项目	Item	全市平均 Average	低收入户 Low Income	中等偏下收入户 Medium-Low Income	中等收入户 Medium Income	中等偏上收入户 Medium-High Income	高收入户 High Income	2002年为2001年% 2002 as % of 2001
一、食　品	**Food**	**3472.5**	**2623.6**	**3193.6**	**3445.4**	**3810.9**	**4449.3**	**107.5**
(一)粮油类	Grain and Oil	358.5	337.7	364.6	357.0	361.8	374.2	102.0
1.粮　食	Grain	223.9	214.8	226.2	219.9	226.4	233.5	101.6
2.淀粉及薯类	Starches and Tuber	24.6	22.5	24.9	25.1	25.5	25.2	107.1
3.干豆类及豆制品	Bean and Bean Products	45.0	37.2	45.9	44.1	46.6	52.2	98.2
4.油脂类	Oil	65.1	63.2	67.6	67.9	63.4	63.3	104.2
(二)肉禽蛋及水产品类	Meat,Poultry and Related Products	799.8	646.2	782.3	808.9	850.0	935.7	102.5
1.肉类	Meat Products	454.6	380.6	458.8	456.6	481.0	505.8	102.5
2.禽类	Poultry Products	111.3	91.0	109.5	110.7	118.2	130.3	90.4
3.蛋类	Eggs	70.5	64.1	70.0	71.1	72.3	76.0	101.3
4.水产品类	Aquatic Products	163.4	110.5	143.9	170.6	178.4	223.6	113.2
(三)蔬菜类	Vegetable	248.7	216.1	243.0	247.1	257.4	286.0	105.1
1.鲜菜	Fresh Vegetable	219.3	194.5	216.5	217.6	226.6	245.6	102.6
2.干菜	Dried Vegetable	14.9	11.1	14.5	13.6	15.0	21.4	138.3
3.菜制品	Vegetable Products	14.5	10.5	12.0	15.8	15.8	19.0	119.4
(四)调味品	Flavorings	60.6	50.7	62.2	57.9	66.6	66.6	104.7
(五)糖烟酒饮料类	Sugar,Tabacco and Beverage	385.0	286.6	369.3	394.2	400.2	491.5	105.3
1.糖类	Sugar	43.1	29.4	39.2	40.8	46.2	62.4	106.3
2.烟草类	Tabacco	100.1	72.8	95.9	101.3	109.8	125.1	99.7
3.酒类	Liquor	88.6	67.1	83.2	92.3	93.1	111.0	115.7
4.饮料	Beverage	153.3	117.4	151.0	159.8	151.1	193.0	103.4
(六)干鲜瓜果类	Dried and Fresh Melon and Fruits	313.4	231.2	301.2	320.1	336.8	391.2	107.7
1.鲜果	Fresh Fruits	182.2	134.5	177.2	185.2	197.5	223.9	132.3
2.鲜瓜	Fresh Melon	42.0	33.8	43.5	46.1	42.3	44.8	69.2
3.干果	Dried Fruit	12.8	9.6	10.3	12.5	14.3	18.3	124.3
4.瓜果制品	Melon and Fruits Products	15.1	11.0	13.2	15.1	16.8	20.2	63.8
5.坚果及果仁	Nuts and Kernel	61.4	42.2	57.0	61.3	65.9	83.9	104.4
(七) 糕点.奶及奶制品	Cake,Milk and Dairy Products	335.7	254.0	321.2	332.5	357.9	427.5	107.9
(八)其他食品	Others	117.0	88.0	100.3	106.9	142.1	153.9	137.1
(九)饮食服务	Bite and sup servese	853.7	513.2	649.7	820.8	1038.1	1322.7	113.9
1.食品加工服务费	Food Processing service	0.3	0.1	0.8	0.2	0.1	0.1	300.0
2.在外饮食	Dinning Out	853.5	513.1	648.8	820.6	1038.0	1322.5	113.9

9-8 1000户城镇居民家庭平均每人年购买衣着、家庭设备用品及服务、医疗保健支出

ANNUAL PURCHASES OF CLOTHING,HOUSEHOLDS ARTICLES AND SERVICES, MEDICINE AND MEDICAL SERVICES PER CAPITA OF THE 1000 URBAN HOUSEHOLDS

单位：元 (yuan)

项目	Item	全市平均 Average	低收入 Low Income	中等偏下收入户 Medium-Low Income	中等收入户 Medium Income	中等偏上收入户 Medium-High Income	高收入户 High Income	2002年为2001年% 2002 as % of 2001
二、衣着支出	**Clothing**	**863.9**	**445.4**	**659.1**	**862.8**	**1026.7**	**1413.0**	**105.1**
(一)服　装	Garments	583.7	284.7	432.4	559.3	706.7	1000.3	106.8
1.男士服装	The dress of man	246.7	111.3	173.5	245.6	307.8	424.1	110.3
2.女士服装	The dress of woman	310.7	153.3	237.1	289.7	368.2	539.9	105.4
3.童装	Boy's suit	26.3	20.1	21.7	24.0	30.7	36.4	93.1
(二)衣着材料	Clothing Materials	23.1	13.4	17.4	24.5	29.0	33.1	69.8
(三)鞋类	Shoes	201.0	114.4	162.4	219.9	226.3	298.6	101.8
(四)其它衣着用品	Others	39.1	23.3	32.1	40.2	45.5	57.4	144.7
(五)衣着加工服务费	Clothing Processing and servings	17.0	9.6	14.9	18.9	19.2	23.6	96.4
三.家庭设备用品及服务	**Households Articles and Services**	**636.2**	**333.7**	**534.4**	**609.9**	**868.7**	**885.3**	**75.1**
(一)耐用消费品	Durable Consumer Goods	320.7	147.9	285.0	307.7	438.1	451.8	61.3
1.家　具	Furniture	100.8	30.7	92.4	86.7	146.3	159.3	65.6
2.家庭设备	Households Facility	219.9	117.3	192.7	221.0	291.8	292.6	59.6
(二)室内装饰品	Room Ornament	26.3	8.2	18.7	28.9	30.0	49.2	116.5
1.纺织装饰品	Weave Ornament	7.9	1.7	6.1	5.9	9.1	18.0	149.2
2.装饰灯具	Ornamental Lamps and Lanterns	8.8	4.0	8.6	8.0	10.5	13.5	115.7
3.其它装饰品	Others	9.7	2.5	4.0	15.0	10.4	17.7	99.3
(三)床上用品	Articles for Bed	41.8	22.1	28.7	39.5	65.2	57.2	128.6
(四)家庭日用杂品	Groceries for Households Daily Use	191.8	138.9	168.9	190.3	232.8	237.4	110.9
(五)家具材料	Furniture Materials	2.5	1.6	1.5	0.5	6.1	2.9	45.9
(六)家庭服务	Households Services	53.1	15.0	31.4	43.1	96.6	86.8	58.3
四.医疗保健	**Medicine and Medical Services**	**950.1**	**542.3**	**835.1**	**856.7**	**1022.9**	**1582.0**	**140.2**
(一)医疗器具	Medical Implements	13.3	4.0	15.9	16.1	13.1	18.1	96.6
(二)保健器具	Health Appliance	18.9	5.3	6.3	11.5	34.9	40.2	132.3
(三)药品费	Medicine Expenses	567.3	331.9	546.7	511.7	603.0	888.9	125.3
(四)滋补保健品	Tonic	112.8	56.0	88.5	117.2	130.2	183.2	175.4
(五)医疗费	Medical Services	222.7	136.0	158.7	183.2	225.0	437.5	186.6
(六) 其　他	Others	15.2	9.1	19.0	17.0	16.8	14.1	114.2

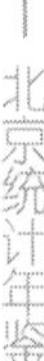

9-9 1000户城镇居民家庭平均每人年交通和通讯、教育文化娱乐服务支出
ANNUAL EXPENDITURE OF TRANSPORTATION,COMMUNICATION, RECREATION,CULTURE AND EDUCATION SERVICES PER CAPITA OF THE 1000 URBAN HOUSEHOLDS

单位：元 (yuan)

项目	Item	全市平均 Average	低收入户 Low Income	中等偏下收入户 Medium-Low Income	中等收入户 Medium Income	中等偏上收入户 Medium-High Income	高收入户 High Income	2002年为2001年% 2002 as % of 2001
五、交通和通讯	**Transportation and Communication**	**1271.0**	**817.4**	**733.2**	**1022.4**	**1544.6**	**2392.5**	**165.4**
(一)交　通	Transportation	684.5	490.8	245.4	405.3	871.8	1515.8	256.1
1.家庭交通工具	Means of Transport for Household	291.2	296.0	20.2	37.8	404.1	750.7	787.1
2.车辆用燃料及零配件	Fuel and Accessory by Voiture	32.6	9.7	10.9	26.6	49.9	71.9	204.0
3.交通工具服务支出	Means of Transport Services Expense	60.6	46.8	25.1	53.8	66.8	118.1	251.1
4.交通费	Transport Fare	300.1	138.3	189.2	287.1	351.1	575.2	157.8
(二)通　信	Communication	586.5	326.6	487.8	617.2	672.8	876.6	117.1
1.通信工具	Means	119.3	43.9	75.5	139.5	121.4	233.0	90.9
2.通信服务	Communication Servings	467.2	282.7	412.3	477.7	551.4	643.6	126.3
六、教育文化娱乐服务	**Education,Culture,Recreation Services**	**1809.5**	**1271.0**	**1287.9**	**1745.2**	**2192.9**	**2692.2**	**126.6**
(一)文化娱乐用品	Culture,Recreation and Article for Use	525.2	334.5	345.8	556.0	579.5	860.1	145.6
(二)文化娱乐服务	Culture,Recreation Servings	403.9	164.9	227.0	350.1	458.7	884.7	127.5
(三)教育	Education	880.5	771.6	715.1	839.1	1154.7	947.4	117.1
1.教材	Teaching material	55.3	58.2	58.3	50.1	48.3	61.5	33.7
2.教育费用	Education Expense	825.2	713.4	656.8	789.0	1106.4	885.9	140.4
# (1)非义务教育学杂费	Nobligation Tuition	322.1	346.7	295.3	352.3	292.5	322.7	58.3
(2)义务教育学杂费	Tuition	147.8	136.4	144.4	115.2	121.1	229.2	
(3)成人教育费	Tuition of Adult Education	94.9	38.7	61.4	80.6	172.3	131.5	269.0
(4)家教费	Family Education Expenses	21.5	21.9	12.4	23.2	22.7	28.2	
(5)培训班	Educate	87.4	57.9	77.0	94.4	113.5	98.2	
(6)学校住宿费	Put up School	18.5	25.0	15.3	11.5	22.7	17.4	
(7)其他	Others	95.4	57.3	30.9	54.1	302.7	36.7	

9-10 1000户城镇居民家庭平均每人年居住、杂项商品和服务支出
ANNUAL EXPENDITURE OF RESIDENCE,MISCELLANEOUS COMMODITIES AND SERVICES PER CAPITA OF THE 1000 URBAN HOUSEHOLDS

单位：元 (yuan)

项目	Item	全市平均 Average	低收入户 Low Income	中等偏下收入户 Medium-Low Income	中等收入户 Medium Income	中等偏上收入户 Medium-High Income	高收入户 High Income	2002年为2001年% 2002 as% of 2001
七、居　住	**Residence**	**925.5**	**629.8**	**747.8**	**946.1**	**1102.6**	**1261.0**	**157.4**
(一)住　房	House	495.1	289.9	353.0	503.9	646.9	724.3	214.6
# 租赁房房租	Construction Materials	124.4	102.0	98.3	113.0	140.1	175.9	142.7
住房装潢支出	Rent	307.2	145.6	193.5	330.2	424.4	474.9	
维修用建筑材料	Repairs	33.4	17.7	37.7	31.8	42.7	38.5	23.3
其他	Others	5.2	6.5	0.9	6.5	9.7	2.3	
(二)水电燃料及其他	Fare for Water,Electricity and Fuel	400.1	317.2	376.4	404.0	426.4	491.6	112.0
1.水费	Water	61.7	48.6	59.2	57.5	70.4	74.9	118.2
2.电费	Electricity	206.5	155.9	192.4	213.0	222.2	257.6	120.8
3.燃料	Fuel	119.6	103.3	117.4	124.5	125.9	128.8	98.6
(1)煤炭	Coal	17.3	16.3	17.7	20.1	18.4	13.5	62.8
(2)液化石油气	Liquefied Petroleum Gas	25.4	30.1	28.6	28.5	24.5	14.0	92.2
(3)管道煤气	Pipeline Gas	75.0	56.7	69.7	74.2	80.1	97.8	125.2
(4)其　它	Others Fuel	1.9	0.2	1.4	1.8	2.9	3.6	30.3
4. 其　它	Others	12.5	9.4	7.5	9.0	7.9	30.3	95.9
(三)居住服务费	Habitation Service Charge	30.3	22.7	18.4	38.3	29.3	45.1	
八、杂项商品和服务	**Miscellaneous Commodities and Services**	**357.3**	**174.3**	**239.4**	**288.8**	**451.7**	**679.1**	**63.7**
(一)杂项商品	Miscellaneous Commodities	244.2	126.0	174.0	216.6	290.7	442.5	110.9
(二)服务	Services	113.1	48.3	65.4	72.2	161.0	236.6	33.2

9-11 1000户城镇居民家庭平均每百户耐用消费品年购买量

PER 100 HOUSEHOLDS ANNUAL PURCHASES OF DURABLE CONSUMER GOODS OF THE 1000 URBAN HOUSEHOLDS

项目 Item				全市平均 Average	低收入户 Low Income	中等偏下收入户 Medium-Low Income	中等收入户 Medium Income	中等偏上收入户 Medium-High Income	高收入户 High Income	2002年为2001年% 2002 as% of 2001
1.洗衣机	(台/百户)	Washing Machines	(set/100household)	1.8	1.3	1.5	1.6	2.7	1.7	26.5
2.电风扇	(台/百户)	Electric Fans	(set/100household)	1.7	1.4	1.8	1.8	2.1	1.2	22.1
3.电冰箱	(台/百户)	Refrigerators	(set/100household)	1.4	0.6	1.2	1.6	2.4	1.6	28.6
4.冰　柜	(台/百户)	Freezers	(set/100household)	0.1	0.1	0.2		0.2		33.3
5.微波炉	(台/百户)	Microwave Stove	(set/100household)	1.7	1.2	1.3	1.4	2.8	1.9	20.5
6.空调器	(台/百户)	Air-Conditioners	(set/100household)	3.9	2.0	3.7	4.5	4.8	4.9	28.7
7.电炊具	(台/百户)	Electric Cooking Appliances	(set/100household)	3.2	2.9	1.8	3.6	3.4	4.5	29.6
8.淋浴热水器	(台/百户)	Showers	(set/100household)	1.8	1.9	1.9	0.9	2.2	2.3	25.7
9.脱排油烟机	(台/百户)	Range Hoods	(set/100household)	2.2	1.6	2.6	1.9	2.2	2.8	50.0
10.吸尘器	(台/百户)	Dust Catcher	(set/100household)	0.5	0.5		0.9	0.5	0.8	35.7
11.消毒碗柜	(台/百户)	Disinfector	(set/100household)	0.1				0.3	0.4	
12.洗碗机	(台/百户)	Dishwasher	(set/100household)	0.0						
13.饮水机	(台/百户)	Water Fountain	(set/100household)	1.3	0.3	1.8	1.1	1.9	1.5	
14.取暖器	(台/百户)	Radiator	(set/100household)	1.6	0.8	1.6	1.6	1.8	2.3	
15.自行车	(辆/百户)	Bicycles	(unit/100household)	4.3	3.7	4.0	4.7	4.3	5.1	28.3
16.摩托车	(辆/百户)	Motorcyles	(unit/100household)				0.1			20.0
17.助力车	(辆/百户)	Dynamical Bicycle	(unit/100household)	0.4	0.2	0.5	0.6	0.1	0.4	
18.家用汽车	(辆/百户)	Cars	(unit/100household)	0.3	0.3			0.3	0.8	150.0
19.移动电话	(部/百户)	Mobile telephone	(unit/100household)	7.4	3.2	5.4	8.7	7.4	13.1	
20.传真机	(部/百户)	Electrograph	(unit/100household)						0.1	
21.彩色电视机	(台/百户)	Color TV Sets	(set/100household)	2.6	1.5	1.9	3.0	2.6	4.1	36.1
22.影碟机	(台/百户)	Video CD	(set/100household)	1.8	0.6	0.9	2.1	1.8	3.8	47.4
23.录放像机	(台/百户)	Videorecorders	(set/100household)						0.2	8.0
24.家用电脑	(台/百户)	Game-Computers	(set/100household)	1.9	1.7	1.2	2.3	2.0	2.4	28.4
25.组合音响	(套/百户)	Hi-Fi Systems	(set/100household)	0.4	0.2	0.1	0.7	0.5	0.4	33.3
26.录音机	(台/百户)	Recorders	(set/100household)	2.8	2.5	2.4	1.5	2.6	5.5	75.7
27.摄像机	(架/百户)	Pickup Camera	(set/100household)	0.1					0.4	16.0
28.照像机	(架/百户)	Camera	(set/100household)	1.2	0.8	0.9	1.6	1.3	1.5	50.0
29.钢　琴	(架/百户)	Piano	(set/100household)						0.3	40.0
30.其他中高档乐器	(件/百户)	Secondary and Top Grade Musical	(unit/100household)	0.4	0.3	0.1	0.5	0.8	0.4	40.0

9-12 1000户城镇居民家庭平均每百户耐用消费品拥有量
PER 100 HOUSEHOLDS ANNUAL POSSESSION OF DURABLE CONSUMER GOODS OF THE 1000 URBAN HOUSEHOLDS

项目 Item				全市平均 Average	低收入户 Low Income	中等偏下收入户 Medium-Low Income	中等收入户 Medium Income	中等偏上收入户 Mediu-High Income	高收入户 High Income	2002年为2001年% 2002 as% of 2001
1.成套家具	(套/百户)	Combined Furniture	(set/100household)	83.7	76.9	81.2	82.2	86.8	91.3	102.3
2.洗衣机	(台/百户)	Washing Machines	(set/100household)	98.6	89.8	99.1	100.7	99.6	103.7	96.5
3.电风扇	(台/百户)	Electric Fans	(set/100household)	148.7	135.5	142.2	150.3	152.6	162.7	96.7
4.电冰箱	(台/百户)	Refrigerators	(set/100household)	101.6	97.7	102.1	101.4	102.4	104.4	95.3
5.冰　柜	(台/百户)	Freezers	(set/100household)	15.4	7.7	13.6	16.7	16.3	22.8	91.1
6.微波炉	(台/百户)	Microwave Stove	(set/100household)	73.1	57.0	73.4	74.7	76.0	84.5	108.1
7.空调器	(台/百户)	Air-Conditioners	(set/100household)	106.5	74.4	95.4	107.0	122.4	132.6	118.7
8.电炊具	(台/百户)	Electric Cooking Appliances	(set/100household)	98.1	69.5	95.1	108.0	104.9	112.8	85.9
9.淋浴热水器	(台/百户)	Showers	(set/100household)	83.5	73.0	81.0	85.0	88.6	90.1	106.9
10.脱排油烟机	(台/百户)	Range Hoods	(set/100household)	78.5	69.5	74.8	78.2	81.8	87.9	111.5
11.吸尘器	(台/百户)	Dust Catcher	(set/100household)	32.5	16.3	26.4	32.1	37.6	49.8	114.4
12.消毒碗柜	(台/百户)	Disinfector	(set/100household)	6.0	3.0	4.3	6.6	6.5	9.7	
13.洗碗机	(台/百户)	Dishwasher	(set/100household)	0.7	0.3	0.8	1.0	0.7	0.8	
14.饮水机	(台/百户)	Water Fountain	(set/100household)	37.9	29.5	33.2	41.0	40.6	45.2	
15.取暖器	(台/百户)	Radiator	(set/100household)	30.5	19.7	25.8	31.9	34.6	40.2	
16.自行车	(辆/百户)	Bicycles	(unit/100household)	201.2	199.7	209.3	208.6	195.9	192.7	87.3
17.摩托车	(辆/百户)	Motorcyles	(unit/100household)	5.5	4.9	5.0	7.4	4.9	5.6	110.0
18.助力车	(辆/百户)	Dynamical Bicycle	(unit/100household)	3.2	2.5	3.2	2.6	3.8	3.9	
19.家用汽车	(辆/百户)	Cars	(unit/100household)	4.1	3.1	1.7	3.3	5.1	7.1	157.7
20.移动电话	(部/百户)	Mobile telephone	(unit/100household)	94.0	56.2	84.1	99.2	109.5	120.7	150.6
21.传真机	(部/百户)	Electrograph	(unit/100household)	1.5	0.4	0.4	1.2	1.5	4.2	
22.彩色电视机	(台/百户)	Color TV Sets	(set/100household)	148.4	132.0	145.3	152.1	153.4	159.2	99.7
23.影碟机	(台/百户)	Video CD	(set/100household)	52.3	43.7	47.2	50.5	54.9	65.2	101.2
24.录放像机	(台/百户)	Videorecorders	(set/100household)	49.4	36.3	43.7	50.0	52.2	64.6	85.6
25.家用电脑	(台/百户)	Game-Computers	(set/100household)	55.5	40.7	56.2	52.7	59.8	68.1	122.5
26.组合音响	(套/百户)	Hi-Fi Systems	(set/100household)	34.9	25.1	28.7	35.6	38.9	46.2	101.5
27.录音机	(台/百户)	Recorders	(set/100household)	73.7	65.0	71.1	74.9	74.9	82.3	100.8
28.摄像机	(架/百户)	Pickup Camera	(set/100household)	9.3	3.8	3.8	9.0	13.2	16.4	116.3
29.照像机	(架/百户)	Camera	(set/100household)	99.6	73.2	90.8	101.4	109.6	122.4	98.9
30.钢　琴	(架/百户)	Piano	(set/100household)	3.2	1.1	1.2	4.0	5.7	4.1	118.5
31.其他中高档乐器	(件/百户)	Secondary and Top Grade Musical Instrument	(unit/100household)	12.9	11.1	9.0	11.0	12.7	20.9	92.8
32.健身器材	(套/百户)	Exercise Equipment	(set/100household)	9.2	4.2	4.4	7.1	10.4	19.8	87.6

9-13 1000户城镇居民家庭居住情况
HOUSING CONDITIONS OF THE 1000 URBAN HOUSEHOLDS

项目 Item			2002	2001	2002年为2001年% 2002 as % of 2001
一、调查户数	**(户) Households Surveyed**	**(household)**	**1000.0**	**1000.0**	**100.0**
家庭常住人口数	**(人) Number of Family Permanent Residents**	**(person)**	**3010.0**	**3032.0**	**99.3**
二、现住房建筑面积	**(平方米/人) UsingSpace of Residential Buildings**	**(sq.m/person)**	**19.2**		
三、现住房使用面积	**(平方米/人) Existing Using Space of Residential Buildings**	**(sq.m/person)**	**14.4**	**14.4**	**100.1**
四、房屋产权	**(户) Building Property Right**	**(sq.m/person)**	**1000.0**	**1000.0**	**100.0**
1.租赁公房	(户) Rent Public House	(household)	328.0	445.0	73.7
2.租赁私房	(户) Rent Private House	(household)	20.0	11.0	181.8
3.原有私房	(户) Intrinsic Private House	(household)	35.0	318.0	11.0
4.房改私房	(户) House reconstruct Private House	(household)	601.0	223.0	269.5
5.商品房	(户) Commercial House	(household)	13.0		
6.其它	(户) Others	(household)	3.0	3.0	100.0
五、住室建筑式样	**Style of House Construction**		**1000.0**	**1000.0**	**100.0**
家庭单栋住宅	(户) Individual Storied Building of a Family	(household)	7.0		
四居室	(户) Four-room	(household)	42.0	20.0	210.0
三居室	(户) Three-room	(household)	178.0	149.0	119.5
二居室	(户) Two-room	(household)	510.0	417.0	122.3
一居室	(户) One-room	(household)	68.0	64.0	106.3
普通楼房	(户) Ordinary Storied Building	(household)	15.0	35.0	42.9
平房及其它	(户) Single-story Building and Others	(household)	180.0	315.0	57.1

9-13 续表 continued

项　　　目 Item				2002	2001	2002年为2001年% 2002 as % of 2001
六、饮水情况		**Using of Tap Water**		1000.0	1000.0	100.0
1、自来水	(户)	Tap Water	(household)	848.0	1000.0	84.8
2、矿泉水	(户)	Table-Water	(household)	82.0		
3、纯净水	(户)	Pure-Water	(household)	70.0		
4、井、河水	(户)	Well-Water and River-Water	(household)			
5、其它	(户)	Others	(household)			
七、用水情况		**Using of Tap Water**		1000.0	1000.0	100.0
1、独用自来水	(户)	Using by oneself	(household)	871.0	827.0	105.3
2、公用自来水	(户)	Public Tap Water	(household)	129.0	173.0	74.6
3、井、河水	(户)	Well-Water and River-Water	(household)			
4、其它	(户)	Others	(household)			
八、卫生设备拥有情况		**Grouped by Possession of Sanitary Equipmen**		1000.0	1000.0	100.0
1、无卫生设备	(户)	No Sanitary Equipment	(household)	153.0	272.0	56.3
2、有厕所浴室	(户)	Having Bathroom and Lavatory	(household)	528.0	154.0	342.9
3、有厕所无浴室	(户)	Having Lavatory and No Bathroom	(household)	269.0	513.0	52.4
4、公用卫生设备	(户)	Public Sanitary Equipment	(household)	50.0	61.0	82.0
九、取暖设备拥有情况	(户)	**Grouped by Possession of Heating Equipment**		1000.0	1000.0	100.0
1、无取暖设备	(户)	No Heating Equipment	(household)	1.0	2.0	50.0
2、空调设备	(户)	Air Conditioner	(household)	73.0	33.0	221.2
3、暖　　气	(户)	Central Heating	(household)	750.0	686.0	109.3
4、其　　它	(户)	Others	(household)	176.0	279.0	63.1
十、燃料使用情况	(户)	**Grouped by Using of Fuel**		1000.0	1000.0	100.0
1、管道煤气	(户)	Pipeline Gas	(household)	682.0	577.0	118.2
2、液化石油气	(户)	Liquefied Petroleum Gas	(household)	307.0	384.0	80.0
3、煤	(户)	Coal	(household)	5.0	19.0	26.3
4、其他	(户)	Others	(household)	6.0	20.0	30.0

9-14 35个大中城市居民人均收支情况
CONTRAST ON PER CAPITA INCOME AND EXPENDITURE OF URBAN RESIDENTS OF 35 LARGE AND MEDIUM CITIES

单位：元 (yuan)

城市 City		人均可支配收入 Annual Discretionary Income Per Capita			人均消费性支出 Annual Living Expenditure Per Capita		
		2002	2001	2002年为2001年% 2002 as % of 2001	2002	2001	2002年为2001年% 2002 as % of 2001
北京	Beijing	12463.9	11577.8	113.5	10285.8	8922.7	115.3
天津	Tianjin	9337.6	8958.7	104.2	7192.0	6987.2	102.9
石家庄	Shijiazhuang	7239.8	6805.1	106.4	5820.6	5578.9	104.3
太原	Taiyuan	7376.6	6500.2	113.5	5987.9	5165.0	115.9
呼和浩特	Huhehaote	6996.2	6182.2	113.2	5524.0	4865.9	113.5
沈阳	Shenyang	7050.2	6386.1	110.4	6074.4	5515.1	110.1
大连	Dalian	8199.6	7418.2	110.5	7117.8	6511.9	109.3
长春	Changchun	6963.4	6338.6	109.9	6147.5	5595.1	109.9
哈尔滨	Haerbin	7003.8	6407.3	109.3	5500.3	5044.6	109.0
上海	Shanghai	13249.8	12883.5	102.8	10464.0	9336.1	112.1
南京	Nanjing	9157.1	8848.2	103.5	7322.6	7325.7	100.0
杭州	Hangzhou	11432.2	10701.6	106.8	9597.6	9150.1	104.9
宁波	Ningbo	12969.8	11990.9	108.2	9396.5	9462.9	99.3
合肥	Hefei	7144.7	6817.0	104.8	5721.5	5598.9	102.2
福州	Fuzhou	9190.7	9053.3	101.5	6670.8	6493.1	102.7
厦门	Xiamen	11767.7	11364.9	103.5	8503.8	8490.3	100.2
南昌	Nanchang	7020.7	6206.5	113.1	4789.6	4293.7	111.5
济南	Jinan	10094.2	9564.9	105.5	7818.4	7465.0	104.7
青岛	Qingdao	8720.9	8730.5	99.9	7344.0	6849.0	107.2
郑州	Zhengzhou	7771.6	7265.9	107.0	5666.0	5894.0	96.1
武汉	Wuhan	7815.6	7305.1	107.0	6833.4	6342.3	107.7
长沙	Changsha	8868.4	8650.8	102.5	7739.6	7683.5	100.7
广州	Guangzhou	13361.0	14416.2	92.7	10671.8	11137.0	95.8
深圳	Shenzhen	21914.3	22672.6	96.7	17920.9	18006.1	99.5
南宁	Nanning	8796.2	7906.4	111.3	6969.7	7107.4	98.1
海口	Haikou	8003.9	7754.8	103.2	6624.7	6154.5	107.6
成都	Chengdu	8231.9	8128.4	101.3	6874.2	6801.2	101.1
重庆	Chongqing	7238.0	6721.1	107.7	6360.2	5873.7	108.3
贵阳	Guiyang	7306.1	6908.6	105.8	5801.4	5775.6	100.4
昆明	Kunming	7380.7	7405.2	99.7	6149.2	5974.3	102.9
西安	Xi'an	7183.6	6704.9	107.1	6419.2	5815.7	110.4
兰州	Lanzhou	6554.8	6324.8	103.6	5688.2	5238.5	108.6
西宁	Xining	6432.6	6041.0	106.5	5131.3	4775.2	107.5
银川	Yinchuan	6845.3	6256.6	109.4	5979.4	5507.8	108.6
乌鲁木齐	Wulumuqi	8092.2	7897.4	102.5	6636.1	6066.1	109.4

注：可支配收入绝对值为新口径数，增幅按可比口径计算。

Note:Data of Annual Discretionary Income PerCapita in terms of value are calculated at current prices,while the related indices are calculated at comparable prices.

9-15 2710户农民家庭基本情况
SAMPLING STATISTICS FOR 2710 RURAL HOUSEHOLDS

项目 Iteme			按人均年纯收入水平分组 Grouped by Annual Discretionary Income Per Capita						2002年为2001年% 2002 as % of 2001
			总平均 Average	低收入 Low Income	中低收入户 Medium Low Income	中等收入户 Medium Income	中高收入户 Medium High Income	高收入 High Income	
调查户数	(户) Households Surveyed	(household)	2710	542	542	542	542	542	100.0
常住人口	(人) Permanent Residents	(person)	9369	2056	1960	1869	1813	1671	99.8
平均每户	(人) Average Per Household	(person)	3.46	3.79	3.62	3.45	3.35	3.08	100.0
整半劳动力	(个) Full-time and Part-time Labors	(person)	6321	1306	1278	1263	1251	1223	102.2
平均每户	(个) Average Per Household	(person)	2.33	2.41	2.36	2.33	2.31	2.26	102.2
平均每一劳动力负担人口	(人) Dependents Per Labor Force	(person)	1.48	1.57	1.53	1.48	1.45	1.37	97.4
学龄前儿童人数	(人) Number of Preschool Children	(person)	264	67	59	45	52	41	86.6
家庭经营耕地面积	(公顷) Cultivated Land Area Runned by Households	(hectare)	441.0	109.0	93.7	90.0	76.4	71.9	90.1
家庭经营山地面积	(公顷) Mountain Land Area Runned by Households	(hectare)	26.13	9.38	7.73	4.15	2.93	1.94	107.0
人均生产性固定资产原值	(元) Original Value of Productive Fixed Assets Per Capita	(yuan)	1744.71	2022.55	1306.92	1161.50	1396.19	2946.80	100.5
人均住房面积	(平方米) Per Capita Living Space	(sq.m)	32.58	25.58	28.46	33.20	35.41	42.24	105.1
人均总收入	(元) Per Capita Total Revenue	(yuan)	9642.61	2853.72	4282.67	5816.63	7926.23	15285.76	110.7
# 现金收入	(元) Cash Income	(yuan)	6811.52	2783.04	4202.13	5679.17	7777.10	15047.73	113.8
人均纯收入	(元) Per Capita Discretionary Income	(yuan)	5880.11	2083.46	3625.26	5076.41	6914.98	12972.47	111.5
人均生活消费支出	(元) Per Capita Annual Living Expenditures	(yuan)	4206.04	2185.86	3020.58	3895.05	4744.31	7846.00	108.6
# 现金支出	(元) Cash Expenditures	(yuan)	4146.08	2113.74	2957.66	3828.33	4695.54	7799.88	110.1
平均每个劳动力创造纯收入	(元) Average Net Income Per Labor Force	(yuan)	7603.70	2956.41	5190.30	6851.00	8975.10	14462.83	105.0
农村居民家庭恩格尔系数	(%) Engel Confficient of Rural Households	(%)	33.0	39.8	36.8	35.6	33.2	27.3	94.3

9-16 2710户农民家庭平均每人年纯收入
ANNUAL NET INCOME PER CAPITA OF THE 2710 RURAL HOUSEHOLDS

单位：元 (yuan)

项目	Item	总平均 Average	低收入户 Low Income	中低收入户 Medium-Low Income	中等收入户 Medium Income	中高收入户 Medium-High Income	高收入户 High Income	2002年为2001年% 2002 as % of 2001
合计	**Total**	**5880.11**	**2083.46**	**3625.26**	**5076.41**	**6914.98**	**12972.47**	**111.5**
生产性收入	**Productbility Net Income**	**5130.00**	**1877.95**	**3384.29**	**4629.65**	**6192.97**	**10585.30**	**107.5**
工资性收入	Wage	3672.47	1358.21	2449.99	3515.75	4643.70	7075.36	109.4
在非企业组织中劳动的报酬	from Non-enterprise Organizations	1187.82	363.65	664.89	1090.37	1422.90	2669.19	107.4
在企业劳动得到的报酬	from Enterprises	1783.55	596.85	1201.21	1610.30	2369.71	3484.51	104.5
在其他单位劳动得到的报酬	from Other Units	701.10	397.71	583.89	815.08	851.09	921.66	128.8
家庭经营纯收入	Net Income from Family Business	1457.53	519.74	934.30	1113.90	1549.27	3509.94	103.0
从第一产业得到	from Primary Industry	674.04	379.69	544.66	682.09	667.32	1186.23	85.2
# 牧业收入	from Animal Husbandry	235.33	78.13	123.01	210.18	243.59	579.65	102.9
从第二产业得到	from Secondary Industry	133.84	-19.17	60.97	44.52	86.95	558.46	190.5
从第三产业得到	from Tertiary Industry	649.65	159.22	328.67	387.29	795.00	1765.25	117.4
# 交通运输业收入	from Transportation	356.67	42.08	111.49	206.08	441.30	1107.88	119.9
非生产性收入	**Nonproductbility Income**	**750.11**	**205.51**	**240.97**	**446.76**	**722.01**	**2387.17**	**149.2**
# 转移性收入	Transfer Income	284.36	101.10	127.85	294.70	289.62	676.19	110.2
财产性收入	Property Income	465.75	104.41	113.12	152.06	432.39	1710.98	190.3

9-17 2710 户农民家庭平均每人年生活费支出
ANNUAL LIVING EXPENDITURES PER CAPITA OF THE 2710 RURAL HOUSEHOLDS

单位：元 (yuan)

项目	Item	总平均 Average	低收入户 Low Income	中低收入户 Medium-Low Income	中等收入户 Medium Income	中高收入户 Medium-High Income	高收入户 High Income	2002年为2001年% 2002 as % of 2001
合计	**Total**	**4206.04**	**2185.86**	**3020.58**	**3895.05**	**4744.31**	**7846.00**	**108.6**
食品支出	**Food Expenditure**	**1386.63**	**870.85**	**1111.81**	**1385.04**	**1574.76**	**2141.29**	**102.5**
# 主 食	Staple Food	208.83	189.63	182.79	207.80	230.36	240.63	94.1
副 食	Non-Staple Food	557.17	379.23	460.99	577.12	630.51	787.02	99.0
其他食品	Others	398.72	210.16	308.58	389.46	475.02	664.04	103.9
衣着支出	**Clothing Expenditure**	**315.18**	**129.47**	**200.66**	**283.15**	**373.43**	**650.61**	**105.4**
# 服装支出	Garments	153.97	55.41	85.55	132.52	176.79	354.70	110.7
居住支出	**Residence**	**714.38**	**310.67**	**449.94**	**596.39**	**897.38**	**1454.74**	**108.0**
# 住 房	Housing	425.30	125.66	218.41	309.75	555.55	1024.57	111.4
燃 料	Fuel	179.59	114.83	151.87	182.06	216.09	249.43	102.4
家庭设备用品及服务支出	**Household Facilities,Articles and Services**	**281.98**	**110.03**	**191.65**	**221.97**	**295.62**	**651.82**	**103.6**
# 耐用消费品	Durable Consumer Goods	168.57	47.47	103.03	116.31	168.72	452.72	120.9
家庭日用杂品	Daily Use Household Articles	91.65	50.58	74.10	85.10	104.07	156.63	107.7
医疗保健支出	**Medicines and Medical Services**	**372.46**	**239.04**	**295.95**	**383.15**	**382.41**	**603.64**	**126.6**
交通和通讯支出	**Transportation and Communications**	**354.73**	**126.50**	**188.34**	**286.79**	**378.54**	**880.84**	**125.4**
# 交通工具	Transportation Means	84.15	15.23	26.40	63.80	52.52	293.77	135.4
交通费	Transportation	34.82	14.31	25.00	29.96	40.33	70.99	97.8
邮电费	Posts and Telecommunications	143.28	67.95	90.69	123.87	171.70	288.54	125.1
文教娱乐用品及服务支出	**Cultural,Education and Recreation Articles and Services**	**617.39**	**355.71**	**497.67**	**599.04**	**670.27**	**1042.91**	**111.6**
# 文娱用机电消费品	Mechanical and Electric Consumer Goods of Culture and Recreation	106.65	34.58	42.13	75.71	109.65	302.35	106.4
书报杂志	Books,Newspapers and Magazines	11.06	4.79	7.88	11.42	13.15	19.83	119.6
学杂费	Tuition and Incidentals	432.52	286.80	405.70	452.47	464.84	585.89	111.9
文娱费	Recreation	6.16	3.18	4.36	5.16	7.15	12.60	117.6
其他商品及服务支出	**Other Commodity and Services**	**163.29**	**43.59**	**84.58**	**139.52**	**171.90**	**420.15**	**105.1**
# 商品性支出	Commodity Expenditures	35.44	9.45	17.99	31.74	37.22	90.10	96.8

9-18 2710户农民家庭平均每人年粮食收支情况
BROUGHT IN, SENT OUT OF GRAIN PER CAPITA OF THE 2710 HOUSEHOLDS

单位：公斤 (kg)

项目	Item	总平均 Average	低收入户 Low Income	中低收入户 Medium-Low Income	中等收入户 Medium Income	中高收入户 Medium-High Income	高收入户 High Income	2002年为2001年% 2002 as % of 2001
年内粮食收入	**Brought in within this Year**	**499.72**	**397.89**	**436.30**	**560.20**	**491.75**	**640.41**	**100.9**
家庭经营生产	Household Production	294.88	244.07	300.43	366.55	281.17	285.61	91.8
购 入	Purchasing	201.73	152.75	132.49	186.30	209.33	352.22	117.1
其 他	Others	3.11	1.07	3.38	7.35	1.25	2.58	164.6
年内粮食支出	**Sent out within this Year**	**454.91**	**407.99**	**398.24**	**489.39**	**434.21**	**563.00**	**110.8**
生活用粮	Living Consumption	153.80	161.29	136.70	152.95	153.79	165.63	100.3
# 稻 谷	Rice	36.80	31.79	30.82	37.41	40.98	44.77	100.1
小 麦	Wheat	78.44	81.06	82.22	79.30	79.84	68.32	96.6
出售粮食	Selling	202.87	199.06	207.98	243.21	182.53	178.52	112.2
其 他	Others	98.24	47.64	53.56	93.23	97.89	218.85	128.2

9-19 2710户农民家庭主要生活消费品平均每人消费量
CONSUMPTION OF MAJOR LIVING CONSUMER GOODS PER CAPITA OF THE 2710 RURAL HOUSEHOLDS

项目 Item			总平均 Average	低收入户 Low Income	中低收入户 Medium-Low Income	中等收入户 Medium Income	中高收入户 Medium-High Income	高收入户 High Income	2002年为2001年% 2002 as % of 2001
粮 食	(公斤) Grains	(kg)	153.80	161.29	136.70	152.95	153.79	165.63	100.3
豆制品	(公斤) Bean Products	(kg)	17.35	8.61	12.76	38.88	14.63	12.24	83.2
蔬 菜	(公斤) Vegetables	(kg)	107.85	89.65	111.61	105.64	113.31	122.38	99.5
植物油	(公斤) Vegetable Oil	(kg)	14.44	11.45	11.25	19.74	18.58	11.43	111.6
动物油	(公斤) Animal Oil	(kg)	0.89	0.28	0.32	0.24	2.92	0.80	217.1
猪牛羊肉	(公斤) Pork,Beef,Mutton	(kg)	16.34	10.80	13.49	17.41	20.61	19.50	110.6
家 禽	(公斤) Poultry	(kg)	2.92	1.11	2.00	2.88	4.77	4.28	97.7
蛋 类	(公斤) Eggs	(kg)	10.08	8.32	8.66	12.32	10.80	10.61	99.5
奶及奶制品	(公斤) Milk and Diary Products	(kg)	13.90	4.76	9.87	13.48	16.31	27.73	153.4
水产品	(公斤) Aquatic Products	(kg)	4.58	3.02	3.60	5.11	5.17	6.39	97.9
食 糖	(公斤) Sugar	(kg)	2.18	1.46	2.92	2.04	1.53	3.03	161.5
糖 果	(公斤) Candy	(kg)	0.87	0.25	0.55	0.37	1.50	1.90	235.1
酒 类	(公斤) Liquor	(kg)	27.53	24.74	30.84	17.28	34.77	30.66	137.0
茶 叶	(公斤) Tea	(kg)	3.69	2.66	1.49	2.26	5.23	7.27	148.8
糕 点	(公斤) Cake	(kg)	3.40	1.66	3.53	4.74	2.88	4.48	141.1
瓜 果	(公斤) Melons and Fruits	(kg)	37.74	26.49	32.32	37.05	44.12	51.77	99.6
棉布服装	(件) Cotton Cloth and Related Clothing	(piece)	0.66	0.43	0.53	0.61	0.72	1.09	111.9
化纤布服装	(件) Chemical Fiber Cloth and Related Clothing	(piece)	0.89	0.58	0.76	0.94	1.00	1.26	112.7
毛料服装	(件) Fur-material Garment	(piece)	0.11	0.04	0.06	0.11	0.13	0.24	110.0

9-20 2710户农民家庭平均每百户耐用消费品拥有量
DURABLE CONSUMER GOODS POSSESSION PER 100 HOUSEHOLDS OF THE 2710 HOUSEHOLDS

项目 Item			总平均 Average	低收入户 Low Income	中低收入户 Medium-Low Income	中等收入户 Medium Income	中高收入户 Medium-High Income	高收入户 High Income	2002年为2001年% 2002 as % of 2001
自行车	(辆) Bicycles	(unit)	214	196	210	220	223	219	97.3
电风扇	(台) Electric Fans	(set)	152	128	146	154	164	168	101.3
洗衣机	(台) Washing Machines	(set)	94	84	91	94	97	101	103.3
电冰箱	(台) Refrigerators	(set)	91	74	83	92	100	106	105.8
摩托车	(辆) Motorcycles	(unit)	38	28	38	40	42	44	108.6
黑白电视机	(台) Black and White TV Sets	(set)	14	19	15	12	13	12	87.5
彩色电视机	(台) Color TV Sets	(set)	116	104	113	115	118	127	103.6
收录机	(台) Recorders	(set)	30	24	25	32	34	37	93.7
照像机	(架) Cameras	(set)	32	15	19	32	42	54	110.3
录像机	(台) Videorecorders	(set)	15	8	11	12	18	27	93.7
抽油烟机	(台) Range Hoods	(set)	33	12	21	31	40	60	117.9
吸尘器	(台) Vacuum Cleaners	(set)	6	1	2	6	6	14	100.0
微波炉	(台) Microwave Oven	(set)	16	5	8	13	20	36	114.3
热水器	(台) Showers	(set)	29	13	21	25	34	52	120.8
电话机	(部) Telephone	(unit)	96	82	94	96	100	107	106.7
移动电话	(部) Mobilphone	(unit)	52	20	34	50	60	96	173.3
影碟机	(台) Video CD	(set)	30	18	28	29	30	44	111.1
组合音响	(台) Hi-Fi	(unit)	33	16	27	33	40	50	117.9
家用计算机	(台) Person Computer	(unit)	16	4	8	13	19	35	133.3
空调机	(台) Air Conditioners	(unit)	35	12	22	31	41	68	129.6

主要统计指标解释

家庭总收入 指调查户中生活在一起的所有家庭成员在调查期得到的工薪收入、经营净收入、财产性收入、转移性收入的总和，不包括出售财物和借贷收入。收入的统计标准以实际发生的数额为准，无论收入是补发还是预发，只要是调查期得到的都应如实计算，不作分摊。

可支配收入 指调查户可用于最终消费支出和其它非义务性支出以及储蓄的总和，即居民家庭可以用来自由支配的收入。它是家庭总收入扣除交纳的所得税、个人交纳的社会保障费以及调查户的记帐补贴后的收入。计算公式为：

可支配收入=家庭总收入－交纳所得税－个人交纳的社会保障支出－记帐补贴

工薪收入 指就业人员通过各种途径得到的全部劳动报酬，包括所从事的主要职业的工资以及从事第二职业、其他兼职和零星劳动得到的其它劳动收入。

经营净收入 指家庭成员从事生产经营活动所获得的净收入。是全部生产经营收入中扣除生产成本和税金后所得的收入。如当期收入小于生产费用的开支，其差额记入“其他贷支出”中。

财产性收入 指家庭拥有的动产（如银行存款、有价证券）、不动产（如房屋、车辆、土地、收藏品等）所获得的收入。包括出让财产使用权所获得的利息、租金、专利收入；财产营运所获得的红利收入、财产增值收益等。

转移性收入 指国家、单位、社会团体对居民家庭的各种转移支付和居民家庭间的收入转移。包括政府对个人收入转移的离退休金、失业救济金、赔偿等；单位对个人收入转移的辞退金、保险索赔、住房公积金、家庭间的赠送和赡养等。

出售财物收入 指调查户出售家庭财物所得到的收入。由于出售财物是家庭财产从实物形态转为货币形态，家庭财产总量不变，因此不计入可支配收入中。

家庭总支出 指家庭除借贷支出以外的全部实际支出。包括消费性支出、购房建房支出、转移性支出、财产性支出、社会保障支出。支出统计是以实际购得的商品或服务的总价值填报，不论其付款方式是一次付清、分期付款，还是赊购，只要商品或服务已被消费就要按其总价值计算。如果采用分期付款或赊购形式，则要在借贷收入类相应的项目填入实付款与总的应付款的差额。

消费支出 指调查户用于本家庭日常生活的全部支出，包括食品、衣着、家庭设备用品及服务、医疗保健、交通和通讯、娱乐教育文化服务、居住、杂项商品和服务八大类等。不包括用于赠送的商品或服务。消费支出按商品（服务）的用途分类，详细解释见消费支出表。

服务性消费支出 指调查户用于本家庭支付社会提供的各种文化和生活方面的非商品性服务费用。不包括为别人付款的服务。服务消费与商品消费不同，其特点在于其劳动过程和消费过程在时间与空间上的统一。

购房与建房支出 指包括居民家庭购买住房、建房时的全部支出。

转移性支出 指居民家庭对国家、单位、住户、个人的转移支付。包括交纳的锐款、捐赠和赡养支出等。

财产性支出 指家庭购买或维护财产所支付的利息等有关费用。

社会保障性支出 指调查户成员参加国家法律、法规规定的社会保障项目中由个人交纳的保障支出。不包括职工所在单位交纳的那部分社会保障金。

平均每一就业者负担系数=（家庭人口数－离退休人数）/就业人口数

农村居民家庭整半劳动力 指农村常住居民家庭成员中有劳动能力并经常参加实际劳动的人员。是生产的基本要素指标之一，是发展生产增加农民家庭收入的重要源泉。按规定，农村男18周岁至50周岁、女18周岁至45周岁为整劳动力；男16周岁至17周岁、51周岁到60周岁，女16周岁到17周岁、46周岁至55周岁为半劳动力。农民家庭整半劳动力既包括在上述规定劳动年龄内和在劳动年龄以外有劳动能力并经常参加实际劳动的男女整半劳动力；也包括农民家庭常住人员中属于职工的劳动力。但不包括在劳动年龄内已丧失劳动能力的人员。

农村居民家庭生活消费支出 指农村住户用于物质生活和精神生活方面的支出。包括食品、衣着、居住、家庭设备用品及服务、医疗保健、交通和通讯、文化教育娱乐用品及服务、其他商品和服务等消费支出。

十 农业及农村经济

AGRICULTURE AND
RURAL ECONOMY

农业总产值及发展速度
Gross Output Value of Agriculture and Tempo

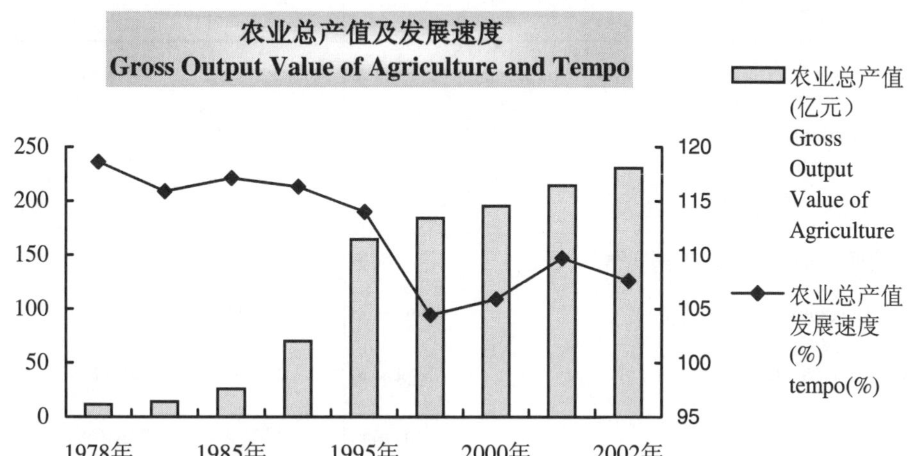

主要农产品产量 (单位:万吨)
Output of Major Farm Products (10000 tons)

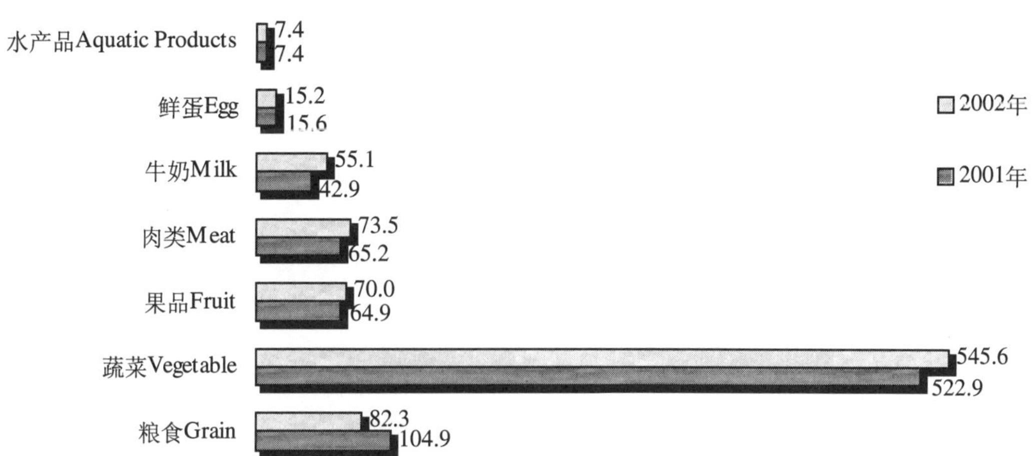

10-1 农村基层组织情况
RURAL GRASSROOTS UNITS

项目 Item				2002	2001	2002年为2001年% 2002 as % of 2001
乡镇政府个数	**(个)**	**Number of Township and Town Governments**	**(unit)**	**196**	**214**	**91.6**
乡政府	(个)	Township Governments	(unit)	54	67	80.6
镇政府	(个)	Town Governments	(unit)	142	147	96.6
村民委员会个数	**(个)**	**Number of Villagers' Committees**	**(unit)**	**4032**	**4044**	**99.7**
乡村户数	**(户)**	**Households**	**(household)**	**1280110**	**1276334**	**100.3**
乡村人口	**(人)**	**Rural Population**	**(person)**	**3576378**	**3615624**	**98.9**
男	(人)	Male	(person)	1729935	1745936	99.1
女	(人)	Female	(person)	1846443	1869688	98.8

注：乡政府、镇政府个数含有农村的街道办事处和区县政府派出的管理机构。

Note: Township and town government contains rural subdistrict offices,district and county government agencies.

10-2 乡村从业人员
RURAL EMPLOYED PERSONS

单位：人 (person)

项目	Item	2002	2001	构成(%) Composition(%) 2002	2001
乡村从业人员	**Rural Employed Persons**	**1656025**	**1653442**	**100.0**	**100.0**
# 农业	Planting	458846	502523	27.7	30.4
林业	Forestry	78320	73126	4.7	4.4
牧业	Animal Husbandry	92539	90611	5.6	5.5
渔业	Fishery	11375	12483	0.7	0.8
农村工业	Industry	329647	329135	19.9	19.9
乡镇工业	Township and Town Industry	110483	110632	6.7	6.7
村及村以下工业	Industry at Village Level and below	219164	218503	13.2	13.2
农村建筑业	Construction	157500	145037	9.5	8.8
农村运输业	Transportation	152961	138600	9.2	8.4
农村商业、饮食业	Commerce and Catering	145290	130336	8.8	7.9

10-3 郊区县乡村从业人员
RURAL EMPLOYED PERSONS IN SUBURBS AND COUNTIES

单位：人 (person)

项目	Item	从业人员 Employed Persons		# 农林牧渔业从业人员 Employed Persons of Planting	
		2002	2001	2002	2001
全市	**Total**	**1656025**	**1653442**	**641080**	**678743**
朝阳区	Chaoyang	107178	99757	21858	20822
丰台区	Fengtai	72593	72533	19971	20568
石景山区	Shijingshan	6623	6388	1037	1317
海淀区	Haidian	49726	54296	12627	13549
门头沟区	Mentougou	39920	41430	10921	12016
房山区	Fangshan	220801	218453	71413	72805
通州区	Tongzhou	189200	184207	77547	81371
顺义区	Shunyi	184434	183683	55565	58865
昌平区	Changping	121301	121460	42525	46005
大兴区	Daxing	193677	196153	94356	109509
平谷区	Pinggu	145296	150660	68989	78828
怀柔区	Huairou	80117	80357	34793	36030
密云县	Miyun	149769	151533	76039	74797
延庆县	Yanqing	95390	92532	53439	52261

10-4 郊区增加值
ADDED VALUE OF SUBURBS

单位：万元 (10000 yuan)

项目	Item	2002	2001	2002年为2001年% 2002 as % of 2001	构成(%) Composition(%)	
					2002	2001
总计	**Total**	**7204636.7**	**6260991.8**	**115.1**	**100.0**	**100.0**
第一产业	**Primary Industry**	**980474.3**	**930811.7**	**105.3**	**13.6**	**14.9**
第二产业	**Secondary Industry**	**2934853.3**	**2580416.1**	**113.7**	**40.7**	**41.2**
# 工业	Industry	2239705.1	1972775.7	113.5	31.1	31.5
第三产业	**Tertiary Industry**	**3289309.1**	**2749764.0**	**119.6**	**45.7**	**43.9**
农林牧渔服务业	Services of FFAF	18657.5	24086.5	77.5	0.3	0.4
地质勘查及水利管理业	Geographic Prospect and Water Conservancy	15559.5	10502.3	148.2	0.2	0.2
交通运输、仓储及邮电通信业	Transportation,Storge, Posts and Telecommunications	496775.1	412140.2	120.5	6.9	6.6
批发零售贸易及餐饮业	Wholesales,Retail Sale and Catering	637322.9	566249.1	112.6	8.8	9.0
金融保险业	Finance and Insurance	228687.5	208479.2	109.7	3.2	3.3
房地产业	Real Estate	654338.9	433042.7	151.1	9.1	6.9
社会服务业	Social Services	474546.5	441153.4	107.6	6.6	7.0
卫生、体育及社会福利事业	Health,Sports and Social Welfares	84587.3	79298.2	106.7	1.2	1.3
教育、文化及广播电影电视业	Education,Culture, Radio,Film and Television	237259.8	187219.0	126.7	3.3	3.0
科学研究及综合技术服务业	Scientific Research and Polytechnic Services	83887.2	29101.4	288.3	1.2	0.5
国家机关、党政机关及社会团体	Government Agencies,Party Agencies and Social Organizations	234875.5	182346.3	128.8	3.3	2.9
其他行业	Others	122811.3	176145.6	69.7	1.7	2.8

注："郊区增加值"统计口径：近郊区为乡及乡以下农村部分；远郊区（县）为县及县以下所属部分(下表同)。

Note: Added value of suburbs is that produced by units of rural area at township level and below,and that of outer suburbs and counties is produced by units at county level and below(the following is the same).

10-5郊区增加值构成项目
STRUCTURE OF ADDED VALUE OF SUBURBS

单位：万元 (10000 yuan)

项目	Item	增加值 Added Value	劳动者报酬 Compensation for Labors	生产税净额 Net Taxes on Production	固定资产折旧 Depreciation on Fixed Assets	营业盈余 Operating Surplus
总计	**Total**	**7204636.7**	**3453655.4**	**855579.2**	**1223956.5**	**1671445.6**
第一产业	**Primary Industry**	**980474.3**	**572180.9**	**5191.8**	**66421.8**	**336679.8**
第二产业	**Secondary Industry**	**2934853.3**	**1406622.4**	**522428.1**	**398311.5**	**607491.3**
# 工业	Industry	2239705.1	1036200.6	411623.8	337552.9	454327.8
第三产业	**Tertiary Industry**	**3289309.1**	**1472076.6**	**319262.2**	**763919.9**	**734050.4**
农林牧渔服务业	Services of FFAF	18657.5	12866.1	397.5	2532.1	2861.8
地质勘查及水利管理业	Geographic Prospect and Water Conservancy	15559.5	9505.1	1204.1	2368.4	2481.9
交通运输、仓储及邮电通信业	Transportation,Storge,Posts and Telecommunications	496775.1	195273.5	45439.5	109598.8	146463.3
批发零售贸易及餐饮业	Wholesales,Retail Sale and Catering Services	637322.9	310236.7	74955.2	80536.8	171594.2
金融保险业	Finance and Insurance	228687.5	56735.6	24146.3	14448.9	133356.7
房地产业	Real Estate	654338.9	67064.0	101371.7	371250.0	114653.2
社会服务业	Social Services	474546.5	236174.7	49098.7	97522.8	91750.3
卫生、体育及社会福利事业	Health,Sports and Social Welfares	84587.3	77018.3	20.8	9555.4	-2007.2
教育、文化及广播电影电视业	Education,Culture,Radio,Film and Television	237259.8	211026.2	1650.1	27574.9	-2991.4
科学研究及综合技术服务业	Scientific Research and Polytechnic Services	83887.2	34551.2	11303.4	7012.7	31019.9
国家机关、党政机关及社会团体	Government Agencies,Party Agencies and Social Organizations	234875.5	204051.5	621.2	24004.8	6198.0
其他行业	Others	122811.3	57573.6	9053.7	17514.3	38669.5

10-6 农业总产值
GROSS OUTPUT VALUE OF AGRICULTURE

单位：万元 (10000 yuan)

项目	Item	总产值（1990年不变价格）Gross Output Value (at 1990 constant prices)		2002年为2001年% 2002 as % of 2001	总产值（现价）Gross Output Value (at current prices)		2002年为2001年% 2002 as % of 2001
		2002	2001		2002	2001	
总计	**Total**	**1344568.0**	**1210253.8**	**111.1**	**2303968.1**	**2140682.7**	**107.6**
农业	**Agriculture**	**572141.5**	**543961.0**	**105.2**	**900788.3**	**897041.4**	**100.4**
谷物	Cereal	38879.2	57454.9	67.7	83683.7	123087.8	68.0
豆类	Beans	4686.1	6308.4	74.3	10843.8	14386.5	75.4
经济作物	Cash Crops	17629.5	21316.7	82.7	26957.6	44932.5	60.0
蔬菜、瓜类	Vegetable and Melon	326332.0	309085.3	105.6	507546.8	476160.0	106.6
桑、水果	Mulberry and Fruit	104524.8	97537.3	107.2	162189.8	155814.8	104.1
其他	Others	80089.9	52258.4	153.3	109566.6	82659.8	132.6
林业	**Forestry**	**69664.5**	**49541.0**	**140.6**	**128115.6**	**95335.0**	**134.4**
牧业	**Animal Husbandry**	**637694.7**	**553215.3**	**115.3**	**1172347.0**	**1052350.9**	**111.4**
家畜繁殖增重	Weight Increase of Domestic Animals Breeding	255619.6	229371.8	111.4	571346.7	521283.7	109.6
# 养猪	Hogs	162529.1	156082.8	104.1	342341.1	335519.0	102.0
家禽饲养	Poultry Raising	202819.3	195831.2	103.6	338026.6	333164.0	101.5
活的畜禽产品	Live Animal and Poultry Production	111402.9	108210.5	103.0	182572.2	168960.1	108.1
# 鲜蛋	Fresh Eggs	68629.5	73837.6	92.9	66540.1	73105.7	91.0
其他	Others	64131.4	19801.8	323.9	74032.9	28943.1	255.8
渔业	**Fishery**	**65067.3**	**63536.5**	**102.4**	**102717.2**	**95955.4**	**107.0**

10-7 耕　地　面　积
CULTIVATED AREAS

项　目 Item		面　积 (公顷) Area (hectare) 2002	2001	构　成 (%) Composition(%) 2002	2001
合　计	Total	**249237.3**	**300556.7**	**100.0**	**100.0**
按水利状况分	**Grouped by Irrigation Conditions**				
水　田	Irrigated Field	4538.6	20435.5	1.8	6.8
旱　地	Non-irrigated Farmland	244698.7	280121.2	98.2	93.2
# 水浇地	Irrigated Land	194950.4	214834.8	78.2	71.5
按当年使用分	**Grouped by Using in this Year**				
粮食作物	Grain Crops	114390.8	137264.1	45.9	45.7
经济作物	Cash Crops	17095.1	18518.7	6.9	6.2
蔬　菜	Vegetable	56440.9	53613.4	22.6	17.8
其　他	Others	61310.5	91160.5	24.6	30.3

10-8 主要农作物播种面积及产量
SOWN AREAS AND YIELD OF MAJOR FARM CROPS

项　目 Item		2002 播种面积 (公顷) Sown Areas (hectare)	2002 单　产 (公斤/公顷) Unit Yield (kg/hectare)	2002 总产量 (吨) Total Yield (ton)	2001 播种面积 (公顷) Sown Areas (hectare)	2001 单　产 (公斤/公顷) Unit Yield (kg/hectare)	2001 总产量 (吨) Total Yield (ton)
粮　食	**Grain**	**168958.0**	**4871.6**	**823094.0**	**213772.3**	**4907.9**	**1049169.0**
按季节分	Grouped by Season						
夏　粮	Summer Grain	47516.9	5122.3	243394.0	72740.1	5030.6	365923.0
秋　粮	Autumn Grain	121441.1	4773.5	579700.0	141032.2	4844.6	683246.0
按品种分	Grouped by Variety						
稻　谷	Rice	4472.5	6389.3	28576.0	6826.4	6310.8	43080.0
冬小麦	Winter Wheat	47387.0	5130.5	243117.0	72578.5	5035.5	365469.0
玉　米	Corn	87239.2	5289.0	461408.0	100065.3	5385.0	538852.0
薯　类	Tubers	6158.2	6038.3	37185.0	5851.9	5902.9	34543.0
大　豆	Soybean	15542.5	2241.0	34830.0	20038.3	2379.7	47685.0
棉　花	**Cotton**	**3107.5**	**1125.3**	**3497.0**	**2939.5**	**1167.9**	**3433.0**
油　料	**Oil-bearing Crops**	**15732.9**	**2952.7**	**46455.0**	**14045.7**	**3038.4**	**42676.0**
# 花　生	Peanuts	15276.7	2997.9	45798.0	13261.1	3115.6	41316.0
药　材	**Drug**	**2157.3**	**2070.2**	**4466.0**	**2922.0**	**3711.5**	**10845.0**
蔬　菜	**Vegetable**	**122074.9**	**44696.6**	**5456330.0**	**119913.5**	**43603.7**	**5228671.0**
瓜　类	**Melon**	**8664.9**	**49551.3**	**429357.0**	**9356.1**	**49194.6**	**460270.0**
# 西　瓜	Watermelon	7916.7	50814.7	402285.0	8495.2	50399.6	428155.0
饲　料	**Forage**	**17634.2**			**19479.2**		
# 牧　草	Grazing	10040.7			7953.1		
花　卉	**Flower**	**1264.5**			**1196.3**		

10-9 郊区县粮食耕地面积及播种面积
GRAIN IN CULTIVATED AREA AND SOWN AREAS OF SUBURBS AND COUNTIES

单位：公顷 (hectare)

地区	Region	耕地面积 2002	耕地面积 2001	耕地面积 2002年为2001年% 2002 as % of 2001	播种面积 2002	播种面积 2001	播种面积 2002年为2001年% 2002 as % of 2001
全　市	**Total**	**114390.8**	**137264.1**	**83.3**	**168958.0**	**213772.3**	**79.0**
朝阳区	Chaoyang	1221.4	2434.2	50.2	1493.5	3291.8	45.4
丰台区	Fengtai	1349.4	1709.7	78.9	1595.0	2267.2	70.4
海淀区	Haidian	1644.0	2151.2	76.4	1719.0	2269.0	75.8
门头沟区	Mentougou	1715.9	2047.4	83.8	2192.3	2875.4	76.2
房山区	Fangshan	15112.4	17106.2	88.3	24830.2	28682.6	86.6
通州区	Tongzhou	16387.2	18353.4	89.3	25870.4	31499.0	82.1
顺义区	Shunyi	16206.0	18481.8	87.7	23609.9	31856.4	74.1
昌平区	Changping	8443.6	11494.0	73.5	11433.7	17430.9	65.6
大兴区	Daxing	15753.5	19206.8	82.0	25221.2	32506.9	77.6
平谷区	Pinggu	6519.7	7672.4	85.0	10703.3	13344.8	80.2
怀柔区	Huairou	5567.5	6896.6	80.7	10632.0	12323.0	86.3
密云县	Miyun	5183.3	9101.4	57.0	9434.2	13560.8	69.6
延庆县	Yanqing	19286.9	20609.0	93.6	20223.3	21864.5	92.5
农场局	Municipal Farm Bureau						

10-10 郊区县蔬菜耕地面积及播种面积积
VEGETABLE IN CULTIVATED AREA AND SOWN AREAS OF SUBURBS AND COUNTIES

单位：公顷 (hectare)

地区	Region	耕地面积 2002	耕地面积 2001	耕地面积 2002年为2001年% 2002 as % of 2001	播种面积 2002	播种面积 2001	播种面积 2002年为2001年% 2002 as % of 2001
全　市	**Total**	**56440.9**	**53613.5**	**105.3**	**122074.9**	**119913.5**	**101.8**
朝阳区	Chaoyang	2444.3	2402.1	101.8	5488.4	5374.7	102.1
丰台区	Fengtai	1395.5	1730.2	80.7	2884.8	3763.5	76.7
石景山区	Shijingshan	103.3	103.4	99.9	163.1	234.9	69.4
海淀区	Haidian	611.5	535.5	114.2	1189.9	1650.9	72.1
门头沟区	Mentougou	391.8	376.3	104.1	707.3	745.3	94.9
房山区	Fangshan	2658.4	2657.6	100.0	5593.0	5631.1	99.3
通州区	Tongzhou	12039.1	9106.3	132.2	23366.7	20393.5	114.6
顺义区	Shunyi	9918.9	9902.0	100.2	21731.3	20891.4	104.0
昌平区	Changping	1443.9	1682.3	85.8	3235.5	3286.9	98.4
大兴区	Daxing	12994.6	13192.7	98.5	30785.3	30415.9	101.2
平谷区	Pinggu	4236.2	4095.0	103.4	10461.2	9409.7	111.2
怀柔区	Huairou	662.6	864.9	76.6	1490.7	1572.4	94.8
密云县	Miyun	1685.3	1420.7	118.6	3669.3	3526.6	104.0
延庆县	Yanqing	5849.8	5544.5	105.5	11287.7	13004.1	86.8
农场局	Municipal Farm Bureau	5.7			20.7	12.6	164.3

10-11 郊区县油料耕地面积及播种面

OIL-BEARING CROPS IN CULTIVATED AREA AND SOWN AREAS OF SUBURBS AND COUNTIES

单位：公顷 (hectare)

地区	Region	耕地面积 2002	耕地面积 2001	2002年为2001年% 2002 as % of 2001	播种面积 2002	播种面积 2001	2002年为2001年% 2002 as % of 2001
全市	**Total**	**11916.4**	**12735.7**	**93.6**	**15732.9**	**14045.7**	**112.0**
朝阳区	Chaoyang	6.3	9.9	63.6	6.5	9.9	65.7
丰台区	Fengtai						
海淀区	Haidian						
门头沟区	Mentougou	5.0	0.7	714.3	7.4	5.2	142.3
房山区	Fangshan	1043.2	1298.5	80.3	1325.2	1460.2	90.8
通州区	Tongzhou	982.9	876.1	112.2	982.9	876.2	112.2
顺义区	Shunyi	459.9	1029.4	44.7	459.9	1050.7	43.8
昌平区	Changping	32.8	46.7	70.2	40.7	52.7	77.2
大兴区	Daxing	4599.9	4163.5	110.5	4865.1	4660.5	104.4
平谷区	Pinggu	299.9	364.1	82.4	313.8	382.1	82.1
怀柔区	Huairou	941.2	1134.3	83.0	1224.9	1383.7	88.5
密云县	Miyun	3449.4	3730.6	92.5	6399.1	4080	156.8
延庆县	Yanqing	95.9	81.9	117.1	107.4	84.5	127.1
农场局	Municipal Farm Bureau						

10-12 郊区县饲料耕地面积及播种面积

FORAGE IN CULTIVATED AREA AND SOWN AREAS OF SUBURBS AND COUNTIES

单位：公顷 (hectare)

地区	Region	耕地面积 Grain 2002	耕地面积 Grain 2001	2002年为2001年% 2002 as % of 2001	播种面积 2002	播种面积 2001	2002年为2001年% 2002 as % of 2001
全市	**Total**	**12080.3**	**13769.1**	**87.7**	**17634.2**	**19479.2**	**90.5**
朝阳区	Chaoyang	202.2	189.6	106.6	245.6	236.8	103.7
丰台区	Fengtai	113.2	26.9	420.8	178.8	53.9	331.7
海淀区	Haidian	244.2	180.4	135.4	244.5	180.4	135.5
门头沟区	Mentougou	114.4	211.3	54.1	285.5	464.3	61.5
房山区	Fangshan	970.3	1950.9	49.7	1570.9	3158.7	49.7
通州区	Tongzhou	1176.7	1393.3	84.5	2486.7	1921.9	129.4
顺义区	Shunyi	3421.9	3303.7	103.6	3513.6	3410.2	103.0
昌平区	Changping	2201.2	1722.9	127.8	2380.2	2229.3	106.8
大兴区	Daxing	1195.1	818.1	146.1	1662.1	1194.3	139.2
平谷区	Pinggu	84.9	147.4	57.6	89.9	606.4	14.8
怀柔区	Huairou	369.7	818.2	45.2	437.7	985.1	44.4
密云县	Miyun	1149.5	2799.4	41.1	3035.9	4164.1	72.9
延庆县	Yanqing	555.2	132.1	420.3	556.7	132.1	421.4
农场局	Municipal Farm Bureau	281.8	74.9	376.2	946.1	741.7	127.6

10-13 郊区县粮食、蔬菜耕地面积产量
YIELD FROM GRAIN，VEGETABLEIN CULTIVATED AREA OF SUBURBS AND YIELD

单位：公顷 (hectare)

地区	Region	粮食 2002 单产(公斤/公顷) Unit Yield (kg/hectare)	粮食 2002 总产量(吨) Total Yield (ton)	粮食 2001 单产(公斤/公顷) Unit Yield (kg/hectare)	粮食 2001 总产量(吨) Total Yield (ton)	蔬菜 2002 单产(公斤/公顷) Unit Yield (kg/hectare)	蔬菜 2002 总产量(吨) Total Yield (ton)	蔬菜 2001 单产(公斤/公顷) Unit Yield (kg/hectare)	蔬菜 2001 总产量(吨) Total Yield (ton)
全　市	**Total**	**7195.5**	**823094.0**	**7643.4**	**1049169.0**	**96673.4**	**5456330.0**	**97525.3**	**5228671.0**
朝阳区	Chaoyang	5674.3	6931.0	6405.5	15593.0	57264.3	139973.0	64919.4	155943.0
丰台区	Fengtai	4030.7	5439.0	3560.3	6087.0	64478.8	89978.0	76931.6	133107.0
石景山区	Shijingshan					65661.3	6785.0	78210.8	8087.0
海淀区	Haidian	5011.6	8239.0	4861.0	10457.0	94851.7	58005.0	134991.6	72288.0
门头沟区	Mentougou	1583.4	2717.0	1626.0	3329.0	58399.7	22881.0	63861.3	24031.0
房山区	Fangshan	7238.8	109395.0	7436.7	127213.0	92962.3	247131.0	93585.2	248712.0
通州区	Tongzhou	8264.4	135430.0	9011.3	165388.0	82324.8	991119.0	102554.8	933895.0
顺义区	Shunyi	7750.8	125610.0	8661.9	160088.0	119537.5	1185677.0	113823.9	1127084.0
昌平区	Changping	5790.1	48889.0	5993.9	68892.0	90345.6	130447.0	77708.5	130729.0
大兴区	Daxing	8781.1	138333.0	8919.2	171310.0	97238.8	1263579.0	92057.2	1214483.0
平谷区	Pinggu	7661.4	49950.0	8127.6	62358.0	99103.2	419821.0	96962.4	397061.0
怀柔区	Huairou	9027.8	50262.0	9066.1	62525.0	65108.7	43141.0	54234.0	46907.0
密云县	Miyun	6750.7	34991.0	6769.0	61608.0	201641.1	339819.0	176134.3	250234.0
延庆县	Yanqing	5742.8	110761.0	7180.3	147979.0	8850.7	517745.0	87607.9	485742.0
农场局	Municipal Farm Bureau					40411.8	229.0		368.0

10-14 林业及干鲜果品生产
FORESTRY,DRY AND FRESH FRUIT PRODUCTION

项目		Item		2002	2001	2002年为2001年% 2002 as % of 2001
林业生产		**Forestry**				
本年造林面积	(公顷)	Afforestation Area this Year	(hectare)	47910.0	31770.0	150.8
育苗面积	(公顷)	Nursery Garden Area	(hectare)	23940.0	19630.0	122.0
# 本年新育	(公顷)	New Growing this Year	(hectare)	8310.0	13240.0	62.8
果类生产		**Fruit**				
干鲜果总产量	(吨)	Output of Dry and Fresh Fruit	(ton)	700196.4	648973.0	107.9
干果	(吨)	Dry Fruit	(ton)	31099.6	31122.0	99.9
# 核桃	(吨)	Walnut	(ton)	10283.1	10298.0	99.9
板栗	(吨)	Chinese Chestnut	(ton)	16139.9	14567.0	110.8
鲜果	(吨)	Fresh Fruit	(ton)	669096.8	617851.0	108.3
# 苹果	(吨)	Apple	(ton)	144392.5	153174.0	94.3
梨	(吨)	Pear	(ton)	125008.8	115197.0	108.5
葡萄	(吨)	Grape	(ton)	50972.4	43361.0	117.6
柿子	(吨)	Persimmon	(ton)	62933.9	55561.0	113.3
桃	(吨)	Peach	(ton)	244870.3	206335.0	118.7
年末实有果园面积	(公顷)	**Orchard Area(year-end)**	**(hectare)**	**84940.3**	**85328.3**	**99.5**

10-15 畜牧业生产
ANIMALS HUSBANDRY

项目		Item		2002	2001	2002年为2001年% 2002 as % of 2001
大牲畜		**Large Animals**				
年末总头数	(万头)	Total	(year-end,10000 heads)	31.0	27.6	112.3
#役　畜		Draught Animals		2.9	3.0	96.7
牛		Cattle and Buffaloes		27.4	23.4	117.1
马		Horses		0.5	0.6	83.3
骡		Mules		1.1	1.2	91.7
驴		Donkeys		2.0	2.4	83.3
乳　牛		**Cows**				
年末总头数	(头)	Total	(year-end,head)	151092.0	127788.0	118.2
#成乳牛		Adult Cows		104281.0	86791.0	120.2
牛奶总产量	(万吨)	Cow Milk	(10000 tons)	55.1	42.9	128.4
肉　牛		**Beef Cattle**				
全年出栏	(头)	Slaughtered Cattle	(head)	268067.0	229248.0	116.9
折净肉	(吨)	Converted into Beef	(ton)	49220.0	40118.0	122.7
羊		**Sheep and Goats**				
全年出栏羊	(万只)	Slaughtered Sheep and Goats	(10000 heads)	263.9	201.2	131.2
折净肉	(吨)	Converted into Mutton	(ton)	42442.0	30175.0	140.7
年末存栏	(万只)	Livestock on Hand	(year-end,10000 heads)	175.2	145.1	120.7
山　羊	(万只)	Goats	(10000 heads)	59.8	56.1	106.6
绵　羊	(万只)	Sheep	(10000 heads)	115.5	89.0	129.8
猪		**Hogs**				
全年出栏猪	(万头)	Slaughtered Fattened Hogs	(10000 heads)	474.7	453.1	104.8
折带骨肉	(万吨)	Converted into Pork with Bone	(10000 tons)	33.4	31.2	107.1
年末存栏	(万头)	Livestock on Hand	(year-end,10000 heads)	259.7	248.2	104.6
家　禽		**Poultry**				
年末存栏	(万只)	Livestock on Hand	(year-end,10000 heads)	3306.6	3240.5	102.0
鸭		Ducks		634.0	593.5	106.8
肉　鸡		Chickens		1457.7	1459.1	99.9
产蛋鸡		Hens		1208.5	1187.9	101.7
产蛋量	(万吨)	Poultry Eggs	(10000 tons)	15.2	15.6	97.4
#鸡　蛋		Eggs		14.8	15.1	98.0
年末养兔	**(万只)**	**Rabbits**	**(year-end,10000 heads)**	**84.9**	**137.2**	**61.9**
养　蜂		**Bees**				
年末养蜂	(万箱)	Bees	(year-end,10000 boxes)	11.3	11.1	101.8
蜂蜜产量	(吨)	Honey	(ton)	2789.4	2505.1	111.3

10-16 水 产 品 生 产
AQUATIC PRODUCTS

项目		Item		2002	2001	2002年为2001年% 2002as % of 2001
现有水面面积	**(公顷)**	**Area of Water Surface**	**(hectare)**	**22428.9**	**22953.9**	**97.7**
# 已利用水面面积	(公顷)	Utilized Area	(hectare)	21406	22162.4	96.6
大水库	(公顷)	Large Reservoir	(hectare)	13053.3	13053.3	100.0
中、小水库	(公顷)	Medium and Small Reservoirs	(hectare)	1650.8	1940.7	85.1
坑 塘	(公顷)	Puddle and Pond	(hectare)	6591.4	7082.2	93.1
# 鱼种池	(公顷)	Fish Fry Pond	(hectare)	734.1	955.1	76.9
鱼种生产量	**(万尾)**	**Output of Fish Fry**	**(10000 pieces)**	**11084.5**	**12634.4**	**87.7**
放养鱼种	**(万尾)**	**Fish Fry Breed**	**(10000 pieces)**	**115242.0**	**215147.9**	**53.6**
成鱼捕捞量	**(吨)**	**Adult Fish Catched**	**(ton)**	**73676.1**	**74302.1**	**99.2**
# 大水库	(吨)	in Large Reservoirs	(ton)	4553.8	4817.6	94.5
中、小水库	(吨)	in Medium and Small Reservoirs	(ton)	1301.1	971.5	133.9
坑 塘	(吨)	in Puddle and Pond	(ton)	64096.6	64812.0	98.9
# 鱼类商品量	(吨)	Commodity Fish	(ton)	41264.8	43923.3	93.9

10-17 主要农产品产量
OUTPUT OF MAJOR FARM PRODUCTS

单位：吨 (ton)

项目	Item	2002	2001	2002年为2001年% 2002 as % of 2001
蔬菜产量	**Yield of Vegetable**	**5456330.3**	**5228671.0**	**104.4**
# 特菜	Special Vegetable	438511.3	352169.0	124.5
干鲜果品产量	**Yield of Dry and Fresh Fruit**	**700196.4**	**648973.0**	**107.9**
# 干果产量	Dry Fruit	31099.6	31122.0	99.9
鲜果产量	Fresh Fruit	669096.8	617851.0	108.3
肉类总产量	**Output of Meat**	**735452.0**	**651950.0**	**112.8**
# 猪肉	Pork	334396.3	311951.0	107.2
牛肉	Beef	49220.0	40118.0	122.7
羊肉	Mutton	42442.4	30175.0	140.7
牛奶产量	**Output of Cow Milk**	**550805.3**	**429004.0**	**128.4**
鲜蛋产量	**Output of Fresh Eggs**	**152144.5**	**155587.0**	**97.8**
# 鸡蛋	Eggs	147779.5	150596.0	98.1
鸭蛋	Duck's Eggs	3926.0	4296.0	91.4
淡水鱼产量	**Output of Freshwater Fish**	**73676.1**	**74302.1**	**99.2**

10-18 郊区县副食品产量
OUTPUT OF NON-STAPLE FOOD IN SUBURBS AND COUNTIES

地区 Region		蔬菜 (吨) Vegetable (ton)	鲜蛋 (吨) Fresh Eggs (ton)	牛奶 (吨) Cow Milk (ton)	干鲜果 (吨) Dry and Fresh Fruit (ton)	成鱼捕捞量 (吨) Adult Fish Catched (ton)	生猪出栏 (头) Slaughtered Fattened Hog (head)	蛋鸡存栏 (万只) Hens on Hand (10000 heads)
全　市	**Total**	**5456330**	**152145**	**550805**	**700196**	**73676**	**4747118**	**1208.5**
朝阳区	Chaoyang	139973	381	**21362**	668	3676	155675	3.3
丰台区	Fengtai	89978	2791	4596	3720	486	38672	20.3
石景山区	Shijingshan	6785	1166	1550	474		4420	
海淀区	Haidian	58005	1287	2771	8207	2350	62806	10.8
门头沟区	Mentougou	22881	1000	7250	6074	334	38827	9.2
房山区	Fangshan	247131	11333	23731	78090	2200	337949	151.4
通州区	Tongzhou	991119	13069	32145	48722	11610	506294	97.8
顺义区	Shunyi	1185677	21095	68621	57204	16362	1674278	193.0
昌平区	Changping	130447	4404	20736	57173	7067	207796	28.9
大兴区	Daxing	1263579	34345	99726	104664	3729	615915	200.0
平谷县	Pinggu	419821	24950	3297	191042	14949	348225	198.1
怀柔县	Huairou	43141	3532	31813	43486	2460	199718	45.3
密云县	Miyun	339819	20000	51238	56216	5500	350000	160.4
延庆县	Yanqing	517745	12540	41953	42376	2953	160402	89.9
农场局	Municipal Farm Bureau	229	252	140016	2080		46141	0.1

10-19 设施农业面积及产量
AREAS AND OUTPUT OF FACILITY-AGRICULTURE

项目 Item		设施农业面积（亩） Areas of Facility-agriculture (mu)	设施农业产量（吨） Output of Facility-agriculture (ton)
合　计	**Total**	**352065**	
按类型划分	Grouped by Type		
# 温　室	Hothouse	47311	
日光温室	Sunshine-hothouse	44254	
大　棚	Large Shed	93211	
中、小棚	Medium and Small Shed	126122	
阳　畦	Sunshine Bed	41168	
按品种划分	Grouped by Variety		
# 蔬　菜	Vegetable	248951	1478575
花　卉	Flowers	9240	
瓜　类	Melons	66606	227579
果　类	Fruits	13829	9450

10-20 农村劳动生产率
RURAL LABOR PRODUCTIVITY

项目	Item	2002	2001	2002年为2001年% 2002 as % of 2001
每一农村从业人员创造产值	**Output Value Per Person Employed**			
(按各业从业人员分别计算)	**(calculated separately by sectors)**			
每一农村从业人员创造农村社会总产值 (元)	Rural Gross Output Value Per Person Employed (yuan)	87431	74009	118.1
每一农村从业人员创造农业总产值 (元)	Gross Output Value of Agriculture Per Person Employed (yuan)	35939	31539	114.0
每一农村从业人员创造工业总产值 (元)	Gross Output Value of Industry Per Person Employed (yuan)	206502	171752	120.2
每一农村从业人员创造建筑业总产值 (元)	Gross Output Value of Construction Per Person Employed (yuan)	150644	138642	108.7
每一农村从业人员创造运输业总产值 (元)	Gross Output Value of Transportation Per Person Employed (yuan)	78951	73639	107.2
每一农村从业人员创造商业、饮食业总产值 (元)	Gross Output Value of Commerce and Catering Per Person Employed (yuan)	123010	108327	113.6
每一农业从业人员生产的农产品产量	**Yield of Farm Products Per Person Employed**			
(按农林牧渔从业人员合计计算)	**(calculated by total persons employed of farming, forestry,animal husbandry and fishery)**			
粮　食 (公斤)	Grain (kg)	1284	1546	83.1
油　料 (公斤)	Oil-bearing Crops (kg)	73	63	115.9
蔬　菜 (公斤)	Vegetable (kg)	8512	7703	110.5
水　果 (公斤)	Fruit (kg)	1044	910	114.7
猪牛羊肉 (公斤)	Pork,Beef and Mutton (kg)	665	563	118.1
牛　奶 (公斤)	Cow Milk (kg)	859	632	135.9
鲜　蛋 (公斤)	Fresh Eggs (kg)	237	229	103.5
淡水鱼 (公斤)	Fresh-water Fish (kg)	115	109	105.5

10-21 农业生产条件
PRODUCTIVE CONDITIONS OF AGRICULTURE

项目		Item		2002	2001	2002年为2001年% 2002 as % of 2001
主要农业机械拥有量		**Possession of Major Agricultural Machinery**				
农业机械总动力	(万千瓦)	Total Power of Agricultural Machinery	(10000 kw)	382	395	96.7
大中型拖拉机	(混合台)	Large and Medium Tractors	(unit)	10784	11299	95.4
小型拖拉机	(台)	Mini-Tractors	(unit)	20040	23606	84.9
机引农具	(台)	Towing Farm Machinery	(unit)	31890	33638	94.8
机动喷雾器	(部)	Motorized Sprayer	(unit)	12816	16574	77.3
机动插秧机	(台)	Motorized Rice Transplanter	(unit)	73	100	73.0
联合收割机	(台)	Combine Harvester	(unit)	4544	5125	88.7
机动脱粒机	(台)	Motorized Sheller	(unit)	8488	10761	78.9
米面加工机	(台)	Processing Machine of Rice and Flour	(unit)	8381	8949	93.7
机动挤奶器	(台)	Motorized Milker	(unit)	604	573	105.4
饲料粉碎机	(台)	Fodder Grinder	(unit)	4783	5308	90.1
载重汽车	(辆)	Truck	(unit)	16365	16158	101.3
农业机械作业面积		**Operation Area with Agricultural Machinery**				
机耕面积	(公顷)	Cultivated Area by Machine	(hectare)	171986	213336	80.6
占全部耕地面积比重	(%)	as Percentage of Total	(%)	66	73	90.3
机播面积	(公顷)	Sown Area by Machine	(hectare)	107795	141172	76.4
占播种面积比重	(%)	as Percentage of Sown Area	(%)	86	87	98.5
机收面积	(公顷)	Harvest Area by Machine	(hectare)	84084	120335	69.9
占播种面积比重	(%)	as Percentage of Harvest Area	(%)	66	70	94.3
农村用电量及小水电		**Rural Electricity Consumption and Small Hydropower Station**				
农村用电量	(万千瓦小时)	Rural Electricity Consumption	(10000 kwh)	414248	389247	106.4
# 农业生产用	(万千瓦小时)	For Agricultural Productive Use	(10000 kwh)	136989	136866	100.1
乡镇、村办企业用	(万千瓦小时)	For Township and Village Enterprises Use	(10000 kwh)	112145	107896	103.9
农村小水电站	(处)	Rural Small Hydropower Station	(unit)	36	34	105.9
发电量	(万千瓦小时)	Generated Energy	(10000 kwh)	1414	1169	120.9
农田水利		**Irrigation and Water Conservancy**				
排灌用动力机械	(台)	Power-driven Irrigation Machinery	(unit)	79081	70511	112.2
	(万千瓦)		(10000 kwh)	63	66	95.1
机(电)井	(眼)	Motor-pumped Well	(unit)	42566	42875	99.3
# 已配套	(眼)	Completed Set	(unit)			
扬水站(固定机电排灌站)	(处)	Pumping Station	(unit)			
有效灌溉面积	(公顷)	Irrigated Areas	(hectare)	219684	243632	90.2
占耕地面积		As Percentage of Cultivated Areas	(%)	88	81	108.6
化肥施用量(折纯)		**Consumption of Chemical Fertilizer (converted into pure)**				
化肥施用量	(吨)	Consumption of Chemical Fertilizers	(ton)	148764	156940	94.8
氮　肥	(吨)	Nitrogenous Fertilizer	(ton)	83093	90366	92.0
磷　肥	(吨)	Phosphate Fertilizer	(ton)	11579	9585	120.8
钾　肥	(吨)	Potash Fertilizer	(ton)	5474	4782	114.5
每公顷耕地施用量	(公斤)	Consumption Per Hectare Cultivated Areas	(kg)	597	522	114.3

注：农村小水电站是指乡村两级小水电实有数。农村用电量为市供电局提供。

Note: Data of rural small hydropower station refers to actual number of small hydropower at township and Village level.Data on consumption of electricity is provided by Beijing Municipal Power Supply Bureau.

10-22 乡镇企业各业基本情况
BASIC STATISTICS ON SECTORS OF TOWN AND TOWNSHIP ENTERPRISES

行业 Sector	企业个数（个） Number of Enterprises (unit)		从业人员（人） Persons Employed (person)		总收入（万元） Total Revenue (10000 yuan)		利润总额（万元） Total Profits (10000 yuan)		增加值（万元） Add Value (10000 yuan)	
	数量 Number	占% Proportion	数量 Number	占% Proportion	数量 Number	占% Proportion	数量 Number	占% Proportion	数量 Number	占% Proportion
合计 Total	**134025**	**100.0**	**1135814**	**100.0**	**14078611**	**100.0**	**983581**	**100.0**	**3098499**	**100.0**
农业 Agriculture	3598	2.7	25931	2.3	256292	1.8	26703	2.7	59715	1.9
工业 Industry	21962	16.4	570776	50.2	6465705	45.9	375864	38.2	1531742	49.4
施工建筑业 Construction	4223	3.2	179190	15.8	2077859	14.8	139621	14.2	489775	15.8
交通运输业 Transportation	42000	31.3	78577	6.9	892787	6.3	94380	9.6	226117	7.3
批发零售贸易业 Wholesale	33927	25.3	107812	9.5	2305332	16.4	136556	13.9	291006	9.4
住宿及餐饮业 Retail and Catering	8810	6.6	40962	3.6	321195	2.3	30636	3.1	74038	2.4
社会服务业 Social Services	15341	11.4	108739	9.6	1112399	7.9	109278	11.1	291151	9.4
其他 Others	4164	3.1	23827	2.1	647042	4.6	70543	7.2	134955	4.4

10-23 乡镇企业出口供货情况
GOODS SUPPLIES FOR EXPORT OF TOWN AND TOWNSHIP ENTERPRISES

单位：万元 (10000 yuan)

行业	Sector	出口产品交货总额 Total Amount on Delivery of Exports		#直接出口 Direct Export	
		2002	2001	2002	2001
合计	**Total**	**762847**	**630927**	**510763**	**443351**
化工	Chemical Products	12943	9526	3310	2936
机械	Machinery	42715	45007	33082	36357
矿产	Mineral Products	20259	1553	15139	430
轻工	Light Industry	135759	93809	89830	62765
食品	Food	46511	22325	34465	11382
土产	Local Products	11056	1053	6032	118
畜产	Livestock Products		19316		12234
纺织	Textile		50707		37578
服装	Garment	371220	258917	260857	199254
工艺品	Handicraft	36040	40123	24877	30587
其他	Others	86344	88591	43171	49710

10-24 郊区县乡镇企业主要经济指标
MAIN ECONOMIC INDICATORS FOR TOWN AND TOWNSHIP ENTERPRISES IN SUBURBS AND COUNTIES

地区	Region	企业个数 (个) Number of Enterprises (unit)	从业人员 (人) Persons Employed (person)	总收入 (万元) Total Revenue (10000 yuan)	利润总额 (万元) Total Profits (10000 yuan)	增加值 (万元) Add Value (10000 yuan)	税金 (万元) Taxes (10000 yuan)
全市	**Total**	**134025**	**1135814**	**14078611**	**983581**	**3098499**	**443981**
朝阳区	Chaoyang	1194	71409	1022884	30598	172454	33727
丰台区	Fengtai	1977	67462	741672	61112	172628	22998
石景山区	Shijingshan						
海淀区	Haidian	3351	62558	765901	56157	157734	26445
门头沟区	Mentougou	9257	31853	353395	31691	74421	9691
房山区	Fangshan	41818	204034	2831745	241465	615966	51048
通州区	Tongzhou	14756	141456	1355715	102017	373088	68116
顺义区	Shunyi	15476	149595	1256082	100342	325270	50204
昌平区	Changping	4929	66123	941084	55960	225354	32642
大兴区	Daxing	13796	111514	1812986	113036	363742	73695
平谷区	Pinggu	3672	65861	863344	50491	161297	21112
怀柔区	Huairou	6856	53154	1118649	84266	228055	23378
密云县	Miyun	11489	76029	562968	30081	140354	16557
延庆县	Yanqing	5454	34766	452186	26365	88136	14368

10-25 郊区县乡镇个体、私营企业主要经济指标
MAIN ECONOMIC INDICATORS FOR RURAL INDIVIDUAL AND PRIVATE ENTERPRISES IN SUBURBS AND COUNTIES

地区	Region	企业个数 (个) Number of Enterprises (unit)	从业人员 (人) Persons Employed (person)	总收入 (万元) Total Revenue (10000 yuan)	利润总额 (万元) Total Profits (10000 yuan)	增加值 (万元) Add Value (10000 yuan)	税金 (万元) Taxes (10000 yuan)
全市	**Total**	**123814**	**489658**	**6034332**	**505354**	**1313416**	**129173**
朝阳区	Chaoyang	196	5519	91399	1201	15085	2208
丰台区	Fengtai	1026	6948	45366	5059	7022	1292
石景山区	Shijingshan						
海淀区	Haidian	2655	24602	339580	17898	41043	7451
门头沟区	Mentougou	8784	16850	177472	20678	35719	3229
房山区	Fangshan	40995	132254	2027072	196432	454558	22909
通州区	Tongzhou	12535	58212	510271	50430	151002	21364
顺义区	Shunyi	14711	62893	495657	52916	133376	14265
昌平区	Changping	3888	14667	351475	16372	74144	6545
大兴区	Daxing	12382	51681	746872	57885	145167	26017
平谷区	Pinggu	2951	17609	176211	12135	36114	3837
怀柔区	Huairou	6406	21181	434141	40320	78847	2706
密云县	Miyun	11395	61154	446606	24103	105544	11806
延庆县	Yanqing	5260	16088	192210	9925	35795	5544

10-26 农村劳动力转移情况
STATISTICS ON RURAL LABOR FORCE TRANSFERRING

项目	Item	合计 Total		平原 Plain		山区 Mountain Area	
		数量（人） Number (person)	构成（%） Composition (%)	数量（人） Number (person)	构成（%） Composition (%)	数量（人） Number (person)	构成（%） Composition (%)
调查户劳动力转移人数	**Labor Force Transferring of Household in Surveyed**	**1097**	**100.0**	**877**	**100.0**	**220**	**100.0**
当年转移的劳动力	**Labor Force Transferred in This Year**	**75**	**6.8**	**61**	**7.0**	**14**	**6.4**
转移劳动力素质情况	**Quality Level of Labor Force Trans-Ferring**						
性别构成	Sex Composition						
男劳动力	Male	654	59.6	523	59.6	131	59.5
# 整劳动力	Full Labor Force	529	48.2	423	48.2	106	48.2
女劳动力	Female	443	40.4	354	40.4	89	40.5
# 整劳动力	Full Labor Force	343	31.3	275	31.4	68	30.9
文化程度	Educational Level						
小学及以下文化程度	at Primary School Level and below	75	6.8	59	6.7	16	7.3
初中文化程度	at Junior Middle School Level	599	54.6	479	54.6	120	54.5
中专文化程度	at Specialized Secondary School Level	361	32.9	289	33.0	72	32.7
大专及以上文化程度	at Junior College Level and above	62	5.7	50	5.7	12	5.5
接受专业培训情况	Taking Professional Training						
接受专业培训	Trained	384	35.0	307	35.0	77	35.0
未接受专业培训	No Trained	713	65.0	570	65.0	143	65.0
转移劳动力行业分布	**Sector Transfer to**						
农林牧渔业	Farming,Animal Husbandry and Fishery	12	1.1	9	1.0	3	1.4
采掘业	Excavation	20	1.8	16	1.8	4	1.8
制造业	Manufacturing	212	19.3	169	19.3	43	19.5
电、煤、水的生产供应业	Electricity, Gas and Water Production and Supply	7	0.6	5	0.6	2	0.9
建筑业	Construction	81	7.4	65	7.4	16	7.3
地质勘探水利管理业	Geological Prospecting and Water Conservancy	2	0.2	2	0.2		
交通运输、仓储及邮电通信业	Transportation, Storage, Posts and Telecommunications	120	10.9	96	10.9	24	10.9
批发零售贸易餐饮业	Commerce and Catering Trades	117	10.7	94	10.7	23	10.5
金融保险业	Banking and Insurance	6	0.6	5	0.6	1	0.5
房地产业	Real Estate	5	0.5	4	0.5	1	0.5
社会服务业	Social Services	204	18.6	163	18.6	41	18.6
卫生体育和社会福利业	Health, Sports and Social Welfare	22	2.0	18	2.1	4	1.8
教育文化及广播电影电视业	Education,Culture,Radio, Film and Television	19	1.7	15	1.7	4	1.8
科学研究和综合技术服务业	Scientific Rearch and Polytecnical Services	4	0.4	4	0.5		
国家机关、党政机关和社会团体	Government Agencies, Party Agencies and Social Organizations	63	5.7	50	5.7	13	5.9
其他	Others	203	18.5	162	18.4	41	18.6
转移地域	**Region Transfer To**						
本市内转移	Within Local City	1091	99.5	872	99.4	219	99.5
转向外省市	To Nonlocal	6	0.5	5	0.6	1	0.5
调查户当年返回农业的劳动力	**Labor Force Back to Agriculture in This Year of Households in Survey**						

注：本表数据是在郊区750个农户中调查取得。

Note: Data of this table was gained from 750 farm households survey.

10-27 乡村劳动力构成
COMPOSITION OF RURAL LABOR FORCE

项目 Item		合计 Total		平原 Plain		山区 Mountain Area	
		数量（人）Number (person)	构成（%）Composition (%)	数量（人）Number (person)	构成（%）Composition (%)	数量（人）Number (person)	构成（%）Composition (%)
调查村整半劳动力	**Full and Half Labor Force in Village Surveyed**	**1781**	**100.0**	**1399**	**100.0**	**382**	**100.0**
按性别分	Grouped by Sex						
男劳动力	Male	928	52.1	729	52.1	199	52.1
# 整劳动力	Full Labor Force	701	39.4	551	39.4	150	39.4
女劳动力	Female	853	47.9	670	47.9	183	47.9
# 整劳动力	Full Labor Force	561	31.5	441	31.5	120	31.4
按文化程度分	Grouped by Educational Level						
文盲或半文盲	Illiteracy and Half-illiteracy	22	1.2	17	1.2	5	1.3
小学程度	at Primary School Level	188	10.6	148	10.6	40	10.5
初中程度	at Junior Middle School Level	1002	56.3	787	56.3	215	56.3
中专程度	at Specialized Secondary School Level	498	28.0	392	28.0	106	27.7
大专及以上程度	at Junior College Level and above	71	3.9	55	3.9	16	4.2
按是否接受过专业培训分	Grouped by Whether Received Specialized Training						
受过各种专业培训	Received All Kinds of Specialized Training	474	26.6	372	26.6	102	26.7
未接受专业培训	Never Received Specialized Training	1307	73.4	1027	73.4	280	73.3

注：本表数据是在郊区750个农户中调查取得。
Note: Data of this table was gained from 750 farm households survey.

10-28 农村平均每人固定资产投资情况
INVESTMENT IN FIXED ASSETS PER CAPITA IN RURAL AREAS

单位：元，平方米 (yuan,sq.m)

项目	Item	合计 Total	乡镇 Townsip	村 Village	农户 Household
本年新增固定资产原值	**Original Value of Incremental Fixed Assets**	**2620.6**	**559.0**	**1261.1**	**800.5**
本年固定资产投资完成额	**Investment in Fixed Assets Completed in this year**	**2835.4**	**666.4**	**1339.2**	**829.8**
按资金来源分	Grouped by Source of Funds				
国家资金	State Funds	60.0	19.5	40.4	
国内贷款	Domestic Loan	40.6	1.8	38.8	
利用外资	Foreign Funds	8.9	4.1	4.8	
自筹资金	Self-raising Funds	2538.7	586.6	1128.0	824.1
其他资金	Other Funds	187.3	54.4	127.2	5.7
按资金投向分	Grouped by Use of Funds				
农林牧渔业	Farming,Animal Husbandry and Fishery	210.2	30.4	124.4	55.4
采掘业	Excavation	15.9	0.5	15.4	
制造业	Manufacturing	417.1	106.8	310.4	
电、煤、水的生产供应业	Electricity, Gas and Water Production and Supply	60.7	19.6	41.1	
建筑业	Construction	325.0	177.8	147.1	
地质勘探水利管理业	Geological Prospecting and Water Conservancy	5.0	3.8	1.2	
交通运输、仓储及邮电通信业	Transportation, Storage, Posts and Telecommunications	55.4	14.2	39.2	2.0
批发零售贸易餐饮业	Wholesale and retail & catering	124.3	33.7	90.6	
金融保险业	Banking and Insurance	19.5	4.2	13.4	1.9
房地产业	Real Estate	113.9	43.7	70.2	
社会服务业	Social Services	153.3	59.4	92.7	1.2
卫生体育和社会福利业	Health, Sports and Social Welfare	183.0	30.8	152.2	
教育文化及广播电影电视业	Education,Culture,Radio, Film and Television	36.1	14.1	16.9	5.1
科学研究和综合技术服务业	Scientific Rearch and Polytecnical Services	2.3	0.2	2.1	
国家机关、党政机关和社会团体	Government Agencies, Party Agencies and Social Organizations	210.6	94.8	115.8	
其他	Others	903.3	32.4	106.5	764.3
本年施工房屋面积	**Floor Space of Buildings under Construction in this Year**	**3.3**	**0.5**	**1.1**	**1.7**
# 住宅	Residential Buildings	1.9	0.1	0.2	1.6
本年竣工房屋面积	**Floor Space of Buildings Completed in this Year**	**2.9**	**0.4**	**0.9**	**1.6**
# 住宅	Residential Buildings	1.8	0.1	0.2	1.5
本年竣工房屋投资完成额	**Investment of Buildings Completed in this Year**	**1434.0**	**214.1**	**428.6**	**791.3**
# 住宅	Residential Buildings	918.8	53.3	113.6	751.9

注：本表数据是在郊区80个乡镇、250个村、750个农户及所在村中调查取得。

Note: Data of this table was gained from the survey of 80 towns, 250 villages and 750 farm households.

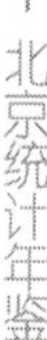

10-29 农村经济收入与分配
INCOME AND DISTRIBUTION OF RURAL ECONOMY

单位：万元 (10000 yuan)

项目	Item	2002	2001	2002年为2001年% 2002 as % of 2001
营业收入	**Operation Income**	**17229005.0**	**14904562.4**	**115.6**
农业	Agriculture	684042.4	667513.4	102.5
# 粮食	Grain	137378.9	155900.3	88.1
林业	Forestry	79621.7	136007.6	58.5
牧业	Animal Husbandry	825227.0	799376.9	103.2
渔业	Fishery	69566.7	77755.1	89.5
工业	Industry	5538791.9	5200389.7	106.5
建筑业	Construction	2342599.8	1992852.3	117.6
交通运输业	Transportation	1450176.4	1235986.9	117.3
商业、饮食业	Commerce and Catering	3160312.6	2543460.6	124.3
服务业	Services	2406792.5	1369292.1	175.8
其他	Others	671874.0	881927.6	76.2
营业成本	**Operation Cost**	**13692095.6**	**13178700.7**	**103.9**
农业	Agriculture	440367.9	608592.5	72.4
# 粮食	Grain	82170.2	112959.6	72.7
林业	Forestry	49072.8	123909.1	39.6
牧业	Animal Husbandry	627100.3	777965.4	80.6
渔业	Fishery	49595.4	69299.1	71.6
工业	Industry	4608916.8	4543867.8	101.4
建筑业	Construction	1954247.5	1783236.9	109.6
交通运输业	Transportation	1112500.6	1162253.0	95.7
商业、饮食业	Commerce and Catering	2749015.9	2391040.1	115.0
服务业	Services	1625239.3	1042427.1	155.9
其他	Others	476039.1	676109.7	70.4
营业利润	**Operation Profits**	**2273613.2**	**767704.7**	**296.2**
利润总额	**Total Profits**	**2367077.1**	**853069.3**	**277.5**
税后利润	**Net Profits**	**2287476.9**	**785100.7**	**291.4**
可供分配的利润	**Profit to be Divided**	**2231838.1**	**733541.7**	**304.3**
未分配利润	**Retained Profits**	**194246.0**	**157014.1**	**123.7**

10-30 郊区小城镇建设基本情况
BASIC STATISTICS FOR OUTSKIRT A WIDE PLACE IN THE ROAD

项目 Item				2002	2001	2002年为2001年% 2002 as % of 2001
乡镇总人口	(人)	Total Population of Villages and Town	(persons)	3899765	3119237	125.0
乡镇从业人员数	(人)	Employed Persons by Villages and Town	(persons)	1416300	1333665	106.2
乡镇行政区域土地面积	(公顷)	The Land Area of Administrative Divisions By Villages and Town	(hectare)	1302495	1157274	112.5
乡镇增加值	(万元)	Gross Domestic Product by Villages and Town	(10000 yuan)	4247476	3555541	119.5
第一产业增加值	(万元)	Primary Industry	(10000 yuan)	859392	809306	106.2
第二产业增加值	(万元)	Secondary Industry	(10000 yuan)	1750665	1392381	125.7
第三产业增加值	(万元)	Ertiary Industry	(10000 yuan)	1637420	1353854	120.9
农村经济总收入	(万元)	The Gross Income of Rural Economics	(10000 yuan)	12620792	10364253	121.8
社会消费品零售额	(万元)	Total Retail sales of Consumer Goods	(10000 yuan)	1466093	1237156	118.5
乡镇企业总收入	(万元)	The Retail sales of Villages and Town	(10000 yuan)	10785441	8447349	127.7
乡镇企业年净利润总额	(万元)	Net Profits of Villages and Town	(10000 yuan)	679783	627896	108.3
乡镇企业实交税金总额	(万元)	Taxes turned over Completed	(10000 yuan)	342225	262971	130.1
乡镇企业出口产品交货额	(万元)	Delivery Value of Exports of Villages and Town	(10000 yuan)	706940	613596	115.2
财政收入	(万元)	Revenue	(10000 yuan)	356821	279783	127.5
# 预算内收入	(万元)	General Budgetary Financial Revenue	(10000 yuan)	274417	219511	125.0
财政支出	(万元)	Expenditures	(10000 yuan)	327466	260601	125.7
年末各项贷款余额	(万元)	Loans Balance(year-end)	(10000 yuan)	1729000	1477397	117.0
电话安装机数量	(部)	The Number of Build in Telephone	(unit)	1150208	1077531	106.7
乡镇公路里程	(公里)	Calzada Mileage of Villages and Town	(km)	11972	10487	114.2
镇区总人口	(人)	Total Population of Township	(persons)	804579	759171	106.0
# 非农业人口	(人)	Non-Agricultural	(persons)	256132	240916	106.3
镇区从业人员数	(人)	Empolyed Persons by Township	(persons)	335788	313639	107.1
镇区占地面积	(公顷)	The Land Area of Township	(hectare)	55219	49734	111.0

注："郊区小城镇"统计范围为郊区县全部建制镇。
Note: OUTSKIRT A WIDE PLACE IN THE ROAD Include Total Town of District and Counties

主要统计指标解释

郊区增加值 指近郊区乡及乡以下三次产业增加值和远郊区县所属三次产业增加值之和。

农业总产值 是以货币表现的农、林、牧、渔业全部产品的总量，它反映一定时期内农业生产总规模和总成果。

农、林、牧、渔业的统计范围包括国有经济各种专业农（农、林、牧、渔）场以及国家各级机关、团体、学校、部队；集体所有制的乡、镇、村各级办农场；工矿企业经营的农、林、牧、渔业，农村各种经济组织和农户经营的农林牧渔业和农民家庭兼营的商品性工业等。

（1）农业 包括种植业和其他农业。

种植业 包括谷物、豆类、薯类、棉、油料、糖料、麻类、烟叶、蔬菜、药材、瓜类和其他农作物的种植，以及茶园、桑园、果园的生产经营。

其他农业 包括采集野生植物的果实、纤维、树胶、树脂、油料以及柴草、野生药材、菌类等及农民家庭兼营的商品性工业。

（2）林业 包括林木的栽培（不包括茶园、桑园和果园的栽培、管理和收获等活动）、林产品的采集和村及村以下合作经济组织和农户的竹木采伐。

（3）牧业 包括除渔业养殖以外的一切动物饲养和放牧以及野生动物的捕猎和饲养。

（4）渔业 包括水生动物和海藻类植物的养殖和捕捞。

农业总产值的计算方法通常是按农林牧渔业产品及其副产品的产量分别乘以各自单位产品价格求得，少数生产周期较长，当年没有产品或产品产量不易统计的，则采用间接方法匡算其产值，然后将四业产品产值相加即为农业总产值。

1957年以前的农业总产值中包括了厩肥和农民自给性手工业（如农民自制衣服、鞋、袜，自己从事粮食初步加工等）。1958年及以后的农业总产值、林业中增加了村及村以下竹木采伐产值；牧业中取消了厩肥产值；副业中取消了农民自给性手工业产值；渔业中增加了海洋捕捞水产品产值。1980年及以后的农业总产值，在副业中增加了农民家庭兼营工业商品部分的产值。从1984年起村及村以下办工业产值划归工业。从1993年起，取消副业。将野生动物的捕猎划入牧业，野生植物采集和农民家庭兼营商品性工业划归农业。

耕地总资源 指能够种植农作物的田地。包括当年实际耕种的熟地；新开荒且已种植的地；“沿海”、“沿湖”地区已围垦利用三年以上的“海涂”、“湖田”；弃耕、休闲不满三年，随时可以复耕的地；因灾害或其他因素，虽然当年内未种植农作物但仍可复耕的地；以种植农作物为主，附带种植桑树、果树和其他林的地；年年进行耕耘种草的地；南方小于1米、北方小于2米宽的沟、渠、路、田埂。不包括：因灾害或其他因素，已不能复耕的地；弃耕、休闲满三年的地，或者虽不满三年，但已经成为荒地的土地；不进行耕耘，种植牧草已成为永久性草地的土地；专业性的桑园、茶园、果园、果木苗圃地、芦苇地、天然草场等；以混凝土等铺设的温室、玻璃室，导致栽培的植物体与地面隔绝的基地。

农作物播种面积 指实际播种或移植有农作物的面积。凡是实际种植有农作物的面积，不论种植在耕地上还是种植在非耕地上，均包括在农作物播种面积中。在播种季节基本结束后，因遭灾而重新改种和补种的农作物面积，也包括在内。

有效灌溉面积 指具有一定的水源，地块比较平整，灌溉工程或设备已经配套，在一般年景下当年能够进行正常灌溉的耕地面积。

设施农业 指利用人造设施改变气候条件、改良生物特色，使生物在一般情况下不能生产的地域或季节，能够正常生产的农业。设施农业主要指种植业的种植。

农业机械总动力 指主要用于农、林、牧、渔业的各种动力机械的动力总和。包括耕作机械、排灌机械、收获机械、农用运输机械、植物保护机械、牧业机械、渔业机械和其他农用机械[内燃机按引擎马力折成瓦（特）计算，电动机按功率折成瓦（特）计算]。不包括专门用于乡、镇、村、组办工业、基本建设、非农业运输、科学实验和教学等非农业生产方面用的动力机械与作业机械。

乡村从业人员 指乡村人口中16岁以上实际参加生产经营活动并取得实物或货币收入的人员，既包括劳动年龄内经常参加劳动的人员，也包括超过劳动年龄但经常参加劳动的人员。但不包括户口在家的在外学生、现役军人和丧失劳动能力的人，也不包括待业人员和家务劳动者。从业人员年龄为16岁以上。从业人员按从事主业时间最长（时间相同按收入）分为农业从业人员、工业从业人员、建筑业从业人员、交运仓储及邮电通讯业从业人员、批零贸易及餐饮业从业人员、其它从业人员。

期初（末）畜禽存栏头（只）数 指本期期初（末）农村各种合作经济组织和国营农场、农民个人、机关、团体、学校、工矿企业、部队等单位以及城镇居民饲养的大牲畜、猪、羊、家禽等禽畜的存栏头（只）数。

乡镇企业 指农村集体经济组织或者农民投资为主在乡镇（包括所辖村）举办的承担支援农业义务的各类企业。

十一 工 业

INDUSTRY

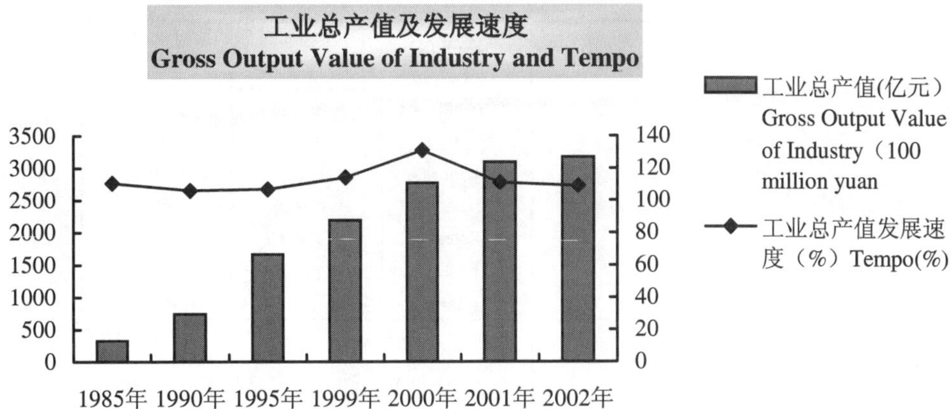

工业总产值及发展速度
Gross Output Value of Industry and Tempo
3500
3000
2500
2000
1500
1000
500
0
140
120
100
80
60
40
20
0
1985年 1990年 1995年 1999年 2000年 2001年 2002年
工业总产值(亿元) Gross Output Value of Industry（100 million yuan
工业总产值发展速度（%）Tempo(%)

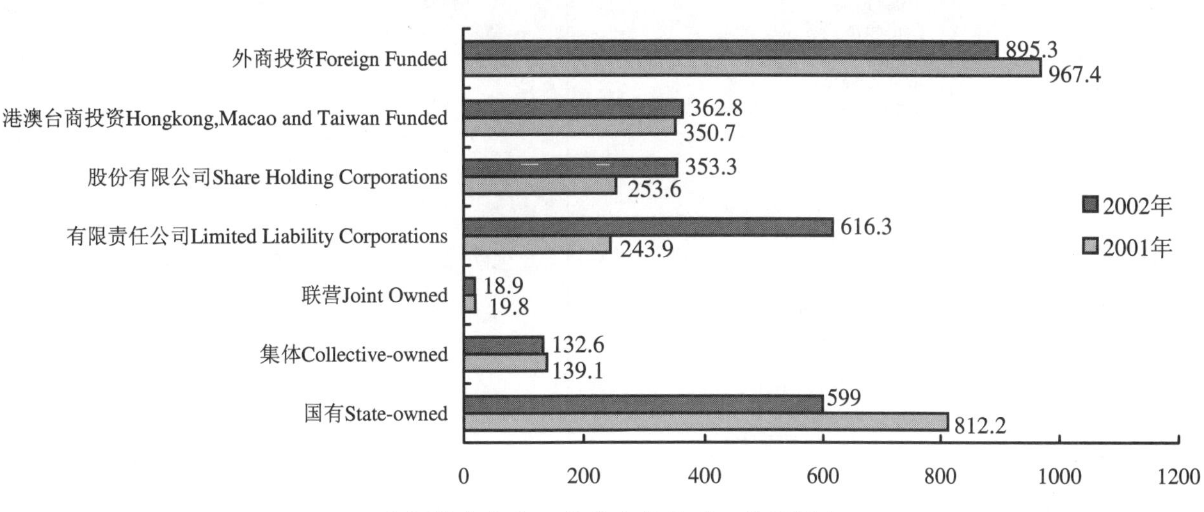

按登记注册类型分工业总产值 （单位：亿元）
Grouped by Registration Status of Gross Output Value of Industry (100 million yuan)
外商投资Foreign Funded
895.3
967.4
港澳台商投资Hongkong,Macao and Taiwan Funded
362.8
350.7
股份有限公司Share Holding Corporations
353.3
253.6
有限责任公司Limited Liability Corporations
616.3
243.9
联营Joint Owned
18.9
19.8
集体Collective-owned
132.6
139.1
国有State-owned
599
812.2
0
200
400
600
800
1000
1200
2002年
2001年

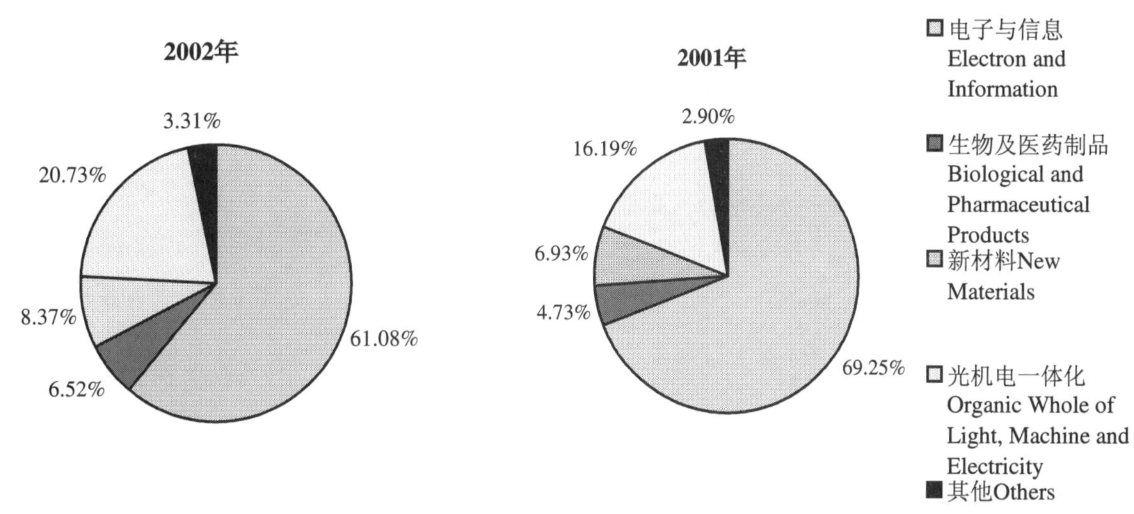

高新技术产业工业总产值构成（按领域分）
Composition of Gross Output Value for High-grade Technological Industry (by field)
2002年
3.31%
20.73%
8.37%
6.52%
61.08%
2001年
2.90%
16.19%
6.93%
4.73%
69.25%
电子与信息 Electron and Information
生物及医药制品 Biological and Pharmaceutical Products
新材料New Materials
光机电一体化 Organic Whole of Light, Machine and Electricity
其他Others

11-1 工业企业主要经济指标

单位：万元

项目	Item	企业单位个数（个） Number of Enterprises (unit)	#亏损企业 Loss-making Enterprises	工业总产值（当年价格） Gross Output Value of Industry (at current prices)	工业总产值（1990年不变价格） Gross Output Value of Industry (at 1990 constant prices)
总计	**Total**	**4551**	**1202**	**31734762**	**32002701**
在总计中：	**Of Total:**				
中央企业	Central Enterprises	508	167	8865940	8911696
地方企业	Local Enterprises	4043	1035	22868822	23091005
工业系统	Industry System	539	143	8499222	8654495
非工业系统	Non-Industry System	356	130	1430504	974164
区县工业	Industry of District and County	2152	498	5939703	5601388
其他	Others	996	264	6999393	7860958
在总计中：	**Of Total:**				
内资企业	Domestic Investment Enterprises	3504	871	19153989	15617622
国有企业	State-Owned	1344	520	5990453	3963832
集体企业	Collective Owned	650	104	1326341	1253546
股份合作企业	Share Holding	211	43	727163	518780
联营企业	Joint Owned	51	10	188662	241106
有限责任公司	Limited-Liability Corporations	576	96	6162561	5007246
股份有限公司	Share Holding Corporations	153	30	3533342	3428496
私营企业	Private Owned	513	68	1169531	1173002
其他企业	Others	6		55937	31615
港澳台商投资企业	Hongkong,Macao and Taiwan Funded Enterprises	378	124	3628201	4854468
港澳台合资经营	oint Venture	265	86	1280674	1667446
港澳台合作经营	Cooperative	13	1	62126	59016
港澳台商独资企业	Hongkong,Macao and Taiwan Enterprises	88	34	2244291	3086510
港澳台商投资股份有限公司	Hongkong,Macao and Taiwan Funded Share Holding Corporations	12	3	41111	41495
外商投资企业	Foreign Funded Enterprises	669	207	8952571	11530612
中外合资经营	Joint Venture	434	124	7216145	9870044
中外合作经营	Cooperative	38	10	197424	210867
外资(独资)企业	Foreign Enterprises	188	73	1262503	1275883
外商投资股份有限公司	Foreign Funded Share Holding Corporations	9		276499	173818
在总计中：	**Of Total:**				
农村企业	Rural Enterprises	807	130	1904440	1811606
在总计中：	**Of Total:**				
国有绝对控股企业	State Absolute Controlling Share Hold Industry	1744	603	14868790	12210789
国有相对控股企业	State Relative Controlling Share Share Hold Industry	122	35	3597554	5646051
在总计中：	**Of Total:**				
轻工业	Light Industry	2188	604	7734942	7316597
以农产品为原料	Using Farm Products as Raw Materials	1421	425	4561673	4133180
以非农产品为原料	Using Non-Farm Products as Raw Materials	767	179	3173269	3183417
重工业	Heavy Industry	2363	598	23999820	24686104
采掘工业	Excavation	43	6	536082	213602
原料工业	Raw Material	377	86	8239429	5302933
加工工业	Processing	1943	506	15224309	19169570
在总计中：	**Of Total:**				
大型企业	Large Enterprises	283	60	18901026	19725623
中型企业	Medium Enterprises	282	70	2441151	2323153
小型企业	Small Enterprises	3986	1072	10392585	9953926

注：本资料统计范围均为全部国有及年销售收入在500万元及以上非国有工业企业。

MAIN INDICATORS FOR INDUSTRIAL ENTERPRISES

(10000 yuan)

工业增加值(生产法) Added Value of Industry (with production method)	工业销售产值(当年价格) Sales Value of Industry (at current price)	全部从业人员年平均人数(人) Average Number of Persons Employed (person)	资产负债 Assets and Liabilities: 流动资产合计 Circulating Funds	流动资产平均余额 Average Balance of Circulating Funds	长期投资 Longterm Investment	固定资产合计 Fixed Assets	固定资产原价合计 Original Value of Fixed Assets
8404344	**31501886**	**1075640**	**21618589**	**21147293**	**4805293**	**18927461**	**26554117**
2211428	8808205	175598	5227627	5308885	1429829	5863838	8439063
6192916	22693681	900042	16390962	15838409	3375464	13063623	18115054
2092440	8463002	340577	6285314	6228284	2099047	6153906	9189551
547336	1458997	76013	1688748	1690992	511002	2669847	3553907
1720296	5827531	341104	3626830	3416411	334394	2636306	3347310
1832844	6944152	142348	4790070	4502723	431021	1603564	2024286
5573029	18961905	847050	14309864	13915262	4509958	15404383	21243771
1877525	5961075	297624	4938114	4958206	1428547	7172415	10123398
375764	1303960	113724	825760	795177	106008	495050	690657
181579	700242	31619	301965	291728	14769	164725	208999
71632	192295	15940	254747	254907	41962	184780	264501
1736270	6127055	244024	4321171	4223742	1954071	5630443	7823345
992945	3483796	85588	2958226	2768829	938412	1405663	1757735
328320	1139067	55744	640853	566858	25569	316557	332021
8994	54416	2787	69029	55814	621	34751	43115
780383	3601543	76838	2328226	2153557	65503	718293	996942
361866	1261877	49356	1082924	1035128	30752	445172	665827
24177	63722	2868	37332	40041	507	27548	35353
382861	2229749	22432	1181372	1049044	34164	204346	237801
11478	46195	2182	26597	29345	80	41228	57961
2050932	8938438	151752	4980500	5078474	229832	2804785	4313404
1497196	7211354	104248	3896711	4042991	38948	1848603	3068150
71066	200547	6392	123065	121271	21	102205	145659
377690	1263127	31260	845173	799319	12032	518659	697379
104980	263410	9852	115551	114893	178831	335318	402217
551847	1829021	153786	999193	973099	76495	748162	975342
4283112	14778496	580369	11308100	11265957	4153749	14292844	20289799
475478	3638073	31979	1682081	1787188	102671	568184	1048492
2682419	7647475	419988	5792823	5623992	1197615	4462420	6119627
1477343	4512047	291363	3337233	3235325	645773	2615228	3597529
1205077	3135428	128625	2455590	2388667	551842	1847192	2522098
5721925	23854410	655652	15825766	15523301	3607678	14465041	20434490
172291	538113	31960	190711	194674	139648	132462	204733
2197911	8252357	210094	4103471	4186206	1609890	9718745	13837900
3351723	15063940	413598	11531585	11142421	1858140	4613834	6391857
4223294	18860618	457472	11471251	11513928	3332439	13192484	18961612
904416	2384770	101589	1923679	1839700	420920	1243329	1802206
3276634	10256498	516579	8223659	7793665	1051934	4491648	5790299

Note: Data of this chapter refers to all state-owned and non-state-owned Industrial enterprises above designed size (with annual sales revenue at and above 5 million yuan).

11-1 续表 1 continued

单位：万元

项目	Item	资产负债 Assets and Liabilities 固定资产净值年平均余额 Average Net Value of Fixed Assets	资产总计 Total Assets	流动负债合计 Liquid Liabilities	长期负债合计 Longterm Liabilities
总计	**Total**	**15912132**	**47429487**	**18537409**	**6342816**
在总计中：	Of Total:				
中央企业	Central Enterprises	4913382	12749162	4279460	3143463
地方企业	Local Enterprises	10998751	34680325	14257949	3199353
工业系统	Industry System	5331003	15496207	6423800	1995612
非工业系统	Non-Industry System	2352554	4963449	1305224	319176
区县工业	Industry of District and County	2099031	7049826	3298261	537005
其他	Others	1216163	7170842	3230665	347559
在总计中：	Of Total:				
内资企业	Domestic Investment Enterprises	12791599	35706254	12703026	5655552
国有企业	State-Owned	6002054	13981156	5014863	3485306
集体企业	Collective Owned	414046	1498737	752179	119790
股份合作企业	Share Holding	133156	499237	256496	27980
联营企业	Joint Owned	176438	502982	249191	59422
有限责任公司	Limited-Liability Corporations	4755412	12644267	3973367	1643572
股份有限公司	Share Holding Corporations	1071946	5448577	1854075	270251
私营企业	Private Owned	216369	1026572	524735	48762
其他企业	Others	22178	104727	78121	469
港澳台商投资企业	Hongkong,Macao and Taiwan Funded Enterprises	599650	3323362	1995739	79897
港澳台合资经营	Joint Venture	400046	1614063	856070	58802
港澳台合作经营	Cooperative	23661	68253	27127	2164
港澳台商独资企业	Hongkong,Macao and Taiwan Enterprises	134861	1559701	1062976	16272
港澳台商投资股份有限公司	Hongkong,Macao and Taiwan Funded Share Holding Corporations	41083	81345	49566	2659
外商投资企业	Foreign Funded Enterprises	2520884	8399871	3838644	607368
中外合资经营	Joint Venture	1749455	6016441	2934396	277512
中外合作经营	Cooperative	82115	238510	102266	2073
外资(独资)企业	Foreign Enterprises	376116	1431339	609471	138416
外商投资股份有限公司	Foreign Funded Share Holding Corporations	313197	713582	192510	189366
在总计中：	Of Total:				
农村企业	Rural Enterprises	624718	1887796	932490	123474
在总计中：	Of Total:				
国有绝对控股企业	State Absolute Controlling Share Hold Industry	12090933	31050894	10495452	5419772
国有相对控股企业	State Relative Controlling Share Share Hold Industry	537609	2442619	1166391	129696
在总计中：	Of Total:				
轻工业	Light Industry	3778480	12151760	5030552	970031
以农产品为原料	Using Farm Products as Raw Materials	2168021	6973402	3077211	575714
以非农产品为原料	Using Non-Farm Products as Raw Materials	1610459	5178359	1953341	394316
重工业	Heavy Industry	12133653	35277726	13506857	5372785
采掘工业	Excavation	107632	466499	142692	14454
原料工业	Raw Material	8246385	16221055	3981678	4418276
加工工业	Processing	3779636	18590172	9382488	940056
在总计中：	Of Total:				
大型企业	Large Enterprises	11051418	28945424	10550696	4370595
中型企业	Medium Enterprises	1108874	3722463	1587850	278976
小型企业	Small Enterprises	3751840	14761600	6398863	1693245

11-1 续表 2 continued

(10000 yuan)

			损 益 及 分 配 Profits,Loss and Distribution						
负债合计 Total Liabilities	所有者权益 Creditors' y Equit	实收资本 Contributed Capital	产品销售收入 Sales Revenue	产品销售成本 Cost of Sales	产品销售费用 Expenses of Sales	产品销售税金及附加 Sales Tax and Extra Charges	产品销售利润 Sales Profits	利润总额 Total Profits
25278299	**22151188**	**14641130**	**31827790**	**26129179**	**1571054**	**289846**	**3960336**	**1655153**
7675192	5073970	3199112	9374303	7880838	213711	148007	1131748	613681
17603107	17077218	11442018	22453487	18248341	1357344	141840	2828588	1041472
8476184	7020023	4796835	7969277	6616060	351886	57381	943951	210964
1641168	3322281	2225094	1707945	1498673	88302	14185	106785	57591
3858437	3191389	2169616	5649863	4569016	333432	56030	691385	289297
3627316	3543526	2250473	7126402	5564593	583724	14245	1086466	483620
18685906	17020348	9941923	18896895	15652120	693227	260303	2291244	962321
8765284	5215872	3417415	6291856	5275662	134227	174708	707259	199344
881338	617399	374974	1274057	1071191	50413	7215	145238	56711
286914	212323	126691	697020	617545	15858	2077	61541	37629
309640	193342	155665	200343	160083	13786	710	25764	5018
5657926	6986341	4316961	5752182	4806811	220283	33031	692057	235733
2126896	3321681	1265933	3492170	2747445	189358	36242	519125	356786
579319	447253	277698	1120138	905868	68777	5986	139507	70655
78590	26137	6588	69129	67517	526	334	753	446
2095967	1227395	921638	3775545	3101890	300987	6670	488623	203053
933628	680435	639488	1300666	1048888	87583	3838	160357	58690
29291	38962	28533	58729	40659	4026	87	13957	9426
1080822	478879	161063	2370215	1978163	202832	421	311424	136117
52225	29120	92554	45935	34180	6546	2324	2885	-1179
4496426	3903445	3777569	9155351	7375168	576840	22873	1180469	489779
3245617	2770824	2506926	7444322	6121975	391037	21371	909939	428212
104584	133926	135287	197446	141685	23826	689	31246	8400
764349	666990	870873	1257534	931124	142037	790	183583	12515
381877	331705	264483	256049	180384	19940	24	55702	40652
1065752	822044	591936	1743450	1449845	86985	8300	198320	87255
16238627	14812267	9273699	14793051	12332870	461866	243436	1754878	662947
1304038	1138581	906477	3799473	3293815	140735	4081	360842	168888
6064227	6087533	4926773	7686324	5658143	736912	133074	1158194	482262
3703758	3269644	2937033	4550838	3386682	440928	111043	612186	198602
2360470	2817889	1989740	3135486	2271462	295985	22031	546009	283660
19214071	16063655	9714357	24141466	20471036	834142	156772	2802142	1172891
157145	309354	147310	548903	457291	20767	2635	68210	35262
8614991	7606064	4458332	8219101	7129686	116712	109851	862852	310338
10441934	8148238	5108715	15373462	12884059	696663	44286	1871079	827291
15209847	13735577	8796377	18897862	16032588	723120	182687	2082093	790913
1877448	1845015	1192801	2367185	1775690	143516	56269	391709	172967
8191004	6570596	4651952	10562744	8320901	704418	50891	1486534	691273

11-2 工业企业主要经济指标(按行业分)

单位：万元

项目	Item	企业单位个数(个) Number of Enterprises (unit)	# 亏损企业 Loss-making Enterprises	工业总产值(当年价格) Gross Output Value of Industry (at current prices)	工业总产值(1990年不变价格) Gross Output Value of Industry (at 1990 constant prices)
煤炭采选业	Coal Mining and Dressing	21	1	501907	184716
石油和天然气开采业	Petroleum and Natural gas Extraction				
黑色金属矿采选业	Ferrous Metals Mining and Processing	3	1	15921	10938
有色金属矿采选业	Nonferrous Metals Mining and Processing	2	2	426	564
非金属矿采选业	Nonmetal Minerals Mining and Processing	16	2	16688	16244
食品加工业	Food Processing	166	55	604346	516199
食品制造业	Food Making	161	57	703762	600949
饮料制造业	Beverage Making	68	27	770753	694651
烟草加工业	Tobacco Processing	1	0	129408	63166
纺织业	Textile Industry	140	47	441883	427097
服装及其他纤维制品制造业	Garments and Other Fiber Products	227	66	499369	442260
皮革、毛皮、羽绒及其制品业	Leather,Furs,Down and Related Products	36	7	38927	37570
木材加工及竹、藤、棕、草制品业	Timber Processing,Bamboo,Cane,Palm Fiber and Straw Products	35	10	119114	108940
家具制造业	Furniture Manufacturing	84	19	158282	159068
造纸及纸制品业	Papermaking and Paper Products	90	17	255045	244467
印刷业、记录煤介的复制	Printing and Record Medium Reproduced	339	99	554924	486919
文教、体育用品制造	Stationery,Educational and Sports Goods	52	11	110767	90719
石油加工及炼焦业	Petroleum Processing and Coking Products	42	7	2788014	1448084
化学原料及化学制品制造业	Raw Chemical Materials and Chemical Products	292	71	1472526	1612841
医药制造业	Medical and Pharmaceutical Products	147	32	863921	864479
化学纤维制造业	Chemical Fibers	11	3	11437	12285
橡胶制品业	Rubber Products	23	8	87745	98430
塑料制品业	Plastic Products	172	37	299073	318735
非金属矿物制品业	Nonmetal Mineral Products	328	79	1164858	992632
黑色金属冶炼及压延加工业	Smelting and Pressing of Ferrous Metals	13	4	2925682	2000094
有色金属冶炼及压延加工业	Smelting and Pressing of Nonferrous Metals	47	8	224432	224765
金属制品业	Metal Products	348	87	707359	754839
普通机械制造业	Ordinary Machinery Manufacturing	240	67	713907	713915
专用设备制造业	Equipments for Special Purposes Manufacturing	248	58	1140953	1200290
交通运输设备制造业	Transportation Equipment Manufacturing	323	115	2361348	2184168
电气机械及器材制造	Electric Equipment and Machinery	238	45	1043656	1171116
电子及通信设备制造	Electronic and Telecommunications	327	83	8931433	13056700
仪器仪表及文化、办公用机械制造业	Instruments,Meters,Cultural and Office Machinery Manufacturing	173	42	656103	674824
其他制造业	Other Manufacturing	91	26	244841	228668
电力、蒸汽、热水的生产和供应业	Electricity,Steam and Hot Water Production and Supply	30	6	875454	267771
煤气生产和供应业	Gas Production and Supply	7	2	103634	46500
自来水的生产和供应	Water Production and Supply	10	1	196867	47100

MAIN INDICATORS FOR INDUSTRIAL ENTERPRISES(BY SECTOR)

(10000 yuan)

工业增加值(生产法) Added Value of Industry (with production method)	工业销售产值(当年价格) Sales Value of Industry (at current price)	全部从业人员年平均人数(人) Average Number of Persons Employed (person)	资产负债 Assets and Liabilities				
			流动资产合计 Circulating Funds	流动资产平均余额 Average Balance of Circulating Funds	长期投资 Longterm Investment	固定资产合计 Fixed Assets	固定资产原价合计 Original Value of Fixed Assets
163591	503614	28360	170933	175660	139595	100825	169204
3433	16325	1982	11055	11164	0	20124	17445
-48	564	37	1040	1009	0	2163	1771
5043	16470	1551	6687	5958	50	9284	16226
127505	594692	20525	278949	265457	14438	214415	283271
225065	732825	33843	417843	439063	72249	371561	527945
257633	782286	24062	598987	548411	132994	537548	709581
85836	129386	827	70624	70290	3286	35961	44603
139940	414845	45178	400599	391743	68078	267848	419510
154723	476154	70889	324085	324698	19406	169370	231143
11367	42301	4874	49639	63114	6441	31678	36818
26525	118485	3822	70215	71362	1701	73465	87351
42461	159502	13014	109266	104698	6478	63083	90759
83991	243829	11019	155259	138612	28080	129327	169741
172263	542651	45403	425323	402754	49270	526915	781188
40715	107632	10308	113267	111747	6480	51415	71187
471707	2804095	33715	865479	946818	73190	1637468	2970023
483631	1459651	44824	954960	931805	239304	1299779	1761373
413086	827654	35537	882756	860690	411107	472630	553707
-1892	12086	1519	18696	17832	74	30431	38282
23676	83717	6057	63907	64608	2970	90158	122229
81244	297310	20112	240745	236904	40521	282387	384316
413159	1137652	77360	1203061	1173645	263827	888184	1235275
623183	2927145	84990	1166207	1143705	558961	2185270	3329368
73688	225656	6161	226990	224568	51383	78697	82764
221829	695787	47074	577038	542168	36520	329654	447476
222660	695198	48110	939312	877883	90937	443475	636789
492927	1103743	40570	1170220	1064216	175378	431679	557497
479056	2310289	96193	1626739	1583948	191731	1058317	1411993
338680	1059862	45045	1044806	1021968	100066	410585	615261
1555423	8908036	89474	5570906	5482068	1071910	1393623	2017854
165789	659830	24634	607918	549598	115957	201333	257759
66757	237651	19941	250840	231487	21790	143975	201767
582774	874081	25870	704352	687752	574088	3704827	4607814
91594	103634	8339	160263	209402	95601	558704	749580
65331	197250	4421	139626	170490	141433	681305	915248

11-2 续表 1 continued

单位：万元

项目	Item	资产负债 Assets and Liabilities 固定资产净值年平均余额 Average Net Value of Fixed Assets	资产总计 Total Assets	流动负债合计 Liquid Liabilities	长期负债合计 Longterm Liabilities
煤炭采选业	Coal Mining and Dressing	87059	412333	120964	5488
石油和天然气开采业	Petroleum and Natural gas Extraction				
黑色金属矿采选业	Ferrous Metals Mining and Processing	10725	33696	15565	7375
有色金属矿采选业	Nonferrous Metals Mining and Processing	981	3259	742	700
非金属矿采选业	Nonmetal Minerals Mining and Processing	8800	16146	4969	891
食品加工业	Food Processing	180325	527048	250838	28958
食品制造业	Food Making	328869	915499	370154	133263
饮料制造业	Beverage Making	463306	1436139	573367	110032
烟草加工业	Tobacco Processing	23535	110224	32634	4265
纺织业	Textile Industry	227384	769633	415638	72420
服装及其他纤维制品制造业	Garments and Other Fiber Products	133635	529239	317073	29631
皮革、毛皮、羽绒及其制品业	Leather,Furs,Down and Related Products	24019	94095	63156	6292
木材加工及竹、藤、棕、草制品业	Timber Processing,Bamboo,Cane,Palm Fiber and Straw Products	43137	146476	71569	10
家具制造业	Furniture Manufacturing	52944	184405	97837	6801
造纸及纸制品业	Papermaking and Paper Products	118011	325521	155259	19061
印刷业、记录煤介的复制	Printing and Record Medium Reproduced	439845	1017178	378499	99811
文教、体育用品制造	Stationery,Educational and Sports Goods	43291	177704	112952	14662
石油加工及炼焦业	Petroleum Processing and Coking Products	1403648	2668704	883425	260441
化学原料及化学制品制造业	Raw Chemical Materials and Chemical Products	1229967	2872472	868490	1018713
医药制造业	Medical and Pharmaceutical Products	331993	1849240	654332	112585
化学纤维制造业	Chemical Fibers	27899	62802	25824	36694
橡胶制品业	Rubber Products	77444	170647	89394	27608
塑料制品业	Plastic Products	221668	582945	250302	37009
非金属矿物制品业	Nonmetal Mineral Products	780888	2524267	1149039	210191
黑色金属冶炼及压延加工业	Smelting and Pressing of Ferrous Metals	1762205	4091151	1371492	308949
有色金属冶炼及压延加工业	Smelting and Pressing of Nonferrous Metals	48101	379730	105096	14398
金属制品业	Metal Products	290562	994324	540068	70625
普通机械制造业	Ordinary Machinery Manufacturing	389094	1532005	891222	147894
专用设备制造业	Equipments for Special Purposes Manufacturing	321912	1880552	899872	91582
交通运输设备制造业	Transportation Equipment Manufacturing	848017	2969016	1628769	207140
电气机械及器材制造	Electric Equipment and Machinery	333319	1624163	824026	90942
电子及通信设备制造	Electronic and Telecommunications	1183743	8184197	3969171	229017
仪器仪表及文化、办公用机械制造业	Instruments,Meters,Cultural and Office Machinery Manufacturing	141756	951512	421026	36799
其他制造业	Other Manufacturing	123740	429730	212259	34305
电力、蒸汽、热水的生产和供应业	Electricity,Steam and Hot Water Production and Supply	3090908	5054602	539612	2707864
煤气生产和供应业	Gas Production and Supply	489619	815401	47928	16684
自来水的生产和供应	Water Production and Supply	629784	1093436	184847	143717

11-2 续表 2 continued

(10000 yuan)

负债合计 Total Liabilities	所有者权益 Creditors' y Equit	实收资本 Contributed Capital	损益及分配 Profits,Loss and Distribution					
			产品销售收入 Sales Revenue	产品销售成本 Cost of Sales	产品销售费用 Expenses of Sales	产品销售税金及附加 Sales Tax and Extra Charges	产品销售利润 Sales Profits	利润总额 Total Profits
126452	285881	129690	512611	427836	18796	2051	63927	34798
22940	10756	6586	16804	13980	904	419	1502	-647
1441	1818	1380	580	406	34	0	140	-42
5861	10285	9605	17772	14185	1033	158	2396	1032
284097	242951	190701	601460	509815	38458	1153	52035	20539
510067	405432	595189	725543	506572	141393	1923	75656	-17504
684071	752068	452897	757283	502287	103821	51634	99541	47876
36898	73326	46988	128757	50040	7169	47272	24277	12610
504339	265294	265275	438586	389487	20407	1368	27325	2869
350191	179048	167567	460888	384663	32508	921	42796	1493
69813	24282	24614	41239	34562	2224	96	4356	6
71711	74765	79943	123593	109023	6615	213	7743	804
106030	78375	61174	178977	147862	14768	720	15626	5534
180559	144962	117755	242981	185261	10401	280	47039	28636
486128	531050	366879	535897	406656	11655	2928	114658	42151
127940	49764	42501	111574	89356	6797	504	14918	1719
1353281	1315423	649497	3186279	2833604	48794	81441	222440	57086
1908747	963725	582381	1412243	1139099	85502	16974	170668	47635
772562	1076678	936035	929079	507311	184971	5298	231500	127541
62518	284	15568	11546	11089	317	38	101	-6261
117002	53645	36143	86282	69491	3253	652	12886	3852
287946	294999	263449	296982	243124	10342	1241	42274	4938
1374822	1149445	912651	1107243	897763	37285	6043	166153	65168
1680442	2410709	1096615	2216046	1918186	19187	13048	265625	46753
119701	260029	131488	222368	175605	4525	485	41753	32499
617513	376811	330646	732557	597489	32630	3765	98673	34903
1044130	487875	571359	721074	579622	34885	1896	104672	-12730
999350	881202	439530	1107351	758547	73673	4568	270565	145671
1870184	1098832	944928	2308846	1963212	63439	18763	263433	65437
918861	705302	548372	1034058	779727	66362	2150	185819	89724
4220803	3963394	1944542	9154870	7914973	426759	8617	927148	535040
459754	491758	266303	695303	544427	46051	1479	103346	48818
258839	170891	117333	269137	209733	14038	751	44614	4688
3250072	1804530	1185411	962493	763635	1603	8784	188470	154897
64673	750728	556618	303667	298306	75	1577	3710	7149
328564	764872	553519	175824	152247	386	640	22551	20473

11-3 工业企业主要经济分析指标

单位：%

项目	Item	工业经济效益综合指数 Aggregate index of industrial economic deficiency	企业亏损面 Loss-making Enterprises as % of Total	总资产贡献率 Ratio of Total Assets to Industrial Output Value	资产保值增值率 Changing Rate of Net Assets
总计	**Total(exclude individual industry)**	**136.13**	**26.41**	**7.84**	**111.39**
在总计中：	**Of Total:**				
中央企业	Central Enterprises	178.06	32.87	9.54	111.41
地方企业	Local Enterprises	125.52	25.58	7.21	111.38
工业系统	Industry System	106.52	26.53	5.10	96.08
非工业系统	Non-Industry System	107.97	36.52	3.75	111.94
区县工业	Industry of District and County	123.45	23.14	8.98	114.92
其他	Others	190.18	26.44	13.42	155.35
在总计中：	**Of Total:**				
内资企业	Domestic Investment Enterprises	124.45	24.86	6.78	111.84
国有企业	State-Owned	106.70	38.69	5.05	74.00
集体企业	Collective Owned	105.97	16.00	7.60	100.83
股份合作企业	Share Holding	145.83	20.38	13.59	122.23
联营企业	Joint Owned	90.01	19.61	3.83	101.54
有限责任公司	Limited Liability Corporations	131.48	16.67	6.55	185.21
股份有限公司	Share Holding Corporations	179.74	19.61	10.71	106.44
私营企业	Private Owned	153.04	13.26	14.13	162.27
其他企业	Others	75.00		3.31	105.43
港澳台商投资企业	Hongkong,Macao and Taiwan Funded Enterprises	161.49	32.80	11.18	120.29
港澳台合资经营	Joint Venture	130.18	32.45	8.11	116.60
港澳台合作经营	Cooperative	208.55	7.69	18.66	100.58
港澳台商独资企业	Hongkong,Macao and Taiwan Enterprises	215.52	38.64	14.51	130.12
港澳台商投资股份有限公司	Hongkong,Macao and Taiwan Funded Share Holding Corporations	89.32	25.00	6.95	96.91
外商投资企业	Foreign Funded Enterprises	179.65	30.94	10.87	107.00
中外合资经营	Joint Venture	188.45	28.57	11.92	103.37
中外合作经营	Cooperative	150.90	26.32	8.11	96.06
外资(独资)企业	Foreign Enterprises	144.43	38.83	6.53	115.99
外商投资股份有限公司	Foreign Funded Share Holding Corporations	211.64		10.87	131.02
在总计中：	**Of Total:**				
农村企业	Rural Enterprises	116.27	16.11	9.11	118.19
在总计中：	**Of Total:**				
国有绝对控股企业	State Absolute Controlling Share Hold Industry	124.88	34.58	6.14	109.97
国有相对控股企业	State Relative Controlling Share Hold Industry	173.38	28.69	7.41	50.01
在总计中：	**Of Total:**				
轻工业	Light Industry	131.04	27.61	9.04	102.84
以农产品为原料	Using Farm Products as Raw Materials	116.06	29.91	8.78	104.18
以非农产品为原料	Using Non-Farm Products as Raw Materials	159.68	23.34	9.37	101.33
重工业	Heavy Industry	140.71	25.31	7.42	115.01
采掘工业	Excavation	160.95	13.95	14.37	207.02
原料工业	Raw Material	147.36	22.81	6.09	107.17
加工工业	Processing	140.14	26.04	8.46	121.24
在总计中：	**Of Total:**				
大型企业	Large Enterprises	138.05	21.20	6.59	100.65
中型企业	Medium Enterprises	151.22	24.82	9.69	101.70
小型企业	Small Enterprises	140.98	26.89	10.21	148.46

MAIN INDICATORS ON ECONOMIC BENEFIT OF INDUSTRIAL ENTERPRISES

(%)

资产负债率 Assets-Liabilities Ratio	流动资产周转率(次) Turnover Rate of Circulating Assets (time)	成本费用利润率 Ratio of Profits to Industrial Cost	全员劳动生产率(元) Overall Labor Productivity (yuan)	产品销售率 Proportion of Products Sold	增加值率 Ratio of Value Added to Gross Output Value	人均销售收入(元) Sales Revenue Per Capita (yuan)	流动比率 Circulating Assets/ Liquid Liabilities	速动比率 Quick-circulating Assets/ Liquid Liabilities
53.30	**1.51**	**5.37**	**78133**	**99.27**	**22.79**	**295896**	**116.62**	**82.75**
60.20	1.77	6.94	125937	99.35	21.59	533850	122.16	90.22
50.76	1.42	4.74	68807	99.23	23.25	249472	114.96	80.51
54.70	1.28	2.62	61438	99.57	20.60	233993	97.84	67.87
33.07	1.01	3.18	72006	101.99	32.43	224691	129.38	100.68
54.73	1.65	5.37	50433	98.11	25.41	165635	109.96	69.25
50.58	1.58	7.21	128758	99.21	22.83	500632	148.27	109.01
52.33	1.36	5.22	65793	99.00	24.73	223091	112.65	78.32
62.69	1.27	3.17	63084	99.51	26.87	211403	98.47	70.16
58.81	1.60	4.62	33042	98.31	24.92	112031	109.78	65.70
57.47	2.39	5.62	57427	96.30	21.90	220444	117.73	63.51
61.56	0.79	2.37	44938	101.93	33.02	125686	102.23	70.81
44.75	1.36	4.13	71152	99.42	23.54	235722	108.75	75.48
39.04	1.26	11.03	116015	98.60	23.48	408021	159.55	116.81
56.43	1.98	6.70	58898	97.40	24.75	200943	122.13	77.76
75.04	1.24	0.61	32269	97.28	13.26	248042	88.36	31.47
63.07	1.75	5.62	101562	99.27	18.14	491364	116.66	85.86
57.84	1.26	4.69	73318	98.53	24.91	263527	126.50	88.84
42.92	1.47	19.13	84300	102.57	33.87	204774	137.62	82.93
69.30	2.26	6.00	170676	99.35	14.03	1056622	111.14	86.36
64.20	1.57	-2.63	52604	112.37	24.05	210517	53.66	25.40
53.53	1.80	5.61	135150	99.84	20.42	603310	129.75	95.80
53.95	1.84	6.06	143619	99.93	18.59	714097	132.79	99.93
43.85	1.63	4.49	111179	101.58	31.40	308895	120.34	81.07
53.40	1.57	1.01	120822	100.05	26.12	402282	138.67	94.81
53.52	2.23	16.87	106557	95.27	32.86	259895	60.02	43.86
56.45	1.79	5.24	35884	96.04	25.68	113369	107.15	58.68
52.30	1.31	4.55	73800	99.39	24.54	254890	107.74	76.32
53.39	2.13	4.60	148684	101.13	11.95	1188115	144.21	118.84
49.90	1.37	6.58	63869	98.87	30.44	183013	115.15	78.51
53.11	1.41	4.53	50705	98.91	28.25	156191	108.45	71.04
45.58	1.31	9.66	93689	98.81	33.63	243770	125.71	90.27
54.47	1.56	5.00	87271	99.39	20.39	368205	117.17	84.33
33.69	2.82	6.80	53908	100.38	28.80	171747	133.65	106.66
53.11	1.96	3.91	104616	100.16	22.41	391211	103.06	74.25
56.17	1.38	5.51	81038	98.95	18.98	371701	122.91	88.27
52.55	1.64	4.28	92318	99.79	19.00	413093	108.73	79.35
50.44	1.29	7.83	89027	97.69	32.19	233016	121.15	84.48
55.49	1.36	6.83	63429	98.69	27.68	204475	128.52	87.94

11-4 国有及国有控股工业企业主要经济指标

单位：万元

项目 Item		企业单位个数(个) Number of Enterprises (unit)	# 亏损企业 Loss-making Enterprises	工业总产值(当年价格) Gross Output Value of Industry (at current prices)	工业总产值(1990年不变价格) Gross Output Value of Industry (at 1990 constant prices)
总计	**Total**	**1866**	**638**	**18466343**	**17856840**
在总计中:	**Of Total:**				
中央企业	Central Enterprises	446	151	8505522	8574977
地方企业	Local Enterprises	1420	487	9960822	9281863
在总计中:	**Of Total:**				
轻工业	Light Industry	833	301	3056264	2632304
以农产品为原料	Using Farm Products as Raw Materials	533	195	1856949	1527330
以非农产品为原料	Using Non-Farm Products as Raw Materials	300	106	1199315	1104975
重工业	Heavy Industry	1033	337	15410080	15224535
采掘工业	Excavation	10	4	466227	178090
原料工业	Raw Material	161	43	7457147	4482786
加工工业	Processing	862	290	7486706	10563659
在总计中:	**Of Total:**				
大型企业	Large Enterprises	199	34	13789522	13603225
中型企业	Medium Enterprises	165	38	1220233	1065740
小型企业	Small Enterprises	1502	566	3456588	3187875

11-4 续表 1 continued

单位：万元

项目 Item		资产负债 Assets and Liabilities			
		固定资产净值年平均余额 Average Net Value of Fixed Assets	资产总计 Total Assets	流动负债合计 Liquid Liabilities	长期负债合计 Longterm Liabilities
总计	**Total**	**12628542**	**33493513**	**11661843**	**5549468**
在总计中:	**Of Total:**				
中央企业	Central Enterprises	4826422	11974319	3744785	3133429
地方企业	Local Enterprises	7802120	21519194	7917058	2416038
在总计中:	**Of Total:**				
轻工业	Light Industry	2308667	6786557	2536686	632579
以农产品为原料	Using Farm Products as Raw Materials	1203790	3730975	1526795	351519
以非农产品为原料	Using Non-Farm Products as Raw Materials	1104877	3055582	1009891	281061
重工业	Heavy Industry	10319875	26706956	9125157	4916889
采掘工业	Excavation	77258	402145	117962	11690
原料工业	Raw Material	7864135	15090289	3492685	4307173
加工工业	Processing	2378482	11214522	5514510	598026
在总计中:	**Of Total:**				
大型企业	Large Enterprises	9900136	24493964	8189692	4052656
中型企业	Medium Enterprises	697596	2367599	954297	212148
小型企业	Small Enterprises	2030810	6631950	2517854	1284664

MAIN INDICATORS FOR STATE-OWNED AND STATE-HOLDING INDUSTRIAL ENTERPRISES

(10000 yuan)

工业增加值(生产法) Added Value of Industry (with production method)	工业销售产值(当年价格) Sales Value of Industry (at current price)	全部从业人员年平均人数(人) Average Number of Persons Employed (person)	资产负债 Assets and Liabilities				
			流动资产合计 Circulating Funds	流动资产平均余额 Average Balance of Circulating Funds	长期投资 Longterm Investment	固定资产合计 Fixed Assets	固定资产原价合计 Original Value of Fixed Assets
4758590	**18416569**	**612348**	**12990181**	**13053145**	**4256420**	**14861028**	**21338291**
2069662	8459688	165035	4590673	4762973	1398818	5765595	8316723
2688929	9956881	447313	8399508	8290172	2857603	9095433	13021568
1104484	3066034	175721	2771553	2730221	1002806	2667212	3719414
636778	1853264	119217	1576188	1525788	501271	1419557	2015954
467706	1212770	56504	1195365	1204433	501536	1247655	1703461
3654106	15350535	436627	10218628	10322924	3253614	12193816	17618876
140638	469349	23828	163624	169327	135230	100718	165229
1974182	7491116	183408	3522812	3634330	1583443	9238060	13308388
1539286	7390070	229391	6532193	6519267	1534941	2855038	4145258
3192187	13787713	386919	8783338	9012505	3143105	11820124	17169841
514203	1198748	64022	1132464	1088506	356845	802976	1201797
1052200	3430107	161407	3074379	2952134	756471	2237928	2966652

11-4 续表 2 continued

(10000 yuan)

负债合计 Total Liabilities	所有者权益 Creditors' y Equit	实收资本 Contributed Capital	损益及分配 Profits,Loss and Distribution					
			产品销售收入 Sales Revenue	产品销售成本 Cost of Sales	产品销售费用 Expenses of Sales	产品销售税金及附加 Sales Tax and Extra Charges	产品销售利润 Sales Profits	利润总额 Total Profits
17542664	**15950849**	**10180175**	**18592524**	**15626685**	**602601**	**247518**	**2115721**	**831835**
7130104	4844215	3082018	8996666	7603691	188186	146195	1058594	559752
10412560	11106634	7098158	9595858	8022994	414416	101322	1057126	272083
3205482	3581075	2766737	3106694	2296540	242309	110981	456865	214510
1912681	1818294	1562121	1875689	1367000	117268	99839	291583	126526
1292800	1762782	1204616	1231005	929539	125041	11142	165282	87984
14337183	12369773	7413439	15485830	13330145	360292	136537	1658856	617325
129652	272493	135423	479388	407671	18739	1853	51125	23253
8012375	7077914	4120215	7443627	6481207	86795	107919	767706	265129
6195156	5019366	3157801	7562815	6441267	254758	26765	840025	328943
12508013	11985951	7395298	13933184	11946894	335678	175778	1474834	578344
1171387	1196212	737293	1187985	872309	55520	53625	206531	69115
3863264	2768686	2047585	3471355	2807482	211404	18115	434355	184376

11-5 国有及国有控股工业企业主要经济指标（按行业分）

单位：万元

项目	Item	企业单位个数（个） Number of Enterprises (unit)	# 亏损企业 Loss-making Enterprises	工业总产值（当年价格） Gross Output Value of Industry (at current prices)	工业总产值（1990年不变价格） Gross Output Value of Industry (at 1990 constant prices)
煤炭采选业	Coal Mining and Dressing	3		449473	164212
黑色金属矿采选业	Ferrous Metals Mining and Processing	2	1	11924	9259
有色金属矿采选业	Nonferrous Metals Mining and Processing	2	2	426	564
非金属矿采选业	Nonmetal Minerals Mining and Processing	3	1	4405	4054
其他矿采选业	Other Minerals Mining and Processing				
食品加工业	Food Processing	55	22	207151	158286
食品制造业	Food Making	52	20	185671	116339
饮料制造业	Beverage Making	31	15	481930	392376
烟草加工业	Tobacco Processing	1		129408	63166
纺织业	Textile Industry	39	15	220764	220762
服装及其他纤维制品制造业	Garments and Other Fiber Products	36	11	39430	31526
皮革、毛皮、羽绒及其制品业	Leather,Furs,Down and Related Products	8	2	5328	5852
木材加工及竹、藤、棕、草制品业	Timber Processing,Bamboo,Cane,Palm Fiber and Straw Products	10	4	14908	13642
家具制造业	Furniture Manufacturing	26	4	47466	49438
造纸及纸制品业	Papermaking and Paper Products	27	9	113245	106221
印刷业、记录媒介的复制	Printing and Record Medium Reproduced	213	81	344160	274510
文教、体育用品制造	Stationery,Educational and Sports Goods	20	7	49102	30620
石油加工及炼焦业	Petroleum Processing and Coking Products	13	1	2669905	1338609
化学原料及化学制品制造业	Raw Chemical Materials and Chemical Products	126	48	847785	847024
医药制造业	Medical and Pharmaceutical Products	62	17	349976	369535
化学纤维制造业	Chemical Fibers	5	3	3842	4722
橡胶制品业	Rubber Products	10	6	21037	20580
塑料制品业	Plastic Products	58	19	79890	89530
非金属矿物制品业	Nonmetal Mineral Products	101	36	556563	444323
黑色金属冶炼及压延加工业	Smelting and Pressing of Ferrous Metals	3	1	2877198	1953064
有色金属冶炼及压延加工业	Smelting and Pressing of Nonferrous Metals	19	5	138910	139786
金属制品业	Metal Products	119	47	201362	223724
普通机械制造业	Ordinary Machinery Manufacturing	93	37	307886	290677
专用设备制造业	Equipments for Special Purposes Manufacturing	129	40	526736	607063
交通运输设备制造业	Transportation Equipment Manufacturing	192	80	913324	819704
电气机械及器材制造	Electric Equipment and Machinery	87	19	332571	400232
电子及通信设备制造	Electronic and Telecommunications	132	33	4846156	7970139
仪器仪表及文化、办公用机械制造业	Instruments,Meters,Cultural and Office Machinery Manufacturing	98	26	198069	225302
其他制造业	Other Manufacturing	50	19	161594	144580
电力、蒸汽、热水的生产和供应业	Electricity,Steam and Hot Water Production and Supply	28	5	871876	264193
煤气生产和供应业	Gas Production and Supply	4	1	99595	42818
自来水的生产和供应	Water Production and Supply	9	1	157278	20411

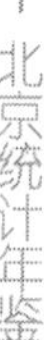

MAIN INDICATORS FOR STATE-OWNED AND STATE-HOLDING INDUSTRIAL ENTERPRISES (BY SECTOR)

(10000 yuan)

工业增加值(生产法) Added Value of Industry (with production method)	工业销售产值(当年价格) Sales Value of Industry (at current price)	全部从业人员年平均人数(人) Average Number of Persons Employed (person)	资产负债 Assets and Liabilities				
			流动资产合计 Circulating Funds	流动资产平均余额 Average Balance of Circulating Funds	长期投资 Longterm Investment	固定资产合计 Fixed Assets	固定资产原价合计 Original Value of Fixed Assets
137819	452052	21604	152286	158267	135230	74149	136973
1831	12328	1482	6421	6517		17759	13685
-48	564	37	1040	1009		2163	1771
1037	4405	705	3877	3534		6647	12801
46272	209115	8035	97649	99103	5463	98031	147809
68006	188027	12830	125472	137704	38316	108028	159699
160091	495953	17518	326801	292825	109925	382664	507353
85836	129386	827	70624	70290	3286	35961	44603
70012	212901	26232	284505	273442	62785	210320	326182
10636	37798	7508	49570	52169	5289	24753	35928
2497	7953	905	16262	31902	4906	12472	14806
3607	14804	1004	26218	25501	1679	14944	18275
16782	47843	3514	39046	36138	1296	18598	32245
41749	114067	3358	83661	69488	26272	56626	67067
105042	336411	30332	291357	278704	43785	376818	583390
17114	48792	4884	58033	57844	5579	32249	44498
449409	2688446	31809	817436	906172	71435	1621664	2953955
270411	866196	25592	572803	581069	228683	972000	1400595
179726	338407	18259	429039	429014	361807	228184	265969
-3342	2976	866	13761	14128		20051	27091
3301	20597	2677	15250	15446	1392	22371	28686
20716	78795	6881	118272	116060	33829	122458	159589
192981	548951	33558	658730	667473	232643	536132	746851
608548	2879861	83793	1138846	1118859	557606	2153363	3295875
45862	139124	3301	103751	97032	35686	39210	50773
52477	204726	12012	186633	184907	16548	104994	145637
96876	288404	28015	568453	521005	82750	253238	372045
184799	524154	25947	627366	572319	152351	286399	385675
224142	892263	57733	1067198	1021606	146997	675609	988423
113583	340413	20360	481127	475865	66727	185821	266677
722260	4803050	51020	3104071	3272165	945628	998971	1516654
65227	201567	16376	322314	300479	51173	124223	175266
45804	157442	15338	150714	136968	16322	110287	151401
580664	871542	25691	700069	684714	574087	3704367	4607167
88818	99595	8104	156029	205194	95512	548237	737682
48046	157661	4241	125498	138230	141433	681271	915198

11-5 续表 1 continued

单位：万元

项目	Item	资产负债 Assets and Liabilities 固定资产净值年平均余额 Average Net Value of Fixed Assets	资产总计 Total Assets	流动负债合计 Liquid Liabilities	长期负债合计 Longterm Liabilities
煤炭采选业	Coal Mining and Dressing	61489	361665	104557	3615
黑色金属矿采选业	Ferrous Metals Mining and Processing	8346	26697	9681	7375
有色金属矿采选业	Nonferrous Metals Mining and Processing	981	3259	742	700
非金属矿采选业	Nonmetal Minerals Mining and Processing	6443	10524	2983	
其他矿采选业	Other Minerals Mining and Processing				
食品加工业	Food Processing	88822	207239	113254	9636
食品制造业	Food Making	99141	295004	107166	47021
饮料制造业	Beverage Making	320479	966421	289277	77982
烟草加工业	Tobacco Processing	23535	110224	32634	4265
纺织业	Textile Industry	181113	579722	322296	54401
服装及其他纤维制品制造业	Garments and Other Fiber Products	21069	81805	43632	5010
皮革、毛皮、羽绒及其制品业	Leather,Furs,Down and Related Products	11594	38870	30219	3370
木材加工及竹、藤、棕、草制品业	Timber Processing,Bamboo,Cane,Palm Fiber and Straw Products	4459	43250	22503	10
家具制造业	Furniture Manufacturing	16871	59116	34990	
造纸及纸制品业	Papermaking and Paper Products	55528	170646	83309	12222
印刷业、记录煤介的复制	Printing and Record Medium Reproduced	318055	722303	262089	80593
文教、体育用品制造	Stationery,Educational and Sports Goods	27844	99948	71112	6622
石油加工及炼焦业	Petroleum Processing and Coking Products	1393931	2601832	839788	256943
化学原料及化学制品制造业	Raw Chemical Materials and Chemical Products	963277	2124912	550180	942022
医药制造业	Medical and Pharmaceutical Products	148254	1055166	398170	64435
化学纤维制造业	Chemical Fibers	19824	43672	16449	34794
橡胶制品业	Rubber Products	19584	40011	13384	4318
塑料制品业	Plastic Products	115066	282915	119897	9650
非金属矿物制品业	Nonmetal Mineral Products	467090	1535811	644856	155877
黑色金属冶炼及压延加工业	Smelting and Pressing of Ferrous Metals	1731321	4019025	1331179	286738
有色金属冶炼及压延加工业	Smelting and Pressing of Nonferrous Metals	31559	200077	66637	11026
金属制品业	Metal Products	94144	321061	196058	35406
普通机械制造业	Ordinary Machinery Manufacturing	226228	938425	621717	128915
专用设备制造业	Equipments for Special Purposes Manufacturing	231215	1136519	546874	68260
交通运输设备制造业	Transportation Equipment Manufacturing	544395	1918618	1069430	117353
电气机械及器材制造	Electric Equipment and Machinery	152332	763418	411413	57360
电子及通信设备制造	Electronic and Telecommunications	852335	5129240	2207331	152085
仪器仪表及文化、办公用机械制造业	Instruments,Meters,Cultural and Office Machinery Manufacturing	99244	511421	237063	22830
其他制造业	Other Manufacturing	91136	286571	175818	32375
电力、蒸汽、热水的生产和供应业	Electricity,Steam and Hot Water Production and Supply	3090459	5049073	535502	2707864
煤气生产和供应业	Gas Production and Supply	481629	799778	39697	16682
自来水的生产和供应	Water Production and Supply	629750	959273	109959	131717

11-5 续表 2 continued

(10000 yuan)

负债合计 Total Liabilities	所有者权益 Creditors' y Equit	实收资本 Contributed Capital	损益及分配 Profits,Loss and Distribution					
			产品销售收入 Sales Revenue	产品销售成本 Cost of Sales	产品销售费用 Expenses of Sales	产品销售税金及附加 Sales Tax and Extra Charges	产品销售利润 Sales Profits	利润总额 Total Profits
108172	253493	120289	461188	393032	17607	1544	49004	23940
17056	9641	6236	13244	11097	812	221	1114	-647
1441	1818	1380	580	406	34		140	-42
2983	7541	7518	4376	3136	286	87	867	1
125029	82210	75763	227230	198734	8051	182	20264	4284
159909	135095	131498	190722	144246	21931	701	23845	11549
367641	598780	317862	480187	325209	44429	47567	62983	34988
36898	73326	46988	128757	50040	7169	47272	24277	12610
392257	187465	185794	237027	218919	7757	804	9547	-1135
48683	33122	27466	35995	31064	2039	130	2763	-1029
33954	4916	6514	7455	6014	547	2	892	-5
22645	20605	23363	19557	17032	784	29	1713	442
34990	24126	14436	64013	51466	4990	197	7360	3051
95531	75115	38872	109851	68429	4576	125	36721	28504
349211	373092	248452	330875	242193	4551	2399	81733	27831
77884	22064	17242	52499	42219	3012	223	7045	338
1305662	1296170	639906	3063764	2729352	40334	81155	212923	52147
1512604	612308	405266	793105	670879	43381	8801	70045	-5769
466135	589031	626070	400152	219726	83465	2194	94767	60459
51243	-7571	9667	3576	4117	222	18	-781	-6576
17702	22309	14471	20839	18454	474	78	1833	-209
129707	153208	113428	82953	63927	3585	228	15212	2210
811101	724710	555205	531726	438194	16390	2787	74355	20778
1617916	2401109	1088816	2168837	1873423	18612	13006	263796	47117
77662	122415	89474	135585	102385	1996	239	30964	23121
231752	89309	90682	218499	187558	5920	2057	22964	3077
751457	186968	294839	308805	255596	9794	1047	42370	-26744
619832	516687	237708	506851	381144	24533	2449	98724	42750
1220465	698153	672850	906022	742034	22505	15009	126474	1414
468773	294645	196919	347276	253505	25202	805	67764	24098
2373534	2755706	1380112	4938743	4394949	143797	3892	396105	266441
260506	250915	140561	236785	163301	26971	1021	45492	11590
208254	78317	66551	169635	130542	5186	366	33541	3984
3245960	1803113	1181653	959953	761720	1274	8770	188189	154956
56435	743343	553638	299629	295886		1477	2266	6384
241676	717597	552689	136235	136759	386	640	-1550	5926

11-6 股份制工业企业主要经济指标

单位：万元

项目 Item		企业单位个数(个) Number of Enterprises (unit)	# 亏损企业 Loss-making Enterprises	工业总产值(当年价格) Gross Output Value of Industry (at current prices)	工业总产值(1990年不变价格) Gross Output Value of Industry (at 1990 constant prices)
总计	**Total**	**729**	**126**	**9695903**	**8435742**
在总计中：	**Of Total:**				
中央企业	Central Enterprises	47	5	1237264	1224813
地方企业	Local Enterprises	682	121	8458639	7210929
在总计中：	**Of Total:**				
轻工业	Light Industry	312	61	1547954	1482735
以农产品为原料	Using Farm Products as Raw Materials	196	38	913264	818697
以非农产品为原料	Using Non-Farm Products as Raw Materials	116	23	634690	664038
重工业	Heavy Industry	417	65	8147950	6953007
采掘工业	Excavation	4	1	136672	42508
原料工业	Raw Material	77	11	4266567	3059129
加工工业	Processing	336	53	3744711	3851370
在总计中：	**Of Total:**				
大型企业	Large Enterprises	67	7	5991935	4788827
中型企业	Medium Enterprises	50	7	617202	630535
小型企业	Small Enterprises	612	112	3086766	3016380

11-6 续表 1 continued

单位：万元

项目 Item		资产负债 Assets and Liabilities			
		固定资产净值年平均余额 Average Net Value of Fixed Assets	资产总计 Total Assets	流动负债合计 Liquid Liabilities	长期负债合计 Longterm Liabilities
总计	**Total**	**5827358**	**18092843**	**5827442**	**1913823**
在总计中：	**Of Total:**				
中央企业	Central Enterprises	460131	2386760	557150	138919
地方企业	Local Enterprises	5367227	15706083	5270292	1774905
在总计中：	**Of Total:**				
轻工业	Light Industry	583671	2593857	1006552	152580
以农产品为原料	Using Farm Products as Raw Materials	348446	1446003	629292	80694
以非农产品为原料	Using Non-Farm Products as Raw Materials	235225	1147854	377260	71886
重工业	Heavy Industry	5243688	15498987	4820890	1761243
采掘工业	Excavation	67707	319411	89577	3615
原料工业	Raw Material	4246729	9327806	2329769	1525794
加工工业	Processing	929252	5851769	2401544	231835
在总计中：	**Of Total:**				
大型企业	Large Enterprises	4211998	11917193	3656096	788192
中型企业	Medium Enterprises	329448	1241465	424753	85892
小型企业	Small Enterprises	1285912	4934185	1746592	1039739

MAIN INDICATORS FOR SHARE-HOLDING INDUSTRIAL ENTERPRISES

(10000 yuan)

工业增加值(生产法) Added Value of Industry (with production method)	工业销售产值(当年价格) Sales Value of Industry (at current price)	全部从业人员年平均人数(人) Average Number of Persons Employed (person)	资产负债 Assets and Liabilities				
			流动资产合计 Circulating Funds	流动资产平均余额 Average Balance of Circulating Funds	长期投资 Longterm Investment	固定资产合计 Fixed Assets	固定资产原价合计 Original Value of Fixed Assets
2729215	**9610850**	**329612**	**7279396**	**6992571**	**2892483**	**7036106**	**9581080**
368217	1181668	22354	1062845	1032626	772170	532155	827085
2360998	8429182	307258	6216552	5959945	2120313	6503951	8753996
576226	1525845	82346	1326929	1271675	405971	747988	925726
305965	894127	55090	744019	724658	220940	428334	544244
270261	631718	27256	582910	547017	185031	319654	381482
2152989	8085005	247266	5952468	5720897	2486512	6288117	8655354
80445	135678	22134	105962	122596	134932	78284	147278
1076186	4273288	126969	2464742	2437532	1311865	4966192	7075477
996358	3676039	98163	3381764	3160769	1039716	1243642	1432599
1550572	5947437	204926	4139847	4136290	2171279	5215907	7162875
187841	606011	23225	559334	511234	262315	376441	554426
990802	3057402	101461	2580216	2345047	458890	1443757	1863779

11-6 续表 2 continued

(10000 yuan)

负债合计 Total Liabilities	所有者权益 Creditors' y Equit	实收资本 Contributed Capital	损益及分配 Profits,Loss and Distribution					
			产品销售收入 Sales Revenue	产品销售成本 Cost of Sales	产品销售费用 Expenses of Sales	产品销售税金及附加 Sales Tax and Extra Charges	产品销售利润 Sales Profits	利润总额 Total Profits
7784821	**10308022**	**5582894**	**9244352**	**7554256**	**409641**	**69273**	**1211182**	**592519**
724786	1661974	925556	1174800	907453	71508	5834	190005	186386
7060035	8646048	4657338	8069551	6646802	338134	63439	1021177	406133
1163329	1430528	810850	1651755	1166591	170887	30522	283755	148694
713347	732656	392893	968928	716677	83856	22597	145798	80829
449982	697872	417957	682827	449914	87031	7924	137958	67865
6621493	8877494	4772044	7592597	6387664	238755	38752	927426	443825
93192	226219	127474	132877	85871	17110	986	28910	212
3855626	5472180	3096630	3828558	3341582	52057	20775	414145	127647
2672674	3179095	1547940	3631161	2960211	169588	16990	484372	315966
4450108	7467085	3935070	5566576	4654960	183695	49598	678324	302004
510829	730636	439227	637019	516864	26815	2533	90807	43862
2823883	2110302	1208597	3040756	2382431	199132	17143	442050	246653

11-7 股份制工业企业主要经济指标（按行业分）

单位：万元

项目	Item	企业单位个数(个) Number of Enterprises (unit)	# 亏损企业 Loss-making Enterprises	工业总产值(当年价格) Gross Output Value of Industry (at current prices)	工业总产值(1990年不变价格) Gross Output Value of Industry (at 1990 constant prices)
煤炭采选业	Coal Mining and Dressing	2	1	133949	40136
黑色金属矿采选业	Ferrous Metals Mining and Processing				
有色金属矿采选业	Nonferrous Metals Mining and Processing				
非金属矿采选业	Nonmetal Minerals Mining and Processing	1		1584	1233
其他矿采选业	Other Minerals Mining and Processing				
食品加工业	Food Processing	30	11	193627	152390
食品制造业	Food Making	27	7	113974	94683
饮料制造业	Beverage Making	13	3	109078	68680
烟草加工业	Tobacco Processing				
纺织业	Textile Industry	19	3	83890	66388
服装及其他纤维制品制造业	Garments and Other Fiber Products	32	3	87745	71011
皮革、毛皮、羽绒及其制品业	Leather,Furs,Down and Related Products	3		3035	2457
木材加工及竹、藤、棕、草制品业	Timber Processing,Bamboo,Cane,Palm Fiber and Straw Products	2		11497	11191
家具制造业	Furniture Manufacturing	4	1	29476	31060
造纸及纸制品业	Papermaking and Paper Products	10	2	19188	18734
印刷业、记录媒介的复制	Printing and Record Medium Reproduced	35	7	57190	56236
文教、体育用品制造	Stationery,Educational and Sports Goods	4		5445	5341
石油加工及炼焦业	Petroleum Processing and Coking Products	2		114522	51521
化学原料及化学制品制造业	Raw Chemical Materials and Chemical Products	54	8	786561	854717
医药制造业	Medical and Pharmaceutical Products	42	5	427522	419495
化学纤维制造业	Chemical Fibers	3	2	5781	6696
橡胶制品业	Rubber Products	2		39682	59425
塑料制品业	Plastic Products	22	3	68382	74369
非金属矿物制品业	Nonmetal Mineral Products	54	9	410553	351917
黑色金属冶炼及压延加工业	Smelting and Pressing of Ferrous Metals	6	3	2892765	1968319
有色金属冶炼及压延加工业	Smelting and Pressing of Nonferrous Metals	14		162718	163191
金属制品业	Metal Products	52	9	97081	94151
普通机械制造业	Ordinary Machinery Manufacturing	30	2	101737	102662
专用设备制造业	Equipments for Special Purposes Manufacturing	47	6	408865	429728
交通运输设备制造业	Transportation Equipment Manufacturing	40	12	1219894	1104780
电气机械及器材制造	Electric Equipment and Machinery	39	9	250696	248521
电子及通信设备制造	Electronic and Telecommunications	92	12	1437623	1658793
仪器仪表及文化、办公用机械制造业	Instruments,Meters,Cultural and Office Machinery Manufacturing	25	5	78086	79564
其他制造业	Other Manufacturing	11	3	46114	40630
电力、蒸汽、热水的生产和供应业	Electricity,Steam and Hot Water Production and Supply	10		220091	72398
煤气生产和供应业	Gas Production and Supply	1		77339	33467
自来水的生产和供应	Water Production and Supply	1		215	1862

MAIN INDICATORS FOR SHARE-HOLDING INDUSTRIAL ENTERPRISES(BY SECTOR)

(10000 yuan)

工业增加值(生产法) Added Value of Industry (with production method)	全部从业人员年平均人数(人) Average Number of Persons Employed (person)	资产负债 Assets and Liabilities				
		流动资产合计 Circulating Funds	流动资产平均余额 Average Balance of Circulating Funds	长期投资 Longterm Investment	固定资产合计 Fixed Assets	固定资产原价合计 Original Value of Fixed Assets
79730	21583	103530	120360	134930	71955	135018
443	521	1436	1352		6262	12173
27574	5201	65763	58491	1736	31487	43200
38983	6000	79938	91032	37696	41335	49527
46619	4298	77718	76345	1323	61444	76552
27591	9163	110287	100875	17111	53250	73073
31945	12214	62955	62317	4536	44812	55769
1373	366	2436	2944		876	1004
2250	355	8308	8029		10600	10312
11163	2120	32561	29099	1185	14503	24946
4690	1584	9962	9375	18	11399	11440
20308	3816	30680	31186	1873	53933	66741
3219	425	6309	6165	26	4322	6581
14374	1052	48553	49239	5774	40882	54636
205790	20762	508289	479060	119563	1023730	1371977
214430	17732	437524	438366	257876	223500	272703
-2772	1000	14794	14061	51	24579	32138
9909	2093	32795	33691	1194	55714	74755
16221	3458	36170	31032	1840	34113	40189
152002	18997	444095	437183	194857	350827	475159
612542	83511	1141040	1120124	557161	2174772	3317085
57617	3080	183779	182317	46616	50114	42580
32648	6173	82406	65360	3656	49387	55122
31698	5758	116982	87730	21780	44365	64633
167570	12101	422608	391690	46541	164164	194504
192074	26888	401235	407151	57967	298958	322459
82692	12146	309928	292203	29561	77992	128149
411919	26382	1836567	1716917	806179	466916	459649
32810	4703	149426	128158	54223	44799	58607
9691	1660	36453	32042	1202	9295	13222
120714	9376	348617	304946	392025	999444	1380933
71225	5012	135061	182311	93804	494921	654681
176	82	1194	1422	180	1457	1562

11-7 续表 1 continued

单位：万元

项目	Item	资产负债 Assets and Liabilities 固定资产净值年平均余额 Average Net Value of Fixed Assets	资产总计 Total Assets	流动负债合计 Liquid Liabilities	长期负债合计 Longterm Liabilities
煤炭采选业	Coal Mining and Dressing	61489	310647	88592	3615
黑色金属矿采选业	Ferrous Metals Mining and Processing				
有色金属矿采选业	Nonferrous Metals Mining and Processing				
非金属矿采选业	Nonmetal Minerals Mining and Processing	6151	7698	534	
其他矿采选业	Other Minerals Mining and Processing				
食品加工业	Food Processing	29852	101430	45755	6515
食品制造业	Food Making	36380	164602	61956	14270
饮料制造业	Beverage Making	36422	152737	91759	2738
烟草加工业	Tobacco Processing				
纺织业	Textile Industry	44265	190742	87748	17383
服装及其他纤维制品制造业	Garments and Other Fiber Products	41470	114607	79525	6319
皮革、毛皮、羽绒及其制品业	Leather,Furs,Down and Related Products	484	3607	1474	
木材加工及竹、藤、棕、草制品业	Timber Processing,Bamboo,Cane,Palm Fiber and Straw Products	25	19306	1355	
家具制造业	Furniture Manufacturing	12994	48292	25419	
造纸及纸制品业	Papermaking and Paper Products	8127	23576	12114	37
印刷业、记录媒介的复制	Printing and Record Medium Reproduced	41913	88387	40686	9547
文教、体育用品制造	Stationery,Educational and Sports Goods	4180	10723	2835	303
石油加工及炼焦业	Petroleum Processing and Coking Products	35680	95209	50684	805
化学原料及化学制品制造业	Raw Chemical Materials and Chemical Products	982309	1982761	520494	954756
医药制造业	Medical and Pharmaceutical Products	162184	956937	286525	29415
化学纤维制造业	Chemical Fibers	24426	50980	23765	34994
橡胶制品业	Rubber Products	46527	102099	66810	21479
塑料制品业	Plastic Products	19942	75170	36637	7749
非金属矿物制品业	Nonmetal Mineral Products	305482	1059870	353389	101569
黑色金属冶炼及压延加工业	Smelting and Pressing of Ferrous Metals	1752639	4048559	1348262	307530
有色金属冶炼及压延加工业	Smelting and Pressing of Nonferrous Metals	22085	300385	59827	8418
金属制品业	Metal Products	37604	146939	71922	11170
普通机械制造业	Ordinary Machinery Manufacturing	40034	184925	67926	22108
专用设备制造业	Equipments for Special Purposes Manufacturing	118756	684836	294361	34355
交通运输设备制造业	Transportation Equipment Manufacturing	216304	801083	411667	49879
电气机械及器材制造	Electric Equipment and Machinery	69338	434393	222263	19971
电子及通信设备制造	Electronic and Telecommunications	330197	3160480	1162491	63213
仪器仪表及文化、办公用机械制造业	Instruments,Meters,Cultural and Office Machinery Manufacturing	35290	255726	77474	11980
其他制造业	Other Manufacturing	7741	47677	27888	84
电力、蒸汽、热水的生产和供应业	Electricity,Steam and Hot Water Production and Supply	864865	1741845	172563	157911
煤气生产和供应业	Gas Production and Supply	430754	723786	32676	15712
自来水的生产和供应	Water Production and Supply	1452	2831	69	

11-7 续表 2 continued

(10000 yuan)

负 债 合 计 Total Liabilities	所有者 权 益 Creditors' y Equit	实 收 资 本 Contributed Capital	损益及分配 Profits,Loss and Distribution					
			产 品 销售收入 Sales Revenue	产 品 销售成本 Cost of Sales	产 品 销售费用 Expenses of Sales	产 品 销售税金 及附加 Sales Tax and Extra Charges	产 品 销售利润 Sales Profits	利 润 总 额 Total Profits
92206	218441	120256	130157	84122	17036	902	28098	90
533	7165	7168	1584	866	74	77	567	
52498	48932	38293	184426	165365	9802	142	9118	5913
76813	87789	38534	114585	91481	10745	1220	11140	7032
94498	58239	40622	99697	56402	11089	17927	14279	6711
105632	85110	74128	111771	93563	7041	389	10778	4405
86495	28112	28812	77910	64277	6005	237	7391	1092
1474	2133	1162	3578	2786	474	7	311	38
1354	17952	19711	16460	14538	754	6	1163	458
26812	21480	12340	46415	36666	3967	149	5632	2788
12152	11424	9292	17162	15616	366	60	1121	-305
50232	38155	32144	50988	41823	1412	245	7507	1895
3267	7456	5710	5038	3551	402	49	1035	710
51489	43720	41659	122126	96429	11809	354	13533	2143
1475249	507512	299555	784917	678790	32488	7162	66477	-5289
316007	640930	266042	533480	300301	82201	4148	146830	92046
58760	-7780	10607	4711	5112	204	14	-619	-6515
88289	13810	9604	38311	31280	1708	542	4781	295
44386	30784	26043	67275	57488	2195	149	7444	3204
456325	603545	398422	392022	316727	10868	1933	62494	32953
1655792	2392767	1072660	2185167	1887793	18827	13039	265508	48743
68309	232076	112408	161029	123199	2062	355	35413	30033
83785	63154	35545	90779	71466	4097	608	14609	5365
90328	94597	90844	105936	89136	3238	325	13238	3443
329872	354964	185307	392546	267949	24499	2538	97561	53674
489919	311164	195263	1192544	1052330	28576	5406	106232	40049
242233	192160	149796	246091	192473	17022	881	35716	17299
1233535	1926945	818945	1386102	1098320	92924	6125	188733	175467
89673	166053	53639	80768	61789	2788	444	15746	13421
27973	19704	11596	53428	39710	4485	52	9180	2561
330475	1411370	887930	277031	257797	484	2306	16444	46526
48387	675399	486101	268457	253439		1471	13548	6272
69	2762	2760	1862	1676		10	177	4

11-8 外商及港澳台商工业企业主要经济指标

单位：万元

项目 Item		企业单位个数(个) Number of Enterprises (unit)	#亏损企业 Loss-making Enterprises	工业总产值(当年价格) Gross Output Value of Industry (at current prices)	工业总产值(1990年不变价格) Gross Output Value of Industry (at 1990 constant prices)
总　计	**Total**	**1047**	**331**	**12580772**	**16385079**
在总计中：	**Of Total:**				
中央企业	Central Enterprises	63	18	3317722	5071083
地方企业	Local Enterprises	984	313	9263051	11313997
在总计中：	**Of Total:**				
轻工业	Light Industry	567	184	3376683	3383702
以农产品为原料	Using Farm Products as Raw Materials	373	139	1785518	1686785
以非农产品为原料	Using Non-Farm Products as Raw Materials	194	45	1591165	1696917
重工业	Heavy Industry	480	147	9204089	13001378
采掘工业	Excavation	2	1	1361	1361
原料工业	Raw Material	59	15	429399	332067
加工工业	Processing	419	131	8773329	12667949
在总计中：	**Of Total:**				
大型企业	Large Enterprises	94	27	8112910	12018830
中型企业	Medium Enterprises	76	18	1036973	1022899
小型企业	Small Enterprises	877	286	3430890	3343351

11-8 续表 1 continued

单位：万元

项目 Item		资产负债 Assets and Liabilities: 固定资产净值年平均余额 Average Net Value of Fixed Assets	资产总计 Total Assets	流动负债合计 Liquid Liabilities	长期负债合计 Longterm Liabilities
总　计	**Total**	**3120534**	**11723233**	**5834383**	**687264**
在总计中：	**Of Total:**				
中央企业	Central Enterprises	578622	2555678	1412601	227510
地方企业	Local Enterprises	2541912	9167555	4421782	459755
在总计中：	**Of Total:**				
轻工业	Light Industry	1235158	3928554	1843996	245238
以农产品为原料	Using Farm Products as Raw Materials	839895	2326868	1119445	169881
以非农产品为原料	Using Non-Farm Products as Raw Materials	395264	1601686	724551	75357
重工业	Heavy Industry	1885375	7794679	3990387	442026
采掘工业	Excavation	322	781	292	
原料工业	Raw Material	466237	947042	274742	191805
加工工业	Processing	1418816	6846856	3715352	250221
在总计中：	**Of Total:**				
大型企业	Large Enterprises	1548171	5640850	3172684	281085
中型企业	Medium Enterprises	339728	1042132	456096	66454
小型企业	Small Enterprises	1232635	5040251	2205603	339725

MAIN INDICATORS FOR HONGKONG,MACAO,TAIWAN ENTERPRISES AND FOREIGN INDUSTRIAL ENTERPRISES

(10000 yuan)

工 业 增加值 (生产法) Added Value of Industry (with production method)	工 业 销售产值 (当年价格) Sales Value of Industry (at current price)	全部从业 人员年 平均人数 (人) Average Number of Persons Employed (person)	资 产 负 债 Assets and Liabilities				
			流动资产 合 计 Circulating Funds	流动资产 平 均 余 额 Average Balance of Circulating Funds	长 期 投 资 Longterm Investment	固定资产 合 计 Fixed Assets	固定资产 原价合计 Original Value of Fixed Assets
2831315	**12539981**	**228590**	**7308726**	**7232032**	**295335**	**3523078**	**5310346**
506444	3358064	20387	1704320	1774993	164837	594678	863802
2324871	9181917	208203	5604406	5457039	130499	2928400	4446544
1098952	3358056	125085	2154023	2093091	60808	1410489	2098089
510188	1794166	92421	1173153	1149941	55608	980626	1434169
588764	1563890	32664	980870	943149	5201	429863	663920
1732363	9181925	103505	5154703	5138941	234527	2112589	3212257
849	1361	206	395	395		322	365
171498	426917	9374	192947	203962	162116	499466	624074
1560017	8753647	93925	4961361	4934584	72411	1612802	2587818
1315515	8131373	68550	3753355	3754542	53396	1649375	2828218
356714	1005581	24207	600043	590840	31290	357772	528822
1159087	3403027	135833	2955327	2886650	210649	1515931	1953306

11-8 续表 2 continued

(10000 yuan)

负 债 合 计 Total Liabilities	所有者 权 益 Creditors' y Equit	实 收 资 本 Contributed Capital	损 益 及 分 配 Profits,Loss and Distribution						
			产 品 销售收入 Sales Revenue	产 品 销售成本 Cost of Sales	产 品 销售费用 Expenses of Sales	产 品 销售税金 及附加 Sales Tax and Extra Charges	产 品 销售利润 Sales Profits	利 润 总 额 Total Profits
6592393	**5130840**	**4699207**	**12930895**	**10477059**	**877827**	**29544**	**1669092**	**692832**
1646562	909116	556496	3544739	3093277	79774	2614	369074	234645
4945831	4221724	4142711	9386157	7383782	798053	26929	1300019	458188
2119225	1809329	1997213	3371515	2374926	433985	16828	545777	188791
1311191	1015677	1343116	1782618	1272047	269060	9285	232226	22071
808034	793652	654096	1588897	1102879	164925	7543	313551	166719
4473168	3321511	2701995	9559380	8102133	443842	12716	1123315	504041
292	489	290	1361	923	156		283	50
469318	477724	500671	420184	311455	12344	277	96107	68816
4003558	2843298	2201034	9137835	7789755	431342	12438	1026926	435175
3491978	2148872	2162183	8124979	6920478	455669	15048	856410	311509
527951	514181	390644	1004780	739689	86313	1086	177693	96051
2572465	2467786	2146381	3801136	2816892	335845	13410	634990	285272

11-9 外商及港澳台商工业企业主要经济指标（按行业分）

单位：万元

项目	Item	企业单位个数(个) Number of Enterprises (unit)	# 亏损企业 Loss-making Enterprises	工业总产值(当年价格) Gross Output Value of Industry (at current prices)	工业总产值(1990年不变价格) Gross Output Value of Industry (at 1990 constant prices)
煤炭采选业	Coal Mining and Dressing				
黑色金属矿采选业	Ferrous Metals Mining and Processing				
有色金属矿采选业	Nonferrous Metals Mining and Processing				
非金属矿采选业	Nonmetal Minerals Mining and Processing	2	1	1361	1361
其他矿采选业	Other Minerals Mining and Processing				
食品加工业	Food Processing	35	20	162668	135502
食品制造业	Food Making	59	23	485195	416910
饮料制造业	Beverage Making	29	10	360154	402486
烟草加工业	Tobacco Processing				
纺织业	Textile Industry	56	23	170974	163821
服装及其他纤维制品制造业	Garments and Other Fiber Products	85	31	231627	201363
皮革、毛皮、羽绒及其制品业	Leather,Furs,Down and Related Products	15	3	17207	17439
木材加工及竹、藤、棕、草制品业	Timber Processing,Bamboo,Cane,Palm Fiber and Straw Products	9	5	40994	34839
家具制造业	Furniture Manufacturing	28	11	67431	69503
造纸及纸制品业	Papermaking and Paper Products	16	4	131300	123478
印刷业、记录媒介的复制	Printing and Record Medium Reproduced	33	7	98135	94331
文教、体育用品制造	Stationery,Educational and Sports Goods	21	5	41648	37942
石油加工及炼焦业	Petroleum Processing and Coking Products	6	1	12369	12261
化学原料及化学制品制造业	Raw Chemical Materials and Chemical Products	59	11	324195	365474
医药制造业	Medical and Pharmaceutical Products	28	7	246966	256333
化学纤维制造业	Chemical Fibers				
橡胶制品业	Rubber Products	6	2	22022	13122
塑料制品业	Plastic Products	45	16	98912	106551
非金属矿物制品业	Nonmetal Mineral Products	58	21	250344	204509
黑色金属冶炼及压延加工业	Smelting and Pressing of Ferrous Metals	1	1	2324	2777
有色金属冶炼及压延加工业	Smelting and Pressing of Nonferrous Metals	6		12304	17602
金属制品业	Metal Products	57	18	283429	342771
普通机械制造业	Ordinary Machinery Manufacturing	48	14	311711	317829
专用设备制造业	Equipments for Special Purposes Manufacturing	51	8	418663	410439
交通运输设备制造业	Transportation Equipment Manufacturing	39	14	509961	514735
电气机械及器材制造	Electric Equipment and Machinery	46	10	461919	533566
电子及通信设备制造	Electronic and Telecommunications	130	46	7108721	11000076
仪器仪表及文化、办公用机械制造业	Instruments,Meters,Cultural and Office Machinery Manufacturing	53	15	435045	457653
其他制造业	Other Manufacturing	19	4	51977	52095
电力、蒸汽、热水的生产和供应业	Electricity,Steam and Hot Water Production and Supply	3		177213	47556
煤气生产和供应业	Gas Production and Supply	3		4414	4064
自来水的生产和供应	Water Production and Supply	1		39589	26689

MAIN INDICATORS FOR HONGKONG,MACAO,TAIWAN ENTERPRISES AND FOREIGN INDUSTRIAL ENTERPRISES (BY SECTOR)

(10000 yuan)

工业增加值(生产法) Added Value of Industry (with production method)	工业销售产值(当年价格) Sales Value of Industry (at current price)	全部从业人员年平均人数(人) Average Number of Persons Employed (person)	资产负债 Assets and Liabilities				
			流动资产合计 Circulating Funds	流动资产平均余额 Average Balance of Circulating Funds	长期投资 Longterm Investment	固定资产合计 Fixed Assets	固定资产原价合计 Original Value of Fixed Assets
849	1361	206	395	395		322	365
54572	163259	5911	88489	89486	3670	86761	135786
156417	509646	17565	253118	262762	25623	281804	417806
106082	376115	10072	296011	281044	14117	257166	357863
56772	147813	10324	101458	101423	3766	52602	86074
66263	224695	31546	156458	156663	3881	70481	104351
5669	19028	1930	18974	17624	430	5526	9246
9283	41388	1407	33458	36577		55475	65529
13961	67808	5525	32627	32955	51	20047	31568
51440	131576	2711	71858	64856		44470	68615
-32992	102981	3939	91356	84250	4790	95282	138634
13874	40277	3843	31506	30081	388	7247	9915
2698	12003	379	9339	10668	52	3441	3832
132464	301543	6525	175487	178958	8253	137608	197004
121878	227701	5891	186886	171031	1465	103011	137583
8500	21030	1073	12452	12415	200	11523	17744
28663	97749	4951	69169	70939	1852	109707	162983
96220	244266	10810	218235	211119	4622	205336	274601
-2582	2324	997	14582	14539		1647	1740
3581	14561	352	5711	5467		3781	5441
99609	286521	7900	246886	242956	2735	156137	221248
95148	317675	8829	333755	315331	1562	125052	200141
231861	403790	5232	313512	283111	5498	66170	92623
133049	493340	17350	562730	545111	5392	343037	536229
156011	476087	8546	315308	303152	3169	113034	187304
1016065	7107107	42987	3281537	3334147	41129	768175	1346274
82612	440935	6691	271123	240211	8785	63862	83860
11296	47226	1752	69842	71789	248	26708	40121
92167	176175	2950	27090	26337	153658	303253	370608
2601	4414	216	5247	4378		4379	5208
17285	39589	180	14129	32260		34	50

11-9 续表 1 continued

单位：万元

项目	Item	资产负债 Assets and Liabilities			
		固定资产净值年平均余额 Average Net Value of Fixed Assets	资产总计 Total Assets	流动负债合计 Liquid Liabilities	长期负债合计 Longterm Liabilities
煤炭采选业	Coal Mining and Dressing				
黑色金属矿采选业	Ferrous Metals Mining and Processing				
有色金属矿采选业	Nonferrous Metals Mining and Processing				
非金属矿采选业	Nonmetal Minerals Mining and Processing	322	781	292	
其他矿采选业	Other Minerals Mining and Processing				
食品加工业	Food Processing	79914	191305	86633	5599
食品制造业	Food Making	254169	592389	215870	96334
饮料制造业	Beverage Making	235661	599342	361203	27623
烟草加工业	Tobacco Processing				
纺织业	Textile Industry	45540	164277	91666	5944
服装及其他纤维制品制造业	Garments and Other Fiber Products	50218	240134	143259	10685
皮革、毛皮、羽绒及其制品业	Leather,Furs,Down and Related Products	3252	25460	15357	1318
木材加工及竹、藤、棕、草制品业	Timber Processing,Bamboo,Cane,Palm Fiber and Straw Products	36175	89487	39904	
家具制造业	Furniture Manufacturing	18244	55281	33781	1132
造纸及纸制品业	Papermaking and Paper Products	37248	123538	43361	6595
印刷业、记录媒介的复制	Printing and Record Medium Reproduced	87080	196318	52092	17940
文教、体育用品制造	Stationery,Educational and Sports Goods	5446	41367	19975	5975
石油加工及炼焦业	Petroleum Processing and Coking Products	2125	13065	6146	1790
化学原料及化学制品制造业	Raw Chemical Materials and Chemical Products	124250	337766	133089	9073
医药制造业	Medical and Pharmaceutical Products	76959	308822	106820	33474
化学纤维制造业	Chemical Fibers				
橡胶制品业	Rubber Products	10755	24357	6314	1500
塑料制品业	Plastic Products	81134	190571	81258	20458
非金属矿物制品业	Nonmetal Mineral Products	177904	463991	196165	15360
黑色金属冶炼及压延加工业	Smelting and Pressing of Ferrous Metals	1134	21119	13884	
有色金属冶炼及压延加工业	Smelting and Pressing of Nonferrous Metals	3476	9980	3615	293
金属制品业	Metal Products	140286	429800	228855	10933
普通机械制造业	Ordinary Machinery Manufacturing	120957	489195	238012	2620
专用设备制造业	Equipments for Special Purposes Manufacturing	33231	393497	180022	3230
交通运输设备制造业	Transportation Equipment Manufacturing	327077	942481	482254	67164
电气机械及器材制造	Electric Equipment and Machinery	87065	447717	205739	9348
电子及通信设备制造	Electronic and Telecommunications	719811	4176876	2468780	131373
仪器仪表及文化、办公用机械制造业	Instruments,Meters,Cultural and Office Machinery Manufacturing	38044	357940	167709	4840
其他制造业	Other Manufacturing	25611	101375	14045	2297
电力、蒸汽、热水的生产和供应业	Electricity,Steam and Hot Water Production and Supply	293927	550794	119525	182365
煤气生产和供应业	Gas Production and Supply	3486	10045	3872	2
自来水的生产和供应	Water Production and Supply	34	134163	74887	12000

11-9 续表 2 continued

(10000 yuan)

负 债 合 计 Total Liabilities	所有者 权 益 Creditors' y Equit	实 收 资 本 Contributed Capital	损 益 及 分 配 Profits,Loss and Distribution					
			产 品 销售收入 Sales Revenue	产 品 销售成本 Cost of Sales	产 品 销售费用 Expenses of Sales	产 品 销售税金 及附加 Sales Tax and Extra Charges	产 品 销售利润 Sales Profits	利 润 总 额 Total Profits
292	489	290	1361	923	156		283	50
95792	95513	97143	172274	135749	14790	7	21729	3192
317843	274546	519706	502513	329601	119894	120	52899	-29405
389115	210227	295830	365056	231483	79214	8656	45703	13490
97766	66511	77590	147801	127603	8714	276	11209	-1864
154587	85547	91097	219076	176129	19973	153	22821	-27
16964	8496	10686	18137	14760	852	11	2514	409
39903	49584	53087	41372	35916	2196	11	3250	-1202
34912	20369	24172	68072	58276	4757	79	4960	1108
56195	67343	70230	131273	88143	5925	24	37181	24025
71590	124728	97062	103322	77273	3855	1	22193	10779
25964	15403	16806	40078	32436	2381	1	5260	122
7936	5129	1914	12382	9433	1290		1658	420
142503	195263	160864	311196	203731	36049	6898	64517	39762
145373	163449	148287	221356	99633	76036	21	45666	14403
7814	16543	11233	21245	14862	851		5532	3135
101983	88588	118098	93123	76618	4612	18	11875	-7332
216737	247254	271273	243883	183329	10745	983	48825	18607
13884	7235	20834	2334	2882	57		-605	-2141
3907	6073	3878	11495	9101	250		2144	1216
245634	184166	180169	329173	262288	15341	560	50985	22274
241011	248184	351481	331790	255354	20741	181	55514	16265
186266	207231	104821	413429	247138	37542	548	128201	80731
552371	390110	413698	497370	391236	19860	9290	76984	16906
216352	231365	208421	469729	324416	39674	249	105391	62208
2612620	1564256	942651	7406241	6531788	310417	1005	685658	304620
173184	184756	135032	475581	371154	35539	177	68711	30152
28587	72788	39620	60055	46792	5714	14	7536	734
304484	246310	228990	176175	121152	329	188	54506	54430
3936	6109	3415	4414	2372	75	74	1894	1219
86888	47275	830	39589	15488			24101	14547

11-10 大中型工业企业主要经济指标

单位：万元

项目	Item	企业单位个数(个) Number of Enterprises (unit)	# 亏损企业 Loss-making Enterprises	工业总产值(当年价格) Gross Output Value of Industry (at current prices)	工业总产值(1990年不变价格) Gross Output Value of Industry (at 1990 constant prices)
总计	**Total**	**565**	**130**	**21342177**	**22048775**
在总计中：	Of Total:				
中央工业	Central Industry	113	21	7607517	7700523
地方工业	Local Industry	452	109	13734660	14348252
在总计中：	Of Total:				
内资企业	Domestic Investment Enterprises	395	85	12192295	9007046
国有企业	State-Owned	209	49	5181394	3202655
集体企业	Collective Owned	26	11	112269	102885
股份合作企业	Share Holding	11	3	33290	31504
联营企业	Joint Owned	18	5	99183	117303
有限责任公司	Limited Liability Corporations	75	12	4087331	3102853
股份有限公司	Share Holding Corporations	42	2	2521806	2316509
私营企业	Private Owned	13	3	107951	108348
港澳台商投资企业	Hongkong,Macao and Taiwan Funded Enterprises	47	11	2471104	3732483
港澳台合资经营	Joint Venture	39	9	628136	1016713
港澳台合作经营	Cooperative	1		14901	14901
港澳台商独资企业	Hongkong,Macao and Taiwan Enterprises	6	1	1808990	2680014
港澳台商投资股份有限公司	Hongkong,Macao and Taiwan Funded Share Holding Corporations	1	1	19078	20855
外商投资企业	Foreign Funded Enterprises	123	34	6678778	9309246
中外合资经营	Joint Venture	92	23	5931425	8574726
中外合作经营	Cooperative	4	1	107422	116719
外资(独资)企业	Foreign Enterprises	23	10	462839	485197
外商投资股份有限公司	Foreign Funded Share Holding Corporations	4		177093	132605
在总计中：	Of Total:				
农村企业	Rural Enterprises	32	7	319456	325210
在总计中：	Of Total:				
轻工业	Light Industry	260	66	3722805	3477058
以农产品为原料	Using Farm Products as Raw Materials	167	46	2059191	1767986
以非农产品为原料	Using Non-Farm Products as Raw Materials	93	20	1663614	1709072
重工业	Heavy Industry	305	64	17619372	18571717
采掘工业	Excavation	1		132252	38438
原料工业	Raw Material	53	10	6854439	4101143
加工工业	Processing	251	54	10632681	14432136
在总计中：	Of Total:				
大型企业	Large Enterprises	283	60	18901026	19725623
中型企业	Medium Enterprises	282	70	2441151	2323153

MAIN INDICATORS FOR LOCAL LARGE AND MEDIUM INDUSTRIAL ENTERPRISES

(10000 yuan)

工 业 增加值 (生产法) Added Value of Industry (with production method)	工 业 销售产值 (当年价格) Sales Value of Industry (at current price)	全部从业人员年平均人数 (人) Average Number of Persons Employed (person)	资 产 负 债 Assets and Liabilities				
			流动资产合计 Circulating Funds	流动资产平均余额 Average Balance of Circulating Funds	长期投资 Longterm Investment	固定资产合计 Fixed Assets	固定资产原价合计 Original Value of Fixed Assets
5127710	**21245388**	**559061**	**13394931**	**13353628**	**3753358**	**14435813**	**20763819**
1789502	7585708	132473	4097128	4227664	958989	5265292	7653283
3338208	13659679	426588	9297803	9125965	2794369	9170521	13110535
3455481	12108433	466304	9041532	9008247	3668672	12428667	17406779
1608357	5148471	208394	3853862	3901962	1171107	6505113	9224142
33780	114885	11133	151679	145033	11223	85609	132300
7437	32987	3105	33202	29699	664	35506	45237
33721	107320	10539	175347	179558	39252	142071	207381
1094513	4077650	168552	2784594	2828550	1762627	4485865	6324706
643900	2475798	59599	1914587	1818975	670967	1106483	1392595
26214	103537	2742	63052	52379	12480	34390	38896
358392	2456119	21701	1164667	1013255	39809	333515	458521
129151	628533	12200	420200	386668	6255	182166	280505
4357	14473	800	7999	9702	352	3391	3191
221433	1793964	7450	727633	608001	33202	112548	125059
3450	19148	1251	8835	8883		35411	49766
1313837	6680835	71056	3188732	3332127	44877	1673631	2898519
1101763	5931299	51521	2745878	2909009	17500	1284012	2318451
41914	101719	2510	50026	43746	21	31015	48128
115928	483863	8650	305878	292808	2183	252193	376976
54232	163955	8375	86951	86564	25174	106411	154963
110259	290895	18314	184645	172103	12904	194146	236930
1359997	3732612	155078	3064513	2977451	987823	2844974	4004496
711491	2082024	106923	1791512	1716725	499656	1625921	2268491
648506	1650588	48155	1273001	1260726	488168	1219053	1736006
3767713	17512776	403983	10330418	10376178	2765535	11590839	16759322
78973	131879	21543	101322	119128	134930	71542	134464
1840822	6865719	165707	3210606	3319607	1280973	8375367	12115872
1847918	10515179	216733	7018491	6937442	1349633	3143931	4508986
4223294	18860618	457472	11471251	11513928	3332439	13192484	18961612
904416	2384770	101589	1923679	1839700	420920	1243329	1802206

11-10 续表 1 continued

单位：万元

项目 Item		资产负债 Assets and Liabilities 固定资产净值年平均余额 Average Net Value of Fixed Assets	资产总计 Total Assets	流动负债合计 Liquid Liabilities	长期负债合计 Longterm Liabilities
总计	**Total**	**12160292**	**32667887**	**12138546**	**4649571**
在总计中：	**Of Total:**				
中央工业	Central Industry	4362175	10458266	3479293	2937324
地方工业	Local Industry	7798117	22209621	8659253	1712247
在总计中：	**Of Total:**				
内资企业	Domestic Investment Enterprises	10272393	25984905	8509766	4302031
国有企业	State-Owned	5428923	11889573	3957097	3335122
集体企业	Collective Owned	77687	284287	143681	27661
股份合作企业	Share Holding	33350	71846	36490	9556
联营企业	Joint Owned	140936	368535	174015	48225
有限责任公司	Limited Liability Corporations	3712669	9366147	2723580	682715
股份有限公司	Share Holding Corporations	828777	3792511	1357270	191369
私营企业	Private Owned	28754	112489	42798	7384
港澳台商投资企业	Hongkong,Macao and Taiwan Funded Enterprises	300289	1595929	1128438	25738
港澳台合资经营	Joint Venture	182920	640351	365840	22292
港澳台合作经营	Cooperative		11818	7381	
港澳台商独资企业	Hongkong,Macao and Taiwan Enterprises	81730	886374	721103	914
港澳台商投资股份有限公司	Hongkong,Macao and Taiwan Funded Share Holding Corporations	35640	57386	34113	2532
外商投资企业	Foreign Funded Enterprises	1587610	5087053	2500342	321802
中外合资经营	Joint Venture	1246250	4181797	2137667	209743
中外合作经营	Cooperative	29523	86046	34163	
外资(独资)企业	Foreign Enterprises	221652	583193	241125	76486
外商投资股份有限公司	Foreign Funded Share Holding Corporations	90185	236016	87388	35573
在总计中：	**Of Total:**				
农村企业	Rural Enterprises	180589	405219	207499	40317
在总计中：	**Of Total:**				
轻工业	Light Industry	2490813	7247295	2588867	642744
以农产品为原料	Using Farm Products as Raw Materials	1363143	4159032	1589816	395629
以非农产品为原料	Using Non-Farm Products as Raw Materials	1127670	3088264	999052	247115
重工业	Heavy Industry	9669479	25420591	9549679	4006827
采掘工业	Excavation	61213	307793	86222	3615
原料工业	Raw Material	6970602	13235210	3121768	3329279
加工工业	Processing	2637663	11877589	6341689	673933
在总计中：	**Of Total:**				
大型企业	Large Enterprises	11051418	28945424	10550696	4370595
中型企业	Medium Enterprises	1108874	3722463	1587850	278976

11-10 续表 2 continued

(10000 yuan)

负债合计 Total Liabilities	所有者权益 Creditors' y Equit	实收资本 Contributed Capital	损益及分配 Profits,Loss and Distribution					
			产品销售收入 Sales Revenue	产品销售成本 Cost of Sales	产品销售费用 Expenses of Sales	产品销售税金及附加 Sales Tax and Extra Charges	产品销售利润 Sales Profits	利润总额 Total Profits
17087295	**15580592**	**9989178**	**21265046**	**17808278**	**866636**	**238956**	**2473803**	**963879**
6636699	3821567	2470071	8117546	6932733	130927	144491	909395	454979
10450596	11759025	7519107	13147501	10875545	735709	94464	1564408	508901
13067367	12917538	7436352	12135287	10148112	324654	222822	1439701	556320
7541539	4348034	2809518	5512069	4628637	92448	168900	622084	192943
171517	112770	79507	109495	87603	5302	593	15997	4294
46114	25732	17913	31516	27311	896	91	3218	-7
222240	146295	122115	113789	96483	5692	402	11212	1703
3412092	5954055	3546958	3643677	3114568	84609	20754	423746	135534
1548846	2243665	827339	2559919	2057257	125901	31376	345386	210332
50181	62308	27240	102659	75030	9396	379	17855	11360
1159589	436340	406349	2282743	1974506	170547	3075	257240	91435
393545	246806	246802	631141	528623	31780	664	70074	25405
7381	4437	1765	12363	9043	1711		1609	456
722017	164357	71583	1618705	1423866	132782	88	184594	67495
36646	20740	86200	20535	12975	4274	2324	962	-1921
2860339	2226714	2146477	6847016	5685660	371435	13059	776863	316125
2373826	1807971	1545625	6112202	5142308	271601	12178	686116	333705
34163	51883	45208	95457	58716	16964	674	19103	7534
329389	253804	463027	482157	368694	63984	183	49296	-33673
122960	113056	92618	157201	115943	18887	24	22348	8559
247816	157403	90784	288373	219525	29778	1268	37803	17646
3267052	3980243	3165672	3777858	2630228	385670	107632	654329	300592
2016818	2142214	1898500	2169188	1460987	240182	102102	365918	138673
1250235	1838029	1267172	1608669	1169240	145488	5530	288411	161919
13820242	11600349	6823506	17487189	15178051	480966	131324	1819474	663288
89836	217957	119741	129081	83127	16952	902	28100	184
6662097	6573113	3676468	6812040	5929553	65572	105930	710986	252641
7068310	4809279	3027298	10546068	9165371	398443	24492	1080388	410463
15209847	13735577	8796377	18897862	16032588	723120	182687	2082093	790913
1877448	1845015	1192801	2367185	1775690	143516	56269	391709	172967

11-11 大中型工业企业主要经济指标（按行业分）

单位：万元

项目	Item	企业单位个数(个) Number of Enterprises (unit)	# 亏损企业 Loss-making Enterprises	工业总产值(当年价格) Gross Output Value of Industry (at current prices)	工业总产值(1990年不变价格) Gross Output Value of Industry (at 1990 constant prices)
煤炭采选业	Coal Mining and Dressing	1		132252	38438
黑色金属矿采选业	Ferrous Metals Mining and Processing				
有色金属矿采选业	Nonferrous Metals Mining and Processing				
非金属矿采选业	Nonmetal Minerals Mining and Processing				
其他矿采选业	Other Minerals Mining and Processing				
食品加工业	Food Processing	17	8	130754	106786
食品制造业	Food Making	16	6	339425	267209
饮料制造业	Beverage Making	16	5	547954	458270
烟草加工业	Tobacco Processing	1		129408	63166
纺织业	Textile Industry	13	3	131366	128385
服装及其他纤维制品制造业	Garments and Other Fiber Products	17	6	103679	87673
皮革、毛皮、羽绒及其制品业	Leather,Furs,Down and Related Products	2	1	945	714
木材加工及竹、藤、棕、草制品业	Timber Processing,Bamboo,Cane,Palm Fiber and Straw Products	4	2	18555	17414
家具制造业	Furniture Manufacturing	4		34062	36245
造纸及纸制品业	Papermaking and Paper Products	12	2	121272	111230
印刷业、记录媒介的复制	Printing and Record Medium Reproduced	47	13	284361	230535
文教、体育用品制造	Stationery,Educational and Sports Goods	5		45548	29663
石油加工及炼焦业	Petroleum Processing and Coking Products	4	1	2549023	1282209
化学原料及化学制品制造业	Raw Chemical Materials and Chemical Products	26	8	446319	578875
医药制造业	Medical and Pharmaceutical Products	48	6	597278	626160
化学纤维制造业	Chemical Fibers	1	1	1313	2258
橡胶制品业	Rubber Products	4	1	55292	75211
塑料制品业	Plastic Products	16	6	59399	66375
非金属矿物制品业	Nonmetal Mineral Products	43	11	480888	391706
黑色金属冶炼及压延加工业	Smelting and Pressing of Ferrous Metals	2	1	2880138	1955692
有色金属冶炼及压延加工业	Smelting and Pressing of Nonferrous Metals	4		46931	45043
金属制品业	Metal Products	16	3	157102	189507
普通机械制造业	Ordinary Machinery Manufacturing	25	10	328442	320660
专用设备制造业	Equipments for Special Purposes Manufacturing	21	4	499249	525991
交通运输设备制造业	Transportation Equipment Manufacturing	33	8	1860851	1686559
电气机械及器材制造	Electric Equipment and Machinery	32	4	562672	658018
电子及通信设备制造	Electronic and Telecommunications	80	14	7490229	11478683
仪器仪表及文化、办公用机械制造业	Instruments,Meters,Cultural and Office Machinery Manufacturing	27	1	172966	174939
其他制造业	Other Manufacturing	13	4	139261	129907
电力、蒸汽、热水的生产和供应业	Electricity,Steam and Hot Water Production and Supply	12	1	758830	229933
煤气生产和供应业	Gas Production and Supply	2		97489	40712
自来水的生产和供应	Water Production and Supply	1		138923	14611

MAIN INDICATORS FOR LOCAL LARGE AND MEDIUM INDUSTRIAL ENTERPRISES (BY SECTOR)

(10000 yuan)

工业增加值(生产法) Added Value of Industry (with production method)	工业销售产值(当年价格) Sales Value of Industry (at current price)	全部从业人员年平均人数(人) Average Number of Persons Employed (person)	资产负债 Assets and Liabilities				
			流动资产合计 Circulating Funds	流动资产平均余额 Average Balance of Circulating Funds	长期投资 Longterm Investment	固定资产合计 Fixed Assets	固定资产原价合计 Original Value of Fixed Assets
78973	131879	21543	101322	119128	134930	71542	134464
23361	129822	4289	77904	75361	8003	70153	94518
103150	379234	12334	164072	173856	32318	199476	295248
179794	569365	17981	478669	434231	123737	446760	599387
85836	129386	827	70624	70290	3286	35961	44603
35878	135006	20776	215597	205623	49562	172911	270519
24766	87203	11994	58498	61141	7523	58475	75803
256	1892	901	5647	6259	1020	6571	8388
3861	18429	1002	31913	31219	1649	33174	39512
11740	36551	2120	37395	33808	2277	20121	30689
45082	122654	3556	76980	68767	5263	63039	83629
78076	274917	20769	215587	207379	23020	332971	519808
17375	45600	4296	45750	45973	4118	32831	46376
433590	2566527	30516	761754	849162	65608	1577078	2894207
190831	433764	14671	359161	351742	102765	459955	620110
289307	570056	22413	662082	656608	405389	344891	415123
-3873	1440	652	10392	10950		16698	23230
12074	52653	3954	45033	46278	2586	76291	100460
7449	58318	5091	91824	93568	34632	137200	200015
165580	476978	33663	611887	614728	169326	523511	746584
610877	2883374	83185	1133473	1112790	556858	2170464	3312497
12059	49588	1133	42016	40163	30372	22403	26206
54032	161552	5441	123190	124179	4681	86458	129033
104607	316081	20898	533957	513689	51591	249653	383035
249928	483104	15513	500499	466871	132029	220596	317151
350358	1809034	64656	1112027	1061205	161603	772185	1044814
183625	560911	22291	652884	648118	73868	242840	385023
1042796	7465943	58453	3904956	3923400	837178	1196181	1774046
46002	167509	10762	219287	215396	74156	119187	159959
37016	131050	11515	159862	148300	17331	113883	154404
526362	759157	21081	628283	616598	401142	3387435	4249079
88221	97489	8007	152751	203190	95312	545288	733814
38721	138923	2778	109653	123656	140227	629634	852087

11-11 续表 1 continued

单位：万元

项目	Item	资产负债 Assets and Liabilities 固定资产净值年平均余额 Average Net Value of Fixed Assets	资产总计 Total Assets	流动负债合计 Liquid Liabilities	长期负债合计 Longterm Liabilities
煤炭采选业	Coal Mining and Dressing	61213	307793	86222	3615
黑色金属矿采选业	Ferrous Metals Mining and Processing				
有色金属矿采选业	Nonferrous Metals Mining and Processing				
非金属矿采选业	Nonmetal Minerals Mining and Processing				
其他矿采选业	Other Minerals Mining and Processing				
食品加工业	Food Processing	61639	159491	75710	3360
食品制造业	Food Making	174428	414191	148972	87142
饮料制造业	Beverage Making	388302	1195850	454206	98752
烟草加工业	Tobacco Processing	23535	110224	32634	4265
纺织业	Textile Industry	150367	454156	241584	52355
服装及其他纤维制品制造业	Garments and Other Fiber Products	40631	129052	58828	13852
皮革、毛皮、羽绒及其制品业	Leather,Furs,Down and Related Products	6090	13528	8295	581
木材加工及竹、藤、棕、草制品业	Timber Processing,Bamboo,Cane,Palm Fiber and Straw Products	4142	67164	47783	
家具制造业	Furniture Manufacturing	16088	60360	31077	1500
造纸及纸制品业	Papermaking and Paper Products	62228	154766	59493	10680
印刷业、记录媒介的复制	Printing and Record Medium Reproduced	288658	578905	167994	63402
文教、体育用品制造	Stationery,Educational and Sports Goods	29916	85683	52290	7648
石油加工及炼焦业	Petroleum Processing and Coking Products	1355500	2495596	784688	256357
化学原料及化学制品制造业	Raw Chemical Materials and Chemical Products	416171	953846	350051	115341
医药制造业	Medical and Pharmaceutical Products	247465	1474209	472331	67171
化学纤维制造业	Chemical Fibers	17349	36885	16229	31623
橡胶制品业	Rubber Products	64761	137050	77310	25580
塑料制品业	Plastic Products	124450	276098	99423	21865
非金属矿物制品业	Nonmetal Mineral Products	470972	1441892	656494	151209
黑色金属冶炼及压延加工业	Smelting and Pressing of Ferrous Metals	1748580	4036072	1339037	307530
有色金属冶炼及压延加工业	Smelting and Pressing of Nonferrous Metals	16301	112022	22967	4718
金属制品业	Metal Products	76860	227976	149177	8427
普通机械制造业	Ordinary Machinery Manufacturing	233663	865993	575779	111809
专用设备制造业	Equipments for Special Purposes Manufacturing	178679	909997	445934	44701
交通运输设备制造业	Transportation Equipment Manufacturing	581274	2102893	1277253	144362
电气机械及器材制造	Electric Equipment and Machinery	206649	998041	529615	65509
电子及通信设备制造	Electronic and Telecommunications	1057334	6041541	3013205	198342
仪器仪表及文化、办公用机械制造业	Instruments,Meters,Cultural and Office Machinery Manufacturing	96032	423169	165723	25116
其他制造业	Other Manufacturing	96597	299657	133431	31612
电力、蒸汽、热水的生产和供应业	Electricity,Steam and Hot Water Production and Supply	2787482	4421106	425100	2548539
煤气生产和供应业	Gas Production and Supply	479608	793351	38282	15712
自来水的生产和供应	Water Production and Supply	597328	889333	101432	126897

11-11 续表 2 continued

(10000 yuan)

负债合计 Total Liabilities	所有者权益 Creditors' y Equit	实收资本 Contributed Capital	损益及分配 Profits,Loss and Distribution					
			产品销售收入 Sales Revenue	产品销售成本 Cost of Sales	产品销售费用 Expenses of Sales	产品销售税金及附加 Sales Tax and Extra Charges	产品销售利润 Sales Profits	利润总额 Total Profits
89836	217957	119741	129081	83127	16952	902	28100	184
80930	78561	55695	144707	121198	9257	130	14122	3303
236210	177981	354394	374536	254408	95642	791	23694	-29214
553342	642508	362974	551112	353586	68675	48606	80246	39911
36898	73326	46988	128757	50040	7169	47272	24277	12610
309499	144657	136198	161943	152982	4025	637	4300	653
72680	56372	47317	81249	63726	8214	167	9142	1202
8875	4653	4480	1964	1883	108	17	-44	-868
47783	19381	28848	23029	20139	1137	103	1651	-1751
32577	27783	16790	52707	41723	4652	127	6205	2970
76412	78354	65869	120504	80098	4938	73	35395	24785
238600	340305	220057	279602	199628	3362	1947	74665	29344
60114	25569	16403	50325	39767	3284	249	7025	1890
1249300	1246296	594429	2933097	2626580	28601	80765	197151	49122
484543	469303	197684	384718	311340	12165	2770	58443	18671
539568	934641	797386	641765	312820	123916	4068	200961	127788
47852	-10967	5607	2040	2901	121	14	-995	-6375
102890	34160	22152	53900	45557	1990	597	5757	23
121556	154542	151965	62003	46597	3272	97	12037	-6325
807888	634004	522330	487512	389186	13918	2722	81687	29522
1646567	2389505	1069159	2172275	1875902	18614	13029	264730	48917
27685	84337	66656	50000	42873	965	69	6093	3364
161040	66936	84391	165956	142768	3290	261	19638	4943
687589	178404	357337	321146	261976	14761	901	43508	-32814
491990	418007	147520	481724	318341	32138	1586	129659	60649
1424537	678356	529908	1826725	1574039	41343	14718	196625	39595
595887	402154	317115	585067	427882	40683	928	115575	59332
3229018	2812523	1434521	7422768	6621869	288059	3762	631704	336387
191058	232111	122839	169919	134894	11056	606	23364	14833
176017	123640	76385	150762	119398	3809	468	27086	2354
2976234	1444872	944865	838617	671996	521	8551	157549	118099
53993	739358	549477	297523	294398		1476	1649	6274
228329	661004	521699	118015	124659		548	-7192	4501

11-12 规模以下工业企业主要指标
MAJOR INDICATORS FOR INDUSTRIAL ENTERPRISES BELOW DESIGNED SIZE

项　　目	Item	企业个数（个）Number of Enterorises (unit)	从业人员（人）Employed Persons (person)	工业总产值（当年价格，万元）Gross Output Value (at current prices, 10000 yuan)
总　计	**Total**	**19294**	**383626**	**2000000**
# 法人工业企业	Corporation Unit	8940	302183	1470000
个体私营工业企业	Individual and Private	10354	81443	530000

注：规模以下工业企业指年产品销售收入500万元以下的非国有工业企业和全部个体私营工业单位。

Note: Industrial enterprises below designed size refers to non-state-owned enterprises with annual sales below 5 million yuan and all individual units.

11-13 高新技术产业情况
STATISTICS ON HIGH-GRADE TECHNOLOGICAL INDUSTRY

单位：亿元　　(100 million yuan)

项　　目	Item	工业总产值(现价) Gross Output Value of Industry (at constant prices)		2002年为2001年% 2002 as % of 2001
		2002	2001	
合　计	**Total**	**1175.9**	**1221.5**	**96.27**
按登记注册类型分	**Grouped by Registration Status**			
国有经济	State-owned	289.0	258.3	111.88
集体经济	Collective-owned	24.0	28.5	84.10
外资及港澳台经济	Chinese-foreign, Hongkong, Macao and Taiwan Enterprises	618.6	763.3	81.05
股份制及其他经济	Share Holding and Others	244.3	171.4	142.53
按高新技术领域分	**Grouped by the Field of Highgrade Technology**			
电子与信息	Electron and Information	718.2	846	84.9
生物及医药制品	Biological and Pharmaceutical Products	76.7	57.8	132.7
新材料	New Materials	98.4	84.7	116.1
光机电一体化	Organic Whole of Light, Machine and Electricity	243.7	197.8	123.2
新能源	New Energy	20.7	19.2	107.8
环保设备	Equipment for Environmental Protection	0.5	0.6	89.2
航空航天及地球空间技术	Technology on Aerospace and Earth Space	17.7	15.6	113.3

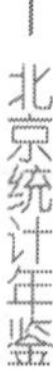

11-14 主要工业产品生产总量
OUTPUT OF MAIN INDUSTRIAL PRODUCTS

单位：吨 (ton)

主要工业产品名称 Products				本年生产量 Output in this Year
原 煤		Coal		8809469
铁矿石成品矿		Iron Ore Products		5681254
发电量	(万千瓦小时)	Electricity	(10000 kwh)	1419754
供热量	(万百万千焦)	Heating Supply	(10 billion kilo-joule)	2961
自来水生产量	(万吨)	Tap Water Production	(10000 tons)	65918
大 米		Rice		16912
食用植物油		Edible Vegetable Oil		12648
配混合饲料		Mixed Feed		716890
乳制品		Dairy Products		13869
白 酒		Liquor		62728
啤 酒		Beer		1311624
软饮料		Soft Drink		1019818
冷冻饮品		Frozen Drink		25475
卷 烟	(箱)	Cigarettes	(case)	224914
纱		Yarn		42171
布	(万米)	Cloth	(10000 m)	10314
服 装	(万件)	Garments	(10000)	11187
家具	(件)	Furniture	(unit)	3682736
人造板	(立方米)	Artificial Wooden Board	(cu.m)	144012
体育用品及用具	(千元)	Sports Goods and Appliance	(1000 yuan)	172922

11-14 续表1 continued

单位：吨 (ton)

主要工业产品名称	Products		本年生产量 Output in this Year
工艺美术制品 (千元)	Handicrafts	(1000 yuan)	243503
原油加工量			6952065
汽　油	Gasoline		1541211
柴　油	Diesel Oil		1740533
焦　炭	Coke		3574405
氢氧化钠(烧碱)(折100%)	Caustic Soda(100%)		129408
农用氮、磷、钾化学肥料(折纯)	Chemical Fertilizer(pure)		10157
乙　烯	Ethylene		903803
塑料树脂及共聚物	Plastic Resin and Copolymer		1260770
合成橡胶	Synthetic Rubber		200128
合成洗涤剂	Synthetic Detergents		25063
化学原料药	Chemical Raw Medicine		4576
轮胎外胎 (条)	Tires	(unit)	1960932
塑料制品	Plastic Products		136140
水　泥 (万吨)	Cement	(10000 tons)	884
平板玻璃 (重量箱)	Plate Glass	(wt.case)	6255919
生　铁	Pig Iron		7728553
钢	Steel		8169413
成品钢材	Steel Products		7499873
十种有色金属	Ten genera of nonferrors metal		19196
铝　材	Aluminum Products		15981
金属切削机床 (台)	Metal-Cutting Machine Tools	(unit)	3736

11-14 续表2 continued

主要工业产品名称 Products			本年生产量 Output in this Year
汽　车	(辆) Motor Vehicle	(unit)	180809
# 载货汽车	(辆) Trucks	(unit)	152364
轿车	(辆) Cars	(unit)	7321
发电设备	(千瓦) Generating Equipment	(kw)	1550000
家用洗衣机	(台) Household Washing Machines	(unit)	85235
家用电冰箱	(台) Household Refrigerators	(unit)	161993
房间空气调节器	(台) House Air Conditioner	(unit)	55605
程控交换机	(线) Program Control Telephone Exchange	(line)	20176582
移动通信设备	(信道) Mobile communications setting	(channel)	582056
移动电话机	(部) Mobile telephone	(unit)	22801062
微型电子计算机	(部) Micro-computer	(unit)	4156675
彩色显象管	(只) Tricolor Tube	(unit)	7513447
半导体集成电路	(万块) Semiconductor Integrated Circuit	(10000)	24897
电子元件	(万只) Electronic Cell	(10000)	2021593
录像机	(部) Video Recorder	(unit)	622720
收录放机	(部) Recorder	(unit)	371642
自动化仪表及系统	(台) Automatic Meters and System	(unit)	1037830
光学仪器	(台) Optical Instrument	(unit)	68458
照像机	(台) Camera	(unit)	2206516

主要统计指标解释

工业 指从事自然资源的开采，对采掘品和农产品进行加工和再加工的物质生产部门。具体包括：（1）对自然资源的开采，如采矿、晒盐、森林采伐等（但不包括禽兽捕猎和水产捕捞）；（2）对农副产品的加工、再加工，如粮油加工、食品加工、扎花、纺织、制革等；（3）对采掘品的加工、再加工，如炼铁、炼钢、化工生产、石油加工、机器制造、木材加工等，以及电力、自来水、煤气的生产和供应等；（4）对工业品的修理、翻新，如机器设备的修理、交通运输工具（包括小卧车）的修理等。

1984年以前农村的村及村以下办工业归属农业，1984年以后划归工业。

轻工业 指主要提供生活消费品和制作手工工具的工业。按其所使用的原料不同，可分为两大类：（1）以农业为原料的轻工业，是指直接或间接以农产品为基本原料的轻工业。主要包括食品制造、饮料制造、烟草加工、纺织、缝纫、皮革和毛皮制作、造纸以及印刷等工业；（2）以非农产品为原料的轻工业，是指以工业品为原料的轻工业。主要包括文教体育用品、化学药品制造、合成纤维制造、日用化学制品、日用玻璃制品、日用金属制品、手工工具制造、医疗器械制造、文化和办公用机械制造等工业。

重工业 是指为国民经济各部门提供物质技术基础的主要生产资料的工业。按其生产性质和产品用途，可以分为下列三类：（1）采掘（伐）工业，是指对自然资源的开采，包括石油开采、煤炭开采、金属矿开采、非金属矿开采和木材采伐等工业；（2）原材料工业，指向国民经济各部门提供基本材料、动力和燃料的工业。包括金属冶炼及加工、炼焦及焦炭化学、化工原料、水泥、人造板以及电力、石油和煤炭加工等工业；（3）加工工业，是指对工业原材料进行再加工制造的工业。包括装备国民经济各部门的机械设备制造工业、金属结构、水泥制品等工业，以及为农业提供的生产资料如化肥、农药等工业。

根据上述划分原则，修理业中以重工业产品为修理作业对象的划为重工业，反之划为轻工业。

工业总产值 是以货币表现的工业在一定时期内生产的已出售或可供出售工业产品总量，它反映一定时期内工业生产的总规模和总水平。它包括：在本企业内不再进行加工，经检验、包装入库（规定不需包装的产品除外）的成品价值，工业性作业价值，自制半成品、在产品期末初差额价值。工业总产值采用“工厂法”计算，即以工业作业为一个整体，按企业生产活动的最终成果来计算，企业内部不允许重复计算，不能把企业内部各个车间（分厂）生产的成果相加。但在企业之间、行业之间、地区之间存在着重复计算。

轻重工业总产值的划分也是按“工厂法”计算的，即一个工业企业在正常情况下生产的主要产品的性质属于轻工业，则该企业的全部总产值作为轻工业总产值；一个工业企业生产的主要产品的性质属于重工业，则该企业的全部总产值作为重工业总产值。

工业增加值 是指工业行业在报告期内以货币表现的工业生产活动的最终成果。

工业销售产值 是以货币表现的工业企业在一定时期内销售的本企业生产的工业产品产量。包括已销售的成品、半成品价值，对外提供的工业性作业价值和对本单位基本建设部门、生活福利部门等提供的产品和工业性作业及自制设备的价值。已销售的成品、半成品不论是本期生产的、还是上期生产的，只要是本期销售出去的均包括在内。对外提供的工业性作业是指企业按合同对外提供的工业性劳务。企业为本单位基本建设部门、生活福利部门等提供的产品和工业性作业及自制设备也应视同销售，这部分也应作为销售统计。

工业销售产值的计算范围、计算价格和计算方法与工业总产值一致，但两者计算的基础不同，工业销售产值计算的基础是产品销售总量，工业总产值计算的基础是工业产品生产总量。

国有及国有控股 国有即企业登记注册类型为国有的企业。国有控股是指在企业的全部资本中，国家资本(股本)占较多比例，并且由国家实际控制的企业。分为“国有绝对控股企业”和“国有相对控股企业(含协议控制)”。国有绝对控股：是指国家资本所占比例大于50%(含50%)的企业。国有相对控股企业(含协议控制)：是指国家资本比例不足50%，但相对大于企业中的其他经济成分所占比例的企业(相对控股)，或者虽不大于其他经济成分、但根据协议规定由国家拥有实际控制权的企业(协议控制)。

资产合计 指企业拥有或控制的全部资产。包括流动资产、长期投资、固定资产、无形及递延资产、其他长期资产、递延税项等，即为企业资产负债表的资产总计项。

（1）流动资产　指企业可以在一年内或者超过一年的一个生产周期内变现或耗用的资产合计。包括现金及各种存款、短期投资、应收及预付款项、存货等。

（2）固定资产　指企业固定资产净值、固定资产清理、在建工程、待处理固定资产损失所占用的资金合计。

负债合计　指企业承担并需要偿还的全部债务。包括流动负债和长期负债、递延税项等，即为企业资产负债表的负债合计项。

（1）流动负债　指企业在一年内或者超过一年的营业周期内需要偿还的债务合计，其中包括短期借款、应付及预收款项、应付工资、应交税金和应交利润等。

（2）长期负债　指企业在一年以上或者超过一年的生产周期以上需要偿还的债务合计，其中包括长期借款、应付债务、长期应付款项等。

固定资产原价　指企业在建造、购置、安装、改建、扩建、技术改造某项固定资产时所支出的全部货币总额。它一般包括买价、包装费、运杂费和安装费。

固定资产净值　是指固定资产原价减去历年已提折旧额后的净值。

所有者权益　指企业投资人对企业净资产的所有权。企业净资产等于企业全部资产减去全部负债后余额，其中包括投资者对企业的最初投入，以及资本公积金、盈余公积金和未分配利润，对股份制企业即为股东权益。

实收资本　指企业实际收到的投资人投入的资本总额。

产品销售收入　指企业销售产品的销售收入和提供劳务等主要经营业务取得的业务总额。

产品销售成本　指企业销售产品和提供劳务等主要经营业务的实际成本。

产品销售税金及附加　指企业销售产品和提供工业性劳务等主要经营业务应负担的城市维护建设税、消费税、资源税和教育费附加。

产品销售利润　指企业销售产品和提供工业性劳务等主要经营业务收入扣除其成本、费用、税金后的利润。

利润总额　指企业实现的全部利润。反映企业最终的财务成果。

本年应交增值税　指当期销项税额抵扣当期进项税额后的余额。

工业产品销售率　指报告期工业销售产值与同期全部工业总产值之比。计算公式：

$$\text{工业产品销售率}(\%)=\frac{\text{报告期现价工业销售值}}{\text{报告期现价工业总产值}}\times100\%$$

工业增加值率　指报告期工业增加值占工业总产值的比重，反映降低中间消耗的经济效益。计算公式：

$$\text{工业增加值率}(\%)=\frac{\text{报告期现价工业增加值}}{\text{报告期现价工业总产值}}\times100\%$$

工业成本费用利润率　指在一定时期内实现的利润与成本费用之比，是反映工业生产成本及费用投入的经济效益指标，同时也是反映降低成本的经济效益的指标。计算公式：

$$\text{工业成本费用利润率}(\%)=\frac{\text{利润总额}}{\text{成本费用总额}}\times100\%$$

工业全员劳动生产率　指根据产品的价值量指标计算的平均每一个职工在单位时间内创造的工业产生最终成果，是考核企业经济活动的重要指标，是企业生产技术水平、经济管理水平、职工技术熟练程度和劳动积极性的综合表现。目前我国的全员劳动生产率是将工业企业的工业增加值除以同一时期全部职工的平均人数来计算的。计算公式：

$$\text{工业全员劳动生产率}(\text{元/个})=\frac{\text{工业增加值(现价)}}{\text{全部职工平均人数}}$$

流动资产周转次数　指在一定时期内流动资产完成的周转次数，反映流动资产的周转速度。计算公式：

$$\text{流动资产周转次数}(\text{次})=\frac{\text{产品销售收入}}{\text{流动资产平均余额}}$$

流动比率　是反映企业每百元流动负债中，有多少元流动资产作后盾。计算公式：

$$\text{流动比率}(\text{倍})=\frac{\text{流动资产总额}}{\text{流动负债总额}}$$

速动比率　是衡量企业流动资产中可以立即用于偿付流动负债的能力。计算公式：

$$\text{速动比率}(\text{倍})=\frac{\text{速动资产}}{\text{流动负债}}$$

注：速动资产是流动资产中流动性相对更强的部分，通常等于现金，短期有价证券与应收款之和。

资产负债率　是反映在企业资产总额中有多少资产是通过借债而得的，也可以用于衡量企业利用债权人提供资金进行经营活动的能力以及企业在清算时保护债权人利益的程度。计算公式：

$$\text{资产负债率}=\frac{\text{负债总额}}{\text{资产总额}}\times100\%$$

总资产贡献率 反映企业全部资产的获利能力，是企业经营业绩和管理水平的集中体现，是评价和考核企业盈利能力的核心指标。计算公式为：

总资产贡献率 ＝（利润总额+税金总额+利息支出）÷平均资产总额×100%

其中：税金总额为产品销售税金及附加与应交增值税之和；平均资产总额为期初期末资产总计的算术平均值。

资本保值增值率 反映企业净资产的变动状况，是企业发展能力的集中体现。计算公式为：

资本保值增值率 ＝ 报告期期末所有者权益/上年同期期末所有者权益×100%

十二 建筑业

CONSTRUCTION

建筑施工企业总产值 （单位：亿元）
Gross Output Value of Construction by Enterprises (100 million yuan)

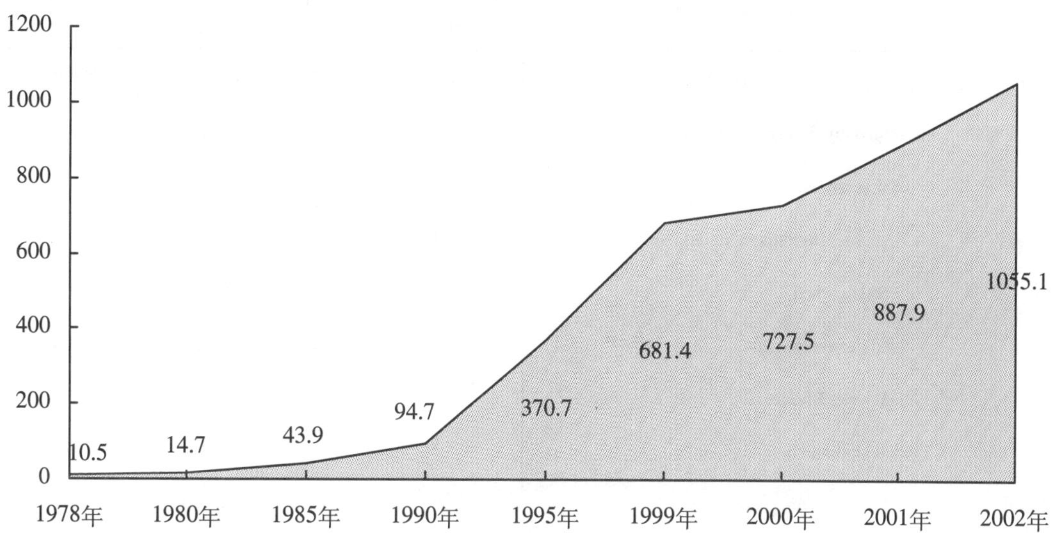

2002年独立核算建筑施工企业工程质量（单位：%）
Project Quality of Enterprises (%)

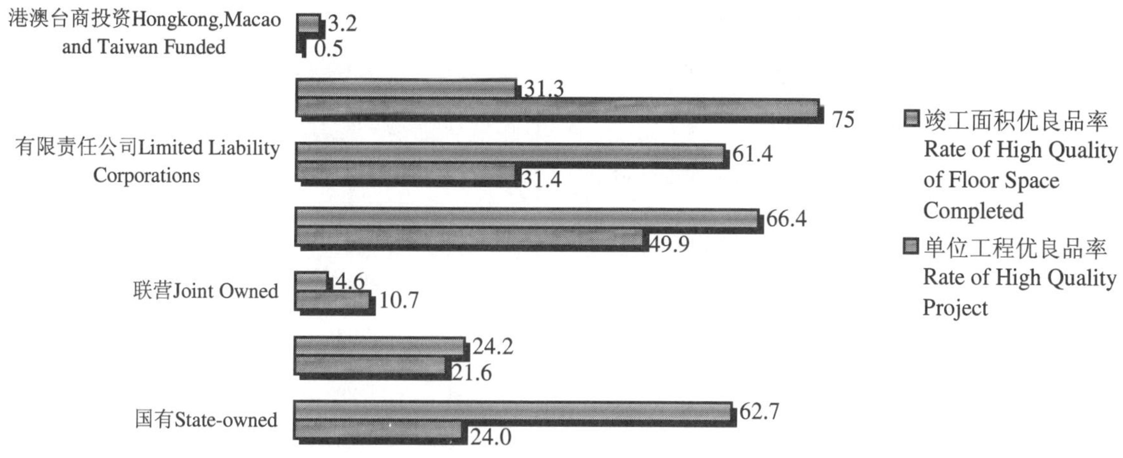

12-1 建筑业施工企业基本情况
BASIC STATISTICS FOR CONSTRUCTION ENTERPRISES

项目	Item	企业单位数(个) Number of Enterprises (unit)	年末从业人员(人) Employment (year-end) (person)	年末自有机械设备 Machinery and Equipment Owned(year-end) 净值(万元) Net Value (10000 yuan)	总台数(台) Total Number (unit)	总功率(千瓦) Total Power (kw)
总计	**Total**	**2122**	**570401**	**616362**	**184850**	**3850926**
按企业登记注册类型分	**Grouped by Registration Status of Enterprises**					
内资企业	Domestic Investment Enterprises	2016	561475	605574	178853	3816839
国有企业	State-owned	323	187921	194672	47545	1223019
集体企业	Collective-owned	440	98712	80498	30562	427597
私营企业	Private Business	439	38145	45951	14898	480131
联营企业	Joint-owned	14	1734	1338	1422	11877
股份有限公司	Share Holding Company	83	26396	24350	9941	202936
有限责任公司	Limited-Liability Company	609	183570	234339	63663	1359613
股份合作企业	Share Holding Cooperative	106	24902	24187	10769	111552
其他企业	Others	2	95	239	53	114
外商投资企业	Foreign Funded Enterprises	32	3048	4778	2579	10059
港澳台商投资企业	HongKong,Macao and Taiwan Funded	74	5878	6010	3418	24028
按行业类别分	**Grouped by Sector**					
土木工程	Civil Engineering	943	457269	519456	136287	2996982
线路、管道和设备安装	Line and equipment Installation	463	75442	73433	29615	461467
建筑物的装修装饰业	Building Decoration	716	37690	23473	18948	392477
按隶属关系分	**Grouped by Administrative Relationship**					
中　央	Central	236	163514	170487	38822	1025289
地　方	Local	1886	406887	445875	146028	2825637
市　属	City Owned	325	129188	142869	36952	871748
区县属	District and County Owned	248	89736	70178	29943	398211
街　道	Subdistrict Owned	24	2004	1590	1836	12059
镇	Town Owned	126	48879	41996	14117	242388
其　他	Others	1163	137080	189242	63180	1301231

12-2 建筑业施工企业总产值和劳动生产率
GROSS OUTPUT VALUE AND LABOR PRODUCTIVITY OF CONSTRUCTION ENTERPRISES

项目	Item	总产值(万元) Gross Output Value (10000 yuan)		劳动生产率(元/人) Overall Labor Productivity (yuan/person)	
		2002	2001	2002	2001
总计	**Total**	**10550535**	**8879099**	**117482**	**105924**
按企业登记注册类型分	**Grouped by Registration Status of Enterprises**				
内资企业	Domestic Investment Enterprises	10276719	8596672	116535	104909
国有企业	State-Owned	3213596	3143793	118332	113030
集体企业	Collective Owned	1187753	1167218	102246	85649
私营企业	Private	676599	425118	111744	95245
联营企业	Joint Owned	44979	57631	149234	80931
股份有限公司	Share Holding Company	531146	617299	127689	114844
有限责任公司	Limited-Liability Company	4221684	2931708	119615	109716
股份合作企业	Share Holding Cooperative	396442	253205	110436	78567
其他企业	Others	4520	700	383051	87500
外商投资企业	Foreign Funded	173899	156267	214373	162863
港澳台商投资企业	Hongkong,Macao and Taiwan Funded	99917	126160	123598	136937
按行业类别分	**Grouped by Sector**				
土木工程	Civil Engineering	8440259	7251724	112867	104251
线路、管道和设备安装	Line and Equipment Installation	1458903	1135699	147583	125867
建筑物的装修装饰业	Building Decoration	651373	491676	126741	93799
按隶属关系分	**Grouped by Administrative Relationship**				
中央	Central	2910909	2568725	147363	136695
地方	Local	7639626	6310374	109057	97033
市属	City Owned	3285277	2928128	117106	112693
区县属	District and County Owned	1266341	1197336	95288	86079
街道	Subdistrict Owned	16083	20489	66569	54348
镇	Town Owned	505932	471353	84484	80887
其他	Others	2565993	1693068	114153	89410

12-3 建筑业施工企业竣工率
RATIO OF COMPLETED OF CONSTRUCTION ENTERPRISES

单位：% (%)

项目	Item	产值竣工率 Ratio of Output Value Completed to Total		面积竣工率 Ratio of Floor Space of Building Completed	
		2002	2001	2002	2001
总计	**Total**	**71.7**	**70.0**	**37.4**	**35.9**
按企业登记注册类型分	**Grouped by Registration Status of Enterprises**				
内资企业	Domestic Investment Enterprises	72.0	70.2	37.1	35.7
国有企业	State-Owned	72.1	72.6	36.5	33.7
集体企业	Collective Owned	76.7	70.1	47.6	44.9
私营企业	Private	85.6	79.4	76.3	71.4
联营企业	Joint Owned	55.4	62.0	43.8	51.8
股份有限公司	Share Holding Company	61.7	52.9	37.5	23.7
有限责任公司	Limited-Liability Company	69.2	69.5	31.5	32.9
股份合作企业	Share Holding Cooperative	78.5	79.1	43.8	57.4
其他企业	Others	87.6	94.3		
外商投资企业	Foreign Funded	60.4	65.0	52.8	55.8
港澳台商投资企业	Hongkong,Macao and Taiwan Funded	62.9	58.4	45.4	38.6
按行业类别分	**Grouped by Sector**				
土木工程	Civil Engineering	70.6	69.7	37.4	35.5
线路、管道和设备安装	Line and Equipment Installation	78.0	71.7	37.7	53.4
建筑物的装修装饰业	Building Decoration	71.6	70.3	19.2	55.1
按隶属关系分	**Grouped by Administrative Relationship**				
中央	Central	63.1	71.3	27.9	31.0
地方	Local	75.0	69.4	40.1	37.4
市属	City Owned	71.5	70.9	30.8	30.2
区县属	District and County Owned	74.2	63.7	40.8	40.7
街道	Subdistrict Owned	83.1	66.1	65.6	23.3
镇	Town Owned	72.2	71.7	50.9	40.4
其他	Others	80.3	70.3	52.2	47.6

12-4 外埠进京施工单位主要指标
MAIN INDICATORS ON NON-LOCAL CONSTRUCTION UNITS IN BEIJING

项目	Item		2002	2001
单位个数	(个) Number of Units	(unit)	917	519
职工人数	(万人) Number of Staff and Workers	(10000 persons)	85.4	49.2
施工产值	(亿元) Output Value of Construction	(100 million yuan)	269.0	204.3
施工面积	(万平方米) Floor Space of Buildings under Construction	(10000 sq.m)	1041.0	1556.8
竣工面积	(万平方米) Floor Space of Buildings Completed	(10000 sq.m)	354.0	1167.6

12-5建筑业施工企业工程质量
PROJECTS QUALITY OF CONSTRUCTION ENTERPRISES

单位：% (%)

项目	Item	单位工程优良品率 Rate of High Quality Project		竣工面积优良品率 Rate of High Quality of Floor Space Completed	
		2002	2001	2002	2001
总计	**Total**	**23.3**	**26.4**	**54.5**	**53.3**
按企业登记注册类型分	**Grouped by Registration Status of Enterprises**				
内资企业	Domestic Investment Enterprises	23.4	26.4	55.2	53.7
国有企业	State-Owned	24.0	30.5	62.7	68.1
集体企业	Collective Owned	21.6	23.6	24.2	22.0
私营企业	Private	19.8	33.6	67.8	72.5
联营企业	Joint Owned	10.7	43.3	4.6	6.2
股份有限公司	Share Holding Company	49.9	45.8	66.4	35.4
有限责任公司	Limited-Liability Company	31.4	34.8	61.4	59.5
股份合作企业	Share Holding Cooperative	4.4	6.0	28.9	9.6
其他企业	Others				
外商投资企业	Foreign Funded	75.0	12.3	31.3	24.6
港澳台商投资企业	Hongkong,Macao and Taiwan Funded	0.5	35.0	3.2	8.3
按行业类别分	**Grouped by Sector**				
土木工程	Civil Engineering	36.4	30.9	55.0	53.7
线路、管道和设备安装	Line and Equipment Installation	15.3	22.6	30.4	47.9
建筑物的装修装饰业	Building Decoration	2.0	8.3	25.2	
按隶属关系分	**Grouped by Administrative Relationship**				
中　央	Central	29.2	34.4	71.2	67.0
地　方	Local	20.7	23.4	51.1	49.7
市　属	City Owned	28.1	26.9	67.1	70.6
区县属	District and County Owned	17.4	20.2	35.8	29.4
街　道	Subdistrict Owned	35.6	23.8		
镇	Town Owned	17.6	12.8	31.0	18.7
其　他	Others	17.4	22.5	52.4	53.0

12-6 建筑业施工企业主要财务指标

单位：万元

项目	Item	企业单位个数(个) Number of Enter-prises(unit)	资产总计 Total Assets	流动资产合计 Total Circulating Assets	长期投资 Long-term Investment	固定资产合计 Total Fixed Assets	固定资产原价合计 Original Value of Fixed Assets
总计	**Total**	**2122**	**15047063**	**11805509**	**1336724**	**1523734**	**2359174**
按企业登记注册类型分	**Grouped by Registration Status of Enterprises**						
内资企业	Domestic Investment Enterprises	2016	14709603	11509966	1333182	1499525	2315095
国有企业	State-Owned	323	4985869	3894952	345411	600603	994412
集体企业	Collective Owned	440	1389658	1113192	57123	189842	262065
私营企业	Private	439	542511	418893	16510	88663	112294
联营企业	Joint Owned	14	27227	22455	12	2969	5579
股份有限公司	Share Holding Company	83	760771	608998	84191	52721	74553
有限责任公司	Limited-Liability Company	609	6662204	5179502	818793	513611	796120
股份合作企业	Share Holding Cooperative	106	337326	268591	11142	50463	69362
其他企业	Others	2	4037	3383		653	710
外商投资企业	Foreign Funded	32	165229	150645	1508	11608	19833
港澳台商投资企业	Hongkong,Macao and Taiwan Funded	74	172231	144898	2034	12601	24246
按行业类别分	**Grouped by Sector**						
土木工程	Civil Engineering	943	12140985	9425974	1183675	1226251	1906433
线路、管道和设备安装	Line and Equipment Installation	463	2210690	1813496	134001	208741	331508
建筑物的装修装饰业	Building Decoration	716	695388	566039	19048	88742	121233
按隶属关系分	**Grouped by Administrative Relationship**						
中央	Central	236	4205086	3262978	346021	463962	772189
地方	Local	1886	10841977	8542531	990703	1059772	1586985
市属	City Owned	325	6039425	4742651	784098	391642	663134
区县属	District and County Owned	248	1283026	1017667	57268	178594	248071
街道	Subdistrict Owned	24	29242	24241	1856	2486	5448
镇	Town Owned	126	476999	382603	22442	68700	91261
其他	Others	1163	3013285	2375369	125039	418350	579071

MAIN FINANCIAL INDICATORS ON CONSTRUCTION ENTERPRISES

(10000 yuan)

负债合计 Total Liability	流动负债合计 Total Circulating Liability	长期负债合计 Total Long-term Liability	所有者权益合计 Ownership Interest	实收资本 Contributed Capital	工程结算收入 Revenue of Settlement of Projects	工程结算成本 Cost of Settlement of Projects	工程结算税金及附加 Tax and Extra Charges of Settlement of Projects	工程结算利润 Profits of Settlement of Projects	利润总额 Total Profits	应交所得税 Income Tax Payable	本年应付工资总额 Total Wages Payable in the Year
10977314	**10518527**	**458806**	**4069871**	**2999560**	**10939859**	**9649592**	**321495**	**968970**	**246599**	**78588**	**852627**
10786902	10331042	455880	3922813	2856840	10641204	9387165	313464	940753	243731	77172	836936
3903051	3684656	218399	1082831	783202	3918040	3509323	106914	301839	46238	16571	302842
991983	982741	9249	397693	302058	1016146	872528	32414	111222	43167	13947	112188
289526	285234	4294	253021	213940	588219	513639	18773	55861	14906	7455	36816
22522	22522		4704	11606	40648	36871	1300	2478	650	282	3409
555689	536704	18986	205093	165990	427110	361207	12257	53651	24692	4254	41498
4834620	4630892	203733	1827613	1247260	4350929	3830962	132234	387786	101006	30638	311224
188245	187027	1219	149087	130184	295808	258677	9432	27710	13049	4009	28850
1266	1266		2771	2600	4304	3958	140	206	23	16	109
104835	102164	2670	60396	55186	177472	156471	4896	16110	4026	1061	8089
85577	85321	256	86662	87534	121183	105956	3135	12107	-1158	355	7602
8956545	8556336	400215	3184486	2236436	8767843	7783854	257008	727076	195302	61117	670175
1634389	1587655	46744	576333	468880	1567952	1350610	46547	170834	46760	13258	138545
386380	374536	11847	309052	294244	604064	515128	17940	71060	4537	4213	43907
3249187	3132464	116722	955911	745665	3532601	3155853	96331	280441	48659	17317	239333
7728127	7386063	342084	3113960	2253895	7407258	6493739	225164	688529	197940	61271	613294
4630278	4406523	223757	1409158	853574	3509835	3097687	104658	307504	70764	22158	262705
903497	886449	17051	379553	314594	1019415	894569	32435	92438	25105	7874	103590
20606	20200	406	8638	7242	16445	13317	663	2464	551	199	3193
297408	291514	5895	179593	137028	439438	374055	14433	50963	27408	6549	51839
1876338	1781377	94975	1137018	941457	2422125	2114111	72975	235160	74112	24491	191967

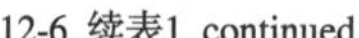

12-6 续表1 continued

单位：万元

项目	Item	本年应付福利费总额 Welfares Payable in the Year	建筑业增加值 Value Added of Construction	流动比率(%) Circulating Assets /Liquid Liabilities(%)	速动比率(%) Quick-circulating Assets /Liquid Liabilities(%)	资产负债率(%) Liabilities/ Total Assets (%)	资本金利润率(%) Profits/ Capital (%)
总计	**Total**	**97459**	**2419119**	**112**	**83**	**73**	**8**
按企业登记注册类型分	**Grouped by Registration Status of Enterprises**						
内资企业	Domestic Investment Enterprises	96067	2362543	111	83	73	9
国有企业	State-Owned	35813	809155	106	82	78	6
集体企业	Collective Owned	12026	282538	113	59	71	14
私营企业	Private	4030	123151	147	119	53	7
联营企业	Joint Owned	503	8081	100	84	83	6
股份有限公司	Share Holding Company	3604	117178	113	93	73	15
有限责任公司	Limited-Liability Company	37648	947614	112	84	73	8
股份合作企业	Share Holding Cooperative	2433	74333	144	102	56	10
其他企业	Others	10	493	267	218	31	1
外商投资企业	Foreign Funded	686	31472	147	126	63	7
港澳台商投资企业	Hongkong,Macao and Taiwan Funded	706	25104	170	123	50	-1
按行业类别分	**Grouped by Sector**						
土木工程	Civil Engineering	75699	1873593	110	83	74	9
线路、管道和设备安装	Line and Equipment Installation	17006	399677	114	79	74	10
建筑物的装修装饰业	Building Decoration	4754	145849	151	108	56	2
按隶属关系分	**Grouped by Administrative Relationship**						
中　央	Central	26548	683554	104	79	77	7
地　方	Local	70911	1735565	116	85	71	9
市　属	City Owned	34773	785926	108	83	77	8
区县属	District and County Owned	12713	257834	115	71	70	8
街　道	Subdistrict Owned	232	7129	120	72	70	8
镇	Town Owned	3754	126839	131	86	62	20
其　他	Others	19439	557837	133	97	62	8

主要统计指标解释

建筑业总产值：是指建筑业企业自行完成的以工程预(概)算为依据，按工程进度计算的建筑安装总价值。它包括建筑工程产值、设备安装工程产值、其他产值。

（1）建筑工程产值： 是指列入建筑工程预算内的各种工程价值。

（2）安装工程产值：指需要安装设备的安装及与设备相联接的工作台、梯子、栏杆等工程。安装工程产值中不包括被安装设备本身的价值。

（3）其他产值：建筑业总产值中除建筑工程、安装工程以外的产值。包括房屋构筑物修理产值、非标准设备制造产值、总包企业向分包企业收取的管理费、以及不能明确划分的施工活动所完成的产值。

自有机械设备年末总台数：是指归本企业所有，属于本企业固定资产的生产性机械设备年末总台数。包括施工机械、生产设备、运输设备以及其他设备。

自有机械设备年末总功率：是指本企业自有施工机械、生产设备、运输设备以及其他设备等列为在册固定资产的生产性机械设备年末总功率，按设计能力或查定能力计算。包括机械本身的动力和为该机械服务的单独动力设备，如电动机等。计量单位用千瓦，动力换算可按1马力＝0.735千瓦折合成千瓦数。电焊机、变压器、锅炉不计算动力。

工程结算利润：是指已结算工程实现的工程结算收入扣除工程结算成本和工程结算税金及附加后的利润。根据“损益表”中的“工程结算利润”项填列。

工程结算利润=工程结算收入-工程结算成本-工程结算税金及附加

本项根据“损益表”中“工程结算利润”项的本年累计数填列(亏损以“-”号表示)。

工程结算收入：是指本企业承包工程实现的工程价款结算收入，以及向发包单位收取的除工程价款以外按规定列作营业收入的各种款项。

根据“损益表”中的“工程结算收入”项填列。

企业总产值：是指建筑业企业全部生产经营活动最终成果的货币表现，在企业总产值中除包括建筑业总产值外，还包括建筑业企业从事其他经济活动所创造的价值。包括：

（1）工业总产值（2）交通运输产值（3）商业收入（4）其他经营收入

十三 交通运输、邮电通信业

TRANSPORTATION,POSTSAND TELECOMMUNICATIONS

全社会客货运输量（单位：万人，万吨）
Passenger and Freight Traffic (10000 persons,10000 tons)

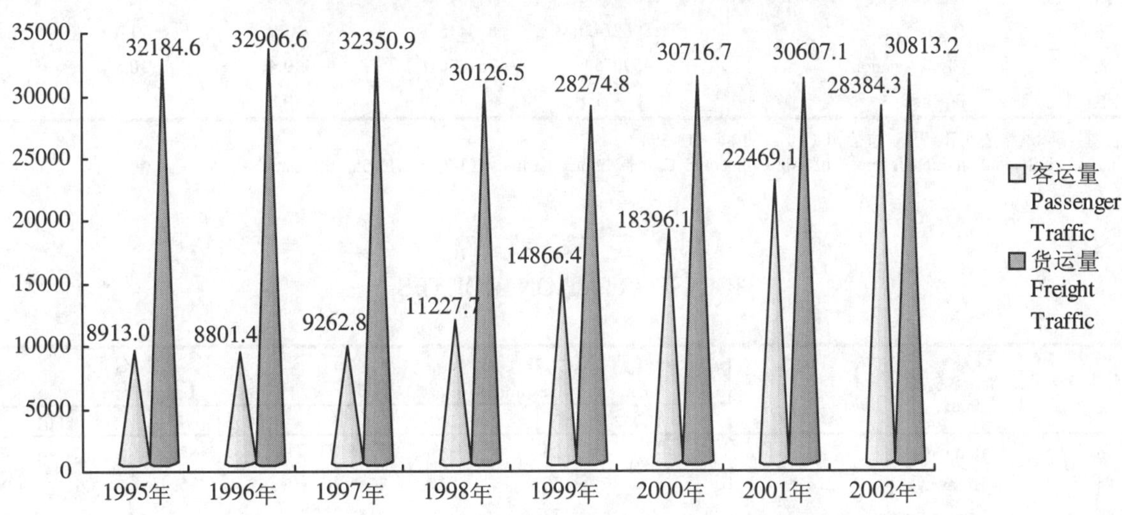

邮电业务总量 （单位：亿元）
Revenue of Post and Telecommunication (100 million yuan)

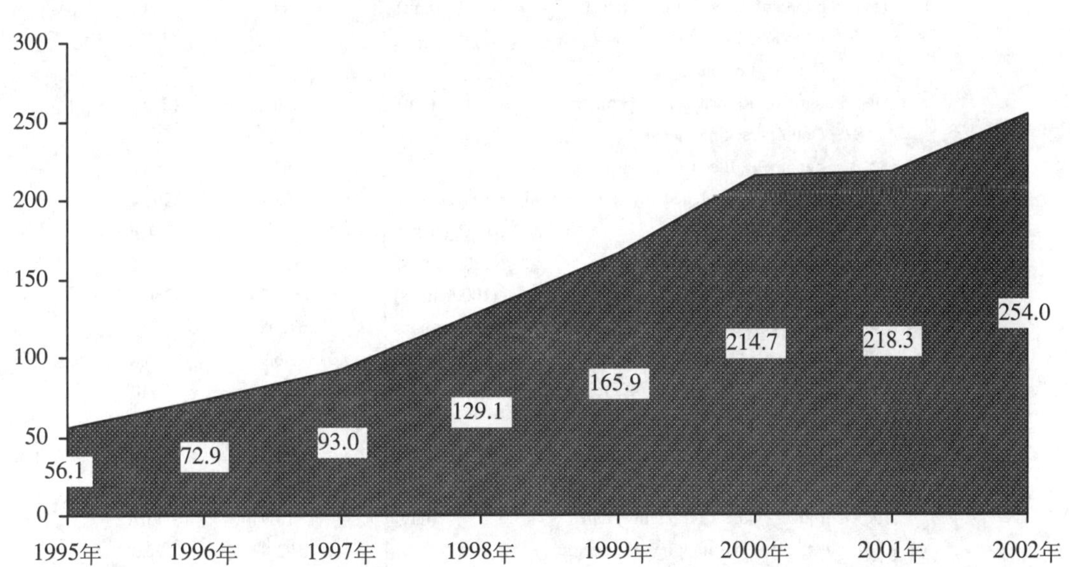

13-1 社 会 客 货 运 总 量 (换算周转量)
PASSENGER AND FREIGHT TRAFFIC(CONVERTED INTO TURNOVER VOLUME)

项 目 Item		2002	2001	2002年为2001年% 2002 as % of 2001	构 成(%) Composition(%)	
					2002	2001
运输总量(万吨公里)	**Total (10000 tn-km)**	**4192004.9**	**4092015.5**	**102.4**	**100.0**	**100.0**
铁 路	Railway	2856404.0	2844347.0	100.4	68.1	69.5
公 路	Highway	896224.0	879415.0	101.9	21.4	21.5
民 航	Civil Aviation	439075.8	367876.0	119.4	10.5	9.0
管 道	Pipeline	301.1	377.5	79.8	…	…

注：民航包括国际航空公司和新华航空公司（13-2，13-4，13-5同）。
Note：Data of civil aviation include those of Air China and China Xinhua Airlines.(13-2,13-4,13-5as the same)

13-2 运 输 线 路
TRANSPORTATION ROUTES

项 目 Item		条 数 (条) Routes(unit)		长 度 (公里) Length(km)	
		2002	2001	2002	2001
铁 路	Railway	26	26	1870.4	1870.4
公 路	Highway	3135	3065	14359.0	13891.0
民 航	Civil Aviation	177	152		
管 道	Pipeline	8	8	28.8	28.8

13-3 铁路运输量及主要技术经济指标(铁路分局范围)
RAILWAY TRAFFIC AND MAIN ECONOMIC AND TECHNICAL INDICATORS (WITHIN RAILWAY BUREAU BRANCH)

项 目 Item		2002	2001	2002年为2001年% 2002 as % of 2001
机车数 (台)	Number of Locomotives Diesel (unit)	604	608	99.3
# 内燃机车	Locomotives	512	518	98.8
电力机车	Electric Locomotives	92	90	102.2
营业里程 (公里)	Length of Railways in Operation (km)	1870.4	1870.4	100.0
# 复线里程	Double-tracking Length	653.3	653.3	100.0
电气化里程	Length of Electrified Railways	462.6	546.8	84.6
旅客发送量 (万人)	Passengers Dispatched (10000 persons)	6102.4	5906.4	103.3
旅客周转量 (万人公里)	Passenger-Kilometers (10000 passenger-km)	1240887	1371429	90.5
货物发送量 (万吨)	Freight Dispatched (10000 tons)	4316.6	4374.5	98.7
货物到达量 (万吨)	Freight Arrived (10000 tons)	7339.2	7340.3	100.0
货物周转量 (万吨公里)	Freight Ton-Kilometers (10000 ton-km)	5267898	5119251	102.9
货车静载重 (吨)	Burdening of Freight Train in Still State (ton)	56.9	56.8	100.2
平均日装车数 (辆)	Daily Average Number of Freight Car Loaded (car)	2080	2110	98.6
平均日卸车数 (辆)	Daily Average Number of Freight Car Unloaded (car)	3524	3588	98.2
货车周转时间 (天)	Turnover Time of Freight Train (day)	1.69	1.67	101.2
电力机车万吨公里耗电 (千瓦时)	Electricity Consumption of Electric Locomotives Per 10000 Ton-km (kwh)	92.8	92.8	100.0
内燃机车万吨公里耗油 (公斤)	Oil Consumption of Diesel Locomotives Per 10000 Ton-km (kg)	27.1	27.3	99.3

13-4 全社会客、货运输量及周转量
PASSENGER AND FREIGHT TRAFFIC AND TURNOVER VOLUME

项目 Item		2002	2001	2002年为2001年% 2002as % of 2001	构成(%) Composition(%) 2002	2001
旅客运输量 (万人)	**Passenger Traffic (10000 persons)**	**28384.3**	**22469.1**	**126.3**	**100**	**100**
铁路	Railway	5032.3	4749.6	106.0	17.7	21.1
公路	Highway	22103.0	16630.0	132.9	77.9	74.0
民航	Civil Aviation	1249.0	1089.5	114.6	4.4	4.8
旅客周转量 (万人公里)	**Passenger-Kilometers (10000 passenger-km)**	**3961623.5**	**3462571.5**	**114.4**	**100**	**100**
铁路	Railway	642676.0	677146.0	94.9	16.2	19.6
公路	Highway	603510.0	529776.0	113.9	15.2	15.3
民航	Civil Aviation	2715437.5	2255649.5	120.4	68.5	65.1
货运量 (万吨)	**Freight Traffic (10000 tons)**	**30813.2**	**30607.1**	**100.7**	**100**	**100**
铁路	Railway	2347.7	2505.4	93.7	7.6	8.2
公路	Highway	28375.0	28007.0	101.3	92.1	91.5
民航	Civil Aviation	44.3	37.7	117.5	0.1	0.1
管道	Pipeline	46.2	57.0	81.1	0.1	0.2
货物周转量 (万吨公里)	**Freight Ton-Kilometers (10000 ton-km)**	**3245694.3**	**3159847.2**	**102.7**	**100**	**100**
铁路	Railway	2213728.0	2167201.0	102.1	68.2	68.6
公路	Highway	835873.0	826437.0	101.1	25.8	26.2
民航	Civil Aviation	195792.2	165831.7	118.1	6.0	5.2
管道	Pipeline	301.1	377.5	79.8	…	…

13-5 公路、民航、邮电主要技术经济指标
MAIN TECHNICAL AND ECONOMIC INDICATORS OF HIGHWAY,CIVIL AVIATION, POSTS AND TELECOMMUNICATIONS

项目 Item		2002	2001	2002年为2001年% 2002 as % of 2001
公路货运	**Highway Freight Traffic**			
货车百吨公里耗汽油 (升)	Petroleum Consumption of Trucks Per 100 Ton-km (liter)	8.0	7.7	103.9
货车百吨公里耗柴油 (升)	Diesel Consumption of Trucks Per 100 Ton-km (liter)	4.7	4.6	102.2
铁　路				
内燃机车每万吨公里耗油 (公斤)	Petroleum Consumption of internal-combustion Engine Per 10000 (kg)	27.1	27.3	99.3
电力机车每万吨公里耗电 (千瓦小时)	Electricity Consumption of electric power Engine Per 10000	92.8	92.8	100.0
民　航	**Civil Aviation**			
每吨公里耗航空油 (公斤)	Aviation-oil Consumption Per Kilometer (kg)	0.34	0.38	89.5

13-6 邮电业务基本情况
STATISTICS FOR POSTS AND TELECOMMUNICATIONS SERVICES

项目		Item		2002	2001	2002年为2001年% 2002 as % of 2001
邮电业务总量(2000年不变价)	(万元)	**Sales Revenue of Posts and Telecommunications (at 2000 constant prices)**	**(10000 yuan)**	**2540454**	**2182782**	**116.4**
邮　政		Post		297857	300765	99.0
电　信		Telecommunications		2242597	1882017	119.2
邮电业务量		**Sales Volume of Posts and Telecommunications**				
函件	(万件)	Letters	(10000 pcs)	85038	64037	132.8
包件	(万件)	Parcels	(10000 pcs)	639	571	111.9
汇票	(万件)	Postal Money Order	(10000)	992	943	105.2
订销报纸累计	(万份)	Newspaper	(10000 copies)	125841	135680	92.7
订销杂志累计	(万份)	Magazines	(10000 copies)	5261	5337	98.6
邮政储蓄期末余额	(万元)	Post Savings Deposit Balance	(10000 yuan)	2506581	2045146	122.6
长途电话通话量	(万次)	Long-Distance Calls	(10000 times)	74840	89398	83.7
本地电话通话量	(万次)	Local Calls	(10000 times)	2659903	3696598	73.2
移动电话通话量	(万次)	Mobil Telephone Calls	(10000 times)	904831	682878	115.6
移动电话用户	(万户)	Subscribers	(10000 subscribers)	919.5	629.4	146.1
本地电话用户	(万户)	Local Telephone Subscribers	(10000 subscriber)	585.5	525.7	111.4
# 住宅电话用户	(万户)	of Residence	(10000 subscriber)	433.3	386.1	111.8
长途电话业务电路	(万路)	Toll Line	(10000 electrocircuit)	95855	96109	99.7
长途光缆线路长度	(公里)	Longness of Long Distance Cable	(km)	4007	3377	118.7
长途电话交换机容量	(万路端)	Capacitance of Long Distance Exchange	(10000roadhead)	18.6	19.2	96.9
局用交换机容量	(万门)	Capacitance of Depatment Exchange	(10000unit)	793.4	739.9	107.2
移动电话电话交换机容量	(万户)	Capacitance of Mobil Telephone Exchange	(10000 subscriber)	1076.5	790.0	136.3
电话普及率	(部/百人)	Widespreading Rate of Telephone	(unit/100 Persons)	142	112	126.8
市话主线普及率	(线/百人)	Widespreading Rate of Main Line	(line/100 Persons)	51.5	46.8	110.0
移动电话普及率	(部/百人)	Widespreading Rate of Mobil Telephone	(unit/100 Persons)	80.9	56.1	144.2

注：1.本地电话用户包括市内电话用户和农村电话用户。

2.从2000年起，邮电业务量、移动电话用户包括联通北京分公司数据。

3.从2001年起，表中有关数据包括网通北京分公司、铁通北京分公司。

a) Data of local telephone subscribers included urban and rural areas.

b) From 2000, data of sales revenue of posts and telecommunications and mobil telephone subscribers include those of Beijing Branch of China Unicom.

c) From 2001,data of this table included those of Beijing Branch of Net China Unicom,Beijing Branch of Railroad Unicom.

13-7 各 种 车 辆
VARIOUS VEHICLES

单位：万辆 (10000unit)

项目	Item	2002	2001	2002年为2001年% 2002 as % of 2001
机动车	**Motor Vehicles**	**176.5**	**156.5**	**112.8**
在机动车中：	Of Motor Vehicles			
汽　车	Automobiles	133.9	114.5	116.9
载货汽车	Trucks	18.4	20.3	90.6
载客汽车	Coaches	112.8	91.6	123.1
摩托车	Motorcycles	34.3	34.4	99.7
在机动车中：	Of Motor Vehicles			
私人汽车	Private Automobiles	81.1	62.4	130.0
# 小轿车	Cars	45.8	32	143.1
非机动车	**Nonmotor Vehicles**	**1179.8**	**1096.4**	**107.6**
自行车	Bicycles	1101.9	1020.4	108.0
三轮车	Tricycles	76.1	71.8	106.0

主要统计指标解释

铁路营业里程 又称营业长度，指办理客货运输业务的铁路正线总长度。凡是全线或部分建成双线及以上的线路，以第一线的实际长度计算；复线、站线、段管线、岔线和特殊用途线以及不计算运费的联络线都不计算营业里程。铁路营业里程是反映铁路运输业基础设施发展水平的重要指标，也是计算客货周转量、运输密度和机车车辆运用效率等指标的基础资料。

铁路电气化里程 指在全部铁路营业里程中已经安装了供电线路及设备，可以供电力机车牵引列车运行的区段的总里程。

货（客）运量 指在一定时期内，各种运输工具实际运送的货物（旅客）数量。是反映运输业为国民经济和人民生活服务的数量指标，也是制定和检查运输生产计划，研究运输发展规模和速度的重要指标。货运按吨计算，客运按人计算。货物不论运输距离长短，货物类别，均按实际重量统计；旅客不论行程远近或票价多少，均按一人一次作为客运量统计。半价票、小孩票也按一人统计。

货物（旅客）周转量 指在一定时期内，由各种运输工具运送的货物（旅客）数量与其相应运输距离的乘积之总和，是反映运输业生产总成果的重要指标，也是编制和检查运输生产计划，计算运输效率、劳动生产率以及核算运输单位主要基础资料。计算货物周转量通常按发出站与到达站之间的最短距离，也就是计费距离计算。

邮电业务总量 是以货币形式表示的邮政电信企业为社会提供各类邮政通信服务的总数量。计算公式为：邮电业务总量=Σ（各类邮政通信业务量*不变单价）+出租代维及其他业务收入。

本地电话用户 是指接入国家公众固定电话网上的全部电话用户。

住宅电话用户 是指私人付费或安装在居民住宅并按照私人或住宅电话用户登记注册和收费的各类电话用户。

移动电话用户 是指通过移动电话交换机进入移动电话网，占用移动电话号码的各类电话用户。

长途电话业务电路 是指为输通长话业务正常开放使用的长途电路，即长途电话网的业务电路。

长途光缆线路长度 是指长途光缆线路的实际长度。计量单位：公里。

电话普及率 是指报告期行政区域常住人口中，平均每百人拥有的话机数（包括移动电话）。

计算公式为：电话普及率=电话机总数（部）/ 行政区域常住人口数

主线普及率 是指报告期行政区域常住人口中，平均每百人拥有的固定电话主线数。

计算公式为：主线普及率=电话主线数（本地电话用户）/ 行政区域常住人口数

移动电话普及率 是指报告期行政区域常住人口中，平均每百人拥有的移动电话的用户数。

计算公式为：移动电话普及率=移动电话用户总数 / 行政区域常住人口数

十四　批发零售贸易业和餐饮业

WHOLESALE,RETAIL AND CATERING

社会消费品零售额　　（单位：亿元）
Retail Sales of Consumer Goods (100 million yuan)

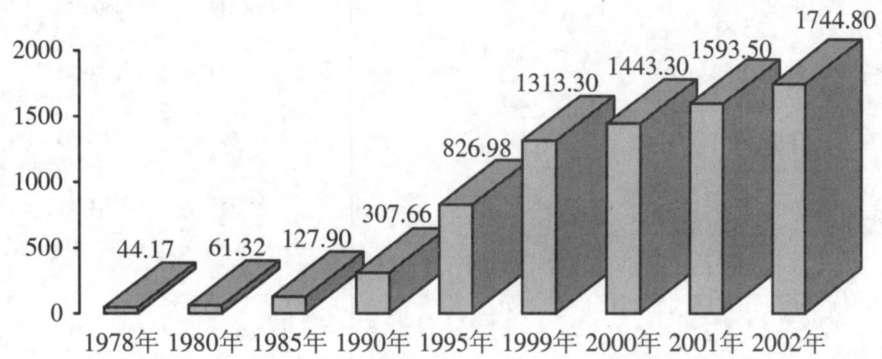

社会消费品零售额构成
Composition of Retail Sales of Consumer Goods

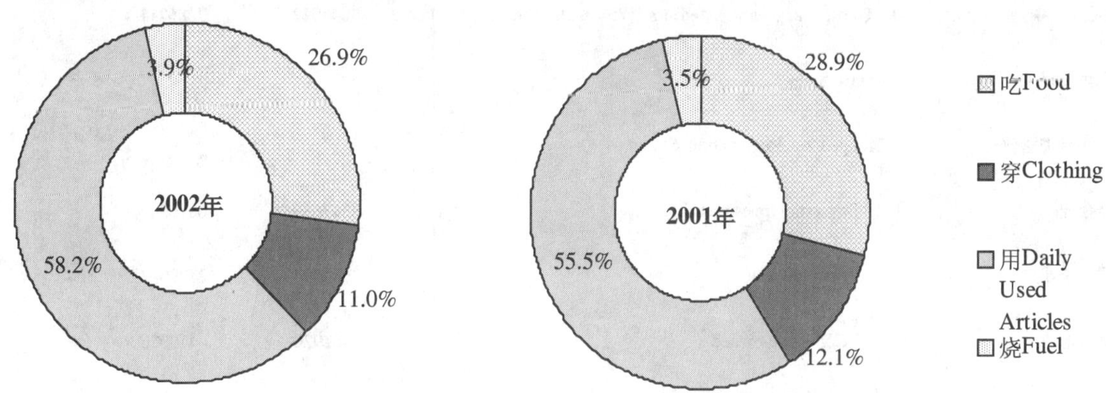

14-1 社会消费品零售额
TOTAL RETAIL SALES OF CONSUMER GOODS

单位：万元 (10000 yuan)

项目	Item	2002	2001	2002年为2001年% 2002 as % of 2001
总 计	**Total**	**17447866**	**15934797**	**109.5**
按用途分	**Grouped by Purpose**			
吃的商品	Food	4699249	4600256	102.2
穿的商品	Clothing	1912579	1930648	99.1
用的商品	Daily Used Articles	10158605	8847595	114.8
烧的商品	Fuels	677433	556298	121.8
按地区分	**Grouped by Region**			
城镇零售额	Town	14724667	13538336	108.8
农村零售额	Rural	2723199	2396461	113.6
按行业分	**Grouped by Sectors**			
批发零售贸易业	Wholesale and Retail Trade	12589041	11283151	111.6
餐饮业	Catering	1124396	966271	116.4
制造业	Manufacturing	1119553	964703	116.1
其他	Others	2614876	2720672	96.1
# 农民对非农民	Peasant to Non-peasant	91459	80676	113.4
在总计中：大中型批发零售贸易业	**Of Total: Large and Medium Wholesale and Retail Sales**	**9044022**	**7386711**	**122.4**
按登记注册类型分	Grouped by Registration Status			
内资企业	Domestic Investment	8347689	6810542	122.6
# 国有企业	State-owned	2634294	2729092	96.5
集体企业	Collective-owned	482920	479026	100.8
股份有限公司	Share Holding Company	1324079	1216795	108.8
港澳台商投资企业	Hongkong, Macao and Taiwan Funded Enterprises	198522	150350	132.0
外商投资企业	Foreign Funded Enterprises	497811	425819	116.9

14-2 社会批发零售贸易业商品购、销、存总值

TOTAL PURCHASES,SALES AND INVENTORY OF WHOLESALE AND RETAIL SALE TRADES

单位：万元 (10000 yuan)

项目	Item	2002	2001	2002年为2001年% 2002 as % of 2001
商品购进总额	**Total Purchases of Goods**	**34453627**	**31760571**	**108.5**
市内纯购进	In the City	15735866	14398114	109.3
市外购进	From Outside	12431078	11258370	110.4
进　口	Import	6286683	6104087	103.0
商品销售总额	**Total Sales**	**37082754**	**35919400**	**103.2**
市内纯销售	In the City	22802948	23150718	98.5
市外销售	To Outside	10335788	7086153	145.9
出　口	Export	3944018	5682529	69.4
年末库存	**Inventory (year-end)**	**5241007**	**5240092**	**100.0**

14-3 批发零售贸易业商品购、销、存总值

PURCHASES,SALES AND INVENTORY OF WHOLESALE AND RETAIL SALE TRADES

单位：万元 (10000 yuan)

项目	Item	2002	2001	2002年为2001年% 2002 as % of 2001
商品购进总额	**Total Purchases of Goods**	**28011484**	**24717466**	**113.3**
市内纯购进	In the City	9293723	7792575	119.3
市外购进	From Outside	12431078	10820804	114.9
进　口	Import	6286683	6104087	103.0
商品销售总额	**Total Sales**	**30284303**	**26670337**	**113.6**
市内纯销售	In the City	16004497	13901655	115.1
市外销售	To Outside	10335788	7086153	145.9
出　口	Export	3944018	5682529	69.4
年末库存	**Inventory (year-end)**	**5241007**	**5240092**	**100.0**

14-4 批发零售贸易企业商品分类销售库存
SALES AND INVENTORY BY CATEGORY OF ENTERPRISES IN WHOLESALE AND RETAIL TRADES

单位：万元 (10000 yuan)

项目	Item	合计 Total 商品总销售 Total Sales	#零售额 Retail	年末库存 Inventory (year-end)	大型企业 Large Enterprises 商品总销售 Total Sales	#零售额 Retail	年末库存 Inventory (year-end)
合 计	**Total**	**38935320**	**10378310**	**5241008**	**27878578**	**6821321**	**3224902**
食品、饮料、烟酒类	Food,Beverage,Tobacco and Liquor	4755376	1626821	488159	3441217	1230351	326431
# 肉禽蛋类	Meat,Poultry and Eggs	243042	190632	22779	157727	154706	3830
其他食品类	Other Food	2808966	995583	308705	2031598	729967	205088
饮料类	Beverage	319091	194454	28939	221059	154260	16729
烟酒类	Tobacco and Liquor	1384277	246154	127736	1030833	191419	100784
服装鞋帽、针、纺织品类	Garments,Shoes,Hats and Knitwear	2721163	1350190	272069	2050501	1116687	131498
# 服装类	Garments	1411759	915227	154162	1082871	769960	63404
鞋帽类	Shoes and Hats	354901	239738	29189	265097	190399	18834
针、纺织品类	Knitwear	954504	195226	88717	702533	156328	49259
化妆品类	Cosmetics	308163	205979	30600	252435	188217	18139
金银珠宝类	Jewelry	266319	173613	50272	180733	144460	15458
日用品类	Articles for Daily Use	1016079	601227	109588	744095	467314	64548
# 洗涤用品类	Detergents	188311	132770	24224	138598	105338	17370
儿童玩具类	Toys for Children	48932	35186	3662	28127	23621	1359
五金、电料类	Hardware and Electrical Appliances	360970	127854	114399	61773	28276	2996
体育、娱乐用品类	Sports and Recreation Articles	188970	107304	28014	94565	71094	6418
书报、杂志类	Book and Newspaper	666689	234055	306625	510544	161084	249503
电子出版物及音像制品类	Electronic Publication and Sound-video Products	64059	42459	18029	29249	26656	7921
家用电器和音像器材类	Household Appliances and Sound-video Equipments	1476121	930450	141181	1118117	815962	84215
中西药品类	Medicines	1499919	713214	303812	783175	362773	176981
# 西药类	Western Medicines	998920	442016	225489	614881	259866	156165
中草药及中成药类	Chinese Herbal and Patent Medicines	322049	199952	57212	107492	91356	18645
文化、办公用品类	Culture and Office Articles	1259652	401549	157004	459342	130931	34824
家具类	Furniture	118125	95251	10717	88834	72395	5432
通讯器材类	Communication Equipments	1607265	244177	93478	1303122	155465	62656
煤炭及制品类	Coal and Coal Products	1539418	31139	46424	1450300	1547	30432
木材及制品类	Timber and Related Products	125759	6740	15685	69806	4654	10775
石油及制品类	Petroleum and Related Products	4763974	705110	135524	3783599	183191	89838
化工材料及制品类	Chemical Materials and Products	2772050	44049	427347	2151751	339	341065
# 化肥类	Chemical Fertilizer	972496	2683	224964	908845		222280
金属材料类	Ferrous Metal Materials	3943367	102108	335232	2928384	24656	220931
建筑及装潢材料类	Construction and Decoration Materials	405823	75164	168154	127543	18509	24435
机电设备及零件类	Mechanical and Electrical Instruments and Components	6005665	2206097	1143075	4099253	1474912	656406
# 农机类	Agricultural Machinery	141651	59815	17308	6334		104
汽车类	Motor Vehicles	2933304	1890307	151901	2117305	1381841	88304
种子饲料类	Seeds and Forage	133282	2312	17553	80793		11644
棉麻类	Cotton and Flax	427570		476681	384183		473721
其他类	Others	2509541	351448	351385	1685261	141848	178636

14-4 续表 continued

单位：万元 (10000 yuan)

项目	Item	中型企业 Medium Enterprises 商品总销售 Total Sales	# 零售额 Retail	年末库存 Inventory (year-end)	小型企业 Small Enterprises 商品总销售 Total Sales	# 零售额 Retail	年末库存 Inventory (year-end)
合计	**Total**	**7969204**	**2222701**	**1063909**	**3087538**	**1334288**	**952197**
食品、饮料、烟酒类	Food,Beverage,Tobacco and Liquor	1020412	262399	109452	293747	134071	52276
# 肉禽蛋类	Meat,Poultry and Eggs	80096	30990	17140	5219	4936	1809
其他食品类	Other Food	518874	143489	57244	258494	122127	46373
饮料类	Beverage	72144	37124	8306	25888	3070	3904
烟酒类	Tobacco and Liquor	349298	50797	26762	4146	3938	190
服装鞋帽、针、纺织品类	Garments,Shoes,Hats and Knitwear	583615	202816	93628	87047	30687	46943
# 服装类	Garments	276233	127745	59335	52655	17522	31423
鞋帽类	Shoes and Hats	82860	44944	8927	6944	4395	1428
针、纺织品类	Knitwear	224523	30128	25366	27448	8770	14092
化妆品类	Cosmetics	54576	17309	11985	1152	453	476
金银珠宝类	Jewelry	85401	28968	33671	185	185	1143
日用品类	Articles for Daily Use	201699	107939	25806	70285	25974	19234
# 洗涤用品类	Detergents	46978	25338	6092	2735	2094	762
儿童玩具类	Toys for Children	6444	5001	399	14361	6564	1904
五金、电料类	Hardware and Electrical Appliances	135652	35625	18088	163545	63953	93315
体育、娱乐用品类	Sports and Recreation Articles	83644	28585	11027	10761	7625	10569
书报、杂志类	Book and Newspaper	123832	66914	46743	32313	6057	10379
电子出版物及音像制品类	Electronic Publication and Sound-video Products	31036	12904	9632	3774	2899	476
家用电器和音像器材类	Household Appliances and Sound-video Equipments	299714	86403	50301	58290	28085	6665
中西药品类	Medicines	660138	325916	109405	56606	24525	17426
# 西药类	Western Medicines	349287	176608	52184	34752	5542	17140
中草药及中成药类	Chinese Herbal and Patent Medicines	212102	108412	38281	2455	184	286
文化、办公用品类	Culture and Office Articles	535528	168104	64763	264782	102514	57417
家具类	Furniture	26822	22160	4523	2469	696	762
通讯器材类	Communication Equipments	201215	60042	19396	102928	28670	11426
煤炭及制品类	Coal and Coal Products	81570	22044	11421	7548	7548	1571
木材及制品类	Timber and Related Products	32391	1040	1958	23562	1046	2952
石油及制品类	Petroleum and Related Products	709345	325895	33784	271030	196024	11902
化工材料及制品类	Chemical Materials and Products	395988	4725	38767	224311	38985	47515
# 化肥类	Chemical Fertilizer	37954		2589	25697	2683	95
金属材料类	Ferrous Metal Materials	845949	30450	74690	169034	47002	39611
建筑及装潢材料类	Construction and Decoration Materials	176340	20961	41072	101940	35694	102647
机电设备及零件类	Mechanical and Electrical Instruments and Components	1075020	331125	168350	831392	400060	318319
# 农机类	Agricultural Machinery	12680		1302	122637	59815	15902
汽车类	Motor Vehicles	484172	253164	40363	331827	255302	23234
种子饲料类	Seeds and Forage	42287		5814	10202	2312	95
棉麻类	Cotton and Flax	40221		2579	3166		381
其他类	Others	526811	60377	77052	297469	149223	95697

14-5 社会农副产品购进、销售、库存数量
PURCHASES,SALES AND INVENTORY OF FARM AND SIDELINE PRODUCTS

单位：百公斤 (100 kg)

项目 Item		商品总购进 Total Purchase	商品总销售 Total Sales	批发 Wholesale	零售 Retail	年末库存 Inventory (year-end)
粮食	Grain	74799905	89537164	84868511	4668653	21798006
食用植物油	Edible Vegetable Oil	17217819	17222899	15956547	1266351	1555608
猪和猪肉	Hog and Pork	2744312	2789377	1047577	1741800	85099
牛和牛肉	Oxes and Beef	653454	663496	269751	393745	9555
羊和羊肉	Goat,Sheep and Mutton	683709	690198	285551	404647	42519
家禽	Poultry	1529203	1541415	1078793	462622	34370
鲜蛋	Fresh Eggs	1237163	1238607	438376	734522	1997
鲜菜	Fresh Vegetable	56103048	56120293	40297168	15823125	9879
鲜瓜果	Fresh Melon and Fruit	23541992	23523086	16638014	6885072	37572
水产品	Aquatic Products	2212872	2215057	954394	1260663	35328

14-6 大中型批发零售贸易企业商品购进、销售、库存数量
PURCHASES,SALES AND INVENTORY VOLUME OF LARGE AND MEDIUM ENTERPRISES IN WHOLESALE AND RETAIL SALE TRADES

项目 Item				商品总购进 Total Purchase	商品总销售 Total Sales	批发 Wholesale	零售 Retail	年末库存 Inventory (year-end)
粮 食	(百公斤)	Grain	(100 kg)	32430725	41163764	40339401	824363	5269786
食用植物油	(百公斤)	Edible Vegetable Oil	(100 kg)	13744199	13691459	13021317	670141	1323728
猪和猪肉	(百公斤)	Hog and Pork	(100 kg)	692722	734687	308127	426560	75439
牛和牛肉	(百公斤)	Cattle and Beef	(100 kg)	97034	106446	13791	92655	9495
羊和羊肉	(百公斤)	Goat,Sheep and Mutton	(100 kg)	117129	122758	16211	106547	42329
家 禽	(百公斤)	Poultry	(100 kg)	232143	243035	86493	156542	6120
鲜 蛋	(百公斤)	Fresh Eggs	(100 kg)	109393	109937	1606	108331	1537
鲜 菜	(百公斤)	Fresh Vegetable	(100 kg)	457328	468623	203928	264695	9659
鲜瓜果	(百公斤)	Fresh Melon and Fruit	(100 kg)	1368992	1339126	1081464	257662	37322
水产品	(百公斤)	Aquatic Product	(100 kg)	375052	377537	195744	181793	35088
食 糖	(百公斤)	Sugar	(100 kg)	2740114	4751053	4585158	165895	354937
卷 烟	(箱)	Cigarettes	(case)	5463830	5430527	5107143	323384	283816
酒	(百公斤)	Alcoholic Beverage	(100 kg)	2124471	2132261	1645955	486306	172063
茶 叶	(百公斤)	Tea	(100 kg)	295846	344124	293962	50162	11616
棉 花	(百公斤)	Cotton	(100 kg)	6523161	3802746	3802632	114	2839762
鞋	(百双)	Shoe	(100 pairs)	270657	285251	111058	174193	36591
布	(百米)	Cloth	(100 m)	1479338	1317106	1291616	25490	245972
照相机	(台)	Cameras	(unit)	735736	672833	464989	207844	233913
自行车	(辆)	Bicycle	(unit)	242448	263385	53757	209628	19029

14-6 续表 continued

项目 Item			商品总购进 Total Purchase	商品总销售 Total Sales	批发 Wholesale	零售 Retail	年末库存 Inventory (year-end)
电视机	(台) TV Sets	(unit)	1392570	1334243	594463	739780	95536
# 彩色电视机	Color TV Set		1235525	1231230	523674	707556	92284
# 64厘米及以上	64 centimeter and above		811828	846790	340277	506513	66198
组合音响	(台) Hi-Fi	(unit)	107233	85776	12731	73045	12146
摄像机	(架) Pickup Camera	(set)	46426	43593	6630	36963	3644
录像机	(台) Video-corders	(unit)	11370	11408	780	10628	2116
影碟机	(台) Video CD	(unit)	580764	571195	91553	479642	52367
家用电风扇	(台) Electrical Fans	(unit)	252954	338982	93224	245758	50824
家用电冰箱	(台) Refrigerators	(unit)	408482	382884	42689	340195	55282
家用洗衣机	(台) Washing Machine	(unit)	439998	431158	79232	351926	63576
房间空调器	(台) Air Conditioners	(unit)	963086	991927	347991	643936	73200
微波炉	(台) Microwave Oven	(unit)	468686	494391	154988	339403	54087
热水淋浴器	(台) Showers	(unit)	385468	403147	37993	365154	13782
冰　柜	(台) Ice Cabinet	(unit)	45791	40802	4118	36684	7237
吸尘器	(台) Dust Catcher	(unit)	224298	240477	95864	144613	13159
抽油烟机	(台) Range Hoods	(unit)	420754	442762	148564	294198	12935
电饭锅	(个) Electric Rice Cooker	(unit)	482278	534300	93320	440980	66750
微型计算机	(台) Micro Computers	(unit)	296466	286243	147932	138311	8477
普通电话机	(部) Telephones	(unit)	2073817	1756290	1177296	578994	536843
移动电话机	(部) Mobilphone	(unit)	10405594	9701244	8486346	1214898	1084555
寻呼机	(部) BP	(unit)	16797	22836	1027	21809	13601
化学肥料	(吨) Chemical Fertilizer	(ton)	7620048	6871254	6871254		2107837
化学农药	(吨) Farm Chemical	(ton)	2892	3312	3312		899
农用塑料薄膜	(吨) Agricultural Plastic Film	(ton)	13998	19354	19354		4834
煤　炭	(吨) Coal	(ton)	64708722	60369296	59468679	900617	3177589
木　材	(立方米) Timber	(cu.m)	646810	585911	585891	20	137086
汽　油	(吨) Gasoline	(ton)	5697573	5672408	4767930	904478	143694
煤　油	(吨) Kerosene	(ton)	1295002	1383276	1380795	2481	144784
柴　油	(吨) Diesel Oil	(ton)	5583427	5787740	5430236	357504	93661
钢　材	(吨) Steel Products	(ton)	9669168	9415288	9304769	110519	1357899
铜	(吨) Copper	(ton)	25780	29491	29491		3057
铝	(吨) Aluminum	(ton)	37168	34594	34594		5903
水　泥	(吨) Cement	(ton)	2575210	2468951	2465188	3763	408483
汽　车	(辆) Automobile	(unit)	271733	235783	60707	175076	8185
# 小轿车	(辆) Cars	(unit)	151966	153492	14470	139022	4335
摩托车	(辆) Motorcycle	(unit)	29663	31513	26068	5445	7340
拖拉机	(台) Tractors	(unit)	110	125	125		10

14-7 大中型批发零售贸易业财务状况

单位：万元

项目	Item	企业单位个数(个) Number of Enterprises (unit)	流动资产合计 Total Circulating Assets	长期投资 Long-term Investment	固定资产合计 Total Fixed Assets	固定资产原价合计 Original Value of Fixed Assets	资产合计 Total Assets
合计	**Total**	**2181**	**21063002**	**4367043**	**2917612**	**3227283**	**29796922**
按企业登记注册类型分	**Grouped by Registration Status of Enterprises**						
内资企业	Domestic Investment	2140	20645434	4294537	2818836	3083422	29130350
国有企业	State-Owned	690	12774387	3096235	1638852	1844210	17862586
集体企业	Collective Owned	284	2295225	45916	140360	175280	3047528
私营企业	Private Owned	419	636461	31595	80361	89403	761407
联营企业	Joint Owned	33	218962	30147	65533	77380	342519
股份合作企业	Share Holding Cooperative	115	212986	34561	64090	70930	322039
股份有限公司	Share Holding Company	83	1128109	505086	483470	464651	2444055
有限责任公司	Limited-Liability Company	514	3372335	550896	346119	361512	4342969
其他企业	Others	2	6969	100	52	57	7248
港澳台商投资企业	Hongkong,Macao and Taiwan Funded Enterprises	16	30473	1308	12485	19693	50755
外商投资企业	Foreign Funded Enterprises	25	387095	71199	86291	124169	615816
按国民经济行业分	**Grouped by Sectors**						
批发业	Wholesale	992	18284688	3978071	1562067	1811486	24867214
食品饮料烟草和家庭用品批发业	Food,Beverage,Tobacoo and Family Use Goods	394	6219887	895810	487233	548078	8314297
食品饮料烟草批发业	Food,Beverage and Tobacoo	114	1964108	393331	191101	206834	2658099
棉麻、土畜产品批发业	Cotton,Flax,Local and Animal Products	15	2315946	237203	72219	89398	3185764
纺织品、服装和鞋帽批发业	Textile,Garments,Shoes and Hats	54	529496	95873	27179	40321	656124
日用百货批发业	Daily Use Goods	49	385396	66255	79300	61132	539972
日用杂品批发业	Grocery	3	929		1167	1471	2124
五金交电化工批发业	Hardware,Electrical Appliance and Chemical	73	504999	37036	53886	67911	601151
药品及医疗器械批发业	Medicine and Medical Appliance	86	519013	66113	62379	81011	671062
能源、材料和机械电子设备批发业	Energy,Materials,Machinery and Electronic Equipments	507	10175110	2504035	817547	963111	13808076

FINANCIAL INDICATORS OF LARGE AND MEDIUM ENTERPRISE IN WHOLESALE AND RETAIL SALE TRADES

(10000 yuan)

流动负债合计 Total Circulating Liability	长期负债合计 Total Long-term Liability	负债合计 Total Liabilities	所有者权益合计 Ownership Interest	# 实收资本 Proceeds of Capital	商品销售收入 Sales Revenue	商品销售收入净额 Net Value of Sales Revenue	商品销售成本 Sales Cost	经营费用 Operating Expense	商品销售税金及附加 Sales Tax and Extra Charges
17161021	**4216246**	**21379102**	**8417820**	**5455169**	**31207177**	**31108233**	**28649239**	**1288195**	**46394**
16760525	4168826	20931186	8199165	5152053	30242814	30149002	27832441	1186651	45561
10453858	2247812	12703131	5159455	3244637	14793590	14754794	13668095	545896	22024
1331958	1503136	2835094	212434	126554	1245542	1244934	1154359	46268	1894
592646	7687	600333	161074	164567	2076913	2075528	1957632	76344	2724
273524	2011	275535	66984	87761	402126	402072	365697	14071	951
231196	11165	242361	79678	90009	634563	633875	599249	25462	612
1073676	196691	1270741	1173314	572796	4177822	4142426	3812925	137460	6282
2799574	200324	2999897	1343071	862626	6881744	6864859	6244725	340662	11070
4093		4093	3155	3105	30514	30514	29759	487	5
36542	715	37256	13499	18339	117591	117590	98513	13945	347
363954	46706	410660	205156	284777	846772	841641	718285	87600	486
14208821	3995025	18205677	6661538	4097490	23594864	23517708	21939507	748288	25944
4655125	1695814	6350939	1963358	1089690	6994977	6990747	6549222	206612	7794
1470663	162319	1632982	1025117	443090	3000495	3000473	2847634	54045	3362
1354292	1478694	2832986	352778	157832	621467	621467	603040	9904	233
559784	5635	565419	90705	114385	875117	875116	787846	43509	624
397237	2796	400032	139940	188377	501845	500013	464868	21651	1175
2716		2716	-592	313	4029	4029	3662	136	3
458831	5056	463887	137264	82994	993470	993194	937612	37342	664
411603	41314	452917	218145	102700	998554	996456	904561	40026	1734
7787213	2248242	10037286	3770790	2547257	14825483	14795602	13849223	480844	14755

14-7 续表 continued

单位：万元

项目	Item	企业单位个数(个) Number of Enterprises (unit)	流动资产合计 Total Circulating Assets	长期投资 Long-term Investment	固定资产合计 Total Fixed Assets	固定资产原价合计 Original Value of Fixed Assets	资产合计 Total Assets
能源批发业	Energy	76	1491192	340146	205670	246571	2229123
化工材料批发业	Chemical Materials	46	382811	227397	53238	55629	666518
木材批发业	Timbers	8	56936	12112	8146	9122	77431
建筑材料批发业	Building Materials	38	308989	95849	30709	39830	439317
矿产品批发业	Mineral Products	6	194693	5088	14261	15181	214045
金属材料批发业	Metal Materials	127	2476534	911041	140583	169619	3541745
机械、电子设备批发业	Machinery and Electronic Equipments	163	4875673	827941	311170	382327	6098158
汽车摩托车及零配件批发业	Spares and Fittings of Automobile and Motorcycle	35	379067	84113	47753	38244	526161
再生物资回收批发业	Recovery of Reclaimed Materials	8	9213	347	6018	6588	15578
其他批发业	Others	91	1889692	578226	257287	300297	2744842
工艺美术品批发业	Handicrafts	7	424694	171995	106223	122060	708441
图书报刊批发业	Books,Newspaper and Magazines	16	327106	37523	48479	51582	415841
农业生产资料批发业	Agricultural Capital Goods	18	183707	35137	33008	41319	257064
其他类未包括的批发	Others	50	954185	333571	69577	85337	1363496
零售业	Retail	1189	2778314	388972	1355545	1415797	4929707
食品、饮料和烟草零售业	Food,Beverage and Tobacoo	107	468895	16835	193963	229242	725104
日用百货零售业	Daily Use Goods	217	1062381	244130	865075	850030	2478895
纺织品、服装和鞋帽零售业	Textile,Garments,Shoes and Hats	55	76680	1007	35169	33420	116467
日用杂品零售业	Grocery	9	12979	980	3603	4762	20899
五金交电化工零售业	Hardware,Electrical Appliance and Chemical	176	380438	34595	36589	33851	458553
药品及医疗器械零售业	Medicine and Medical Appliance	83	156565	21548	28028	36124	213833
图书报刊零售业	Books,Newspaper and Magazines	35	67322	12944	18650	22663	102487
其他零售业	Others	507	553055	56934	174468	205705	813470
按规模划分	**Grouped by Size**						
大型企业	Large Enterprises	332	15673035	2752641	1946363	2095963	21683052
中型企业	Medium Enterprises	1849	5389967	1614402	971249	1131320	8113870

14-7-1 续表 continued

(10000 yuan)

流动负债合计 Total Circulating Liability	长期负债合计 Total Long-term Liability	负债合计 Total Liabilities	所有者权益合计 Ownership Interest	# 实收资本 Proceeds of Capital	商品销售收入 Sales Revenue	商品销售收入净额 Net Value of Sales Revenue	商品销售成本 Sales Cost	经营费用 Operating Expense	商品销售税金及附加 Sales Tax and Extra Charges
1360210	199972	1562012	667111	319882	4745554	4745554	4329226	212705	4236
369262	15831	385093	281425	224504	762610	762610	730133	16626	619
52581	6228	58809	18622	16560	84040	84040	80129	5055	27
296655	17227	313883	125435	135689	324712	324712	293576	15768	491
179875	28946	208820	5225	12132	386144	386144	373498	8977	138
2236248	132353	2368601	1173143	1002663	3390921	3390894	3255226	73538	3749
2954003	1817312	4771315	1326843	693251	4031820	4002141	3724359	131597	4758
328862	29119	357981	168181	138681	1080761	1080586	1045051	16036	694
9517	1254	10771	4807	3896	18922	18922	18025	542	43
1766483	50970	1817452	927390	460543	1774404	1731359	1541062	60832	3395
506836	12252	519088	189353	100688	150942	150942	135207	7511	13
249651	3482	253133	162708	58195	336562	294856	235346	20958	386
171373	3821	175194	81870	59895	341675	341675	326163	9646	117
838622	31416	870037	493459	241766	945225	943887	844347	22718	2878
2952200	221221	3173425	1756282	1357679	7612313	7590525	6709731	539907	20451
506166	17746	523912	201192	172601	1032891	1032876	923755	100288	1968
1279227	123963	1403195	1075699	705910	2978550	2965151	2496392	262306	12996
76246	11396	87642	28825	26071	114090	114036	83241	20382	487
14585	185	14770	6129	6924	23485	23388	19243	2161	71
353311	3935	357247	101306	93522	776055	775713	736993	22512	1083
125451	1256	126707	87126	84891	319909	319865	274570	23228	826
67461	813	68275	34213	24199	111877	104532	74588	12793	420
529753	61925	591678	221792	243561	2255456	2254965	2100950	96237	2600
12309521	3585544	15895071	5787981	3313719	24382026	24299599	22433224	935479	33494
4851500	630701	5484032	2629839	2141450	6825150	6808634	6216014	352716	12900

14-7 续表2 continued

单位：万元 (10000 yuan)

项目	Item	商品销售利润 Sales Profits	利润总额 Total Profits	应交所得税 Income Tax Payable	本年应付工资总额 Total Wages Payable in the Year	本年应付福利费总额 Welfares Payable in the Year
合计	**Total**	**1124405**	**615492**	**203706**	**482779**	**66074**
按企业登记注册类型分	**Grouped by Registration Status of Enterprises**					
内资企业	Domestic Investment	1084349	625876	196378	451180	61170
国有企业	State-Owned	518779	339812	99057	233247	33051
集体企业	Collective Owned	42412	14889	5802	23585	2927
私营企业	Private Owned	38827	5853	2971	28284	3484
联营企业	Joint Owned	21354	3551	3397	7088	721
股份合作企业	Share Holding Cooperative	8552	-5048	1693	10158	1488
股份有限公司	Share Holding Company	185759	106708	35296	58587	7993
有限责任公司	Limited-Liability Company	268402	160013	48130	90169	11498
其他企业	Others	263	99	32	63	9
港澳台商投资企业	Hongkong,Macao and Taiwan Funded Enterprises	4785	-837	807	4729	564
外商投资企业	Foreign Funded Enterprises	35271	-9547	6521	26870	4339
按国民经济行业分	**Grouped by Sectors**					
批发业	Wholesale	803969	544839	162877	234998	32918
食品饮料烟草和家庭用品批发业	Food,Beverage,Tobacoo and Family Use Goods	227119	141586	59502	92602	13143
食品饮料烟草批发业	Food,Beverage and Tobacoo	95432	125191	39142	32185	4655
棉麻、土畜产品批发业	Cotton,Flax,Local and Animal Products	8291	8478	3102	6119	894
纺织品、服装和鞋帽批发业	Textile,Garments,Shoes and Hats	43137	4987	5136	12658	1598
日用百货批发业	Daily Use Goods	12320	-13800	1556	10853	1462
日用杂品批发业	Grocery	229	12	4	89	20
五金交电化工批发业	Hardware,Electrical Appliance and Chemical	17576	-3602	2298	11690	1808
药品及医疗器械批发业	Medicine and Medical Appliance	50135	20319	8264	19008	2706
能源、材料和机械电子设备批发业	Energy,Materials,Machinery and Electronic Equipments	450780	328758	87033	115265	16002

14-7-2 续表2 continued

单位：万元 (10000 yuan)

项目	Item	商品销售利润 Sales Profits	利润总额 Total Profits	应交所得税 Income Tax Payable	本年应付工资总额 Total Wages Payable in the Year	本年应付福利费总额 Welfares Payable in the Year
能源批发业	Energy	199386	205718	39476	21860	2918
化工材料批发业	Chemical Materials	15231	1972	2033	6573	910
木材批发业	Timbers	-1171	-4284	157	1090	134
建筑材料批发业	Building Materials	14877	-199	2662	7001	1272
矿产品批发业	Mineral Products	3530	-188	482	1984	216
金属材料批发业	Metal Materials	58381	30415	11752	27815	4180
机械、电子设备批发业	Machinery and Electronic Equipments	141427	88476	27723	43399	5703
汽车摩托车及零配件批发业	Spares and Fittings of Automobile and Motorcycle	18806	6742	2714	5150	626
再生物资回收批发业	Recovery of Reclaimed Materials	312	105	35	393	43
其他批发业	Others	126070	74495	16341	27132	3774
工艺美术品批发业	Handicrafts	8212	-11705	568	4540	684
图书报刊批发业	Books,Newspaper and Magazines	38166	24565	6703	8998	1257
农业生产资料批发业	Agricultural Capital Goods	5750	232	1222	4099	477
其他类未包括的批发	Others	73943	61403	7848	9495	1356
零售业	Retail	320436	70653	40829	247781	33156
食品、饮料和烟草零售业	Food,Beverage and Tobacoo	6864	12705	4747	44465	5471
日用百货零售业	Daily Use Goods	193457	32409	20417	120796	17097
纺织品、服装和鞋帽零售业	Textile,Garments,Shoes and Hats	9925	1925	1360	9574	1066
日用杂品零售业	Grocery	1914	-108	52	1808	225
五金交电化工零售业	Hardware,Electrical Appliance and Chemical	15125	270	1901	10266	1187
药品及医疗器械零售业	Medicine and Medical Appliance	21241	4958	1962	13902	1949
图书报刊零售业	Books,Newspaper and Magazines	16731	5009	1723	9116	1167
其他零售业	Others	55178	13486	8668	37854	4994
按规模划分	**Grouped by Size**					
大型企业	Large Enterprises	897402	583430	156994	292792	41107
中型企业	Medium Enterprises	227003	32063	46711	189986	24967

14-8 大中型餐饮业财务状况

单位：万元

项目 Item		合计 Total	按登记注册类型分 国有企业 State-Owned	集体企业 Collective Owned	私营企业 Private Owned	联营企业 Joint-Owned	股份合作企业 Share Holding Cooperative
企业单位个数 (个)	Number of Enterprises (unit)	408	67	47	77	7	34
流动资产合计	Total Circulating Assets	200985	42510	11465	31379	2889	3686
长期投资	Long-term Investment	43693	3378	3836	1090	17	
固定资产合计	Total Fixed Assets	216256	71552	7869	23828	1784	4083
固定资产原价合计	Total Original Value of Fixed Assets	291366	77458	11053	30342	2604	5363
资产合计	Total Assets	587217	125100	25956	72486	5648	9467
流动负债合计	Total Liquid Liabilities	355828	81655	15376	46447	2812	6095
长期负债合计	Total Long-term Liabilities	44943	3403	536	14254		854
负债合计	Total Liabilities	400771	85057	15913	60701	2812	6949
所有者权益合计	Total Ownership Interest	186446	40043	10043	11785	2837	2518
# 实收资本	Capital Stock	219087	23759	12897	17410	2953	3827
营业收入	Business Revenue	621509	62394	26597	78965	6003	16631
营业成本	Business Cost	273458	29813	13210	39658	2645	8697
营业费用	Business Expenses	229331	24211	8765	26573	1831	5083
营业税金及附加	Business Tax and Extra Charges	31368	3203	1433	4024	312	922
利润总额	Total Profits	7264	918	-572	-1966	395	-115
应交所得税	Income Tax Payable	10335	873	137	149	183	30
本年应付工资总额	Total Wages Payable of this Year	76916	11475	4014	8682	857	2010
本年应付福利费总额	Total Welfares Payable of this Year	8705	1427	391	979	91	200

FINANCIAL INDICATORS OF LARGE AND MEDIUM ENTERPRISES IN CATERING TRADE

(10000 yuan)

By Registration Status					按行业划分 By Sectors			按规模划分 By Size	
股份有限公司 Share Holding Company	有限责任公司 Limited-liabilities	其他企业 Others	港澳台商投资企业 Hongkong,Macao, Taiwan Funded	外商投资企业 Foreign Funded	正餐 Dinner	快餐 Fast Food	其他餐饮业 Others	大型企业 Large	中型企业 Medium
4	84		44	44	356	41	11	112	296
6997	28410		39224	34427	163686	33498	3801	149194	51791
203	8806		15042	11321	31983	11682	28	37346	6347
16509	24612		19610	46408	166097	45349	4810	158290	57966
23073	30341		33310	77821	211302	73289	6776	219452	71914
26256	82445		97528	142331	438844	137100	11273	443459	143758
8491	45637		70003	79313	264173	85590	6065	255898	99931
320	15880		7869	1826	39329	3343	2271	31545	13397
8811	61517		77872	81140	303502	88933	8336	287443	113328
17445	20928		19657	61192	135342	48167	2938	156016	30430
11010	27784		64606	54841	170167	42661	6259	150022	69065
31912	77988		79218	241801	378484	230960	12065	494643	126866
12493	38938		35447	92557	172996	96252	4210	211813	61645
10239	28274		28446	95910	132862	90738	5732	179888	49443
1599	3939		3848	12090	19567	11224	578	24600	6768
3643	-1411		-9089	15461	-4125	11697	-309	14031	-6768
1313	422		859	6369	5155	5142	37	9811	524
4939	10327		10743	23868	52884	22470	1563	56346	20570
698	1055		989	2875	5487	2888	330	6817	1888

14-9 商业、饮食业、服务业经营机构及人员

OPERATING UNITS AND PERSONNEL OF COMMERCE,CATERING AND SERVICES

项目		经营机构(个) Operating Units (unit)		人员(人) Personnel (person)	
Item		2002	2001	2002	2001
总计	**Total**	**340431**	**288988**	**1553886**	**1467792**
商业	Commerce	251597	208929	1000517	929380
批发	Wholesale	17435	16389	304403	294250
零售	Retail	234162	192540	696114	635130
饮食业	Catering	40458	39729	234282	230493
服务业	Services	48376	40330	319087	307919

14-10 商业、饮食业、服务业营业网点及人员(按所有制形式分)

OUTLETS AND PERSONNEL OF COMMERCE,CATERING AND SERVICES (BY OWNERSHIP)

单位：个、人 (unit,person)

项目 Item		合计 Total	国有 State-owned	集体 Collective-owned	个体 Individuals	其他 Others
营业网点	**Outlets**	**322996**	**6985**	**9664**	**276744**	**29603**
人员	**Personnel**	**1249483**	**232499**	**125125**	**381074**	**510785**
商业	Commerce					
零售网点	Retail Outlets	234162	4040	5822	203876	20424
人员	Personnel	696114	108156	62621	255485	269852
饮食业	Catering					
营业网点	Outlets	40458	853	1459	34060	4086
人员	Personnel	234282	24874	22283	72588	114537
服务业	Services					
营业网点	Outlets	48376	2092	2383	38808	5093
人员	Personnel	319087	99469	40221	53001	126396

14-11 批发业网点及人员

OUTLETS AND PERSONNEL OF WHOLESALE TRADE

单位：个、人 (unit,person)

项目 Item		网点 Outlets	人员 Personnel
总计	**Total**	**17435**	**304403**
食品、饮料、烟草批发业	Food,Beverage and Tobacoo	1849	44174
棉、麻、土畜产品批发业	Cotton,Fiber,Local and Livestock Products	54	2411
纺织品、服装和鞋帽批发业	Textile Products,Garments,Shoes and Hats	896	18132
日用百货批发业	Daily Use Goods	1581	26051
日用杂品批发业	Daily Use Groceries	188	2982
五金、交电、化工批发业	Hardware,Electrical Appliances and Chemical	2428	33585
药品及医疗器械批发业	Medicines and Medical Appliances	745	17033
工艺美术品批发业	Handicraft Articles	136	2503
图书报刊批发业	Books,Newspapers and Magazines	195	5617
农业生产资料批发业	Agricultural Capital Goods	345	5452
其他批发业	Others	9018	146463

14-12 商业零售网点及人员
OUTLETS AND PERSONNEL OF RETAIL SALE TRADE

单位：个、人 (unit,person)

项目	Item	网点 Outlets	人员 Personnel
总计	**Total**	**234162**	**696114**
食品、饮料、烟草零售业	Food,Beverage and Tobacoo	33215	107082
日用百货零售业	Daily Use Goods	36880	214882
纺织品、服装和鞋帽零售业	Textile Products,Garments,Shoes and Hats	12518	36991
日用杂品零售业	Daily Use Groceries	3054	6817
五金、交电、化工零售业	Hardware,Electrical Appliances and Chemical	60779	114856
图书报刊零售业	Books,Newspapers and Magazines	6054	19598
其他零售业	Others	81662	195888

14-13 饮食业营业网点及人员
OUTLETS AND PERSONNEL OF CATERING TRADE

单位：个、人 (unit,person)

项目	Item	网点 Outlets	人员 Personnel
总计	**Total**	**40458**	**234282**
正餐	Dinner	33135	195223
快餐	Fast Food	4464	33012
其他	Others	2859	6047

14-14 服务业营业网点及人员
OUTLETS AND PERSONNEL OF SERVICES

单位：个、人 (unit,person)

项目	Item	网点 Outlets	人员 Personnel
总计	**Total**	**48376**	**319087**
理发及美容化妆业	Services of Haircut,Beauty and Making-up	10852	21886
沐浴业	Bath Service	907	9697
洗染业	Cleaning and Dyeing	1845	6744
摄影及扩印业	Photography and Large-printing	2973	6648
日用品修理业	Repairs of Daily Use Articles	10781	19472
其他居民服务业	Other Residential Services	16664	79178
旅馆业	Hotels	4354	175462

14-15 连锁企业基本情况
BASIC STATISTICS FOR CHAIN ENTERPRISES

项目	Item	连锁总店（个）Number of Chain Headqua-retrs (unit)	所属门店（个）Number of Subbra-nches (unit)	从业人员（人）Employed Persons (person)	营业面积（平方米）Area for Business (sq.m)	自有配送中心个数（个）Deliver Goods Center (unit)	统一配送比重（平均）Specific Gravity of Deliver Goods(average) 自有配送中心配送比重(%) by Own Delivery Center(%)	非自有配送中心配送比重(%) by Other Delivery Center(%)
总　　计	**Total**	**146**	**3523**	**109089**	**2356266**	**62**	**29.8**	**8.9**
按登记注册类型分	**Grouped by Registration Status of Enterprises**							
内资企业	Domestic Investment	127	3189	90839	2172228	58	31.3	8.0
国有企业	State-Owned	20	318	9216	272179	14	51.0	2.9
集体企业	Collective Owned	8	57	3446	85586	3	14.5	9.9
股份合作企业	Share Holding Cooperative	7	54	1564	49769	2	12.9	
有限责任公司	Limited-Liability Company	68	2041	53247	1252670	28	32.6	8.4
股份有限公司	Share Holding Company	7	520	17645	353235	6	41.1	5.0
私营企业	Private Owned	16	197	4577	147289	5	15.0	16.9
港澳台商投资企业	Hongkong,Macao and Taiwan Funded	7	54	2478	29860	1	14.3	12.9
外商投资企业	Foreign Funded	12	280	15772	154178	3	23.3	16.7
连锁零售业	**Chain Retail**	**93**	**2879**	**78726**	**2045178**	**49**	**33.5**	**10.9**
按零售业态分	Grouped by Business							
超级市场	Supermarket	26	729	31794	927193	16	28.2	11.7
专业店	Special Store	31	1653	25202	616092	17	46.4	10.8
专卖店	Monopolization Store	14	204	2120	52544	7	31.8	10.7
便利店	Convenient Store	13	242	3900	62769	8	35.7	17.2
仓储式商场	Storage Store	5	25	4760	183460	1	8.0	
其　他	Others	4	26	10950	203120			
连锁餐饮业	**Chain Catering Services**	**53**	**644**	**30363**	**311088**	**13**	**23.2**	**5.5**
按餐饮活动分	Grouped by Business							
正　餐	Dinner	33	206	14675	181239	6	17.3	5.8
快　餐	Fast Food	17	394	14896	123728	6	32.9	5.9
咖啡馆	Cafe	1	34	426	4655			
其　他	Others	2	10	366	1466	1	50.0	

14-16 连锁企业主要经济指标
FINANCIAL INDICATORS CHAIN ENTERPRISES

单位：万元 (10000 yuan)

项目	Item	商品销售(营业)总额 Total Sales	# 零售额 Retail	商品销售(营业)收入 Sales Revenue	商品销售(营业)成本 Sales Cost	利润总额 Total Profits	税金总额 Total Tax	资产总计 Total Assets	负债总计 Total Liabilities
总计	**Total**	**6621975**	**6487185**	**3527442**	**2861920**	**90361**	**103239**	**1890815**	**1178458**
按登记注册类型分	**Grouped by Registration Status of Enterprises**								
内资企业	Domestic Investment	6176074	6041861	3110726	2619416	72743	79963	1638111	1061575
国有企业	State-Owned	288229	276328	257463	212393	2718	6871	134956	115543
集体企业	Collective Owned	125451	121468	107268	96047	2157	3934	50648	26450
股份合作企业	Share Holding Cooperative	49074	44657	41540	38008	-3190	8665	48228	34742
有限责任公司	Limited-Liability Company	4041314	3945721	1221136	1030302	12216	38340	765805	513162
股份有限公司	Share Holding Company	1015928	1002768	892769	679101	59037	16286	376352	146089
私营企业	Private Owned	574737	572678	523465	503427	-867	5646	247395	210697
港澳台商投资企业	Hongkong,Macao and Taiwan Funded	38916	38916	37091	17211	338	2135	29937	18579
外商投资企业	Foreign Funded	406985	406408	379625	225294	17281	21141	222766	98304
连锁零售业	**Chain Retail**	**6241234**	**6107064**	**3185928**	**2718805**	**66632**	**79314**	**1652122**	**1051106**
按零售业态分	Grouped by Business								
超级市场	Supermarket	1578398	1562098	1359276	1129727	-4024	30682	591836	450631
专业店	Special Store	3548905	3457079	838029	726651	45567	22021	369545	157028
专卖店	Monopolization Store	259265	248476	249811	240915	640	5213	179665	148618
便利店	Convenient Store	69648	67522	61248	54819	-309	1369	31553	17790
仓储式商场	Storage Store	257884	255428	221815	197727	3405	17830	327646	195793
其他	Others	527134	516461	455751	368966	21353	2199	151877	81246
连锁餐饮业	**Chain Catering Services**	**380741**	**380121**	**341513**	**143115**	**23729**	**23925**	**238693**	**127352**
按餐饮活动分	Grouped by Business								
正餐	Dinner	158364	157744	120581	54239	8480	7418	111276	53043
快餐	Fast Food	211730	211730	210286	85177	15332	15986	118204	69147
咖啡馆	Tea shop	7186	7186	7186	1982	-242	328	5914	3665
其他	Cafe	3461	3461	3461	1718	160	193	3299	1497

14-17 各类商品交易市场基本情况
STATISTICS FOR COMMODITY TRANSACTION MARKETS

单位：个 (unit)

项目	Item	全市 Total	城区 City Proper	近郊区 Near Suburbs	远郊区 Outer Suburbs	各县 Counties
各类商品市场总数	**Total Number of Markets**	**756**	**155**	**351**	**214**	**36**
# 亿元市场	Million-yuan Markets	81	11	54	13	3
综合市场	**Complex Markets**	**440**	**73**	**180**	**156**	**31**
工业品综合市场	of Industrial Products	19	6	4	5	4
农产品综合市场	of Farm Products	327	56	139	118	14
其它综合市场	Others	94	11	37	33	13
专业市场	**Specialized Markets**	**308**	**78**	**167**	**58**	**5**
纺织品服装鞋帽市场	of Textiles, Garments, Shoes and Hats	62	19	32	11	
食品饮料烟酒市场	of Food, Beverage, Tobacco and Liquor	7	7			
家具市场	of Furniture	28	4	16	8	
小商品市场	of Small Commodities	35	21	6	8	
文化、音像、书报杂志市场	of Culture, Audio and Video, Books, Newspaper and Magazines	6	3	3		
旧货市场	of Old Commodities	6		4	1	1
机动车市场	of Motor Vehicles	6		5	1	
金属材料市场	of Metal Materials	2		2		
煤炭市场	of Coal	1			1	
木材市场	of Timber	12		2	10	
建材装饰材料市场	of Building Materials and Decoration Materials	70	1	54	12	3
粮油市场	of Grain and Edible Oil	7		6	1	
干鲜果品市场	of Dry and Fresh Fruits	3		1	2	
水产品市场	of Aquatic Products	3	1	2		
蔬菜市场	of Vegetable	8	3	3	1	1
肉食禽蛋市场	of Meet, Poultry and Eggs	1	1			
农业生产资料市场	of Agricultural Capital Goods	1		1		
餐饮业市场	of Catering Trade	4	4			
其他专业市场	Others	46	14	30	2	
其他市场	**Others**	**8**	**4**	**4**		
其他市场	Others	8	4	4		

14-18 各类商品交易市场成交额
TRANSACTION VALUE OF COMMODITY TRANSACTION MARKETS

单位：万元 (10000 yuan)

项目	Item	全市 Total	城区 City Proper	近郊区 Near Suburbs	远郊区 Outer Suburbs	各县 Counties
各类商品市场总额	**Total Income of Markets**	**5937093**	**543643**	**4454049**	**799214**	**140187**
# 亿元市场	Million-yuan Markets	4871541	368708	3950717	467120	84996
综合市场	**Complex Markets**	**2948492**	**148194**	**2026494**	**676079**	**97725**
工业品综合市场	of Industrial Products	33708	8126	2849	12288	10445
农产品综合市场	of Farm Products	2515185	135587	1743498	600578	35522
其它综合市场	Others	399599	4481	280147	63213	51758
专业市场	**Specialized Markets**	**2981329**	**393028**	**2422704**	**123135**	**42462**
纺织品服装鞋帽市场	of Textiles, Garments, Shoes and Hats	363329	91661	250401	21267	
食品饮料烟酒市场	of Food, Beverage, Tobacco and Liquor	7907	7907			
家具市场	of Furniture	192257	31237	153621	7399	
小商品市场	of Small Commodities	296803	223522	62471	10810	
文化、音像、书报杂志市场	of Culture, Audio and Video, Books, Newspaper and Magazines	26557	8326	18231		
旧货市场	of Old Commodities	20923		15838	1221	3864
机动车市场	of Motor Vehicles	932560		932559	1	
金属材料市场	of Metal Materials	83774		83774		
煤炭市场	of Coal	591			591	
木材市场	of Timber	21759		5010	16749	
建材装饰材料市场	of Building Materials and Decoration Materials	370589	550	309285	45374	15380
粮油市场	of Grain and Edible Oil	103929		103741	188	
干鲜果品市场	of Dry and Fresh Fruits	17613		7000	10613	
水产品市场	of Aquatic Products	36387	9445	26942		
蔬菜市场	of Vegetable	33436	1171	315	8732	23218
肉食禽蛋市场	of Meet, Poultry and Eggs	3207	3207			
农业生产资料市场	of Agricultural Capital Goods	429		429		
餐饮业市场	of Catering Trade	3022	3022			
其他专业市场	Others	466257	12980	453087	190	
其他市场	**Others**	**7272**	**2421**	**4851**		
其他市场	Others	7272	2421	4851		

14-19 消费品市场成交量
TRANSACTION VOLUME OF CONSUMER GOODS MARKETS

单位：百公斤 (100 kg)

项目	Item	成交量 Transaction Volume	# 零售量 Retail	社会零售量 Sales	零售量占社会零售量比重（%） Proportion of Retail in Sales(%)
粮食	Grain	10894730	1810120	4668653	38.8
食用植物油	Edible Vegetable Oil	2154670	359960	1266351	28.4
猪和猪肉	Hog and Pork	1920090	1217760	1741800	69.9
牛和牛肉	Oxes and Beef	543070	287780	393745	73.1
羊和羊肉	Goat, Sheep and Mutton	552700	283680	404647	70.1
家禽	Poultry	472650	274130	462622	59.3
鲜蛋	Fresh Eggs	1047860	618890	734522	84.3
鲜菜	Fresh Vegetable	55244590	15500520	15823125	98.0
鲜瓜果	Fresh Melon and Fruit	22120600	6564140	6885072	95.3
水产品	Aquatic Products	1819000	1060740	1260663	84.1

14-20 生产资料市场成交情况
STATISTICS FOR TRANSACTION IN CAPITAL GOODS MARKETS

项目 Item	2002	2001	2002年为2001年% 2002 as % of 2001
成交额 (万元) Transaction Value (10000 yuan)	**1496169**	**1434074**	**104.3**
成交量 Transaction Volume			
新、旧汽车 (辆) New and Old Automobiles (unit)	121439	101163	120.0
钢材 (吨) Rolled Steel (ton)	361483	394284	91.7
木材 (立方米) Timber (cu.m)	412689	582794	70.8
煤炭 (吨) Coal (ton)	144763	397466	36.4

14-21 消费者投诉与处理
CONSUMER'S LAWSUITS AND HANDLING

单位：件 (case)

项目	Item	2002 受理投诉件数 Cases Accepted	2002 构成(%) Composition(%)	2001 受理投诉件数 Cases Accepted	2001 构成(%) Composition(%)
总计	**Total**	**18784**	**100**	**15207**	**100**
按行业分	**By Sector**				
家用电器类	Household Appliances	5627	30.0	3247	21.4
# 电视机	TV Sets	440	7.8	491	15.1
电冰箱	Refrigerators	160	2.8	274	8.4
洗衣机	Washing Machines	135	2.4	108	3.3
收录机	Recorders	90	1.6	81	2.5
家用机械类	Household Machines	819	4.4	544	3.6
# 照像机	Cameras	61	7.4	14	2.6
自行车	Bicycles	120	14.7	96	17.6
摩托车	Motorcycles	88	10.7	80	14.7
钟表	Clocks and Watches	50	6.1	48	8.8
日用百货类	Articles of Daily Use	5571	29.7	5600	36.8
# 家具	Furniture	1140	20.5	1029	18.4
服装	Garments	1068	19.2	1906	34.0
鞋	Shoes	1372	24.6	1998	35.7
化妆品	Cosmetics	75	1.3	74	1.3
食品	Food	774	4.1	810	5.3
药品	Medicine	200	1.1	226	1.5
服务	Services	4980	26.5	2804	18.4
农用资料	Materials for Agricultural Use	129	0.7	137	0.9
邮购	Mail-order	684	3.5	1839	12.1
其他	Others				
按内容分	**By Content**				
质量	Quality	13944	74.2	11428	75.1
价格	Price	677	3.6	714	4.7
虚假广告	False Advertisements	233	1.2	189	1.2
假冒伪劣商品	Counterfeit Goods	196	1.0	106	0.7
计量	Measure	132	0.7	195	1.3
欺诈骗销	Cheating Sales	220	1.2	98	0.6
其他	Others	3382	18.1	2477	16.3

注：总解决率为99.1%。

Note: Total rate of settlement is 99.1%.

主要统计指标解释

社会消费品零售额 指各种经济类型的批发零售贸易业、餐饮业、制造业及其他行业对城乡居民、社会集团的消费品零售额。这个指标反映通过各种商品流通渠道向居民和社会集团供应的生活消费品来满足他们生活需要，是研究人民生活、社会消费品购买力、货币流通等问题的重要指标。社会消费品零售额包括：（1）售给城乡居民作为生活用的商品和修建房屋用的建筑材料；（2）售给机关、团体、学校、部队、企业、事业单位的职工食堂和旅店（招待所）附设专门供本店旅客食用、不对外营业的食堂的各种食品、饮料；企业、单位和国营农场直接售给本单位职工和职工食堂的自己生产的产品；（3）售给部队、战士生活用的粮食、副食品、衣着品、日用品、燃料；（4）售给来华的外国人、华侨、港澳台同胞的消费品；（5）居民自费购买的中、西药品、中药材及医疗用品；（6）报社、出版社直接给居民和社会集团的报纸、图书、杂志、集邮公司出售的新、旧纪念邮票、特种邮票、首日封、集邮册、集邮工具等；（7）旧货寄售商店自购、自销部分的商品零售额；（8）煤气公司、液化石油气站售给居民和社会团体的煤气灶具和罐装液化石油气；（9）农民售给非农业居民和社会团体的商品。（10）受给社会集团的办公用品、纸张、帐册、文印用品、计算工具、书报杂志和奖品；公共用品和纺织品、针织品；学校用的教学用品；文体用品；非专用的劳动保护用品；日用百货和杂品；家具、设备、日用电器、电讯设备、电影器材和照相器材和照相器材等；取暖用的设备和燃料，防暑、降温的饮料；非生产经营用的交通工具；零星修理用的各种另零配件、材料、工具、建筑材料等；举办各种招待会、茶话会、宴会用的烟酒茶和各种食品及馈赠的礼品；从公费医疗经费中开支的中、西药品、中药材和医疗器材以及其他非生产性设备和用品。不包括售给国民经济各部门企业、事业单位（包括国有经济的农场）生产经营用的各种原材料、燃料、设备、工具等和售给批发零售贸易业、餐饮业作为转卖用的商品、旧货寄售商店受托寄售卖出的商品、服务业的营业收入、邮局出售邮票的收入、自来水、电力、煤气生产（供应）单位的产品供应收入，也不包括农民之间的商品销售。

商品购进总额 指从本企业（单位）以外的单位和个人购进（包括从国外直接进口）作为转卖或加工后转卖的商品。本指标由从生产者购进额、从批发零售贸易业购进额、进口额和其他项目组成。这个指标反映批发零售贸易业从国内、国外市场上购进商品的总量。商品购进总额包括：（1）从工农业生产者购进的商品；（2）从出版社、报社的出版发行部门购进的图书、杂志和报纸；（3）从批发零售贸易企业（单位）购进的商品物资，（4）从其他单位购进的商品，如从机关、团体、企业等单位购进的剩余物资，从餐饮业、服务业购进的商品，从海关、市场管理部门购进的缉私和没收的商品，从居民收购的废旧商品等；（5）从国（境）外直接进口的商品。不包括：（1）企业（单位）为自身经营用，不是作为转卖而购进的商品（2）未通过买卖行为而收入的商品。如接收其他部门移交的商品、借入的商品、收入代其他单位保管的商品、其他单位赠送的样品、加工收回的成品等；（3）经本单位介绍，由买卖双方直接结算，本单位只收取手续费的业务；（4）销售退回和买方拒付货款的商品；（5）商品溢余。

商品销售总额 指对本企业（单位）以外的单位和个人出售（包括对国（境）外直接出口）的商品（包括售给本单位消费的商品）。本指标由对生产经营单位销售额、对批发零售贸易业批发额、出口额、对居民和社会集团商品零售额项目组成。这个指标反映批发零售贸易企业在国内市场上销售商品以及出口商品的总量（商品销售总额又分为批发和零售，批发包括对生产经营单位销售额、对批发零售贸易业批发额、出口额，零售包括对居民和社会集团商品零售额。商品销售总额包括：（1）售给城乡居民和社会集团消费用的商品；（2）售给工业、农业、建筑业、运输邮电业、批发零售贸易业、餐饮业、服务业、公用事业等作为生产经营使用的商品；（3）售给批发零售贸易业作为转卖或加工后转卖的商品；（4）对国（境）外直接出口的商品。不包括：（1）出售本企业（单位）自用的废旧包装用品和其他废旧物资；（2）未通过买卖行为付出的商品，如随机构移交而交给其他单位的商品，借出的商品，交付代其他单位保管的商品，加工原料付出和赠送给其他单位的样品等；（3）经本单位介绍，由买卖双方直接结算，本单位只收取手续费的业务；（4）购货退出的商品；（5）商品损耗和损失等。

批发零售贸易业年末库存 指批发零售贸易企业（单位）已取得所有权的全部商品。这个指标它反映各地区、各批发零售贸易企业（单位）的库存情况及对市场商品供应的保证程度。年末库存包括：（1）存放在本单位（如门市部、批发站、经营处）的仓库、货场、货柜和货架中的商品；（2）挑选、整理、包装中的商品；（3）已计入购进而尚未运到本单位的商品，即发货单或银行承兑凭证已到而货未到的商品；（4）寄放他处的商品，如因购货方拒绝付款而暂时存放在购货方的商品；（5）委托其他单位代销（未作销售或调出）尚未售出的商品；（6）代其他单位购进尚未交付的商品。不包括：（1）所有权不属于本单位的商品、如商品已作销售但买方尚未取走的商品，代替他人保管、运输、加工的商品，代其他单位销售（为作购进或调入）而未售出的商品；（2）委托外单位加工的商品（包括本单位所属加工厂和其他生产单位加工生产尚未收回成品的商品）。（3）外贸企业代理其他单位从国外进口尚未付给定货单位的商品；（4）代国家物资储备部门保管的商品。企业的库存商品金额可以采用进价或销售进行核算，采用进价核算的商品单位，应按商品进货原价（或实际采购成本）计算期末库存；采用销售核算的商品，应按商品进售价计算期末库存。购入的商品，在商品达到验收入库后计算期末库存（对已计入购进尚未运到的商品，也可计算期末库存）；对于月终尚未开出承兑商业汇票的入库商品，按应付给供货单位的价款暂估计算期末库存；年度终了，凡已转入和已销售的进口商品，属于国外 已离岸价格成交、有应付款付国外运保费的，应先预估期末库存；

委托其他单位代销的商品包括在期末库存中；委托外单位加工的商品，在发出商品时作减少期末库存，当加工商品收回时增加期末库存（包括商品进货原价、加工费用、加工税金等）。

网点 指本批发零售贸易企业（单位）设立的从事批发、零售贸易业务的自然单位[包括本企业（单位）自身]，具有独立固定的营业场所，配备一定的业务人员，不论单位大小，不论是否单独核算，均按自然网点计算，即有一个点就算一个网点。不包括同一营业场所内各柜组以及派出的流动推销小组，流动售货车等。

人员 指在批发、零售贸易网点工作并取得劳动报酬的从业人员。包括职工、聘请的离退休人员等。

连锁企业（或称连锁店、连锁公司） 指在核心企业或总店的领导下，由分散的、经营同类商品或服务的企业或活动单位，采取共同方针，实行集中采购和分散销售的有机结合，通过规范化经营，实现规模效益的经济联合组织形式。一般连锁店应由若干个分店组成。其经营特征：（1）经营同类商品；（2）使用统一商号；（3）统一采购配送，采购与销售相分离（部分商品可根据物流合理和保质保鲜原则由供应商直接送货到门店，其余均由总部统一配送）。

连锁经营的本质是：采购与销售相分离，集中采购，分散销售，通过规范化经营，实现规模效益。

连锁门店包括下列两种形式：

（1）直营（控股）店：也叫正规连锁。连锁门店均由总部全资或控股（绝对控股和相对控股）开设，在总部的直接领导下统一经营。

（2）加盟店：也叫特许连锁。各连锁门店（被特许人）通过合同形式，取得使用总部（特许人）商标、商号、经营技术和销售总部开发的商品的特许权，各连锁门店均为独立法人，但无自主经营权，统一接受总部指导。

十五　对外经济贸易

FOREIGN ECONOMY AND TRADE

地方企业进出口总额（单位：亿美元）
Imports and Exports of Local Enterprises (USD 100 million)

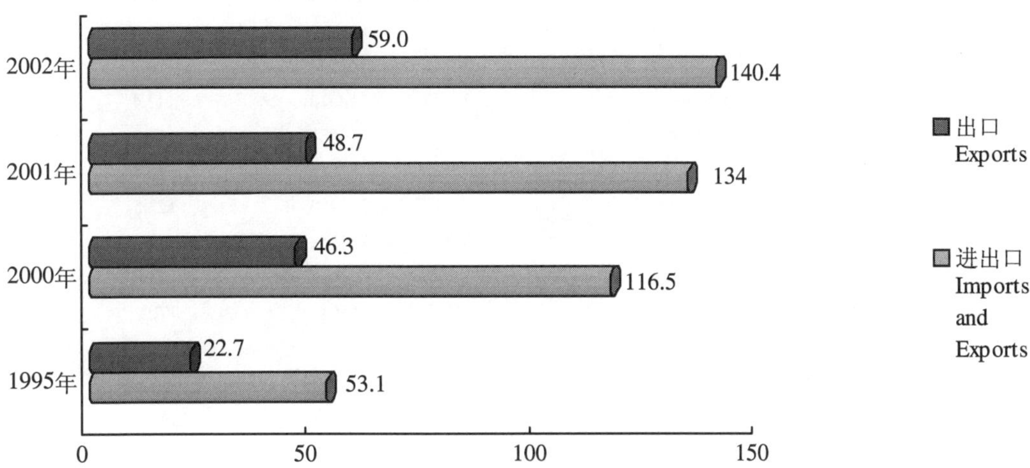

利 用 外 资（单位：亿美元）
Foreign Capital Utilized (USD 100 million)

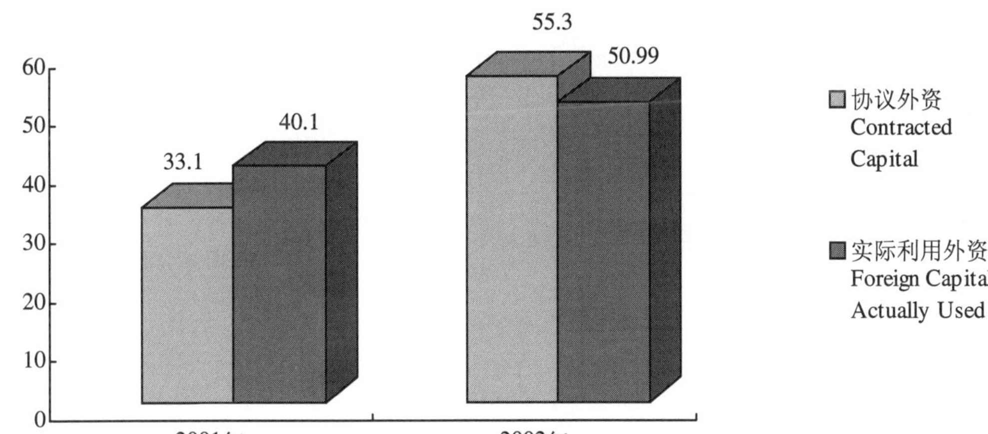

15-1 海关进出口贸易总额
TOTAL VALUE OF IMPORTS AND EXPORTS AT CUSTOMS

项目	Item	金额(万美元) Value (USD 10000) 2002	2001	2002年为2001年% 2002as % of 2001	构成(%) Composition(%) 2002	2001
进出口总额	**Total Value of Imports and Exports**	**5250870**	**5154131**	**102.0**		
# 地　方	**Local**	**1404171**	**1340274**	**104.8**		
出口总额	**Exports**	**1261464**	**1178687**	**107.2**		
# 地　方	**Local**	**589901**	**487262**	**121.1**	**100.0**	**100.0**
按登记注册类型分	**Grouped by Registration Status**					
内资企业	Domestic Investment Enterprises	188196	162022	116.2	31.9	33.3
国有企业	State-owned Enterprises	175176	154514	113.4	29.7	31.7
集体企业	Collective-owned Enterprises	7761	6687	116.1	1.3	1.4
其　他	Others	5259	821	640.1	0.9	0.2
外商投资企业	Foreign Funded Enterprises	401705	325240	123.5	68.1	66.7
中外合资	Joint Venture	318115	274612	115.8	53.9	56.3
中外合作	Cooperative	5916	4979	118.8	1.0	1.0
外商独资	Foreign Enterprises	77674	45649	170.2	13.2	9.4
外商投资股份有限公司	Foreign Funded Share Holding Company					
按国别(地区)分	**Grouped by Country (Region)**					
# 香港地区	Hongkong	80217	56237	142.6	13.6	11.5
澳门地区	Macao	547	167	327.0	…	…
日　本	Japan	109243	101406	107.7	18.5	20.8
新加坡	Singapore	6225	7290	85.4	1.1	1.5
英　国	United Kingdom	8931	9876	90.4	1.5	2.0
德　国	Germany	44798	24468	183.1	7.6	5.0
法　国	France	4726	4673	101.1	0.8	1.0
意大利	Italy	8266	5815	142.1	1.4	1.2
瑞　士	Switzerland	972	1552	62.6	0.2	0.3
波　兰	Poland	825	1133	72.8	0.1	0.2
俄罗斯联邦	Russia Union	7086	6136	115.5	1.2	1.3
埃　及	Egypt	1398	1395	100.2	0.2	0.3
加拿大	Canada	7243	5734	126.3	1.2	1.2
美　国	United States	101696	68531	148.4	17.2	14.1
澳大利亚	Australia	8569	6501	131.8	1.5	1.3
进口总额	**Imports**	**3989406**	**3975444**	**100.4**		
# 地　方	**Local**	**814270**	**853012**	**95.5**	**100.0**	**100.0**
# 香港地区	Hongkong	87714	30467	287.9	10.8	3.6
日　本	Japan	172203	165687	103.9	21.1	19.4
新加坡	Singapore	17810	15184	117.3	2.2	1.8
英　国	United Kingdom	16114	13484	119.5	2.0	1.6
德　国	Germany	51424	70256	73.2	6.3	8.2
法　国	France	15229	18714	81.4	1.9	2.2
意大利	Italy	13298	9401	141.5	1.6	1.1
瑞　士	Switzerland	7562	6746	112.1	0.9	0.8
比利时	Belgium	5200	5227	99.5	0.6	0.6
俄罗斯联邦	Russia Union	1433	3723	38.5	0.2	0.4
加拿大	Canada	9305	8281	112.4	1.1	1.0
美　国	United States	103531	115981	89.3	12.7	13.6
澳大利亚	Australia	19982	16183	123.5	2.5	1.9

15-2 海关进出口商品类别及构成(地方企业)
VALUE AND COMPOSITION OF IMPORTS AND EXPORTS AT CUSTOMS BY CATEGORY OF COMMODITIES(LOCAL)

项目	Item	金额(万美元) Value (USD 10000) 2002	2001	构成(%) Composition(%) 2002	2001
出口总额	**Exports**	**589901**	**487262**	**100.0**	**100.0**
初级产品	Primary Goods	48495	33914	8.2	7.0
食品及主要供食用的活动物	Food and Lively Animals Chiefly for Food	34885	22794	5.9	4.7
饮料及烟草	Beverage and Tabacco	846	619	0.1	0.1
非食用原料（燃料除外）	Non-edible Raw Materials(excluding Fuel)	7630	6238	1.3	1.3
矿物燃料、润滑油及有关原料	Mineral Fuels,Lubricants and Related Materials	5079	4243	0.9	0.9
动植物油、脂及蜡	Animal and Vegetable Oils,Fats and Waxes	55	20		
工业制成品	Manufactured Goods	541406	453348	91.8	93.0
化学品及有关产品	Chemicals and Related Products	25516	22940	4.3	4.7
按原料分类的制成品	Finished Products Grouped by Materials	51950	45730	8.8	9.4
机械及运输设备	Machinery and Transport Equipment	331437	260132	56.2	53.4
杂项制品	Miscellaneous Products	128485	117204	21.8	24.0
未分类商品	Products Not Classified	4018	7342	0.7	1.5
进口总额	**Imports**	**814270**	**853012**	**100**	**100**
初级产品	Primary Goods	57582	48254	7.1	5.7
食品及主要供食用的活动物	Food and Lively Animals Chiefly for Food	21090	19280	2.6	2.3
饮料及烟草	Beverage and Tabacco	1539	1331	0.2	0.2
非食用原料（燃料除外）	Non-edible Raw Materials(excluding Fuel)	31873	26602	3.9	3.1
矿物燃料、润滑油及有关原料	Mineral Fuels,Lubricants and Related Materials	1945	729	0.3	0.1
动植物油、脂及蜡	Animal and Vegetable Oils,Fats and Waxes	1135	312	0.1	
工业制成品	Manufactured Goods	756688	804758	92.9	94.3
化学品及有关产品	Chemicals and Related Products	52776	44933	6.5	5.3
按原料分类的制成品	Finished Products Grouped by Materials	66095	71147	8.1	8.3
机械及运输设备	Machinery and Transport Equipment	568452	620100	69.8	72.7
杂项制品	Miscellaneous Products	68475	66118	8.4	7.7
未分类商品	Products Not Classified	890	2460	0.1	0.3

15-3 进出口商品检验
TEST OF IMPORTS AND EXPORTS COMMODITIES

项目		Item		2002	2001	2002年为2001年% 2002 as % of 2001
进口商品检验		**Imports Test**				
批数	(批)	Batches	(batch)	50882	33042	154.0
金额	(万美元)	Value	(USD 10000)	247190	171399	144.2
# 不合格商品		Substandard				
批数	(批)	Batches	(batch)	451	510	88.4
金额	(万美元)	Value	(USD 10000)	936	1069	87.6
出口商品检验		**Exports Test**				
批数	(批)	Batches	(batch)	50082	50564	99.0
金额	(万美元)	Value	(USD 10000)	282899	273104	103.6
# 不合格商品		Substandard				
批数	(批)	Batches	(batch)	97	94	103.2

15-4 海关主要商品出口量
MAJOR EXPORTS COMMODITIES IN VOLUME(CUSTOMS STATISTICS)

品名 Item	2002	2001	品名 Item	2002	2001
冻鸡 (吨) Frozen Chicken (ton)	12152	24696	首饰 (万美元) Jewelry (USD 10000)	668	665
稻谷和大米 (万吨) Paddy and rice (10000 tons)	45	9	玻璃制品 (万美元) Glass Ware (USD 10000)	1678	1198
食用植物油 (吨) Cooking Oil (ton)	674	127	机电产品 (万美元) Mechanical and Electronical Products (USD 10000)	374451	291383
栗子 (吨) Chestnuts (ton)	3135	8252	金属制品 (万美元) Metal Products (USD 10000)	15239	13083
天然蜂蜜 (吨) Honey (ton)	1346	146	机械及设备 (万美元) Machine and Equipment (USD 10000)	51627	39972
啤酒 (万升) Beer (10000 liters)	793	469	电器及电子产品 (万美元) Household Wiring and Electron Products (USD 10000)	255834	204569
中成药 (万美元) Chinese Medicines (USD 10000)	1501	1082	仪器仪表 (万美元) Aluminum Products (USD 10000)	29325	21537
服装及衣着附件 (万美元) Garments (USD 10000)	71947	74081	高新技术产品 (万美元) High-Grade Technological Product (USD 10000)	262814	214760
皮鞋 (万双) Leather Shoes (10000 pairs)	319	457	计算机与通信技术 (万美元) Technology computer and Communications (USD 10000)	213587	171192
胶或塑料底布鞋 (万双) Cloth Shoes with Outer Soles of Rubber or Artificial Plastic Materials (10000 pairs)	1452	1332	电子技术 (万美元) Technology of Electron (USD 10000)	20029	17887
录音机及收录(放)音组合机 (万台) Recorders (10000)	202	37	生命科学技术 (万美元) Technology of Life Sciences (USD 10000)	12312	10681
照像机 (万架) Cameras (10000)	185	41			
印刷电路 (吨) Printed Cuitry (ton)	366	61			

15-5 海关主要商品进口量
MAJOR IMPORTS COMMODITIES IN VOLUME(CUSTOMS STATISTICS)

品名	Item	2002	2001	品名	Item	2002	2001
食糖 (万吨)	Sugar (10000 tons)	1	1	复印机 (台)	Duplicators (unit)	1156	2715
谷物及谷物粉 (万吨)	Cereal and Cereal Powder (10000 tons)	11	16	聚乙烯 (吨)	Polyethylene (ton)	70751	33390
				聚丙烯 (吨)	Polypropylene (ton)	6331	6437
纺织用合成纤维 (万吨)	Synthetic Fibers Suitable for Spinning (10000 tons)	1	1	聚苯乙烯及共聚物 (吨)	Polystyrene and Copolymer (ton)	11172	9793
				机电产品 (万美元)	Mechanical and Electronical Products (USD 10000)	638621	689400
合成纤维纱线 (吨)	Synthetic Fibers, Continuous Filament and Yarn (ton)	3003	2723	金属制品 (万美元)	Metal Products (USD 10000)	10246	9947
				仪器仪表 (万美元)	Aluminum Products (USD 10000)	62939	56641
羊毛及羊毛条 (吨)	Wool and Wool Top (ton)	4467	8431	运输工具 (万美元)	Conveyance (USD 10000)	18385	15890
				汽车 (辆)	Motor Vehicle (unit)	2557	471
纸及纸板 (万吨)	Paper and Paperboard (10000 tons)	5	6	高新技术产品	High-Grade Technological Product (USD 10000)	449764	496878
空气调节器 (台)	Air Conditioners (unit)	3091	1267	计算机集成制造技术 (万美元)	Complete Sets of Digital (USD 10000)	20549	16832
彩色电视机 (台)	Color TV Set (unit)	1557	4264				
电视摄像机 (台)	Television Camera (unit)	275485	29719				

15-6 利用外资签约情况
UTILIZATION OF FOREIGN CAPITAL

项目	Item	合同数(个) Number of Contracts (unit) 2002	2001	合同外资金额(万美元) Contracted Foreign Capital(USD 10000) 2002	2001
合计	**Total**	**1377**	**1149**	**553352.5**	**331168.6**
对外借款	Foreign Loans	7	2	272529.5	43874.5
外商直接投资	Direct Foreign Investments	1370	1147	280823.0	287294.1
按投资方式	By Investment Manner				
合资经营	Joint Venture	504	471	78089.0	77260.2
合作经营	Cooperative Operation	111	124	41239.0	60499.7
独资经营	Foreign Enterprises	754	547	153757.0	115228.0
股份制	Share Holding	1	4	7738.0	33000.2
外资银行	Foreign Banks		1		1306.0

15-7 外商投资企业签约情况
STATISTICS ON CONTRACTS OF FOREIGN FUNDED ENTERPRISES

项目	Item	项目数（个）Number of Contracts (unit)		合同总金额（万美元）Total Value of Contracts(USD 10000)		# 合同外资金额 Foreign Capital	
		2002	2001	2002	2001	2002	2001
合　计	**Total**	**1370**	**1147**	**601244.0**	**596744.3**	**280823.0**	**287294.1**
按登记注册类型分	**Grouped by Investment Manner**						
合资经营	Joint Venture	504	471	262138.0	229031.9	78089.0	77260.2
合作经营	Cooperative Operation	111	124	116210.0	145331.5	41239.0	60499.7
独资经营	Foreign Funded Enterprises	754	547	205406.0	144466.4	153757.0	115228.0
股份制	Share Holding	1	4	17490.0	76608.5	7738.0	33000.2
外资银行	Foreign Banks		1		1306.0		1306.0
按三次产业分	**Grouped by Three Industry**						
第一产业	Primary Industry	33	37	11011.0	23404.5	8547.0	8497.1
第二产业	Secondary Industry	553	458	226938.0	220838.3	100243.0	105631.6
第三产业	Tertiary Industry	784	652	363295.0	352501.5	172033.0	173165.4
按行业分	**By Sector**						
工业	Industry	540	445	215342.0	163064.7	95622.0	86288.3
建筑业	Construction	12	9	2503.0	5346.9	1328.0	3207.3
交通运输、仓储及邮电通信业	Transportation, Storage, Posts and Telecommunications	14	8	13484.0	16069.6	5812.0	8420.0
批发和零售贸易餐饮业	Wholesale, Retail and Catering Trade	59	41	19137.0	-3205.2	7166.0	-3608.4
# 零售业	Retail Trade	21	2	15661.0	-17538.5	5194.0	-8133.1
餐饮业	Catering Services	36	36	2728.0	11300.8	1298.0	3293.7
金融保险业	Banking and Insurance	2	1	6798.0	1306.0	6751.0	1306.0
房地产业	Real Estate	61	54	170111.0	126833.4	52568.0	37154.2
社会服务业	Social Services	597	516	87137.0	126981.9	56159.0	80207.3
# 信息咨询服务业	Information and Consultancy Services	236	119	20788.0	19763.4	14654.0	11599.1
计算机应用服务业	Computer Application	318	371	41747.0	74098.9	29437.0	48607.2
其他行业	Others	85	73	86732.0	160347.0	55417.0	74319.4
按客商国别(地区)分	**Grouped by Country(Region) of Foreign Partner**						
# 日　本	Japan	95	80		30639.4	18273.0	17493.3
美　国	United States	217	159		67204.4	20433.0	36886.2
中国香港	Hongkong,.China	308	281		230433.9	61128.0	93417.5
澳大利亚	Australia	26	12		-173.4	1527.0	85.2
法　国	France	13	14		1430.4	4115.0	1421.0
新加坡	Singapore	66	41		32557.5	15153.0	12713.2
加拿大	Canada	59	36		9475.8	2014.0	4512.5
德　国	Germany	30	21		22018.4	15819.0	19736.7
西班牙	Spain	5	2		30.0	294.0	30.0
中国台湾	Taiwan,China	98	85		7314.2	2255.0	5425.0
瑞　典	Sweden	6	4		208.0	3623.0	140.3
泰　国	Thailand	4	1		772.4	-455.0	366.7
比利时	Belgium	3	1		280.0	180.0	145.0
丹　麦	Denmark	2	3		179.8	30.0	86.6
韩　国	Korea	185	104		15588.2	28792.0	7719.7
俄罗斯	Russia	7	3		98.2	72.0	69.9

15-8 外商投资企业生产经营情况
STATISTICS ON PRODUCTION AND BUSINESS OF FOREIGN ENTERPRISES

单位：万元 (10000 yuan)

项目	Item	销售营业收入 Business Revenue		利润总额 Total Profits		交纳税金总额 Taxes	
		2002	2001	2002	2001	2002	2001
合　计	**Total**	**27208688**	**25822960**	**1559430**	**1288474**	**2084937**	**1970125**
按登记注册类型分	**Grouped by Registration Status**						
外商投资企业	Foreign Funded Enterprises	**18744230**	**17838199**	**1560885**	**1376476**	**1456232**	**1376062**
中外合资	Joint Venture	10476306	11520427	443454	572030	710200	764444
中外合作	Cooperative	627431	602853	-149	-32912	63221	58730
外商独资	Foreign Enterprises	7530973	5629184	1085454	820631	670192	544650
外商投资股份有限公司	Foreign Funded Share Holding Company	109520	85735	32126	16727	12619	8238
港澳台商投资企业	Hongkong,Macao and Taiwan Funded Enterprises	**8464458**	**7984761**	**-1455**	**-88002**	**628705**	**594063**
港澳台合资	Joint Venture	3601620	3396127	143872	-9543	258371	235388
港澳台合作	Cooperative	817498	697245	-86976	-93867	118302	65036
港澳台商独资	Hongkong,Macao and Taiwan Enterprises	3792431	3601337	-72881	2946	237121	259028
港澳台商投资股份有限公司	Hongkong,Macao and Taiwan Funded Share Holding Company	252909	290052	14530	12462	14911	34611
按行业分	**Grouped by Sector**						
农林牧渔水利业	Farming,Forestry,Animal Husbandry, Fishery and Water Conservancy	152865	164426	-3694	502	1117	706
工　业	Industry	14964643	15920878	614765	732457	928089	1034434
运输邮电业	Transportation,Post and Telecommunications	1276241	1047817	438907	443237	379236	297560
商业饮食业	Commerce and Catering Services	1169609	1206283	2709	1275	59246	50428
居民服务业	Residential Services	1072480	1034953	113647	-2278	113474	100078
其他行业	Others	8572850	6448603	393096	113281	603775	486919
按客商国别(地区)分	**Grouped by Country(Region) of Foreign Partner**						
# 中国香港	Hongkong,China	7974796	7519798	9047	-89909	601155	562807
中国澳门	Macao,China	32685	32405	-4779	-299	1029	1256
中国台湾	Taiwan,China	456977	432558	-5723	2206	26521	30001
朝鲜民主主义人民共和国	Democratic People's Republic of Korea	25490	16594	-967	-237	1571	665
日　本	Japan	3295616	2344062	89501	91571	133398	125816
泰　国	Thailand	252291	277387	14279	13573	15427	11186
新加坡	Singapore	763046	586481	30018	28834	58384	53260
印度尼西亚	Indonesia	373	608	22	-50	38	8
法　国	France	546109	468870	84164	59838	23998	29939
意大利	Italy	12349	11897	-855	-1088	288	742
荷　兰	The Holland	496097	314292	-20999	-17251	26724	15601
瑞　典	Sweden	729408	1342351	42483	33358	36501	40630
西班牙	Spain	37455	18352	-3927	-2870	1726	1408
美　国	United States	4082191	4175359	353013	290760	497880	455194
德　国	Germany	991048	1120656	166362	188130	96083	121894
丹　麦	Denmark	20985	23777	-510	79	2671	4871
菲律宾	Philippines	7053	9574	-3535	-5887	792	2310
澳大利亚	Australia	94534	127906	-11587	-2529	6338	14243
新西兰	New Zealand	3166	2404	-587	-295	129	103
韩　国	Korea	332042	225069	7057	-5180	13865	9145
英　国	United Kingdom	393119	262558	38212	-3426	28678	19662
瑞　士	Switzerland	522477	370829	51973	26782	46842	30915
奥地利	Austria	13092	5905	1350	522	653	450
加拿大	Canada	288935	474467	6246	59839	30764	40519

15-9 外商投资企业利用外资情况
UTILIZATION OF FOREIGN CAPITAL OF FOREIGN FUNDED ENTERPRISES

单位：万美元 (USD 10000)

项目	Item	实际利用外资额 Amount of Foreign Capital Actually Used	客商实际投资 Auctual Foreign Investment
合计	**Total**	**179256.8**	**179256.8**
按登记注册类型分	**Grouped by Investment Manner**		
合资经营	Joint Venture	55241.7	55241.7
合作经营	Cooperative Operation	29888.1	29888.1
独资经营	Foreign Funded Enterprises	94127.0	94127.0
股份制	Share Holding		
其他	Others		
按行业分	**Grouped by Sector**		
工业	Industry	64173.7	64173.7
建筑业	Construction	1250.1	1250.1
商业饮食业	Commerce and Catering	1339.6	1339.6
居民服务业	Residential Services	65607.5	65607.5
# 房地产业	Real Estate	33194.7	33194.7
其他行业	Others	46885.9	46885.9
按客商国别(地区)分	**Grouped by Country(Region) of Foreign Partner**		
中国香港	Hongkong,China	51681.5	51681.5
中国台湾	Taiwan,China	2537.5	2537.5
日本	Japan	19093.6	19093.6
新加坡	Singapore	6337.7	6337.7
法国	France	3105.1	3105.1
美国	United States	34505.2	34505.2
德国	Germany	17760.6	17760.6
韩国	Korea	3227.0	3227.0
英国	United Kingdom	947.2	947.2
奥地利	Austria		
加拿大	Canada	1728.0	1728.0
其他	Others	38333.4	38333.4

注：包括对外借款及其他形式，全年实际利用外资51亿美元。

Note: Including foreign loans and other investments,amount of foreign capital actually used is 51 USD 100 million.

15-10 外商投资企业投产开业情况
STATISTICS FOR OPENING OF FOREIGN FUNDED ENTERPRISES

项 目	Item	企业单位数（个） Number of Enterprises (unit)		企业职工人数(人) Number of Staff and Workers (person)	
		2002	2001	2002	2001
合 计	**Total**	**5400**	**5281**	**499326**	**483874**
按登记注册类型分	**Grouped by Registration Status**				
外商投资企业	Foreign Funded Enterprises	**3081**	**2904**	**292626**	**270626**
中外合资	Joint Venture	1736	1752	189118	184657
中外合作	Cooperative	229	204	18875	18977
外商独资	Foreign Enterprises	1113	945	80821	63203
外商投资股份有限公司	Foreign Funded Share Holding Company	3	3	3812	3789
港澳台商投资企业	Hongkong,Macao and Taiwan Funded Enterprises	**2319**	**2377**	**206700**	**213248**
港澳台合资	Joint Venture	1479	1611	151856	158819
港澳台合作	Cooperative	254	237	15773	16705
港澳台商独资	Hongkong,Macao and Taiwan Enterprises	584	527	36731	35490
港澳台商投资股份有限公司	Hongkong,Macao and Taiwan Funded Share Holding Company	2	2	2340	2234
按行业分	**Grouped by Sector**				
农林牧渔水利业	Farming,Forestry,Animal Husbandry,Fishery and Water Conservancy	42	40	4509	3898
工 业	Industry	2688	2879	270584	277561
运输邮电业	Transportation,Posts and Telecommunications	45	38	9156	7212
商业饮食业	Commerce and Catering	293	288	35860	33593
居民服务业	Residential Services	242	235	53960	57296
其他行业	Others	2090	1801	125257	104314
按客商国别(地区)分	**Grouped by Country (Region) of Foreign Partner**				
# 中国香港	Hongkong,China	1873	1897	179834	181987
中国澳门	Macao,China	22	27	1017	2079
中国台湾	Taiwan,China	424	453	25849	29182
朝鲜民主主义人民共和国	Democratic People's Republic of Korea	7	7	758	795
日 本	Japan	563	554	63932	60701
泰 国	Thailand	38	39	3890	4153
新加坡	Singapore	214	204	26956	19340
印度尼西亚	Indinesia	2	4	17	113
法 国	France	70	71	5868	5930
意大利	Italy	17	17	924	995
荷 兰	The Holland	45	43	5905	5046
瑞 典	Sweden	30	30	4556	4226
西班牙	Spain	11	14	1624	778
美 国	United States	926	882	81075	79822
德 国	Germany	138	127	16921	15746
丹 麦	Denmark	11	12	802	966
菲律宾	Philippines	6	8	1097	1425
澳大利亚	Australia	69	66	3955	3747
新西兰	New Zealand	15	17	550	414
韩 国	Korea	195	176	14130	12566
英 国	United Kingdom	149	127	11548	9890
瑞 士	Switzerland	37	33	6021	5979
奥地利	Austria	12	11	462	388
加拿大	Canada	106	101	5494	5069

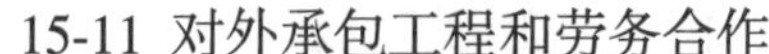

15-11 对外承包工程和劳务合作
CONTRACTED PROJECTS AND LABOR SERVICES COOPERATION WITH FOREIGN COUNTRIES

地区	Region	签定合同份数(份) Number of Contracts (unit)		签定合同金额(万美元) Contracted Value (USD 10000)		营业额(万美元) Fulfilled Value (USD 10000)	
		2002	2001	2002	2001	2002	2001
合　　计	**Total**	**73**	**105**	**27949**	**21439**	**23160**	**18628**
对外承包工程	**Constructed Projects**	**30**	**38**	**19244**	**14521**	**14368**	**11586**
# 斯里兰卡	Sri Lanka	1	2	3122	319	862	417
马来西亚	Malaysia		6		1296	191	1029
巴基斯坦	Pakistan	4	2	830		477	280
新加坡	Singapore	2	1	2619	1512	2992	30273
对外劳务合作	**Labor Services**	**31**	**47**	**8573**	**277**	**8707**	**734**
# 日　本	Japan	10	7	197	98	282	243
中国香港	Hongkong,China	1		98		83	127
马来西亚	Malaysia					1	2
新加坡	Singapore		1		41	2	18
韩　国	Korea		2		6	1	20
埃　及	Egypt		1				3
美　国	United States					2	11
德　国	Germany		4			12	33
塞浦路斯	Cyprus		1			3	17
尼日利亚	Nigeria		2		1		1
泰　国	Thailand						
巴　林	Bahrain						
澳门地区	Macao		1		6	3	11
沙特阿拉伯	Saudi Arabia	1	1	4		1	23
斯里兰卡	Sri Lanka		1		8		8
设计咨询	**Consulting Services for Designing**	**12**	**16**	**132**	**237**	**85**	**94**
其　它	**Others**		**4**		**6404**		**6214**

15-12 海外企业审批情况
STATISTICS ON EXAMINING AND APPROVING OF CONTRACTS OF OVERSEAS ENTERPRISES

项目	Item	审批项目数(个) Number of Projects Examined and Approved (unit)		# 中方投资金额(万美元) Investment by Chinese Partner(USD 10000)	
		2002	2001	2002	2001
合　　计	**Total**	**24**	**20**	**3919.0**	**814.3**
按登记注册类型分	**Grouped by Investment Manner**				
合资经营	Joint Venture	11	8	2584.0	421.7
合作经营	Cooperative Operation	2			
独资经营	Foreign Enterprises	11	12	1335.0	392.6
按生产性、非生产性分	**Grouped by Production and Non-production**				
生产性企业	Productive Enterprises	4	3	2322.1	204.7
非生产性企业	Non-productive Enterprises	20	17	1596.9	609.6
按投资国别(地区)分	**Grouped by Country(Region) of Investment**				
# 美　国	United States	3	3	150.0	254.0
澳大利亚	Australia	1		10.0	
日　本	Japan	2	2	11.4	12.0
蒙　古	Mongolia	1		99.8	
俄罗斯	Russia		1		40.0
德　国	Germany		1		2.0
罗马尼亚	Romania	1		40.0	
秘　鲁	Peru				
阿尔及利亚	Algeria				
波　兰	Poland				
新加坡	Singapore				
多米尼克	Dominica				

15-13 外国企业及华侨、港澳地区企业驻京代表机构
REPRESENTATIVE OFFICES IN BEIJING OF FOREIGN,OVERSEAS CHINESE HONGKONG AND MACAO ENTERPRISES

项目	Item	数量(个) Number(unit) 2002	2001	构成(%) Composition(%) 2002	2001
总计	**Total**	**7976**	**7451**	**100.0**	**100.0**
#日本	Japan	666	640	8.4	8.6
港澳地区	Hongkong and Macao	2082	2004	26.1	26.9
美国	United States	1540	1433	19.3	19.2
德国	Germany	453	419	5.7	5.6
法国	France	214	209	2.7	2.8
英国	United Kingdom	210	201	2.6	2.7
意大利	Italy	169	165	2.1	2.2
瑞士	Switzerland	102	97	1.3	1.3
瑞典	Sweden	73	66	0.9	0.9
加拿大	Canada	257	234	3.2	3.1
澳大利亚	Australia	182	161	2.3	2.2
比利时	Belgium	44	44	0.6	0.6
新加坡	Singapore	317	309	4.0	4.1
荷兰	The Holland	101	98	1.3	1.3
奥地利	Austria	52	48	0.7	0.6

15-14 区县对外经济基本情况
FOREIGN ECONOMY OF DISTRICTS AND COUNTIES

项目	Item	合计 Total	城区 City Proper	近郊区 Near Suburbs	远郊区 Outer Suburbs	各县 Counties
利用外资	**Utilization of Foreign Capital**					
签约项目 (个)	Projects Signed (unit)	1370	166	788	358	58
合同外资金额 (万美元)	Contracted Foreign Capital (USD 10000)	280823	38188	151722	82882	8031
外商实际投资额 (万美元)	Foreign Actual Investment (USD 10000)	179257	25923	111591	39164	2579
出口商品交货	**Export Delivery**					
交货总额 (万元)	Total Value (10000 yuan)	771215	2493	65708	604535	98479
直接交货 (万元)	Direct Delivery (10000 yuan)	543771	2493	44724	423685	72869
# 交本市外贸收购 (万元)	Purchased by Local Foreign Trade (10000 yuan)	220298	1182	31782	145332	42002
间接交货 (万元)	Indirect Delivery (10000 yuan)	227444		20984	180850	25610

主要统计指标解释

进出口总额 海关进出口总额指实际进、出我国关境并能引起我国境内物质资源增加或减少的进出口货物总金额。包括我国境内法人和其他组织以一般贸易、易货贸易、加工贸易、补偿贸易、寄售代销贸易等方式进出口的货物、租赁期一年及以上的租赁进出口货物、边境小额贸易货物、国际援助物资或捐赠品、保税区和保税仓库进出口货物等的金额合计。进出口总额用以观察一个国家在对外贸易方面的总规模。我国规定出口货物按离岸价格统计，进口货物按到岸价格统计。

利用外资 指我国各级政府、部门、企业和其他经济组织通过对外借款、吸收外商直接投资以及用其他方式筹措的境外现汇、设备、技术等。

对外借款 是我国利用外资的主要部分。包括我国通过外国政府贷款，国际金融组织贷款，外国银行商业贷款，出口信贷以及对外发行债券，股票等方式，从境外筹措的资金。

实际利用外资 为批准的合同外资金额的实际执行数。

外商直接投资 是指外国企业和经济组织或个人（包括华侨、港澳台同胞以及我国在境外注册的企业）按我国有关政策、法规，用现汇、实物、技术等在我国境内开办外商独资企业、与我国境内的企业或经济组织共同举办中外合资经营企业、合作经营企业或合作开发资源的投资（包括外商投资收益的再投资）以及经政府有关部门批准的项目投资总额内，企业从境外借入的资金。

对外承包工程 指企业按照国际通行做法，在国（境）外承揽和实施各类工程项目的经济活动。企业承揽的我国对外经济援助项目、我国驻外使（领）馆等建设项目视同对外承包工程项目。

对外劳务合作 指企业按照与国（境）外政府有关机构、团体、企业、私人雇主所签合同规定，向国（境）外派遣各类劳务人员的经济活动。企业自带设备以提供技术服务的形式在国（境）外承揽的项目视同对外劳务合作项目。

十六　旅游业

TOURISM

接待入境旅游人数（单位：万人）
Tourists (10000 persons)

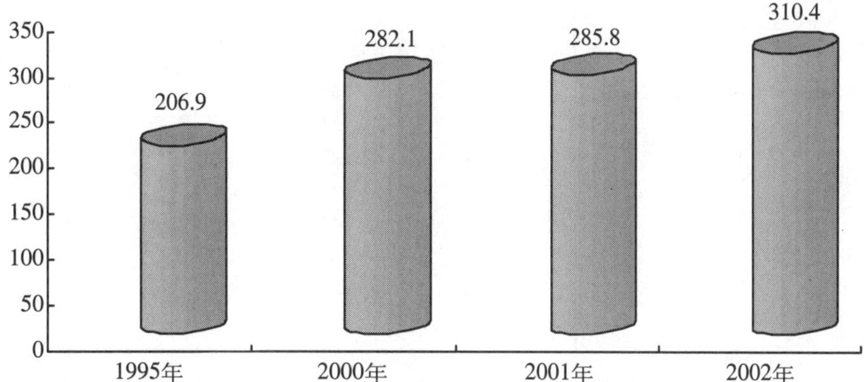

旅游外汇收入　　　（单位：亿美元）
Foreign Exchange Earning from Tourism (USD 100 million)

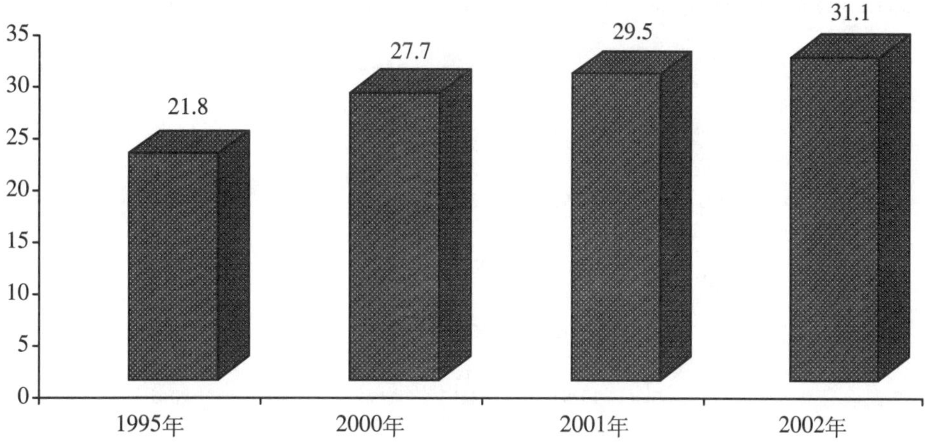

16-1 涉外饭店(公寓)主要经济指标
MAIN ECONOMIC INDICATORS OF TOURIST HOTELS(APARTMENTS)

项目	Item	企业个数（个） Number of Enterprises(unit)		出租率（%） Renting Rate(%)		平均房价（元/间天） Average Price(yuan/room.day)	
		2002	2001	2002	2001	2002	2001
总计	**Total**	**454**	**421**	**62**	**62**	**392**	**384**
四星、五星合计	**Hotels of 4 and 5 Star Grade**	**64**	**56**	**70**	**70**	**526**	**541**
五星	5 Star	21	21	68	69	656	681
四星	4 Star	43	35	71	71	430	447
一星至三星合计	**Hotels of 1 to 3 Star Grade**	**326**	**307**	**56**	**57**	**247**	**240**
三星	3 Star	140	123	61	64	272	269
二星	2 Star	151	149	51	50	198	189
一星	1 Star	35	35	38	44	177	175
其他	**Others**	**64**	**58**	**62**	**60**	**558**	**508**

单位：万元 (10000 yuan)

项目	Item	营业收入 Business Revenue		利润总额 Total Profits		职工人数（人） Staff and Workers(person)		工资总额 Total Wages	
		2002	2001	2002	2001	2002	2001	2002	2001
总计	**Total**	**1534712**	**1415933**	**64427**	**61450**	**118653**	**118534**	**238725**	**225232**
四星、五星合计	**Hotels of 4 and 5 Star Grade**	**862398**	**775159**	**71491**	**91634**	**49423**	**48033**	**123326**	**117214**
五星	5 Star	422226	375229	37954	63374	20807	19359	60347	51384
四星	4 Star	440172	399930	33537	28260	28616	28674	62979	65830
一星至三星合计	**Hotels of 1 to 3 Star Grade**	**444696**	**427587**	**-44279**	**-41168**	**57668**	**57759**	**84791**	**77110**
三星	3 Star	328580	300821	-34928	-28477	39674	37761	62337	53636
二星	2 Star	105913	110545	-8157	-11646	15978	16947	19889	19355
一星	1 Star	10203	16221	-1194	-1045	2016	3051	2565	4119
其他	**Others**	**227618**	**213187**	**37215**	**10984**	**11562**	**12742**	**30608**	**30908**

16-2 国际旅行社经营情况
BUSINESS OF INTERNATIONAL TRAVEL AGENCIES

单位：万元 (10000 yuan)

项目	Item	2002	2001	2002年为2001年% 2002 as % of 2001
企业个数（个）	Number of Enterprises (unit)	151	140	107.9
营业收入	Business Revenue	823550.6	700529.0	117.6
营业成本	Business Cost	747698.0	627990.1	119.1
营业费用	Business Expense	32777.5	29027.9	112.9
营业税及附加	Business Tax and Extra Charges	4269.3	4048.5	105.5
经营利润	Operating Profits	38805.9	39462.5	98.3
管理费用	Overhead Expense	25184.4	26492.2	95.1
营业利润	Business Profits	12519.4	10988.4	113.9
利润总额	Total Profits	23361.7	18682.5	125.0
平均从业人员（人）	Average Employed Persons (person)	9350.0	8259.0	113.2
工资总额	Total Wages	17533.1	16448.7	106.6

16-3 国际旅行社外联、接待海外旅游者人数及人天数
PERSONS AND PERSON-DAY OF OVERSEAS GROUP AND RECEIVED BY INTERNATIONAL TRAVEL AGENCIES

单位：人次，人天 (person.time, person-day)

项目	Item	2002	2001	2002年为2001年% 2002 as % of 2001
外联人数	Persons of Overseas Travel Groups	1793817	1433743	125.1
外国人	Foreigners	1664799	1322914	125.8
港澳	Hongkong and Macao Tourists	78914	72004	109.6
台湾	Taiwan Tourists	50104	38825	129.1
接待人数	Tourists Received	1762841	1300706	135.5
外国人	Foreigners	1614437	1165913	138.5
港澳	Hongkong and Macao Tourists	94137	84635	111.2
台湾	Taiwan Tourists	54267	50158	108.2
外联人天数	Person-day of Overseas Travel Groups	9808100	7698197	127.4
外国人	Foreigners	9092093	7151529	127.1
港澳	Hongkong and Macao Tourists	467934	333112	140.5
台湾	Taiwan Tourists	248073	213556	116.2
接待人天数	Person-day Received	7672950	5284395	145.2
外国人	Foreigners	6909786	4659954	148.3
港澳	Hongkong and Macao Tourists	520440	386484	134.7
台湾	Taiwan Tourists	242724	237957	102.0

注：国际旅行社组团、接待国内游客情况为：2002年组团人数 824578人次，接待782564人数人次；2001年组团人数537777人次，接待人数533303人次。

Note: There are 824578 person.times of home groups organized and 782564 person.times received by international travel agencies in 2002, and 537777 person.times organized and 533303 person.times received in 2001.

16-4 国际旅行社组织国内居民出境旅游人数
HOME TOURISTS TRAVELLING OUT-BOUNDARY ORGANIZED BY INTERNATIONAL TRAVEL AGENCIES

项目	Item	2002	2001	2002年为2001年% 2002 as % of 2001
总人数 （人）	**Total Tourists (person)**	**285415**	**218869**	**130.4**
出国游	Travel abroad	204114	148087	137.8
港澳游	to Hongkong and Macao	81301	70782	114.9
前往国别及地区 （人次）	**Country or Region Travel to (persontime)**			
# 香　港	Hongkong	99071	84811	116.8
澳　门	Macao	80173	66571	120.4
泰　国	Thailand	75440	62277	121.1
新加坡	Singapore	50013	38915	128.5
马来西亚	Malaysia	53451	37505	142.5
菲律宾	the Philippines	252	294	85.7
韩　国	Republic of Korea	44317	40862	108.5
日　本	Japan	13680	4539	301.4
澳大利亚	Australia	22901	16860	135.8
新西兰	New Zealand	11747	6504	180.6

注：目前有特许经营出境旅游业务权的国际旅行社有41家。

Note: Now, there are forty-one international services specially permitted to operate out-boundary travelling.

16-5 旅游外汇收入
FOREIGN EXCHANGE EARNING FROM INTERNATIONAL TOURISM

单位：亿美元 (USD 100 million)

项目	Item	2002	2001	2002年为2001年% 2002 as % of 2001
合　计	**Total**	31.1	29.5	**105.4**
长途交通费	Long-distance Transportation Expenses	11.0	10.0	110.0
# 民　航	Civil Aviation	10.4	8.8	118.2
铁　路	Railway	0.3	1.1	27.3
汽　车	Motor Vehicles	0.3	0.1	300.0
市内交通费	Local Transpotation Expense	0.9	1.0	90.0
住　宿	Accommodation	4.9	5.1	96.1
餐　饮	Catering Service	2.6	2.7	96.3
商　品	Commodity	6.4	5.8	110.3
邮政电讯	Posts and Telecommunications	1.4	0.7	200.0
景点门票	Tickets of Tourism Spots	1.4	1.4	100.0
文化娱乐	Culture and Entertainment	1.3	2.1	61.9
其　他	Others	1.2	0.7	171.4

16-6 接待海外旅游人数
FOREIGN TOURISTS

单位：人次 (person.time)

项 目	Item	2002	2001
合 计	**Total**	**3103836**	**2857872**
外国人	**Foreigner**	**2664535**	**2398790**
# 日 本	Japan	564546	506662
菲 律 宾	Philippines	13159	11503
新 加 坡	Singapore	80002	70850
泰 国	Thailand	41823	39229
印度尼西亚	Indonesia	23721	20629
马来西亚	Malaysia	77299	68918
蒙 古	Mongolia	31468	27356
韩 国	Korea	380123	327494
印 度	India	16276	9340
美 国	United States	373558	330698
加 拿 大	Canada	60818	51820
英 国	United Kingdom	129475	111129
法 国	France	113247	101536
德 国	Germany	122393	123485
意 大 利	Italy	44662	46076
瑞 典	Sweden	34444	31233
瑞 士	Switzerland	42220	30510
俄 罗 斯	Russia	51825	48584
澳大利亚	Australia	56234	48608
新 西 兰	New Zealand	8180	7802
荷 兰	The Holland	31545	31606
西 班 牙	Spain	22395	19616
港澳台胞	**Hongkong,Macao and Taiwan Chinese**	**439301**	**459082**
# 台 胞	Taiwan Chinese	171751	175597

主要统计指标解释

旅行社外联人数 指报告期内旅行社自组外联的海外游客人数，反映旅行社对外招徕的能力。旅行社按以下要求统计外联人数：（1）海外游客入境后不论其停留时间多少、旅游线路长短，只统计一次。（2）旅行社只统计本社自组外联的实到人数，非本社外联，仅由本社接受委托办理签证的人数不包括在内。

海外旅游者 指来华入境的海外游客中，在我国旅游住宿设施内至少停留一夜的外国人、港澳台同胞。海外旅游者不包括以下人员：（1）应邀来华访问的政府部长以上官员及其随行人员；（2）外国驻华使领馆官员、外交人员以及随行的家庭服务人员和受赡养者；（3）常住我国一年以上的外国专家、留学生、记者、商务机构人员等；（4）乘坐国际航班过境不需要通过护照检查进入我国口岸的中转旅客；（5）边境地区往来的边民；（6）回大陆定居的港澳台同胞；（7）已在我国定居的外国人和原已出境又返回在我国定居的外国侨民；（8）归国的我国出国人员。

国际旅游（外汇）收入 指海外旅游者在中国（大陆）境内旅行、游览过程中用于交通、参观游览、住宿、餐饮、购物、娱乐等全部花费。

十七 金融、保险

BANKING AND INSURANCE

存款余额（单位：亿元）
Deposits (100 million yuan)

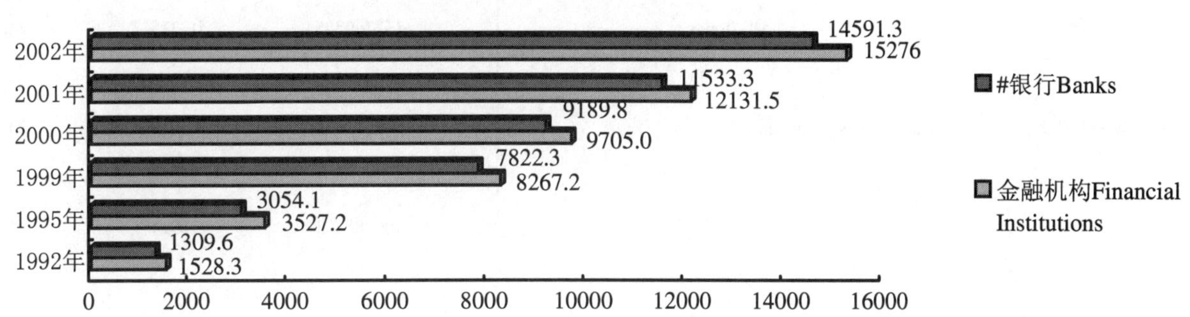

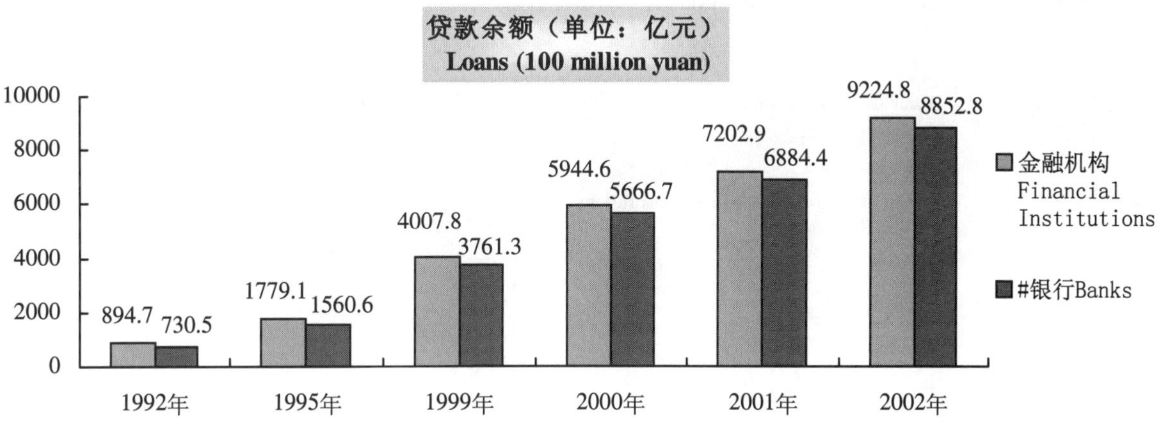

城乡居民储蓄存款余额（单位：亿元）
Saving Deposits of Urban and Rural Residents (100 million yuan)

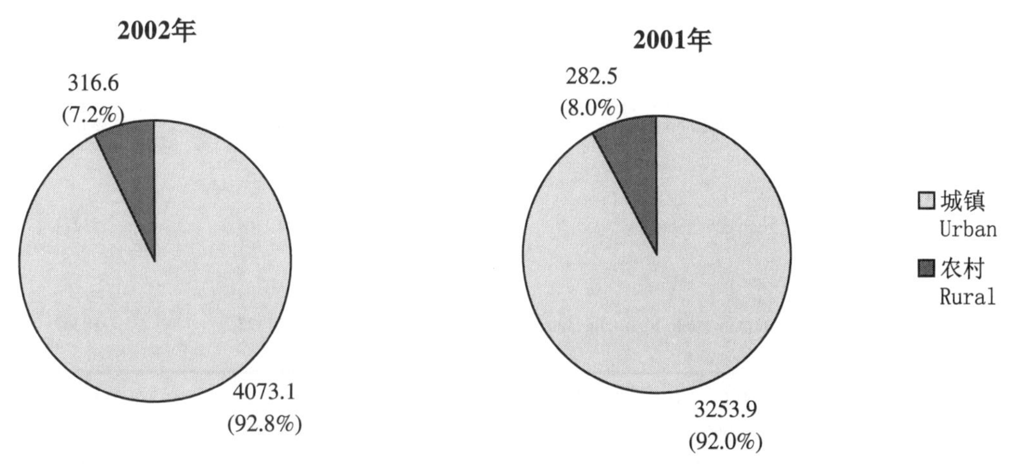

17-1 北京地区金融机构存贷款
DEPOSITS AND LOANS OF FINANCIAL INSTITUTIONS IN BEIJING

单位：万元 (10000 yuan)

项目	Item	2002年余额 Balance of 2002	比年初增减额(+、-) Increase or Decrease than Year-beginning 2002	2001
存款总计	**All Deposits**	**152760305**	**31321542**	**24391389**
全市各银行存款合计	**Total Deposits of Banks**	**145912679**	**30455654**	**23434919**
国家银行小计	National Banks	100785103	17097451	14150805
其他商业银行	Other Commercial Banks	45127576	13358203	9284114
信用合作机构存款	**Deposits of Credit Cooperatives**	**6750744**	**869584**	**959800**
农村信用社	Rural Credit Cooperatives	6750744	869584	959800
非银行金融机构存款	**Deposits of Non-bank Financial Institutions**	**96882**	**-3696**	**-3330**
贷款总计	**All Loans**	**92248166**	**17415918**	**12078739**
全市各银行贷款合计	**Total Loans of Banks**	**88528427**	**16881064**	**11539770**
国家银行小计	National Banks	62017637	8760900	7133382
其他商业银行	Other Commercial Banks	26510790	8120164	4406388
信用合作机构贷款	**Loans of Credit Cooperatives**	**3612564**	**553221**	**534664**
农村信用社	Rural Credit Cooperatives	3612564	553221	534664
非银行金融机构贷款	**Deposits of Non-bank Financial Institutions**	**107175**	**-18367**	**4305**

注：本表各金融机构存款中，不包含其代理财政存款、汇出汇入款、委托存款及委托投资基金。

Note: All deposits exclude agent financial deposits, remittance, trust deposits and trust investment-fund.

17-2 银行存款及贷款余额
DEPOSITS AND LOANS OF BANKS

项目	Item	绝对数(万元) Amount (10000 yuan) 2002	2001	2002年为2001年% 2002 as % of 2001	构成(%) Composition (%) 2002	2001
年末各项存款合计	**Deposits Balance(year-end)**	**145912679**	**115332950**	**126.5**	**100**	**100**
# 地方存款	Local Deposits		87824999			76.1
# 地方工业企业存款	Industrial Enterprise		3226035			2.8
地方商业企业存款	Commercial Enterprise		5251528			4.6
# 企业存款	Enterprise Deposits	85221491	66979805	127.2	58.4	58.1
# 工业存款	Industry	6335872	7006256	90.4	4.3	6.1
商业存款	Commerce	7413862	6418940	115.5	5.1	5.6
建筑业存款	Construction	3780200	2775973	136.2	2.6	2.4
城镇储蓄存款	Urban Savings Deposits	40730632	32538708	125.2	27.9	28.2
农业存款	Agricultural Deposits	280976	246594	113.9	0.2	0.2
信托存款	Trust Deposits					
机关团体存款	Deposits of Government Organs and Bodies	5996650	4983893	120.3	4.1	4.3
年末各项贷款合计	**Loans Balance(year-end)**	**88588027**	**68844213**	**128.7**	**100**	**100**
# 地方贷款	Local Loans		49884940			72.5
# 地方工业贷款	Industrial Enterprise		7003948			10.2
地方商业贷款	Commercial Enterprise		5806885			8.4
# 短期贷款	Short-term Loans	33244769	29897095	111.2	37.5	43.4
# 工业贷款	Industry	10695594	10812005	98.9	12.1	15.7
商业贷款	Commerce	6739769	6716517	100.3	7.6	9.8
建筑业企业贷款	Construction	3538982	2493052	142.0	4.0	3.6
农业贷款	Agriculture	336689	381178	88.3	0.4	0.6
中长期贷款	Mid-term and Long-term Loans	42971190	32435549	132.5	48.5	47.1
# 基本建设贷款	Capital Construction	21779717	17308046	125.8	24.6	25.1
技术改造贷款	Technical Updates and Transformation	2909987	4880173	59.6	3.3	7.1

17-3 城乡居民储蓄存款余额
SAVINGS DEPOSIT BALANCE IN URBAN AND RURAL AREAS

项目	Item	绝对数(万元) Amount (10000 yuan) 2002	2001	2002年为2001年% 2002 as % of 2001	构成(%) Composition(%) 2002	2001
年末储蓄存款余额	**Savings Deposit Balance**	**43896899**	**35363232**	**124.1**	**100**	**100**
定　期	Fixed Deposits	28758098	24043171	119.6	65.5	68.0
活　期	Current Deposits	15138801	11320061	133.7	34.5	32.0
城镇居民存款	Urban Savings Deposit	40730632	32538708	125.2	92.8	92.0
农民存款	Rural Savings Deposit	3166267	2824524	112.1	7.2	8.0

17-4 金融机构现金收支
CASH INCOME AND EXPENDITURES OF FINANCIAL INSTITUTIONS

项目	Item	2002	2001	2002年为2001年% 2002 as % of 2001
收入合计	**Total Income**	**121939311**	**105779237**	**115.3**
商品销售收入	Income form Commodity Sales	17889398	14946160	119.7
服务业收入	Income form Service Trade	7572973	7403024	102.3
税款收入	Income from Taxes	163337	160128	102.0
城乡个体经营收入	Income from Urban and Rural Individual Business	1179183	1057821	111.5
储蓄存款收入	Income from Saving Deposits	81991967	69514750	117.9
其他金融机构收入	Income from Other Financial Institutions	653951	621001	105.3
居民归还贷款收入	Income from Repayment of Loans by Residents	258804	204401	126.6
汇兑收入	Income from Remittances	3185133	3337304	95.4
有价证券收入	Income from Securities	739124	1948710	37.9
其他收入	Other Income	8305443	6585939	126.1
# 兑换外币收入	from Exchange of Foreign Currencies	97992	128463	76.3
支出合计	**Total Expenditures**	**121117468**	**104596983**	**115.8**
工资性支出	Wages	9257838	8579940	107.9
农副产品采购支出	Purchases of Agricultural and Sideline Products	1027653	756477	135.8
工矿及其他产品采购支出	Expenditure for Purchases of Industrial and Mineral Products	844109	691338	122.1
行政企事业管理费支出	Government and Enterprises Overhead	13483490	11373636	118.6
城乡个体经营支出	Expenditure for Individual Business	3471741	2838899	122.3
储蓄存款支出	Expenditure for Saving Deposits	80868843	69336150	116.6
其他金融机构支出	Expenditure for Other Financial Institutions	442001	532297	83.0
居民提取贷款支出	Expenditure for Loans by Residents	92581	123420	75.0
汇兑支出	Expenditure for Remittances	2192072	1996230	109.8
有价证券支出	Expenditure for Securities	570505	1357217	42.0
其他支出	Other Expenditures	8866636	7011380	126.5

17-5 银行、保险系统机构及人员
INSTITUTIONS AND PERSONNEL OF BANK AND INSURANCE SYSTEM

项目 Item		银行系统 Bank System		保险系统 Insurance System	
		机构（个） Institution(unit)	人员(人) Personnel(person)	机构（个） Institution(unit)	人员(人) Personnel(person)
全 市	**Total**	**2802**	**61422**	**236**	**7784**
城 区	City Propers	653	26171	91	4475
郊 区	Suburbs	2008	33533	134	3195
各 县	Counties	141	1718	11	114

注：1、本表口径为北京地区中资及外资银行保险公司总行（总公司）、分行（分公司）及所属分支机构。

2、保险系统人员构成中不含营销员。

Note:a)calire of this table was head office (parent company) of chinese capital and foreign capital bank or Insurance and buanch (filiale) and What is affiliated with filiation on organ.

b)Insurance system personnel exclude those of salesman

17-6 保险业务情况
STATISTICS FOR ASSURANCE

单位：亿元 (100 million yuan)

项目 Item		保费收入 Premiums Income		赔款支出 Indemnity		给付支出及保金 Payment and Exit Premiums	
		2002	2001	2002	2001	2002	2001
总 计	**Total**	**226.8**	**140.8**	**26.6**	**17.8**	**22.6**	**10.1**
人身险业务小计	**Personal Insurance**	**182.6**	**102.7**	**2.3**	**1.5**	**22.6**	**10.1**
人寿保险	Life Insurance	160.8	93.3			22.3	10.0
# 非分红产品	Not Melon-Cutting	40.9	40.4			18.2	9.9
分红、投资连接及万能产品	Melon-Cutting,Invest and Omnipotence	119.9	52.9			4.1	0.1
意外伤害保险	Accident Insurance	3.2	2.7	0.5	0.5		
健康保险	Health Insurance	18.7	6.6	1.8	1.1	0.3	0.1
财产险业务小计	**Total of Property Loss**	**44.2**	**38.2**	**24.3**	**16.2**		
# 财产损失保险	Property Loss Insurance	43.0	37.3	23.0	15.9		
# 企业财产保险	Enterprise Property	4.2	4.1	0.6	0.5		
家庭财产保险	Family Property	2.4	1.5	0.1	0.1		
机动车辆及第三者责任	Transportation Equipment and Responsibility	30.9	27.4	17.8	13.3		
货物运输保险	Freignt Transport	2.0	2.3	1.5	1.7		
责任保险	Liability Insurance	0.9	0.8	0.2	0.2		

17-7 金融市场交易量
FINANCIAL MARKET TRANSACTIONS

单位：万元 (10000 yuan)

项目 Item		2002	2001	2002年为2001年% 2002 as % of 2001
合 计	**Total**	**133311652**	**125965046**	**105.8**
国家债券	Treasury Bonds	6424257	3563880	180.3
股票交易	Stock Transactions	45534739	53396077	85.3
国债回购	Repurchase of Treasury Bonds	75741088	63733025	118.8
基 金	Funds	4857661	4006103	121.3
其 他	Others	753906	1265961	59.6

17-8 金融业企业财务状况

单位：万元

项目	Item	单位个数(个) Units (unit)	流动资产合计 Total Circulating Assets	#货币资金 Cash	长期资产合计 Long-term Assets	#固定资产合计 Total Fixed Assets
合计	**Total**	**128.0**	**383212682.1**	**105299753.8**	**329742886.1**	**3869643.1**
按登记注册类型分	**Grouped by Registation Status of Enterprises**					
内资经济	**Domestic Investment Economy**	**102.0**	**380198385.0**	**104081005.1**	**328918071.5**	**3843651.4**
国有经济	State-owned	35.0	296677911.0	85139838.9	259073957.2	2910881.6
集体经济	Collective-owned	1.0	56796.0	7.7	46.0	46.0
股份合作企业	Share Holding Cooperative	2.0	15018817.9	7569242.1	2396507.1	203729.7
国有独资公司	State Enterprises	2.0	650604.8	636127.0	40762574.4	1719.3
其他有限责任公司	Limited-LiabilityCompany	45.0	21635906.6	6268418.5	5556047.6	190771.5
股份有限公司	Share Holding Company	17.0	46158348.7	4467370.9	21128939.2	536503.3
港澳台商投资经济	**Hongkong,Macao and Taiwan Funded**	**3.0**	**93996.1**	**36010.9**	**165310.4**	**13425.5**
与港澳台商合资经营	Joint Venture	1.0	2321.0	2314.9	2832.0	15.7
港澳台商独资	HongKong,Macao and Taiwan Enterprises	2.0	91675.1	33696.0	162478.4	13409.8
外商投资经济	**Foreign Funded**	**23.0**	**2920301.0**	**1182737.8**	**659504.2**	**12566.2**
中外合资经营	Joint Venture	9.0	565625.9	301938.9	250477.2	5024.3
外商独资	Foreign Enterprises	14.0	2354675.1	880798.9	409027.0	7541.9

项目	Item	营业收入 Operating Income	营业支出 Operating Expenditure	#利息支出 nterest	营业费用 Operating Expense	营业税金及附加 Operation Tax and Extra Charges
合计	**Total**	**18837414.5**	**21603956.8**	**4507738.1**	**5598615.7**	**374824.8**
按登记注册类型分	**Grouped by Registation Status of Enterprises**					
内资经济	**Domestic Investment Economy**	**18625856.0**	**21426139.3**	**4459918.4**	**5530110.5**	**369095.7**
国有经济	State-owned	15513395.4	18263014.7	3678686.0	2984982.4	262601.8
集体经济	Collective-owned	35.6	-67.2	114.1	316.8	1.0
股份合作企业	Share Holding Cooperative	433361.3	430400.7	147190.0	99009.1	15024.8
国有独资公司	State Enterprises	24914.6	69465.8	43659.3	19288.0	
其他有限责任公司	Limited-LiabilityCompany	551844.0	551732.9	149925.8	174899.1	27571.2
股份有限公司	Share Holding Company	2102305.1	2111592.4	440343.2	2251615.1	63896.9
港澳台商投资经济	**Hongkong,Macao and Taiwan Funded**	**8683.7**	**7317.6**	**1016.8**	**3853.7**	**308.3**
与港澳台商合资经营	Joint Venture	7.5	137.2	0.5	136.7	0.4
港澳台商独资	HongKong,Macao and Taiwan Enterprises	8676.2	7180.4	1016.3	3717.0	307.9
外商投资经济	**Foreign Funded**	**202874.8**	**170499.9**	**46802.9**	**64651.5**	**5420.8**
中外合资经营	Joint Venture	139302.9	112398.2	31555.3	40280.6	3672.6
外商独资	Foreign Enterprises	63571.9	58101.7	15247.6	24370.9	1748.2

FINANCIAL INDICATORS FOR BANKING SERVICES

(10000 yuan)

# 固定资产原价合计 Original Value of Fixed Assets	资产合计 Total Assets	流动负债合计 Total Circulating Liability	# 应付帐款 Accounts Payable	长期负债合计 Total Long-term Liability	负债合计 Total Liabilities	所有者权益合计 Ownership Interest	# 实收资本 Proceeds of Capital
3954783.1	**757239211.7**	**368177047.8**	**7020363.3**	**241642333.9**	**702706891.9**	**53778151.4**	**36425577.9**
3911676.9	**753385837.9**	**365058798.5**	**6990894.5**	**241352334.1**	**699298642.8**	**53358309.7**	**36029222.8**
2988718.2	598291704.5	265930097.9	5290294.2	191307045.9	550124654.0	47676589.7	31236766.6
383.3	56842.0	44854.9			44854.9	11684.8	11209.2
260692.1	17450769.5	14376618.3	177815.6	2893210.4	17269828.7	180940.8	144582.6
5973.8	41413446.9	2820892.9	120767.2	37660331.0	40481223.9	932223.0	1045154.4
234761.3	27563949.6	24244663.1	1061792.7	1737123.4	25981786.5	1536169.1	1851467.3
421148.2	68609125.4	57641671.4	340224.8	7754623.4	65396294.8	3020702.3	1740042.7
18184.7	**260248.4**	**135248.0**	**7173.8**	**85098.4**	**220346.4**	**39902.0**	**45081.1**
137.3	5153.0	80.8	21.0		80.8	5072.2	4966.2
18047.4	255095.4	135167.2	7152.8	85098.4	220265.6	34829.8	40114.9
24921.5	**3593125.4**	**2983001.3**	**22295.0**	**204901.4**	**3187902.7**	**379939.7**	**351274.0**
10595.0	822777.8	502185.6	6310.1	112356.5	614542.1	204890.4	175533.8
14326.5	2770347.6	2480815.7	15984.9	92544.9	2573360.6	175049.3	175740.2

利润总额 Total Profits	# 应交所得税 Income Tax Payable	本年应付工资总额 Total Wages Payable in the Year	本年应付福利费总额 Welfares Payable in the Year
1398730.8	**261031.2**	**346260.4**	**61963.4**
1367161.0	**247564.0**	**330802.5**	**58159.2**
1169371.9	178506.1	217743.1	46567.1
-114.4		106.2	5.1
15562.8		19811.8	1321.7
-43983.7	174.0	1420.5	183.0
135030.8	54306.0	26512.8	3071.5
91293.6	14577.9	65208.1	7010.8
1206.2		**2180.9**	**48.1**
-130.1		397.4	7.4
1336.3		1783.5	40.7
30363.6	**13467.2**	**13277.0**	**3756.1**
23251.7	11940.4	7249.7	3012.3
7111.9	1526.8	6027.3	743.8

17-9 保险业企业财务状况

单位：万元

项 目	Item	单位个数(个) Units (unit)	流动资产合计 Total Circulating Assets	长期投资 Long-term Investment	固定资产合计 Total Fixed Assets	固定资产原价合计 Original Value of Fixed Assets
合 计	**Total**	**29**	**7425404.5**	**931344.4**	**331417.9**	**352985.9**
按登记注册类型分	**Grouped by Registation Status of Enterprises**					
内资经济	**Domestic Investment Economy**	**27**	**7404887.1**	**931344.4**	**330972.8**	**352359.6**
国有经济	State-owned	3	1178170.2	25291.5	100599.2	105630.1
国有独资公司	State Enterprises	2	1687578.6	326520.0	86642.7	101691.1
其他有限责任公司	Others	6	31570.4	6626.0	1247.8	1363.6
股份有限公司	Share Holding Company	14	4507299.2	572906.9	142389.7	143566.9
私营有限责任公司	Private Limited-Liability Company	2	268.7		93.4	107.9
港澳台商投资经济	**Hongkong,Macao and Taiwan Funded**	**1**	**4383.3**		**174.5**	**324.7**
与港澳台商合资经营	Joint Venture	1	4383.3		174.5	324.7
外商投资经济	**Foreign Funded**	**1**	**16134.1**		**270.6**	**301.6**
外商独资	Foreign Enterprises	1	16134.1		270.6	301.6

项 目	Item	保费业务支出 Premiums Expenditure	#赔款支出 Reparations	#死伤医疗年金给付及退保金 Annuity for Casualty and Insurance-quit	#分保赔款支出 Reparations Shared	#营业费用 Operating Expense
合 计	**Total**	**2849358.1**	**333819.9**	**322434.0**	**995444.3**	**209382.8**
按登记注册类型分	**Grouped by Registation Status of Enterprises**					
内资经济	**Domestic Investment Economy**	**2845108.0**	**333815.2**	**322433.8**	**995444.3**	**207996.8**
国有经济	State-owned	385661.5	217880.5	65926.2		57652.8
国有独资公司	State Enterprises	1712417.5			994327.6	26036.6
其他有限责任公司	Others	2072.2				1888.3
股份有限公司	Share Holding Company	744677.1	115934.7	256507.6	1116.7	122216.0
私营有限责任公司	Private Limited-Liability Company	279.7				203.1
港澳台商投资经济	**Hongkong,Macao and Taiwan Funded**	**1386.0**				**1386.0**
与港澳台商合资经营	Joint Venture	1386.0				1386.0
外商投资经济	**Foreign Funded**	**2864.1**	**4.7**	**0.2**		
外商独资	Foreign Enterprises	2864.1	4.7	0.2		

FINANCIAL INDICATORS FOR INSURANCE SERVICES

(10000 yuan)

资产合计 Total Assets	流动负债合计 Total Circulating Liability	长期负债合计 Total Long-term Liability	负债合计 Total Liabilities	所有者权益合计 Ownership Interest	保费业务收入 Premiums Business Income	#保费收入 Premiums
8319264.6	**2257773.0**	**4964391.1**	**7222164.0**	**1059034.4**	**4317453.2**	**2394636.6**
8293902.0	**2254869.8**	**4963101.3**	**7217971.0**	**1054424.8**	**4313308.1**	**2392143.1**
1310370.2	279631.0	902331.8	1181962.8	128407.4	696221.1	670169.7
2071858.0	456040.2	1320116.3	1776156.5	275009.3	1890384.6	
40893.1	3825.8		3825.8	37067.3	3414.9	2008.3
4870401.2	1515038.1	2740653.2	4255691.2	613910.8	1723135.1	1719965.1
379.5	334.7		334.7	30.0	152.4	
4557.8	**1788.1**		**1788.1**	**2769.7**	**1651.6**	
4557.8	1788.1		1788.1	2769.7	1651.6	
20804.8	**1115.1**	**1289.8**	**2404.9**	**1839.9**	**2493.5**	**2493.5**
20804.8	1115.1	1289.8	2404.9	1839.9	2493.5	2493.5

营业税金及附加 Operation Tax and Extra Charges	利润总额 Total Profits	#应交所得税 Income Tax Payable	本年应付工资总额 Total Wages Payable in the Year	本年应付福利费总额 Welfares Payable in the Year
33461.1	**-3677.2**	**21192.3**	**59347.5**	**7660.3**
33343.5	**-3917.6**	**21113.0**	**58839.2**	**7358.6**
18418.1	-24772.6		17293.4	2498.3
262.9	-11438.1		6800.1	949.5
77.5	351.3	200.5	608.7	69.8
14578.2	32075.9	20912.5	34092.2	3835.0
6.8	-134.1		44.8	6.0
82.6	**240.4**	**79.3**	**508.3**	**301.7**
82.6	240.4	79.3	508.3	301.7
35.0				
35.0				

主要统计指标解释

信贷资金　国家银行用于发放贷款的资金叫信贷资金。中国人民银行信贷资金的来源有各项存款、对国际金融机构负债、流通中货币、银行自有资金及当年结益等。信贷资金的运用有各项贷款、黄金占款、外汇占款、财政借款及在国际金融机构中的资产等。

存款　企业、机关、团体或居民根据可以收回的原则，把货币资金存入银行或其他信用机构保管并取得一定利息的一种信用活动形式。根据存款对象的不同可划分为企业存款、财政存款、机关团体存款、城镇储蓄存款、农村存款等科目。它是银行信贷资金的主要来源。

贷款　银行或其他信用机构根据必须归还的原则，按一定利率，为企业、个人等提供资金的一种信用活动形式。我国银行贷款分为流动资金贷款、固定资产贷款、城乡个体工商户贷款以及农业贷款等科目。

保费　又叫保险费。是保险人根据保险合同的有关规定，为被保险人取得因约定危险事故发生所造成的经济损失补偿（或给付）权利，付给保险人的代价。包括财产险和人身险收入。

十八　教育、文化

EDUCATION AND CULTURE

2002年学校及在校学生数（单位：个，万人）
Number of Schools and Students Enrollment in 2002 (unit, 10000 persons)

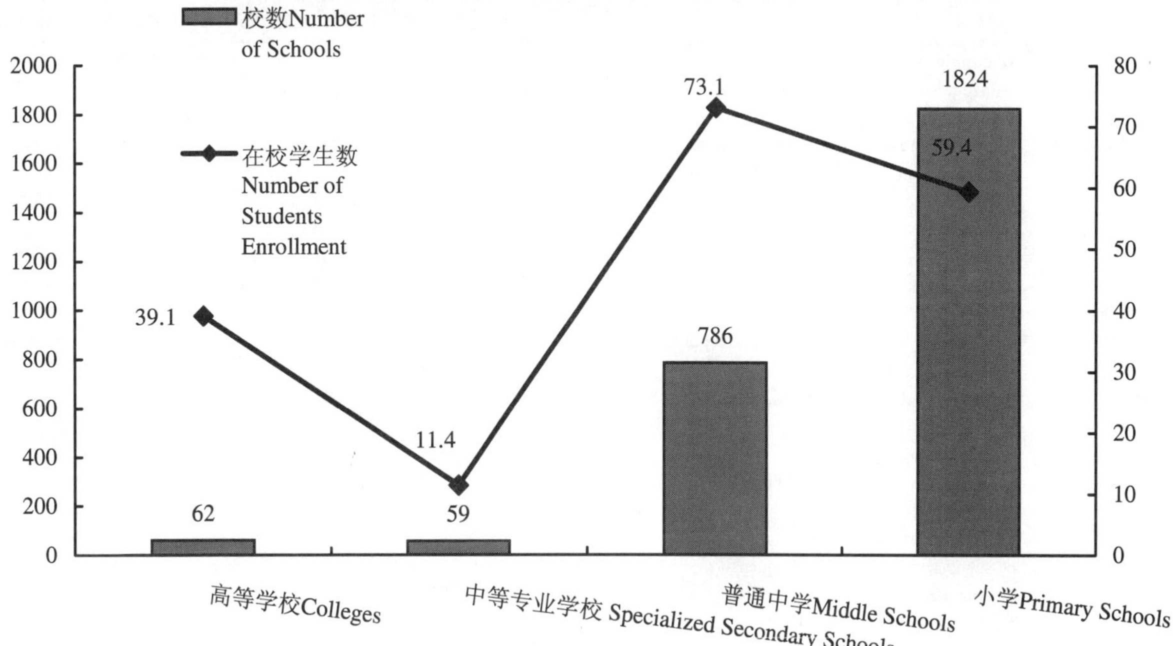

平均每万人口在校学生数（单位：人）
Students Enrollment Per 10000 Population(person)

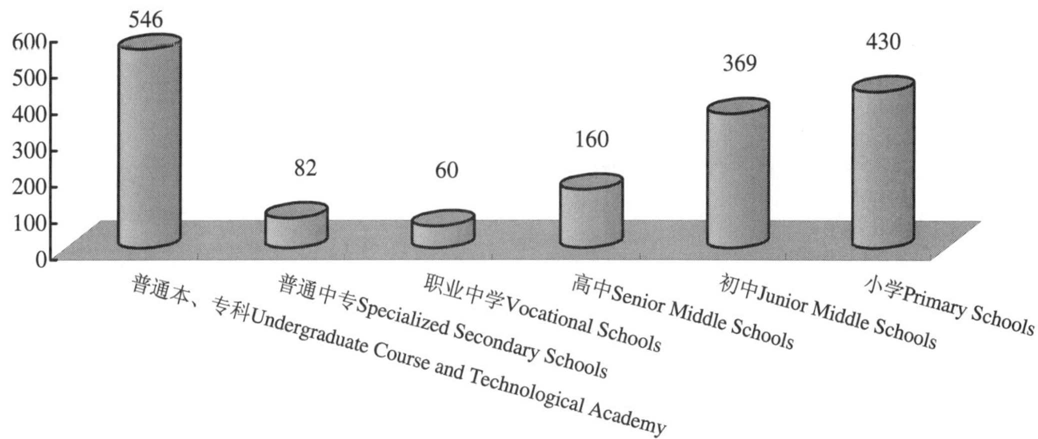

18-1 各类学校基本情况
BASIC STATISTICS FOR EDUCATION

单位：人 (person)

类别	Item	校数(所) Number of Schools (unit)		教职工数 Teachers,Staff and Workers		# 专任教师 Full-time Teachers	
		2002	2001	2002	2001	2002	2001
一、研究生	**Graduate Student**	**170**	**173**			**22576**	
高等学校	Institutions of Higher Education	46	49			15682	
科研机构	Scientific Research	124	124			6894	
二、普通高等学校本专科	**Regular Higher Schools Undergraduate Course and Technological Academy**	**62**	**61**	**97842**	**104403**	**34783**	**35655**
市属市管	Municipal	27	27	24678	24768	10225	9797
民办	Run by the Local People	3	3	1668	1655	796	1057
三、普通中等学校	**Regular Secondary Schools**	**991**	**1038**	**99787**	**100718**	**63971**	**63659**
1.中等专业学校	Specialized Secondary Schools	59	67	8564	8911	4006	4098
中等技术学校	Technic Secondary Schools	58	65	8436	8679	3944	3996
中等师范学校	Teacher Training Secondary Schools	1	2	128	232	62	102
2.技工学校	Technical Schools	44	68	3742	4246	2001	2286
3.普通中学	Regular Secondary Schools	786	791	76418	75936	51364	50507
高中	Senior Middle Schools	325	289			15458	14219
初中	Junior Middle Schools	461	502			35906	36288
4.职业中学	Vocational Secondary Schools	96	106	10770	11248	6229	6580
高中	Senior Middle Schools	93	106				
初中	Junior Middle Schools	3					
5.工读学校	Schools for Juvenile Delinquents	6	6	293	354	191	188
四、小学	**Primary Schools**	**1824**	**1960**	**66235**	**69798**	**52840**	**54772**
五、特殊教育学校	**Special Education Schools**	**23**	**22**	**918**	**888**	**681**	**641**
六、幼儿园	**Kindergartens**	**1540**	**1719**	**25402**	**26106**	**12127**	**12479**

注：研究生的专任教师数为研究生指导教师数。
Note:Full-time Teachers of graduate Student was graduate student mentor.

类别	Item	毕业生数 Graduates		招生数 New Students Enrollment		在校学生数 Students Enrollment	
		2002	2001	2002	2001	2002	2001
一、研究生	**Graduate Student**	**17303**	**15294**	**38893**	**32015**	**97734**	**79480**
高等学校	Institutions of Higher Education	14963	13017	33432	27577	83867	68507
科研机构	Scientific Research	2340	2277	5461	4438	13867	10973
二、普通高等学校本专科	**Regular Higher Schools Undergraduate Course and Technological Academy**	**67621**	**55831**	**128320**	**116344**	**398573**	**340284**
市属市管	Municipal	26738	20340	50307	45943	152590	129776
民办	Run by the Local People	2576	1202	5811	4427	13551	10548
三、普通中等学校	**Regular Secondary Schools**	**298633**	**290163**	**328812**	**314999**	**987928**	**978220**
1.中等专业学校	Specialized Secondary Schools	31645	32053	32893	30515	113870	117771
中等技术学校	Technic Secondary Schools	31551	31693	32732	30317	113398	117049
中等师范学校	Teacher Training Secondary Schools	94	360	161	198	472	722
2.技工学校	Technical Schools	18080	20528	25577	20260	59393	55582
3.普通中学	Regular Secondary Schools	219988	200705	240680	235369	730722	720127
高中	Senior Middle Schools	51180	51263	84679	69195	220667	194283
初中	Junior Middle Schools	168808	149442	156001	166174	510055	525844
4.职业中学	Vocational Secondary Schools	28156	36310	28999	28345	82984	83736
高中	Senior Middle Schools	28152	36307	28945	28281	82764	83494
初中	Junior Middle Schools	4	3	54	64	220	242
5.工读学校	Schools for Juvenile Delinquents	764	567	663	510	959	1004
四、小学	**Primary Schools**	**156683**	**167076**	**86406**	**91230**	**594241**	**664443**
五、特殊教育学校	**Special Education Schools**	**722**	**1184**	**410**	**694**	**5405**	**6394**
六、幼儿园	**Kindergartens**	**79447**	**85842**	**91092**	**87892**	**213794**	**217521**

18-2 高等学校基本情况
BASIC STATISTICS FOR INSTITUTION OF HIGHER EDUCATION

单位：人 (person)

类别	Item	校数(所) Number of Schools (unit)	毕业生数 Graduates	招生数 New Students Enrollment	在校学生数 Students Enrollment	教职工数 Teachers, Staff and Workers	# 专任教师 Full-time Teachers
总计	**Total**	**62**	**67621**	**128320**	**398573**	**97842**	**34783**
# 女性	Female		30329	62169	186578	47387	15962
综合大学	Comprehensive Universities	5	14010	20109	70209	22010	7456
理工院校	Science and Engineering	17	22996	48333	153421	27819	11433
农业院校	Agriculture	2	2892	6301	19421	3249	1448
林业院校	Forestry	1	1335	3591	10741	1299	557
医药院校	Medicine	3	1605	2931	9529	14330	1465
师范院校	Teacher Training	2	3664	4927	17885	5437	2311
语文院校	Literature	7	4320	8007	25253	6000	2694
财经院校	Economics and Finance	4	4624	8370	25890	5012	1914
政法院校	Politics and Law	4	3984	4737	17179	3750	1400
体育院校	Physical Culture	2	795	1812	5463	1291	577
艺术院校	Art	7	960	2991	7454	2687	1234
民族院校	National Colleges	1	819	2474	6373	1536	714
高职院校	Occupational of Higher Education	7	5617	13737	29755	3422	1580

18-3 全市高等教育学生情况
PUPILLARY STATISTICS FOR INSTITUTION OF HIGHER EDUCATION

单位：人 (person)

项目	Item	毕（结）业生人数 Graduates	招生数 New Students Enrollment	在校学生数 Students Enrollment
研究生	Postgraduate	17303	38893	97734
博士	Doctor Degree	4320	10066	28418
硕士	Master Degree	12983	28746	69235
研究生班研究生数	Postgraduate in Class		81	81
普通本科、专科生	Undergraduate and Graduate from Junior College	67621	128320	398573
本科	Undergraduate	48328	94545	320694
专科（高职）	Graduate for Junior College and Occupational of Higher Education and Occupational of Higher Education	19293	33775	77879
成人本科、专科生	Adult Education Undergraduate Course and Technological Academy	77453	129948	353531
本科	Undergraduate	19537	50517	128952
专科	College for Professional Training	57916	79431	224579
网络本科、专科生	Network of Undergraduate Course and Technological Academy	588	69841	117200
本科	Undergraduate	588	57935	102399
专科	College for Professional Training		11906	14801
在职人员攻读博士、硕士学位	In-service Personnel Postgraduate for Doctor or Master Degree		9547	20296
学历文凭考试	Take an Diploma Examination	13332	25677	56262
电大注册试听生	Radio and TV Universities Register Audition Students	224		2003
自考助学班	Self-study Examination Tutorship Classes	23221	50268	190199
研究生课程进修班	The Curricula of Graduate Student	18945	20912	37042
普通预科生	Preparatory	599	1121	1201
证书教育	Certificate Education	27206	28933	25838
岗位培训	Occupational Training	184223	91707	29340
进修及培训	Attend in a Advanced Studies and Training	194728	147451	103754
外国留学生	Foreign Student Abroad	14862	12102	18225

18-4 全市分学科研究生数
NUMBER OF POSRGRADUATE BY FIELD OF STUDY

单位：人 (person)

学科 Item		毕业生 Graduates			招生数 New Students Enrollment			在校学生数 Postgraduate Enrollment		
		合计 Total	博士 Doctor Degrees	硕士 Master Degree	合计 Total	博士 Doctor Degrees	硕士 Master Degree	合计 Total	博士 Doctor Degrees	硕士 Master Degree
总　计	**Total**	**17303**	**4320**	**12983**	**38893**	**10066**	**28746**	**97734**	**28418**	**69235**
# 女性	Female	6258	1247	5011	15238	3220	11959	36702	8469	28174
哲　学	Philosophy	239	99	140	435	174	261	1171	486	685
经济学	Economics	1111	286	825	2493	576	1917	6243	1690	4553
法　学	Law	1806	425	1381	3755	777	2978	9412	2174	7238
教育学	Education	376	96	280	938	206	732	2354	559	1795
文　学	Literature	1166	198	968	2824	463	2280	6761	1289	5391
历史学	History	240	85	155	432	132	300	1244	453	791
理　学	Science	2018	851	1167	4880	1998	2882	11984	5215	6769
工　学	Engineering	6354	1386	4968	15660	3950	11710	39465	11775	27690
农　学	Agriculture	391	166	225	849	331	518	2115	811	1304
医　学	Medicine	1090	536	554	2121	808	1313	5485	2216	3269
军事学	Strategics	8		8	46	13	33	87	28	59
管理学	Manage Science	2504	192	2312	4460	638	3822	11413	1722	9691

18-5 外 国 留 学 生 情 况
STATISTICS FOR FORREIGN STUDENT ABROAD

单位：人 (person)

项目	Item	毕（结）业生数 Graduates	授予学位人数 Number award degree	招生数 New Students Enrollment	在校学生数 Students Enrollment
总计	**Total**	**14862**	**1034**	**12102**	**18225**
# 女性	Female	8417	510	6542	9543
按学历划分	**Educational Background**				
博士	Doctor Degree	72	65	125	475
硕士	Master Degree	161	131	373	819
本科	Undergraduate	679	568	1647	4839
专科	Graduate for Junior College	4		7	15
培训	Training	13946	270	9950	12077
按地区划分	**Area**				
亚洲	Asia	11536	785	9642	14675
非洲	Africa	178	41	184	336
欧洲	Europe	1543	127	1061	1689
北美洲	North America	1298	11	966	1220
南美洲	South America	124	69	110	139
澳洲	Australia	183	1	139	166
按经费来源	**Sources of Funds**				
国际组织资助	Internationally Organization Sodality			1	2
中国政府资助	Chinese Government	765	161	797	1389
本国政府资助	Homeland Government	242	8	84	382
学校间交换	Interscholastic	277	1	269	366
自费	Commoner	13578	864	10951	16086

18-6 中等专业学校基本情况
BASIC STATISTICS ON SPECIALIZED SECONDARY SCHOOLS

单位：人 (person)

类别	Item	校数(所) Number of Schools (unit)	毕业生数 Graduates	招生数 New Students Enrollment	在校学生数 Students Enrollment	教职工数 Teachers, Staff and Workers	# 专任教师 Full-time Teachers
总计	**Total**	**59**	**31645**	**32893**	**113870**	**8564**	**4006**
中等技术学校	Secondary Technical Schools	58	31551	32732	113398	8436	3944
工业学校	Industry	25	20681	18040	67996	4230	1898
农业学校	Agriculture		975	1086	3949		
林业学校	Forestry	1	140	332	1245	101	43
医药学校	Medicine	8	1631	2767	7553	1018	425
财经学校	Economics and Finance	7	4644	5850	19866	1184	557
政法学校	Politics and Law	2	1339	892	2749	166	73
体育学校	Physical Culture	7	744	1370	2817	740	316
艺术学校	Art	7	1118	1996	6165	930	577
其他学校	Others	1	279	399	1058	67	55
中等师范学校	Teacher Training School	1	94	161	472	128	62
# 幼儿师范	Kindergarten	1	94	161	472	128	62

18-7 中等专业学校分科学生数
NUMBER OF STUDENTS IN SPECIALIZED SECONDARY SCHOOLS BY FIELD OF STUDY

单位：人 (person)

学科	Item	毕业生数 Graduates	招生数 New Students Enrollment	在校学生数 Students Enrollment
总计	**Total**	**31645**	**32893**	**113870**
农林类	Agriculture and Forestry	707	1078	3668
资源与环境类	Source and Environment	118	160	653
能源类	Energy	353	155	709
土木水利工程类	Civil Engineering and Water Conservancy	1299	1570	5619
加工制造类	Processing and Manufacturing	6699	5252	20754
交通运输类	Transportation	904	1284	4311
信息技术类	Information Technology	5658	6615	24914
医药卫生类	Medicine and Health	2227	3466	9296
商贸与旅游类	Commerce and Tourism	4614	5017	16620
财经类	Finance and Economics	2920	1997	7736
文化艺术与体育类	Culture, Arts and Sports	2436	4864	13420
社会公共事物类	Social Public Affairs	2986	1029	4665
其他	Others	724	406	1505

18-8 职业高中分科情况
STATISTICS FOR STUDENTS BY FIELD OF STUDY IN VOCATIONAL SCHOOLS

单位：人 (person)

学科	Item	毕业生数 Graduates	招生数 New Students Enrollment	在校学生数 Students Enrollment	# 女性 Female
总计	**Total**	**28152**	**28945**	**82764**	**40866**
农林类	Agriculture and Forestry	260	598	1425	910
资源与环境类	Source and Environment		64	160	77
能源类	Energy	136			
土木水利工程类	Civil Engineering and Water Conservancy	480	609	1393	253
加工制造类	Processing and Manufacturing	790	878	2644	692
交通运输类	Transportation	1012	1746	4694	1205
信息技术类	Information Technology	5675	7204	21143	8856
医药卫生类	Medicine and Health	601	757	1924	1283
商贸与旅游类	Commerce and Tourism	7217	8141	19767	10371
财经类	Finance and Economics	4146	2755	10083	5904
文化艺术与体育类	Culture, Arts and Sports	3284	3318	10252	6274
社会公共事物类	Social Public Affairs	2097	1069	3893	2696
其他	Others	2454	1806	5386	2345

18-9 中、小学校外教育
AFTER-SCHOOL EDUCATION OF SECONDARY AND PRIMARY SCHOOLS

单位：人 (person)

项目	Item	单位数(个) Number of Units(unit)	活动小组数(个) Activities Groups(unit)	参加小组学生数 Students Join Groups	教职工人数 Staff and Workers	# 辅导员 Counselors	兼职辅导员 Part-time Counselors
总计	**Total**	**704**	**6598**	**139938**	**1616**	**1437**	**1522**
少年宫	Children's Palace	18	3452	61725	1106	579	300
少年科技馆(站)	Children's Scientific Museums(Centers)	7	776	15187	192	117	55
少年之家	Children's Home	30	867	16960	318	208	71
少年活动站	Children's Club	649	1503	46066		533	1096

18-10 平均每万人口在校学生数
AVERAGE NUMBER OF STUDENT ENROLLMENT PER 10000 POPULATION

单位：人 (person)

类别	Item	2002	2001
普通本、专科	Undergraduate Course and Technological Academy	286	
普通中专	Specialized Secondary Schools	82	
职业中学	Vocational Schools	60	
高中	Senior Middle Schools	160	
初中	Junior Middle Schools	369	
小学	Primary Schools	430	596

18-11 幼 儿 园 基 本 情 况
STATISTICS FOR KINDERGARTENS

单位：人 (person)

项目	Item	总计 Total	# 女 Female	城市 Urban	县镇 Towns	农村 Rural
园数 (所)	Number of Kindergartens (unit)	1540		541	397	602
班数 (个)	Number of Classes (unit)	8494		4415	1930	2149
# 学前班	Preschool Classes	1680		577	555	548
在园幼儿数	Children Enrollment	213794	96966	117301	54496	41997
# 学前班	Preschool Classes	39703	17744	14549	13943	11211
教职工数	Teachers,Staff and Workers	25402	23712	17928	4608	2866
# 园长	Headmaster	1559	1510	987	337	235
教师	Teachers	12127	11992	8155	2614	1358
保健员	Health Workers	1205	1175	839	224	142

18-12 高等教育自学考试情况
STATISTICS FOR HIGHER EDUCATION SELF-STUDY EXAMINATION

项目	Item	高等职业技术教育 Higher Vocational Education	高等教育学历文凭 Higher Education Take an Diploma	高等教育自学考试 Higher Education Self-Study Examination
报考人数 (人)	Number of Persons Registered (person)	26662	87188	500122
报考科次 (科次)	Number of Subject-times Registered (subject.times)	76388	196275	1500206
单科合格 (人)	Number of Persons with Single Subject Qualified (person)	36443	63920	513138
发出专科毕业证书 (个)	Number of Diploma of Junior College Sent out (piece)	735	3506	7886
发出本科毕业证书 (个)	Number of Diploma of Regular College Sent out (piece)			2820
开考专业 (个)	Number of Fields Examed (unit)	12	24	66

18-13 各级成人学校基本情况
BASIC STATISTICS FOR ADULT EDUCATION

单位：人 (person)

类别 Item		校数(所) Number of Schools (unit)		教职工数 Teachers,Staff and Workers		# 专任教师 Full-time Teachers	
		2002	2001	2002	2001	2002	2001
总计	**Total**	**2415**	**2996**	**15834**	**23375**	**6912**	**9646**
一、成人高等教育	**Adult Higher Education**	**38**	**41**	**9393**	**13492**	**3841**	**5938**
1.广播电视大学	Radio and TV Universities	2	2	1586	1104	599	364
2.职工高等学校	Schools for Staff and Workers	26	27	5430	8556	2259	4139
3.管理干部学院	Management Colleges	9	10	1759	3177	743	1180
4.教育学院	Pedagogical Colleges	1	1	618	655	240	255
5.独立函授学院	Independent Correspondence Colleges		1				
二、成人中等学校	**Adult Higher Education**	**2377**	**2955**	**6441**	**9883**	**3071**	**3708**
1.成人中等专业学校	Adult Higher Specialty Education	18	17	936	864	350	342
2.成人中学	Adult Millde Schools	11	25	144	368	70	156
3.成人技术培训学校	Adult Occupational Training Schools	2348	2913	5361	8651	2651	3210

类别 Item		毕业生数 Graduates		招生数 New Students Enrollment		在校学生数 Students Enrollment	
		2002	2001	2002	2001	2002	2001
总计	**Total**	**894113**	**1082691**	**811100**	**1045447**	**545248**	**588102**
一、成人高等教育	**Adult Higher Education**	**77453**	**72914**	**129948**	**130253**	**353531**	**315077**
1.广播电视大学	Radio and TV Universities	1495	1453	1051	1326	4264	4616
2.职工高等学校	Schools for Staff and Workers	5993	8756	8999	8558	24038	21083
3.管理干部学院	Management Colleges	4420	6309	5553	6109	13053	15539
4.教育学院	Pedagogical Colleges	3674	2664	5303	5312	14979	13064
5.独立函授学院	Independent Correspondence Colleges		130				
6.普通高等学校举办:	Attached to Senior Higher Education	61871	53602	109042	108948	297197	260775
函授部	Teach by Correspondence	31510	28202	48496	55376	144911	139084
夜大学	Evening Universities	14839	14935	28186	26082	82343	69825
成人脱产班	FullTime Adult Class	15522	10465	32360	27490	69943	51866
二、成人中等学校	**Adult Higher Education**	**816660**	**1009777**	**681152**	**915194**	**191717**	**273025**
1.成人中等专业学校	Adult Higher Specialty Education	6545	8671	5053	4417	16588	17235
2.成人中学	Adult Millde Schools	2227	3324	2429	904	3100	5139
3.成人技术培训学校	Adult Occupational Training Schools	807888	997782	673670	909873	172029	250651

18-14 成人技术培训学校
ADULT PROFESSIONAL SCHOOL

单位：人 (person)

项目	Item	学校数(所) Number of Schools	教学点(个) didactical Outlets	毕业生数 Graduates	招生数 New students Enrollment	在校学生数 Students Enrollment	专任教师数 Full-time Teachers	兼任教师数 Part time Teachers
总计	**Total**	**2348**	**6380**	**807888**	**673670**	**172029**	**2651**	**6312**
职工技术培训学校	Employee Occupational Training Schools	337	1935	358271	347470	56060	2207	2000
# 教育部门办和集体办	Education Organization and Collectivity Investment							
其他部门办	Others	337	1935	358271	347470	56060	2207	2000
农民技术培训学校	Farmer Occupational Training Schools	2011	4445	449617	326200	115969	444	4312
# 教育部门办和集体办	Education Organization and Collectivity Investment							
其他部门办	Others	2011	4445	449617	326200	115969	444	4312
县办农技培训学校	County	1	10	477	15147	26498	7	46
乡办农技培训学校	Township	129	1150	257337	150484	40939	145	2182
村办农技培训学校	Village	1881	3285	191803	160569	48532	292	2084

18-15 特殊教育情况
STATISTICS FOR SPECIAL EDUCATION

单位：人 (person)

项目	Item	毕业生 Graduates	招生数 New students Enrollment	在校学生数 Students Enrollment	专任教师数 Full-time Teachers
总计	**Total**	**1032**	**686**	**6488**	**681**
# 女性	Female	375	239	2510	559
特殊教育学校	Special Education Schools	231	265	2345	
小学附设特教班	Primary Schools Adnascent Special Classes	17	24	342	
小学随班就读	Primary Schools	474	121	2718	
普通(职业)初中随班就读	Reguar Secondary (Vocational Secondary)	310	276	1083	

18-16 社会力量办学
COMMUNITY INVESTMENT RUN A SCHOOL

单位：人 (person)

类别	Item	校数(所) Number of Schools (unit)	毕(结)业生数 Graduates and Complete a Course	招生数 New Students Enrollment	在校学生数 Students Enrollment	教职工数 Teachers,Staff and Workers 合计 Total	# 专任教师 Full-time Teachers	代课,兼任教师 Take over a Class for an absent Teacher and Part time Teachers
高等教育机构	Institutions of Higher Education	86	24343	41484	184043	8937	3663	15774
学历文凭	Award Diploma	27	11414	17201	41929			
普通中学	Regular Secondary	74	5135	10780	28146	2978	1884	314
高中	Senior Middle Schools	59	2297	5564	14032	2978	1884	314
城市	Urban	36	1642	3734	9954	2063	1313	268
县镇	County and Township	16	549	1336	2799	566	403	15
农村	Rural	7	106	494	1279	349	168	31
初中	Junior Middle Schools	15	2838	5216	14114			
城市	Urban	8	2379	4543	11886			
县镇	County and Township	6	431	447	1256			
农村	Rural	1	28	226	972			
职业中学	Vocational Secondary Schools	18	1254	933	3721	520	239	188
城市	Urban	13	928	445	2261	352	171	138
县镇	County and Township	2	161	328	953			
农村	Rural	3	165	160	507	168	68	50
小学	Primary Schools	8	754	849	4321	791	549	26
城市	Urban	4	412	646	3126	442	269	24
县镇	County and Township	4	301	194	1131	298	245	
农村	Rural		41	9	64	51	35	2
幼儿园	Kindergartens	227	7106	8043	23520	3878	1782	231
城市	Urban	64	3882	4348	13781	2665	1180	135
县镇	County and Township	100	2286	2855	6934	795	387	83
农村	Rural	63	938	840	2805	418	215	13

注：普通中学教职工数、专任教师及代课兼任教师数为初中高中合计数。

Note:Number of teachers,staff,worders,full-time teachers,take over a class for an absent teacher and part time teachers of regular secondary schools includes those of junior and senior middle schools

18-17 外省、外籍学生情况
STATISTICS FOR OTHER PROVINCE AND FOREIGN NATIONALITY STUDENTS

单位：人 (person)

类别	Item	外省市借读生 Other Province temporarily Students		外国籍学生 Foreign Nationality Students	
		合计 Total	社会力量办学 Community Investment Run a Schools	合计 Total	社会力量办学 Community Investment Run a Schools
总计	**Total**	**168040**	**13468**	**2244**	**672**
普通中学	Regular Secondary Schools	30995	5220	838	333
初中	Junior Middle Schools	26580	3393	241	71
高中	Senior Middle Schools	4415	1827	597	262
职业中学	Vocational Schools	1563	873		
小学	Primary Schools	115321	4361	822	159
特教	Special Education	337	45		
幼儿园	Kindergartens	19824	2969	584	180

18-18 高校办学条件
INSTITUTIONS OF HIGHER EDUCATION RUN A SCHOOL CONDITION

项目		Item		总计 Total	# 中央 Central	# 市属市管 Municipal
普通高校		Institutions of Regular Higher Education				
校舍建筑面积	(平方米)	Floor Space of Schoolhouses	(sq.m)	19042599	13747292	4837786
占地面积	(平方米)	Areas of Schools	(sq.m)	28686343	20932190	6468622
图书	(万册)	Books	(10000 volumes)	4829	3609	1159.2
电子图书	(片)	Electro-books	(piece)	911875	742420	158806
拥有教学用计算机	(台)	Computer	(set)	90337	49442	35802
语言实验室座位数	(个)	Language Laboratory Seating	(unit)	26215	15767	9089
多媒体教室座位数	(个)	Multimedia Laboratory Seating	(unit)	217466	138936	73082
网上教学课程数	(种)	Number of Network of Curricula	(kind)	1390	1311	79
成人高校		Institutions of Adult Higher Education				
校舍建筑面积	(平方米)	Floor Space of Schoolhouses	(sq.m)	1892702		
占地面积	(平方米)	Areas of Schools	(sq.m)	5392925		
图书	(万册)	Books	(10000Volumes)	560		
电子图书	(片)	Electro-books	(piece)	25262		
拥有教学用计算机	(台)	Computer	(set)	12712		
语言实验室座位数	(个)	Language Laboratory Seating	(unit)	4511		
多媒体教室座位数	(个)	Multimedia Laboratory Seating	(unit)	19072		
网上教学课程数	(种)	Number of Network of Curricula	(kind)	888		

18-19 基础教育办学条件
BASE EDUCATION RUN A SCHOOL CONDITION

单位：平方米 (sq.m)

项目		Item		普通中学 Regular Secondary	职业中学 Vocational Secondary Schools	小学 Primary Schools
学校占地面积		Areas of Schools		22409390	2830884	18275107
行政办公用房		Administrative Houses		1108788	145258	741747
校舍面积		Floor Space of Schoolhouses				
当年新增		In those Years new add		490599	23016	91462
危房面积		Areas of Dangerous Building		17766	419	15358
教学及辅助用房		Teaching and Auxiliary Houses		2656753	473195	2610209
普通教室		Senior Room		1724050	260272	1966855
实验室		Laboratory		538681	61144	133278
图书室		Library		217564	26880	100662
微机室		Comper Room		124561	28584	83708
语音室		Language Laboratory Seating		51897	10452	22248
生活用房		Houses for Life		1782687	291531	696265
体育运动场(馆)面积		Areas of Stadiums and Gymnasiums		6843543	950408	7197484
计算机	(台)	Compers	(set)	69574	17261	47974
图书藏量	(册)	Collections	(Volumes)	23997056	2784669	23728365
电子图书	(片)	Electro-books Collections	(piece)	281538	201225	111121

18-20 各类学校教育经费来源和支出情况

SOURCES OF EDUCATIONAL FUNDS AND EXPENDITURES FOR EDUCATION IN VARIOUS SCHOOL

单位：万元 (10000 yuan)

学校类型	Type of Schools	合计 Total	国家财政性教育经费 Government Appropriation for Education	# 预算内教育经费 Budgetary	社会团体和公民个人办学经费 Funds of Social Organizations and Citizens for Running Schools	社会捐资和集资办学经费 Donations and Fund-raising for Running Schools	学费和杂费 Tuition and Miscellaneous Fee	其他教育经费 Other Educational Funds
总　计	**Total**	**35386864**	**21943728**	**20173885**	**345769**	**1038027**	**3922112**	**8137228**
# 中央	Central	18143567	9656821	9263806		505194	1781400	6200152
地方	Local	17243297	12286907	10910079	345769	532833	2140712	1937076
按学校类别分组	Grouped by Type of Schools							
高等学校	Institutions of Higher Education	20711471	11537582	10960341		519438	2789632	5864819
普通高等学校	Regular Institutions of Higher Education	20235164	11328448	10790332		519252	2615201	5772263
成人高等学校	Institutions of Higher Education for Adults	476307	209134	170009		186	174431	92556
中等专业学校	Specialized Secondary Schools	1119844	724349	703490	9369	6310	283023	96793
中等技术学校	Technical Schools	1051156	688324	668557		5795	270861	86176
中等师范学校	Teacher Training Schools	20081	13967	13637		515	1951	3648
成人中专学校	Specialized Secondary Schools for Adults	48607	22058	21296	9369		10211	6969
技工学校	Technical Schools	340041	211404	183133			114170	14467
中学	Secondary Schools	5370208	3772512	3213554	228859	309460	442808	616569
普通中学	Regular Secondary Schools	5367170	3770106	3211148	228859	309460	442711	616034
高级中学	Senior Secondary Schools	1080177	728474	572982	66513	39270	105916	140004
完全中学	Whole Secondary Schools	2216429	1431253	1202314	104381	208613	202623	269559
初级中学	Junior Secondary Schools	2070564	1610379	1435852	57965	61577	134172	206471
# 农村	Rural	585473	534148	483000		2494	19314	29517
成人中学	Secondary Schools for Adults	3038	2406	2406			97	535
职业中学	Vocational Schools	661476	420479	387964	20364	13253	150432	56948
小学	Primary Schools	3285570	2653972	2459739	87177	104131	84072	356218
普通小学	Regular Primary Schools	3285570	2653972	2459739	87177	104131	84072	356218
# 农村	Rural	988691	923717	869229		3793	16522	44659
成人小学	Primary Schools for Adults	88354	68659	63917		1015	3176	15504
特殊教育学校	Special Education Schools	88354	68659	63917		1015	3176	15504
幼儿园	Kindergartens	314661	170634	160480		31551	54799	57677
其他	Others	3495239	2384137	2041267		52869		1058233

18-21 公 共 图 书 馆
PUBLIC LIBRARIES

项目 Item				总计 Total	中央属 Central	市属 Municipal	区县属 District and County
个数	(个)	Number	(unit)	26	1	2	23
从业人员	(人)	Employment	(person)	2529	1336	366	827
总藏数	(万册、件)	Total Collections	(10000 volumes)	3248.2	2372.6	371.0	504.6
# 图书	(万册、件)	Books	(10000 volumes)	1478.3	732.4	294.7	451.2
建筑面积	(万平方米)	Floor Space of Building	(10000 sq.m)	30.7	16.4	5.1	9.2
阅览座席	(个)	Seats for Reading	(unit)	13529	3469	1768	8292
外借人次	(万人次)	Person-times of Lending	(10000)	337.5	92.0	28.8	216.7
外借册次	(万册次)	Volume-times Lending	(10000)	779.6	276.0	74.1	429.5

18-22 艺 术 剧 团
ART TROUPES

项目	Item	个数 (个) Number (unit)	从业人员 (人) Perons Employed (person)	国内演出场次 (场) Domestic Perfor-mances (time)	#农村 In Rural Areas	国内观众人数 (万人次) Domestic Spectator (10000 person.time)	总收入 (万元) Total Revenue (10000 yuan)	# 演出收入 from Performances
总计	**Total**	**36**	**6911**	**9528**	**434**	**678.7**	**56539.9**	**11333.7**
按隶属关系分组	**Grouped by Administrative Relationship**							
中央属	Central	16	4651	2085	148	366.4	38393.4	7574.6
市属	Municipal	11	1959	3911	236	246.1	16856.9	3109.9
区县属	District and County	9	301	3532	50	66.2	1289.6	649.2
按剧种分	**Grouped by Art Troupes**							
话剧、儿童剧团	Drama,Children's Play	4	986	589	20	49.8	6408.7	1296.3
歌剧、舞剧、歌舞剧团	Opera,Dance Drama and Song and Dance Troupe	3	900	269	20	48.7	6643.2	1779.8
歌舞团、轻音乐团	Song and Dance Ensembles and Light Music Troupes	4	956	583	10	107.1	9066.5	1548.9
乐团	Philharmonic Troupes	4	750	359	6	54.9	7539.7	1577.5
文工团	Cultural Troupes	4	1316	865	108	135.2	12095	2395.2
戏曲剧团	Local Opera Troupes	12	1556	2389	231	161.1	11787.0	1555
# 京剧团	Local Beijing Opera Troupes	3	700	1623	11	97.8	6579.7	1259.7
曲、杂、木、皮影剧团	Recitation and Ballad Troupe,Acrobatics and Circus Troupe,Puppet Show Troupe and Shadow Puppet Troupe	5	447	4474	39	121.9	2999.8	1181

18-23 电影摄制情况
STATISTICS FOR FILM PRODUCTION

类别 Item		合计 Total		#长片 Long Film		#短片 Short Film	
		部 Film	本 Reel	部 Film	本 Reel	部 Film	本 Reel
合计	**Total**	**68**	**263**	**34**	**182**	**34**	**81**
故事片	Feature Film	30	154	30	154		
纪录片	Documentary Film	3	12			3	12
科教片	Popular Science Film	31	69			31	69
译制片	Dubbed Film	3	23	3	23		
舞台艺术片	Mise en Scene	1	5	1	5		
美术片	Puppet Film						

18-24 报纸出版情况
NEWSPAPER PUBLICATION

门类 Item		种数（种） Number of Publications (kind)	平均期印数（万份） Average Printed Copies Per Issue (10000)	总印数（万份） Total Printed Copies (10000)	总印张（万印张） Total Signature (10000)
总计	**Total**	**247**	**3364**	**710227**	**1698729**
综合报	Comprehensive	56	1595	406896	1022057
专业报	Professional	191	1769	303331	676672

18-25 杂志出版情况
MAGAZINES PUBLICATION

门类 Item		种数（种） Number of Publications (kind)	平均期印数（万册） Average Copies Per Issue (10000)	总印数（万册） Total Copies (10000)	总印张（万印张） Total Signatures (10000)
总计	**Total**	**2377**	**5708**	**82291**	**343393**
综合	Comprehensive	111	794	11558	54246
哲学、社会科学	Philosophy and Social Sciences	644	2654	40402	140281
自然科学技术	Natural Sciences and Technology	1278	1256	15398	82433
文化、教育	Culture and Education	180	531	7572	37857
文学、艺术	Literature and Art	114	201	2395	13754
少年儿童读物	Juvenile and Children's Books	19	211	4209	11102
画刊	Pictorial	31	61	757	3720

18-26 图书出版情况
BOOKS PUBLICATION

门类 Item		出版图书种数合计 (种) Number of Publications (kind)	# 新书 New Publications	总印数 (万册、张) Total Copies (10000)	总印张 (万印张) Total Signatures (10000)
总计	**Total**	**73571**	**44679**	**121627**	**1271708**
书籍合计	**Books**	**72994**	**44490**	**119959**	**1256980**
马列主义、毛泽东思想	Maxism-Leninism-Mao Zedong Thought	120	84	285	3874
哲学	Philosophy	967	717	1153	12619
社会科学总论	General Social Sciences	1009	743	935	12936
政治、法律	Politics and Law	5035	3705	7014	89480
军事	Military	327	296	301	3591
经济	Economics	7548	5644	7066	113983
文化、科学、教育、体育	Culture,Science,Education and Sports	19769	9369	63411	434903
语言、文字	Languages	4118	2252	8143	122529
文学	Literature	3649	2792	4954	63046
艺术	Art	2546	1715	2326	18624
历史、地理	History and Geography	2340	1943	3055	25486
自然科学总论	General Natural Sciences	210	168	315	2441
数学科学、化学	Mathematics and Chemistry	1512	658	2435	36793
天文学、物理科学	Astronomy and Physics	422	369	112	1431
生物科学	Biology	470	296	280	5359
医药、卫生	Medicine and Health Care	3759	2209	3787	71502
农业科学	Agricultural Science	1813	1113	1333	13194
工业技术	Industrial Technology	14191	8213	10284	189276
交通运输	Transportation	1279	753	1219	16134
航空、航天	Aeronautics and Aerospace	87	79	22	365
环境科学	Environmental Science	482	343	374	3894
综合性图书	General Books	1341	1029	1155	15520
图片合计	**Pictures**	**577**	**189**	**1668**	**14728**

18-27 录音制品出版情况
PUBLICATION OF AUDIO PRODUCTS

项目 Item		录音带 Audio-tapes		激光唱盘 CDs		高密度激光唱盘 DVD-A	
		种数 Kind （种） (kind)	数量 Volume （万盒） (cassette) (10000)	种数 Kind （种） (kind)	数量 Volume （万张） (piece) (10000)	种数 Kind （种） (kind)	数量 Volume （万张） (piece) (10000)
总计	Total	2883	9287.1	935	609.7	6	0.3
#市属	Municipal	182	580.7	111	188.7		

18-28 录像制品出版情况
PUBLICATION OF VIDEO PRODUCTS

项目 Item		录像带 Videotapes		激光视盘 VCD		高密度激光视盘 DVD-V	
		种数 Kind （种） (kind)	数量 Volume （万盒） (cassette) (10000)	种数 Kind （种） (kind)	数量 Volume （万张） (disk) (10000)	种数 Kind （种） (kind)	数量 Volume （万张） (disk) (10000)
总计	Total	532	19.8	3557	4135.5	321	332.9
#市属	Municipal	1	0.5	361	1476.0	32	54.4

18-29 电视台情况
BASIC STATISTICS ON TELEVISION STATIONS

项目		Item		2002 中央 Central	2002 地方 Local	2001 中央 Central	2001 地方 Local
基本情况		**Basic Statistics**					
电视台	(座)	Television Stations	(unit)	1	1	1	1
电视发射台、转播台	(座)	Transmission Stations and Relay Stations	(unit)	2	14	1	14
电视差转台	(座)	Transformation Stations	(unit)		25		40
节目套数	(套)	Programs	(set)	12	18	18	16
平均每周播出时间 (按12月份第三周计算)	(时：分)	Program Hours Per Week(according to the third week of December)	(hour:minute)	1703:31	2305:48	1526:32	1401:03
播放节目情况		**Shows of TV Programs**					
自办节目时间	(时：分)	Self-Produced Programs	(hour:minute)	1703:31	2178:07	1526:32	1283:55
新闻节目	(时：分)	News Programs	(hour:minute)	293:01	521:50	251:38	118:10
专题节目	(时：分)	Special Topic Programs	(hour:minute)	508:12	594:09	472:03	353:51
教育节目	(时：分)	Educational Programs	(hour:minute)	71:52	35:36	62.23	33:10
文艺节目	(时：分)	Entertainment Programs	(hour:minute)	589:50	664:16	544:07	549:39
服务性节目	(时：分)	Service Programs	(hour:minute)	240:36	362:16	196:21	228:45

注：电视台数不包括区县电视台。

Note: Number of television stations excludes those of districts and counties.

18-30 广播电台情况
BASIC STATISTICS ON BROADCASTING STATIONS

项目		Item		2002 中央 Central	2002 地方 Local	2001 中央 Central	2001 地方 Local
基本情况		**Basic Statistics**					
电台	(座)	Broadcasting Stations	(unit)	2	1	2	1
发射台、转播台	(座)	Transmission Stations and Relay Stations	(unit)	28	10	5	10
节目套数	(套)	Programs	(set)	9	16	9	16
平均每日播音时间(按12月份计算)	(时：分)	Program Hours Per Week(according to December)	(hour:minute)	367:30	197:26	367:30	192:26
播放节目情况		**Shows of TV Programs**					
自办节目时间	(时：分)	Self-Produced Programs	(hour:minute)	367:30	185:11	367:30	179:16
新闻节目	(时：分)	News Programs	(hour:minute)	110:20	25:42	110:20	22:33
专题节目	(时：分)	Special Topic Programs	(hour:minute)	127:15	52:19	123:25	50:18
教育节目	(时：分)	Educational Programs	(hour:minute)	17:45	3:55	17:20	6:20
文艺节目	(时：分)	Entertainment Programs	(hour:minute)	92:20	69:33	92:10	71:50
服务性节目	(时：分)	Service Programs	(hour:minute)	19:50	33:42	24:15	28:15

注：电视台数不包括区县电视台。

Note: Number of television stations excludes those of districts and counties.

18-31 文化产业活动单位基本情况
BASIC STATISTICS OF CULTURAL INDUSTRIAL UNITS

单位：亿元 (100 million yuan)

行业类别	Sector	单位个数 Number of EnterPrises (unit)	从业人员(人) Employment (person)	资产总计 Total Assets	经营收入 Operating Revenue	人均经营收入(元/人) Business Revenue Percapita (yuan/person)
合计	**Total**	**4671**	**244817**	**1012.96**	**343.11**	**140149.58**
出版业	Publication	538	42779	255.30	116.93	273335.05
印刷业	Printing	879	62538	108.39	59.00	94342.64
图书报刊批发、零售业	Wholesale and Retail of Books and Newspapers	753	16773	51.83	39.94	238120.79
文化体育用品制造业	Stationery,Educational and Sports Goods Making	85	5692	9.38	3.95	69395.64
文化体育用品零售业	Retail of Stationery,Educational and Sports Goods	821	8349	4.26	5.21	62402.68
艺术业	Arts	101	9274	25.11	1.55	16713.39
文物保护业	Protection of Historical Relics	75	4585	16.12	0.18	3925.85
图书馆、档案馆	Libraries and Archives	44	3641	22.15	0.07	1922.55
群众文化业及其他文化业	Mass Culture and Others	182	7935	21.48	5.79	72967.86
广播电影电视业（含新闻）	Radio,Film and Television(including News)	143	26292	293.89	14.00	53248.14
娱乐服务业	Recreational Services	147	14751	53.72	11.35	76943.94
广告业	Advertisement	576	13431	78.4	74.77	556697.19
体育	Sports	106	7756	40.03	3.51	45255.29
摄影及扩印业	Photography and Large-printing	50	2282	2.43	2.21	96844.87
园林业	Parks	171	18739	30.47	4.65	24814.56

主要统计指标解释

研究生培养机构 是指经国家批准设立的具有培养博士研究生、硕士研究生资格的普通高等学校和科研机构。

普通高等学校 是指按国家规定的设置标准和审批程序批准举办的，通过全国普通高等教育统一招生考试，招收高中毕业生为主要培养对象，实施高等学历教育的全日制大学、独立设置的学院和高等专科学校、高等职业学校和其他机构。

成人高等学校 是指按国家规定的设置标准和审批程序批准举办的，通过全国成人高等教育统一招生考试，招收具有高中毕业或同等学历的人员为主要培养对象，利用函授、业余、脱产的多种形式对其实施高等学历教育的学校。包括：职工高等学校、农民高等学校、管理干部学院、教育学院、独立函授学院、广播电视大学、其他机构。

高等教育机构 是指经省、自治区、直辖市教育行政部门审批并颁发办学许可证，不具有颁发学历文凭资格的实施高等教育的单位。

社会力量办即民办学校 是指经有关主管部门批准，公民个人、社会团体及其他社会组织等利用非国家财政性教育经费，面向社会举办的学校及其他教育机构。

学历文凭考试机构 是经教育行政部门专门批准，进行全日制高等教育的民办的其他高等教育机构。

专科教育 应当使学生掌握本专业必备的基础理论、专门应用技术知识，具有从事本专业实际工作的基本技能和技术应用能力。全日制专科教育的基本修业年限为二至三年。

本科教育 应当使学生比较系统地掌握本学科、专业必需的基础理论、基本知识，掌握本专业必要的基本技能、方法和相关知识，具有从事本专业实际工作和研究工作的初步能力。全日制本科教育的基本修业年限为四至五年。

硕士研究生教育 应当使学生掌握本学科坚实的基础理论、系统的专业知识，掌握相应的技能，方法和相关知识，具有从事本专业实际工作和科学研究工作的能力。硕士研究生教育的基本修业年限为二至三年。

博士研究生教育 应当使学生掌握本学科坚实宽广的基础理论、系统深入的专业知识、相应的技能和方法，具有独立从事本学科创造性科学研究工作和实际工作的能力。博士研究生教育的基本修业年限为三至四年。

函授学生 是指通过全国成人高等教育统一招生考试，招收具有高中毕业文化程度的人员，按照国家成人高等学历教育计划，以函授为主要教学方式培养的学生。本科学制五或六年，专科学制三或四年。

业余学生 是指通过全国成人高等教育统一招生考试招收具有高中毕业文化程度的人员，按照国家成人高等学历教育计划，以业余时间授课为主要教学方式培养的学生，业余学生包括夜大学学生。本科学制五或六年，专科学制三或四年。

脱产学生 是指通过全国成人高等教育统一招生考试，招收具有高中毕业文化程度的人员，按照国家成人高等学历教育计划，以全日制授课为主要教学方式培养的学生。本科学制四或五年，专科学制二或三年。

网络学生 是指经教育部批准的现代远程教育试点学校设立的网络教育学院，基于互联网上实施高等学历教育所招收的普通和成人本科、专科学生。

在职人员攻读博士、硕士学位学生 是指经国务院学位委员会批准的，为提高在职人员业务水平，通过攻读博士、硕士学位入学全国联考所招收的学生。培养的学生只有学位没有学历。

自考助学班学生 是指为参加高等教育自学考试的学生举办的全日制教学班。

学历文凭考试学生 是指民办的其他高等教育机构中学历文凭考试机构所招收参加高等教育学历文凭考试的全日制专科学生。

普通预科生 是指经教育部和国家民委批准下达预科招生计划，招收的少数民族和港澳、华侨、台籍学生，经过一年的文化补习，合格者升入普通高等学校有关专业学习。

证书教育 是指由各类高等教育机构举办的，招收具有高中毕业文化程度，从事专业技术工作或专业性较强的管理工作人员，经过学校学习及考试合格，取得达到岗位要求的专业知识水平证明的非学历教育。证书教育形式包括单科班和专业证书班。

单科班是指学生在学校只学一个科目中的一门或几门课程，考试合格可获得单科结业证书。

专业证书班是指学生在学校学习 8 至 10 门课程，考试合格可获得岗位要求的大专层次专业知识水平的证书。

岗位培训 是指由各类高等教育机构举办的，以提高本职工作能力为目的的非学历教育和培训活动。接受培训的各类人员按要求经考核合格，颁发岗位合格证书和上岗任职聘任书。岗位培训形式包括资格性培训和适应性培训。

资格性培训是指学生按照岗位规范要求取得上岗(在岗)、转岗、晋升等资格的培训。

适应性培训是指学生根据本岗位工作的发展需要而进行各种适应性的培训。

进修及培训 是指对具有大学专科以上学历和中级以上职称的专业人员和管理人员进行扩展知识，提高技能的非学历教育。

外国留学生 是指接受来中国学习的外籍学生。

毕业生数 是指上学年，具有学籍的学生学完教学计划规定的全部课程，考试及格，取得毕业证书，实际毕业的学生数

招生数 是指通过国家统一招生考试，按照国家招生计划实际招收入学的新生数。包括春、秋两季招收的学生。

在校学生数 是指本学年初，具有学籍的注册学生数。

结业生数 是指具有学籍的学生学习期满，有一门以上主要课程(包括毕业论文或毕业设计)不及格或其他方面不合格，未予毕业而发给结业证书的学生数。不包括短训班和单科结业学生。

教职工数 是指在学校(机构)工作并由学校(机构)支付工资的教职工人数。教职工数包括校本部教职工、科研机构人员、校办企业职工、其他附设机构人员。

教师 是指专职从事教学工作的人员，包括临时调去帮助做其他工作的人员，不包括调离教学岗位担负行政领导工作的原教学人员。

专任教师 是指具有教师资格，专门从事教学工作的人员。

校舍建筑面积 是指产权归学校所有，已经使用的各种用房的建筑面积。不包括尚未竣工的在建工程和借用、租用的房舍或临时搭用的棚舍。

危房面积 是指年久失修、结构构件受到严重损坏，有倒塌危险，经房管部门鉴定属于危房的面积。

学校占地面积 是指学校校园内的土地面积，不包括校园外学校拥有的农场、林场及校办工厂等的土地面积。

艺术剧团 指从事戏曲、音乐、舞蹈、杂技等专业艺术表演，有独立帐户、实行独立核算的团体。不包括半工半艺和民间职业剧团。

艺术表演观众人数（人次） 指售票、包场演出或民族地区免费演出的艺术表演观众人次数。不包括彩排审查和内部观摩演出的观众人次数。

十九 科 技

SCIENCE AND TECHNOLOGY

专业技术人员人数（单位：万人）
Number of Professional Technical Personnel (10000 persons)

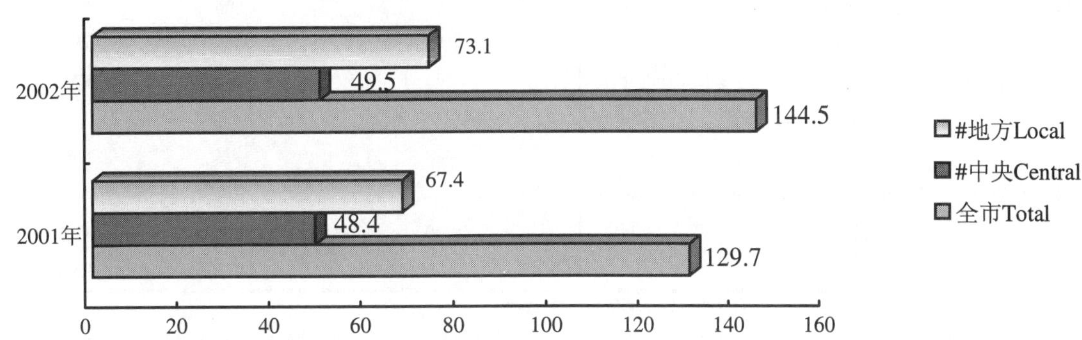

每万从业人员拥有专业技术人员（单位：人）
Number of Professional Technical Personnel Per 10000 Employed Persons (perosn)

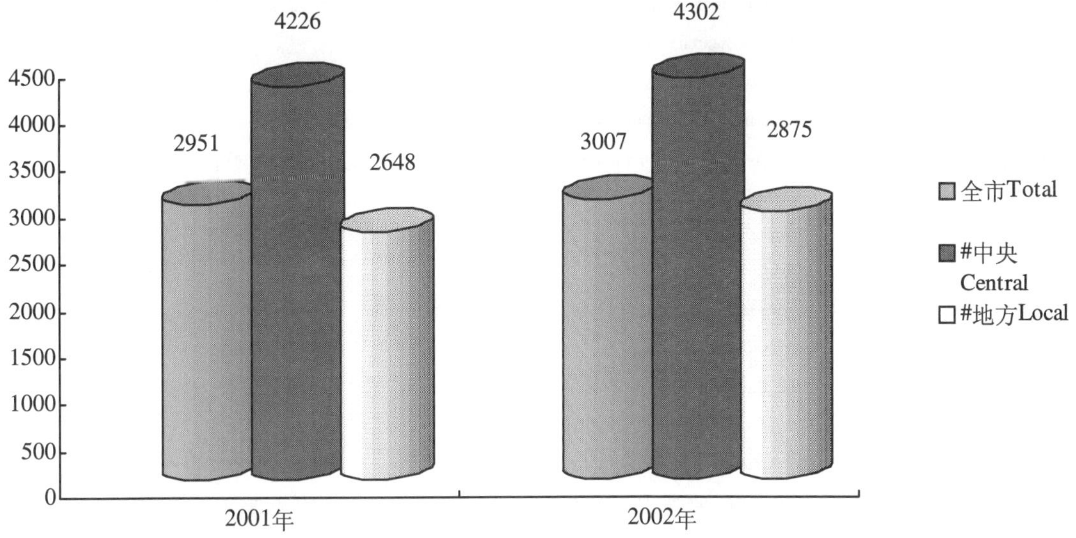

19-1 科技活动人员情况
STATISTICS FOR PERSONNEL ENGAGED IN SCIENCE AND TECHNOLOGYP

项目 Item		单位数 (个) Number of Enterprises (unit)	# 有科技活动的单位数 Number of Science and Technology-oriented Activities Enterprises	科技活动人员 (人) Personnel Engaged in Science and Technology	# 科学家和工程师 Scientist and Engineer
总　　计	**Total**	**6097**	**3847**	**257326**	**208751**
按执行部门分组	**Group by Administer Department**				
科研机构	Scientific Research Institutions	348	337	76221	55587
高等院校	Institutions of Higher Education	68	68	36261	35163
企　　业	Enterprise	5193	3269	133244	109074
# 大中型工业企业	Local Large and Medium Industrial Enterprises	565	236	31912	21823
其他	Others	488	173	11600	8927
按隶属关系分组	**Group by Administrative Relationship**				
中央	Central	1279	926	147314	116307
地方	Local	4818	2921	110012	92444

注：本表数据按执行部门分组中其他项含部分2000年度R&D资源清查数据。

Note:Data of other units by administer department included portion of the 2000 census of science and technology resources.

19-2 高等学校科技活动情况
STATISTICS FOR INSTITUTIONS OF HIGHER EDUCATION SCIENCE AND TECHNOLOGY-ORIENTED ACTIVITIES

项　目 Item				2002	2001
科技活动人员	(人)	Personnel Engaged in Science and Technology	(person)	50834	51623
# 科学家和工程师		Scientist and Engineer		43246	46929
研究与试验发展机构	(个)	Scientific Research Institutions	(unit)	650	642
研究与试验发展全时人员	(人年)	Full-time Scientific Research Persons	(person.year)	19698	18625
# 科学家和工程师		Scientist and Engineer		17728	16931
# 基础研究		Basic Research		6411	5529
应用研究		Applied Research		10123	12066
试验发展		Experimental Development		3164	1030
科技经费筹集额	(万元)	Scientific Research-oriented Expenditure Financing	(10000 yuan)	399665	306556
# 政府拨款		Government Appropriate Funds		241650	178701
企业资金		orporation		131431	92008
银行贷款		oads of Banks			154
科技经费内部支出	(万元)	Appropriation Intramural Expenditure for Science and Technology	(10000 yuan)	304698	220225
# 劳务费		Work Expenditure		59531	27245
固定资产购建费		Purchase of Investment in Fixed Assents		51101	33737
# 研究与试验发展经费支出	(万元)	The Appropriation Expenditure for Research and Experimental Development	(10000 yuan)	254050	202011
基础研究		Basic Research		64875	45600
应用研究		Applied Research		109611	125277
试验发展		Experimental Development		79564	31134

19-3 科技活动经费筹集情况

STATISTICS FOR SCIENTIFIC RESEARCH-ORIENTED EXPENDITURE FINANCING

单位:万元 (10000 yuan)

项目	Item	科技经费筹集额合计 Total on Scientific Research-oriented Expenditure Financing	政府资金 Government Contributive	企业资金 Corporation	事业单位资金 Institutions	金融机构贷款 Loans of Financial Institutions	国外资金 Foreign Fund	其他资金 Others
总计	**Total**	**4452878.4**	**2150963.9**	**1535965.7**	**259443.5**	**94361.7**	**52356.5**	**359787.2**
按执行部门分组	**Group by Administer Department**							
科研机构	Scientific Research Institutions	2200331.3	1655903.7	56806.2	214365.9	5396.1	1637.4	266222.0
高等院校	Institutions of Higher Education	402594.1	241649.8	131430.9	15425.4		3942.2	10145.9
企业	Enterprise	1756039.2	200554.0	1335640.1	4992.9	88925.6	46453.1	79473.5
# 大中型工业企业	Local Large and Medium Industrial Enterprises	398903.0	10841.0	377460.0	877.0	3410.0		6315.0
其他	Others	93913.8	52856.4	12088.5	24659.3	40.0	323.8	3945.8
按隶属关系分组	**Group by Administrative Relationship**							
中央	Central	3261328.9	2005413.5	682321.8	236615.1	43073.9	5838.4	288067.2
地方	Local	1191549.5	145550.3	853642.8	22829.4	51287.8	46518.1	71721.1

注：本表数据按执行部门分组中其他项含部分2000年度R&D资源清查数据。

Note:Data of other units by administer department included portion of the 2000 census of science and technology resources.

19-4 科技活动经费支出情况

STATISTICS FOR APPROPRIATION EXPENDITURE FOR SCIENCE AND TECHNOLOGY

单位：万元 (10000 yuan)

项目	Item	科技活动经费支出 Appropriation Expenditure for Science And Technology	内部支出 Intra-Mural Expenditure	经常费支出 Frequently Expenditure	# 人员劳务费 Work Expenditure	科研基建支出 Scientific Research and Infrastructure Investment	# 固定资产购建 Investment in Fixed Assents	# 设备购置 Purchase of Equipment	外部支出 Exterior Expenditure
总计	**Total**	**4112131.8**	**3931760.7**	**3555547.5**	**966737.8**	**376213.2**	**727200.1**	**544495.3**	**180371.1**
按执行部门分组	**Group by Administer Department**								
科研机构	Scientific Research Institutions	1949807.8	1908859.8	1699456.0	391698.0	209403.8	365893.6	242797.2	40948.0
高等院校	Institutions of Higher Education	334451.9	304280.9	260875.6	59580.3	43405.3	38732.1	36365.5	30171.0
企业	Enterprise	1737217.4	1637462.0	1523083.7	489089.4	114378.3	303647.8	251055.3	99755.4
# 大中型工业企业	Local Large and Medium Industrial Enterprises	421994.0	400585.0	385473.0	84686.0	15112.0	70306.0	63162.0	21409.0
其他	Others	90654.7	81158.0	72132.2	26370.1	9025.8	18926.6	14277.3	9496.7
按隶属关系分组	**Group by Administrative Relationship**								
中央	Central	2952430.0	2834287.3	2510276.5	606800.4	324010.8	536538.1	377188.5	118142.7
地方	Local	1159701.8	1097473.4	1045271.0	359937.4	52202.4	190662.0	167306.8	62228.4

注：本表数据按执行部门分组中其他项含部分2000年度R&D资源清查数据。

Note:Data of other units by administer department included portion of the 2000 census of science and technology resources.

19-5 产品质量监督检验情况
SUPERVISE AND CHECK UP PRODUCT QUALITY

产品名称	Name of Product	监督检验企业数(个) Supervise and Check up Enterprises (unit)	查出不合格产品企业数(个) Unqualified Product Enterprises (unit)	不合格产品企业所占比例(%) Unqualified Product Enterprises as % of Total (%)	检验批次(批次) Check Batch (batch.time)	合格批次(批次) Regular Batch (batch.time)	批次合格率(%) Ratio of regular by Batch (%)
总 计	**Total**	**1784**	**631**	**35.4**	**2097**	**1405**	**67.0**
农用产品	Make use of Agriculture Product	8	3	37.5	9	6	66.7
# 农用化肥	Fertilizer for Farm Use	8	3	37.5	9	6	66.7
加工食品和饮料	Processible Food and Beverage	1292	477	36.9	1519	1011	66.6
# 小麦粉、大米	Wheaten and Rice	118	82	69.5	121	39	32.2
肉制品	Cooked Food	126	20	15.9	181	156	86.2
调味品	Flavorings	93	47	50.5	101	54	53.5
啤酒	Beer	31	17	54.8	47	19	40.4
糕点、糖果	Pastry and Candy	662	247	37.3	721	471	65.3
非酒精液体饮料	Noalcohol and Liquid Beverage	37	20	54.1	70	42	60.0
冷冻饮料	Refrigerant	16	5	31.3	21	16	76.2
方便主食品	Expediently Staple Food	151	24	15.9	168	144	85.7
乳制品	Dairy Produce	23	5	21.7	41	35	85.4
家用电器	Daily Use Electrical Appliances						
轻工产品	Light Industry Product	76	32	42.1	134	78	58.2
纺织、鞋类产品	Textile Industry and Leather Making	14			14	14	100.0
化工产品	Chemical Materials						
建材产品	Building Materials	77	16	20.8	81	65	80.2
机电产品	Machine and Electron Product	79	22	27.8	94	67	71.3
冶金产品、金属制品	Metallurgy and Medical Product						
能源产品	Energy Product	217	78	35.9	224	145	64.7
医疗器械	Medical Machines						
其他	Others	21	3	14.3	22	19	86.4

19-6 研究与试验发展(R&D)情况
RESEARCH AND EXPERIMENTAL DEVELOPMENT

项目	Item	有R&D活动的单位数(个) Number of (R&D) Enterprises (unit)	R&D人员折合全时人员(人年) R&D Person Amount to Full-time Person(person.year)	# 科学家和工程师 Scientist and Engineer	# 全时人员 Full-time Persons	基础研究 Basic Research	应用研究 Applied Research	实验发展 Experimental Development
总 计	**Total**	**2717**	**114919**	**99178**	**78962**	**17462**	**35122**	**62335**
按执行部门分组	**Group by Administer Department**							
科研机构	Scientific Research Institutions	312	48359	39705	40191	8674	19946	19739
高等院校	Institutions of Higher Education	68	24904	24127	7927	8373	10930	5601
企 业	Enterprise	2212	39137	33062	28942	295	3109	35733
# 大中型工业企业	Local Large and Medium Industrial Enterprises	209	9787	8098	7110	2	418	9367
其他	Others	125	2519	2284	1902	120	1137	1262
按隶属关系分组	**Group by Administrative Relationship**							
中央	Central	711	77669	66821	55215	15336	27830	34503
地方	Local	2006	37250	32357	23747	2126	7292	27832

19-6 续表 continued

单位：万元 (10000 yuan)

项目	Item	The Appropriation Expenditure for the Research and Experimental Development: R&D经费内部支出	经常费支出 Frequently Expenditure	# 人员劳务费 Work Expenditure	基础研究 Basic Research	应用研究 Applied Research	试验发展 Expenditure Development
总　计	**Total**	**2195401.5**	**2003275.7**	**505940.3**	**219254.5**	**555299.9**	**1228721.3**
按执行部门分组	**Group by Administer Department**						
科研机构	Scientific Research Institutions	1173079.7	1045330.1	226730.2	147787.4	377097.2	520445.5
高等院校	Institutions of Higher Education	233153.9	206025.6	46778.3	52512.6	80910.0	72603.0
企　业	Enterprise	771573.2	736172.8	228064.3	16548.4	93240.2	626384.2
# 大中型工业企业	Local Large and Medium Industrial Enterprises	284674.0	283523.0	56006.0	4146.0	30581.0	248796.0
其他	Others	17594.7	15747.2	4367.5	2406.1	4052.5	9288.6
按隶属关系分组	**Group by Administrative Relationship**						
中央	Central	1617276.6	1436904.8	315981.6	200494.3	468336.3	768074.1
地方	Local	578124.9	566370.9	189958.7	18760.2	86963.6	460647.1
按资金来源分	**Group by Bankroll Source**						
政府资金	Governmental	1175827.2					
企业资金	Enterprises	742282.7					
国外资金	Foreign	32532.4					
其他资金	Others	244759.2					

项目	Item	The Appropriation Expenditure for the Research and Experimental Development: R&D经费内部支出	科研基建支出 Expenditure for Science, Technology and Infrastructure	# 固定资产购建 Purchase of Investment in Fixed Assents	#设备购置 Purchase of Inqupment	R&D经费外部支出 Exterior Expenditure for R&D
总　计	**Total**	**2195401.5**	**192125.8**	**408773.8**	**333959.2**	**119683.4**
按执行部门分组	**Group by Administer Department**					
科研机构	Scientific Research Institutions	1173079.7	127749.6	213304.6	150515.8	26252.3
高等院校	Institutions of Higher Education	233153.9	27128.3	54738.1	52371.5	43982.9
企　业	Enterprise	771573.2	35401.4	136397.3	126992.2	47845.7
# 大中型工业企业	Local Large and Medium Industrial Enterprises	284674.0	1151.0	43573.0	42983.0	14234.0
其他	Others	17594.7	1846.5	4333.8	4079.7	1602.5
按隶属关系分组	**Group by Administrative Relationship**					
中央	Central	1617276.6	180370.8	317847.9	245986.4	87014.6
地方	Local	578124.9	11755.0	90925.9	87972.8	32668.8
按资金来源分	**Group by Bankroll Source**					
政府资金	Governmental	1175827.2				
企业资金	Enterprises	742282.7				
国外资金	Foreign	32532.4				
其他资金	Others	244759.2				

注：本表数据按执行部门分组中其他项含部分2000年度R&D资源清查数据。

Note:Data of other units by administer department included portion of the 2000 census of science and technology resources.

19-7 国民经济各行业专业技术人员
NUMBER OF PROFESSIONAL TECHNICAL PERSONNEL BY SECTORS OF NATIONAL ECONOMY

单位：人 (person)

项目	Item	2002 全市 Total	2002 #中央 Central	2002 #地方 Local	2001 全市 Total
合计	**Total**	**1444717**	**495459**	**730968**	**1296550**
农、林、牧、渔业	Farming,Forestry,Animals Husbandry and Fishery	8077	836	6709	7157
采掘业	Excavation	3064		2985	3669
制造业	Manufacturing	235319	34847	169686	185763
电力、煤气及水的生产和供应业	Electricity,Gas and Water Production and Supply	11104	5248	5496	8947
建筑业	Construction	166265	29912	79194	142103
地质勘查业、水利管理业	Geological Prospecting and Water Conservancy	5123	2591	2392	5984
交通运输、仓储及邮电通讯业	Transportation,Storage,Posts and Telecommunications	44139	28319	12177	36742
批发和零售贸易、餐饮业	Wholesale,Retail and Catering	90642	23484	32879	91643
金融、保险业	Banking and Insurance	64488	60642	1919	56947
房地产业	Real Estate	35932	3929	17252	31024
社会服务业	Social Services	157143	31620	73593	116257
卫生、体育和社会福利业	Health Care,Sports and Social Welfare	98189	29160	67443	98259
卫生	Health Care	94887	28487	65138	94970
体育	Sports	1422	534	620	1883
社会福利保障业	Social Welfare	1880	139	1685	1406
教育、文化艺术和广播电影电视业	Education,Culture and Arts and Radio, Film and Television	279390	99623	175489	278434
教育	Education	223792	55800	165287	227789
高等教育	Higher Education	70395	48795	21253	68856
中等教育	Secondary Education	81852	3153	77674	84720
初等教育	Primary Education	57064	1095	55930	60284
文化艺术	Culture and Art	44650	35866	7478	39490
广播电影电视	Radio,Film and Television	10948	7957	2724	11155
科学研究和综合技术服务业	Scientific Research and Polytechnical Services	140600	96840	33007	141379
科学研究	Scientific Research	73221	67851	4169	70037
自然科学研究	Natural Science	54897	51173	2746	41415
社会科学研究	Social Science	8766	8015	653	5559
其他科学研究	Others	9558	8663	770	23063
综合技术服务	Polytechnical Services	67379	28989	28838	71342
国家机关、政党机关和社会团体	Government Organs,Party Organs and Social Bodies	68406	26647	41746	60861
其他行业	Others	36836	21761	9001	31381

注：按劳动工资年报口径，专业技术人员调整为在岗职工的其中项（下表同）。

Note: Professional technical personnel has been adjusted to one of staff and workers at their posts according to the caliber of annual report on labor force and wages.(the following is the same).

19-8 国民经济各行业每万从业人员拥有专业技术人员
NUMBER OF SCIENTIFIC AND TECHNICAL PERSONNEL PER 10000 EMPLOYMENT BY SECTORS OF NATIONAL ECONOMY

单位：人 (person)

项目	Item	2002 全市 Total	2002 #中央 Central	2002 #地方 Local	2001 全市 Total
合计	**Total**	**3007**	**4302**	**2875**	**2951**
农、林、牧、渔业	Farming,Forestry,Animals Husbandry and Fishery	2443	3878	2455	2684
采掘业	Excavation	1138		1127	1446
制造业	Manufacturing	2136	2609	2131	1944
电力、煤气及水的生产和供应业	Electricity,Gas and Water Production and Supply	2946	3322	2611	2254
建筑业	Construction	2472	3062	3118	2403
地质勘查业、水利管理业	Geological Prospecting and Water Conservancy	3916	6466	2809	4184
交通运输、仓储及邮电通讯业	Transportation,Storage,Posts and Telecommunications	2321	2299	2309	2048
批发和零售贸易、餐饮业	Wholesale,Retail and Catering	1864	3984	1587	1993
金融、保险业	Banking and Insurance	7836	7983	7182	7146
房地产业	Real Estate	2202	2446	2237	2289
社会服务业	Social Services	1982	2550	1673	1765
卫生、体育和社会福利业	Health Care,Sports and Social Welfare	6974	7286	7052	6279
卫生	Health Care	7608	7810	7661	7638
体育	Sports	1731	1810	1497	2064
社会福利保障业	Social Welfare	2396	2328	2603	611
教育、文化艺术和广播电影电视业	Education,Culture and Arts and Radio, Film and Television	6534	6113	7131	6717
教育	Education	6837	6124	7397	7125
高等教育	Higher Education	6197	6231	6208	6098
中等教育	Secondary Education	7165	6581	7416	7668
初等教育	Primary Education	8846	8535	8893	8968
文化艺术	Culture and Art	5666	6265	4482	5396
广播电影电视	Radio,Film and Television	5102	5447	4563	5160
科学研究和综合技术服务业	Scientific Research and Polytechnical Services	5326	6515	4015	4950
科学研究	Scientific Research	6563	6598	6575	6440
自然科学研究	Natural Science	6393	6426	6265	6353
社会科学研究	Social Science	7100	7152	7395	7391
其他科学研究	Others	7165	7226	7163	6399
综合技术服务	Polytechnical Services	4420	6327	3801	4033
国家机关、政党机关和社会团体	Government Organs,Party Organs and Social Bodies	2974	4602	2428	2464
其他行业	Others	2584	2400	2679	2526

19-9 市属国有企事业单位专业技术人员
NUMBER OF SCIENTIFIC AND TECHNICAL PERSONNEL IN LOCAL STATE-OWNED ENTERPRISES AND INSTITUTIONS

单位：人 (person)

项目	Item	总计 Total	# 高级 Senior	# 中级 Middle	# 初级 Junior
总计	**Total**	**461012**	**42788**	**153392**	**229820**
工程技术人员	Engineering	103964	9970	31613	51996
农业技术人员	Agriculture	4978	322	1446	2869
科研实验人员	Scientific Research and Experimentation	3978	1222	1905	537
卫生技术人员	Health Care	67615	5564	19470	39755
教学人员	Teaching	159666	19413	68330	62458
经济人员	Economy	42583	1544	9209	24970
会计人员	Accountant	37485	1031	5505	27822
统计人员	Statistician	5819	75	1205	4064
翻译人员	Translator	1040	49	509	418
图书档案人员	Librarian and Archvist	6150	347	2243	3036
新闻出版人员	News Publisher	3485	681	1443	1036
律师公证人员	Law and Notarization	185	15	63	71
播音人员	Broadcasting	207	19	57	101
工艺美术人员	Industrial Art	454	21	115	279
体育人员	Sports	836	148	320	337
艺术人员	Art	2565	563	1266	566
政工人员	Political Staff	20002	1804	8693	9505

19-10 专利申请及授权情况
PATENT APPLICATIONS EXAMINED AND CERTIFIED

单位：项 (item)

项目	Item	申请量 Total Applications Examined		批准量 Total Applications Certified	
		2002	2001	2002	2001
合计	**Total**	**13842**	**12159**	**6345**	**6244**
按种类分	**Grouped by Type**				
发明	Creations and Inventions	5785	4969	1061	944
实用新型	Utility Models	5920	5114	3721	3600
外观设计	Designs	2137	2076	1563	1700
按对象分	**Grouped by Applicator**				
工矿企业	Industrial and Mineral Enterprises	4056	3226	2065	1859
大专院校	Universities and Colleges	1115	617	256	240
科研单位	Scientific Research Institution	1444	1087	501	516
机关团体	Government Organs and Associations	64	33	22	31
个人	Individuals	7163	7196	3501	3598

19-11 科学研究机构及人员
SCIENTIFIC RESEARCH INSTITUTIONS AND PERSONNEL

项目	Item	机构(个) Institution (unit)	职工人数(人) Staffand Workers (person)	从事科技活动人员(人) Personnel Engaged in Scientific and Technological Activity (person)	科技经费筹集(万元) Scientific Research-oriented Expenditure Financing	科技经费支出(万元) Appropriation Expenditure for Science and Technology
合　计	**Total**	**263**	**55937**	**38179**	**1174555.3**	**1092815.8**
自然科学	**Natural Science**	**184**	**48311**	**32160**	**1072704.4**	**985923.6**
中　央	Central	144	41055	28387	986726.9	917001.3
地　方	Local	40	7256	3773	85977.5	68922.3
在自然科学研究机构中:	**Of Natural Scientific Research Institutions**					
农、林、牧、渔业	Farming,Forestry,Animals Husbandry and Fishery	22	3641	2564	75703.3	69269.6
采掘业	Excavation	13	2873	1981	48209.6	45944.9
制造业	Manufacturing	1	163	112	1037.2	1150.9
电力、煤气及水的生产和供应业	Electricity,Gas and Water Production and Supply					
建筑业	Construction	2	118	95	2238.4	2208.2
地质勘查业、水利管理业	Geological Prospecting and Water Conservancy	6	667	451	9818	10051.4
交通运输、仓储及邮电通信业	Transportation,Stock,Posts and Telecommunications	6	1040	882	38570.6	36273.6
金融保险业	Finance and Insurance	1	93	62	1200	4258.4
房地产业	Real Estate	1	93	49	1066	1027.5
社会服务业	Social Services	7	1137	906	29282.3	24480.9
卫生、体育和社会福利业	Health Care,Sports and Social Welfare	32	13937	7146	237465.3	208577.9
教育、文化艺术及广播电影电视业	Education,Culture,Art and Radio,Film and Television	7	598	453	15405.7	12402.8
科学研究和综合技术服务业	Scientific Research and Polytechnical Services	80	21989	15959	538375.8	506362.8
国家机关、政党机关和社会团体	Government Organs,Party Organs and Social Bodies	5	1742	1311	71908.7	61839.5
其他行业	Others	1	220	189	2423.5	2075.2
社会科学	**Social Science**	**62**	**4967**	**4299**	**52968.6**	**50991.4**
中　央	Central	55	4305	3759	44343.5	40392.7
地　方	Local	7	662	540	8625.1	10598.7
在社会科学研究机构中:	**Of Social Scientific Research Institutions**					
管理学	Administration	2	137	112	4142.9	4031.5
马克思主义	Marxism	1	53	51	398.9	353.2
哲　学	Philosophy	1	139	133	1207.6	1151.8
宗教学	Religion	1	84	78	710.9	633.7
语言学	Language	1	95	95	689	714.4
文学	Literature	3	255	237	2592.5	2233.7
艺术学	Art	2	556	389	3469.9	3864.5
历史学	History	5	454	417	5078.9	4549.5
考古学	Archeology	2	190	163	2718.8	2055.8
经济学	Economics	22	1250	1112	12616.3	11476.8
政治学	Politics	6	321	291	3035.2	2284
法　学	Law	2	154	143	1168.7	1014.8
社会学	Sociology	7	434	367	4263.7	3830.3
民族学	Ethnology	1	163	142	1366.7	1165.9
新闻学与传播学	News and Propagation	2	107	76	1633.8	1552.5
教育学	Education	3	541	459	7495.9	9771.6
统计学	Statistics	1	34	34	378.9	307.4
情报科学	**Intelligence Science**	**17**	**2659**	**1720**	**48882.3**	**55900.8**

19-12 大中型工业企业科技活动基本情况
STATISTICS FOR LOCAL LARGE AND MEDIUM INDUSTRIAL ENTRPRISES SCIENCE AND TECHNOLOGY-ORIENTED ACTIVITIES

项　目		Item		2002	2001
有科技机构的企业	(个)	Science and Technology-oriented Activities Enterprises	(unit)	103	119
有科技机构的企业占全部企业的比重	(%)	Science and Technology-oriented Activities Enterprises as % of Total	(%)	18.2	19.2
科技机构数	(个)	Scientific Research Institutions	(unit)	131	155
科技活动人员	(人)	Personnel Engaged in Science and Technology	(person)	31912	34975
# 科学家和工程师		Scientist and Engineer		21823	22346
研究与试验发展人员	(人)	Scientific Research Persons	(person)	16337	15661
科技机构科技活动人员数	(人)	Personnel Engaged in Science and Technology	(person)	7204	8845
# 科学家和工程师		Scientist and Engineer		4949	6198
科技经费筹集额	(万元)	Scientific Research-oriented Expenditure Financing	(10000 yuan)	398903.0	423106.4
#政府资金		Government Appropriate Fouds		10840.9	14335.9
#企业资金		Corporation		377460.0	381190.1
#银行贷款		Loads of Banks		3410.0	12572.5
科技经费支出额	(万元)	Appropriation Expenditure for Science and Technology	(10000 yuan)	406882.1	415632.9
# 开发新产品用款		Appropriation for New product		190209.4	181725.0
科技经费支出占产品销售收入比重	(%)	Appropriation Expenditure for Science and Technologyas % of Sales Revenue	(%)	1.91	1.86
研究与试验发展经费支出	(万元)	The Appropriation Expenditure for Experimental Development	(10000 yuan)	283522.5	209529.3
科技项目数	(项)	Scientific Research Programs	(item)	3131	3302
# 新产品项目		New Product		2117	1867
技术引进经费支出	(万元)	Appropriation Expenditure for Fetch in Technic	(10000 yuan)	79511.8	86132.2
消化吸收经费支出	(万元)	Appropriation Expenditure for Application of new Scientific	(10000 yuan)	45019.7	826.7
购买国内技术支出	(万元)	Appropriation Expenditure for Purchase Inland Technic	(10000 yuan)	7595.7	5352.2

19-13 技术合同签定及执行情况
CONCLUSION AND IMPLEMENTATION OF TECHNICAL CONTRACTS

项目	Item	签定合同数(项) Contracts Concluded (item)		合同金额(万元) Amount of Contracts (10000 yuan)	
		2002	2001	2002	2001
合计	**Total**	**27038**	**23921**	**2210694.9**	**1910065.5**
按合同类别分类	**Grouped by Type**				
技术开发合同	Technological Development	6969	6597	883652.3	745105.1
技术转让合同	Technology Transfer	2252	2960	254463.6	367971.9
技术咨询合同	Technical Consultation	3574	2647	102254.2	73603.8
技术服务合同	Technical Service	14243	11717	970324.9	723384.6
按合同卖方类别分类	**Grouped by Type of Seller**				
科研机构	Scientific Research Institutions	11314	10401	544014.9	546468.3
高等院校	Institutions of Higher Education	1361	1877	43587.1	66192.5
企业	Enterprises	12757	8496	1411107.2	1019483.9
技术贸易机构	Technology Trade Institutions	1162	1316	141080.3	60382.8
个体经营	Individual	38	181	1838.0	7047.6
其他	Others	406	1650	69067.4	210490.4
按合同买方类别分类	**Grouped by Type of Buyer**				
企业	Enterprises	20116	16857	1543021.4	1348230.3
科研机构	Scientific Research Institutions	2916	3490	148441.6	144607.6
各级管理部门	Management Departments	2385	2176	227928.3	243828.3
技术贸易机构	Technology Trade Institutions	178	369	18894.4	16377.8
个人及个人合伙	Individual and Individual Partnership	91	154	2350.8	3229.9
其他	Others	1352	875	270058.4	153791.6
按服务社会经济目标分类	**Grouped by Social and Economic Service Objection**				
陆地、海洋和大气的开发与估价	Development and Appraisal of Lands,Seas and Atmosphere	114	158	9088.6	15108.4
民用宇宙空间	Civil Universal Space	309	348	21251.6	24677.5
农业、林业和渔业的发展	Development of Agriculture, Forestry and Fishery	510	429	29826.3	38416.2
促进工业的发展	Promoting Industrial Development	6535	6875	567982.0	411634.9
能源的生产、储存和分配	Production,Stockpile and Distribution of Energy	3244	2190	265224.6	229127.6
交通、通讯事业的发展	Development of Transportation and Telecommunication	6339	5189	692076.3	527517.9
教育事业的发展	Development of Education	413	309	21775.7	14920.1
卫生事业的发展	Development of Health Care	1862	1368	78012.8	67500.7
社会发展和社会经济服务	Social Development and Economic Service	2610	2731	229876.1	299144.9
环境保护	Environmental Protextion	1636	1233	79719.0	40335.3
知识的全面发展	All-round Development of Knowledge	134	104	5987.6	3150
其他目标	Others	2433	2178	123398.6	159475.4
国防	National Defence	899	809	86475.8	79056.6
按技术流向分类	**Grouped by Spread Area**				
北京	Beijing	13028	11696	901298.4	1036687.6
外地	Outside Beijing	14010	12225	1309396.5	873377.9

19-14 科学技术协会及所属学会工作情况
BASIC STATISTICS OF SCIENCE AND TECHNOLOGY ASSOCIATION AND SUBORDINATE INSTITUTES

项目		Item		合计 Total	市科协 Municipal Science and Technology Association	市级学会 Institutes at Municipal Level
机构与人员		**Institutions and Personnel**				
机构	(个)	Institutions	(unit)	143	1	142
人员	(人)	Personnel	(person)	212570	44	212526
学术交流		**Academic Exchange**				
国内学术会议	(次)	Domestic Academic Meeting	(time)	1198		1198
参加人数	(人次)	Participants	(person.time)	205188		205188
交流论文	(篇)	Papers Presented	(article)	12188		12188
中外学术会议	(次)	China and Foreign Countries Learned Meeting	(time)	111	3	108
参加人次	(人次)	Participants	(person.time)	10537	360	10177
交流论文	(篇)	Papers Presented	(article)	1724	36	1688
港澳台学术会议	(次)	International Academic Meeting	(time)	21	1	20
参加人数	(人次)	Participants	(person.time)	1330	80	1250
交流论文	(篇)	Papers Presented	(article)	248	18	230
民间科技交流		**Non-governmental Scientific and Technological Exchange**				
派往国外科技团组	(个)	Technological Group of Accredit Overseas	(unit)	29	10	19
派出人数	(人次)	Accredit person.time	(person.time)	179	58	121
派往港澳台地区科技团组	(个)	Technological Group of Hongkong,Macao and Taiwan Enterprises Accredit	(unit)	21	8	13
派出人次	(人次)	Accredit person.time	(person.time)	213	88	125
接待国外科技团组	(个)	Technological Group of overseas Reception	(unit)	74	19	55
接待人次	(人次)	Accredit person.time	(person.time)	634	268	366
接待港澳台地区科技团组	(个)	Technological Group of Hongking,Macao and Taiwan Enterprises Reception	(unit)	20	7	13
接待人次	(人次)	Accredit person.time	(person.time)	447	242	205
科学普及		**Scientific Promoting**				
科普讲座	(次)	Lectures	(time)	840	39	801
参加人次	(人次)	Participants	(person.time)	205023	44880	160143
科普展览	(次)	Exhibitions	(time)	127	4	123
参观人次	(人次)	Participants	(person.time)	222214	8600	213614
科技培训		**Training Program**				
培训班数	(个)	Classes	(time)	418	70	348
培训人数	(人次)	Participants	(person.time)	36376	2245	34131
科技咨询服务		**Consultative Services**				
完成咨询合同	(项)	Contracts Completed	(item)	447	210	237
咨询合同实现金额	(万元)	Contracts Revenue	(10000 yuan)	12118	8600	3518
科技出版物		**Technological Publication**				
科技期刊	(种)	Magazine	(kind)	42	1	41
科技图书	(种)	Books	(kind)	41	6	35
科技论文集	(种)	Collected of Disquisition	(kind)	80	3	77

主要统计指标解释

科技活动人员 指直接从事科技活动、以及专门从事科技活动管理和为科技活动提供直接服务的人员中累计从事科技活动的实际工作时间占全年制度工作时间 10%及以上的人员。（1）直接从事科技活动的人员包括:在独立核算的科学研究与技术开发机构、高等学校、各类企业及其他事业单位内设的研究室、实验室、技术开发中心及中试车间(基地)等机构中从事科技活动的研究人员、工程技术人员、技术工人及其它人员；虽不在上述机构工作，但编入科技活动项目(课题)组的人员；科技信息与文献机构中的专业技术人员；从事论文设计的研究生等。（2）专门从事科技活动管理和为科技活动提供直接服务的人员包括：独立核算的科学研究与技术开发机构、科技信息与文献机构、高等学校、各类企业及其他事业单位主管科技工作的负责人，专门从事科技活动的计划、行政、人事、财务、物资供应、设备维护、图书资料管理等工作的各类人员，但不包括保卫、医疗保健人员、司机、食堂人员、茶炉工、水暖工、清洁工等为科技活动提供间接服务的人员。

科学家和工程师 指科技活动人员中具有高、中级技术职称(职务)的人员和不具有高、中级技术职称(职务)的大学本科及以上学历人员。

专业技术人员 指从事专业技术工作和专业技术管理工作的人员，即企事业单位中已经聘任专业技术职务从事专业技术工作和专业技术管理工作的人员，以及未聘任专业技术职务，现在专业技术岗位上工作的人员。包括工程技术人员，农业技术人员，科学研究人员，卫生技术人员，教学人员，经济人员，会计人员，统计人员，翻译人员，图书资料、档案、文博人员，新闻出版人员，律师、公证人员，广播电视播音人员，工艺美术人员，体育人员，艺术人员及企业政治思想工作人员，共十七个专业技术职务类别。

研究与试验发展 (R&D) 指在科学技术领域，为增加知识总量、以及运用这些知识去创造新的应用而进行的系统的创造性的活动，包括基础研究、应用研究、试验发展三类活动。

科技活动经费筹集 指从各种渠道筹集到的计划用于科技活动的经费，包括政府资金、企业资金、事业单位资金、金融机构贷款、国外资金和其他资金等。

专利 是专利权的简称，是对发明人的发明创造经审查合格后，由专利局依据专利法授予发明人和设计人对该项发明创造享有的专有权。包括发明、实用新型和外观设计。

发明 指专利法及其实施细则所称的发明，指对产品、方法或者改进所提出的新的技术方案。

实用新型 指专利法及其实施细则所称的实用新型，指对产品的形状、构造或者其结合所提出的适于实用的新的技术方案。

外观设计 指专利法及其实施细则所称的外观设计，指对产品的形状、图案、色彩或者其结合所作出的富有美感并适于工业上应用的新设计。

二十　卫生、体育

HEALTH AND SPORTS

卫生机构、床位及卫生技术人员数（单位：个，张，人）
Number of Health Care Institutions,Beds and Medical Technical Personnel (unit, person)

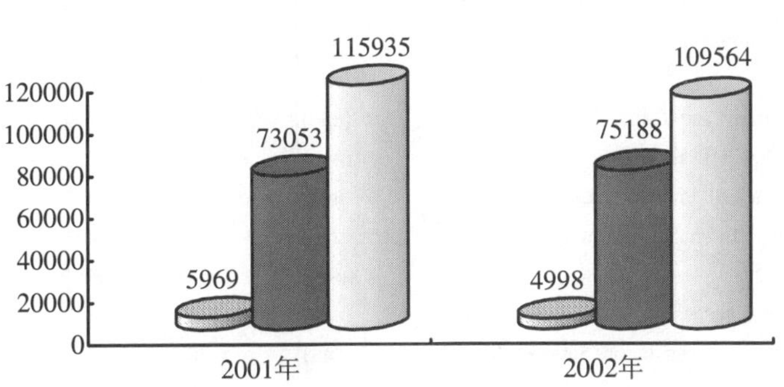

卫生事业机构 Health Care Institutions

床位Beds

卫生技术人员 Medical Technical Personnel

平均每千人拥有床位及医生数（单位：张，人）
Number of Beds and Doctors Per 1000 Persons (unit, perosn)

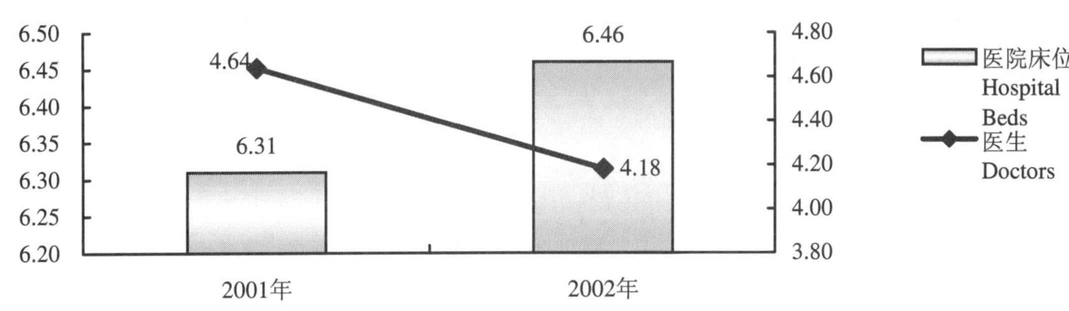

医院床位 Hospital Beds

医生 Doctors

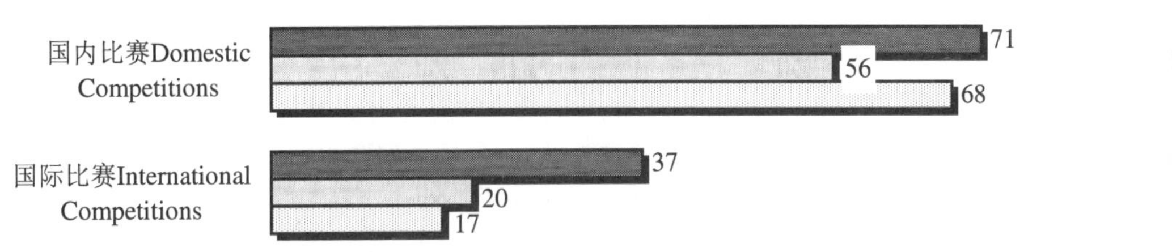

金牌 Gold Medal

银牌 Silver Medal

铜牌 Bronze Medal

20-1 医疗卫生机构基本情况
BASIC STATISTICS FOR INSTITUTIONS OF PUBLIC HEALTH

项目		Item		2002	2001	构成(%) Composition(%) 2002	2001
卫生机构	**(个)**	**Health Care Institutions**	**(unit)**	**4998**	**5969**	**100**	**100**
# 医院	(个)	Hospitals	(unit)	466	462	9.3	7.7
社区卫生服务中心	(个)	Community Sanitation Services Sites	(unit)	30		0.6	
卫生院	(个)	Township Hospitals	(unit)	186	215	3.7	3.6
门诊部	(个)	Clinics	(unit)	239	218	4.8	3.7
妇幼保健院	(个)	Maternity and Child Care Hospitals	(unit)	19	9	0.4	0.2
疾病预防控制中心	(个)	Prevent a Disease Control Center	(unit)	24	30	0.5	0.5
专科疾病防治院	(个)	Specialized Prevent a Disease Hospitals	(unit)	31	39	0.6	0.7
诊所、卫生所、医务室	(个)	Clinics,Township Hospitals and Infirmary	(unit)	3901	4863	78.1	81.5
床　位	**(张)**	**Beds**	**(unit)**	**75188**	**73053**	**100**	**100**
# 医院	(张)	Hospitals	(unit)	68780	67357	91.5	92.2
社区卫生服务中心	(张)	Community Sanitation Services Sites	(unit)	288		0.4	
卫生院	(张)	Township Hospitals	(unit)	4217	4300	5.6	5.9
妇幼保健院	(张)	Maternity and Child Care Hospitals	(unit)	942	149	1.3	0.2
专科疾病防治院	(张)	Specialized Prevent a Disease Hospitals	(unit)	618	463	0.8	0.6
平均每千人拥有医院床位	(张)	Hospitals Beds per 1000 Population	(unit)	6.46	6.31		
卫生技术人员	**(人)**	**Medical Technical Personnel**	**(person)**	**109564**	**115935**	**100**	**100**
# 执业医师	(人)	Certified Doctors	(person)	47236	52100	43.1	44.9
注册护士	(人)	Registered Nurses	(person)	38879	40537	35.5	35.0
平均每千人拥有执业医师	(人)	Certified Doctors per 1000 Population	(person)	4.18	4.64		
平均每千人拥有 注册护士	(人)	Registered Nurses per 1000 Population	(person)	3.44	3.61		

注：1.从2002年起医院数中包括疗养院和护理院。

2.2002年新增社区卫生服务中心统计分组。

Note:a)From 2002, Hospitals Include Sanatoriums and Tend and Protect Hospitals.

b)"Health Services Sites of Community" was add Grouping.

20-2 村卫生室基本情况
INFIRMARY IN RURAL AREA

项目		Item		总计 Total	村办 Country Infirmary	乡卫生院设点 Township Hospitals	联合办 united	私人办 personal	其他 others
机构数	(个)	Number of Infirmary	(unit)	2180	1901	28	2	224	25
执业医师	(人)	Certified Doctors	(person)	136	105	31			
乡村医生	(人)	Country Doctors	(person)	3446	2992	149	5	253	47
卫生员	(人)	Health Officer	(person)	168	164				4
诊疗人次数	(千人次)	Person-time of See a Doctor	(1000 person/time)	5450	4546	364	4	455	81
孕产妇检查人次数	(人次)	Gynecology and Obstetrics Person-time of See a Doctor	(person/time)	7705	6123	1582			
接生人数	(人次)	Number of Deliver a Child	(person/time)	261	261				
儿童疫苗接种人次数	(千人次)	Person-time of Incoulation of Enfant Vaccine	(1000 person/time)	266	206	58	1		1

20-3 全市医院基本情况
BASIC STATISTICS FOR HOSPITALS

项　　目	Item	医院数（个）Hospitals (unit)	床位数（张）Beds (unit)	职工人数（人）Staff and Workers (person)	# 卫生技术人员 Medical Technical Personnel	执业医师 Certified Doctors	中医 Doctors of Chinese Medicine
总　计	**Total**	**466**	**68780**	**111350**	**84361**	**30653**	**4922**
# 市	District	453	67187	108629	82114	29726	4759
县	County	13	1593	2721	2247	927	163
# 综合医院	Comprehensive Hospitals	346	48697	83473	63980	23258	1969
中医医院	Hospitals of Chinese Medicine	45	5960	10867	8328	3435	2355
中西医结合医院	Hospitals Which Integrate Traditional Chinese Therapeutics with Western Therapeutics in Practice	2	261	478	403	138	26
民族医院	Ethnologic Hospitals	2	30	60	42	31	15
口腔医院	Stomatologital Hospitals	5	195	1519	1124	523	253
眼科医院	Eye Hospitals	3	95	104	87	24	
肿瘤医院	Tumor Hospitals	7	2126	2527	1736	541	27
心血管病医院	Heart and Blood Vessel Disease	1	532	1534	1170	389	7
胸科医院	Thorax Dipatment Hospitals	1	533	566	411	94	93
妇(产)科医院	Hospitals for Gynecology and Obstetrics	1	660	929	661	228	7
儿童医院	Children's Hospitals	2	957	2400	1646	513	36
精神病医院	Mental Hospitals	19	5512	3732	2621	749	43
传染病医院	Infectious Disease Hospitals	3	992	1432	1010	333	12
骨科医院	Hospitals of Orthopedics	6	360	496	336	125	42
康复医院	Recovery Hospitals	1	31	35	24	9	6
整形外科医院	Plastically Hospitals	1	328	460	308	85	
美容医院	Beauty(Plastically) Hospitals	1					
其他专科医院	Other Specialized Hospitals	13	295	248	181	79	12
疗养院	Sanitarium	5	1030	427	253	81	18
护理院	Tend and Protect Hospitals	2	186	63	40	18	1

20-3 续表 continued

项目 Item		执业助理医师 Certified Assistant Doctors	中医 Doctors of Chinese Medicine	注册护士 Registered Nurses	药剂人员 Druggist	药师 Pharmacists	中药师 Pharmacists of Chinese	检验人员 Laboratory Technicians
总计	**Total**	**1476**	**199**	**34610**	**5825**	**1128**	**472**	**3490**
# 市	District	1388	183	33829	5648	1099	461	3388
县	County	88	16	781	177	29	11	102
# 综合医院	Comprehensive Hospitals	1197	128	26493	4293	888	314	2723
中医医院	Hospitals of Chinese Medicine	143	56	2689	985	23	115	339
中西医结合医院	Hospitals Which Integrate Traditional Chinese Therapeutics with Western Therapeutics in Practice	2		188	8	6	2	15
民族医院	Ethnologic Hospitals	1		2	3	1		
口腔医院	Stomatologital Hospitals	15		301	24	13		18
眼科医院	Eye Hospitals	4		45	4			1
肿瘤医院	Tumor Hospitals	3	1	720	75	28	5	48
心血管病医院	Heart and Blood Vessel Disease			442	34	6	2	28
胸科医院	Thorax Dipatment Hospitals			250	21			20
妇(产)科医院	Hospitals for Gynecology and Obstetrics	1		332	32	23	7	20
儿童医院	Children's Hospitals			816	120	5		85
精神病医院	Mental Hospitals	69	6	1399	122	35	15	70
传染病医院	Infectious Disease Hospitals	5	1	504	40	5	4	76
骨科医院	Hospitals of Orthopedics	14	2	100	20	5	2	11
康复医院	Recovery Hospitals			5	2		1	1
整形外科医院	Plastically Hospitals			157	8	8		5
美容医院	Beauty(Plastically) Hospitals							
其他专科医院	Other Specialized Hospitals	15	4	31	12	8	2	17
疗养院	Sanitarium	4	1	124	19	13	3	10
护理院	Tend and Protect Hospitals	3		12	3	1		3

20-4 医院、卫生院工作情况
WORKS OF HOSPITALS

项目 Item		诊疗人次数（千人次）Patients Treated (10000 person.time)	#门诊 Out-patients	健康检查人数（千人）Health Check (person)	平均开放病床数（张）Beds in Use (unit)	入院人数（千人）In-patients (person)	出院人数（千人）Leaving Hospital (1000 person)
总计	**Total**	**60695**	**49167**	**1984**	**64043**	**901**	**898**
# 医院	**Hospitals**	**54835**	**44146**	**1697**	**60493**	**844**	**842**
# 综合医院	Comprehensive Hospitals	43417	33737	1432	44020	663	656
中医医院	Hospitals of Chinese Medicine	5765	5294	124	5017	58	63
中西医结合医院	Hospitals Which Integrate Traditional Chinese Therapeutics with Western Therapeutics in Practice	284	265	17	241	4	4
民族医院	Ethnologic Hospitals	56	55		15		
口腔医院	Stomatologital Hospitals	1319	1242	11	128	1	1
眼科医院	Eye Hospitals	23	23		75	2	2
肿瘤医院	Tumor Hospitals	446	414	8	2038	20	20
心血管病医院	Heart and Blood Vessel Disease	209	171		520	12	12
胸科医院	Thorax Dipatment Hospitals	56	55		471	4	3
妇(产)科医院	Hospitals for Gynecology and Obstetrics	375	359	2	408	12	12
儿童医院	Children's Hospitals	2060	1919	4	948	29	29
精神病医院	Mental Hospitals	379	300	33	3823	8	7
传染病医院	Infectious Disease Hospitals	232	124	1	1033	11	11
骨科医院	Hospitals of Orthopedics	88	82	1	313	3	3
康复医院	Recovery Hospitals	1	1		31		
整形外科医院	Plastically Hospitals	44	43		328	6	6
美容医院	Beauty(Plastically) Hospitals						
其他专科医院	Other Specialized Hospitals	27	27	60	170	1	1
疗养院	Sanitarium	45	27	3	730	10	10
护理院	Tend and Protect Hospitals	7	7	2	186		
# 卫生院	**Township Hospitals**	**5860**	**5020**	**287**	**3550**	**56**	**56**

20-4 续表 continued

项 目 Item		治愈率 (%) Recovering Rate (%)	好转率 (%) Mending Rate (%)	病死率 (%) Rate of Death of Illness (%)	病床周转次数 (次) Turnover Beds (times)	病床使用率 (%) Utilization Rate (%)	出院者平均住院日 (日) Average Hospitalization Period (day)
总 计	**Total**	**48.7**	**35.6**	**2.2**	**14.0**	**69.5**	**18.0**
# 医院	**Hospitals**	**47.0**	**36.6**	**2.3**	**13.9**	**71.6**	**18.8**
# 综合医院	Comprehensive Hospitals	49.1	35.5	2.4	14.9	70.9	15.9
中医医院	Hospitals of Chinese Medicine	35.4	52.4	3.1	12.6	74.1	21.2
中西医结合医院	Hospitals Which Integrate Traditional Chinese Therapeutics with Western Therapeutics in Practice	36.9	46.7	1.9	17.9	86.9	17.2
民族医院	Ethnologic Hospitals		100.0		2.3	4.4	7.0
口腔医院	Stomatologital Hospitals	74.1	19.5		10.2	24.9	
眼科医院	Eye Hospitals	99.9	0.1		31.8	65.7	6.8
肿瘤医院	Tumor Hospitals	38.5	32.5	2.3	9.9	77.0	27.2
心血管病医院	Heart and Blood Vessel Disease	36.2	57.6	1.3	23.0	86.4	13.8
胸科医院	Thorax Dipatment Hospitals	19.0	45.5	4.6	7.3	79.9	39.3
妇(产)科医院	Hospitals for Gynecology and Obstetrics	42.3	10.6	0.1	28.7	89.3	10.8
儿童医院	Children's Hospitals	51.3	35.4	0.5	30.8	98.0	11.0
精神病医院	Mental Hospitals	36.3	55.2	1.2	2.0	79.4	106.9
传染病医院	Infectious Disease Hospitals	49.5	35.2	4.3	10.5	71.1	24.6
骨科医院	Hospitals of Orthopedics	57.7	33.2	0.8	9.8	54.7	18.7
康复医院	Recovery Hospitals	50.0	41.7		1.2	12.1	30.7
整形外科医院	Plastically Hospitals	54.7	4.0		17.2	70.6	13.9
美容医院	Beauty(Plastically) Hospitals						
其他专科医院	Other Specialized Hospitals	69.4	29.0		7.5	29.7	15.2
疗养院	Sanitarium	1.4	37.1	0.3	13.5	18.7	7.7
护理院	Tend and Protect Hospitals	42.1	46.6	11.4	1.0	16.7	21.0
# 卫生院	**Township Hospitals**	**74.1**	**20.7**	**0.3**	**15.9**	**33.5**	**6.8**

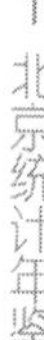

20-5 全市居民前十位死因顺位、死亡率及构成
DEATH RATE AND COMPOSITION OF 10 MAJOR DISEASE

顺 位 No.	死因名称 Cause of Death		死亡率（1/10万） Death Rate (1/100 thousand)	构 成（%） Composition(%)
	全 市	**Total**	**448.41**	**93.01**
1	脑血管病	Cerebrovasular Disease	121.78	25.27
2	心脏病	Heart Trouble	105.55	21.91
3	恶性肿瘤	Malignant Tumour	96.98	20.13
4	呼吸系病	Respiratory Disease	54.08	11.22
5	损伤和中毒	Trauma and Toxicosis	26.90	5.58
6	内分泌、营养、代谢及免疫疾病	Internal System, Nutrition, Metabolite and Immunity Disease	17.61	3.66
7	消化系病	Gigestive Disease	11.98	2.49
8	泌尿生殖系病	Urinary Disease	7.62	1.58
9	神经系病	Neuropathy	3.18	0.66
10	传染病	Infection Disease	2.73	0.57
	市	**District**	**397.04**	**93.49**
1	恶性肿瘤	Malignant Tumour	99.25	23.37
2	心脏病	Heart Trouble	96.01	22.61
3	脑血管病	Cerebrovasular Disease	89.36	21.04
4	呼吸系病	Respiratory Disease	48.82	11.5
5	内分泌、营养、代谢及免疫病	Internal System, Nutrition, Metabolite and Immunity Disease	19.19	4.52
6	损伤和中毒	Trauma and Toxicosis	18.23	4.29
7	消化系病	Gigestive Disease	12.76	3
8	泌尿生殖系病	Urinary Disease	7.68	1.81
9	神经系病	Neuropathy	3.06	0.72
10	传染病	Infection Disease	2.68	0.63
	县	**County**	**564.09**	**92.36**
1	脑血管病	Cerebrovasular Disease	194.82	31.91
2	心脏病	Heart Trouble	127.03	20.8
3	恶性肿瘤	Malignant Tumour	91.86	15.04
4	呼吸系病	Respiratory Disease	65.91	10.79
5	损伤和中毒	Trauma and Toxicosis	46.44	7.6
6	内分泌、营养、代谢及免疫病	Internal System, Nutrition, Metabolite and Immunity Disease	14.06	2.3
7	消化系病	Gigestive Disease	10.23	1.67
8	泌尿生殖系病	Urinary Disease	7.46	1.22
9	神经系病	Neuropathy	3.46	0.57
10	精神病	Psychosis Disease	2.82	0.46

20-6 全市婴儿、新生儿死亡率
DEATH RATE OF INFANT AND NEWBORN BABY

单位：‰ (‰)

地　区 Region		婴儿死亡率 Death Rate of Infant		新生儿死亡率 Death Rate of Newborn Baby	
		2002	2001	2002	2001
全市	**The Whole City**	**5.56**	**6.01**	**3.70**	**4.05**
区	District	5.57	6.26	3.65	4.16
县	County	5.54	5.62	3.77	3.89

20-7 全市7岁以下儿童系统管理情况
STATISTICS FOR SYSTEMATIC CARE OF CHILDREN AT 7 AND BELOW

项　目 Item		2002	2001
7岁以下儿童数	（人）Children at 7 and below (person)	416545	424824
系统管理人数	（人）Children under Systematic Care (person)	408452	417313
体检人数	（人）Children Having Health Check (person)	402401	410692
0-2岁儿童佝偻病患病率	（%）Suffering Rate from Rickets of Children at Age 0-2 (%)	0.44	0.56
0-2岁儿童贫血患病率	（%）Suffering Rate from Amenia of Children at Age 0-3 (%)	4.62	4.66
3-6岁儿童贫血患病率	（%）Suffering Rate from Amenia of Children at Age 3-6 (%)	1.34	1.38
7岁下儿童系统管理覆盖率	（%）Covering Rate of Systematic Care of Children at Age 7 and Below (%)	98.06	98.23

20-8 全市食品卫生监督检查合格情况
STATISTICS FOR FOOD SANITATION BACK-CHECK QUALIFIED RATE

单位：%　　(%)

项目	Item	2002	2001
合　计	**Total**	**89.9**	**91.7**
# 生产加工业	Processing	92.5	92.0
批发零售业	Wholesale and Retail	92.5	93.9
饮食服务业	Catering Services	82.1	88.0
集体食堂	Canteen	90.7	91.1
食品摊贩	Food Street Pedlar	92.9	92.7

20-9 农村改水情况
STATISTICS FOR WATER-CHANG IN RURAL AREA

项目		Item		2002	2001
农村总人口	（万人）	Total Rural Population	(10000 persons)	346.8	346.8
已改水累计受益人口	（万人）	Accumulative Population Benefited from Water-changing	(10000 persons)	346.0	346.0
饮用自来水		Using Tap Water			
现有水厂	（座）	Water Plants	(10000)	3700	3780
累计受益人口	（万人）	Accumulative Benefited Population	(10000 persons)	338	337
饮用水压机井水		Using Motor-pumped Water			
现有机井	（万台）	Motor-pumped Wells	(10000)	2.0	2.1
累计受益人口	（万人）	Accumulative Benefited Population	(10000 persons)	6.2	6.5
其他形式		Others			
累计受益人口	（万人）	Accumulative Benefited Population	(10000 persons)	2.3	2.5

注：2002年关闭、合并一些小规模水厂、机井。
Note:Some of factory and well in miniature was closure or amalgamate.

20-10 体育场馆数
STADIUMS AND GYMNASIUMS

单位：个 (unit)

项目	Item	2002	2001
总计	**Total**	**4677**	**4674**
体育场	**Stadiums**	**48**	**46**
甲级	First Class	2	2
乙级	Second Class	2	2
丙级	Third Class	8	6
丁级	Fourth Class	36	36
体育馆	**Gymnasiums**	**23**	**23**
甲级	First Class	2	2
乙级	Second Class	3	3
丙级	Third Class	8	8
丁级	Fourth Class	10	10
# 游泳跳水馆	Natatoriums	6	6
游泳池	Swimming Pools	208	208
有固定看台的灯光球场	Illuminated Fields with Fixed Seating	13	13
田径房	Athletic House	4	4
保龄球房	Bowling House	29	29
台球房	Billiards House	50	50
运动场	Sports Field	116	116
足球场	Football Field	49	49
网球场	Tennis Field	93	93
射击场	Shooting Field	18	18
轮滑场	Wheel-skating Field	5	5
篮球场	Basketball Field	2749	2749

注：各年份数据为截止到年底的累计体育场馆数。

Note: Data of each year are accumulative ones at the year-end.

20-11 群众体育活动情况
ACTIVITIES OF MASS SPORTS

单位：个 (unit)

项目		Item		2002	2001
晨晚练辅导站	（个）	Tutorial Locale by Matutinal and Overnight Exercise	(unit)	3000	
晨晚练活动人数	（万人）	Number of Matutinal and Overnight Exercise	(10000 person)	100	
青少年体育俱乐部数	（个）	Number of teen-age and Gymnastic Club	(unit)	67	53
社会体育指导员	（人）	Social and Gymnastic Shepherd	(person)	13045	8971
全民健身工程	（个）	Civil Exercise Projects	(unit)	1345	1130
# 万米工程	（个）	Large-scale Projects	(unit)	6	6
标准工程	（个）	Normal Projects	(unit)	39	24
居家工程	（个）	Contrapose Familial Projects	(unit)	1300	1100
全民健身工程面积	（万平方米）	Acreage of Civil Exercise Projects	(10000 sq.m)	86.1	78.4
# 万米工程	（万平方米）	Large-scale Projects	(10000 sq.m)	6	6
标准工程	（万平方米）	Normal Projects	(10000 sq.m)	15.6	9.6
居家工程	（万平方米）	Contrapose Familial Projects	(10000 sq.m)	64.5	62.8

20-12 分等级运动员发展人数情况
NUMBER OF CERTIFIED ATHLETES ADMITTED

单位：人 (person)

项目	Item	合计 Total	国家级健将 National Master	运动健将 Master Athletes	一级 First Grade Athletes	二级 Second Grade Athletes
总计	**Total**	**1845**			**324**	**1521**
#女性	Female	824			154	670

20-13 专职教练员获职称人数情况
NUMBER OF PROFESSIONAL TRAINERS GAINED TITLE

单位：人 (person)

项目	Item	合计 Total	高级职称 Senior	中级职称 Middle	初级职称 Junior
总计	**Total**	**567**	**123**	**238**	**206**
#女性	Female	200	32	78	90

20-14 分等级裁判员发展人数情况
NUMBER OF CERTIFIED REFEREES ADMITTED

单位：人 (person)

项目	Item	合计 Total	国家级 National Referees	一级 First Grade Referees	二级 Second Grade Referees	三级 Third Grade Referees
总计	**Total**	**2442**		**1328**	**1114**	
#女性	Female	514		312	202	

20-15 运动员获奖牌情况
STATISTICS ON MEDALS WON

单位：块 (piece)

项目	Item	金牌 Gold	银牌 Silver	铜牌 Bronze
合计	**Total**	**108**	**76**	**85**
国际比赛	International competitions	37	20	17
国内比赛	Domestic Competitions	71	56	68

20-16 北京市运动员获全国冠军名单
LIST OF NATIONAL CHAMPIONSHIPS BY ATHLETES OF BEIJING

比赛名称	Matches	大项名称	Item	小项名称 Item	姓名 Name
全国锦标赛	The National Championships	体操	Gymnastics	男子单杠	腾海滨
全国锦标赛	The National Championships	体操	Gymnastics	女子平衡木	康欣
全国锦标赛	The National Championships	体操	Gymnastics	女子全能	康欣
全国锦标赛	The National Championships	乒乓球	Table Tennis	男子单打	唐鹏
全国冠军赛	The National Tournament	举重	Weight Lifting	男子挺举94kg	赵雷
全国冠军赛	The National Tournament	举重	Weight Lifting	男子抓举94kg	赵雷
全国冠军赛	The National Tournament	举重	Weight Lifting	男子总成绩94kg	赵雷
全国锦标赛	The National Championships	举重	Weight Lifting	男子总成绩94kg	赵雷
全国锦标赛	The National Championships	柔道	Judo	女子柔道57kg	许岩
全国锦标赛	The National Championships	柔道	Judo	男子柔道81kg	张海峰
全国锦标赛	The National Championships	摔跤	Wrestling	古典跤66kg	崔鹏
全国锦标赛	The National Championships	摔跤	Wrestling	男子自由跤55kg	蒙海波
全国锦标赛	The National Championships	摔跤	Wrestling	女子跤72kg	王旭
全国锦标赛	The National Championships	摔跤	Wrestling	女子跤67kg	张艳玲
全国冠军赛	The National Tournament	摔跤	Wrestling	男子自由跤55kg	蒙海波
全国冠军赛	The National Tournament	摔跤	Wrestling	女子跤59kg	张新欣
全国冠军赛	The National Tournament	摔跤	Wrestling	女子跤67-72kg	王旭
全国锦标赛	The National Championships	拳击	Pugilism	男子67kg	张建新
全国锦标赛	The National Championships	跆拳道	Teekwondo	男子62kg	刘闯
全国锦标赛	The National Championships	跆拳道	Teekwondo	女子63kg	宗绍娟
全国锦标赛	The National Championships	跆拳道	Teekwondo	女子72kg	罗微
全国冠军赛	The National Tournament	跆拳道	Teekwondo	男子52kg	刘华胜
全国冠军赛	The National Tournament	跆拳道	Teekwondo	女子63kg	宗绍娟
全国锦标赛	The National Championships	武术	Wushu	男子棍术	邵长军
全国锦标赛	The National Championships	武术	Wushu	女子剑术	付洋
全国锦标赛	The National Championships	武术	Wushu	女子棍术	王晓娜
全国锦标赛	The National Championships	武术	Wushu	女子其它双器械	王晓娜
全国锦标赛	The National Championships	武术	Wushu	女子太极拳	邱慧芳
全国冠军赛	The National Tournament	武术	Wushu	男子传统拳术三类	简增蛟
全国冠军赛	The National Tournament	武术	Wushu	刀术	简增蛟
全国冠军赛	The National Tournament	武术	Wushu	女子其它器械	邱慧芳
全国冠军赛	The National Tournament	武术	Wushu	女子棍术	刘晓蕾
全国冠军赛	The National Tournament	游泳	Swimming	男子100米自由泳	陈祚
全国冠军赛	The National Tournament	游泳	Swimming	男子200米混合泳	成阳
全国锦标赛	The National Championships	游泳	Swimming	男子100米自由泳	陈祚
全国锦标赛	The National Championships	游泳	Swimming	男子800米自由泳	张琳
全国冠军赛	The National Tournament	花样游泳	Figure Swimming	双人	张晓欢、顾贝贝
全国锦标赛	The National Championships	花样游泳	Figure Swimming	双人	张晓欢、顾贝贝
全国冠军赛	The National Tournament	跳水	Diving	女子10米跳台	李娜
全国锦标赛	The National Championships	跳水	Diving	女子10米跳台	李娜
全国锦标赛	The National Championships	赛艇	Rowing	女子轻量级6000米	傅凤君
全国冠军赛	The National Tournament	自行车	Cycling	男子山地自行车个人	巩燕泉
全国锦标赛	The National Championships	自行车	Cycling	女子山地自行车越野赛	王慧敏、尚晨红、赵伶艳
全国冠军赛	The National Tournament	自行车	Cycling	女子场地自行车500米个人计时赛	江永华
全国冠军赛	The National Tournament	自行车	Cycling	女子场地自行车奥林匹克竞速赛	江永华、田芳、王娟
全国冠军赛	The National Tournament	自行车	Cycling	女子场地自行车凯林赛	田芳
全国锦标赛	The National Championships	自行车	Cycling	女子场地自行车500米个人计时赛	江永华
全国锦标赛	The National Championships	自行车	Cycling	女子场地自行车1000米争先赛	田芳
全国锦标赛	The National Championships	自行车	Cycling	女子场地自行车凯林赛	江永华
全国系列赛	The National Series Tounament	射击	Shooting	女子飞碟双向75靶	刘莹
全国系列赛	The National Series Tounament	射击	Shooting	男子3*40	沈弈杰
全国系列赛	The National Series Tounament	射击	Shooting	男子3*40团体	沈弈杰、刘志伟、张磊
全国系列赛	The National Series Tounament	射击	Shooting	女子飞碟双向75靶团体	李斯楠、刘莹、邵伟萍
全国系列赛	The National Series Tounament	射击	Shooting	男子3*40	刘志伟
全国系列赛	The National Series Tounament	射击	Shooting	女子10米移动靶20+20	张怡
全国系列赛	The National Series Tounamen	射击	Shooting	女子飞碟双向75靶	邵伟萍
全国冠军赛	The National Tournament	垒球	Soft-ball	垒球	集体
全国超级联赛	The National Super League Matches	足球	Football	女子足球	集体
全国女足联赛	The National Female Football League Matches	足球	Football	女子足球	集体

20-17 体育彩票及体育报刊
GYMNASTIC LOTTERY AND GYMNASTIC NEWSPAPERS AMD PERIODICALS

项目 Item				2002	2001
体育彩票发行额	（万元）	Circulation of Gymnastic Lottery	(10000 yuan)	130858	150119
# 足球彩票	（万元）	Football Lottery	(10000 yuan)	53968	11126
体育彩票公益金提取额	（万元）	Commonweal feedback of Gymnastic Lottery	(10000 yuan)	45449	44797.5
# 足球彩票	（万元）	Football Lottery	(10000 yuan)	18888	3337.8
电脑体育彩票销售个数	（个）	Number of Gymnastic Lottery Outlets	(unit)	1870	1837
体育报刊发行种类和数量		Number and Type of Gymnastic Newspapers amd Periodicals			
# 报纸	（种/万份）	Newspaper	(kind/10000)		
# 书刊	（种/万册）	Books and Periodicals	(kind/10000)	4/690367	
职业俱乐部个数	（个）	Number of Occupational Club	(unit)	3	

主要统计指标解释

卫生机构 指从卫生行政部门取得《医疗机构执业许可证》，或从民政、工商行政、机构编制管理部门取得法人单位登记证书，为社会提供医疗保健、疾病控制、卫生监督服务或从事医学科研和教育等工作的单位。

卫生技术人员 指由卫生机构支付工资的全部固定职工和合同制职工中现任职务为卫生技术工作的专业人员，不包括从事管理工作的卫生技术人员。

执业医师和注册护士 指领取医师执业证书和注册护士证书的人员，不包括从事管理工作的医师和护士。与2002年以前年鉴中的医生和护（师）士口径基本相同。

等级运动员人数 指经考核正式批准授予等级运动员称号的人数。运动员等级分为国际级运动健将、运动健将、一级运动员、二级运动员、三级运动员、少年级运动员。

等级裁判员人数 指经考核正式批准授予等级裁判员称号的人数。裁判员等级分为国际级裁判、国家级裁判、一级裁判、二级裁判、三级裁判。

二十一 社会福利、政法及其他

SOCIAL WELFARE,POLITICS AND LAW AND OTHERS

社会福利事业（单位：个）
Social Welfare (unit)

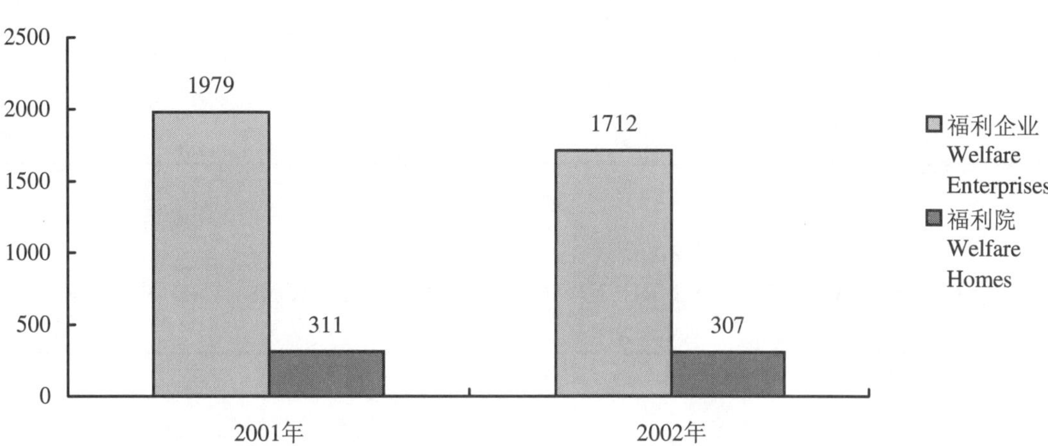

登记结婚、离婚情况
Statistics for Registered Marriages and Divorces

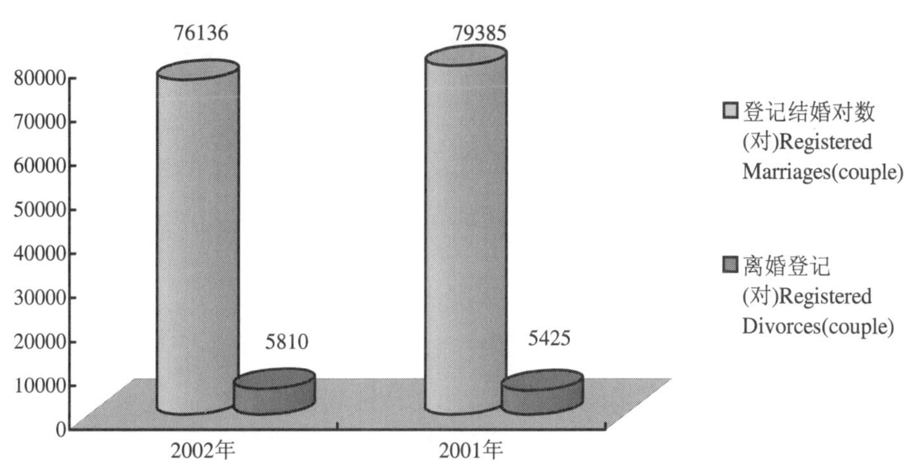

21-1 优抚、救济对象得到抚恤、补助、救济情况
STATISTICS FOR SPECIAL PENSIONS,ALLOWANCES AND RELIEF FUNDS

项目	Item	人数（人） Number of Persons (person)	抚恤、补助、救济金额（千元） Amount of Pensions, Subsidies and Relief Funds (1000 yuan)
烈属牺牲病故军人家属抚恤	Pensions for Members of Revolutionary Martyr's Family, Armymen Sacrificed and Died of Illness	2561	32949
革命伤残人员抚恤	Pensions for Disabled Veterans	2284	13522
复退军人生活补助	Living Allowances for Demobilized Soldiers	11375	99863
农村五保户定期救济补助	Register Relief for Rural Households with Five-guarantees	5534	698
农村低保对象救济	Low Relief for Rural Poor Households	54433	15979
城镇低保对象救济	Low Relief for Urban Poor Households	119583	198722
精简退职老职工救济	Relief for Old Staff and Workers Reduced and Discharged	6966	14075
离退休人员	VCSR and RRSW	30859	662418
# 离 休	VCSR	3281	84229

21-2优抚及主要救济对象情况
STATISTICS FOR PERSONS RECEIVING SPECIAL PENSIONS AND RELIEF

单位：人 (person)

项目	Item	人数 Number of Persons 2002	2001	2002年为2001年% 2002 as % of 2001
优抚对象合计	**Persons Receiving Special Pensions**	**25299**	**26623**	**95.0**
烈 属	Members of A Revolutionary Martyr's Family	1830	2038	89.8
牺牲、病故军人家属	Families of Soldiers Sacrificed or Died of Illness	731	681	107.3
革命伤残人员	Revolutionary Disabled	11363	11529	98.6
在乡复员军人	Demobilized Soldiers in Hometown	10883	11944	91.1
在乡退伍军人	Veterans in Hometown	488	427	114.3
在乡退伍红军老战士	Demobilized Old Red Army Men in Hometown	4	4	100.0
社会救济对象总人数	**Total Persons Receiving Special Relief**	**185303**	**119165**	**155.5**
城镇居民最低生活保障人数	Living Wage in Urban	119583	78149	153.0
# 在职人员	Fully Employed Staffand Workers	13867		
下岗人员	Laid Off	7588		
退休人员	Retired	3405		
失业人员	Unemployed	10752		
“三无”人员	Urban Households With No Three-Guarantee	5763		
其他人员	Others	78208		
农村居民最低生活保障人数	Living Wage in Rural	54433	18030	301.9
# 困难户	Needy Households	44372		
五保户	Rural Households With No Five-Guarantee	5509		
其他对象	Others	4552		
农村传统救济对象人数	Conventional Receiving Special Relief in Rural	1919	12439	15.4
# 困难户	Needy Households	69		
五保户	Rural Households With No Five-Guarantee	25		
其他对象	Others	1825		
救济精简退职老职工人数	Number of Relief for old Staff and Workers Reduced and Discharged	6966	7690	90.6
居家集体供养人数	Number of Dependent Households	2402	2857	84.1

21-3 社会福利事业情况
BASIC STATISTICS FOR SOCIAL WELFARE PROJECTS

项目 Item				2002	2001	2002年为2001年% 2002 as % of 2001
建立农村社会保障网络数	(个)	Number of Rural Social Security Network	(unit)	180	115	156.52
社会福利企业	(个)	Social Welfare Enterprises	(unit)	1712	1979	86.51
职工人数	(人)	Number of Staff and Workers	(person)	47443	52718	89.99
# 残疾职工	(人)	Disabled Persons	(person)	19890	23097	86.12
城镇社区服务设施	(个)	Urban Welfare Facilities	(unit)	1574	849	185.39

21-4 城乡各种福利院情况
STATISTICS FOR URBAN AND RURAL WELFARE HOMES

项目 Item				合计 Total	光荣院 Homes for Disabled Veterans	社会福利院 Social Welfare Homes	儿童福利院 Welfare Homes for Children	社会福利医院 Social Welfare Hospital	城镇老年福利机构 Welfare Homes for Urban Old People	农村老年福利机构 Welfare Homes for Rural Old People
福利院单位数	(个)	Welfare Homes	(unit)	309	10	7	3	1	130	158
职工人数	(人)	Staff and Workers	(person)	4772	251	563	319	71	1761	1807
床位数	(张)	Beds	(bed)	23155	794	998	1422	150	8975	10816
收养人数	(人)	Persons Adopted	(person)	14239	489	891	1418	122	4794	6525
# 自费	(人)	at One's Own Expense	(person)	8997	69	753	14	82	3657	4422
国家拨款	(千元)	Financial Allocation	(1000 yuan)	74819	13408	26652	16980	2310	6007	9462

21-5 婚姻登记情况
BASIC STATISTICS FOR MARRIAGE REGISTRATIONS

项目 Item				2002	2001	2002年为2001年% 2002 as % of 2001
一、登记结婚对数	(对)	**Registered Marriages**	**(couple)**	**76136**	**79385**	**95.9**
(一)内地居民登记结婚		Outback		75530	78512	96.2
初婚人数	(人)	First Marriages	(person)	126371	133259	94.8
再婚人数	(人)	Remarriages	(person)	24689	23765	103.9
# 男性	(人)	Male	(person)	12440	11976	103.9
# 恢复结婚	(人)	Resume Marriage	(person)	1462	1428	102.4
(二)涉外及华侨、港澳台居民登记结婚	(对)	Married with Hongkong,Macao, Taiwan and Foreigner	(couple)	606	873	69.4
内地居民	(人)	Outback	(person)	590	862	68.4
其中：男性	(人)	Male	(person)	141	196	71.9
香港居民	(人)	Hongkong	(person)	50	72	69.4
澳门居民	(人)	Macao	(person)	3		
台湾居民	(人)	Taiwan	(person)	49	75	65.3
华侨	(人)	Overseas Chinese	(person)	89	273	32.6
外国人	(人)	Foreigner	(person)	431	464	92.9
二、离婚登记	(对)	**Registered Divorces**	(couple)	**5810**	**5425**	**107.1**
(一)内地居民登记离婚	(对)	Outback	(couple)	5808	5425	107.1
(二)华侨、港澳台居民登记离婚	(对)	Overseas Chinese,Hongkong,Macao,Taiwan	(couple)	2		

21-6 北京市历年社会保障相关待遇标准
SOCIAL WELFARE TREATMENT STANDARD OF BEIJING

单位：元/月 (yuan/month)

年份 Year \ 标准 Standard	职工最低工资 Lowest Wage of Staff and Workers	失业保险金最低标准 Lowest Cost of Unemployment Insurance	下岗职工基本生活费 Basic Cost-of-living of Staff and Workers off their Posts	城镇居民最低生活保障标准 Urban Lowest Cost-of-living
1997	290	203-247	200	190
1998	310	217-264	210	200
1999年第一次 First-time in 1999	320	224-272	220	210
1999年第二次 Second-time in 1999	400	291-374	286	273
2000	412	300-385	296	280
2001	435	305-392	305	285
2002	465	326-419	326	290

年份 Year \ 标准 Standard	基本养老金平均水平 Average Standard of Basic Old-age Pension	最低退休金 Lowest Pensions of Retired Persons	最低退职金 Lowest Resignation Allowances	最低退养金 Lowest Pensions of Persons Withdraw
1997	55	293	232	200
1998	50	336	265	233
1999年第一次 First-time in 1999	40			
1999年第二次 Second-time in 1999	80	396	335	288
2000	30	421	360	308
2001	40	441	380	317
2002	70	466	405	367

21-7 社会保险基金统筹情况
SOCIAL BLANKET INSURANCE FUNDS

项目 Item	退休(养老)基金统筹 Retirement(Endowment) Funds			失业保险基金统筹 Unemployment Insurance Funds		
	单位个数(个) Number of Units (unit)	人数(人) Number of Persons (person)	应缴金额(万元) Amount Drawn (10000 yuan)	单位个数(个) Number of Units (unit)	人数(人) Number of Persons (person)	应缴金额(万元) Amount Drawn (10000 yuan)
合计 Total	**45516**	**3029854**	**1021627**	**46065**	**2995012**	**116286**
按登记注册类型分 Grouped by Registration Status						
国有 State-Owned	10426	1868854	678544	7307	1143729	29758
集体 Collective-Owned	5561	211408	50410	4180	153912	3045
其他 Others	29529	949592	292673	34578	1697371	83483
按隶属关系划分 Grouped by Administrative Relationship						
中央单位 Central Units	5570	909417	419250	5294	795412	3199
地方单位 Local Units	39946	2120437	602377	40771	2199592	113087

21-8 律 师 工 作
STATISTICS FOR LAWYERS

项 目 Item			2002	2001	2002年为2001年% 2002 as % of 2001
律师事务所	(个) Law Offices	(unit)	548	469	116.8
律师工作人员	(人) Lawyers	(person)	10595	8605	123.1
专职律师	(人) Full-time Lawyers	(person)	7021	5014	140.0
兼职律师	(人) Part-time Lawyers	(person)	1114	1222	91.2
其 他	(人) Others	(person)	2460	2300	107.0
聘请常年法律顾问的单位	(个) Units with Permanent Legal Advisers	(unit)	11130	5560	200.2
民事代理	(件) Civil Case	(case)	21715	11970	181.4
经济案件	(件) Economic Case	(case)	18530	9669	191.6
行政案件	(件) Administrative Case	(case)	398	221	180.1
刑事辩护	(件) Criminal Defense	(case)	7417	5400	137.4
非诉讼法律事务	(件) Off-court Case	(case)	29078	16019	181.5

21-9 部分市属律师事务所主要业务情况
STATISTICS FOR MAJOR MUNICIPAL LAW OFFICES

律师事务所 Law Office	担任常年法律顾问(家) Acted as Permanent Legal Advisers (unit)	律协诉讼案件(件) Lawsuit Cases(case)			办理非诉讼法律事务(件) Off-court Case (case)
		刑 事 Criminal	民 事 Civil	经 济 Economic	
柳 沈			3250	10	194
君 合	54		28	65	1299
中伦金通	201	3	40	22	225
金 杜	77		37	53	539
竞天公诚	71	7	27	30	211
天 元	55		9	46	51
联 法	18		72		14
德 恒	1392	66	66	144	407
海 问	12			4	60
浩 天	87	10	42	75	52
康 达	47	25	39	118	48
金 诚	135	5	68	87	53
中 咨	36	6	125		1369
国 方	10		12	25	26
中 孚	34	66	73	139	8
通 商	78		8	24	125
尚 公	14	1	9	44	8

21-10 历届律师资格考试情况
STATISTICS FOR LAWYER QUALIFICATION EXAMINATION

单位：人 (person)

年份 Year	报考人数 Number of Persons Registered	实考人数 Number of Persons Scattered	录取人数 Number of Persons Passed	录取人数占实考人数比例(%) Percentage of Passed in Persons Attended (%)
1988	4280	2782	1329	47.8
1990	3735	2549	46	1.8
1992	2732	1882	510	27.1
1993	4769	3400	1068	31.4
1994	5653	4480	533	11.9
1995	5842	4661	1204	25.8
1996	5873	4445	317	7.1
1997	6350	4760	1126	23.7
1998	7946	6188	1436	23.2
1999	9736	7911	1727	21.8
2000	10649	8594	1637	19.0
2001				
2002	17488	15162	2137	14.1

21-11 乡镇(街道)法律服务情况
STATISTICS FOR TOWNSHIP(URBAN SUBDISTRICT) LAW SERVICES

项目 Item			2002	2001	2002年为2001年% 2002 as % of 2001
法律服务所	(个) Law Service Offices	(unit)	256	344	74.4
法律工作者	(人) Law Personnel	(person)	1402	2420	57.9
调解纠纷	(件) Disputes Mediated	(case)	4600	5555	82.8
协办公证	(件) Deal Notarization Jointly	(case)	736	2044	36.0
担任法律顾问	(家) Act as Legal Advisers	(unit)	3014	3139	96.0
民事代理	(件) Civil Cases	(case)	7438	7074	105.1

21-12 调解工作
MEDIATION

项目 Item			2002	2001	2002年为2001年% 2002 as % of 2001
专职司法助理员	(人) Full-time Judicial Assistants	(person)	821	679	120.9
人民调解委员会	(个) People's Mediation Committees	(unit)	7895	9473	83.3
调解人员	(万人) Intermediators	(10000 persons)	9.2	13	70.8
调解委员	(万人) Members of the Mediation Institution	(10000 persons)	3.7	4.2	88.1
调解各类纠纷	(万件) Disputes Mediated	(10000 cases)	7.6	10.6	71.7
防止民间纠纷激化	(件) Prevent Intensification of Civil Disputes	(case)	1674	2330	71.8

21-13 公 证 工 作
NOTARIZATIONS

项 目 Item			2002	2001	2002年为2001年% 2002 as % of 2001
公证处	(个) Notary Offices	(unit)	24	24	100.0
公证人员	(人) Notary Personnel	(person)	296	190	155.8
办理国内民事公证	(件) Notarized Domestic Civil Affairs	(case)	78514	88564	88.7
办理国内经济公证	(件) Notarized Domestic Economic Affairs	(case)	16079	10120	158.9
办理涉外公证	(件) Notarized Foreign Affairs	(case)	188322	215591	87.4

21-14 国 内 公 证 文 书 分 类
CLASSIFIED STATISTICS FOR DOMESTIC NOTARY DOCUMENTS

单位：件 (case)

项 目	Item	民事公证数 Civil Notarization	项 目	Item	经济公证数 Economic Notarization
收 养	Adoption	94	购 销	Purchases and Sales	1
解除收养	Dissolution of Adoption	4	联 营	Joint Business	1
继承权	Rights of Inheritance	5100	拍 卖	Actions	19
遗 嘱	Testaments	4409	贷 款	Loans	79
产 权	Property Rights	80	担 保	Guarantees	67
亲属关系	Kinship	866	招标投标	Bidding	136
死 亡	Death Certificates	6	科技协作	Scientific and Technological Cooperation	
房屋买卖	House Purchase and Sale	66	供用电	Electricity Supply or Use	
房屋租赁	House Leases	22	劳务合同	Labor Contracts	200
留学协议	Agreements on Studying abroad	521	建筑工程承包	Construction Projects Contracts	
遗赠扶养协议	Agreements on Bequeath and Fostering	77	工商服务业承包	Contracts of Industry,Commerce and Services	17
委托书	Certificate of Entrustment	18302	农林牧副渔业承包	Contract of Farming,Forestry, Animal Husbandry,Sideline and Fishery	22
赠与书	Deed of Gift	4510			
声明书	Declarations	6162	乡镇企业承包	Contracts of Township Enterprises	9
现场监督	Spot Supervision	5059	财产租赁	Property Leases	37
签名印鉴属实	True Signature	708	企业租赁	Enterprise Leases	
文本相符	Confirmation of Copies to the Original	2532	资产经营责任制	Asset Business Contracts	
			还款协议	Agreements on Paying off Loans	222
宅基地使用权	Using House Site Rights	1	土地使用权出让转让	Selling and Transferring of Land Using Right	64
证据保全	Evidence Preservation	3267			
拆迁协议	Dismantle,Move Agreement	3863	其他经济合同	Other Economic Contracts	346
计划生育	Family Planning Agreemen	51	法人(代表人)资格	Identification of Institutional Units(Agent)	136
赡养协议	Support Agreements	155			
合伙协议	Partnership Agreements	13	法人委托书	Trust Deeds of Institutional Units	1917
夫妻财产协议	Agreements on Estates by the Entirety	441	公司章程	Corporation Constitutions	37
			执行许可证明	Operating Permits	103
其他民事协议	Other Civil Agreements	11082	提 存	Drawings	74
其 他	Others	11123	抵押登记	Mortgage Registration	187
			公司会议记录	Records of Corporation Conference	14
			其 他	Others	12391
合 计	**Total**	**78514**	**合 计**	**Total**	**16079**

21-15 法院行政案件收、结案情况
STATISTICS FOR ADMINISTRATIVE CASES ACCEPTED AND CLOSED BY COURT

单位：件 (case)

项目	Item	收案 Cases Accepted	结案 Cases Closed	判决 Judgment	裁定 Mediation
合计	**Total**	**1409**	**1351**	**713**	**638**
公安	Security	116	115	65	50
资源	Resource	75	72	29	43
城建	Urban Construction	582	589	313	276
工商	Industry and Commerce	44	37	14	23
专利	Patent	194	150	120	30
劳动和社会保障	Labor and Social Security	61	61	37	24
教育	Education	23	23	12	11
其他	Others	314	304	123	181

21-16 法院刑事案件收、结案情况
STATISTICS FOR CRIMINAL CASES ACCEPTED AND CLOSED BY COURT

项目	Item	收案(件) Cases Accepted (case)	结案(件) Cases Closed (case)	判决发生法律效力 Judgment with Legal Force 件数(件) Number of Cases (case)	人数(人) Number of Persons (person)
合计	**Total**	**14823**	**14816**	**12913**	**18025**
危害国家安全罪	Offense against State Security	5	5	3	3
危害公共安全罪	Offense against Public Security	833	838	753	824
破坏社会主义市场经济秩序罪	Offense against the Socialist Market Economic Order	490	483	345	513
侵犯公民人身权利、民主权利罪	Infringement of Civil Personal Rights and Democratic Rights	4050	4050	3476	4111
侵犯财产罪	Infringement Property	6584	6584	5841	8905
妨害社会管理秩序罪	Interference with Public Function	2603	2602	2330	3474
危害国防利益罪	Offense against National Defense Interest	8	9	6	8
贪污贿赂罪	Corruption and Bribery Crime	230	226	149	171
渎职罪	Malpraetice Duty	17	17	9	14
其他	Others	3	2	1	2

21-17 法院婚姻家庭、继承纠纷案件收、结案情况
STATISTICS FOR MARRIAGE AND FAMILY AND INHERITABLE DISPUTE CASE

单位：件 (case)

项目 Item			收案 Cases Accepted	结案 Cases Closed	#判决 Judgment	#调解 Mediation
合计		**Total**	**41133**	**41108**	**8941**	**22784**
婚姻家庭纠纷 Marriage and Family Dispute	离婚	Divorce	32929	32946	5896	20040
	解除非法同居关系	Free from Concubinage Relation	350	341	174	42
	抚养、扶养关系纠纷	Foster and Foster relations Dispute	1198	1200	302	602
	抚育费纠纷	Dispute for Alimony	1517	1514	551	532
	赡养纠纷	Dispute for Support	1738	1736	686	568
	分家析产		988	994	391	259
	其他	Others	1331	1327	469	546
继承纠纷 Inheritable Dispute	法定	Legal Inherit	567	545	244	130
	遗嘱继承	Testamentary Inherit	107	109	52	21
	继承权确认纠纷	inherited Dispute	208	207	92	35
	其他	Others	200	189	84	9

21-18 法院合同纠纷案件收、结案情况
STATISTICS FOR CONTRACT CASES ACCEPTED AND CLOSED BY COURT

单位：件 (case)

项目	Item	收案 Cases Accepted	结案 Cases Closed	#判决 Judgment	#调解 Mediation
合计	**Total**	**77847**	**77702**	**28868**	**18152**
买卖合同纠纷	Purchases and Sales Contracts	24896	24814	7843	6916
房地产开发经营合同纠纷	Development Real Estate Contracts	2779	2829	1549	406
供用电、水、气、热力合同纠纷	Electricity,steam,Water and Hot Water Contracts	6568	6552	1012	1560
借款合同纠纷	Debt Contracts	12095	12018	5609	3274
租赁合同纠纷	Lease out Contracts	10553	10612	4545	1753
建设工程合同纠纷	Construction Project Contracts	2494	2438	922	537
承揽合同纠纷	Carry on Contracts	3512	3530	1133	853
运输合同纠纷	Transportation Contracts	668	668	235	202
经营合同纠纷	Management Contracts	1243	1225	547	169
农村承包合同纠纷	Contract with Rural	1294	1327	476	304
劳动争议	Labor Dispute	3748	3736	2303	451
其他	Others	7997	7953	2694	1727

21-19 法院权属、侵权纠纷及其他民事案件收、结案情况
STATISTICS FOR AUTHORITYED AND TORTIOUS DISPUTE CASE ACCEPTED AND CLOSED BY COURT

单位：件 (case)

项目	Item	收案 Cases Accepted	结案 Cases Closed	#判决 Judgment	#调解 Mediation
合计	**Total**	**27556**	**27471**	**12032**	**5027**
所有权及与所有权相关权利纠纷	Ownership and About Ownership	11550	11603	4862	2046
票据、证券权益纠纷	Bill and Negotiable Securities	211	206	66	59
股东权纠纷	Partner Potence	217	206	99	22
不正当竞争纠纷	Unfair Competition	76	74	37	8
人身权纠纷	Habeas Corpus	11829	11713	5871	2702
特殊侵权纠纷	Especial Tortious	383	382	150	56
适用特别程序案件	Make Use of Especial Handle a Case Program	2348	2383	569	2
其他	Others	942	904	378	132

21-20 检察机关办理各类案件情况
STATISTICS FOR CASES HANDLED BY PROCURATORIAL ORGAN

项目	Item	受案(受理) Cases Accepted		审结案合计 Cases Closed	
		件 Case	人 Person	件 Case	人 Person
审查批捕	**Examine for Arrest**	**14135**	**19744**	**13331**	**18486**
# 批准逮捕	Approve			12929	17897
不批准逮捕	Disapprove			402	589
审查起诉	**Examine for Sue**	**16675**	**23717**	**15309**	**21346**
# 起诉	Sue			15071	20994
不起诉	Immunity from Suit			238	352
举报控告案件	**Prosecution Cases**	**8798**		**8781**	
申诉案件	**Appeal Cases**	**2132**		**2104**	
民事、行政检察	**Civil and Administrative Procuratorial Work**	**1751**		**1439**	
民事案件	Civil Cases	1470		1212	
知识产权案件	Intellectual Property	9		5	
经济纠纷案件	Economic Disputes	159		140	
行政案件	Administrative Cases	113		82	

21-21 检察机关自侦经济、法纪案件情况
CASES SELF-INVESTIGATION OF ECONOMY,LAW AND DISCIPLINE BY PROCURATORIAL ORGAN

项目		Item		自侦经济案件 Self-investigate Economic Cases					自侦法纪案件 Self-Investigate Law and Discipline Cases
				合计 Total	# 贪污 Corruption	# 贿赂 Bribe	#挪用公款 Misappropriate Public Funds	# 其他 Others	
受　案	(件)	**Cases Accepted**	(case)	**1224**	**608**	**364**	**217**	**35**	**124**
立　案	(件)	**Cases Registered**	(case)	**389**	**181**	**90**	**109**	**9**	**24**
立　案	(人)	**Cases Registered**	(case)	**415**	**195**	**91**	**118**	**11**	**25**
5至不满10万元	(件)	50000-100000 Yuan	(case)	45	25	13	7		
10至不满50万元	(件)	100000-500000 Yuan	(case)	138	58	30	47	3	
50至不满100万元	(件)	500000-1000000 Yuan	(case)	29	18	4	7		
100万元以上	(件)	Over 1000000 Yuan	(case)	62	10	6	43	3	
结　案		**Cases Closed**	(case)						
件数	(件)	Number of Cases	(case)	343	152	92	88	11	25
人数	(人)	Number of Persons	(person)	365	163	94	97	11	26
# 移送起诉		Hand over to Suit							
件数	(件)	Number of Cases	(case)	277	130	69	72	6	21
人数	(人)	Number of Persons	(person)	294	139	70	79	6	22
# 移送不起诉									
件数	(件)			11	5	4	2		
人数	(人)			14	7	4	3		
挽回经济损失	(万元)	**Retrieve Pecuniary Losses**	**(10000 yuan)**	**17425.68**	**12214.52**	**692.14**	**4519.02**		

21-22 刑事案件情况
STATISTICS FOR CRIMINAL CASES

单位：起 (case)

项目 Item		2002	2001	2001年% 2002 as %
刑事案件	**Criminal Cases**			
立案	Cases Registered	71310	77896	91.5
破案	Cases Solved	41657	44812	93.0

21-23 消防建设情况
STATISTICS FOR FIRE FIGHTING

项目 Item			2002	2001	2000	1999	1998	1997	1996
消防队数 (队)	Number of Fire Brigades	(unit)	52	50	47	77	41	38	36
消防车辆 (辆)	Number of Fire Engines	(unit)	296	266	259	236	210	190	180
义务消防团 (个)	Voluntary Fire Brigades	(unit)							20
队数 (万个)	Fire Bridges	(10000 unit)	3.9		3.9				3.9
人数 (万人)	Persons	(10000 persons)	77		77				77

21-24 火灾及损失
FIRE AND LOSSES

项目 Item			数量 Amount		直接经济损失(万元) Direct Pecuniary Loss (10000 yuan)	
			2002	2001	2002	2001
总计 (起)	**Total**	(unit)	**5542**	**5302**	**1127.3**	**1392.3**
# 特大火灾	Extraordinarily Serious		1		26.3	
重大火灾	Heavy		5	3	192.6	220.2
起火原因	**Cause of Fire**					
# 电器	Electric Appliances		1313	1543	393.2	415.2
违反安全规定	Violate Safety Regulation		145	139	15.9	92.6
吸烟	Smoking		881	750	27.8	56.3
生活用火不慎	Careless		1283	1442	181.1	273.9
玩火	Play with Fire		562	238	44	21.4
伤人 (人)	**Injuries**	(person)	**93**	**103**		
死人 (人)	**Deaths**	(person)	**67**	**27**		

21-25 交通事故及损失
STATISTICS FOR TRAFFIC ACCIDENTS AND LOSSES

项目 Item			2002	2001	2002年为2001年% 2002 as % of 2001
总　计	**(起) Total**	**(case)**	**12053**	**17645**	**68.3**
伤　人	(人) Injuries	(person)	10456	10424	100.3
死　亡	(人) Deaths	(person)	1499	1447	103.6
在总计中：机动车事故	**(起) Of Total:Motor Vehicle Accident**	**(case)**	**9552**	**15190**	**62.9**
伤　人	(人) Injuries	(person)	8155	8226	99.1
死　亡	(人) Deaths	(person)	1111	1046	106.2
直接经济损失	**(万元) Direct Pecuniary Losses**	**(10000 yuan)**	**4112.0**	**6267.1**	**65.6**
每万辆机动车死亡	(人) Deaths Per 10000 Motor Vehicles	(persons)	7.9	8.8	89.8

21-26查处治安案件情况
STATISTICS FOR INVESTIGATING AND HANDLING PUBLIC ORDER CASES

项目	Item	查处(起) Investigating and Handling (case)	构成(%) Composition (%)
合　计	**Total**	**515554**	**99.9**
扰乱工作、公共秩序	Disturb Working or Public Order	135065	26.2
结伙斗殴、寻衅滋事	Gang Fighting	4640	0.9
侮辱妇女及其他流氓活动	Insult Woman and Other Immoral Behavior	464	0.1
阻碍国家工作人员执行公务	Interference with Government Function	2198	0.4
违反枪支管理规定	Violate Regulatory Regime for Firearms	251	
违反爆炸物品管理规定	Violate Regulatory Regime for Explosive Goods	1045	0.2
殴打他人	Beat up Others	53578	10.4
偷窃财物	Steal	2119	0.4
骗取、抢夺、敲诈勒索财物	Cheat,Rob and Extort Property	2961	0.6
哄抢公私财物	Rob Public Property	104	…
故意损坏公私财物	Damage Public and Private Properties Intentionally	2330	0.5
伪造倒卖票券、证件	Forge,Resell Bill,Ticket and Credentials	1597	0.3
利用迷信扰乱秩序或骗财	Disturb Public Order or Defraud sb.of His Belongings by Superstitions	462	0.1
卖淫、嫖娼	Prostitution,Visit Prostitution	2623	0.5
赌　博	Gambling	9951	1.9
违反户口、居民身份证管理	Violate Regulations for Residence Cards or ID	15403	3.0
其　他	Others	280763	54.5

21-27 妇联组织状况
STATISTICS FOR WOMAN FEDERATION ORGANIZATIONS

单位：个，人 (unit,person)

项目	Item	2002	2001
区妇联数	Number of District Women Organizations	16	14
区妇联干部数	Cadres in District Women Organization Cadres	163	168
县妇联数	Number of County Women Organizations	2	4
县妇联干部数	Cadres in County Women Organization Cadres	17	35
乡妇联组织数	Number of Township Women Organizations	197	225
街妇联组织数	Number of Street Women Organizations	125	120
乡、街妇联干部数	Cadres of Township and Street Women Organization	257	525
城市基层妇代会组织数	Number of Urban Basic Women Congress	2792	3983
农村基层妇代会组织数	Number of Rural Basic Women Congress	4243	4002
机关及事业单位妇委会组织数	Number of Women Committees in Organs and Institutions	494	415
各类妇女联谊组织数	Women Connection Organizations	15	14

21-28 工会组织建设情况
WORKERS CONGRESS BUILDING

项目	Item	基层工会组织（个） Workers Congress at Basic-level	职工人数（人） Number of Staff and Workers	会员人数（人） Number of Members
总计	**Total**	**13745**	**2428366**	**2231887**
按单位类别划分	Grouped by Registration Status of Enterprises			
联合会	League	744	154364	137324
国有企业	State-owned	2406	968706	908884
集体企业	Collective-owned	2047	154549	139874
股份合作企业	Share Holding Cooperative	837	58853	49941
联营企业	Joint-owned	38	4314	3349
国有独资公司	Enterprises with exclusively State Investment	58	30775	26809
其他有限责任公司	Limited-Liability Company	1208	132530	111926
国有控股公司	State-owned Holding Company	298	147753	137420
其他股份有限公司	Other Share Holding Coporations	262	74745	66474
私营企业	Private Owned	1323	53336	46571
其他内资企业	Other Domestic Investment Enterprises	11	851	530
港澳台商投资企业	Hongkong,Macao and Taiwan Funded	161	22042	19150
外商投资企业	Foreign Funded Enterprises	317	76343	65047
事业单位	Institutions	3177	433893	407536
机关	Agencies and Organizations	717	103397	100142
其他	Others	141	11915	10910
按产业划分	Grouped by type of Unists			
工交系统	Industry and Transportation	946	595702	567206
城建系统	Construction	511	389311	358191
商贸系统	Wholesale and Retail	382	124301	111405
区县系统	Districts and Counties	10919	988577	902078
农林系统	Planting and Forestry	413	84314	71575
卫文系统	Healthand and Culture	256	82491	78865
产业工会系统	Labour Union	140	140321	121414
其他系统	Others	178	23349	21153

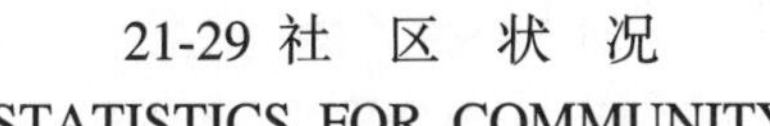

21-29 社 区 状 况
STATISTICS FOR COMMUNITY

项　　目		Item		2002
基本情况		Basal Statistics		
社区居委会	（个）	Neighborhood Committee	(unit)	2219
# 办公用房90平方米以上	（个）	Community with Office Building above 90 sq.m	(unit)	1118
1000户以下	（个）	Household 1000 and below	(unit)	890
1000户—3000户	（个）	1000-3000	(unit)	1194
3000户以上	（个）	Household 3000 and above	(unit)	135
社区居委会办公用房总面积	（万平方米）	Floor Space of Office Building of Neighborhood Committee in Community	(10000 sq.m)	17.8
社区居委会成员数	（人）	Number of Neighborhood Committee Missionary	(Person)	17751
# 成员的平均年龄	（岁）	Average Age of Missionary	(age)	47
女性	（人）	Female	(Person)	13610
45岁以下	（人）	age 45 and below	(Person)	5718
大专及以上学历	（人）	Junior College and above	(Person)	3501
社区专职工作者	（人）	Persons Full-time Serviced for Community	(Person)	8991
辖区内单位数	（个）	Number of Community	(unit)	79813
# 中央	（个）	Central	(unit)	9518
市属	（个）	Municipal	(unit)	7434
社区服务志愿者组织数	（个）	Number of Fold Person in Community	(unit)	11523
社区服务志愿者数	（万人）	Number of Fold Organization in Community	(10000 Person)	34.7
社区民间组织（群众活动团队）数	（个）	Number of Fold Organization in Community	(unit)	8115
年参加活动的总人次	（万人次）	Number of Total Person-Time of Attend Activity	(10000 Person-time)	1102
防止矛盾激化数	（件）	The Times of Prevent Conflict	(unit)	31859
辖区内单位对社区开放设施的总面积	（万平方米）	Floor Space of Facilities Opened to Community By Institutions	(10000 sq.m)	275.7
辖区内单位对社区开放的设施	（个）	Number of Facilities Opened to Community by Institutions in Jurisdiction Area	(unit)	9772
# 体育设施	（个）	for Sports	(unit)	2935
文化娱乐设施	（个）	for Culture and Entertainment	(unit)	1399
教育培训设施	（个）	for Education	(unit)	1466
卫生医疗设施	（个）	for Medical Care	(unit)	836
生活服务设施	（个）	for Living	(unit)	1671
其他设施	（个）	Others	(unit)	1465
社区服务网点总数	（个）	Number of Community Service Branches	(unit)	8779

21-30 社区服务情况
STATISTICS FOR COMMUNITY SERVE QUESTIONARY

		服务设施 （个） Servings Certificate (unit)	建筑面积（万平方米） Floor Space of Residential Buildings (10000 sq.m)	服务人次（万人次） Service Person-time (10000 Person-time)	服务收入（万元） Service Earning (10000 yuan)
合　　计	**Total**	**18057**	**121.7**	**3644.5**	**6063.6**
文化站（室）	Culture Station	2377	13.3	554.9	23.4
体育设施	for Sports	5034	64.5	1386.4	60.9
教育培训	for Education	2285	6.5	161.9	110.7
信息咨询	Communication Servies	1185	1.8	46.2	30.5
家政服务	Domestic Servies	825	1.6	58.9	138.7
礼仪服务	Convenance Servies	361	1.1	37.4	167.4
综合修理服务	Reparative Servings	1639	3.2	155.8	512.8
便民餐点	Service Catering	1417	7	566.1	1225.4
社会福利	Social Welfare	782	6.5	60.4	189.7
卫生医疗	for Medical Care	978	11.6	347.9	3006.3
其他	Others	1174	4.7	268.6	597.8

附：1.2002年在服务项目中无偿服务人次2064.9万人次。

2.本表不包括辖区内单位对社区开放的设施。

1)There are 2064.9 person-time of volunteer service person-time in 2002.

2)Data of this table was barring Number of Facilities Opened to Community by Institutions in Jurisdiction Area.

21-31 北京市儿童发展规划监测统计资料
SUPERVISORY STATISTICS FOR CHILDREN DEVELOPMENT OF BEIJING

项目		Item		2002	2001
婚前医学检查率	(%)	Rate of Medical Premarital Check	(%)	99.3	99.1
婚前卫生指导率	(%)	Rate of Medical Premarital Direction	(%)	96.7	96.9
对影响婚育疾病人群咨询率	(%)	Rate of Patients of Illness on Marriage and Bearing Received Advisory	(%)	100.0	100.0
出生缺陷监测率	(%)	Monitoring Rate of Birth Deficiency	(%)	100.0	100.0
新生儿疾病筛查率	(%)	Screen Check Rate 'of Illness for Neonayus	(%)	97.3	97.8
出生缺陷发生率	(‰)	Outbreak Rate of Birth Deficiency	(‰)	10.53	9.48
新生儿破伤风发病率	(‰)	Rate of Outbreak of Tetanus on Neonatus	(‰)	0	0
围产儿死亡率	(‰)	Death Rate of Neonatus in Wardship	(‰)	7.11	8.21
婴儿死亡率	(‰)	Death Rate of Infant	(‰)	5.56	6.01
5岁以下儿童死亡率	(‰)	Death Rate of Children below 5-year-old	(‰)	6.99	7.75
四苗全程接种率	(%)	Rate of Inoculation of Four Vaccines	(%)	99.4	99.7
卡介苗疫苗接种率	(%)	Rate of Inoculation of BCG Vaccine	(%)	99.9	99.9
脊灰疫苗接种率	(%)	Rate of Inoculation of Poliomyelities Polio Vaccine	(%)	100.0	99.9
百白破疫苗接种率	(%)	Rate of Inoculation of Pertussis,Diphtheria and Tetanus Vaccine	(%)	99.9	99.95
麻疹疫苗接种率	(%)	Rate of Inoculation of Measles Vaccine	(%)	100.0	99.8
脊髓灰质炎野毒株病例发生数	(例)	Outbreak Case of Poliomyelities Polio from Wild Poison Vert	(case)	0	0
托幼机构甲、乙类传染病爆发疫情次数	(次)	Outbraek Rate of Epidemic A and B in Kidergarden	(case)	0	0
孕产妇系统管理率	(%)	Rate of Gravida and Puerpera in System-management	(%)	88.8	87.3
城市		Urban		89.3	89.1
农村		Rural		88.0	84.1
孕产妇健康教育普及率	(%)	Widespreading Rate of Health Education for Gravida and Puerpera	(%)	97.7	97.5
孕产妇住院分娩率	(%)	Rate of Parturition in Hospital	(%)	99.9	99.3
孕产妇死亡率	(1/10万)	Death Rate of Gravida and Puerpera	(1/100000)	15.1	11.71
儿童系统管理率	(%)	Rate of Children in System-management	(%)	98.1	98.2
儿童系统管理合格率	(%)	Qualified Rate of Children in System-management	(%)	98.0	97.8
5岁以下儿童中重度营养不良患病率	(%)	Rate of Outbreak of Serious Innutrition on Children below 5-year-old	(%)	0.4	0.5
0-4个月婴儿母乳喂养率	(%)	Rate of Breast-feeding to Infant of 0-4-month-old	(%)	79.2	91.7
城镇地区3岁以下儿童入园率	(%)	Rate of Children below 3-year-old Received Early Stage Education in Urban Area	(%)	21.4	17.1
山区儿童学前一年受教育率	(%)	Rate of Children in Mountain Area Received One-year Preschool Education	(%)	95.0	95.0
3岁及以上儿童入园率	(%)	Enrollment Rate of Children over 3- years-old to Kidergarten	(%)	82.3	82.3

21-31 续表1 continued

项目		Item		2002	2001
市级示范幼儿园数	(个)	Number of Demonstration Kindergarden on Municipal Level	(unit)	10	10
一级一类幼儿园数	(个)	Number of Kindergarden of First Grade, First Class	(unit)	157	134
学龄儿童净入学率	(%)	Net Enrollment Rate of Children at School-age	(%)	99.6	99.6
小学在校生年辍学率	(%)	Rate of Leaving of One's Study of Students Enrollment in Primary Schools	(%)	0	0
初中在校生年辍学率	(%)	Rate of Leaving of One's Study of Students Enrollment in Junior Milldle Schools	(%)	0	0
中小学特殊教育示范学校数	(个)	Number of Demonstration Schools of Special Education in Primary and Middle Schools	(unit)	0	0
普通中小学残疾儿童在校学生数	(人)	Number of Students Enrollment of Disable Children in Regular Primary Schools and Junior Middle Schools	(person)	6488	6394
农村自来水普及率	(%)	Widespreading Rate of Tap Water in Rural Areas	(%)	97.3	97.2
农村卫生厕所普及率	(%)	Widespreading Rate of Lavatories in Rural Areas	(%)	70.4	70.05
农村粪便无害化处理率	(%)	Rate of Harmless Disposal of Night Soil	(%)	43.3	39.4
城市污水处理率	(%)	Rate of Disposal of Sewage	(%)	45.0	42.0
城市生活垃圾无害化处理率	(%)	Rate of Harmless Disposal of Garbage	(%)	86.5	85.1
林木覆盖率	(%)	Coverage of Forest	(%)	45.5	44.0
城市绿化面积	(公顷)	Green Areas in City	(hectare)	3.1	3.0
城市绿化覆盖率	(%)	Coverage of City Green Areas	(%)	40.6	38.8
城市人均公共绿地面积	(平方米)	Per Capita City Green Areas	(sq.m)	10.7	10.1

21-32 北京市历届人代会代表人数性别构成及议案、批评建议数

NUMBER OF DELEGACY AND PROPOSAL AND SUGGEST BY DEMOTIC CONGRESS

单位：人、%、件 (person,%,unit)

项目 Item	代表人数 Number of Delegate			性别比例 Sex Proportion		提出的议案数 Number of Proposal	批评建议数 Give Criticism Advice
	总计 Total	女性 Female	男性 Male	女性 Female	男性 Male		
第一届	564	104	460	18.4	81.6		
第二届	619	141	478	22.8	77.2		
第三届	618	161	457	26.1	73.9		
第四届	745	201	544	27.0	73.0		
第五届	751	203	548	27.0	73.0		
第七届	1195	330	865	27.6	72.4	2886	
第八届	972	221	751	22.7	77.3	164	5822
第九届	880	217	663	24.7	75.3	4083	4155
第十届	885	224	661	25.3	74.7	4300	3200
第十一届	763	197	566	25.8	74.2	4472	6230
第十二届	762	235	527	30.8	69.2	35	1526

注:1.北京市人大常委会是经北京市七届三次人民代表大会选举成立的，故一至六届人代会无议案及建议数；

2.第七届议案及建议数是从七届第三次会议至第五次会议；

3.第十二届议案及建议数是十二届一次会议数据；

4.其他各届议案及建议数均是本届五年会上及平时议案及建议数。

Note:1)Seventh demotic congress proposal thirdly conference election beijing municipal administrative council,therefore the data of suggest from the first till sixth conference was empty.

2)Number of the seventh demotic congress proposal from thirdly till fifthly conference.

3)Number of the twelfth demotic congress proposal was first conference.

4)Number of the Other demotic congress proposal was five year conference and peacetime suggest.

21-33 北京市历届政协会委员人数及提案立案数

NUMBER OF DELEGACY AND PROPOSAL AND PUT ON RECORD BY POLITICS CONFERENCE

单位：人、件 (person,unit)

届别 Mark Fall Due	起止年月 The Time of Inaugural and Concluding	委员人数 Number of Commissary			提案立案数 Number of Resolution put on Record
		总计 Total	女性 Female	男性 Male	
第一届	1955.4-1959.9	235	32	203	
第二届	1959.9-1962.12	463	84	379	
第三届	1962.12-1965.9	519	92	427	
第四届	1965.9-1977.11	529	88	441	
第五届	1977.11-1983.3	648	135	513	1393
第六届	1983.3-1988.1	676	142	534	3012
第七届	1988.1-1993.1	686	177	509	4295
第八届	1993.1-1998.1	686	175	511	5017
第九届	1998.1-2003.1	745	198	547	6212
第十届	2003.1-	720	203	517	1100

注：以上统计数据截止到2003年3月

Note:The deadline of data was march,2003.

主要统计指标解释

优抚对象 依照法律和政策的规定，享受国家、社会和群众抚恤优待的人员，包括中国人民解放后（包括中国人民武装警察部队）现役军人、革命伤残人员、复员退伍军人、革命烈士家属、因公牺牲军人家属、病故军人家属、现役军人家属。

城镇居民最低生活保障人数 指在开展居民最低生活保障制度的地区，领取最低生活保障费的城镇居民人数。包括“三无”对象、失业人员和在职，下岗，退休人员等。

农村居民最低生活保障人数 指报告期末在建立农村最低生活保障制度的地区，得到当地政府或集体给予最低生活保障的农业人口。

农村传统救济的人数 指未开展最低生活保障制度的农村地区，仍沿用传统救济制度救济贫困人口数。

社会救济对象总人数 指在报告期末生活在当地规定的最低生活保障线以下的家庭数及国家规定由民政部门救济的特殊人员和60年代精简退职老职工救济人员等。

农村社会保障网络数 指设有社会保障委员会或领导小组；在其统一管理和指导下，已有各种福利机构或社会福利企业；优待和五保实行集体统筹；具有以上三项或三项以上农村社会保障项目的乡(镇)个数。

内地居民结婚登记 指报告期内经民政部门的婚姻登记机关审查，确认当事人符合结婚条件，批准登记结婚的案件总数。

初婚人数 指报告期内经民政部门的婚姻登记机关批准登记结婚的当事人中，属第一次结婚人数的总和。

再婚人数 指报告期内经婚姻登记机关批准登记结婚的当事人中，属第二次(或者二次以上)结婚人数的总和。再婚包含恢复结婚。

恢复结婚 指报告期内，原为夫妻，离婚后又要求恢复原来婚姻关系，经民政部门的婚姻登记机关审查，确认当事双方符合恢复婚姻关系条件，批准登记复婚的案件总数。

涉外及华侨、港澳台结婚登记 指在县级(或县级以上)民政部门办理的，夫妻双方或一方是外国人、华侨、港澳台同胞的婚姻案件总数。

港澳居民人数 指报告期内经民政部门的婚姻登记机关批准登记结婚的当事人的一方或双方居住在香港、澳门特别行政区的人员。

台湾居民人数 指报告期内经民政部门的婚姻登记机关批准登记结婚的当事人的一方或双方居住在台湾的人员。

华侨人数 指报告期内经民政部门婚姻登记机关批准登记结婚的当事人的一方或双方居住在国外，但仍保留中国籍的人员(含留学人员)。

外国人数 指报告期内经民政部门婚姻登记机关批准登记结婚的当事人的一方或双方是居住在国外或中国的外国人(含外籍华人)。

内地居民离婚登记 指报告期内经民政部门的婚姻登记机关审查，确认当事人具备离婚条件，批准登记离婚的案件总数。

港、澳居民离婚登记 指报告期内经民政部门的婚姻登记机关批准登记结婚的当事人的一方或双方居住在香港、澳门特别行政区的人员。

台湾居民离婚登记 指报告期内经民政部门的婚姻登记机关批准登记结婚的当事人的一方或双方居住在台湾的人员。

华侨离婚登记 指报告期内经民政部门的婚姻登记机关批准登记结婚的当事人的一方或双方居住在国外，但仍保留中国籍的人员。

律师 指受聘参加律师事务所工作，提任法律顾问、刑（民）事代理人、刑事辩护人，办理非诉讼事件、解答法律询问，代写法律事务文书等主要从事律师业务的专职法律工作者和兼职律师。

公证人员 指在国家公证机关依法办理公证事务的司法人员。包括公证员、助理公证员和在公证处工作的其他人员。

办理公证文书 指公证处在一定时期内办结的公证文书件数。公证文书系按司法部规定或批准的格式制作。包括国内公证和涉外公证两部分。其中国内公证分为经济公证和民事法律关系公证两大类。

调解人员 指人民调解委员会担负调解民间一般民事纠纷和轻微违法行为所引起的纠纷的工作人员。包括调解委员会的委员和调解小组调解员。

调解民间纠纷 指调解委员会依照法律规定，根据自愿原则，用说服教育的方法调解民间发生的有关民事权利和义务的争执，促成当事双方达到协议和谅解，解决纠纷。包括婚姻家庭纠纷，财产权益纠纷等。不包括法院受理调解的民事案件数。

保险福利费用 指企业、事业、机关单位再工作以外实际支付给职工和离休、退休、退职人员个人以及用于集体的劳动保险和福利费用。

1．职工保险福利费用具体包括：

（1）医疗卫生费 指实行公费医疗企业的职工及其供养的直系亲属的医疗费、医务经费、职工因工伤就医路费以及住院伙食补助费等；卫生部门开支的事业及机关单位职工的公费医疗经费；未参加公费医疗的企业、事业和机关单位职工的医疗费。

（2）丧葬抚恤救济费 指因职工死亡而支付的丧葬费、丧葬补助费和所遗供养直系亲属的抚恤费、救济费、生活补助费以及职工供养直系亲属死亡时的丧葬补助费等。

（3）生活困难补助 指对生活困难的职工实际支付的定期补助和临时性补助。

（4）文体宣传费 指企业、事业和机关单位实际支付的文体宣传费。不包括学习费。

（5）集体福利事业补贴费 指对职工浴室、理发室、洗衣房、哺乳室、托儿所等集体福利设施各项支出与收入相抵后的差额补助费。

（6）集体福利设施费 指按照国家规定开支的集体福利设施费用。如职工食堂炊事用具的购置费、修理费、职工宿舍的修缮费用。不包括由企业、事业和机关单位自筹经费开支的职工福利设施的基本建设费用。

（7）计划生育补贴 指发给职工独生子女的补贴费和保健营养费。

（8）其他 指上述费用以外，单位支付给职工的保险福利费。

2．离休、退休、退职人员保险福利费用具体包括：

（1）离休金 指发给离休人员的工资和按1982年国务院发布的“关于老干部离职休养制度的几项规定”发给符合规定的离休干部相当于1—2个月标准工资的生活补贴和按有关文件规定提高离休人员的待遇所增加的费用及粮油价格补贴等。

（2）退休金 指按照国家有关规定发给退休人员的退休费和按有关文件规定提高退休人员的待遇所增加的费用及粮油价格补贴等。

（3）职工生活费 指按照1978年国务院《关于工人退休、退职的暂行办法》规定定期发给退职人员的生活费用和按有关文件规定提高退职人员的待遇所增加的费用及粮油价格补贴等。

（4）医疗卫生费 指离休、退休、退职人员的医疗费、住院费以及住院伙食补助等费用。

（5）护理费 指因工致残、饮食起居需人扶助的离休、退休人员的护理费以及因病不能自理的离休人员的护理费。

（6）生活补贴 指按照1985年国务院《关于发给离退休人员生活补贴费的通知》规定，发给离休、退休人员的生活补贴费。

（7）交通费补贴 指按月发给离休人员的交通费补贴。

（8）丧葬抚恤救济费 指离休、退休、退职人员死亡的丧葬费、丧葬补助费和所遗供养直系亲属的抚养费、救济费、生活补助费以及供养直系亲属死亡时的丧葬补助费等。

（9）其他 包括易地安置的离休、退休、退职人员的安家补助费；离休、退休、退职人员的生活困难补助费、书报费、洗理费、副食品价格补贴、房租价格补贴、水电补贴、少数民族补贴以及老干部活动经费开支的旅游费用等。

婴儿死亡率 指某地区一年内每1000名活产婴儿中未满1岁的婴儿死亡人数之比。婴儿死亡率可以衡量一个国家或地区经济文化、居民健康状况和卫生保健事业发展情况，同时也是人口平均期望寿命研究的重要内容。

5岁以下儿童死亡率 指某地区一年内每1000名活产婴儿与未满5岁儿童死亡人数之比。5岁以下儿童死亡率是目前国际上公认的反映儿童生存状况的重要指标。

孕产妇死亡率 指一年内每10万名活产儿中孕产妇死亡数。同婴儿死亡率一样，孕产妇死亡率是评价某一地区社会发展状况的重要指标，它的高低与社会经济状况、孕产妇社会环境及卫生保健服务有直接的联系。

农村卫生厕所普及率 使用各种类型卫生厕所的农户数（使用卫生公厕每所不超过10户居民）占农村总户数的比例。

农村粪便无害化处理率 指农村使用粪便无害化处理设施（卫生户厕、卫生公厕，不包括高温堆肥）的农户数占农村总户数的比例。

二十二 服务业

SERVICE

2002年服务业企业流动资产与固定资产状况（单位：亿元）
Ciuculating and Fixed Assets of Servives in 2001(100 million yuan)

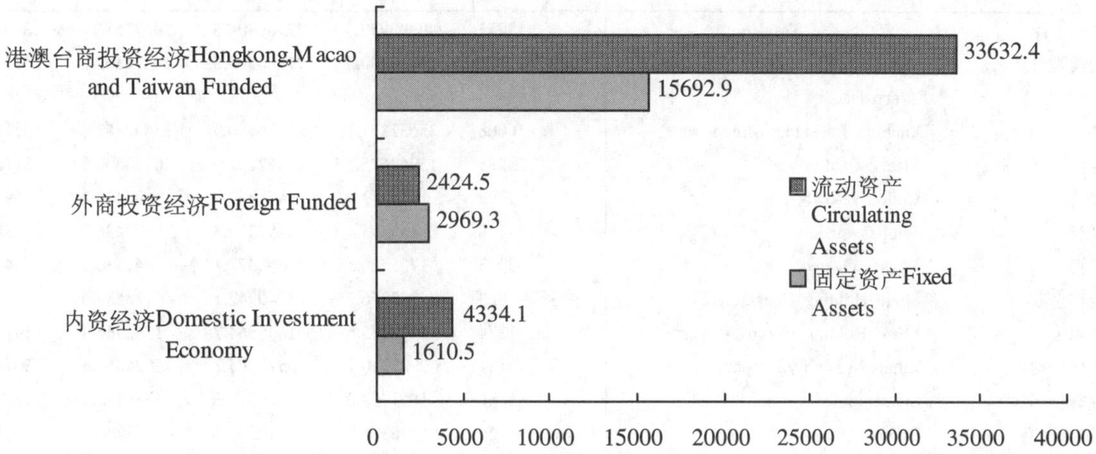

2002年服务业企业营业收入状况（单位：亿元）
Operating Income of Services in 2002 (100 million yuan)

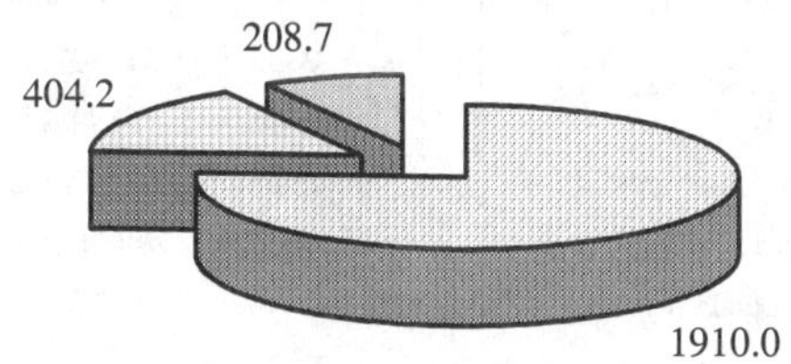

22-1 服务业企业财务状况

单位：万元

项目	Item	单位个数(个) Units (unit)	流动资产合计 Total Circulating Assets	长期投资 Long-term Investment	固定资产合计 Total Fixed Assets	固定资产原价合计 Original Value of Fixed Assets
合计	**Total**	**17771**	**40390950.3**	**27900408.5**	**20272637.7**	**23131916.0**
按登记注册类型分	**Grouped by Registation Status of Enterprises**	**17771**	**40390950.3**	**27900408.5**	**20272637.7**	**23131916.0**
内资经济	Domestic Investment Economy	16008	33632357.1	25226460.9	15692853.8	16718880.9
# 国有经济	State-owned	3285	15967675.3	16472707.5	6713800.5	8178984.5
集体经济	Collective-owned	1393	1015251.9	471967.9	696479.2	697736.0
联营经济	Joint Owned	128	165795.4	57319.3	123436.7	158765.0
私营经济	Private Owned	3933	1725566.5	660377.1	441530.9	541185.3
股份合作企业	Share Holding Cooperative	823	350396.7	149947.1	128585.0	142387.6
股份有限公司	Share Holding Company	1274	4478375.6	1835564.7	1562964.8	1924132.9
有限责任公司	Limited-LiabilityCompany	5151	9922910.7	5578295.1	6024856.6	5074024.1
国有独资公司	State Funded	66	1851702.0	3328670.3	2351422.9	1297354.4
其他	Others	21	6385.0	282.2	1200.1	1665.5
港澳台商投资经济	Hongkong,Macao and Taiwan Funded	593	2424450.2	510679.9	2969313.2	3961341.5
外商投资经济	Foreign Funded	1170	4334143.0	2163267.7	1610470.7	2451693.6
按国民经济行业分	**Grouped by Sector**					
农林牧渔服务业	FFAF Services	64	212632.3	25142.6	89528.2	73008.6
地质勘察和水利管理业	Geological Prospecting and Water Conservancy	52	259686.0	74521.1	62909.8	71834.1
交通运输辅助业	Logistic Support for Transportation	192	524221.5	193819.6	2020704.8	1015005.1
仓储业	Storage	118	274599.0	16147.1	142013.8	173416.4
商业经纪与代理业	Commercial Brokerage and Agencies	40	942368.7	337936.5	43674.9	56968.3
房地产业	Real Estate	1444	2237744.4	468709.3	1772278.5	2145852.8
公共服务业	Public Services	568	1535386.5	1172503.5	2097730.0	2826519.3
居民服务业	Personal Services	508	305573.5	138262.9	148280.6	185665.8
旅馆业	Hotel	1025	1369201.4	847236.8	3337453.5	4677240.8
租赁服务业	Rental Services	193	233610.4	41416.2	145937.6	219798.1
旅游业	Tourism	305	369507.5	250789.5	181355.7	217049.5
娱乐服务业	Entertainment Services	145	140958.9	7209.3	306654.3	316621.8
信息咨询服务业	Consulting Services	2330	3154072.8	1807589.8	545937.1	677152.6
# 广告业	Advertisement	576	568957.4	105072.4	80228.9	108054.6
计算机应用服务业	Computer Application Services	2926	3744336.2	1638697.8	1157790.2	1317555.9
其他社会服务业	Other Social Services	677	2405685.1	3015070.6	1131505.9	1310558.9
卫生、体育和社会福利业	Health,Sports and Social Welfare	80	73615.5	4784.2	60528.1	55950.9
教育文化艺术和广播电影电视业	Education,Culture,Arts,Radio,Film and Television	598	1726540.1	397071.6	790235.9	910965.2
科学研究和综合技术服务业	Scientific Research and Polytechnical Services	5997	13399631.8	5961923.8	4454105.0	4892464.1
其他	Others	501	7441766.7	11487729.7	1776504.4	1979598.2

注：服务业企业包括 (1)农林牧渔服务业；(2)地质勘察、水利管理业；(3)交通运输辅助业、其他交通运输业；(4)仓储业；(5)商业经纪与代理业；(6)房地产业；(7)社会服务业；(8)卫生、体育和社会福利业；(9)教育、文化艺术及广播电影、电视业；(10)科学研究和综合技术服务业；(11)其他行业。

FINANCIAL INDICATORS FOR SERVICES ENTERPRISES

(10000 yuan)

资产合计 Total Assets	流动负债合计 Total Circulating Liability	长期负债合计 Total Long-term Liability	负债合计 Total Liabilities	所有者权益合计 Ownership Interest	# 实收资本 Proceeds of Capital	主营业务收入 Operating Income	营业成本 Operating Cost	营业费用 Operating Expenses	营业税金及附加 Operating Tax and Extra Charges
93040314.8	32424671.1	11812097.3	44236768.4	48803546.4	29850950.3	27745019.3	18515142.6	3140590.3	600179.5
93040314.8	32424671.1	11812097.3	44236768.4	48803546.4	29850950.3	27745019.3	18515142.6	3140590.3	600179.5
77959401.1	25509932.8	9321869.3	34831802.1	43127599.0	23838807.7	20025268.7	13945579.3	1880542.2	436819.4
40516291.4	12355429.8	5143439.7	17498869.5	23017421.9	11714515.9	8643458.4	6241875.3	706711.0	179090.6
2272993.7	1162224.8	243151.6	1405376.4	867617.3	502130.7	613901.3	328180.9	115830.0	18718.7
400403.2	166968.9	29296.5	196265.4	204137.8	169832.0	113585.1	65088.1	17608.0	3771.0
3086450.9	1392374.4	88699.2	1481073.6	1605377.3	1502825.9	2104542.5	1265688.5	288096.8	54230.5
682725.5	345970.2	40753.9	386724.1	296001.4	252096.9	363093.1	242494.2	49868.3	8962.1
8292376.5	2958139.8	649417.4	3607557.2	4684819.3	2106357.9	2292595.4	1641376.4	133727.9	45421.5
22698666.0	7125160.4	3127111.0	10252271.4	12446394.6	7584747.9	5889530.0	4158573.0	567676.1	126510.3
7558930.1	1212948.1	1876713.4	3089661.5	4469268.6	2484655.6	473753.2	357788.2	19272.3	9170.4
9493.9	3664.5		3664.5	5829.4	6300.5	4562.9	2302.9	1024.1	114.7
6621188.1	3452488.6	1809722.7	5262211.3	1358976.8	1908080.5	1683064.4	824857.9	313109.3	57146.8
8459725.6	3462249.7	680505.3	4142755.0	4316970.6	4104062.1	6036686.2	3744705.4	946938.8	106213.3
347666.6	162611.7	14040.0	176651.7	171014.9	87161.9	201415.3	179118.3	7580.0	261.0
399887.7	193057.1	110283.4	303340.5	96547.2	86036.3	171778.6	132978.9	1098.3	1624.1
2748548.2	508250.9	1537780.9	2046031.8	702516.4	580173.6	589544.3	462925.4	29545.2	9762.8
447894.4	266531.0	10496.0	277027.0	170867.4	121257.3	118009.6	90319.4	18779.6	1983.3
1327076.9	819458.8	12378.8	831837.6	495239.3	358034.2	337642.1	279353.6	17768.9	2322.7
4794795.3	2395384.6	979884.4	3375269.0	1419526.3	1152514.9	1031627.5	431158.5	170438.9	47238.0
4990764.1	1801897.5	455735.7	2257633.2	2733130.9	1429043.5	1194540.4	880178.0	61328.5	52106.4
613554.5	253284.2	30767.1	284051.3	329503.2	239996.3	594903.1	433574.3	112276.1	7722.4
6273597.4	2187321.2	1686385.6	3873706.8	2399890.6	2523970.9	1560686.9	240888.0	580382.8	84034.0
464635.1	208354.2	91681.4	300035.6	164599.5	163084.2	128688.3	67690.4	22367.4	5690.0
834479.4	324574.8	58490.0	383064.8	451414.6	306878.1	889654.0	771295.0	43891.0	5799.4
504877.8	281756.3	86560.6	368316.9	136560.9	257379.5	113525.8	25438.8	49212.3	10337.1
5671270.5	2294467.4	244755.7	2539223.1	3132047.4	2350731.8	2612643.2	1436439.1	351403.1	89050.3
783958.1	527447.9	14957.0	542404.9	241553.2	180106.5	747679.1	496273.6	73221.2	26674.4
6944072.0	2469776.5	445370.8	2915147.3	4028924.7	2884911.9	2863656.0	1776904.1	424399.5	53489.0
6746039.8	1540263.8	326121.1	1866384.9	4879654.9	1786273.7	1867846.7	1133616.4	207845.1	37854.2
176111.4	103461.5	10936.6	114398.1	61713.3	70742.0	65241.7	23654.9	17125.9	1394.8
3012507.8	934099.1	106638.9	1040738.0	1971769.8	813310.4	1288466.4	738040.6	127317.2	34484.7
24949451.1	10584211.1	2366057.5	12950268.6	11999182.5	7620434.4	8902069.1	6970345.3	505858.2	118344.4
21731682.3	5061325.5	3237726.6	8299052.1	13432630.2	6990938.9	3202006.6	2431294.7	391689.0	36621.5

Note: Service enterprises include(a)FFAF services, (b)geographical prospecting and water conservancy, (c)logistic support for transportation and other transportation, (d)storage,(e)commercial brokerage and agencies, (f)real estate, (g)social services,(h)health,sports and social welfares, (i)education,culture,arts,radio,film and television, (j)scientific research and polytechnical services, (k)other services.

22-1 续表 1 continued

单位：万元

项 目 Item		利润总额 Total Profits	应交所得税 Income Tax Payable	本年应付工资总额 Total Wages Payable in the Year	本年应付福利费总额 Welfares Payable in the Year
合 计	**Total**	**1871778.9**	**446262.9**	**2772493.7**	**385367.9**
按登记注册类型分	**Grouped by Registation Status of Enterprises**	**1871778.9**	**446262.9**	**2772493.7**	**385367.9**
内资经济	Domestic Investment Economy	1622050.9	354441.9	1938298.7	244849.4
# 国有经济	State-owned	798895.2	214666.1	820651.8	110288.0
集体经济	Collective-owned	37828.0	13946.5	84356.4	10623.5
联营经济	Joint Owned	315.8	2052.1	14638.2	1764.3
私营经济	Private Owned	171987.3	27472.4	238992.1	23754.0
股份合作企业	Share Holding Cooperative	5036.4	3994.0	36213.6	4635.2
股份有限公司	Share Holding Company	268857.6	27075.2	179938.1	21614.3
有限责任公司	Limited-LiabilityCompany	339367.7	65229.7	562347.4	72077.0
国有独资公司	State Funded	86494.6	4300.6	20124.8	3493.0
其 他	Others	-237.1	5.9	1161.1	93.1
港澳台商投资经济	Hongkong,Macao and Taiwan Funded	-73739.7	35085.7	223683.0	41187.9
外商投资经济	Foreign Funded	323467.7	56735.3	610512.0	99330.6
按国民经济行业分	**Grouped by Sector**				
农林牧渔服务业	FFAF Services	-4298.0	49.1	4139.8	472.1
地质勘察和水利管理业	Geological Prospecting and Water Conservancy	8483.3	196.3	7998.7	960.6
交通运输辅助业	Logistic Support for Transportation	30569.2	9470.5	32127.8	4091.9
仓储业	Storage	2538.3	888.9	18084.5	2160.7
商业经纪与代理业	Commercial Brokerage and Agencies	38960.0	10555.7	8196.7	1158.7
房地产业	Real Estate	68876.3	31836.1	172786.5	26659.3
公共服务业	Public Services	124824.9	21310.3	271001.8	30941.0
居民服务业	Personal Services	38276.5	2705.0	55727.6	6932.9
旅馆业	Hotel	19528.4	21277.2	281757.1	47856.9
租赁服务业	Rental Services	1168.6	2542.9	14221.2	1855.5
旅游业	Tourism	25923.1	9574.0	27431.8	5363.6
娱乐服务业	Entertainment Services	-25727.6	1261.1	21494.6	2716.4
信息咨询服务业	Consulting Services	306086.8	51517.8	296107.9	30408.4
# 广告业	Advertisement	78365.3	17592.5	41009.9	5606.6
计算机应用服务业	Computer Application Services	6457.0	26014.9	420331.3	63980.1
其他社会服务业	Other Social Services	369946.9	93382.8	152846.6	16581.6
卫生、体育和社会福利业	Health,Sports and Social Welfare	-1875.7	890.3	14333.5	2004.1
教育文化艺术和广播电影电视业	Education,Culture,Arts,Radio,Film and Television	239233.8	77109.3	140422.1	19773.0
科学研究和综合技术服务业	Scientific Research and Polytechnical Services	342385.4	63688.9	655358.5	94958.2
其 他	Others	280696.4	21990.9	177791.0	26448.2

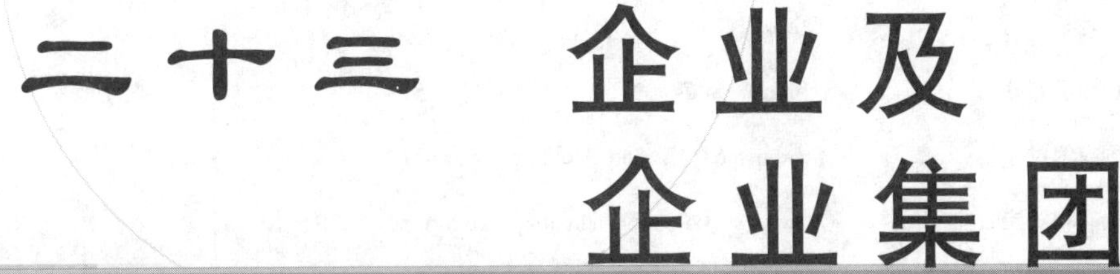

二十三　企业及企业集团

ENTERPRISE AND ENTERPRISE GROUP

23-1 企业集团主要经济指标

单位：万元

项目	Item	集团个数(个) Number of Groups (unit)	所属企业数(个) Number of Enterprises Belonged to (unit)	资产总计 Total Assets
总计	**Total**	**57**	**723**	**33381350**
按审批部门划分	**By Departments Responsible for Approval**			
国务院	The State Council			
国务院主管部门	Competent Authorities of the State Council	8	109	4147230
省级政府	Municipal Government	37	511	22248380
省级政府主管部门	Competent Authorities of Municipal Government	7	66	5889619
其他	Others	5	37	1096121
按控股情况划分	**By Share Holding**			
国有绝对控股	State-owned Absolute Holding Enterprises	53	691	33185317
国有相对控股	State-owned Relative Holding Enterprises			
集体绝对控股	Collective-owned Absolute Holding Enterprises	3	20	74221
其他	Others	1	12	121812
按行业划分	**By Sector**			
农、林、牧、渔业	Farming,Forestry,Animal Husbandry and Fishery	1	9	152594
采掘业	Excavation	1	1	532115
制造业	Manufacturing	24	213	9255290
电力煤气等供应业	Electricity,Gas Production and Supply	3	13	2933819
建筑业	Construction	4	56	4716010
运输邮电业	Transportation,Posts and Telecommunications	1	14	13679
批发零售贸易餐饮业	Wholesale,Retail and Catering	10	157	3267949
金融保险业	Banking and Insurance		4	
房地产业	Real Estate	2	81	3803449
其他	Others	11	175	8706445
按登记注册类型划分	**By Registration Status**			
国有企业	State-owned	20	357	8326483
国有独资公司	Exclusive State-owned	28	52	22808653
其他有限责任公司	Other Limited-liability Corporations Ltd.	4	173	1050134
股份有限公司	Share Holding Corporations Ltd.	3	39	1147902
其他	Others	2	102	48178

MAIN ECONOMIC INDICATORS OF BUSINESS GROUP

(10000 yuan)

固定资产原价 Original Value of Fixed Assets	流动资产平均余额 Average Balance of Circulating Funds	负债合计 Total Liabilities	所有者权益 Ownership Interest	主营收入 Major Business Revenue	利润总额 Total Profits	从业人员（人） Number of Employed Persons (person)	从业人员报酬 Remuneration for Employed Persons	研究开发费用 Research and Exploit Expenses
12036165	**16988768**	**21398530**	**11982820**	**14767930**	**401250**	**509069**	**988713**	**143692**
813852	2773604	2801064	1346166	2507645	60777	33083	82138	61418
9132026	9649502	13798424	8449956	9215930	214060	366442	702802	69827
1892499	3742467	4299254	1590365	988783	48606	102376	179785	240
197788	823195	499788	596333	2055572	77807	7168	23988	12207
11988015	16886335	21344315	11841002	14696443	391119	504119	966139	137503
35603	29620	36348	37873	22665	-214	1975	2900	222
12547	72813	17867	103945	48822	10345	2975	19674	5967
59291	87875	116578	36016	106571	1578	5267	6503	200
301463	270882	267052	265063	250282	940	31251	57735	1026
4402233	3880240	5786025	3469265	5794006	97720	134487	256231	90108
2683170	623500	629684	2304135	775478	22302	23185	50848	436
522959	2761462	3944374	771636	2265677	6552	56921	146924	686
5450	8123	6650	7029	2535	-1004	397	953	215
993787	1823824	2236286	1031663	1824194	29706	57664	115806	
142163	3290708	3516207	287242	467001	24212	9278	20444	
2925649	4242154	4895674	3810771	3282186	219244	190619	333269	51021
3670401	4058010	4301364	4025119	5312664	204220	182222	346897	87306
7919689	11523217	15558245	7250408	7844251	149616	296639	548912	31494
135972	840362	903155	146979	893357	9364	14614	37953	1246
293864	546737	618555	529347	712858	38742	14887	53625	23424
16239	20442	17211	30967	4800	-692	707	1326	222

23-2重点企业主要经济指标
MAIN ECONOMIC INDICATORS OF ENTERPRISES WITH MODERN ENTERPRISE SYSTEM

单位：万元 (10000 yuan)

项目	Item	单位数（个）Number of Enterprises (unit)	资产总计 Total Assets	固定资产原价 Original Value of Fixed Assets	累计折旧 Accumulative Depreciation in this Year
总计	**Total**	**270**	**329994080**	**169993787**	**53574893**
按控股情况划分	**By Share Holding**				
国有绝对控股	State-owned Absolute Holding Enterprises	241	329417521	169733760	53493836
国有相对控股	State-owned Relative Holding Enterprises	8	157016	84691	17258
集体绝对控股	Collective-owned Absolute Holding Enterprises	3	40207	10114	2463
集体相对控股	Collective-owned Relative Holding Enterprises	6	157189	43306	10945
其他	Others	12	222147	121916	50391
按企业规模划分	**By Size**				
特大型	Oversized	21	202389887	140488028	44540883
大型	Large-sized	177	102347491	26506170	8220845
中型	Medium-sized	39	2300986	649962	199501
小型	Small-sized	11	443319	100290	16879
其他	Others	22	22512397	2249337	596785
按行业划分	**By Sector**				
农、林、牧、渔业	Farming,Forestry,Animal Husbandry and Fishery	3	302197	133798	51970
采掘业	Excavation	6	1873491	526939	168747
制造业	Manufacturing	96	63512413	15987157	5662036
电力、煤气及水的生产和供应业	Electricity,Gas,Water Production and Supply	5	156874355	130352949	40635047
建筑业	Construction	21	16641166	3226195	1160560
运输邮电业	Transportation,Posts and Telecommunications	13	47769021	15864518	4783226
批发零售贸易餐饮业	Wholesale,Retail and Catering	69	12485883	1693108	460387
金融保险业	Banking and Insurance	1	7733433	5704	2356
房地产业	Real Estate	3	2194477	59356	4085
其他	Others	53	20607644	2144063	646479
按登记注册类型划分	**By Registration Status**				
国有企业	State-owned	169	285404522	158448120	50146047
国有独资公司	Exclusive State-owned	48	29959359	7569446	2326310
其他有限责任公司	Other Limited-liability Corporations Ltd.	19	11182551	2314949	589477
股份有限公司	Share Holding Corporations Ltd.	27	3092287	1552132	465766
中外合资企业	Joint Venture	2	302973	76654	36508
港澳台合资企业	Hongkong,Macao ang Taiwan Venture	1	29429	17593	4846
其他	Others	4	21859	14893	5939

23-3 重点企业主要经济指标（2001年）

MAIN ECONOMIC INDICATORS OF ENTERPRISES WITH MODERN ENTERPRISE SYSTEM（2001）

单位：万元 (10000 yuan)

项目	Item	单位数（个）Number of Enterprises (unit)	资产总计 Total Assets	固定资产原价 Original Value of Fixed Assets	累计折旧 Accumulative Depreciation in this Year
总计	**Total**	**270**	**310299452**	**152253504**	**46699527**
按控股情况划分	**By Share Holding**				
国有绝对控股	State-owned Absolute Holding Enterprises	241	309716918	152011162	46619446
国有相对控股	State-owned Relative Holding Enterprises	8	160094	74696	15461
集体绝对控股	Collective-owned Absolute Holding Enterprises	3	43070	10630	2451
集体相对控股	Collective-owned Relative Holding Enterprises	6	149455	38145	16818
其他	Others	12	229915	118871	45351
按企业规模划分	**By Size**				
特大型	Oversized	21	190295351	123993785	38162701
大型	Large-sized	177	94923838	24112903	7560077
中型	Medium-sized	39	2211855	578604	178944
小型	Small-sized	11	421652	111720	18189
其他	Others	22	22446756	3456492	779616
按行业划分	**By Sector**				
农、林、牧、渔业	Farming,Forestry,Animal Husbandry and Fishery	3	294284	131832	47153
采掘业	Excavation	6	1635225	463821	130123
制造业	Manufacturing	96	62203641	14826521	5416807
电力、煤气及水的生产和供应业	Electricity,Gas,Water Production and Supply	5	145372795	114552284	34693312
建筑业	Construction	21	15429468	2664116	913148
运输邮电业	Transportation,Posts and Telecommunications	13	45250626	15928479	4483825
批发零售贸易餐饮业	Wholesale,Retail and Catering	69	11722958	1654800	429713
金融保险业	Banking and Insurance	1	7109042	6154	2920
房地产业	Real Estate	3	1994578	56476	4189
其他	Others	53	19286835	1969021	578337
按登记注册类型划分	**By Registration Status**				
国有企业	State-owned	169	266569016	140016790	43043244
国有独资公司	Exclusive State-owned	48	28290474	7212049	2093262
其他有限责任公司	Other Limited-liability Corporations Ltd.	19	12417092	3590389	1150474
股份有限公司	Share Holding Corporations Ltd.	27	2671288	1327880	370866
中外合资企业	Joint Venture	2	304205	75156	32794
港澳台合资企业	Hongkong,Macao ang Taiwan Venture	1	26653	16625	3651
其他	Others	4	20724	14615	5236

23-4 重点企业主要财务指标

单位：万元

项目	Item	流动资产年平均余额 Average Balance of Circulating Funds	年末负债合计 Total Liabilities	年末股东权益合计 Ownership Interest
总计	**Total**	**96342352**	**165438154**	**164555926**
按控股情况划分	**By Share Holding**			
国有绝对控股	State-owned Absolute Holding Enterprises	96072062	165100770	164316751
国有相对控股	State-owned Relative Holding Enterprises	61851	84711	72305
集体绝对控股	Collective-owned Absolute Holding Enterprises	14020	18094	22113
集体相对控股	Collective-owned Relative Holding Enterprises	98002	105817	51372
其他	Others	96417	128762	93385
按企业规模划分	**By Size**			
特大型	Oversized	50055614	112064463	90325424
大型	Large-sized	40309860	43462307	58885184
中型	Medium-sized	1080809	1472063	828923
小型	Small-sized	211524	282582	160737
其他	Others	4684545	8156739	14355658
按行业划分	**By Sector**			
农、林、牧、渔业	Farming,Forestry,Animal Husbandry and Fishery	147807	234936	67261
采掘业	Excavation	834864	1026419	847072
制造业	Manufacturing	17973141	27028235	36484178
电力、煤气及水的生产和供应业	Electricity,Gas,Water Production and Supply	39761075	94042230	62832125
建筑业	Construction	10022658	10410034	6231132
运输邮电业	Transportation,Posts and Telecommunications	12987172	11482069	36286952
批发零售贸易餐饮业	Wholesale,Retail and Catering	6232651	7426801	5059082
金融保险业	Banking and Insurance	2014946	3233712	4499721
房地产业	Real Estate	1785982	1708015	486462
其他	Others	4582056	8845703	11761941
按登记注册类型划分	**By Registration Status**			
国有企业	State-owned	80015369	142805369	142600253
国有独资公司	Exclusive State-owned	12168326	16879008	13080351
其他有限责任公司	Other Limited-liability Corporations Ltd.	2730881	4206195	6976356
股份有限公司	Share Holding Corporations Ltd.	1241339	1413862	1678536
中外合资企业	Joint Venture	164365	103541	199432
港澳台合资企业	Hongkong,Macao ang Taiwan Venture	12536	21292	8137
其他	Others	9536	8998	12861

MAIN FINANCIAL INDICATORS OF ENTERPRISES WITH MODERN ENTERPRISE SYSTEM

(10000 yuan)

股 本 Capital Stock	主营业务收入 Major Business Revenue	出口额 Total Exports	主营业务成本 Major Business Cost	利润总额 Total Profits	累计对外投资 Accumulative External Investment	投资收益 Investment Income	从业人员年末人数（人） Employed Persons (person)	从业人员劳动报酬 Remuneration of Employed Persons
70838590	**95712496**	**4023638**	**81734639**	**4905341**	**76504958**	**3385045**	**3215023**	**6713547**
70654733	95321941	4006716	81412752	4892880	76486424	3376886	3196071	6686820
49704	114867	47	93784	6138	656	4272	4031	6278
14443	35183		30340	1292	1221	3	1032	875
36422	81847	11432	65185	2123	11641	3794	5058	8323
83288	158658	5443	132578	2908	5016	90	8831	11251
34404206	62609887	1061383	53266881	2889819	36620144	1474087	3013232	4460211
29404096	30489724	2797021	26213972	1224046	29283589	839151	1113815	2077325
379048	1327053	137848	1156140	17711	276861	20198	36594	59087
110447	113432	18167	97489	-1919	83945	2309	3247	5065
6540793	1172400	9219	1000157	775684	10240419	1049300	48135	111859
73269	232752	41181	209546	-4502	40127	1954	11430	17268
637624	920829	57988	748086	57784	535357	51820	38241	76053
19538318	21325377	1456764	18068882	1110816	29425146	1055838	790630	1355226
19562501	51659531		44264795	2338301	10485247	652130	1457751	3565520
3523100	8870971	75556	7791234	176884	2920850	62739	325583	538696
15937711	5262574		4106603	600412	19315710	538973	380237	707803
2287849	4395087	1341649	3830491	134566	2993660	169152	63380	145681
3122371	38930		133520	230784	1316611	457252	394	2328
277749	128103		92631	3607	263863	12920	725	3572
5878098	2878342	1048500	2488851	356689	9208387	382267	146652	301400
61124332	80911108	3645060	69249143	3823900	62319149	2509386	2702823	5852060
6873227	7323345	262772	6110800	326995	8110104	415223	360627	553689
2114465	4703673	44345	4055563	616087	5770834	427656	75444	191250
639550	2592945	65473	2168682	131767	251677	32379	66895	102768
77415	135508	3355	110671	4586	52696	323	5592	9501
7384	26472		23866	770			1237	1910
2217	19445	2633	15914	1236	498	78	2405	2369

23-5 重点企业主要财务指标(2001年)

单位：万元

项目	Item	流动资产年平均余额 Average Balance of Circulating Funds	年末负债合计 Total Liabilities	年末股东权益合计 Ownership Interest
总计	**Total**	**80754475**	**156066433**	**154233019**
按控股情况划分	**By Share Holding**			
国有绝对控股	State-owned Absolute Holding Enterprises	80494250	155717458	153999460
国有相对控股	State-owned Relative Holding Enterprises	46776	90948	69146
集体绝对控股	Collective-owned Absolute Holding Enterprises	22057	23624	19446
集体相对控股	Collective-owned Relative Holding Enterprises	95475	98542	50913
其他	Others	95917	135861	94054
按企业规模划分	**By Size**			
特大型	Oversized	41519042	104648625	85646726
大型	Large-sized	33558466	40718306	54205532
中型	Medium-sized	1010080	1409281	802574
小型	Small-sized	189124	261128	160524
其他	Others	4477763	9029093	13417663
按行业划分	**By Sector**			
农、林、牧、渔业	Farming,Forestry,Animal Husbandry and Fishery	142032	227467	66817
采掘业	Excavation	767769	883073	752152
制造业	Manufacturing	17575379	26626489	35577152
电力、煤气及水的生产和供应业	Electricity,Gas,Water Production and Supply	30630428	86661947	58710848
建筑业	Construction	9436723	9893190	5536278
运输邮电业	Transportation,Posts and Telecommunications	8813065	12172530	33078096
批发零售贸易餐饮业	Wholesale,Retail and Catering	5676915	6862750	4860208
金融保险业	Banking and Insurance	2100108	2867739	4241303
房地产业	Real Estate	1563559	1530801	463777
其他	Others	4048497	8340447	10946388
按登记注册类型划分	**By Registration Status**			
国有企业	State-owned	66188966	132625872	133943144
国有独资公司	Exclusive State-owned	10819841	16152586	12137888
其他有限责任公司	Other Limited-liability Corporations Ltd.	2373091	6012651	6404441
股份有限公司	Share Holding Corporations Ltd.	1190610	1139324	1531964
中外合资企业	Joint Venture	164312	109028	195177
港澳台合资企业	Hongkong,Macao ang Taiwan Venture	9162	18815	7838
其他	Others	8493	8157	12567

MAIN FINANCIAL INDICATORS OF ENTERPRISES WITH MODERN ENTERPRISE SYSTEM (2001)

(10000 yuan)

股本 Capital Stock	主营业务收入 Major Business Revenue	出口额 Total Exports	主营业务成本 Major Business Cost	利润总额 Total Profits	累计对外投资 Accumulative External Investment	投资收益 Investment Income	从业人员年末人数（人） Employed Persons (person)	从业人员劳动报酬 Remuneration of Employed Persons
69547605	**84963619**	**3944545**	**72258476**	**4232134**	**73888398**	**2693018**	**3282256**	**5823971**
69357509	84539842	3924732	71898517	4215423	73871403	2678540	3260925	5798082
49704	126797	56	105067	12803	696	12088	4398	5951
20500	37196		32701	292	1166	14	1162	986
37104	97878	14843	85413	1418	10502	2413	5527	7878
82788	161906	4914	136778	2198	4631	-37	10244	11074
34415138	55515645	1147010	47023833	2654687	35603663	1046315	2046634	3770105
28175746	26454126	2381087	22776770	813113	28911953	701340	1147567	1880042
370858	1310388	385232	1152797	18347	158698	15146	37133	55628
106799	105793	23351	90395	-3291	81909	2072	3422	5052
6479064	1577667	7865	1214681	749278	9132175	928145	47500	113144
68333	236624	12704	213540	979	37076	1860	10728	14658
628012	792501	53830	653910	3971	442975	5137	42829	67330
19463577	19485058	1493280	16661576	834348	28313280	680764	847376	1251736
19559417	44899037		38146111	2123814	10492909	576787	1452126	2917923
3207285	7027923	25992	6121863	165503	3145701	55518	333823	497742
15456081	5276388		3991071	493880	18688925	463230	384095	657735
2341177	456732	1473762	4020365	109408	2684766	169777	71690	143856
3069466	57038		195119	237082	1056990	423927	395	1909
258010	79616		54845	2782	375918	6822	777	3823
5496247	2543702	884977	2200076	260367	8649858	309196	138417	267259
60255969	71732693	3622156	61210002	3484594	60893827	1956463	2736512	5045297
6515189	6131965	236066	5157832	108043	7644225	318246	396646	513847
2082007	4883637	39039	4014363	544766	4912485	383728	74427	160105
607424	2043398	42277	1730652	87842	384286	33389	65327	92692
77415	133196	2471	111268	4923	53090	1146	5680	8221
7384	19453		19071	363			1206	1536
2217	19277	2536	15288	1603	485	46	2458	2273

23-6 企业景气指数

项目	Item	一季度 本期实际 Index	First Quarter 比上年同期增减 as ± of Last Same Period
全市企业综合生产经营景气指数	**Prosperity Index on General Production and Operation of Enterprises**	**116.46**	**6.87**
按登记注册类型分	**Grouped by Registration Status**		
国有企业	State-owned	115.74	-8.29
集体企业	Collective-owned	90.52	11.75
股份合作企业	Share Holding	84.08	-34.10
有限责任公司	Limited-Liability Corporations	106.82	16.94
股份有限公司	Share Holding Corporations Ltd.	144.41	8.46
外商及港澳台投资企业	Foreign,Hogkong,Macao and Taiwan Funded	91.85	-12.63
按行业分	**Grouped by Sector**		
工业	Industry	118.40	-1.74
建筑业	Construction	114.40	41.09
交通运输、仓储及邮电通信业	Transportation,Storage,Posts and Tele-communications	80.25	-19.88
批发和零售贸易、餐饮业	Wholesale,Retail and Catering	136.46	24.06
房地产业	Real Estate	114.61	24.67
社会服务业	Social Services	128.38	5.41
按企业规模分	**Grouped by Size of Enterprises**		
大型及特大型	Large Enterprises and Megacorporations	127.27	-9.47
中小型	Medium and Small Enterprises	94.95	6.59
中型	Medium	105.66	18.48
小型	Small	80.51	-9.41
按特殊群体分	**Grouped by Special Group**		
国家重点企业	State-point	115.45	-38.07
国家试点企业集团成员	Member of State-test Enterprise-groups	110.72	-28.05
乡镇企业	Town and Township Enterprises	80.00	30.00
上市公司		142.50	7.86
按观察指标分	**Grouped by Indicator Observed**		
生产（经营）情况	Production(Operation)	95.97	2.09
盈利（亏损）变化	Changes of Profit(Loss)	78.29	0.72
资金情况	Funds	83.76	11.78
货款拖欠情况	Paymeny for Goods in Arrears	105.95	7.63
劳动力需求	Demond on Labors	84.43	6.54
投资情况	Investment	95.05	-1.25

PROSPERITY INDEX ON ENTERPRISES

二季度	Second Quarter	三季度	Third Quarter	四季度	Fourth Quarter
本期实际Index	比上年同期增减 as ± of Last Same Period	本期实际Index	比上年同期增减 as ± of Last Same Period	本期实际Index	比上年同期增减 as ± of Last Same Period
126.94	**2.06**	**131.81**	**13.79**	**132.32**	**15.78**
124.41	-2.16	132.88	15.36	134.35	19.67
86.74	-7.37	86.94	-11.35	62.36	-33.13
108.33	-35.38	108.33	-19.32	101.50	-41.25
135.33	2.06	147.33	30.23	152.30	31.47
147.61	3.67	160.57	36.42	167.12	27.78
105.01	-8.20	108.31	16.39	104.61	-12.81
132.58	3.90	141.04	19.33	142.79	16.08
142.63	8.70	132.74	5.25	141.15	22.78
74.96	-38.03	99.20	9.40	79.20	-10.38
142.84	39.44	135.53	31.14	138.57	44.80
120.30	5.69	114.79	-3.77	112.99	0.75
129.34	-13.79	132.72	-8.05	139.68	6.89
138.76	-6.15	157.02	29.63	159.64	29.92
108.39	8.39	103.68	6.67	101.87	4.54
111.95	8.03	107.01	7.01	111.11	9.10
103.48	8.52	99.13	5.97	89.57	-1.58
138.86	-29.53	171.16	41.13	171.55	37.46
128.06	-21.45	170.49	42.43	167.63	38.05
140.00	23.33	160.00	43.33	100.00	-16.67
147.61	4.93	164.73	43.44	165.27	28.35
139.97	2.69	137.16	17.49	130.10	17.57
129.10	7.63	118.45	4.57	125.13	19.34
81.93	9.12	83.04	10.03	82.89	13.97
93.67	-3.00	98.20	2.27	103.15	2.35
97.91	9.47	100.92	8.19	87.87	6.70
106.24	-10.70	109.93	-7.11	114.30	8.30

23-7 企业家信心指数
INDEX OF CONFIDENCE ON MACRO ECONOMY OF ENTERPRISERS

项目	Item	一季度 First Quarter 本期实际 Index	比上年同期增减 as ± of Last Same Period	二季度 Second Quarter 本期实际 Index	比上年同期增减 as ± of Last Same Period
企业家对宏观经济的信心指数	**Index of Confidence on Macro Economy by Enterprisers**	**123.40**	**-0.88**	**122.21**	**5.52**
按登记注册类型分	**Grouped by Registration Status**				
国有企业	State-owned	115.90	-13.34	111.98	-10.30
集体企业	Collective-owned	80.69	-8.34	85.06	4.08
股份合作企业	Share Holding	108.33	-19.32	116.67	-10.98
有限责任公司	Limited-Liability Corporations	119.32	-7.63	149.44	30.47
股份有限公司	Share Holding Corporations Ltd.	148.24	-6.78	138.44	5.79
外商及港澳台投资企业	Foreign,Hogkong,Macao and Taiwan Funded	116.04	4.26	106.08	5.71
按行业分	**Grouped by Sector**				
工业	Industry	117.77	-15.52	128.17	6.71
建筑业	Construction	161.74	38.06	137.69	37.14
交通运输、仓储及邮电通信业	Transportation,Storage,Posts and Tele-communications	80.69	-17.03	71.63	-31.26
批发和零售贸易、餐饮业	Wholesale,Retail and Catering	134.04	27.36	126.84	29.88
房地产业	Real Estate	123.11	9.05	124.26	-4.58
社会服务业	Social Services	137.63	-6.50	130.29	-19.56
按特殊群体分	**Grouped by Special Group**				
国家重点企业	State-point	114.71	-40.96	132.29	-16.99
国家试点企业集团成员	Member of State-test Enterprise-groups	105.90	-55.51	118.07	-17.66
乡镇企业	Town and Township Enterprises	100.00	33.33	120.00	20.00
上市公司		152.90	-3.27	143.35	12.87
按企业规模分	**Grouped by Size of Enterprises**				
大型及特大型	Large Enterprises and Megacorporations	125.16	-23.72	131.01	-3.37
中小型	Medium and Small Enterprises	110.47	9.74	107.30	7.67
中型	Medium	118.87	20.15	111.32	10.01
小型	Small	99.15	-4.21	101.74	4.26

项目	Item	三季度 Third Quarter 本期实际 Index	比上年同期增减 as ± of Last Same Period	四季度 Fourth Quarter 本期实际 Index	比上年同期增减 as ± of Last Same Period
企业家对宏观经济的信心指数	**Index of Confidence on Macro Economy by Enterprisers**	**122.24**	**3.86**	**128.08**	**18.04**
按登记注册类型分	**Grouped by Registration Status**				
国有企业	State-owned	108.58	-2.27	119.59	19.54
集体企业	Collective-owned	80.50	-14.34	80.06	-10.62
股份合作企业	Share Holding	133.33	5.68	134.84	24.84
有限责任公司	Limited-Liability Corporations	153.38	21.18	161.59	49.41
股份有限公司	Share Holding Corporations Ltd.	140.05	4.43	152.46	18.51
外商及港澳台投资企业	Foreign,Hogkong,Macao and Taiwan Funded	108.35	-0.39	110.30	15.89
按行业分	**Grouped by Sector**				
工业	Industry	129.22	7.09	135.11	20.94
建筑业	Construction	128.67	1.00	136.82	9.43
交通运输、仓储及邮电通信业	Transportation,Storage,Posts and Tele-communications	74.96	-18.16	85.77	24.69
批发和零售贸易、餐饮业	Wholesale,Retail and Catering	117.65	27.18	116.44	23.89
房地产业	Real Estate	126.90	-4.13	122.47	-9.98
社会服务业	Social Services	140.63	-10.06	149.87	9.90
按特殊群体分	**Grouped by Special Group**				
国家重点企业	State-owned	133.52	-0.90	162.04	56.64
国家试点企业集团成员	Member of State-test Enterprise-groups	120.68	-0.83	147.78	49.06
乡镇企业	Town and Township Enterprises	140.00	23.33	100.00	0.00
上市公司		141.63	6.73	155.73	17.58
按企业规模分	**Grouped by Size of Enterprises**				
大型及特大型	Large Enterprises and Megacorporations	129.84	2.36	146.07	35.18
中小型	Medium and Small Enterprises	107.35	8.47	107.09	11.29
中型	Medium	109.55	10.87	113.73	19.77
小型	Small	104.35	5.20	98.26	0.03

主要统计指标解释

企业景气调查 也称为经济周期调查或短期经济观测调查，是以企业家为调查对象，采用问卷方式，定期收集有关宏观经济和企业生产经营景气状况变动判断的一种统计调查。简言之，企业景气调查就是调查企业家对宏观经济态势，对企业生产经营状况所做出的判断和预期。调查采用重点调查和抽样调查相结合的方法，调查范围覆盖国民经济六个主要行业，即：工业，建筑业，交通运输、仓储及邮电通信业，批发和零售贸易、餐饮业，房地产业和社会服务业等。

景气指数 又称景气度，是对企业景气调查中定性经济指标的定量描述，以直观地反映经济所处的状态。指数的数值介于 0 和 200 之间，100 为临界值。指数大于 100 时，表明经济状况趋于上升或改善，处于景气状态；指数小于 100 时，表明经济状况趋于下降或恶化，处于不景气状态。

企业家信心指数 亦称宏观经济景气指数，是指根据企业决策者对本行业发展状况的判断及其未来走势的预期（选择“乐观”、“一般”、“不乐观”）而编制的指数，反映企业决策者对国家宏观经济发展的信心和预期，是企业决策者对当前宏观经济状况及未来走势的一种感受、体验和期望。

企业景气指数 亦称企业综合生产经营景气指数，是根据企业决策者对本企业当前生产经营状况的判断及未来企业生产经营状况的预期（选择“好”、“一般”、“不佳”）而编制的指数，是企业决策者对企业生产经营现状及未来景气动向的一种综合评价和判断。

二十四 开发区

DEVELOPMENT ZONES

中关村科技园区高新技术企业认定累计数（单位：个）
Numbers of Science and Technology cognizance(unit)

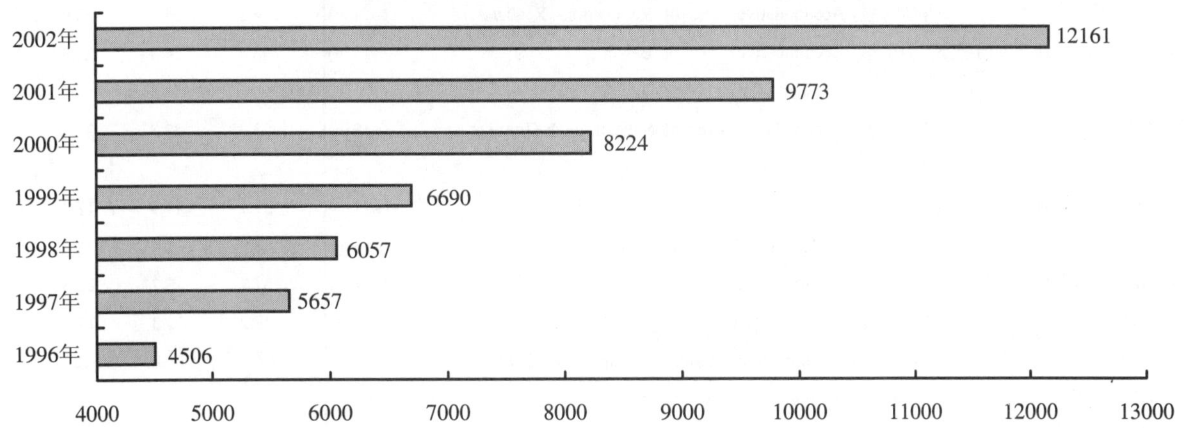

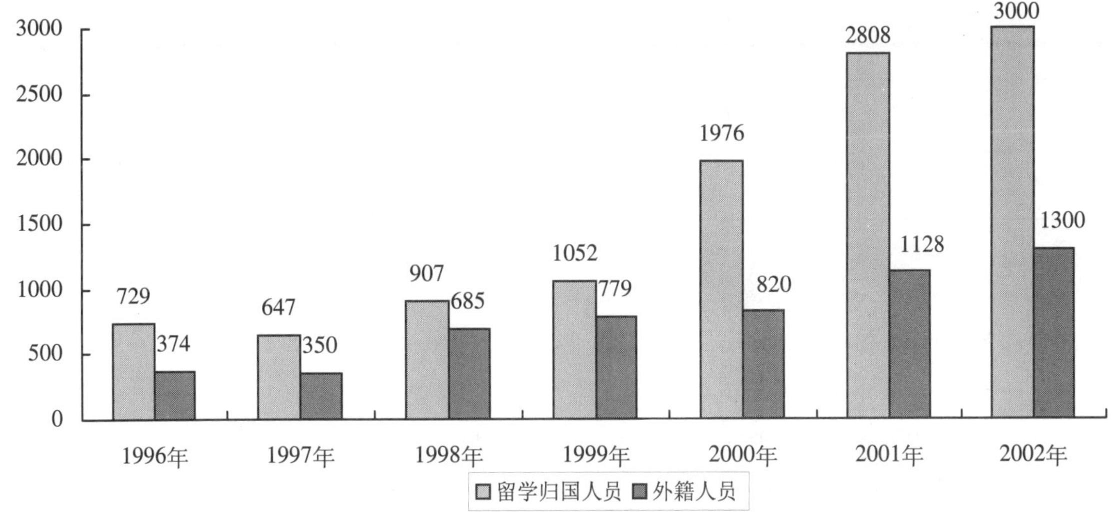

24-1 各类开发区基本情况
BASIC STATISTICS FOR DEVELOPMENT ZONES

项目 Item			合计 Total	国家级 Of State	市级 Of City	其他 Others
开发区个数	(个) Number of Development Zones	(unit)	26	5	10	11
累计完成征用土地面积	(平方公里) Accumulative Area of Requisitions Realized	(sq.km)	64.3	24.0	25.0	15.3
累计"七通一平"土地开发面积	(平方公里) Accumulative Area of Began Seven-through-One-Flat	(sq.km)	58.4	24.3	23.3	10.8
累计完成"七通一平"土地开发面积	(平方公里) Accumulative Area of Seventhrough-One-Flat Realized	(sq.km)	55.3	23.8	21.5	10.0
累计招商占用土地面积	(平方公里) Accumulative Area Spared for Business	(sq.km)	37.1	11.9	17.2	8.0
# 三资企业占用	(平方公里) Foreign Funded Enterprises	(sq.km)	8.9	2.4	4.4	2.1
累计建成区土地面积	(平方公里) Accumulative Completed Area	(sq.km)	57.2	23.7	22.5	11.0
# 工业用地	(平方公里) For Industrial Use	(sq.km)	33.2	12.3	17.2	3.7
累计招商个数	(个) Accumulative Number of Hirer Leaseholder	(unit)	18921	12930	3529	2462
累计项目总投资	(亿元) Accumulative Investment	(100 million yuan)	1675.1	623.5	538.4	513.2
累计注册资本	(亿元) Accumulative Registered Capital	(100 million yuan)	1274.0	668.1	317.4	288.5
# 外方	(亿元) Foreign Partner	(100 million yuan)	502.9	217.1	115.3	170.5
累计协议外资金额	(亿美元) Accumulative Contracted Foreign Capital	(USD 100 million)	115.5	21.4	17.3	76.8
外商累计入资	(亿美元) Accumulative Foreign Capital Inflow	(USD 100 million)	50.4	18.5	14.4	17.5

说明：1.累计完成征用土地面积中包括原建成区面积。

2.表内"七通"指：上水、下水、煤气、热力、电力、通讯和道路通；"一平"指：场地自然平整。

3.表内"累计"指自开始至2001年末的累计数。

a) Accumulative requisition area of included original completed area.

b) Seven-through refers to water,drainage,gas,heat,electricity,communications and transportation,and one-flat refers to flat ground.

c) Accumulative data of this table refers to that from the beginning to the end of 2001.

24-2 各类开发区主要指标完成情况
STATISTICS FOR FULFILLMENT OF MAJOR INDICATORS OF DEVELOPMENT ZONES

项目 Item			2002	2001	2002年为2001年% 2002as % of 2001
完成固定资产投资	(亿元) Investment in Fixed Assets Completed	(100millionyuan)	150.3	103.9	144.7
新增固定资产	(亿元) Incremental Fixed Assets	(100millionyuan)	82.5	36.4	226.6
房屋建筑施工面积	(万平方米) Floor Space of Buildings under Construction	(10000sq.m)	725.2	687.1	105.5
房屋建筑竣工面积	(万平方米) Floor Space of Buildings Completed	(10000sq.m)	355.1	217.2	163.5
完成增加值	(亿元) Value Added Completed	(100millionyuan)	638.0	515.0	123.9
实现总收入	(亿元) Total Revenue Completed	(100millionyuan)	3123.8	2557.2	122.2
实现利润总额	(亿元) Total Profits Completed	(100millionyuan)	153.6	132.5	115.9
应缴税金总额	(亿元) Total Taxes Turned over	(100millionyuan)	150.0	119.0	126.1

24-3 各类开发区一览表
DEVELOPMENT ZONES LIST

名称 Name	通讯地址 Address	主要负责人 Chairman	邮编 Post Code	电话 Telephone
中关村科技园区海淀园	海淀中关村南大街3号海淀科技大厦	张稷发	100081	68915216
北京经济技术开发区	北京经济技术开发区万源街4号	鲁　勇	100176	67681207
中关村科技园区丰台园	丰台科学城海鹰路2号	汪　洪	100070	63713737
中关村科技园区昌平园	昌平城区镇超前路9号	洪起忠	102200	69709140
北京电子城科技园	北京朝阳区酒仙桥路12号北门	鲍玉桐	100016	64377993
北京天竺空港工业区	首都国际机场西侧一公里天竺空港工业区蓝天大厦	李友生	101312	64565745
北京林河工业开发区	顺义双河大街18号	张东生	101300	89492488
北京市门头沟区石龙工业区	门头沟区石龙南路6号	李建军	102308	69803404
北京大兴工业开发区	北京大兴工业开发区广茂大街9号	绳立成	102600	69244179
北京雁栖工业开发区	怀柔区雁栖工业开发区	孟昭霞	101407	61668124
北京市密云县工业开发区	密云工业开发区	李永军	101500	69044661
北京良乡工业开发区	良乡凯旋大街金光路2号	高言杰	102488	89360794
平谷区兴谷经济开发区	平谷区乐园西小区7号	李宝峰	101200	69964071
通州工业开发区	通州区张家湾镇光华路西	陈国增	101113	69571700
北京八达岭工业开发区	延庆县康庄镇紫光东路1号	王　江	102100	69141563
北京市王府井地区开发建设办公室	王府井大街99号世纪大厦A608室	卢　彦	100006	65129999
北京西三旗高新建材城	海淀区西三旗	鲍秋田	100096	82910873
北京市朝阳望京工业区	朝阳区东湖渠甲3号	佟克克	100102	64724723
朝阳东部旅游经济开发区	朝阳区农展南路1号	田锦租	100026	65031671
北京八大处高科技园区	石景山路22号万商大厦	李云涛	100043	68686665
北京市燕山东流水工业区	北京市燕山东流水工业区管委会	黄祖团	102500	81337168
北京永乐经济开发区	通州区永乐店小甸屯村南	张　洪	101105	80511459
北京次渠工业区	通州区次渠工业区	张　华	101116	69502049
北京凤翔科技开发区	怀柔区杨宋镇	雷　杰	101400	61679488
平谷区滨河工业开发区	平谷区府前西街22号	刘兆江	101200	69963791
北京市延庆经济技术开发区	延庆县湖南东路1号	张德福	102100	69142562

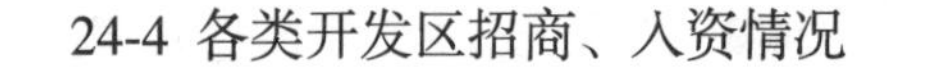

24-4 各类开发区招商、入资情况
STATISTICS ON HIRER LEASEHOLDER AND CAPITAL INFLOW OF DEVELOPMENT ZONES

名称 Name	自开始至报告期累计 Accumulative Number from Beginning					
	招商个数(个) Number of Hirer Leaseholder (unit)	项目总投资(万元) Total Investment (10000 yuan)	注册资本(万元) Registered Capital (10000 yuan)	# 外方 Foreign Partner	协议外资金额(万美元) Contracted Foreign Capital (USD 10000)	外商实际投资(万美元) Foreign Actual Investment (USD 10000)
中关村科技园区海淀园	8274					
北京经济技术开发区	1108	3558293	2460037	1475956	147171	130825
中关村科技园区丰台园	2000	1693425	1693425	55489	20480	16373
中关村科技园区昌平园	1183	983000	952368	154345	13719	12000
北京电子城	365		1575550	485550	32758	25936
天竺空港工业区	244	1001795	599727	368900	34246	31157
顺义林河工业开发区	46	512325	275971	216694	14451	14187
北京石龙工业区	1079	406212	381401	75931	5674	4088
北京大兴工业开发区	490	298240	207058	52938	4051	4051
雁栖工业开发区	93	391246	187256	142136	37653	37653
密云县工业开发区	292	1563000	913000	139000	37282	26523
良乡卫星城工业开发区	488	218505	148505	19000	1154	1154
兴谷经济开发区	502	435728	183855	95003	17108	15189
北京通州工业开发区	70	359412	137478	36716	21494	9741
八达岭经济开发区	367	198000	140000	6817	297	391
王府井商业区	26	2852288	1472004	1405506	738229	151053
北京西三旗高新建材城	15	109418	67208	62145	6137	6137
望京工业区	273	535501	103877	32136	2908	2908
东部旅游经济开发区	5	178699	61088	61088	3991	3001
八大处高科技园区	896	650000	565000	66076	6298	5102
燕山东流水工业区	16	8169	8331	2002		128
永乐工业开发区	52	49690	41784	10215	3980	1261
北京次渠工业区	13	184600	67208	5344	600	600
凤翔科技开发区	255	81480	44463	17535	2930	2355
滨河工业区	538	370152	358296	23859	1839	1839
延庆经济技术开发区	402	112233	95630	19322	762	762

24-5 各类开发区投资、生产情况
INVESTMENT AND PRODUCTION OF DEVELOPMENT ZONES

单位：平方米、万元 (sq.m,10000 yuan)

名 称 Name	自 年 初 累 计 Accumulative Number from Year-beginning					
	完成固定资产投资 Investment in Fixed Assets	新增固定资产 Incremental Fixed Assets	房屋建筑施工面积 Floor Space of Buildings under Construction	房屋建筑竣工面积 Floor Space of Buildings Completed	完成产值 Gross Output Value Completed	完成总收入 Sales Revenue Completed
中关村科技园区海淀园	61434	31526	676219	115082	8306300	14335005
北京经济技术开发区	554862	292233	2077199	614562	4068701	4717566
中关村科技园区丰台园	137700	33100	1233900	764900	880150	1953449
中关村科技园区昌平园	35269	33219	271064	258168	849319	1425717
北京电子城					3320476	2647657
天竺空港工业区	48820	32536	219985	182484	1469990	1640382
顺义林河工业开发区	15842	930	62610	3833	72300	79693
北京石龙工业区	4494		32891	8717	232968	499310
北京大兴工业开发区	4175	4644	69191	61041	151474	219589
雁栖工业开发区	21480	8780	70000		371260	313260
密云县工业开发区	194000	153000	530240	371900	692900	811300
良乡卫星城工业开发区	1620	1300	15568	15568	320000	380000
兴谷经济开发区	19366	19617	59600	18700	296613	300550
北京通州工业开发区	32034	13874	38810	27850	44762	141016
八达岭经济开发区	58000	27769	463120	331747	166597	584367
王府井商业区	187710					30480
北京西三旗高新建材城	6260	12555	65131	65131	72389	95168
望京工业区	93324	135039	1140427	627564	122666	234435
东部旅游经济开发区	3142		98688			2885
八大处高科技园区	2414	5669	47914	47914	80306	513000
燕山东流水工业区	1400	1400	12000	12000	20390	32255
永乐工业开发区	2924	3995	31960	1780		
北京次渠工业区	3000	2200	2000	2000	21000	19000
凤翔科技开发区	1380	1240	11500	11500	34577	31577
滨河工业区	300	300	13000		28016	37626
延庆经济技术开发区	12190	10552	9041	9041	87307	192336

24-6 北京经济技术开发区主要经济指标
MAIN ECONOMIC INDICATORS FOR BEIJING ECONOMIC-TECHNOLOGICAL DEVELOPMENT AREA

项 目 Item			2002	2001	2002年为2001年% 2002 as % of 2001
规划面积	(公顷) Area Planned	(hectare)	2280	2107	108.2
累计征用土地面积	(公顷) Accumulative Land Area Requisitioned	(hectare)	1705	1284	132.8
开发区生产总值	(亿元) Gross Output Value of Development Area	(100 million yuan)	76.9	69.7	110.3
工业总产值（现价）	(亿元) Gross Output Value of Industry	(100 million yuan)	406.3	423.0	96.1
# 高新技术产业	High-grade Technological Industry		357.9	377.0	94.9
销售（营业）收入	(亿元) Sales(Business) Revenue	(100 million yuan)	471.7	467.0	101.0
# 产品销售收入	of Products		412.8	431.2	95.7
利润总额	(亿元) Total Profits	(100 million yuan)	28.0	31.7	88.3
进出口总值	(亿美元) Total Imports and Exports Value	(USD 100 million)	35.1	35.8	98.0
出口	(亿美元) Exports	(USD 100 million)	13.2	12.4	106.5
进口	(亿美元) Imports	(USD 100 million)	21.9	23.4	93.6
财政收入（含免抵）	(亿元) Financial Revenue(Include Esemption and Counteract)	(100 million yuan)	32.3	27.7	116.6
# 税收（含免抵）	(亿元) Tax(Include Esemption and Counteract)	(100 million yuan)	26.1	20.5	127.3
土地收入	(亿元) from Land	(100 million yuan)	6.2	7.2	86.1
财政支出	(亿元) Financial Expenditure	(100 million yuan)	22.3	17.2	129.4
批准企业个数	(个) Number of Enterprises Ratified	(unit)	303	283	107.1
入区企业投资额	(亿美元) Investment of Enterprises Entered	(USD 100 million)	12.3	11.0	111.1
注册资本	(亿美元) Registered Capital	(USD 100 million)	8.65	7.55	114.6
合同外资金额	(亿美元) Contracted Foreign Capital	(USD 100 million)	3.3	3.0	109.6
实际利用外资	(亿美元) Foreign Capital Actually Used	(USD 100 million)	2.0	1.7	117.4
固定资产投资	(亿元) Investment in Fixed Assets	(USD 100 million)	55.5	34.5	160.8
从业人员	(个) Number of Employed Persons	(person)	41138	36205	113.6
劳动者报酬	(万元) Laborer Remuneration	(10000 yuan)	123754	100410	123.2

资料来源：北京经济技术开发区。

Sources: Beijing Economic-technological Development Area.

24-7 中关村科技园区企业经营活动情况
MANAGEMENT OF ZHONG GUAN CUN SCIENCE AND TECHNOLOGY ZONES

单位：千元 (1000 yuan)

项目	Item	2002年
工业总产值(现价)	Gross Output Value of Industry (at current prices)	148516164
新产品产值	Value of New Products	83732133
工业总产值(不变价)	Gross Output Value of Industry (at 1990 constant prices)	187201650
出口产值	Gross Output Value of Exports	33353484
工业销售产值(现价)	Sales Value of Industry (at Current price)	135902319
出口交货值	Delivery Value of Exports	19662456
中间投入	Intermediate Input	135595568
工业中间投入	Intermediate Input of Industry	107811610
总收入	Total Input	240476452
产品销售收入	Sales Revenue	138773626
# 产品自销零售收入	Sales by Oneself Revenue	18928185
出口收入	Export	13284775
新产品销售收入	New Product Sales Revenue	87907361
# 出口	Export	9336802
商品销售收入	Ware Sales Revenue	49677702
投资收益	Yield	2857021
其他收入	Other Revenue	6494659
上缴税费总额	Total Turn in the Tax	9963729
增值税	Added Value Tax	5939670
营业税	Sales Tax	1434951
消费税	Excise	35173
企业所得税	Industrially Income Tax	1309547
企业代缴个人所得税	Corporation Turn in the Personal Income Tax	1485220
关税	Tariff	648246
减免税总额	Total Tax Shelter	1677337
# 免税	Exemption	619115
# 增值税	Added Value Tax	579894
营业税	Sales Tax	31293
所得税	Excise	944066
本年应交增值税	Added Value Tax	5654379
本年销项税额	Include in Sales Cost	26887928
本年进项税额	Include in Revenue	23379861
出口退税	Export of Drawback	185835
用汇总额 (千美元)	Use Foreign Exchange (USD1000)	2175174
出口创汇总额 (千美元)	The Foreign Exchange by Export (USD1000)	2877412
新增贷款总额	Incremental Provide a Loan	33975630
本年完成固定资产投资额	Investment Completed	10400949
本年竣工建筑面积	Floor Space of Buildings Completed	25201885
房屋使用面积 (平方米)	Using Space of Buildings (sq.m)	25275486
# 租用 (平方米)	Hire (sq.m)	15911070

24-8 中关村科技园区企业活动情况
CAMPAINGN OF ZHONG GUAN CUN SCIENCE AND TECHNOLOGY ZONES

项　目	Item	2002年
一、科技活动情况	**Statistics for science and technology**	
(一)科技活动人员合计 (人)	Total of Personnel Engaged in Science and Technology (person)	136492
1. 全时人员	Full-time	109192
2. 非全时人员	Part-time	27300
合计中：研究与试验发展人员	Personnel in Research and experimental Development	109141
(二)科技活动经费支出总额 (千元)	Total of Appropriation Expenditure for Science and Technology (1000 yuan)	14075565
1. 内部支出合计	Intramural Expenditure	13099365
内部支出按用途分组	Grouped by Purpose	
①劳务费(含工资)	Work Expenditure(Include Wages)	4207818
②原材料费	Raw and Processed Materials Expenditure	4219264
③非基建项目资金购买和自制设备的支出	Non-investment Construction Purchase and self-regulating Equipment	3360311
④其他	Others	1311972
内部支出按活动类型分组	Divid in Terms of Patterns of Activitiy	
①研究与试验发展经费支出	The Appropriation Expenditure for the City-wide Research and Experimental Development	9446244
基础研究支出	Expenditure of Basic Research	504785
应用研究支出	Expenditure for Applied Research	1738199
试验发展支出	Expenditure Development	7203259
②研究与试验发展成果应用经费支出	The Appropriation Expenditure for the City-wide Research and Experimental Development	3653122
合计中：新产品开发经费支出	Expenditure of New Products Empolder	5830010
2. 外部支出合计	Exterior Expenditure	976201
# 对国内独立研究院所支出	Domesticn Academe	123785
对国内高等学校支出	Domesticn College	115110
对国内其他企业支出	Domesticn Other Corporation	260346
对国外机构支出	Foreign Organization	58256
二、科研基建情况	**Statistics for Science,Technology and Infrastructure**	
用于科研的基建经费支出	Use by Science and Technology	589918
三、新产品工程准备和支出（千元）	**Increase Product Preparative Expenditure (1000 yuan)**	

24-8 续表 continued

项 目	Item	2002年
新产品工程准备和试生产费用支出	Increase Product Preparative Expenditure (1000 yuan)	977015
四、本年度全部科技项目情况 (项)	**Scientific Research Programs (Item)**	
（一）全部科技项目数	Number of Scientific Research Programs	12863
（二）全部科技项目参加人员合计 (人)	Total of Be Concerned with Persons	64931
（三）全部科技项目经费内部支出合计 (千元)	Interior Expenditure	8480223
# 研究与试验发展项目支出	R&D Programs	7043831
五、企业科技活动产出情况	**Science and Technologh Output**	
（一）获奖成果情况 (个)	Statistics for Bear the Palm (unit)	
获奖成果数	Number of Bear the Palm	4783
# 1. 国家级	National	4083
2. 省部级	Province	383
3. 地、市级	Area and City	291
（二）专利情况 (件)	Statistics for Patent (case)	
1. 专利申请数	Number of Apply Patent	3934
2. 拥有发明专利数	Ceations and Inventions	1567
3. 专利授权数	Certified	1822
（三）论文、著作情况	Statistics for Discourse and Composing	
1. 发表科技论文 (篇)	Discourse (piece)	13893
2. 出版科技著作 (种)	Composing (kind)	17305
六、技术改造和技术获取情况 (千元)	**Technic Reformation Profit (1000yuan)**	
（一）技术改造经费支出	Technic Reformation	509350
（二）技术引进经费支出	Technic Indraught	725677
（三）消化吸收经费支出	Assimilate the Technic	461147
（四）购买国内技术经费支出	Buy Native Technic	320816
七、享受技术开发减免税情况 (千元)	**Statistics for Shelter Tex by Technic Exploitation (1000yuan)**	
享受各级政府对技术开发的减免税	Shelter Tex by All Levels Government	115786

24-9 中关村科技园区企业人力资源情况
MANPOWER RESOURCE OF ZHONG GUAN CUN SCIENCE AND TECHNOLOGY ZONES

单位：千元、人 (1000 yuan,person)

项　目	Item	2002年
一、企业人力资源情况	**Statistics for Manpower Resource**	
(一)从业人员年末数	Practitioner	405668
# 女性	Female	119546
# 留学归国人员	Homecoming Student Abroad	2860
# 中高级管理人员	High-level and Intermediate Manager	58598
# 大学及以上学历	University and Above	48880
# 中级及以上 职称	Intermediate the Title of a Technical Post and Above	34743
1. 按文化程度分：	Group by Literacy Degree	
博士及以上学历	Doctor Degree and Level above	5832
留学归国人员	Homecoming Student Abroad	494
硕士	Master Degree	28934
留学归国人员	Homecoming Student Abroad	582
大学	Undergraduate	154758
大专	Junior College	76147
# 大本及以上学历人员中非本市户籍人员	Non-townee of the Undergraduate and the Level above	38825
2.按技术职称分：	The Title of a Technical Post and Qualification	
高级	Senior	37684
中级	Middle	74773
初级	Junior	68687
高级技术工人	High-level Artificer	17431
# 中级及以上职称人员中非本市户籍人员	Non-townee of Intermediate Level above	15726
3. 按来源分：	Group by Source	
在岗职工	Fully Employed Staff and Workers	319747
# 女性	Female	111708
聘用、留用的离退休人员	Appoint VCSR and RRSW	19584
外籍及港澳台方人员	Foreign Nationality,Hongkong,Macao and Taiwan Personnel	1492
人事档案关系保留在原单位的人员	Archives at Bypast Work Place	64845
4. 按岗位分：	Group by Station	
科技活动	Science and Technology	115951
生产活动	Producer	119554
经营管理	Management	63821
销售服务	Sale Serve	56646
咨询服务	Consultation Serve	17635

24-9 续表 continued

单位：千元、人 (1000 yuan,person)

项　目	Item	2002年
5. 按年龄分:	Group by Age	
29岁及以下	Age 29 and below	192639
30岁—39岁		120143
40—49岁		60476
50岁及以上	Age 50 and above	32410
(二)从业人员年平均人数	Average Number of Empolyed Persons	401933
# 工程技术人员	Engineering Technician	35285
# 在岗职工	Fully Employed Staff and Workers	311230
二、从业人员劳动报酬	**Remuneration of Employed Persons**	**13041200**
在岗职工报酬	Remuneration of Fully Employed Staff and Workers	10479140
聘用、留用的离退休人员报酬	Remuneration of Appoint VCSR and RRSW	376979
外籍及港澳台方人员报酬	Remuneration of Foreign Nationality, Hongkong,Macao and Taiwan Personnel	358011
人事档案关系在原单位的人员报酬	Remuneration of Archives at Bypast Work Place	1827071
三、在岗职工参加社会保险情况	**Number of Take part in the Social Insurance**	
参加养老保险人数	Endowment Insurance	315440
参加医疗保险人数	Hospitalization Insurance	235634
参加失业保险人数	Unemployment Insurance	236944
四、新增和调入的从业人员	**Increase and Prepare enter Employed Persons**	**74754**
五、减少和调出的从业人员	**To Abdicate the Office and Prepare Come Out Employed Persons**	**63935**
六、不在岗职工年末人数	**Number of In Defect of Employed Staff and Workers**	**333**
七、不在岗职工生活费	**Basic Cost-of-living of In Defect of Employed Staff and Worker**	**4351**

24-10 中关村科技园区企业财务状况
MAIN INDICATORS OF ZHONG GUAN CUN SCIENCE AND TECHNOLOGY ZONES

单位：千元 (1000 yuan)

项　目	Item	2002年
流动资产合计	Total Circulation Assets	244211890
流动资产年平均余额	Average Balance of Circulating Funds	219473652
固定资产合计	Fixed	79698526
固定资产原价	Original Value of Fixed Assets	88586534
累计折旧	Accumulative Depreciation	22423021
固定资产净值年平均余额	Average net Value of Fixed Assets	53402839
资产总计	Total Assets	433473128
流动负债合计	Liquid Liabilities	320067939
长期负债合计	Longterm Liabilities	30828061
负债合计	Total Liabilities	352761671
所有者权益	Creditors Equity	80711458
实收资本	Contributed Capital	166125867
产品销售收入	Sales Revenue	161680560
产品销售成本	Cost of Sales	129528399
产品销售税金及附加	Sales Tax and Extra Charges	629505
产品销售利润	Sales Profits	21714253
利润总额	Total Profits	11193563

主要统计指标解释

区规划总面积中原有城镇建成区面积 指政府正式批准的开发区总面积中与原有城镇建成区重叠部分的土地面积。

国家批准征用土地面积 指自开始至报告期末累计政府土地管理机关正式批准开发区征用的土地面积合计。

非耕地 指扣除耕地面积后的全部面积。

实际征用土地面积 指自开始至报告期末累计实际完成征用的土地面积合计。

可供出让转让 指自开始至报告期末累计实际征用土地面积中可供出让、转让土地使用权的土地面积。

土地开发施工面积 指自开始至报告期末累计进行"七通"(道路、上水、供电、供气、供热、电信、下水)"一平"(场地平整一进行地上物拆除)施工的土地开发面积。

土地开发完工面积 指自开始至报告期末累计已具备"七通一平"条件的土地开发面积。

批准入区企业个数 指自开始至报告期末累计区域内从事生产、经营等经济活动的企业个数总和。包括开发区建立前地域内原有并经批准入区的企业，也包括建区后招商入区的企业。

招商项目个数 指自开始至报告期末累计招商入区并经工商管理机关注册取得法人营业执照的企业个数合计。

招商项目总投资 指自开始至报告期末累计批准的合同（章程）规定的投资总额。

招商项目注册资本 指自开始至报告期末累计为设立经营企业在工商行政管理机关注册的资本总额。

招商项目合同外资金额 指自开始至报告期末累计批准的合同（章程）中，外商和港、澳、台商的出资额。

招商项目外商实际投资 指自开始至报告期末累计按合同规定的外方和港、澳、台方以现金、实物、工业产权及专有技术的计价实缴资本投资额。

招商项目中方实际入资 指自开始至报告期末累计国内投资经营企业实际投资和中外合资企业、中外合作企业的中方，按合同规定以现金、实物、场地使用费计价的实缴资本投资额。

投产（开业）企业个数 指自开始至报告期末累计入区企业中已正式生产经营的企业个数合计。

总收入 指企业全年的技术收入、自产产品销售收入、以出售为目的购入商品的销售收入、投资收益及其它收入的总和。总收入应按不含增值税的价格计算。

产品销售收入 指企业销售自产全部产成品，自制半成品和提供劳务等所取得的收入。

技术收入 指技术开发、技术转让、技术承包、技术咨询与服务、技术入股、中试产品收入以及接受外单位委托的科研收入等。

出口销售收入 指出口产品的销售收入折合为人民币的金额。

二十五 专项调查

SPECIAL SURVEY

25-1 北京市国家机关、企事业单位人员需求与减员情况调查汇总表

STATISTICS FOR AGENCIES,ORGANIZATIONS,ENTERPRISES ANDINSTITUTIONS NEED PERSONNEL

单位：人　　(person)

项　目	Item	2003年准备招用人数 Prepare Employ Personnel	To Recruit Some New Members of 2003 #女性 Female	#中专以上毕业生 Specialized Secondary School and the Level above	#招收海外人员 Overseas Personnel	#聘用外国专家 Foreign Specialist
全　市	**Total**	**445203**	**119632**	**153018**	**4060**	**1384**
第一产业	Primary Industry	4897	2323	1535	14	
农林牧渔业	Farming,Forestry,Aninal Husbandry and Fishery	4897	2323	1535	14	
第二产业	Secondary Industry	107940	20082	28251	532	48
采掘业	Excavating	491		460		
制造业	Machinery	65777	18385	20266	189	28
电力、煤气及水的生产和供应业	Electricity,coal gas,Hot Water Production and Supply Construction	477	45	350		
建筑业	Construction	41194	1653	7176	343	20
第三产业	Tertiary Industry	332366	97227	123231	3515	1336
地质勘查业、水利管理业	Geographical Prospecting and Water Conservancy	759	54	539		
交通运输、仓储及邮电通信业	Logistic Support for Transportation and Other Transportation	7775	2290	2249	24	
批发和零售贸易餐饮业	Wholesale,Retail and Catering	95684	43637	35153	308	608
金融、保险业	Banking and Insurance	8667	2791	5714	72	5
房地产业	Real Estate	10242	2984	2654	15	5
社会服务业	Social Services	129403	23136	32306	931	178
卫生、体育和社会福利业	Health,Sports and Social Welfares	6502	3452	4893	67	2
教育文化艺术及广播电影电视业	Education,Culture,Arts,Radio, Film and Televistion	24295	9139	11916	1333	368
科学研究和综合技术服务业	Scientific Research and Polytechnical Services	25410	5371	14632	684	170
国家机关、政党机关和社会团体	Government Organs and Party Organs and Social Bodies	19921	3413	11601	12	
其　他	Others	3708	960	1574	69	
按经济类型分组	**Grouped by Tegistration Status of Enterprises**					
国有	State-Owned	201002	37878	76728	1933	703
集体	Collective Owned	47239	19812	10305	148	10
其他	Others	196962	61942	65985	1979	671
(一)内资	Domestic Investment	161787	45623	54442	1793	632
股份合作	Share Holding cCooperative	15115	1893	1339	20	2
联营	Joint Owned	3456	1442	1556	29	
有限责任公司	Limited-Liability Company	68145	11753	25423	389	89
股份制有限公司	Share Holding Company	22470	9837	8188	107	294
私营	Private	47919	18886	15675	1061	221
其他	Others	4683	1811	2260	187	25
(二)港澳台商投资	HongKong,Macao and Taiwan Funded	14187	6819	6253	25	11
(三)外商投资	Foreign Funded	20988	9500	5290	160	28
按企事业分组	**Grouped by Accounting System Executed**					
企业	Enterprises	372075	99982	127884	3393	1156
事业	Institutions	52803	13900	17691	413	138
机关	Agencies and Organizations	15830	4098	4598	85	27
其他	Others	4495	1652	2846	169	62

25-1 续表 1 continued

单位：人 (person)

项目	Item	职称或资格 The Title of a Technical Post and Qualification			
		高级 Senior	中级 Middle	初级 Junior	无要求 Without any Qualification
全　市	**Total**	**21789**	**44197**	**45410**	**174636**
第一产业	Primary Industry	170	285	659	625
农林牧渔业	Farming,Forestry,Aninal Husbandry and Fishery	170	285	659	625
第二产业	Secondary Industry	2629	8377	8359	19295
采掘业	Excavating	31			460
制造业	Machinery	1952	5878	7124	12398
电力、煤气及水的生产和供应业	Electricity,coal gas,Hot Water Production and Supply Construction		17		332
建筑业	Construction	646	2482	1234	6105
第三产业	Tertiary Industry	18991	35535	36392	154717
地质勘查业、水利管理业	Geographical Prospecting and Water Conservancy	86	108	61	456
交通运输、仓储及邮电通信业	Logistic Support for Transportation and Other Transportation	59	387	724	3148
批发和零售贸易餐饮业	Wholesale,Retail and Catering	2958	11907	11056	34967
金融、保险业	Banking and Insurance	197	1288	2054	5031
房地产业	Real Estate	756	2598	1055	1579
社会服务业	Social Services	4981	6085	6534	72803
卫生、体育和社会福利业	Health,Sports and Social Welfares	592	740	3638	1304
教育文化艺术及广播电影电视业	Education,Culture,Arts,Radio, Film and Television	4457	5112	5021	8616
科学研究和综合技术服务业	Scientific Research and Polytechnical Services	4032	5288	4952	9245
国家机关、政党机关和社会团体	Government Organs and Party Organs and Social Bodies	376	1019	775	16501
其　他	Others	496	1003	523	1067
按经济类型分组	**Grouped by Tegistration Status of Enterprises**				
国有	State-Owned	9127	15704	18557	105889
集体	Collective Owned	2177	5576	3704	6482
其他	Others	10485	22917	23148	62265
(一)内资	Domestic Investment	9185	18634	20479	52677
股份合作	Share Holding cCooperative	346	1122	903	657
联营	Joint Owned	100	700	500	1428
有限责任公司	Limited-Liability Company	3465	3351	6345	31110
股份制有限公司	Share Holding Company	1217	3081	5922	7989
私营	Private	3382	8632	5961	11118
其他	Others	674	1748	849	375
(二)港澳台商投资	HongKong,Macao and Taiwan Funded	494	2074	1071	2564
(三)外商投资	Foreign Funded	806	2209	1599	7023
按企事业分组	**Grouped by Accounting System Executed**				
企业	Enterprises	18210	36937	37951	145951
事业	Institutions	2324	5056	4955	21160
机关	Agencies and Organizations	555	1446	1266	5990
其他	Others	700	757	1238	1535

25-1 续表 2 continued

单位：人 (person)

项目	Item	技术等级 Technique Grade 高级技师 High-level Technician	技师 Technician	高级工 High-level Artificer	中级工 Intermediate Artificer	初级工 Primary Artificer	无要求 Without any Qualification
全 市	**Total**	**1748**	**2880**	**8491**	**41863**	**62716**	**41473**
第一产业	Primary Industry	14	27	34	109	428	2547
农林牧渔业	Farming,Forestry,Aninal Husbandry and Fishery	14	27	34	109	428	2547
第二产业	Secondary Industry	741	1470	6039	18345	29589	13097
采掘业	Excavating						
制造业	Machinery	430	800	2521	6440	18591	9644
电力、煤气及水的生产和供应业	Electricity,coal gas,Hot Water Production and Supply Construction				43	85	
建筑业	Construction	311	670	3518	11862	10912	3453
第三产业	Tertiary Industry	993	1383	2418	23409	32700	25829
地质勘查业、水利管理业	Geographical Prospecting and Water Conservancy	3			13		32
交通运输、仓储及邮电通信业	Logistic Support for Transportation and Other Transportation		2		1012	2229	215
批发和零售贸易餐饮业	Wholesale,Retail and Catering	519	616	932	5042	11606	16082
金融、保险业	Banking and Insurance	11	16	8	59	5	
房地产业	Real Estate	36	242	226	993	1049	1708
社会服务业	Social Services	174	312	856	15418	16478	5761
卫生、体育和社会福利业	Health,Sports and Social Welfares	8	38	4	33	75	69
教育文化艺术及广播电影电视业	Education,Culture,Arts,Radio, Film and Television	30	17	6	174	432	430
科学研究和综合技术服务业	Scientific Research and Polytechnical Services	162	112	269	290	232	829
国家机关、政党机关和社会团体	Government Organs and Party Organs and Social Bodies	40	8	52	324	476	352
其 他	Others	11	21	64	53	117	352
按经济类型分组	**Grouped by Tegistration Status of Enterprises**						
国有	State-Owned	273	474	1505	17037	26214	6223
集体	Collective Owned	286	227	1084	5980	4601	17122
其他	Others	1189	2180	5903	18846	31902	18127
(一)内资	Domestic Investment	1033	1840	4987	15443	27273	10236
股份合作	Share Holding cCooperative	65	291	1964	3743	4000	2025
联营	Joint Owned		14	14	200	400	100
有限责任公司	Limited-Liability Company	27	465	1758	7438	13046	1140
股份制有限公司	Share Holding Company	545	168	51	336	1461	1701
私营	Private	396	864	1175	3139	8254	4997
其他	Others		37	25	587	112	275
(二)港澳台商投资	HongKong,Macao and Taiwan Funded	115	240	627	2034	1862	3105
(三)外商投资	Foreign Funded	41	101	289	1369	2766	4786
按企事业分组	**Grouped by Accounting System Executed**						
企业	Enterprises	1461	2407	7097	34987	52415	34661
事业	Institutions	212	347	1029	5102	7619	4998
机关	Agencies and Organizations	71	118	351	1753	2604	1677
其他	Others	4	8	15	21	79	138

25-1 续表 3 continued

单位：人 (person)

项目	Item	所需学历 Need Educational Level					
		研究生 Graduate Student	大学本科 Undergraduate Course	大学专科 Junior College	中专及高中 Technical secondary school and senior high school	初中及以下 junior high school and below	无要求 Without any Qualification
全　市	**Total**	**37443**	**100435**	**41262**	**114633**	**111920**	**39511**
第一产业	Primary Industry	102	496	245	1454	1786	815
农林牧渔业	Farming,Forestry,Aninal Husbandry and Fishery	102	496	245	1454	1786	815
第二产业	Secondary Industry	2320	17386	10125	29956	19786	28365
采掘业	Excavating	215	276				
制造业	Machinery	1837	11032	6408	20350	13264	12887
电力、煤气及水的生产和供应业	Electricity,coal gas,Hot Water Production and Supply Construction	28	271	47	90	43	
建筑业	Construction	241	5807	3670	9517	6480	15479
第三产业	Tertiary Industry	35020	82553	30892	83223	90347	10331
地质勘查业、水利管理业	Geographical Prospecting and Water Conservancy	179	469	51	29	32	
交通运输、仓储及邮电通信业	Logistic Support for Transportation and Other Transportation	207	2462	1091	1945	2012	59
批发和零售贸易餐饮业	Wholesale,Retail and Catering	2707	22492	10707	33331	22011	4435
金融、保险业	Banking and Insurance	1426	4052	1748	1418		24
房地产业	Real Estate	432	2680	2130	3076	1322	602
社会服务业	Social Services	7852	11032	5425	37387	64230	3477
卫生、体育和社会福利业	Health,Sports and Social Welfares	1243	2603	1475	1045	27	108
教育文化艺术及广播电影电视业	Education,Culture,Arts,Radio, Film and Television	8861	11167	2361	1074	300	532
科学研究和综合技术服务业	Scientific Research and Polytechnical Services	9096	12038	2122	1334	377	443
国家机关、政党机关和社会团体	Government Organs and Party Organs and Social Bodies	2046	11937	3309	2050	36	543
其　他	Others	971	1622	475	533		107
按经济类型分组	**Grouped by Tegistration Status of Enterprises**						
国有	State-Owned	23990	46323	11907	43559	60940	14282
集体	Collective Owned	1261	5714	5625	11960	14019	8660
其他	Others	12192	48398	23730	59114	36961	16568
(一)内资	Domestic Investment	10284	39118	19578	46522	32747	13538
股份合作	Share Holding cCooperative	134	1207	1084	5354	5380	1956
联营	Joint Owned	114	928	928	1128	214	143
有限责任公司	Limited-Liability Company	3316	17190	8341	20864	13232	5200
股份制有限公司	Share Holding Company	2373	6509	2192	4104	5400	1893
私营	Private	4072	11461	6247	14010	8508	3621
其他	Others	275	1823	787	1061	12	724
(二)港澳台商投资	HongKong,Macao and Taiwan Funded	655	2955	1930	5612	2231	802
(三)外商投资	Foreign Funded	1252	6325	2222	6979	1982	2228
按企事业分组	**Grouped by Accounting System Executed**						
企业	Enterprises	31292	83938	34485	95803	93536	33021
事业	Institutions	3863	11753	4935	13884	13595	4774
机关	Agencies and Organizations	717	2813	1388	4612	4706	1596
其他	Others	1571	1932	455	334	83	120

25-1 续表 4 continued

单位：人 (person)

项目	Item	年龄要求 Age of Request						
		30岁及以下 age 30 and below	31-35岁	36-40岁	41-45岁	46-50岁	51岁	无要求 Without any Qualification
全　市	**Total**	**312831**	**65556**	**27080**	**7588**	**3765**	**874**	**27509**
第一产业	Primary Industry	2697	679	869	224	204	68	156
农林牧渔业	Farming,Forestry,Aninal Husbandry and Fishery	2697	679	869	224	204	68	156
第二产业	Secondary Industry	62632	17485	9037	3107	659	153	14867
采掘业	Excavating	460	31					
制造业	Machinery	47733	11476	3995	845	248	140	1341
电力、煤气及水的生产和供应业	Electricity,coal gas,Hot Water Production and Supply Construction	469	4					4
建筑业	Construction	13970	5975	5041	2261	411	13	13522
第三产业	Tertiary Industry	247503	47392	17174	4258	2902	653	12486
地质勘查业、水利管理业	Geographical Prospecting and Water Conservancy	615	80	64				
交通运输、仓储及邮电通信业	Logistic Support for Transportation and Other Transportation	5850	1406	456				63
批发和零售贸易餐饮业	Wholesale,Retail and Catering	70243	13901	3510	843	65	152	6971
金融、保险业	Banking and Insurance	7446	1067	114	3			37
房地产业	Real Estate	5494	2948	1147	273	154		226
社会服务业	Social Services	99135	16662	7064	1726	2232	164	2420
卫生、体育和社会福利业	Health,Sports and Social Welfares	5425	657	257	129	19		15
教育文化艺术及广播电影电视业	Education,Culture,Arts,Radio, Film and Television	15362	4625	2176	609	237	164	1122
科学研究和综合技术服务业	Scientific Research and Polytechnical Services	18714	3870	1649	443	87	104	543
国家机关、政党机关和社会团体	Government Organs and Party Organs and Social Bodies	16844	1323	364	152	108	64	1067
其　他	Others	2374	854	373	80		5	21
按经济类型分组	**Grouped by Tegistration Status of Enterprises**							
国有	State-Owned	155443	24558	9176	2293	400	139	8993
集体	Collective Owned	23743	9399	8995	2808	1153	223	920
其他	Others	133645	31600	8909	2488	2212	512	17596
(一)内资	Domestic Investment	108562	26471	7334	2353	2203	509	14356
股份合作	Share Holding cCooperative	5227	2273	392	393	266	20	6544
联营	Joint Owned	2599	443	243	86	29		57
有限责任公司	Limited-Liability Company	49476	11470	3324	609	282	114	2870
股份制有限公司	Share Holding Company	15199	4853	1105	199	56	210	849
私营	Private	33671	6745	1921	779	1171	81	3552
其他	Others	2390	687	350	287	400	84	485
(二)港澳台商投资	HongKong,Macao and Taiwan Funded	11225	1759	688	79		4	433
(三)外商投资	Foreign Funded	13858	3370	887	57	9		2807
按企事业分组	**Grouped by Accounting System Executed**							
企业	Enterprises	261446	54788	22632	6342	3147	730	22991
事业	Institutions	37198	7697	3158	875	444	94	3336
机关	Agencies and Organizations	10993	2376	972	261	136	21	1070
其他	Others	3193	695	317	111	38	28	112

25-1 续表 5 continued

单位：人 (person)

项目	Item	用工时间 Employ Time Limit (month) 3个月及以下 Three and below	3-6个月	6-12个月	1年以上 one year and above	拟减员人数 Prepare Reduce the Stafftrimmer
全　　市	**Total**	**12413**	**15224**	**47653**	**369914**	**435554**
第一产业	Primary Industry	1770	122	831	2174	3627
农林牧渔业	Farming,Forestry,Aninal Husbandry and Fishery	1770	122	831	2174	3627
第二产业	Secondary Industry	3572	9256	25354	69757	154372
采掘业	Excavating				491	3977
制造业	Machinery	3103	1128	4446	57100	110835
电力、煤气及水的生产和供应业	Electricity,coal gas,Hot Water Production and Supply Construction	4	43		431	1532
建筑业	Construction	465	8086	20908	11735	38028
第三产业	Tertiary Industry	7070	5845	21468	297984	277555
地质勘查业、水利管理业	Geographical Prospecting and Water Conservancy			32	727	370
交通运输、仓储及邮电通信业	Logistic Support for Transportation and Other Transportation	18	36	2270	5452	17696
批发和零售贸易餐饮业	Wholesale,Retail and Catering	3150	2190	8767	81578	104665
金融、保险业	Banking and Insurance	77	35	424	8133	1950
房地产业	Real Estate	669	653	864	8056	13752
社会服务业	Social Services	1556	1879	6831	119137	90125
卫生、体育和社会福利业	Health,Sports and Social Welfares	38	27	136	6301	3975
教育文化艺术及广播电影电视业	Education,Culture,Arts,Radio, Film and Television	623	229	788	22656	13600
科学研究和综合技术服务业	Scientific Research and Polytechnical Services	555	344	1015	23496	17788
国家机关、政党机关和社会团体	Government Organs and Party Organs and Social Bodies	188	160	144	19430	5743
其　他	Others	197	293	197	3019	7890
按经济类型分组	**Grouped by Tegistration Status of Enterprises**					
国有	State-Owned	3753	1365	16418	179465	239554
集体	Collective Owned	4414	1419	12620	28787	46215
其他	Others	4246	12440	18614	161663	149785
(一)内资	Domestic Investment	3055	11706	16076	130951	126565
股份合作	Share Holding cCooperative	392	4065	5826	4832	14505
联营	Joint Owned	14	143	86	3213	3762
有限责任公司	Limited-Liability Company	994	5003	4577	57571	59228
股份制有限公司	Share Holding Company	458	117	1650	20245	28112
私营	Private	639	2379	3788	41113	19689
其他	Others	558		150	3975	1269
(二)港澳台商投资	HongKong,Macao and Taiwan Funded	788	423	1494	11482	9647
(三)外商投资	Foreign Funded	403	312	1045	19229	13574
按企事业分组	**Grouped by Accounting System Executed**					
企业	Enterprises	10374	12723	39825	309153	364011
事业	Institutions	1517	1841	5735	43710	51658
机关	Agencies and Organizations	482	617	1942	12789	15487
其他	Others	40	43	150	4262	4398

25-2 保健食品种类、生产、销售情况
STATISTICS FOR HEALTH CARE FOODS

单位:万元 (10000 yuan)

项目	Item	产品种类(种) the kind of product(unit)		工业总产值 Gross Output Value		销售收入 Sales	
		2002	2001	2002	2001	2002	2001
总计	**Total**	180	196	50091	46167	41936	50447
按剂型分组	**Grouped by Preparation**						
片剂	Troche	24	25	17530	13396	13947	17187
胶囊	Capsule	54	68	10779	9168	10444	11998
溶液	Solution	37	41	8402	11235	8066	8909
颗粒	Granule	19	15	4772	1527	4153	1568
袋泡茶剂	Pockety Tea	9	11	616	602	411	656
其他	Others	37	36	7992	10239	4915	10129
按功能分组	**Grouped by Function**						
免疫调节功能	Immunity	53	65	13664	6821	11212	7311
调节血脂功能	Blood Fattiness	21	26	9298	6042	8659	7591
调节血压功能	blood pressure	3		115		115	
延缓衰老功能	Leave Something Consenescence	11	10	129	3886	135	3085
改善记忆功能	Heighten Memory	1	2		1203		484
改善视力功能	Improve Eyesight						
促进排铅功能	Let Plumbum						
清咽润喉功能	Wet Whistle	3	1	10		5	
调节血糖功能	Improve blood sugar	10	12	1638	2149	1615	2364
改善睡眠功能	Improve Dormancy	4	4	17		13	1
促进泌乳功能	Stimulute Lactescence	1		406		460	
抗突变功能	Antagonize Mutation	4	1	194		162	
抗疲劳功能	Antagonize Fatigue	10	18	3714	1808	509	2383
耐缺氧功能	Resist Anoxemia	2	1	245	223	177	178
抗辐射功能	Antagonize Radiation Sickness	3	1	110		100	
减肥功能	Banting	3	3	430	1176	294	1052
促进生长发育功能	Be Propitious to Growth	3	1				
改善骨质疏松功能	Improve Osteoporosis	12	13	13745	11530	12653	14931
改善营养性贫血功能	Improve abiotrophy and anemia	1	1				
对化学性肝损伤有辅助保护功能	Be Propitious to Chymic Hepatize	2	3		102		916
美容功能	hairdressing	6	3	670	42	422	41
改善肠胃道功能	Improve Gastroenteric Function	6	6	49	1957	110	2091
辅助抑制肿瘤	Check Tumour	3	4	92	66	495	590
营养素补充剂	Supply Alimentation	4	5	656	677	647	573
其他功能	Others	14	16	4909	8485	4153	6856

25-3 保健食品企业基本情况
STATISTICS FOR HEALTH FOODS ENTERPRISES

单位：万元 (10000 yuan)

项目	Item	保健品企业个数(个) Number of Enterprises(unit)		保健品工业总产值 Gross Output Value		保健品销售收入 Sales Revenue	
		2002	2001	2002	2001	2002	2001
总计	**Total**	**101**	**110**	**50091**	**46167**	**41936**	**50447**
国有企业	Domestic Investment	17	16	6201	9587	7358	7735
集体企业	Collective Owned	8	10	367	1263	348	1220
股份合作企业	Share Holding Cooperative	8	8	476	469	424	420
有限责任公司	Limited-Liability Company	36	37	20260	20893	17916	22378
私营企业	Self-Employment	8	9	3106	1752	1399	1631
其他企业	Others		2		1335		1401
港、澳、台商投资企业	Hongkong,Macao and Taiwan Funded Enterprises	15	16	17153	9218	12449	13196
外商投资企业	Foreign Funded Enterprises	9	12	2528	1650	2042	2466

注：保健食品企业的调查范围为生产有国家卫生部和省级卫生部门颁布的具有卫食健字、药健字批准文号的保健食品以及生产新资源食品和营养食品的企业。

Note:Those Health Food Enterprises Indude:

a) the Health Food Have Health Food sign and Leechdom Health Sign.

b) Produce New Resource Food Enterprises

c) Produce Nutritious Food Enterprises

25-4 保健食品企业科研开发、产品获奖情况
STATISTICS FOR AWARD BY SCIENTIFIC AND PRODUCT HEALTH CARE FOODS ENTERPRISES

单位：项 (item)

项目	Item	2002	2001
科研项目数	Numbers of Scientific Research	140	162
# 研究与发展项目数	Numbers of Research Development	49	52
新产品开发项目数	Numbers of New Product	94	110
获奖成果数	Numbers of Award	73	13
# 国家级	National Rank	1	4
省部级	Presidial Rank	59	6
地市级	Local Rank	13	3

25-5 物流基础设施区域分布表
AREA DISTRIBUTING OF WARE TURNOVER INFRASTRUCTURE INVESTMENT

项目 Item		仓库个数(个) Number of Storage (unit)	仓库面积(平方米) Area of Storage (sq.m)	仓库容量(立方米) Capacity of Storage (cu.m)	装卸设备(台) Assemble and Unassemble (set)	货运车辆(辆) Trucks (unit)	铁路专用线(条) Railway Leased line (line)
总计	**Total**	**13418**	**13550667**	**43401795**	**8401**	**20436**	**375**
在总计中:二环路以内	Within the Second Ring Road	799	784608	2906706	643	1634	29
二环路至三环路	Between the Second-third Ring Road	1237	2167661	11187016	1724	2593	20
三环路至四环路	Between the Third-Fourth Ring Road	1068	938009	3598209	976	2224	55
四环路以外	Beyond the Fourth Ring Road	10314	9660389	25709864	5058	13985	271

注：本表为截止到2002年1--9月数据。不包括铁路、民航数据。

Note:Data of January till September in 2002 excluded Railway and Civil Aviation.

25-6 分行业物流量及增长情况表
WARE TURNOVER (BY SECTOR)

项目 Item		物流量(万吨) Ware Turnover (10000 tons)		2002年为2001年% 2002 as % of 2001	# 货运量(万吨) Freight Traffic (10000 tons)		2002年为2001年% 2002 as % of 2001
		2002	2001		2002	2001	
合计	**Total**	**38742.2**	**37001.3**	**104.7**	**34623.9**	**32802.6**	**105.6**
主营物流业	Major Business Ware Turnover	10062.1	9836.7	102.3	7382.9	7187.6	102.7
航空货运业	Aviation	42.6	36.0	118.3	42.6	36.0	118.3
铁路货运业	Railway	2744.0	2859.7	96.0	2370.0	2505.0	94.6
公路货运业	Highway	3164.6	2970.6	106.5	2844.1	2795.1	101.8
仓储业	Storage	2587.5	2499.4	103.5	917.6	834.7	109.9
装卸搬运业	Assemble and Unassemble	525.6	656.0	80.1	262.6	258.8	101.5
运输辅助业	Transportation Subsidiary Services	610.2	432.4	141.1	468.5	305.8	153.2
专业物流业	Professional Turnover	303.0	191.0	158.6	138.7	73.4	189.0
连锁配送业	Chain Deliver Goods	108.8	86.5	125.8	38.7	33.0	117.3
相关物流业	Correlative with Ware Turnover	28680.1	27164.6	105.6	27241.0	25615.0	106.3
制造业	Manufacturing	26405.6	24810.0	106.4	26405.6	24810.0	106.4
批发贸易业	Wholesale Trade	2274.5	2354.6	96.6	835.4	805.0	103.8

注：1.本表2002年物流量和货运量为根据1—9月实际数推算数据。

2.物流处理量包括货物运输量、储存量（不包括制造业）、配送量、流通加工量。

Note:1)Data of this table were dead reckoning ones from total of January till September.

2)Ware Turnover include freight traffic,deposited(exclude manufacturing),deliver goods and machining turnover.

25-7 会展业场馆基本情况
BASIC STATISTICS FOR GROUND BY CONFERENCE AND EXHIBITION

项目	Item		2002年
建筑面积	(平方米) Floor Space	(sq.m)	5979223
使用面积中：会议室面积	(平方米) Using Space :Assembly Room	(sq.m)	196969
展厅面积	(平方米) Saloon	(sq.m)	192840
室外展览面积	(平方米) Outdoors Saloon	(sq.m)	60600
会议室个数	(个) Number of Assembly Room	(unit)	1425
# 容纳500人以上	(个) Admit 500 people and above	(unit)	62
从业人员	(人) Employed Persons	(person)	56804
# 大学本科学历及以上	(人) Undergraduate Course and above	(person)	2517
# 45岁及以下	(人) 45 age and below	(person)	42536
临时职工	(人) Temporary Worders	(person)	12230

25-8 会展业场馆接待会展情况
STATISTICS FOR GROUND BY RECEIVE CONFERENCE AND EXHIBITION

项目	Item		2002年	2001年	2002年为2001年% 2002 as % 2001
接待会议个数	(个) Number of Conference	(unit)	70918	58838	120.5
# 国际会议	(个) Internationally Conference	(unit)	5330	3885	137.2
# 参会人数超过500人的会议	(个) Exceed 500 people	(unit)	1393	1198	116.3
按类型分：科技会议	(个) Technological Conference	(unit)	7436	5834	127.5
商务会议	(个) Business Affairs Conference	(unit)	28172	24581	114.6
参会人数	(万人次) Number of Attend Conference	(10000 person.time)	578	501	115.3
接待展览个数	(个) Number of Exhibition	(unit)	916	584	156.8
# 国际展览	(个) Internationally Exhibition	(unit)	241	153	157.5
# 展览面积超过1万平方米的展览	(个) Exceed 10000 sq.m	(unit)	87	74	117.6
按类型分：经济贸易展览	(个) Economic Exhibition	(unit)	304	220	138.2
文教卫生展览	(个) Education,Culture and Health Exhibition	(unit)	193	123	156.9
科学技术展览	(个) Science and Technology Exhibition	(unit)	228	72	316.7
展销会	(个) Exhibit and Sell Conference	(unit)	54	49	110.2
展览面积	(万平方米) Exhibit Acreage	(10000 sp.m)	340	278	122.1
观众人数	(万人次) Spectator	(10000 person.time)	789	713	110.6
主营业务收入	(万元) Income of Major Business	(10000 yuan)	840021	769235	109.2
# 会议收入	(万元) Conciliar Income	(10000 yuan)	107186	84638	126.6
门票收入	(万元) Ticket Income	(10000 yuan)	1932	383	505.0

25-9 会展业主办单位基本情况
BASIC STATISTICS FOR ENTREPRENEUR BY CONFERENCE AND EXHIBITION

项目 Item			2002年
注册资本	(万元) Registration capital	(10000 yuan)	522036
从业人员	(人) Empolyed Persons	(person)	8262
# 大学本科学历及以上	(人) Undergraduate Course and above	(person)	4468
# 45岁及以下	(人) 45 age and below	(person)	5498
临时职工	(人) Temporary Worders	(person)	483

25-10 会展业主办单位举办会展情况
STATISTICS FOR ENTREPRENEUR BY CONFERENCE AND EXHIBITION

项目 Item			2002年	2001年	2002年为2001年% 2002 as % 2001
召开会议个数	(个) Number of Conference	(unit)	275	226	121.7
# 在京会议	(个) At Beijing	(unit)	140	126	111.1
# 国际会议	(个) Internationally Conference	(unit)	51	43	118.6
参加在京会议总人数	(人次) Number of Conference	(person.time)	392513	284741	137.8
# 国际会议	(人次) Internationally Conference	(person.time)	164330	125508	130.9
举办展览个数	(个) Number of Exhibition	(unit)	534	425	125.6
# 在京展览	(个) At Beijing	(unit)	152	116	131.0
# 国际展览	(个) Internationally Exhibition	(unit)	84	64	131.3
参加在京展览的参展单位（商）个数	(个) Number of Attend Echibition at Beijing	(unit)	32607	26439	123.3
参加在京展览观众人数	(万人次) Number of Attend Echibition	(10000 person.time)	774	312	248.2
会议和展览收入	(万元) Conference and Exhibition Income	(10000 yuan)	66209	55948	118.3
# 在京会议和展览收入	(万元) Income of Conference and Exhibition at Beijing	(10000 yuan)	40374	36109	111.8
# 国际会议和展览收入	(万元) Income of Internationally Conference and Exhibition at Beijing	(10000 yuan)	22529	18295	123.1
# 门票收入	(万元) Ticket Income	(10000 yuan)	3462	2880	120.2
# 外汇收入(折人民币)	(万元) Foreign Exchange	(10000 yuan)	3941	1808	218.0
合同金额	(万元) Value of Contracts	(10000 yuan)	7888261	6654836	118.5
# 外商	(万元) Foreign Capital	(10000 yuan)	1195975	486594	245.8
# 经济贸易类	(万元) Economic and Trade	(10000 yuan)	7850261	6634913	118.3

主要统计指标解释

北京市国家机关、企事业单位人员需求与减员情况调查时间为2002年9月，样本单位共3.7万个，范围为北京市辖区内国家机关、企业事业单位，包括国有集体、各种合资、合作、独资等全部法人单位。

北京保健食品企业调查为2000—2002年跟踪调查，此篇中涉及数据为2002年及同期数据，本调查范围为生产有国家卫生部和省级卫生部门颁布的具有卫食健字、药健字批准文号的保健食品及生产新资源食品和营养食品的企业。

北京市物流业现状调查时间为2001—2002年9月，本篇中相关数据为2002年的推算数据，本调查样本范围为北京市辖区内从事货物运输、仓储业、装卸搬运业及其它运输服务业、批发业、商业配送业和专业物流业的法人企业，另外还包括年销售收入在500万元以上的法人工业企业。

会展业是指提供会议和展览综合服务的产业。2003年1月，市统计局联合市贸促会、市计委、市旅游局、市公安局、市工商局五家单位共同开展首都会展业调查。本次纳入会展业统计调查对象分为两种：

接待会议及展览的场所：主要为北京国际会议中心、中国国际展览中心等13个展览馆和在京的五星级、四星级、部分三星级及以下的宾馆、饭店127个，共设49个指标。

举办会议及展览的单位：主要为北京地区具有外经贸部授予举办境内国际展览会主办单位资格的办展机构以及2002年在北京举办过会议和展览并且在北京市公安局备案的单位114个，共设41个指标。

主要指标的界定和包括范围：

1.国际会议：指在北京辖区内接待的、且有三个或三个以上国家参加的会议总数。

2.国际展览：指在北京辖区内接待的、且国际参展商参展面积达到该次展出面积20%以上的展览。

3.展览面积：指一年内接待的所有展览所占用面积的总和，包括展出在室外部分的面积。

4.举办：包括主办、承办和协办。

5.主营业务收入：指场馆从事主要经营活动所取得的营业收入，包括在接待会议和展览过程中通过租赁方式产生的会议和展览收入。

6.会议收入：指场馆因会带来的全部收入，包括客房、餐饮、娱乐和商务等收入，不包括写字楼出租收入。

附　录

APPENDIX

BEIJING STATISTICAL YEARBOOK

附录1：历史资料
APPENDIX 1：HISTORICAL STATISTICS
附1-1 国 民 生 产 总 值
GROSS NATIONAL PRODUCT

单位：亿元 (100 million yuan)

年 份 Year	国民生产总值 Gross National	国内生产总值 Gross Domestic Product	第一产业 Primary Industry	第二产业 Secondary Industry	# 工 业 Industry	# 建筑业 Construction	第三产业 Tertiary Industry	#运输邮电业 Transportation, Post and Telecommunication	# 商 业 Commerce	人均国内生产总值(元) Per Capita Gross Domestic Product (yuan)
1978	108.84	108.84	5.63	77.43	70.22	7.21	25.78	7.00	8.28	1290
1979	120.11	120.11	5.17	85.18	77.37	7.81	29.76	6.55	8.79	1396
1980	139.07	139.07	6.07	95.79	86.94	8.85	37.21	6.96	11.01	1584
1981--1985	**950.95**	**950.95**	**62.46**	**589.30**	**515.41**	**73.89**	**299.19**	**48.08**	**80.80**	
1986--1990	**1978.48**	**1978.68**	**162.93**	**1084.23**	**917.29**	**166.94**	**731.52**	**94.39**	**172.89**	
1986	284.86	284.86	19.14	165.75	141.17	24.58	99.97	14.98	27.99	2953
1987	326.82	326.82	24.31	182.59	154.54	28.05	119.92	17.70	27.21	3336
1988	410.22	410.22	37.07	221.27	189.48	31.79	151.88	19.03	39.07	4124
1989	455.86	455.96	38.53	252.23	212.83	39.40	165.20	18.72	34.77	4509
1990	500.72	500.82	43.88	262.39	219.27	43.12	194.55	23.96	43.85	4878
1991--1995	**4650.47**	**4650.44**	**303.97**	**2167.24**	**1791.38**	**375.86**	**2179.23**	**247.74**	**586.26**	
1991	598.79	598.89	45.52	291.53	255.59	35.94	261.84	29.61	65.65	5782
1992	709.00	709.10	48.67	345.91	292.97	52.94	314.52	35.49	85.41	6804
1993	863.23	863.53	53.57	414.79	334.00	80.79	395.17	37.58	113.88	8239
1994	1084.33	1084.03	74.77	499.84	405.11	94.73	509.42	61.51	146.62	10261
1995	1395.12	1394.89	81.44	615.17	503.71	111.46	698.28	83.55	174.70	13085
1996--2000	**10092.58**	**10090.35**	**432.32**	**3992.29**	**3135.09**	**857.20**	**5665.74**	**761.68**	**1026.34**	
1996	1616.03	1615.73	83.46	683.14	541.41	141.73	849.13	113.78	187.59	15044
1997	1810.49	1810.09	84.85	738.56	588.36	150.20	986.68	135.79	202.45	16735
1998	2011.77	2011.31	86.56	786.85	610.66	176.19	1137.90	154.45	207.33	18478
1999	2174.97	2174.46	87.48	840.23	649.34	190.89	1246.75	167.54	210.43	19846
2000	2479.32	2478.76	89.97	943.51	745.32	198.19	1445.28	190.12	218.54	22460
2001	2846.29	2845.65	93.08	1030.60	816.24	214.36	1721.97	218.53	237.83	25523
2002	3213.44	3212.71	98.05	1116.53	874.15	242.38	1998.13	235.56	256.32	28449

注：本表按当年价格计算。

Note：Data of this table is calculated at current prices.

附1-2 国民生产总值指数(1978=100)
INDEX OF GROSS NATIONAL PRODUCT(1978=100)

单位：% (%)

年份 Year	国民生产总值 Gross National	国内生产总值 Gross Domestic Product	第一产业 Primary Industry	第二产业 Secondary Industry	#工业 Industry	#建筑业 Construction	第三产业 Tertiary Industry	#运输邮电业 Transportation, Post and Telecommunication	#商业 Commerce	人均国内生产总值(元) Per Capita Gross Domestic Product (yuan)
1978	100.0	100.0	100.0	100.0	100.0	100.0	100.0	100.0	100.0	100.0
1979	109.7	109.7	105	109.2	110.1	108.4	113.2	93.5	104.3	107.6
1980	122.6	122.6	114.8	120.2	121.2	119.6	134.1	96.7	124.5	117.8
1985	191.9	191.7	192.2	174.6	173.4	277.0	252.8	149.2	249.7	171.4
1986	209.0	208.8	192.4	178.9	178.2	278.1	320.3	152.1	255.4	184.3
1987	229.0	228.8	217.9	187.5	186.3	295.6	379.6	168.2	227.8	198.8
1988	258.3	258.1	242.3	213.0	210.5	314.9	424.0	166.7	268.9	220.9
1989	269.7	269.5	245.0	228.8	228.2	353.3	421.9	227.2	204.6	226.9
1990	284.3	284.0	253.3	231.1	232.5	337.7	480.9	241.3	244.9	235.5
1991	311.3	311.0	262.5	248.8	261.8	275.6	543.5	313.4	239.0	257.8
1992	347.4	347.1	270.3	279.0	288.8	346.4	611.4	344.4	283.5	286.0
1993	389.4	389.1	278.7	314.9	319.1	445.1	689.1	379.2	328.0	318.8
1994	442.0	441.6	286.0	360.9	362.2	537.7	783.5	471.0	359.5	359.0
1995	497.2	496.4	262.2	388.4	390.0	578.6	947.2	658.9	422.0	399.9
1996	543.0	542.0	254.4	417.1	413.8	659.0	1063.7	783.4	444.8	433.5
1997	595.1	594.1	256.9	450.9	449.8	692.6	1189.2	883.7	468.0	471.7
1998	653.4	652.3	260.8	494.2	489.0	791.0	1317.7	972.1	486.7	514.6
1999	720.0	718.8	267.3	553.5	551.6	854.3	1437.6	1058.6	499.8	563.5
2000	799.3	797.9	278.0	616.6	624.4	872.2	1597.1	1174.0	524.8	621.0
2001	888.8	887.2	290.5	674.5	688.1	929.8	1801.6	1259.7	576.8	683.7
2002	981.2	979.5	305.0	731.8	741.7	1031.1	2017.7	1325.2	617.7	745.2

注：本表按可比价格计算。

Note: Data of this table are calculated at constant prices.

附1-3 国民生产总值指数(上年=100)
INDEX OF GROSS NATIONAL PRODUCT(PRECEDING YEAR=100)

单位：%　　　　(%)

年份 Year	国民生产总值 Gross National	国内生产总值 Gross Domestic Product	第一产业 Primary Industry	第二产业 Secondary Industry	#工业 Industry	#建筑业 Construction	第三产业 Tertiary Industry	#运输邮电业 Transportation, Post and Telecommunication	#商业 Commerce	人均国内生产总值(元) Per Capita Gross Domestic Product (yuan)
1979	109.7	109.7	105.0	109.2	110.1	108.4	113.2	93.5	104.3	107.6
1980	111.8	111.8	109.3	110.1	110.1	110.3	118.5	103.4	119.4	109.5
1985	108.6	108.6	106.2	110.6	109.3	124.7	104.3	114.7	118.6	107.2
1986	108.9	108.9	100.1	102.5	102.8	100.4	126.7	101.9	102.3	107.5
1987	109.6	109.6	113.3	104.8	104.5	106.3	118.5	110.6	89.2	107.9
1988	112.8	112.8	111.2	113.6	113.0	106.5	111.7	99.1	118.0	111.1
1989	104.4	104.4	101.1	107.4	108.4	112.2	99.5	136.3	76.1	102.7
1990	105.4	105.4	103.4	101.0	101.9	95.6	114.0	106.2	119.7	103.8
1991	109.5	109.5	103.6	107.7	112.6	81.6	113.0	129.9	97.6	109.5
1992	111.6	111.6	103.0	112.1	110.3	125.7	112.5	109.9	118.6	110.9
1993	112.1	112.1	103.1	112.9	110.5	128.5	112.7	110.1	115.7	111.5
1994	113.5	113.5	102.6	114.6	113.5	120.8	113.7	124.2	109.6	112.6
1995	112.5	112.4	91.7	107.6	107.7	107.6	120.9	139.9	117.4	111.4
1996	109.2	109.2	97.0	107.4	106.1	113.9	112.3	118.9	105.4	108.4
1997	109.6	109.6	101.0	108.1	108.7	105.1	111.8	112.8	105.2	108.8
1998	109.8	109.8	101.5	109.6	108.7	114.2	110.8	110.0	104.0	109.1
1999	110.2	110.2	102.5	112.0	112.8	108.0	109.1	108.9	102.7	109.5
2000	111.0	111.0	104.0	111.4	113.2	102.1	111.1	110.9	105.0	110.2
2001	111.2	111.2	104.5	109.4	110.2	106.6	112.8	107.3	109.9	110.1
2002	110.4	110.4	105.0	108.5	107.8	110.9	112.0	105.2	107.1	109.0

注：本表按可比价格计算。

Note：Data of this table are calculated at constant prices.

附1-4 国内支出总额
GROSS DOMESTIC EXPENDITURE

单位：亿元 (100 million yuan)

年份	国内支出总额	最终消费	居民消费			政府消费	资本形成总额		
				农民	非农业居民			固定资产	存货
Year	Gross Domestic Expenditure	Final Consumption	Residenrtial Consumption	Peasant	Non-Peasant	Government Consump-tion	Total Capital Formation	Fixed Assets	Stock
1978	108.84	40.98	30.47	7.32	23.15	10.51	31.67	24.84	6.83
1979	102.11	49.34	36.24	8.63	27.61	13.10	37.40	29.76	7.64
1980	139.07	57.44	44.35	10.53	33.82	13.09	43.69	35.63	8.06
1981--1985	**950.95**	**424.69**	**306.14**	**87.83**	**218.31**	**118.55**	**343.04**	**271.97**	**71.07**
1986--1990	**1978.68**	**880.15**	**640.93**	**188.47**	**452.46**	**239.22**	**1218.96**	**925.87**	**293.09**
1986	284.86	125.16	92.40	26.10	66.30	32.76	156.33	129.75	26.58
1987	326.82	147.87	107.73	29.12	78.61	40.14	208.33	170.12	38.21
1988	410.22	178.49	131.98	37.25	94.73	46.51	250.01	197.79	52.22
1989	455.96	197.67	138.99	46.78	92.21	58.68	297.00	200.26	96.74
1990	500.82	230.96	169.83	49.22	120.61	61.13	307.29	227.95	79.34
1991--1995	**4650.44**	**1701.59**	**1177.92**	**276.13**	**901.79**	**523.67**	**3350.54**	**2119.49**	**1231.05**
1991	598.89	225.47	153.62	37.59	116.03	71.85	322.77	184.37	138.40
1992	709.10	262.97	177.08	40.11	136.97	85.89	423.71	200.98	222.73
1993	863.53	310.28	207.21	52.95	154.26	103.07	595.15	326.82	268.33
1994	1084.03	396.29	264.55	66.95	197.60	131.74	842.63	519.01	323.62
1995	1394.89	506.58	375.46	78.53	296.93	131.12	1166.28	888.31	277.97
1996--2000	**10090.35**	**4306.50**	**2950.75**	**537.84**	**2412.91**	**1355.75**	**6775.65**	**5706.55**	**1069.10**
1996	1615.73	617.85	451.96	92.89	359.07	165.89	1107.06	922.48	184.58
1997	1810.09	703.36	492.88	97.25	395.63	210.48	1228.65	1001.73	226.92
1998	2011.31	809.82	563.62	109.26	454.36	246.20	1396.40	1171.90	224.50
1999	2174.46	954.14	633.76	112.52	521.24	320.38	1526.16	1233.46	292.70
2000	2478.76	1221.33	808.53	125.92	682.61	412.80	1517.38	1376.98	140.40
2001	2845.65	1467.71	913.95	131.99	781.96	553.76	1775.30	1631.83	143.47
2002	3212.71	1699.81	1049.21	147.41	901.80	650.60	2010.02	1913.12	96.90

注：本表按当年价格计算。

Note：Data of this table is calculated at current prices.

附1-5 地方财政收支
LOCAL FINANCIAL REVENUE AND EXPENDITURE

单位：亿元 (100 million yuan)

年 份 Year	地方财政收入 Local Financial Revenue	# 各项税收 Taxes	地方财政支出 Local Financial Expenditure	# 基本建设 Capital Construction	# 农业生产和农业事业费 Agricultural Production and Operating Expenses	# 文教科卫事业费 Culture,Education, Science and Health Expenses	# 教育事业费 Education	# 科学事业费 Scientific Research
1978	50.46	18.25	20.38	10.89	0.84	2.43	1.46	0.22
1979	47.75	19.41	20.06	10.07	0.86	2.94	1.77	0.24
1980	51.29	21.22	14.87	5.65	0.75	3.22	1.93	0.26
1981--1985	**234.27**	**149.21**	**111.40**	**39.75**	**4.69**	**24.82**	**14.04**	**1.64**
1986--1990	**337.13**	**335.42**	**272.89**	**55.78**	**12.72**	**59.36**	**30.48**	**2.99**
1986	60.34	49.82	44.27	11.22	1.57	8.20	4.45	0.49
1987	63.62	55.16	49.67	10.47	1.91	9.21	4.79	0.58
1988	68.11	67.27	52.93	10.53	2.88	11.46	6.04	0.58
1989	71.05	79.30	59.50	11.70	3.15	13.67	7.00	0.57
1990	74.01	83.87	66.52	11.86	3.21	16.82	8.20	0.76
1991--1995	**456.48**	**586.35**	**473.64**	**51.07**	**22.74**	**131.86**	**73.30**	**7.36**
1991	77.02	92.02	67.98	9.35	3.67	17.58	9.41	1.01
1992	80.25	104.14	71.74	8.57	3.98	19.72	10.56	1.10
1993	84.10	136.77	80.99	10.35	4.33	24.08	13.10	1.30
1994	99.85	107.48	98.53	9.37	4.93	29.81	17.22	1.62
1995	115.26	145.94	154.40	13.43	5.83	40.67	23.01	2.34
1996--2000	**1345.25**	**1402.32**	**1655.37**	**182.00**	**57.35**	**376.87**	**216.14**	**21.91**
1996	150.90	203.07	187.45	21.66	7.42	51.66	29.57	2.94
1997	209.91	239.13	262.20	24.89	9.85	63.83	35.97	3.74
1998	265.61	272.23	316.84	32.50	10.70	72.79	41.31	4.11
1999	320.44	315.10	398.53	45.46	13.13	84.52	49.22	4.91
2000	398.39	372.79	490.34	57.49	16.25	104.07	60.07	6.21
2001	507.68	475.00	614.92	92.96	19.58	124.08	72.26	7.27
2002	600.96	539.87	683.98	64.31	23.50	146.72	85.82	8.78

注：1. 地方财政收支数为决算数。

2. 1996-2002年各项税收中含企业所得税。

a) Data is the final one.

b) Taxes from 1996 to 2002 include those from enterprise income.

附1-6 人 口 状 况
POPULATION

年 份 Year	常住人口(万人) Total Population (10000 persons)	按性别分 By Sex 男 Male	 女 Female	按农业、非农业分 By Agriculture and Non-agriculture 农业人口 Agriculture	 非农业人口 Non-agriculture	人口出生率(‰) Birth Rate (‰)	人口死亡率(‰) Death Rate (‰)	人口自然增长率(‰) Natural Growth Rate (‰)
1978	872	443	429	393	479	12.93	6.12	6.81
1979	897	455	442	387	510	13.67	5.92	7.75
1980	904	458	446	383	521	15.56	6.30	9.26
1985	981	500	481	395	586	15.45	5.75	9.70
1986	1028	524	504	407	621	15.82	4.47	11.35
1987	1047	525	522	410	637	17.29	5.40	11.89
1988	1061	534	527	411	650	14.43	5.08	9.35
1989	1075	538	537	431	664	12.84	5.53	7.49
1990	1086	545	541	413	673	13.04	5.75	7.23
1991	1094	547	547	411	683	8.03	5.82	2.21
1992	1102	554	548	410	692	9.22	6.11	3.11
1993	1112	559	553	405	707	9.35	6.16	3.19
1994	1125	564	561	400	725	8.96	5.76	3.20
1995	1251	627	624	436	815	7.92	5.12	2.80
1996	1259	639	620	430	829	8.02	5.34	2.68
1997	1240	629	611	414	826	7.91	6.02	1.89
1998	1246	631	615	408	838	6.00	5.30	0.70
1999	1257	636	621	403	854	6.50	5.60	0.90
2000	1364	711	653	427	937	6.20	5.30	0.90
2001	1383	721	662	422	961	6.10	5.30	0.80
2002	1423	743	680	412	1011	6.60	5.73	0.87

注：1. 1982-1989年数据是根据1982、1990年两年人口普查数据调整的，1990年以后数据是人口变动抽样调查数,其余年份数据为户籍统计数。
2. 2000年数为2000年北京市第五次全国人口普查快速汇总推算数。

a) Data from 1982 to 1989 were obtained from adjustment of cencus of 1982 and 1990,data after 1990 were those from sample survey of population changes, and data of other years were those of registered permanent population.

b) Data of 2000 is estimated through the quick collections of 2000 Beijing Population Census.

附1-7 按城乡分从业人员(年末数)
EMPLOYEE BY URBAN AND RURAL AREA(YEAR-END)

单位：万人 (10000 persons)

年份 Year	合 计 Total	城 镇 Urban	# 国有经济单 位 State-Owned	# 集体经济单 位 Collective-Owned	# 联营经济单 位 Joint Owned	# 股份制经济单位 Share Holding	# 外商投资经济单位 Foreign Funded	# 港澳台投资经济单位 Hongkong, Macao and Taiwan Funded	# 个 体 Individuals	乡 村 Rural
1978	291.6	291.6	240.9	50.7						
1979	312.0	312.0	254.2	57.8						
1980	484.2	326.8	269.4	57.1					0.3	157.4
1985	558.7	384.8	308.1	72.6			1.6		2.5	173.9
1986	572.7	400.5	324.4	71.1			2.4		2.6	172.2
1987	580.3	408.4	331.8	70.7			2.8		3.1	171.9
1988	603.1	413.9	336.4	69.9	0.2		3.4		3.5	189.2
1989	593.9	424.0	343.8	67.4	3.4		3.7		5.6	169.9
1990	627.1	461.2	357.9	86.8	5.1		4.6		6.3	165.9
1991	634.0	477.2	367.8	89.0	0.5		7.7	0.2	7.2	156.8
1992	649.3	490.6	371.5	90.5	0.4		11.4	0.2	14.0	158.7
1993	627.8	481.4	362.3	79.7	2.8		11.0	6.4	14.0	146.4
1994	664.3	492.7	363.5	73.3	3.5	6.3	15.0	9.4	20.9	171.6
1995	665.3	492.7	358.1	72.1	3.7	8.0	17.4	10.4	21.9	172.6
1996	660.2	495.7	355.1	68.6	3.4	14.8	20.7	10.1	22.9	164.5
1997	655.8	498.8	354.7	68.5	3.2	19.3	21.2	10.2	21.2	157.1
1998	622.2	463.2	308.1	51.0	5.2	44.5	21.2	13.1	20.1	158.9
1999	618.6	456.1	287.6	49.7	4.8	24.9	20.6	13.5	23.7	162.5
2000	619.3	456.3	266.2	48.3	4.0	14.0	23.8	14.2	24.4	163.0
2001	628.9	464.2	246.3	45.8	4.1	15.1	22.4	12.9	24.8	164.7
2002	679.2	513.6	224.8	36.8	4.1	27.1	29.2	17.0	33.1	165.6

附1-8 从业人员和职工人数(年末数)

NUMBER OF EMPLOYED PEROSNS,STAFF AND WORKERS(YEAR-END)

单位：万人 (10000 persons)

年份 Year	从业人员 Employed Persons	第一产业 Primary Industry	第二产业 Secondary Industry	第三产业 Tertiary Industry	职工人数 Staff and Workers	国有经济单位 State-Owned	城镇集体经济单位 Urban Collective Owned	其他经济单位 Others
1978	444.1	125.9	177.9	140.3	291.6	240.9	50.7	
1979	470.5	121.4	195.2	153.9	311.9	254.2	57.7	
1980	484.2	118.0	207.3	158.9	326.5	269.4	57.1	
1985	574.8	97.1	254.3	223.4	382.3	308.1	72.6	1.6
1986	590.0	93.3	260.8	235.9	397.9	324.4	71.1	2.4
1987	598.2	91.8	264.1	242.3	405.2	331.8	70.7	2.7
1988	584.1	88.4	267.6	228.1	410.4	336.4	69.9	4.1
1989	593.9	91.0	266.3	236.6	418.4	343.8	67.4	7.2
1990	627.1	90.7	281.6	254.8	454.9	357.9	86.8	10.2
1991	634.0	90.8	279.7	263.5	470.0	367.8	89.0	13.2
1992	649.3	84.5	281.6	283.2	476.6	371.5	90.5	14.6
1993	627.8	65.1	279.4	283.3	467.3	362.3	79.6	25.4
1994	664.3	73.2	272.2	318.9	471.8	363.5	73.4	34.9
1995	665.3	70.6	271.0	323.7	470.9	358.2	72.1	40.6
1996	660.2	72.5	260.1	327.6	460.6	349.0	64.8	46.8
1997	655.8	71.0	257.6	328.1	465.3	348.7	65.0	51.6
1998	622.2	71.5	226.0	324.7	450.1	321.7	50.8	77.6
1999	618.6	74.5	216.2	327.9	438.0	303.0	49.6	85.4
2000	619.3	72.9	208.2	338.2	434.2	283.0	46.0	105.2
2001	628.9	71.2	215.9	341.8	400.3	235.9	40.0	124.4
2002	679.2	67.6	235.3	376.3	434.2	212.6	32.7	188.9

注：从2001年开始，有关职工的指标调整为在岗职工的指标。

Note: From 2001,related Indicators of "staff and workers" have been changed to those of "fully employed staff and workers" .

附1-9 职工工资总额和保险福利费
TOTAL WAGES,INSURANCE AND WELFARES OF STAFF AND WORKERS

年份 Year	职工工资总额(亿元) Total Wages (100 million yuan)	国有经济单位 State-Owned	城镇集体经济单位 Urban Collective Owned	其他经济单位 Others	职工保险福利费用总额(亿元) Total Insurance and Welfares (100 million yuan)	国有经济单位 State-Owned	城镇集体经济单位 Urban Collective Owned	其他经济单位 Others
1978	18.7	16.2	2.5		2.6	2.6		
1979	22.4	19.4	3.0		3.1	3.1		
1980	26.9	23.3	3.6		4.3	4.3		
1981--1985	**183.7**	**153.7**	**29.6**	**0.4**	**39.5**	**39.5**		
1986--1990	**421.1**	**349.7**	**64.4**	**7.0**	**95.7**	**91.5**	**3.6**	**0.6**
1986	58.0	48.5	9.1	0.4	13.9	13.9		
1987	66.7	56.0	10.1	0.6	17.0	17.0		
1988	81.2	68.1	12.1	1.0	24.3	24.3		
1989	96.3	81.0	13.4	1.9	19.5	17.4	1.8	0.3
1990	118.9	96.1	19.7	3.1	21.0	18.9	1.8	0.3
1991--1995	**1198.1**	**950.3**	**156.6**	**91.2**	**156.0**	**138.9**	**10.9**	**6.2**
1991	132.2	106.1	21.5	4.6	25.3	22.6	2.1	0.6
1992	158.5	128.6	23.9	6.0	30.6	27.4	2.4	0.8
1993	218.9	176.6	28.5	13.8	36.0	32.2	2.5	1.3
1994	306.5	243.4	36.2	26.9	30.4	27.0	1.9	1.5
1995	382.0	295.6	46.5	39.9	33.7	29.7	2.0	2.0
1996-2000	**2825.4**	**1988.5**	**236.5**	**600.4**				
1996	442.4	339.4	46.2	56.8	37.3	31.7	2.8	2.8
1997	514.8	383.6	53.8	77.4	48.1	41.6	2.8	3.7
1998	558.2	391.9	45.0	121.3	54.5	47.5	3.0	4.0
1999	614.5	420.0	44.8	149.7	60.2	50.1	4.0	6.2
2000	695.5	453.6	46.7	195.2				
2001	777.3	477.8	44.8	254.7				
2002	950.9	508.8	40	402.1				

注：从2001年开始，有关职工的指标调整为在岗职工的指标。

Note: From 2001,related Indicators of "staff and workers" have been changed to those of "fully employed staff and workers" .

附1-10 职工平均工资及指数
AVERAGE WAGE AND INDEX OF STAFF AND WORKERS

年 份 Year	职 工 平均工资 (元) Average Wage (yuan)	国有经济单 位 State-Owned	城镇集体经济单位 Urban Collective Owned	其他经济单 位 Others	职工实际工资指数 (1978=100) Index of Actual Wage	国有经济单 位 State-Owned	城镇集体经济单位 Urban Collective Owned	其他经济单 位 Others
1978	673	703	471		100	100	100	100
1979	742	778	556		108.3	108.7	116.0	
1980	848	889	635		116.8	117.3	125.0	
1985	1343	1367	1231	1768	148.5	144.7	194.5	112.5
1986	1488	1530	1287	2080	154.1	151.7	190.4	123.9
1987	1670	1712	1449	2267	159.3	156.3	197.5	124.4
1988	2000	2048	1738	2661	158.4	155.3	196.7	121.2
1989	2312	2366	1992	2761	156.2	153.1	192.3	107.3
1990	2653	2713	2334	3243	170.1	166.5	213.8	119.6
1991	2877	2937	2504	3713	164.8	161.1	205.0	122.3
1992	3402	3500	2828	4289	177.3	174.6	210.6	128.6
1993	4780	4920	3834	5469	209.3	206.3	239.9	137.8
1994	6540	6695	5009	8179	229.3	224.7	250.9	165.0
1995	8144	8237	6516	10278	243.4	235.7	278.3	176.7
1996	9579	9645	7133	13851	256.5	247.3	273.0	213.4
1997	11019	10917	8259	15370	280.2	265.6	300.2	224.9
1998	12285	11971	8800	15989	306.1	285.5	313.3	229.1
1999	13778	13483	8928	17748	335.2	314.0	310.3	248.4
2000	15726	15483	9844	19165	375.1	353.6	335.5	263
2001	19155	19776	11063	20594				
2002	21852	23754	11997	21432				

注：从2001年开始，有关职工的指标调整为在岗职工的指标。

Note: From 2001,related Indicators of "staff and workers" have been changed to those of "fully employed staff and workers" .

附1-11 全社会固定资产投资
TOTAL INVESTMENT IN FIXED ASSETS

单位：亿元 (100 million yuan)

年份 Year	合计 Total	国有经济单位 State-Owned	# 基本建设 Capital Construction	# 更新改造 Innovation	集体经济单位 Collective Owned	# 农村 Rural	其他经济单位 Others	私营个体经济 Private and Individuals	# 农村 Rural
1985	94.0	73.6	50.7	21.7	16.2	10.8		4.2	3.8
1986--1990	**724.1**	**609.6**	**378.2**	**201.3**	**83.1**	**49.1**		**31.4**	**27.5**
1986	106.2	88.7	54.2	33.4	13.3	6.4		4.2	4.0
1987	136.2	115.8	71.7	43.1	15.2	8.3		5.2	4.5
1988	163.0	133.2	87.7	43.6	21.4	13.7		8.4	7.6
1989	139.5	117.7	79.8	36.5	15.1	9.0		6.7	5.7
1990	179.2	154.2	84.8	44.7	18.1	11.7		6.9	5.7
1991--1995	**2358.7**	**1764.2**	**808.7**	**567.9**	**188.7**	**134.8**	**381.0**	**24.8**	**19.3**
1991	192.0	165.0	86.8	52.4	20.2	14.6		6.8	6.4
1992	266.0	230.1	114.9	79.2	27.3	19.8		8.6	7.4
1993	410.4	340.1	157.1	116.1	37.4	28.8	30.9	2.0	1.2
1994	648.8	514.8	229.2	179.2	44.6	33.7	86.3	3.1	2.0
1995	841.5	514.2	220.7	141.0	59.2	37.9	263.8	4.3	2.3
1996--2000	**5461.7**	**3380.8**	**1699.2**	**865.2**	**261.8**	**156.1**	**1663.8**	**155.3**	**74.6**
1996	876.9	545.7	241.8	156.4	57.6	41.1	268.8	4.8	2.5
1997	961.2	605.7	294.1	174.4	54.7	38.5	296.8	4.0	2.1
1998	1155.6	727.9	369.1	196.5	48.7	24.3	348.1	30.9	17.5
1999	1170.6	735.7	389.0	164.6	55.8	25.7	343.0	36.1	23.4
2000	1297.4	765.8	405.2	173.3	45.0	26.5	407.1	79.5	29.1
2001	1530.5	752.6	326.8	169.2	45.8	14.8	621.2	110.9	31.0
2002	1814.3	771.5	316.9	110.5	53.9	19.2	838.3	150.6	30.0

年份 Year	固定资产投资资金来源 Source of Investment in Fixed Assets: 国家预算内投资 State Budgetary Investment	国内贷款 Domestic Loan	利用外资 Foreign Capital	自筹投资 Selfraised investment	其他投资 Other Investment	固定资产投资 Investment in Fixed Assets: 第一产业 Primary Industry	第二产业 Secondary Industry	# 工业 Industry	# 能源工业 Energy	第三产业 Tertiary Industry	# 运输邮电业 Transportation, Post and Tele-communications
1985	30.4	11.5	5.1	26.4	4.4	1.6	32.4	28.8	4.4	43.8	5.3
1986--1990	**184.9**	**90.3**	**69.1**	**245.6**	**39.5**	**9.4**	**218.8**	**209.1**	**43.1**	**384.2**	**47.7**
1986	33.0	17.0	4.6	37.4	2.5	1.5	41.4	38.8	5.5	51.6	6.6
1987	43.1	19.5	8.8	49.1	5.7	1.6	46.9	44.3	10.0	72.9	9.7
1988	37.4	18.2	22.3	62.3	9.2	2.0	48.8	47.2	9.9	87.9	7.8
1989	35.6	12.8	18.2	44.5	12.0	1.9	38.4	37.0	8.5	81.9	10.0
1990	35.8	22.8	15.2	52.3	10.1	2.4	43.3	41.8	9.2	89.9	13.6
1991--1995	**254.5**	**274.8**	**189.6**	**888.4**	**127.3**	**15.5**	**624.1**	**585.1**	**154.8**	**973.5**	**256.2**
1991	35.5	28.2	13.9	65.5	8.0	2.7	51.3	49.3	11.8	90.4	13.0
1992	42.2	40.1	14.9	109.9	9.6	3.9	82.9	80.2	22.0	114.2	28.4
1993	46.4	71.0	28.0	168.9	35.9	2.1	150.4	134.6	28.2	165.7	51.7
1994	62.5	70.9	87.8	283.7	44.8	3.7	185.8	175.9	40.2	318.4	81.2
1995	67.9	64.6	45.0	260.4	29.0	3.1	153.7	145.1	52.6	284.8	81.9
1996--2000	**492.2**	**501.1**	**195.2**	**1705.0**	**182.4**	**9.9**	**914.3**	**866.6**	**402.2**	**2160.2**	**615.3**
1996	73.1	71.1	53.8	265.7	39.8	2.8	174.9	167.3	69.8	319.7	99.5
1997	82.8	89.7	51.3	322.4	41.3	0.9	201.1	192.1	93.3	380.1	113.4
1998	93.9	108.4	41.2	382.9	43.0	1.5	201.7	192.6	96.2	479.7	169.8
1999	135.7	96.9	34.5	359.1	31.4	1.7	179.4	166.6	85.1	470.4	108.2
2000	106.7	135.0	14.4	374.9	26.9	3.0	157.2	148.0	57.8	510.3	124.4
2001	135.0	89.0	15.4	372.5	33.5	1.8	130.7	124.9	42.1	500.8	148.3
2002	108.5	161.1	24.7	386.0	26.6	1.9	155.4	148.5	51.8	541.5	194.1

注：1.全社会固定资产投资来源中,1985和1986年为固定资产投资完成额资金来源分组。

2.按资金来源和三次产业划分的固定资产投资不含房地产开发投资。

Note:a) In source of total investment of fixed assets,data of 1985 and 1986 are grouped by source of investment completed.

b) Data of investment grouped by source of funds and three industry excluded real estate development.

附1-12 基本建设投资额
INVESTMENT IN CAPITAL CONSTRUCTION

年 份 Year	基本建设投资额(万元) Investment (10000 yuan)	按隶属关系分 Grouped by Administrative Relationship		按建设性质分 Grouped by Type of Construction			新增固定资产(万元) Incremental Fixed Assets (10000 yuan)	固定资产交付使用率(%) Rate of Fixed Assets Put into Operation (%)
		中央 Central	地方 Local	新建 Newly-built	扩建、改建 Expanding, Replacement	其他 Others		
1978	198908	90498	108410				169148	85.0
1979	234741	124132	110609	107611	105561	21569	212111	90.4
1980	265185	139843	125342	123520	135064	6601	231715	87.4
1981--1985	**1672352**	**926161**	**746191**	**670739**	**827830**	**173783**	**1421535**	**85.0**
1986--1990	**4000931**	**2506444**	**1494487**	**1888490**	**1641503**	**470938**	**2662712**	**66.6**
1986	587030	358562	228468	249512	254774	82744	354264	60.3
1987	763286	494817	268469	297042	359192	107052	463887	60.8
1988	926549	590549	336000	454766	365721	106062	455230	49.1
1989	835661	521340	314321	419002	323336	93323	512484	61.3
1990	888405	541176	347229	468168	338480	81757	876847	98.7
1991--1995	**9314619**	**5081070**	**4233549**	**3940498**	**4651510**	**722611**	**5263959**	**56.5**
1991	902052	481844	420208	390091	412787	99174	779764	86.4
1992	1185313	646031	539282	458089	618029	109195	726984	61.3
1993	1726260	934439	791821	640690	962772	122798	805405	46.7
1994	2851219	1329286	1521933	1340373	1306164	204682	1386866	48.6
1995	2649775	1689470	960305	1111255	1351758	186762	1564940	59.1
1996--2000	**19974274**	**10874857**	**9099417**	**6454909**	**11602297**	**1917068**	**16793905**	**84.1**
1996	3138456	1892321	1246135	1213019	1675846	249591	2625211	83.6
1997	3743212	2233708	1509504	1250778	2124370	368064	2639688	70.5
1998	4295514	2506556	1788958	1337033	2559533	398948	3000077	69.8
1999	4327251	2420060	1907191	1294950	2481402	550899	3569318	82.5
2000	4469841	1822212	2647629	1359129	2761146	349566	4959611	111.0
2001	3872781	1618171	2254610	969217	2579672	323892	3541435	91.4
2002	4146951	1539874	2607077	1470922	2498431	177598	3719622	89.7

附1-13 更新改造投资额
INVESTMENT IN INNOVATIONS

年 份 Year	更新改造投资额(万元) Investment (10000 yuan)	按隶属关系分 Grouped by Administrative Relationship		按建设性质分 Grouped by Type of Construction			新增固定资产(万元) Incremental Fixed Assets (10000 yuan)	固定资产交付使用率(%) Rate of Fixed Assets Put into Operation (%)
		中央 Central	地方 Local	新建 Newly-built	扩建、改建 Expanding, Replacement	其他 Others		
1980	66542						48089	72.3
1981--1985	**671784**						**479560**	**71.4**
1986--1990	**2123897**	**331964**	**1791933**	**133715**	**1710681**	**279501**	**1511075**	**71.1**
1986	358357	57582	300775	26619	289075	42663	230940	64.4
1987	450629	79105	371524	11550	386744	52335	335159	74.4
1988	460025	66340	393685	29480	366311	64234	317796	69.1
1989	386827	58418	328409	26969	307067	52791	283194	73.2
1990	468059	70519	397540	39097	361484	67478	343986	73.5
1991--1995	**6178916**	**1888982**	**4289934**	**237180**	**5256320**	**685416**	**4378783**	**70.9**
1991	541624	86149	455475	11578	460759	69287	448861	82.9
1992	824518	169979	654539	17901	731095	75522	600487	72.8
1993	1218170	367869	850301	33269	1092674	92227	687026	56.4
1994	2022193	669408	1352785	36723	1855312	130158	1625303	80.4
1995	1572441	595577	976834	137709	1283375	151327	1017106	64.7
1996--2000	**9318081**	**4140784**	**5177297**	**453518**	**7807172**	**1057391**	**7646213**	**82.1**
1996	1680479	636918	1043561	222645	1318904	138930	1553521	92.4
1997	1911525	894052	1017473	180134	1550027	181364	1301241	68.1
1998	2114549	1003398	1111151	27792	1822482	264275	1412362	66.8
1999	1752093	646454	1105639	10618	1536248	205227	1990395	113.6
2000	1859435	959962	899473	12329	1579511	267595	1388694	74.7
2001	1865058	1028650	836408	5912	1594544	264602	1935361	103.8
2002	1696309	536310	1159999	9773	1330925	355611	1308483	77.1

附1-14 房 地 产 开 发 情 况
STATISTIONS FOR ESTATE DEVELOPMENT

年 份 Year	投资总额(亿元) Total Investment (100 million yuan)	商品房施工面积(万平方米) Floor Space of Commodity Buildings under Construction (10000 sq.m)	# 本年新开工面积 Construction of this Year	商品房竣工面积(万平方米) Floor Space of Commodity Buildings Completed (10000 sq.m)	商品房销售面积(万平方米) Space of Commodity Buildings Sales (10000 sq.m)
1990	22.5	774.0	249.1	271.6	142.2
1991--1995	**568.4**	**7501.6**	**3022.6**	**2061.7**	**855.6**
1991	24.0	815.1	317.6	275.2	154.0
1992	33.7	1021.1	508.6	331.4	159.1
1993	58.4	1262.0	524.8	356.4	182.0
1994	99.5	1593.2	659.4	445.7	168.6
1995	352.8	2810.2	1012.2	653.0	191.9
1996--2000	**1979.5**	**17432.3**	**5359.2**	**4762.6**	**2416.7**
1996	328.2	2824.6	578.7	663.4	215.3
1997	330.3	2869.6	848.4	682.3	290.9
1998	377.4	3499.1	1193.4	842.8	409.2
1999	421.5	3784.0	1061.8	1208.5	544.4
2000	522.1	4455.0	1676.9	1365.6	956.9
2001	783.8	5966.7	2789.8	1707.4	1205.0
2002	989.4	7510.7	3206.0	2384.4	1708.3

附1-15 各种物价总指数(上年=100)
AGGREGATE PRICE INDICES(PRECEDING=100)

年 份 Year	商品零售价格总指数 Aggregate Retail Price Index	居民消费价格总指数 Aggregate Consumer Price Index	农副产品收购价格总指数 Purchasing Price Index of Farm and Sideline Products	农业生产资料价格指数 Price Index of Agricultural Capital Goods	工业品出厂价格指数 Industrial Products Producer Price Index	原材料、燃料动力购进价格指数 Raw Material, Fuels and Motive Power Purchasing Price Index	固定资产投资价格指数 Investment in Fixed Assets Price Index	房地产价格指数 Price Indices of Teal Estate
1978	100.6	100.6						
1979	101.8	101.8	109.5	100.0				
1980	106.7	106.0	105.5	100.2				
1985	118.6	117.6	117.6	100.9				
1986	106.7	106.8	108.1	102.7				
1987	108.7	108.6	116.1	110.8				
1988	121.9	120.4	123.2	117.6				
1989	118.5	117.2	106.8	121.5				
1990	104.1	105.4	101.9	102.1	107.9	114.8		
1991	108.5	111.9	101.7	102.5	105.8	111.7	107.3	
1992	108.3	109.9	102.4	103.6	100.9	103.3	112.2	
1993	116.9	119.0	107.0	109.1	121.8	133.2	126.6	
1994	117.9	124.9	133.4	120.1	112.9	118.7	116.2	
1995	112.6	117.3	130.6	133.2	107.3	106.7	113.9	
1996	107.3	111.6	101.5	106.8	100.7	100.3	108.2	
1997	103.8	105.3	92.8	100.4	101.1	103.4	102.7	
1998	98.3	102.4	93.6	102.6	95.1	98.1	100.8	101.1
1999	98.8	100.6	97.5	94.2	97.7	95.8	99.9	100.1
2000	98.9	103.5	95.0	101.7	102.5	100.0	101.0	99.5
2001	98.8	103.1	102.0	100.2	99.4	100.5	100.6	101.3
2002	98.4	98.2	92.4	102.9	96.6	97.1	100.4	100.3

附1-16 各种物价总指数（1978=100）
AGGREGATE PRICE INDICES

年 份 Year	商 品 零售价格 总 指 数 Aggregate Retail Price Index	居 民 消费价格 总 指 数 Aggregate Consumer Price Index	农副产品 收购价格 总 指 数 Purchasing Price Index of Farm and Sideline Products	农 业 生产资料 价格指数 Price Index of Agricul- tural Capi- tal Goods
1978	100.0	100.0	100.0	100.0
1979	101.5	101.4	109.5	100.0
1980	108.6	107.9	115.5	100.3
1985	136.8	134.4	157.5	112.9
1986	145.9	143.5	170.3	115.9
1987	158.6	155.8	197.6	128.4
1988	193.3	187.6	243.4	151.0
1989	229.1	219.9	260.0	183.5
1990	238.5	231.8	264.9	187.4
1991	258.8	259.4	269.4	192.1
1992	280.3	285.1	275.9	199.0
1993	327.7	339.3	295.2	217.1
1994	386.4	423.8	393.8	260.7
1995	435.1	497.1	514.3	347.3
1996	466.9	554.8	522.0	370.9
1997	484.6	584.2	484.4	372.2
1998	476.4	598.2	453.0	381.9
1999	470.7	601.8	442.1	359.7
2000	465.5	622.9	420.0	365.8
2001	459.9	642.2	428.4	366.5
2002	452.5	630.6	395.8	377.1

附1-17 居 民 生 活
PEOPLE'S LIVELIHOOD

年 份 Year	城镇居民家庭平均每人每年(元) Annual Per Capita of Urban Households(yuan)					农村居民家庭平均每人每年(元) Annual Per Capita of Rural Households(yuan)				
	全部收入 Total Income	可支配收入 Discretionary Income	可支配收入指数(1978=100) Index of Discretionary Income (1978=100)	消费性支出 Expenditures	# 食品 Food	纯收入 Net Income	纯收入指数(1978=100) Index of Net Income (1978=100)	总支出 Total Expenditures	生活消费支出 Living Expenditures	# 食品 Food
1978	450.2	365.4	100.0	359.9	211.2	224.8	100.0	219.0	185.4	116.7
1979	491.5	415.0	111.6	408.7	236.7	250.0	110.9	235.0	204.7	131.1
1980	599.4	501.4	127.2	490.4	271.0	308.1	135.4	290.0	256.8	140.2
1985	1158.8	907.7	134.8	923.3	466.9	775.1	324.0	726.0	510.0	240.5
1986	1317.3	1067.5	203.5	1067.4	543.4	823.1	335.6	857.0	645.3	292.4
1987	1413.2	1181.9	207.5	1147.6	605.0	916.4	357.4	943.0	705.5	340.9
1988	1767.7	1437.0	209.3	1455.6	743.4	1062.6	368.8	1246.0	883.3	407.9
1989	1899.6	1597.1	198.5	1520.4	841.3	1230.7	376.8	1356.0	976.3	484.3
1990	2067.3	1787.1	210.8	1646.1	892.2	1297.1	384.8	1372.0	980.7	496.8
1991	2359.9	2040.4	215.3	1860.2	1016.8	1422.3	391.3	1585.0	1100.1	537.0
1992	2813.1	2363.7	226.9	2134.7	1126.3	1568.8	399.4	1684.0	1179.0	573.8
1993	3935.4	3296.0	265.9	2939.6	1404.7	1854.8	419.8	1714.0	1308.9	611.7
1994	5585.9	4731.2	305.5	4134.1	1919.0	2422.1	457.8	2175.0	1676.5	824.8
1995	6748.7	5868.4	322.9	5019.8	2436.5	3208.5	486.3	3080.0	2433.0	1206.0
1996	7945.8	6885.5	378.9	5729.5	2671.5	3562.7	509.8	3272.0	2655.5	1233.1
1997	8741.7	7813.1	365.9	6531.8	2854.4	3762.4	535.8	3379.0	2795.4	1248.4
1998	10098.2	8472.0	387.6	6970.8	2865.7	4028.9	571.7	3617.0	2945.5	1241.9
1999	10654.8	9182.8	417.6	7498.5	2959.2	4316.4	612.9	3938.0	3132.5	1253.5
2000	12560.3	10349.7	454.7	8493.5	3083.4	4687.0	657.6	4517.9	3441.4	1263.6
2001	13768.8	11577.8	493.4	8922.7	3229.3	5274.3	714.8	5098.8	3871.5	1353.2
2002	13253.3	12463.9	540.9	10285.8	3472.5	5880.1	802.7	5548.7	4206.0	1386.6

年 份 Year	每一城镇就业者负担人数(人) Dependents Per Urban Employee (person)	每一农村劳动力负担人数(人) Dependents Per Rural Labor Force (person)	城市人均居住面积(平方米) Urban Per Capita Living Space (sq.m)	农村人均住房面积(平方米) Rural Per Capita Living Space (sq.m)	城乡储蓄存款余额(亿元) Balance of Saving Deposits (100 million yuan)	城镇储蓄 Urban	农户储蓄 Rural	人均储蓄(元) Per Capita Saving Deposits (yuan)
1978	1.86	2.15	4.55	9.25	9.33	8.90	0.43	107.09
1979	1.83	2.16	4.57	9.67	11.07	10.44	0.63	123.04
1980	1.80	2.13	4.79	10.09	14.39	13.33	1.06	159.20
1985	1.66	1.64	6.17	16.37	51.70	42.24	9.45	522.70
1986	1.66	1.66	6.46	17.17	68.58	55.62	12.95	664.52
1987	1.65	1.64	6.82	18.38	92.98	75.19	17.79	871.38
1988	1.71	1.63	7.17	19.23	111.64	90.55	21.09	1032.98
1989	1.52	1.62	7.45	20.09	162.01	133.75	28.26	1597.76
1990	1.52	1.61	7.72	20.62	226.62	188.03	38.59	2208.73
1991	1.47	1.59	8.01	21.92	298.18	249.88	48.30	2878.21
1992	1.43	1.58	8.31	22.67	387.82	328.21	59.61	3721.93
1993	1.42	1.51	8.51	23.70	560.66	482.48	78.18	5349.78
1994	1.41	1.49	8.73	24.42	853.21	745.88	107.33	8079.62
1995	1.41	1.47	9.03	24.74	1253.95	1111.50	142.46	11757.61
1996	1.41	1.45	9.33	25.74	1706.98	1528.41	178.56	15839.09
1997	1.43	1.48	9.66	27.39	1975.23	1770.90	204.36	18196.80
1998	1.40	1.44	10.03	27.64	2287.19	2063.19	224.00	20954.54
1999	1.41	1.43	10.63	28.65	2680.67	2429.03	251.63	24374.11
2000	1.41	1.51	11.15	28.91	2923.21	2663.30	259.91	26394.64
2001	1.39	1.52	11.64	31.01	3536.32	3253.87	282.45	31509.61
2002	1.41	1.48	11.93	32.58	4389.69	4073.06	316.63	38631.43

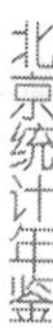

附1-18 城镇居民家庭平均每百户主要耐用消费品拥有量
POSSESSION OF MAIN DURABLE CONSUMER GOODS OF PER 100 URBAN HOUSEHOLDS

年 份 Year	自行车 (辆) Bicycles (unit)	录放像机 (台) Videocorders (set)	淋 浴 热水器 (台) Showers (unit)	洗衣机 (台) Washing Machines (unit)	彩 色 电视机 (台) Color TV Sets (set)	电冰箱 (台) Refrige-rators (unit)	照像机 (架) Cameras (set)
1978	135.8						7.5
1979	145.7			0.1			9.8
1980	150.9			1.9		0.3	11.4
1985	177.0			57.5	32.2	41.9	34.6
1986	193.9			75.9	50.9	61.5	47.4
1987	210.2			82.6	57.5	71.9	55.5
1988	193.7			86.0	69.7	81.2	59.6
1989	223.0	10.1		89.7	80.5	89.4	62.2
1990	228.3	19.9		93.2	90.9	96.4	66.5
1991	233.8	28.4		93.0	97.1	101.7	72.7
1992	229.2	41.7	17.6	96.1	101.4	101.3	77.2
1993	243.2	45.6	23.2	99.8	107.2	100.8	82.4
1994	246.8	49.8	38.8	102.8	111.8	104.4	85.4
1995	243.6	54.2	45.4	100.4	113.6	104.4	86.8
1996	249.0	57.8	52.0	101.4	119.2	105.4	87.2
1997	209.4	56.0	58.4	100.6	123.8	104.2	88.2
1998	221.0	59.8	65.4	102.2	133.2	105.4	95.2
1999	220.1	54.1	67.1	99.6	141.4	102.8	95.0
2000	230.7	56.9	74.4	102.8	145.5	107.4	95.7
2001	230.6	57.7	78.1	102.2	148.9	106.6	100.7
2002	201.1	49.4	83.5	98.6	148.4	101.6	99.6

附1-19 农民家庭平均每百户主要耐用消费品拥有量

POSSESSION OF MAIN DURABLE CONSUMER GOODS OF PER 100 RURAL HOUSEHOLDS

年份 Year	自行车(辆) Bicycles (unit)	移动电话(部) Mobile telephone (unit)	空调机(台) house air conditioner (set)	影碟机(台) Video CD (set)	彩色电视机(台) Color TV Sets (set)	家用计算机(台) person computer (set)	照像机(架) Cameras (set)	电风扇(台) Electric Fans (unit)	洗衣机(台) Washing Machines (unit)	电冰箱(台) Refrige-rators (unit)
1978	109									
1979	98									
1980	123									
1985	182				7		2	32	23	2
1986	191				12		4	42	39	5
1987	204				15		5	52	48	9
1988	218				20		7	61	56	14
1989	224				25		8	67	61	19
1990	235				29		8	73	63	23
1991	232				42		11	84	69	36
1992	245				46		14	92	73	40
1993	249				56		15	98	76	47
1994	254		1		65		17	109	80	53
1995	251		2		74		21	115	81	63
1996	250		2		79		21	117	83	67
1997	248		3		85		25	127	84	72
1998	249		5		92		26	133	85	75
1999	241		9		101		29	143	86	81
2000	220	14	20	23	107	7	26	143	85	84
2001	220	30	27	27	112	12	29	150	91	86
2002	214	52	35	30	116	16	32	152	94	91

附1-20 农业基本情况
BASIC STATISTICS FOR AGRICULTURE

年 份 Year	农林牧渔业从业人员（万人） Labors Force of Farming,Freostry Animal Husbandry and Fishery (10000 persons)	年末实有耕地面积（万公顷） Cultivated Area (year-end) (10000 hectare)	当年减少耕地面积（万公顷） Decresae of Cultivated Area of this Year (10000 hectare)	播种面积（万公顷） Sown Area (10000 hectare)	# 粮食作物 Grain Crops	# 经济作物 Cash Crops	造林面积（万公顷） Affores-tation Area (10000 hectare)
1978	117.7	42.9	0.3	69.1	56.1	4.9	1.4
1979	115.5	42.7	0.2	67.7	56	3.7	1.6
1980	113.3	42.6	0.1	65.7	54.9	3.3	2.4
1985	90.3	42.1	0.1	61.8	51.1	2.9	3.0
1986	86.1	41.9	0.2	60.5	49.9	2.4	1.4
1987	84.6	41.8	0.1	59.8	49.5	2.0	2.0
1988	80.9	41.6	0.2	59.5	48.8	1.9	1.6
1989	83.4	41.4	0.2	58.9	48.3	1.6	0.8
1990	82.5	41.3	0.1	59	48.4	1.6	4.1
1991	80.3	41.1	0.2	59.0	48.3	1.7	1.5
1992	74.6	40.9	0.2	58.6	47.7	1.7	1.5
1993	72.5	40.6	0.3	56.5	45.6	1.8	4.8
1994	68.7	40.2	0.4	55.1	43.0	1.7	5.5
1995	65.5	39.9	0.3	55.3	43.4	1.5	4.7
1996	66.9	39.9	0.3	53.8	42.7	1.4	4.0
1997	65.3	34.2	0.3	53.6	42.5	1.2	3.8
1998	67.7	34.1	0.3	53.5	42.3	1.2	3.7
1999	71.1	33.8	0.3	52.7	41.0	1.3	3.0
2000	69.7	32.9	1.1	45.6	30.8	1.9	2.6
2001	67.9	30.1	3	37.9	21.4	2	3.2
2002	64.1	24.9	3.4	34.2	16.9	2.1	4.8

注：1995、1996、1997年耕地面积由市土地局提供。

Note：Data of cultivated area of 1995 and 1996 are provided by Municipal Land Bureau.

附1-21 农业生产条件
PRODUCTIVE CONDITIONS OF AGRICULTURE

年份 Year	农用机械总动力(万千瓦) Total Power of Agricultural Machinery (10000 kw)	农用大中型拖拉机(台) Large Medium Tractors (unit)	小型拖拉机 Mini-Tractors (unit)	灌溉面积(千公顷) Irrigated Area (1000 hectare)	化肥施用量(万吨) Consumption of Chemical Fertilizers (10000 tons)	农村用电量(万千瓦小时) Rural Electricity Consumption (10000 kwh)	农村居民家庭每户生产性固定资产(元) Productive Fixed Assets Per Rural Households (yuan)	每公顷面积产量(公斤) Yield Per Hectare(kg) 粮食 Grain	棉花 Cotton	油料 Oilbearing Crops
1978	189.4	5568	23412	341.7	1.2	58802	5.0	3315	255	788
1979	212.2	6496	24724	340.8	1.1	59531	6.5	3090	278	855
1980	234.6	7705	24952	340.3	1.2	76753	8.0	3390	443	1118
1985	320.4	11319	35051	338.4	8.2	126830	394.3	4298	848	1928
1986	345.5	11664	37023	337.9	9.1	180640	419.2	4335	735	1530
1987	388.4	12170	37319	337.9	10.0	159450	444.0	4590	908	2085
1988	399.7	12596	45013	338.1	10.6	163986	549.7	4800	810	2055
1989	423.9	12344	47546	338.4	11.8	128414	543.3	4950	960	2220
1990	416.2	12844	47020	335.1	14.4	122711	595.6	5460	1035	2565
1991	384.8	12906	44610	328.7	14.4	111347	700.4	5787	885	2685
1992	399.8	12752	44525	331.1	14.4	143963	844.9	5907	1051	2760
1993	450.5	12701	44200	314.7	14.9	169911	951.6	6236	1043	3009
1994	459.2	12475	44500	323.4	19.8	172042	2194.6	6420	910	3051
1995	468.1	12228	42100	292.4	18.8	201731	2776.5	5985	825	2794
1996	468.4	12272	38200	301.9	18.9	275871	2394.2	5659	924	2741
1997	433.2	12088	30000	323.3	19.7	301655	2818.9	5594	1040	2736
1998	415.5	12032	30000	323.7	19.3	290859	3411.8	5661	854	2941
1999	410.4	11852	27295	322.1	19.0	330069	3814.0	4905	1016	2647
2000	399.2	11781	25004	322.7	17.9	572257	5191.1	4677	983	2461
2001	394.9	11299	23606	322.7	15.7	619806	6015.3	4908	1168	3038
2002	381.8	10784	20040	219.7	14.9	414248	6031.8	4872	1125	2952

注：1.化肥施用量为折纯量。

2.农村居民家庭每户生产性固定资产为抽样调查数。

Note:a) Consumption of chemical fertilizers are those converted into pure.

b) Data of productive fixed assets per rural household refers to those from sample survey.

附1-22 农林牧渔业总产值和指数
GROSS OUTPUT VALUE OF FARMING,FORESTRY,ANIMAL HUSBANDRY FISHERY AND THEIR INDEX

年份 Year	农林牧渔业总产值(亿元) Gross Output Value of Farming, Forestry,Animal Husbandry and Fishery (100 million yuan)	农业 Farming	林业 Forestry	牧业 Animal Husbandry	渔业 Fishery	农林牧渔业总产值指数(1978=100) Index of Gross Output Value of FFAF (1978=100)	农业 Farming	林业 Forestry	牧业 Animal Husbandry	渔业 Fishery
1978	11.5	8.9	0.2	2.4	0.01	100.0	100.0	100.0	100.0	100.0
1979	12.3	8.8	0.2	3.3	0.02	99.1	95.8	87.5	108.5	200.0
1980	14.2	9.7	0.5	3.9	0.05	101.2	92.9	137.5	122.0	200.0
1981--1985	**98.2**	**63.0**	**4.2**	**30.1**	**0.80**					
1986--1990	**242.4**	**138.8**	**4.1**	**91.6**	**7.9**					
1986	28.1	17.2	0.8	9.4	0.7	147.0	125.0	125.0	202.4	1464.4
1987	34.4	20.3	0.8	12.3	1.0	160.0	134.2	137.5	224.4	2185.4
1988	52.6	31.4	0.9	18.6	1.7	179.4	140.8	125.0	278.0	2907.4
1989	60.4	34.2	0.7	23.3	2.2	198.2	151.3	112.5	324.4	3236.8
1990	70.2	39.0	0.9	28.0	2.3	210.3	154.2	125.0	348.8	3622.8
1991--1995	**567.9**	**291.0**	**11.2**	**244.6**	**21.1**					
1991	76.4	39.5	1.5	32.8	2.6	229.1	164.6	162.5	395.1	4211.4
1992	84.5	43.2	1.6	36.3	3.4	244.5	172.5	150.0	431.7	5092.8
1993	100.4	51.1	2.3	42.7	4.3	257.3	183.3	162.5	443.9	5887.7
1994	144.3	72.5	3.1	64.0	4.7	276.7	193.8	187.5	487.8	6131.4
1995	164.4	86.8	2.7	68.8	6.1	273.9	195.4	200.0	462.2	7500.8
1996--2000	**895.9**	**447.7**	**18.5**	**394.2**	**35.5**					
1996	168.9	89.2	2.8	71.1	5.8	271.5	190.0	212.5	473.2	7000.0
1997	170.9	87.0	2.9	74.8	6.2	273.8	199.7	226.9	466.2	6522.4
1998	176.6	89.2	3.2	76.6	7.6	283.0	201.5	202.3	484.4	7374.0
1999	184.3	91.2	4.2	81.1	7.8	301.8	204.6	225.0	529.3	9502.0
2000	195.2	91.1	5.4	90.6	8.1	340.8	225.9	282.9	617.5	10599.0
2001	214.1	89.7	9.5	105.2	9.7	366.7	225.7	634.6	674.4	12700.0
2002	230.4	90.1	12.8	117.2	10.3	407.6	237.3	875.0	778.1	13000.0

注：绝对数按现价计算，指数按可比价计算。

Note: Value are calculated at current prices and index are calculated at constant prices.

附1-23 主要农业产品产量
OUTPUT OF MAJOR AGRICULTURAL PRODUCTS

年份 Year	粮食 (万吨) Grain (10000 tons)	# 谷物 Cereal	棉花 (万吨) Cotton (10000 tons)	油料 (万吨) Oilbearing Crops (10000 tons)	猪牛羊肉 (万吨) Pork,Beef and Mutton (10000 tons)	禽蛋 (万吨) Poultry Eggs (10000 tons)	水产品 (万吨) Aquatic Products (10000 tons)	大牲畜年底头数 (万头) Large Animals (year-end) (10000 heads)	# 役畜 Draught Animals	猪年底头数 (万头) Hogs (year-end) (10000 heads)
1978	186.0	180.4	0.3	2.6	11.9	0.5	0.2	30.4	21.5	248.3
1979	172.8	168.4	0.1	2.6	13.2	1.0	0.3	29.2	20.4	246.7
1980	186.0	182.2	0.1	3.1	15.1	3.4	0.4	27.9	19.3	232.5
1981--1985	**1004.8**	**984.1**	**1.4**	**13.1**	**70.7**	**44.3**	**4.0**	**119.5**	**89.7**	**927.0**
1986--1990	**1181.9**	**1154.1**	**1.4**	**15.2**	**77.3**	**103.8**	**18.8**	**115.2**	**82.7**	**805.0**
1986	216.5	211.2	0.2	3.0	13.3	14.7	2.2	21.9	16.6	145.6
1987	227.0	220.9	0.3	3.3	13.0	16.8	3.0	23.1	16.9	120.4
1988	234.6	229.2	0.3	3.0	13.4	21.8	3.9	23.1	16.3	145.3
1989	239.2	233.7	0.3	2.8	17.2	24.7	4.6	23.8	16.6	187.7
1990	264.6	259.1	0.3	3.1	20.4	25.8	5.1	23.3	16.3	206.0
1991--1995	**1381.6**	**1349.3**	**1.9**	**17.6**	**138.0**	**139.3**	**34.7**	**130.6**	**61.3**	**1276.5**
1991	279.7	274.7	0.3	3.3	24.8	25.0	5.6	27.9	15.0	241.7
1992	281.9	276.7	0.5	3.4	27.3	26.5	6.4	26.9	13.6	269.1
1993	284.1	278.2	0.4	3.8	28.2	28.1	7.0	26.2	12.8	252.2
1994	249.2	267.0	0.4	3.8	30.7	31.2	7.6	26.7	10.9	260.1
1995	259.8	252.7	0.3	3.3	27.0	28.5	8.1	22.9	9.0	253.4
1996--2000	**1059.3**	**963.4**	**1.1**	**15.1**	**153.0**	**98.2**	**38.2**	**101.3**	**26.3**	**1233.8**
1996	237.4	231.8	0.3	3.0	27.6	24.7	7.8	20.5	7.4	240.0
1997	237.5	232.3	0.2	2.7	27.9	23.8	7.7	19.7	6.0	241.0
1998	239.2	234.0	0.2	2.8	31.2	17.9	7.6	18.5	5.3	254.5
1999	201.0	196.1	0.2	2.8	32.3	15.8	7.6	19.0	4.1	248.3
2000	144.2	136.1	0.2	3.8	34.0	16.0	7.5	23.6	3.5	250.0
2001	104.9	96.3	0.3	4.3	38.2	15.6	7.4	27.6	3	248.1
2002	82.3	74.6	0.3	4.6	42.6	15.2	7.4	31	2.9	259.7

附1-24 每一农林牧渔业从业者农业生产量
PRODUCTION VOLUME PER EMPLOYEE OF FARMING,FORESTRY, ANIMAL HUSBANDRY AND FISHERY

年份 Year	农林牧渔业总产值(元) Gross Output Value of Farming, Forestry,Animal Husbandry and Fishery(yuan)	粮食(公斤) Grain (kg)	#谷物 Cereal	棉花(公斤) Cotton (kg)	油料(公斤) Oilbearing Crops (kg)	猪牛羊肉(公斤) Pork,Beef and Mutton (kg)	禽蛋(公斤) Poultry Eggs (kg)	水产品(公斤) Aquatic Products (kg)
1978	977.9	1580.1	1529.3	2.9	22.2	101.1	4.6	1.5
1979	1066.7	1496.2	1458.3	0.6	22.2	114.0	8.5	2.4
1980	1248.9	1641.7	1608.1	0.8	27.3	133.2	29.6	3.6
1985	2823.9	2432.5	2370.5	4.8	43.6	149.3	156.1	17.6
1986	3228.8	2514.2	2453.3	2.5	35.4	155.0	170.6	25.6
1987	3995.3	2683.3	2610.9	3.1	38.7	153.1	198.4	35.5
1988	6415.3	2900.0	2833.6	3.4	37.0	166.0	269.1	48.2
1989	7146.3	2868.5	2801.6	3.1	34.1	205.8	296.3	55.2
1990	8400.0	3207.5	3140.5	4.2	37.5	247.0	312.4	61.9
1991	9402.2	3483.3	3421.0	4.3	40.9	309.1	311.5	69.4
1992	11166.2	3779.2	3708.9	6.5	45.6	366.5	355.1	86.0
1993	13848.3	3917.4	3837.8	5.9	52.2	389.1	387.7	96.9
1994	21004.4	4019.6	3886.2	5.4	55.2	447.4	453.8	111.1
1995	25099.2	3965.8	3858.3	4.2	50.2	412.0	435.7	122.9
1996	25232.6	3545.7	3465.4	3.8	44.0	411.6	368.8	117.0
1997	26152.0	3634.8	3556.1	3.4	41.8	426.8	363.9	117.3
1998	26076.0	3532.4	3454.0	2.7	41.9	460.8	264.0	129.1
1999	23904.0	2827.0	2758.1	2.6	39.4	454.3	222.2	106.9
2000	28015.7	2069.2	1952.7	2.2	54.5	488.0	229.9	107.7
2001	31538.9	1545.8	1418.6	5.1	62.9	563.2	229.2	109.5
2002	35938.9	1283.9	1163.7	5.5	72.5	664.6	237.3	114.9

附1-25 工 业 总 产 值
GROSS OUTPUT VALUE OF INDUSTRY

单位：亿元 (100 million yuan)

年 份 Year	工 业 总 产 值 Gross Output Value	限额以上工业 above Designed Size Refers to Non-state-owned Enterprises	轻 工 业 Light Industry	重 工 业 Heavy Industry	# 大中型工业 Large and Medium Industry
1984	276.20	276.20	117.99	158.22	178.66
1985	324.19	324.19	135.75	188.44	213.73
1986--1990	**2618.45**	**2521.45**	**1070.73**	**1450.73**	**1741.65**
1986	344.95	344.95	144.34	200.61	237.43
1987	399.09	399.09	164.80	234.29	280.16
1988	508.69	508.69	218.16	290.53	354.45
1989	622.37	622.37	272.66	349.71	421.68
1990	743.35	646.35	270.77	375.59	447.93
1991--1995	**6866.31**	**5862.75**	**1952.32**	**3910.41**	**3799.15**
1991	880.79	757.05	309.08	447.96	526.02
1992	1085.37	915.50	326.31	589.19	625.27
1993	1513.59	1242.56	385.44	857.12	796.27
1994	1721.13	1456.85	460.06	996.79	915.45
1995	1665.43	1490.79	471.43	1019.35	936.14
1996--2000	**10808.67**	**10221.13**	**2984.43**	**7236.7**	**5676.57**
1996	1853.34	1632.17	522.43	1109.74	987.48
1997	1963.83	1744.98	554.07	1190.91	958.61
1998	2027.02	1991.96	612.02	1379.94	1084.25
1999	2190.26	2144.61	610.68	1533.93	1071.44
2000	2774.22	2707.41	685.23	2022.18	1574.79
2001	3096.40	3054.40	786.88	2267.53	2146.81
2002	3383.10	3173.48	773.49	2399.98	2134.22

注：工业总产值按现价计算（包括个体工业），限额以上工业一栏，1999年以前各年为乡及乡以上工业口径，1999年起调整为全部国有及年销售收入在500万元以上非国有工业口径。

Note：Gross output value is calculated at current prices(includ individual), that at above designed size refers to non-state-owned enterprises except individual industry from 1999.

附1-26 工业总产值指数(上年=100)
INDEX OF GROSS OUTPUT VALUE OF INDUSTRY(PRECEDING YEAR=100)

单位：% (%)

年 份 Year	工业总产值 Gross Output Value	限额以上工业 above Designed Size Refers to Non-state-owned Enterprises	轻工业 Light Industry	重工业 Heavy Industry	# 大中型工业 Large and Medium Industry
1978	111.5	114.2	110.8	116.1	100.0
1979	111.2	110.5	113.1	109.1	110.9
1980	110.4	109.8	119.3	104.5	106.9
1981-1985	**108.6**		**108.7**	**107.0**	**111.0**
1986	105.9	104.6	104.9	104.4	106.5
1987	113.4	111.0	108.7	112.8	112.7
1988	121.1	117.1	120.1	114.8	114.9
1989	109.0	107.2	107.4	107.1	104.2
1990	106.1	105.1	103.7	106.2	104.0
1991	113.5	111.5	109.2	113.2	110.7
1992	118.0	114.3	103.8	121.5	110.7
1993	122.3	121.1	118.3	122.7	104.4
1994	104.2	107.4	107.0	107.7	103.2
1995	107.0	111.1	96.5	119.4	120.2
1996	109.7	109.2	109.7	109.7	102.5
1997	111.1	112.1	109.9	112.4	94.1
1998	118.1	118.4	102.2	126.1	142.4
1999	114.3	114.0	103.1	118.6	109.8
2000	131.1	133.2	118.8	138.0	159.9
2001	111.1	112.9	124.1	109.6	136.2
2002	109.9	109.7	101.6	112.3	99.8

注：工业总产值指数用不变价总产值计算（包括个体工业）。限额以上工业一栏，1999年以前为乡及乡以上工业口径，1999年调整为全部国有及年销售收入在500万元以上非国有工作口径。

Note:Index of gross output value of industry included individuals at 1990 constant prices.

附1-27 独立核算工业企业主要指标
MAIN INDICATORS FOR INDUSTRIAL ENTERPRISES WITH INDEPENDENT ACCOUNTING SYSTEM

年 份 Year	职 工 平均人数 (万人) Average Number of Staff and Workers (10000 persons)	工 业 总产值 (万元) Gross Output Value (10000 yuan)	固定资产 原 值 (万元) Original Value of Fixed Assets (10000 yuan)	产品销售 收 入 (万元) Sales Revenue (10000 yuan)	利税总额 (万元) Total Pre-tax Profits (10000 yuan)	国 有 工 业 State-owned Industry 职 工 平均人数 (万人) Average Number of Staff and Workers (10000 persons)	工 业 总产值 (万元) Gross Output Value (10000 yuan)	固定资产 原 价 (万元) Original Value of Fixed Assets (10000 yuan)	产品销售 收 入 (万元) Sales Revenue (10000 yuan)	利税总额 (万元) Total Pre-tax Profits (10000 yuan)
1978	114.79	1654593	1305271	1098279		89.0	1397086	1211739	919313	435095
1979	116.79	1843056	1371335	1186497		92.3	1543621	1262408	984888	
1980	140.91	2061664	1495083	1987967	604241	95.3	1694298	1366890	1647908	520978
1981--1985		**12511777**	**9642045**	**12561630**	**3383077**		**9940322**	**8614039**	**10117128**	**2852798**
1986--1990		**24483553**	**17321757**	**24054442**	**4825016**		**18108076**	**14798805**	**18384654**	**3925489**
1986	169.85	3365481	2627346	3385055	813979	111.5	2601751	2281006	2659067	676895
1987	170.52	3875977	3008917	3935004	885303	112.6	2970928	2604582	3065446	732447
1988	170.54	4956478	3412765	5032042	1081370	112.8	3695388	2949027	3835082	882479
1989		6026646	3890267	5597829	1087017		4352862	3294245	4258859	885038
1990	173.46	625897.1	4382462	6104512	957347	115.4	4487147	3669945	4566200	748630
1991--1995		**57607603**	**44341698**	**57731437**	**8051832**		**35547109**	**35600600**	**37861701**	**5876833**
1991	172.39	7302060	5052285	7271529	1106009	112.2	5080426	4210383	5274088	837566
1992	175.48	8600195	5754181	8526860	1347058	116.3	5834134	4757957	6054470	1027279
1993	167.90	11666047	9986886	12822058	1811556	114.6	7598865	8471018	8977254	1379167
1994	179.50	15536585	9648050	13207344	1857476	109.9	8599364	7493956	7815491	1224709
1995	176.16	14502716	13900296	15903646	1929733	107.3	8434320	10667286	9740398	1408112
1996--2000		**100791594**	**105474337**	**103617473**	**8655552**		**40144235**	**66553723**	**46027770**	**4130797**
1996	166.63	15222854	16319878	15801389	1225314	97.7	8366714	12273744	9303959	762024
1997	157.52	17161951	18503218	17070867	1405499	91.2	9355501	14106270	9570024	878170
1998	167.11	19886587	22213387	20345380	1617338	70.3	8615543	13621321	9532486	823114
1999	161.10	21446119	23121446	22186280	1846310	62.4	5920611	13276604	8423097	873620
2000	145.60	27074083	25316408	28213557	2561091	56.8	7885866	13275784	9198204	793869
2001	108.02	29088152	25036546	30068965	2795203	42.5	8122238	12830279	7669005	610688
2002	107.56	31734762	26554117	31827790	3219863	29.8	5990453	10123398	6291856	668559

注：从2001年开始，独立核算工业企业指标调整为规模以上工业企业指标（下表同）。

Note: From 2001, indicators of industrial enterprises with independent accounting system have been changed to hose of enterprises in scale(the following is the same)

附1-28 独立核算工业企业效益指标

BENEFICIAL INDICATORS FOR INDUSTRIAL ENTERPRISES WITH INDEPENDENT ACCOUNTING SYSTEM

年份 Year	百元固定资产实现利税(元) Pre-tax Profits/Fixed Assets (yuan)	资金利税率(%) Pre-tax Profits/Total Assets (%)	产值利税率(%) Pre-tax Profits/Gross Output Value (%)	百元销售收入实现利润(元) After-tax Profits/Sales Revenue (yuan)	增加值劳动生产率(元/人) Labor Productivity at Value Added (yuan/person)	国有工业 State-owned Industry				
						百元固定资产实现利税(元) Pre-tax Profits/Fixed Assets (yuan)	资金利税率(%) Pre-tax Profits/Total Assets (%)	产值利税率(%) Pre-tax Profits/Gross Output Value(%)	百元销售收入实现利润(元) After-tax Profits/Sales Revenue (yuan)	增加值劳动生产率(元/人) Labor Productivity at Value Added (yuan/person)
1978				33.76		35.91		31.14	34.71	
1979				34.92					36.24	
1980	40.42	38.50	29.31	22.79		38.11	38.00	20.75	23.65	
1985	35.49	35.47	26.68	17.30		33.05	35.34	28.31	17.68	
1986	30.98	28.13	24.19	15.48		29.68	30.79	26.02	16.11	
1987	29.42	29.98	22.84	14.50		28.12	28.85	24.65	15.21	
1988	31.69		21.82	13.94		29.92	30.38	23.88	14.64	
1989	27.94	25.03	18.04	11.40		26.87	25.95	20.33	11.79	
1990	21.84	19.21	15.30	8.02		20.40	19.33	16.68	7.72	
1991	21.89	19.50	15.15	8.02		19.89	19.07	16.49	7.70	
1992	23.41	16.46	15.66	8.77		21.59	16.98	17.61	8.92	
1993	18.14	12.37	15.53	8.54	24364	16.28	12.10	18.15	9.26	20197
1994	19.25	13.05	11.96	7.28	31294	16.34	12.78	14.24	7.73	25144
1995	13.89	9.92	13.31	5.36	26068	13.20	10.95	16.70	6.32	27241
1996	9.30	5.41	8.05	2.09	23445	7.88	5.19	9.11	1.82	19571
1997	9.36	5.44	8.19	2.37	28220	7.80	5.39	9.39	2.40	27534
1998	9.15	4.99	8.13	2.38	35033	7.69	5.10	9.55	2.31	36926
1999	10.15	5.65	8.61	3.15	36347	8.49	5.57	11.35	3.11	33567
2000	13.29	7.03	9.46	4.50	51469	8.04	5.02	10.06	2.25	44223
2001	15.2	7.77	9.61	4.56	71204	6.62	4.47	7.52	1.28	53782
2002	17.0	8.69	10.15	5.20	78134	9.33	6.10	11.16	3.17	63083

注：增加值劳动生产率按工业增加值计算。

Note: Labor productivity at value added is calculated by value added of industry.

附1-29 工业产品产量
OUTPUT OF INDUSTRIAL PRODUCTS

年 份 Year	布 (万米) Cloth (10000 m)	纱 (万吨) Yarn (10000 m)	机制纸及纸 板 (万吨) Machine-made Paper and Paperboard (10000 tons)	合 成 洗涤剂 (万吨) Synthetic Detergents (10000 tons)	饮料酒 (万吨) Soft Drinking (10000 tons)	家 用 电冰箱 (万台) Household Refrigerators (10000)	家 用 洗衣机 (万台) Household Washing Machines (10000)	照像机 (万台) Camera (10000)	家具 (万件) Furniture (10000)
1978	25436	5.4	12.1	2.1	8.4			0.5	137.8
1979	27297	5.8	13.9	2.2	9.9	2.0	0.7	0.7	171.3
1980	28940	6.5	14.0	2.4	11.6	2.6	5.8	1.0	200.2
1981--1985	**142080**	**34.5**	**86.9**	**18.9**	**87.3**	**41.6**	**211.7**	**25.7**	**1348.4**
1986--1990	**153032**	**38.8**	**120.5**	**29.6**	**131.4**	**96.4**	**237.4**	**74.6**	**2096.6**
1986	27503	7.4	21.9	5.8	21.5	18.1	70.0	15.9	303.8
1987	29738	7.7	24.1	5.4	22.7	19.4	57.7	16.5	283.0
1988	32262	8.1	23.3	5.7	23.9	23.6	58.0	15.8	347.1
1989	32271	7.9	25.8	6.4	28.7	24.7	31.9	13.5	572.1
1990	31258	7.7	25.4	6.4	34.6	10.7	19.7	12.9	590.6
1991--1995	**133994**	**38.6**	**116.5**	**38.1**	**347.3**	**27.0**	**81.7**	**450.8**	**3261**
1991	31497	7.7	27.2	5.7	43.8	7.1	21.9	5.4	602.0
1992	29717	8.0	22.6	6.6	56.6	9.1	14.7	4.2	570.0
1993	26816	8.7	19.1	7.9	72.6	4.2	14.1	39.3	729.0
1994	21440	6.9	21.0	7.3	83.1	6.6	20.0	158.8	605.0
1995	24524	7.4	26.6	10.7	91.2		11.0	243.1	755.0
1996--2000	**96005**	**28.1**	**70.0**	**34.5**	**436.6**	**15.9**	**72.5**	**706.5**	**1986.8**
1996	22585	6.8	15.3	9.3	102.2	6.3	13.1	234.3	510.6
1997	25185	6.4	18.1	9.5	...	...	12.0	157.7	469.4
1998	21299	6.1	13.1	6.3		0.3	6.4	177.7	348.5
1999	14753	4.7	13.0	5.8	148.8	5.8	20.0	81.6	386.2
2000	12183	4.1	10.6	3.7	185.6	3.6	21.0	55.2	272.1
2001	11353	4.3	8.8	6.4	135.8	5.9	10	61.3	370.6
2002	10314	4.2	6.2	2.5	138.7	16.2	8.5	220.7	368.3

年 份 Year	原 煤 (万吨) Coal (10000 tons)	发 电 量 (万千瓦时) Electricity (10000 kwh)	钢 (万吨) Steel (10000 tons)	成品钢材 (万吨) Rolled-steel (10000 tons)	水 泥 (万吨) Cement (10000 tons)	交流 电动机 (万千瓦) Alternator (10000 kw)	汽车 (万辆) Motor Vehicle (10000)	移动电话机 (万部) mobile telephone (10000)	微型电子计算机(万部) Micro-computer (10000)
1978	818.7	990750	191.0	116.8	191.5	152.5	1.8		
1979	711.1	1042870	196.5	137.5	196.9	179.7	2.4		
1980	791.0	1065060	200.9	152.1	217.4	142.7	2.8		
1981--1985	**4269.1**	**5101356**	**1114.2**	**907.9**	**1355.7**	**713**	**17.2**		**2**
1986--1990	**4745.3**	**5656282**	**1837.8**	**1556.7**	**1649.3**	**889.7**	**39.5**		**6.9**
1986	917.2	1043208	303.6	255.5	310.5	178.4	5.8		0.5
1987	899.8	1057493	335.5	283.4	319.6	196.4	7.4		0.9
1988	906.0	1110758	369.0	314.9	334.3	199.5	9.0		3.0
1989	1016.8	1191269	386.0	327.9	345.9	163.8	8.5		1.3
1990	1005.5	1253554	443.7	375.0	339.0	151.6	8.8		1.2
1991--1995	**4851.0**	**6772732**	**3411.0**	**2613.9**	**2364.7**	**824.3**	**70.8**		**32.3**
1991	996.5	1318000	499.7	402.9	377.6	156.7	11.0		1.7
1992	1015.2	1423000	575.0	438.3	403.0	174.9	13.8		3.0
1993	835.4	1410900	702.7	525.3	477.9	162.3	13.4		4.1
1994	1008.5	1298718	828.7	617.6	531.7	165.0	14.7		4.3
1995	995.4	1322114	804.9	629.8	574.2	165.4	17.9		19.2
1996--2000	**4360.0**	**7330814**	**3937.5**	**3343.3**	**3758.9**	**753.3**	**57.7**		**686.6**
1996	1013.7	1415555	794.7	654.3	666.0	151.9	13.4		28.1
1997	1011.7	1464302	801.7	652.4	700.9	148.7	11.0		59.8
1998	989.5	1566621	803.2	676.1	762.0	149.7	8.5		160.9
1999	792.1	1431772	734.5	663.8	803.0	142.0	12.3		180.0
2000	553.0	1452564	803.4	696.7	827	161	12.5	1549.6	257.8
2001	690.2	1326588	824.9	727.3	809	175.1	14.3	2163.4	339.7
2002	880.9	1419754	816.9	750	884	199.3	18.1	2280.1	415.7

附1-30 建筑业企业基本情况

BASIC STATISTICS FOR CONSTRUCTION ENTERPRISES WITH INDEPENDENT ACCOUNTING SYSTEM

年 份 Year	建筑施工企业单位数（个） Construction Enterprises (unit)	建筑施工企业从业人员（万人） Employed Persons (10000 persons)	建筑施工企业总产值（亿元） Gross Output Value (100 million yuan)	建筑施工企业全员劳动生产率（元／人） Overall Labor Productivity (yuan/person)	建筑施工企业工程优良品率（%） Rate of High Quality Projects (%)	建筑施工企业利润总额（万元） Total Profits (10000 yuan)
1978	64	25.4	10.5	4397	72.9	7017
1979	70	26.4	12.7	4680	67.9	9256
1980	71	27.8	14.7	5249	65.5	14543
1981-1985		42.1	131.7	7823	57.6	29137
1986	2361	61.3	51.3	8702	56.3	33084
1987	2292	64.4	67.0	10832	61.3	41202
1988	1659	64.2	81.6	12992	58.2	38679
1989	1545	60.0	89.0	14539	53.8	38189
1990	994	60.2	94.7	16340	54.5	33762
1991	922	60.3	99.6	17031	47.7	27690
1992	976	62.7	122.6	19786	25.0	30984
1993	1098	75.9	210.7	27739	21.9	61432
1994	1259	73.4	301.5	41099	26.7	94385
1995	1332	82.6	370.7	44852	23.3	77857
1996	1292	82.5	468.1	56750	17.5	88896
1997	1297	80.3	519.2	64633	19.8	104320
1998	1482	75.6	624.7	73644	21.4	123744
1999	1588	82.6	681.4	82465	18.7	135595
2000	1697	82.5	727.5	88132	25.6	163561
2001	1811	83.8	887.9	105924	26.4	187424
2002	2122	89.8	1055.1	117482	23.3	246599

注：（1）1994年以后从业人员为计算劳产率的年平均人数；1996年以后全部指标为四级及四级以上的法人建筑施工企业。

（2）工程优良品率按单位工程个数计算。

a) Data of number of employment after 1994 refers to annual average number for calculating labor productivity; indicators after 1996 exclude 1996 exclude construction units and enterprises below fourth grade.

b) Rate of high quality projects is calculated by number of unit project.

附1-31 运输邮电业基本情况
TRANSPORTATON,POSTS AND TELECOMMUNICATIONS

年 份 Year	铁路里程 (公里) Railway Operating Length (km)	公路里程 (公里) Highway Operating Length (km)	客运量 (万人) Passenger Traffic (10000 persons)	铁 路 Railway	公 路 Highway	民 航 Civil Aviation	货运量 (万吨) Freight Traffic	# 铁 路 Railway	# 公 路 Highway
1978	699	6562		2264		46.5	7394.4	3370.0	4023
1979	700	7278		2504		53.2	7763.7	3485.0	4277
1980	707	7339		2762		58.4	7571.0	3356.0	4213
1981--1985				**17688**		**544.0**	**37500.1**	**15425.0**	**22061**
1986--1990			**38505.7**	**21290**	**16160**	**1055.9**	**75409.6**	**15518.0**	**59324**
1986	876	8849	7336.7	4106	3059	171.7	7994.3	3030.0	4958
1987	876	8956	7763.4	4418	3117	228.4	7985.0	3125.0	4852
1988	876	9124	8491.4	4782	3460	249.4	7598.1	3168.0	4421
1989	876	9218	7433.9	4214	3034	186.1	25184.3	3144.0	21767
1990	876	9648	7480.3	3770	3490	220.3	26647.9	3051.0	23326
1991--1995			**40918.8**	**20615**	**18010**	**2292.4**	**152108.5**	**14923.0**	**136497**
1991	876	10259	7703.8	4036	3378	289.4	29347.5	2983.0	26099
1992	875	10827	8158.0	4196	3593	369.0	29887.2	2912.0	26881
1993	875	11242	7607.5	4374	2781	451.5	29864.6	3048.0	26730
1994	875	11532	8536.5	3992	4008	536.5	30824.6	3006.0	27700
1995	875	11532	8913.0	4017	4250	646.0	32184.6	2974.0	29087
1996--2000			**62554.4**	**19683.1**	**38888**	**3983.3**	**154375.5**	**13491.3**	**140455**
1996	922.0	11682	8801.4	3650.0	4395	756.4	32906.6	2851.0	29960
1997	923.5	12306	9262.8	3612.6	4902	748.2	32350.9	2883.3	29360
1998	923.5	12498	11227.7	3761.6	6704	762.1	30126.5	2562.5	27490
1999	997.1	12825	14866.4	4200.5	9878	787.9	28274.8	2582.8	25635
2000	996.9	13597	18396.1	4458.4	13009	928.7	30716.7	2611.7	28010
2001	987.0	13891	22469.1	4749.6	16630	1089.5	30607.1	2505.4	28007
2002	987.0	14359	28384.3	5032.3	22103	1249.0	30813.2	2347.7	28375

附1-31 续表1 continued

年 份 Year	# 民 航 Civil Aviation	旅 客 周转量 (万人公里) Passenger-Kilometers (10000 passenger-km)	铁 路 Railway	公 路 Highway	民 航 Civil Aviation	货 物 周转量 (万吨公里) Freight Ton-Kilometers (10000 ton-km)	# 铁 路 Railway	# 公 路 Highway	# 民 航 Civil Aviation
1978	1.4			59367				92247	
1979	1.7			64033				97616	
1980	2.0			73692				93899	
1981--1985	**14.1**							**437318**	
1986--1990	**40.7**	**6333894**	**2608550**	**629210**	**3076133**	**13732367**	**11007906**	**2496086**	**191715**
1986	6.3	1133620	496288	119065	518267	2579647	2133836	405645	28281
1987	8.0	1281763	534720	113735	613308	2802099	2282106	471393	37966
1988	9.1	1503508	588947	141625	772936	2896715	2344684	498391	42612
1989	7.8	1216981	521263	122435	573283	2765660	2179878	546022	38194
1990	9.5	1198022	467332	132350	598339	2688246	2067402	574635	44662
1991--1995	**79.7**	**8690002**	**2645880**	**842807**	**5201313**	**14535984**	**11382191**	**3488944**	**346841**
1991	11.9	1383465	506431	139041	737993	2799731	2153176	591187	54929
1992	14.4	1666810	531574	161735	973501	2938746	2230406	642200	65614
1993	17.3	1656130	551392	127461	977277	2458751	2301941	767790	73216
1994	19.1	1906718	547488	180030	1179199	3107722	2303265	725740	78142
1995	17.0	2076879	508995	234540	1333343	3231034	2393403	762027	74940
1996--2000	**125.2**	**12523195.8**	**2649587**	**1744526**	**8129082.75**	**14984163**	**10458031**	**3918017**	**606427**
1996	18.0	2107834	459514	250488	1397832	3174846	2311011	784888	78595
1997	20.2	2154186	477538	261204	1415444	3127394	2263274	769190	94500
1998	22.4	2419787	505554	304592	1609641	2846652	1952602	783237	110470
1999	29.9	2701471	579759	400597	1721114.75	2838857	1929269	754264	155171
2000	34.7	3139918	627222	527645	1985051	2996414	2001875	826438	167691
2001	37.7	3462571	677146	529776	2255649	3159847	2167201	826437	165832
2002	44.3	3961623	642676	603510	2715437	3245694	2213728	835873	195792

附1-31 续表 2 continued

年 份 Year	机动车拥有量(辆) Possession of Motor Vehicles (unit)	# 私人 Individuals	邮电业务总量(万元) Revenue of Post and Telecommunications (10000 yuan)	市话交换机容量(万门) City Switchboards Capacity (10000)	电话机拥有量(万部) Possession of Telephones (10000unit)
1978	77059		9050.6	26.2	8.7
1979	89447		9986.8	31.5	9.3
1980	103826		11403.7	35.0	9.9
1985	224272		22413.3	62.1	15.2
1986--1990					
1986	266706		25347.7	69.6	17.9
1987	272290	7148	29282.3	83.8	20.9
1988	312174		35478.5	101.6	23.8
1989	353315	24029	43922.3	119.9	27.8
1990	384451		77205.6	136.2	33.3
1991--1995					
1991			157417.7	165.0	39.5
1992	341015	48643	215768.9	193.9	48.0
1993	563690	66883	311251.3	226.2	66.5
1994	664355	85474	418773.9	303.5	189.0
1995	804229	127568	561296.4	369.3	241.7
1996--2000					
1996	798392	351835	729022.4	442.0	292.3
1997	1019042	540564	930136.7	546.4	357.8
1998	1163338	697707	1290966.5	686.8	522.5
1999	1241719	762361	1659132.7	748.3	654.5
2000	1364718	855321	2147495.5	803.7	909.5
2001	1565434	1004830	2678621.2	903.8	1264.2
2002	1765380	119.5	2540454.0	989.4	1618.4

注：1.公路货运量1988年以前为交通运输部门数据。

2.铁路是北京市辖范围。

a) Data of freight traffic of highway before 1988 was provided by transport department.

b) Railway refers to that within the jurisdiction of Beijing.

附1-32 社会消费品零售额
TOTAL RETAIL SALES OF CONSUMER GOODS

单位：亿元 (100 million yuan)

年 份 Year	社会消费品零售额 Retail Sales of Consumer Goods	按地区分 By Region			按经济类型分 By Ownership				
		市 City	县 County	县以下 Below County Level	国有经济 State-Owned	集体经济 Collective Owned	合营经济 Joint Owned	个体经济 Individuals	其他经济 Others
1978	44.2	34.5	5.3	4.4	37.2	7.0			
1979	52.2	41.6	5.8	4.8	44.2	7.9		0.1	
1980	61.3	49.3	6.6	5.4	49.1	11.8		0.4	
1981--1985	**455.3**	**364.0**	**48.3**	**43.0**	**301.7**	**143.5**	**1.0**	**9.1**	
1986--1990	**1131.8**	**943.0**	**103.4**	**85.5**	**617.7**	**401.1**	**6.4**	**106.7**	
1986	146.5	121.7	12.1	12.7	84.5	51.0	0.4	10.6	
1987	176.6	145.7	16.2	14.7	97.1	64.5	0.6	14.5	
1988	234.3	195.0	21.2	18.1	129.4	84.5	0.6	19.7	
1989	266.7	221.5	25.0	20.2	143.8	92.2	2.6	28.2	
1990	307.7	259.1	28.9	19.7	162.9	108.9	2.2	33.7	
1991--1995	**2813.6**	**2215.9**	**373.6**	**224.1**	**1332.7**	**792.6**	**76.3**	**530.3**	**81.7**
1991	357.8	301.2	33.4	23.2	191.8	122.9	2.6	40.5	
1992	430.0	360.2	41.1	28.7	230.6	139.6	3.3	56.5	
1993	531.8	430.9	60.6	40.3	273.0	162.5	8.1	88.2	
1994	667.0	525.1	90.6	51.3	299.3	171.2	23.1	152.3	21.1
1995	827.0	598.5	147.9	80.6	338.0	196.4	39.2	192.8	60.6
1996--2000	**5927.0**	**4601.5**	**437.5**	**888.1**	**1920.6**	**1111.5**	**488.5**	**1265.0**	**1141.2**
1996	923.7	664.5	95.6	163.6	314.8	217.3	70.5	241.8	79.3
1997	1051.5	808.3	88.2	155.0	368.8	247.9	83.4	236.5	114.9
1998	1195.2	952.5	77.0	165.7	344.8	231.5	114.3	243.0	261.6
1999	1313.3	1037.7	84.0	191.6	436.1	200.8	105.7	258.0	312.7
2000	1443.3	1138.5	92.6	212.2	456.1	214.1	114.6	285.8	372.7
2001	1593.5	1251.9	102.0	239.6	449.9	165.3	170.1	335.4	472.8
2002	1744.8	1361.5	111.0	272.3	427.6	156.4	181.7	345.7	633.4

年 份 Year	按行业分 By Sector				按类别分 By Category				农业生产资料零售额 Retail Sales of Agricultural Capital Goods	集市贸易成交额 Value of Country Fair Trade
	批发零售贸易业 Wholesale and Retail Sales	餐饮业 Catering	制造业 Manufacturing	其他行业 Others	食品类 Food	衣着类 Clothing	日用品类 Daily Use Articles	燃料类 Fuels		
1978	40.7	1.7	1.2	0.6	18.0	8.9	12.4	1.3	3.6	
1979	47.3	2.1	2.1	0.7	20.4	11.1	15.7	1.5	3.5	0.2
1980	53.5	2.7	3.5	1.6	24.4	12.9	18.8	1.6	3.6	0.7
1981--1985	**381.7**	**21.9**	**34.0**	**17.7**	**174.3**	**82.0**	**161.3**	**10.3**	**27.4**	**8.2**
1986--1990	**906.7**	**70.7**	**64.5**	**89.9**	**451.8**	**152.4**	**447.9**	**24.1**	**55.6**	**71.1**
1986	119.3	8.1	8.9	10.2	57.4	21.6	57.1	3.3	7.1	6.4
1987	140.2	10.7	12.0	13.7	72.4	25.6	67.3	3.7	7.6	8.5
1988	186.4	16.1	13.9	17.9	92.0	33.0	93.9	4.1	11.3	14.1
1989	213.1	16.5	15.4	21.7	108.0	31.6	106.3	5.8	14.9	18.4
1990	247.7	19.3	14.3	26.4	122.0	40.6	123.3	7.2	14.6	23.6
1991--1995	**2079.3**	**215.5**	**119.8**	**399.0**	**1095.5**	**418.1**	**1195.0**	**64.9**	**83.4**	**514.9**
1991	286.2	22.9	16.8	31.9	138.6	47.1	146.6	7.7	17.8	31.0
1992	333.7	30.8	19.4	46.1	165.5	57.2	174.8	10.3	22.2	55.3
1993	393.0	44.6	28.7	65.5	192.0	84.0	241.5	14.3	17.6	83.4
1994	481.5	54.2	25.3	106.0	246.4	109.0	294.6	17.0	12.4	150.1
1995	584.9	63.0	29.6	149.5	353.0	120.9	337.5	15.6	13.4	195.1
1996--2000	**4183.9**	**390.4**	**324.9**	**1027.8**	**1894.3**	**747.3**	**3111.8**	**173.5**	**60.7**	**1539.2**
1996	657.1	68.4	38.1	160.1	372.0	132.7	401.8	17.2	11.6	250.8
1997	709.4	72.5	56.3	213.3	389.7	140.6	492.2	29.1	9.5	285.3
1998	865.7	81.8	63.8	183.9	347.9	145.5	664.9	36.9	10.5	323.8
1999	926.2	81.3	79.8	226.0	374.5	155.6	742.1	41.1	6.4	307.0
2000	1025.5	86.4	86.9	244.5	410.2	173.0	810.9	49.2	22.8	372.3
2001	1128.3	96.6	96.5	272.1	460.0	193.1	884.8	55.6	6.6	462.1
2002	1258.9	112.4	112.0	261.5	470.0	191.3	1015.9	67.6	10.7	593.7

注：1993年以前是社会商品零售总额，1993年以后是社会消费品零售总额。

Note: Data before 1993 refers to total retail sales of commodity and data after 1993 refers to total retail sales of consumer goods.

附1-33 北京市对外经济贸易和国际旅游
FOREIGN ECONOMICS,TRADE AND TOURISM

年份 Year	进出口总额(万美元) Total Value of Imports and Exports (USD 10000)	# 出口 Exports	签订利用外资协议项目(个) Contracts Signed of Foreign Capital Utilization (unit)	# 对外借款 Foreign Loans	# 外商直接投资 Direct Foreign Investment	签订利用外资协议金额(万美元) Contracted Foreign Capital (USD10000)	对外借款 Foreign Loans	外商直接投资 Direct Foreign Investment	外商其他投资 Other Foreign Investment
1978	29751	28524							
1979	45036	41757							
1980	66280	59277							
1981--1985	**382296**	**308276**							
1986--1990	**940420**	**457112**	**853**	**58**	**709**	**171046**	**26952**	**138628**	**5467**
1986	166847	65252	85	2	63	55888	9700	41952	4236
1987	154470	78239	97	6	72	66515	3322	62414	779
1988	198846	99121	193	21	148	18533	4144	14202	187
1989	205162	102336	209	10	185	14252	5731	8372	149
1990	215095	112164	269	19	241	15859	4055	11688	116
1991--1995	**1999096**	**836561**	**10987**	**67**	**10911**	**1699801**	**168840**	**1530412**	**549**
1991	258632	123987	735	8	724	47995	19431	28488	76
1992	320171	152555	2231	23	2208	177274	30079	147195	
1993	420029	137056	3765	13	3752	664911	36987	627924	
1994	469339	195936	2688	13	2675	505300	52000	453300	
1995	530925	227027	1568	10	1552	304321	30344	273505	472
1996--2000	**3756584**	**1526807**	**4118**	**18**	**4100**	**1377471**	**5893**	**1371578**	
1996	539201	208624	868		868	179029		179029	
1997	557576	246503	798	8	790	171532	3429	168103	
1998	650536	282896	656	5	651	410567	890	409677	
1999	844212	326101	647	2	645	182649	964	181685	
2000	1165059	462683	1149	3	1146	433694	610	433084	
2001	1340274	487262	1149	2	1147	331168.6	43874.5	287294.1	
2002	1404171	589901	1377	7	1370	553352.5	272529.5	280823.0	

注：1.进出口总额1986年以前为外贸部门口径，从1986年开始为海关口径。

2.海关进出口数为地方企业数据。

a) Data of total value of imports and exports refers to customs from 1986, while that before 1986 was provided from foreign trade department.

b) Data of imports and exports(customs)refers to that of local enterprises.

附1-33 续表 continued

年 份 Year	实际利用外资金额(万美元) Foreign Capital Actually Used (USD10000)	对外借款 Foreign Loans	外商直接投资 Direct Foreign Investment	外商其他投资 Other Foreign Investment	对外承包工程和劳务合作 Constructed Projects and Labor Services Cooperation with Foreign Countries 合同数(份) Contracts (unit)	合同金额(万美元) Contracted (USD 10000)	完成营业额(万美元) Fulfiled Value (USD 10000)	海外旅游者人数(万人次) Foreign Tourists (person.time)	旅游外汇收入总额 Tourism Foreign Exchange Earning (USD 10000)
1978								18.7	10000
1979								25.2	9000
1980								28.6	12000
1981--1985								**295.4**	**94000**
1986--1990					**331**	**7733.7**	**5108.9**	**492.1**	**280901**
1986					30	445.3	1535.5	99.0	46000
1987	17725.4	7146.6	9534.0	1044.8	37	548.6	697.6	108.1	55000
1988	61943.8	11524.4	50277.9	141.5	46	884.9	802.4	120.4	67000
1989	49506.8	17491.0	31845.9	169.9	113	2099.4	1017.5	64.5	47195
1990	40641.4	12743.5	27695.5	202.4	105	3755.5	1055.9	100.1	65706
1991--1995	**579524.3**	**168401.4**	**410896.0**	**226.9**	**586**	**79267.8**	**48984.0**	**919.5**	**735519**
1991	36798.1	12303.8	24481.8	12.5	114	3202.2	1896.8	132.1	85001
1992	52711.9	17710.8	34984.2	16.9	130	8887.6	3299.6	174.8	107286
1993	97619.8	30729.3	66693	197.5	117	36854.0	11442.0	202.7	124128
1994	194740.2	50280.2	144460		109	15521.0	18671.0	203.0	200904
1995	197654.3	57377.3	140277		116	15613.0	12789.0	206.9	218200
1996--2000	**1366753.8**	**266218.5**	**989964.2**	**110571.1**	**601**	**173362**	**164461**	**1203.3**	**1214800**
1996	225842.3	70552.3	155290.0		116	67688.0	43057.0	218.9	225200
1997	259161.8	73330.4	159286.4	26545.0	107	35640.0	29629.0	229.8	224800
1998	286973.4	57194.5	206414.9	23364.0	184	28520.0	45812.0	220.1	238400
1999	293681.6	43945.5	223123.8	26612.3	90	25229.0	26165.0	252.4	249600
2000	301094.7	21195.8	245849.1	34049.8	104	16285.0	19798.0	282.1	276800
2001	400997.4	160803.0	176815.7	63378.7	105	21439.0	18628.0	285.8	295000
2002	509912.1	330655.3	179256.8		73	27949.0	23160.0	310.4	311000

附1-34 北京市各银行各项存款年末余额
YEAR-END BALANCE OF DEPOSITS OF BANKS OF BEIJING

单位：万元 (10000 yuan)

年份 Year	合计 Total	企业存款 Enterprises	财政存款 Financial	机关团体、部队存款 Government Organs Bodies and Army	城镇储蓄存款 Urban Saving Deposits	农村存款 Rural
1978	1146580	527922	40273	389409	88991	46749
1979	1390517	649013	49342	463723	104400	57357
1980	1679891	834102	71486	566547	133310	67679
1985	4109535	2454797	182064	890667	422447	137390
1986	5087562	3116297	165906	1027730	556249	179889
1987	6107619	3555956	150093	1335385	751854	205995
1988	6099142	3328559	97147	1180338	905519	295712
1989	7176132	3709770	259761	1218831	1337629	317000
1990	8689227	4293690	290365	1503878	1879081	297212
1991	11060952	5484293	333025	1879611	2498786	367665
1992	13095965	7005468	112779	1422621	3282099	534536
1993	16492164	8351199	142235	1551093	4824810	804791
1994	23111169	10377956	227561	2004247	7414350	932779
1995	30541198	16074288	359667	2116841	11034549	184283
1996	37818707	19705705	483317	2364532	15060889	199136
1997	51036605	29211539	381652	3303945	17709062	252358
1998	63691737	36289291	970772	5134092	20631876	266550
1999	79068543	44475637	1968641	7252845	24290306	271969
2000	92610099	54252792	2023219	8354037	26632980	304646
2001	116388337	66979805	3408241	9841879	32538708	246594
2002	147172631	85221491	4004917	11399245	40730632	280976

注：1997-2001年存款合计中含代理财政存款。

Note: Deposits from 1997 to 2001 include agent financial deposits.

附1-35 北京市各银行各项贷款年末余额
YEAR-END BALANCE OF LOANS OF BANKS BEIJING

单位：万元　　(10000 yuan)

年份 Year	合计 Total	工业生产企业贷款 Industrial Production	商业企业贷款 Commerce	建筑企业贷款 Construction	农业贷款 Agriculture	固定资产贷款 Fixed Assets	短期贷款 Short-term	中长期贷款 Mid,Long-term
1978	539078	214352	319239		5484	3		
1979	742332	216791	475507		6133	43901		
1980	873420	252528	495423	2198	7442	110685		
1985	2534647	926420	697008	90789	61870	428020		
1986	3127010	1126873	814253	109423	96030	528287		
1987	3623937	1237457	896170	120812	126462	608207		
1988	4157237	1401628	1133718	162539	72292	753177	2777141	
1989	4870606	1740436	1407018	175324	99980	776477		
1990	5526782	2113813	1613340	187509	147878	946906	4159282	946906
1991	6326887	2407065	1810436	201089	193636	1159300	4724335	1159300
1992	7304636	2662278	2091350	218154	232829	1473004	5325684	1473004
1993	9715379	3372431	2519224	262157	271067	2344437	6713712	2344437
1994	10703251	3887403	1954192	284100	274209	3124624	7155394	3124624
1995	15605875	4643921	3592487	358327	339788	3563697	10159790	3563697
1996	18096848	5747916	4327060	483578	386784	3918864	12463119	3918864
1997	25444738	7412815	5632541	1000396	477519	5524730	18353500	5524730
1998	31269744	8919232	5892568	1383505	530789	7281840	20993880	7281840
1999	37612521	9917578	6722679	1967942	505578	8229492	25601364	8229492
2000	57303378	10382307	6546045	2217508	368199	25763095	28554616	25763095
2001	68844213	10812005	6716517	2493052	381178	32435549	29897095	32435549
2002	88588027	10695594	6739769	3538982	336689	42971190	33244769	42971190

附1-36 教育基本情况
BASIC STATISTICS FOR EDUCATION

年份 Year	在校学生数(万人) Students Enrollment (10000 persons) 合计 Total	高等学校 Institutions of Higher Education	普通中学 Regular Secondary Schools	小学 Primary Schools	升学率(%) Rate of Entering Higher Grade Schools(%) 初中毕业生 Graduates of Junior Middle Schools	小学毕业生 Graduates of Primary Schools	学龄儿童入学率(%) Enrollment Rate of Children at School-Age (%)	平均每一专任教师负担学生数(人) Average Number of Students Instructed by a Professional Teacher(person) 高等学校 Institutions of Higher Education	普通中学 Regular Secondary Schools	小学 Primary Schools
1978	208.1	4.9	109.5	93.7	79.7	102.6	99.0	2.4	19.9	20.7
1979	186.1	5.5	83.7	96.9	63.0	99.6	98.4	2.3	16.1	21.3
1980	173.5	6.4	71.9	95.2	80.3	99.5	98.7	2.6	14.5	21.7
1985	139.6	12.0	54.2	73.4	72.6	98.3	99.1	3.6	13.9	17.4
1986	156.0	13.0	56.5	74.9	77.1	97.8	99.49	3.6	13.9	17.4
1987	157.2	13.6	52.3	77.8	65.1	98.6	99.46	3.7	12.8	16.8
1988	160.3	14.5	46.9	85.1	64.3	98.5	99.50	4.0	11.4	17.6
1989	166.0	14.1	43.4	93.5	80.5	99.1	98.97	3.8	11.0	19.1
1990	168.7	14.0	40.9	99.6	81.8	99.3	99.47	3.9	10.1	18.6
1991	171.8	13.7	43.2	101.3	86.4	98.8	99.72	3.1	10.2	18.0
1992	176.2	14.0	47.6	100.2	88.5	99.6	99.65	4.0	11.3	17.4
1993	186.3	15.9	52.3	102.2	93.5	98.7	99.88	4.6	12.1	17.4
1994	196.1	17.5	58.4	102.4	86.7	99.4	99.92	4.9	13.1	16.9
1995	202.8	18.2	62.8	100.7	87.3	99.5	99.93	5.0	13.6	16.5
1996	207.9	19.0	64.9	100.0	88.1	99.3	99.93	5.2	13.7	16.1
1997	207.3	19.6	62.6	97.7	92.3	98.6	99.95	5.4	13.2	15.7
1998	204.7	21.3	61.0	92.0	92.2	98.7	99.96	5.8	12.8	14.9
1999	201.6	23.4	63.5	83.7	94.7	98.3	99.95	6.7	13.2	13.7
2000	201.7	28.3	69.1	74.3	93.92	98.99	99.95			12.8
2001	206.9	34.03	72.01	66.44	97.84	99.46	99.62			12.1
2002	208.4	39.86	73.07	59.42	98.90	99.60	99.63	19	14	12.0

注：高等学校专任教师负担学生数2002年按当量折算

Note: Avergag Number of Students Instructed by a Institutions of Higher Education Professional Teacher(person)

附1-37 卫生情况
STATISTICS ON HEALTH

年 份 Year	医院个数(个) Hospitals (unit)	执业医师(人) Certified Doctors (person)	床位数(张) Beds (unit)	每千人拥有执业医师数(人) Certified Doctors Per 1000 Persons (person)	每千人拥有医院床位数(张) Beds Per 1000 Persons (bed)
1978	389	28435	29767	3.35	3.11
1979	387	31842	30231	3.66	3.08
1980	393	34365	32453	3.88	3.22
1981-1985	1654	203097	184410	4.36	3.56
1986	371	43403	43786	4.47	4.21
1987	398	46007	47538	4.66	4.49
1988	445	48216	53078	4.82	4.87
1989	470	49361	55623	4.83	5.08
1990	512	50934	59036	4.93	5.37
1991	525	52309	61744	5.03	5.65
1992	535	53254	63230	5.10	5.73
1993	548	53906	65621	5.13	5.93
1994	629	53865	67112	5.07	6.07
1995	629	54114	66925	5.06	6.00
1996	645	54091	66760	5.02	6.02
1997	673	54909	67946	5.06	6.06
1998	676	51902	69095	4.76	6.13
1999	686	52646	69465	4.79	6.15
2000	674	51570	71245	4.66	6.25
2001	673	52100	73053	4.64	6.31
2002	652	47236	75188	4.18	6.46

注：本表医院数包括县及县以上医院、其他医院和乡镇卫生院。

Note: Data of hospitals in this table refers to that of hospitals at county level and above,other hospitals and township hospitals.

中国统计出版社最新资料书简目

中国统计年鉴－2003
中国统计摘要－2003
2003 中国发展报告
中国城市统计年鉴－2003
中国农村统计年鉴－2003
中国劳动统计年鉴－2003
中国人口统计年鉴－2003
中国工业经济统计年鉴－2003
中国市场统计年鉴－2003
2002 中国城市发展报告
中国建筑业统计年鉴－2002
中国价格及城镇居民家庭收支调查统计年鉴－2003
国际统计年鉴－2003
中国对外经济贸易统计年鉴－2002
中国基本单位统计年鉴－2002
中国民政统计年鉴－2003
中国高技术产业统计年鉴－2003
中国第二次全国基本单位普查资料汇编
中国房地产行业名录
2000 人口普查分县资料

北京统计年鉴－2003
天津统计年鉴－2003
河北统计年鉴－2003
山西统计年鉴－2003
内蒙古统计年鉴－2003
辽宁统计年鉴－2003
吉林统计年鉴－2003
黑龙江统计年鉴－2003
上海统计年鉴－2003
江苏统计年鉴－2003
浙江统计年鉴－2003
安徽统计年鉴－2003
福建统计年鉴－2003
江西统计年鉴－2003
山东统计年鉴－2003
河南统计年鉴－2003
湖北统计年鉴－2003
湖南统计年鉴－2003
广东统计年鉴－2003
广西统计年鉴－2003
海南统计年鉴－2003
重庆统计年鉴－2003
四川统计年鉴－2003
贵州统计年鉴－2003
云南统计年鉴－2003
西藏统计年鉴－2003
陕西统计年鉴－2003
甘肃年鉴－2003

青海统计年鉴－2003
宁夏统计年鉴－2003
新疆统计年鉴－2003
新疆生产建设兵团统计年鉴－2003
石家庄统计年鉴－2003
唐山统计年鉴－2003
邯郸统计年鉴－2003
太原统计年鉴－2003
运城统计年鉴－2003
大同统计年鉴－2003
呼和浩特经济统计年鉴－2003
鄂尔多斯市统计年鉴－2003
包头统计年鉴－2003
赤峰统计年鉴－2003
沈阳年鉴－2003
大连统计年鉴－2003
鞍山统计年鉴－2003
长春统计年鉴－2003
吉林市社会经济统计年鉴－2003
四平统计年鉴－2003
延吉统计年鉴－2003
哈尔滨统计年鉴－2003
齐齐哈尔经济统计年鉴－2003
牡丹江统计年鉴－2003
大庆统计年鉴－2003
黑龙江垦区统计年鉴－2003
上海浦东新区统计年鉴－2003
南京统计年鉴－2003
连云港统计年鉴－2003
苏州统计年鉴－2003
无锡统计年鉴－2003
常州统计年鉴－2003
徐州统计年鉴－2003
南通统计年鉴－2003
盐城统计年鉴－2003
镇江统计年鉴－2003
杭州统计年鉴－2003
宁波统计年鉴－2003
绍兴统计年鉴－2003
台州统计年鉴－2003
舟山统计年鉴－2003
温州统计年鉴－2003
金华统计年鉴－2003
嘉兴统计年鉴－2003
湖州统计年鉴－2003
丽水统计年鉴－2003
合肥统计年鉴－2003
福州年鉴－2003
厦门经济特区年鉴－2003

福州经济技术开发区年鉴－2003
南昌经济社会统计年鉴－2003
九江经济统计年鉴－2003
济南统计年鉴－2003
青岛统计年鉴－2003
泰安统计年鉴－2003
淄博统计年鉴－2003
潍坊统计年鉴－2003
郑州统计年鉴－2003
洛阳统计年鉴－2003
三门峡统计年鉴－2003
平顶山统计年鉴－2003
南阳经济统计年鉴－2003
武汉统计年鉴－2003
宜昌统计年鉴－2003
十堰统计年鉴－2003
荆州统计年鉴－2003
广州统计年鉴－2003
东莞统计年鉴－2003
惠州统计年鉴－2003
深圳统计年鉴－2003
南宁统计年鉴－2003
桂林经济社会统计年鉴－2003
柳州经济社会统计年鉴－2003
柳州地区统计年鉴－2003
河池地区经济社会统计年鉴－2003
海口统计年鉴－2003
成都统计年鉴－2003
攀枝花统计年鉴－2003
广安统计年鉴－2003
贵阳统计年鉴－2003
昆明统计年鉴－2003
西安统计年鉴－2003
兰州年鉴－2003
西宁统计年鉴－2003
银川统计年鉴－2003
乌鲁木齐统计年鉴－2003
巴音郭楞统计年鉴－2003
吐鲁番统计年鉴－2003

北京市公共交通总公司

北京市公共交通总公司是经营地面公共交通客运的特大型国有企业。截止到2002年末，总公司有在册职工93072人，各种运营车21049辆，运营线路739条，年行驶12亿公里，运送乘客43.67亿人次，是北京城市客运的主体。现有下属企事业单位24个，包括：核心层企业11个，全资子企业6个，控股子公司4个，直属企事业单位3个，是以客运主业为依托，多元化投资，多种经济类型并存，集客运汽车修理、房地产开发、公交广告、物资销售、通讯、汽车租赁、旅游、餐饮、商贸、物业管理和公交科研为一体的大型公交企业集团。

随着城市建设的发展和市民出行的需求，北京公交总公司围绕着提高城市公共交通综合经营管理水平这一中心，坚持“方便出行，改善服务”的方针，不断开辟新线路，使线网的覆盖面进一步扩大，群众出行更加便捷、2001年以来开辟公共电汽车线路90条，调整延长95条，解决209处居民小区出行不便的问题。为满足不同层次乘客的出行需求，1998年，公交总公司集中了专线车、旅游车、双层车、小公共、公交广告等优良资产，联合北京城建集团、城市开发集团、北辰集团和华讯集团，共同发起设立了北京巴士股份有限公司，于2001年初成功上市，募集资金7．73亿元，其中用6.5亿元购置专线车、双层车、旅游车和空调车2000多辆，开辟线路37条，调整延长线路41条，有效地缓解了市民出行难的问题。

为控制排放污染，公交总公司大力推进清洁燃料工程。目前全系统清洁燃料车已达6709辆，占公共电汽车的51.1%，已建成天然气加气站24座、液化气加气站14座，为改善首都环境质量做出了积极的贡献。

公交总公司不断加大科技投入，建成了公交智能调度指挥中心，实现了对公共电汽车的动态监控；建成了覆盖总公司系统的计算机网络通讯平台，初步实现了办公自动化；开通了公交李素丽服务热线和公交网站，为乘客提供咨询服务，起到了方便市民出行的向导作用和联系公民、接受监督的纽带作用。

在车辆的技术发展上，坚持以“大容量，低排放”为重点，提高车辆的技术含量，着眼奥运主力车型的开发和应用。2002年，总公司先后将227辆采用自动变速装置的18米天然气铰接车和达到欧Ⅲ排放标准的柴油铰接车陆续投入300、52路等骨干线路运营，有效缓解了乘车拥挤的矛盾，受到了社会上的极大关注和广大市民的好评。

根据2008年奥运会和北京市现代化发展的需要，北京公交按照“以人为本”、“绿色环保”、“科技进步”的宗旨，继续保持较快增长。要进一步扩大线网覆盖面，初步建立起以快速公共汽车线网为骨干、以常规公共交通线网为主体、市中心网与郊区区域网相结合、功能完善、技术先进、管理科学、经济高效、具有较高服务水平，符合环保要求的客运交通体系。到2008年，公共电汽车线路总数将达到900条，公交车万人拥有量达到20标台以上，实现四环路以内市区乘公交一次出行时间不超过1小时的目标。

北京公交将乘十六大东风，紧抓机遇，与时俱进，深化改革，加快发展，努力建设与首都国际大都市相适应的现代化公共交通体系，为首都的经济发展和现代化建设做出应有的贡献！

BUS

可持续发展
让您的孩子
拥有和您一样的发展机会

北京市可持续发展科技促进中心（BSDC）是北京市科委直属的独立法人资格的事业单位，其宗旨是：为社会经济的可持续发展提供科技引导、技术服务。中心下设能源环境部、实验区综合部、科普部三个业务职能部门。其中，能源环境部负责协助北京市科委社会发展处进行北京市能源科技项目的审批、管理工作，同时承担有关北京市能源结构调整项目部分软课题的研究；实验区综合部的工作主要有北京地区可持续发展实验区的申报、管理，各实验区项目的申报审批、项目管理，以及配合社会发展处进行社会发展领域科技项目（重大项目以外）的评估、项目监督及验收等；科普部主要负责北京市科普项目的审批管理工作，同时具体负责科普联席会议办公室的日常工作，并协调其他单位组织一些重大的科普活动。

中心网站：www.bsdc.net.cn
地　　址：西直门南大街16号
联系电话：(010) 66122492
传　　真：(010) 66122448

北京市可持续发展科技促进中心

乘风破浪会有时　直挂云帆济沧海

——记北京市平谷区信息化建设概况

北京市平谷区从1998年12月开始搭建信息网络平台，成立了信息中心，负责全区信息化建设的总体规划、管理、服务和具体实施工作。五年来，以“数字平谷”为核心，遵循“统一规划、互连互通、一个平台、资源共享”的总体原则，平谷区先后进行了政府信息化、教育信息化、企业信息化、农业信息化、社区信息化的建设工作，实现了区内信息资源共享，全区所有乡镇和委办局都以宽带网的形式接入了互联网，早在2001年就提前5年完成了《北京市农口信息化2000——2010年发展规划（纲要）》提出的到2005年全市30%的村通光缆的目标，走在了全市郊区县的前列。2002年1月份，平谷区被市科委定为北京市信息化建设示范区。11月份，国家信息产业部电子政务国际学术研讨会专家组来平谷区视察信息化建设工作，对平谷区信息化建设工作给予了充分的肯定，并将平谷区的信息化建设模式向其他各级政府推广。

政府信息化建设

政府网站成为对外宣传平谷的一个重要平台。平谷区政府网站的建设本着“宣传平谷，构架桥梁；信息服务，资源共享；辅助管理，支持决策”的宗旨，全面实现了政务公开，同时突出了宣传窗口作用，在网上发布了平谷区各种资源、招商政策等，通过对平谷撤县设区、第四届桃花烟花节、阿迪利挑战世界吉尼斯纪录等大型活动的网上报道，扩大了平谷区的对外知名度，吸引了大量的商户和游客来平谷区投资、旅游观光。

全区的办公自动化水平普遍提高。截止2002年来为止，85%的乡镇政府、委办局公司安装了信息中心自主开发的办公自动化系统，并接入了政务信息平台。全区的视频会议系统已经连接了四十多个分会场，其中17个乡镇全部开通，基本形成了覆盖全区的视频会议网络。全区共建立了65家局直单位的内部局域网。

农业信息化建设

网络村信息化建设大见成效。2001年平谷区成立了北京第一个京郊网络村——桃园村，拓宽了果品销售渠道，提高了农民的经济收入。完成了农民远程教育基地的建设。建立了农民电子信息室。农民不但可以实时地点播农业信息，还可与专家面对面进行交流。这种交互式的教育、教学方式，改变了农民传统的耕作方式，使农民实现了科学种植，科学养殖等，最终实现增产、增收、致富，同时也提高了农民素质。

教育信息化建设

完成了 全部中学的“校校通”工程。实现了部分学校电子化教学。加强了对教师的技能培训。建成全北京首家“视频互动在线网校”，为广大初高中学生提供了辅助教学以及老师和学生之间互相交流的平台，学生在家就象在学校上课一样，可以真正面对面地与老师进行交流，使师生交流更为直观便捷，同时也为北京市远程教育提供了全新的模式。

企业信息化建设

2002年全区共有85家企业建立了自己的网站，通过网站宣传企业的形象，拓展了多种销售渠道，其中华夏毛织厂、华奈达集团、光亚毛织厂、燕兴隆实业有限公司等企业实现了宽带接入。

信息化队伍建设

信息中心依靠现代企业管理制度，走出了事业单位企业化运作的新路。新的管理机制培养造就了一支过硬的信息化建设队伍。引进和培养优秀的高级技术人才。信息中心充分发挥信息化在市场经济下的作用和自身在信息化方面的技术优势，向周边地区发展业务，目前业务已开展到内蒙、山西、河北等地，并在天津蓟县设立了公司。信息中心用创造的经济效益来补充区内建设资金的不足。

社区信息化建设

目前城区所有小区和街道都以宽带联接了国际互联网。全区已经拥有电脑用户5万个左右，其中接入宽带网的家庭个人用户达2000余户。人们不仅可以享受“网上冲浪”为自己的生活和工作带来的便捷，还可以享受视频点播、社区家政、网上教育等附加服务，并可以通过直播或点播的形式进行有选择地学习。

北京市平谷区信息中心

天鸿集团

曙光花园

北京天鸿集团公司成立于1983年，原企业名称为北京市房地产开发经营总公司。1998年企业名称正式变更为北京天鸿集团公司。天鸿集团经过20年的艰苦创业、深化改革、开拓创新，目前已形成了以房地产开发为主，同时涉足物业管理、饭店旅游，高科技等领域，在海内外共拥有各类全资、控股子公司及参股企业57家，截止2002年底，总资产约达160亿元的城市综合开发一级资质、城建开发一等资信的企业集团。

天鸿集团近二十年来共竣工交用各类房屋面积1300万平米，开发建设的60多个住宅小区遍布北京各城区。近年来，在积极推进品牌战略中，依托精品工程形成了一批美誉度较好，受市场欢迎的项目。如莲花小区、曙光花园、东润风景小区和第21届世界大学生运动会运动员村等一批精品项目。特别是近年来，天鸿集团承担了回龙观文化居住区开发建设任务并作出了我们最大的努力。回龙观文化居住区是北京市政府推出的第一批19个经济适用房项目中最大的一个，其规划总建筑面积有850万平方米，规划居住人口约20万人。

大运村

截止2002年底已经投资约50亿元，其中征地拆迁、市政道路投资20亿元，累计开工面积约300万平方米，其中2002年四季度开工110万平方米。竣工交用130万平方米，其中住宅114万平方米，公共配套服务设施16万平方米，近万户居民入住低价实惠、质量优良的经济适用房。

天鸿集团投资兴建的第21届世界大学生运动会运动员村位于海淀区知春路，占地11.2公顷，总建筑面积22万平方米，总投资12.5亿元人民币。大运村主要建筑有10栋运动员公寓，2栋写字楼和1栋酒店及大运村村长楼等。3700多套房间，每套房间备有独立的卫生间、电话电视接口及100M宽带高速网络接口。2001年8月22日至9月1日，第21届世界大学生运动会在北京举行，大运村接待了169个国家的7000多名运动员。国际奥委会主席罗格先生高度赞誉大运村："大运村可以得金牌"。国际大体联主席基里安先生由衷地赞叹到："真是一个奇迹，太棒了，简直让我难以置信，这是我见过的最好的大运村"。

回龙观

天鸿集团20年来，在建设首都、服务社会、为民造福的企业发展中，曾多次获奖：莲花小区十栋住宅99年全部入围"结构长城杯"，并于2000年通过建设部验收，荣获"优秀试点小区"金奖；曙光花园在建设部举办的"百龙杯"新户型时代全国精品户型设计夺标活动中荣获"优秀平面布局大奖"；东润风景小区荣获"2000年北京晚报十大明星楼盘"奖；等等。

莲花小区

天鸿集团将在新世纪里，继续秉承企业理念、发扬企业精神，迎接新挑战、创造新业绩，为客户奉献更多的精品，提供优质的服务。

北京地铁集团

北京市是我国第一个规划和修建地铁的城市。早在1956年就成立了北京地铁筹建处，开始进行路网规划的研究，提出了多种建议方案。1965年国务院批准了“一环两线”基本方案，并正式开工建设地铁一期工程。此后，北京市轨道交通规划始终随着北京市城市建设和发展的需要而不断进行调整完善。1983年提出了“一环、三横、三竖”、全长236公里的路网规划，当年获国务院批准。1992年又在此基础上提出了新的“北京市区轨道交通路网规划图”，包括12条线路，全长约310公里，保持了1983年规划的基本格局，在外围加套四条边线，形成向外放射的总体布局，1993年获国务院批准。1999年又对这个规划进行了局部调整，增加了第13条线路，这就是城市铁路又被称为地铁13号线的原因。经过这次调整后的轨道交通路网由13条线路和两条支线组成，全长达到408公里。日前，为满足首都全面快速发展需要，兑现2008年奥运会的承诺，通过国际招标，已确定了以法国索菲图公司为首的公司，联合对北京原有的交通路网规划进行优化调整，以制定出更完善、更符合北京实际情况、更具可操作性的北京市轨道交通总体规划。该规划将包括地铁、轻轨和市郊铁路三个组成部分，总长超过1000公里。

目前北京轨道交通在建筹建项目共有5个，将全部于2008年奥运会前建成通车。

北京市公联公路联络线有限责任公司

▲ 改造后的二环路

▲ 四环路上壮观的四惠桥

北京市公联公路联络线有限责任公司为北京市人民政府投资组建的国有独资公司。公司于1998年10月注册登记，注册资金10亿元人民币。

公司自成立以来已相继建成四环路、广安大街、西外大街、德外大街、学院路、二环路改造等一批城市道路。

目前正在组织建设莲花池东路西延、西外大街西延、万寿路南延、马家堡西路、朝阳北路、三环路改造等工程，今年下半年还将新开工建设十余城市快速路和主干道工程。

在道路建设的同时，我公司相继组建了一批加油、广告、泊车、工程咨询、道路保洁养护、投资管理等二级公司或子公司，并将逐步向资本运作的集团化经营方向发展。

▼ 建成后的德外大街

lenovo联想

新大厦外观

新大厦中庭

联想集团成立于1984年，是一家在信息产业内多元化发展的大型企业集团。于1994年在香港上市，是香港恒生指数成份股，目前拥有员工11200余人。2002年第二季(即4至6月)，联想电脑的市场份额达27.7%，除连续6年位居国内市场销量第一，并连续9个季度获得亚太市场（除日本外）第一（数据来源：IDC)。

在过去的十几年里，联想集团一贯秉承“让用户用得更好”的理念，始终致力于为中国用户提供最新最好的科技产品，推动中国信息产业的发展。

在技术竞争日益激烈的今天，联想集团不断加大对研发技术的投入和研发体系的建立，加强软件产业的发展。目前，已成立了以联想研究院为龙头的二级研发体系。2002年8月27日，由联想自主研发的每秒运算速度实测峰值达1.027万亿次的联想深腾1800计算机，通过了包括6位院士在内的专家鉴定组的鉴定。联想万亿次计算机的研制成功意味着中国高性能计算机走上产业化发展的轨道，更为新世纪联想技术的发展和腾飞奠定了基础。

面向新世纪，联想将自身的使命概括为四为，即，为客户：联想将提供信息技术、工具和服务，使人们的生活和工作更加简便、高效、丰富多彩；为员工：创造发展空间，提升员工价值，提高工作生活质量；为股东：回报股东长远利益；为社会：服务社会文明进步。

未来的联想将是“高科技的联想、服务的联想、国际化的联想”。

lenovo

lenovo联想

1884

1884. 8　天津、上海间电报线路经通州延至北京，北京始设电报局。

1904. 1　清政府在北京东单二条安装100门磁石式电话交换机，开办第一个官办电话局。

1905. 10　清政府价购外商所设的京、津市话及市京--津间长途话线，兴办中国自己的长途电话。

1907.　新建北京电报局，位于东长安街。

1910. 9　新建电话总局，位于南城厂甸。

1949. 2　人民政府接管北平电信局。

1952. 9　开放国内和国际相片传真业务。开通我国第一套(北京--石家庄)12路载波电路。

1958. 9　北京电报大楼落成开业。

1973. 7　建成北京第一个卫星通信地球站，与亚洲、美洲、大洋洲的国家和地区开通直达电路。

1976. 7　北京长话大楼竣工投产。

1983. 3　成立北京市电信管理局。

1984. 9　首次开放用户传真电报业务。

1984. 11　北京市第一程控电话局(50局)建成投产，初装7680门。

1985. 1　我国电信史上最远距离的短波通信北京至南极(中国南极考察队)无线电话通话成功。

1985. 11　开放无线寻呼通信业务。

1986. 7　开放国际电话直拨(IDD)业务。

1987. 12　北京国际电信大楼建成。是我国最大的国际电话出入口局，国际电话、电报通信枢纽。

1988. 9　北京模拟移动电话网建成。

1989. 10　中共中央总书记江泽民、中央政治局常委李瑞环等中央及北京市领导到北京电信的长途电话局、无线通信局视察工作。

1989. 11　北京开放数据通信业务。

1990. 9　北京电信圆满完成了第十一届亚运会的固定电话、移动电话、电视传送、新闻租用等四大部分的通信任务。

1992. 12　北京市远郊十个区县电话全部实现程控化，并与市内电话实现程控联网。

1996. 5　北京市电信网电话号码升8位。

1997. 7　北京电信圆满完成了香港回归重点通信任务。

百年的见证
建筑是凝固的沟通标记
任岁月的荏苒
无言中成为通信京城的坐标

电报大楼的钟声，
长话大楼的牵挂，
卫星通信的遥看天河……
国际通信大厦的世界交流
在你不知道的恢弘背后

是我和你
一起在创造着百年的通信传奇

百年执著
凝注北京通信浓重的一笔
始终如一
新生一岁将与你关注未来

沟通百年，通信

贺北京市通信公司成立一周年

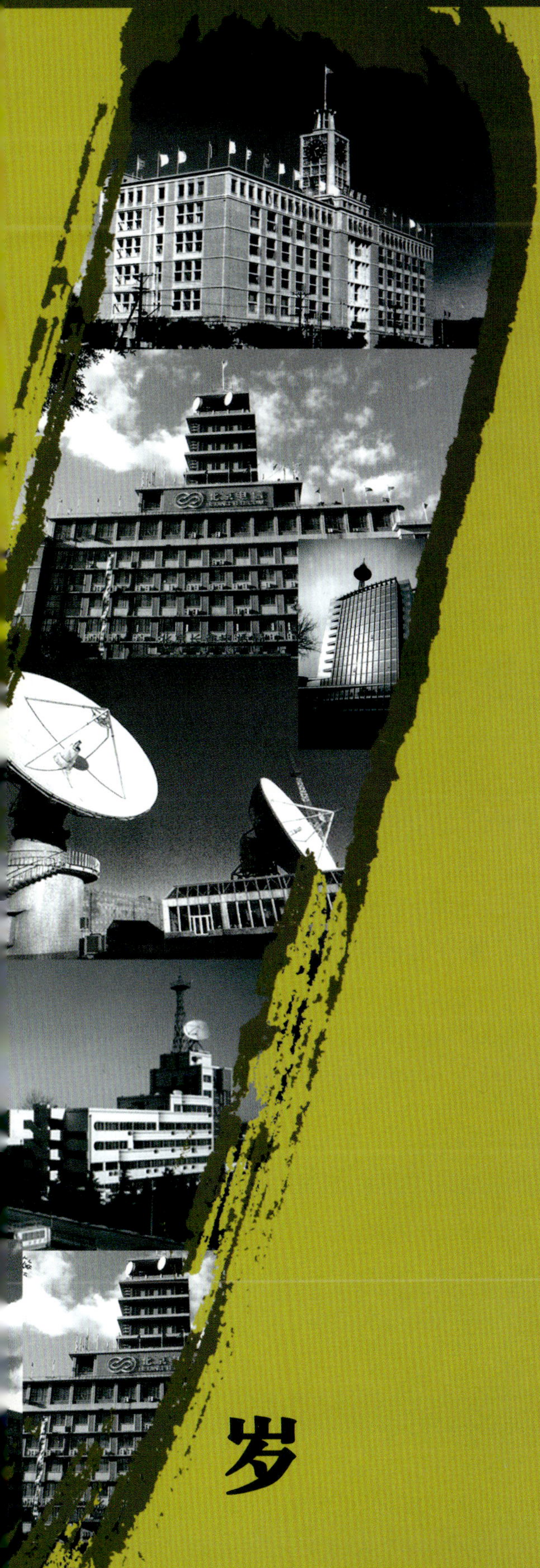

1998. 11 北京电信完成100个光缆环建设，基本实现了光纤到大楼或小区，为北京地区光纤接入网奠定了坚实的基础。

1999. 10 北京电信圆满完成50周年国庆大典的通信保障工作。

1999. 12 北京电信圆满完成澳门回归重点通信任务。

2000. 7 北京市电信公司成立，隶属中国电信集团公司。

2000. 8 北京电信组成机动通信车队第一次走出国门，赴悉尼承担奥运电视传送任务。

2000. 11 北京电信实业公司挂牌成立，北京电信实现了主附、主辅的分离经营。

2001. 7 北京电信接待了国际奥委会、22个国际单项体育组织及近百家新闻媒体对北京市通信能力的考察，得到了充分的肯定；并圆满完成北京申奥期间的各项通信保障任务。

2001. 9 北京电信作为"第21届世界大学生运动会唯一指定数字与有线通信赞助商"，创造了大运会通信史上的"四个第一"。

2002. 2 江泽民、李岚清等中央领导分别到中南海电信局视察慰问电信职工。

2002. 7 北京市电信公司更名为北京市通信公司，业务范围不变，隶属中国网络通信集团公司。

2002. 11 随着北京市通信公司与丰台区人民政府"数字丰台"项目协议的签署，北京通信完成对北京市整个城八区的"数字化"建设。

2003. 2 胡锦涛总书记到电报大楼看望春节期间坚守岗位的北京通信职工。

2003

岁

北京市私营个体经济工作联席会议

北京市私营个体经济协会

市政府为进一步加强对私营个体经济工作的领导，组织和协调市政府各有关部门共同推动私营个体经济的发展，1999年8月17日决定建立了北京市私营个体经济工作联席会议制度，2001年8月3日北京市第十一届人民代表大会常务委员会第二十八次会议通过的《北京市促进私营个体经济发展条例》，将市和区、县人民政府建立由有关部门参加的私营个体经济工作联席会议制度以地方法规形式确定下来。同年，市政府办公厅印发了《北京市私营个体经济工作联席会议规则》，使私营个体经济工作联席会议制度规范化。

北京市私营个体经济联席会议由主管副市长主持，32个相关委、办、局和市工商联、市私营个体经济协会为成员单位。其办公室设在市私营个体经济协会，负责日常工作。市联席会议制度建立以来，每年都召开一、二次会议，协调解决私营个体经济发展中的问题。

市私营个体经济协会作为市联席会议办公室，认真贯彻落实市联席会议决定，制定各成员单位目标责任制，协调、督促各部门把支持私营个体经济发展的政策和措施落到实处。市私营个体经济协会是私营企业个体工商户自律性组织，依照章程，组织私营企业和个体工商户会员自我服务、自我教育、自我管理，向会员宣传国家法律、法规，为会员的生产经营活动提供服务，维护其合法权益。

市政府重视、相关部门齐抓共促，优化发展环境，使本市私营个体经济快速、稳定发展。截至2002年12月底，全市私营个体企业达到15.1万户，总注册资本1988.6亿元，同比分别增长21.5%和21.8%；全市个体工商户31.3户、从业人员44.1万人、注册资金37.3亿元，同比分别增长20.8%、18.7%、19.9%。

▲ 2002年10月10日，北京市人大20余名委员在人大常委会副主任王维城（右二）、张燕丽（右三）的带领下，莅临大兴区北京统一润滑油化工有限公司和北京万福喜食品有限公司，对《条例》实施一年来的情况进行检查

▲ 2003年3月21日，北京市私营个体经济工作联席会议第六次全体会议召开。主题是“进一步贯彻落实《条例》，改善和优化发展环境，促进私营个体经济加快发展”。会议由市工商局副局长罗文阁主持，市联席会议各成员单位的主管领导出席。市联席会议办公室常务副主任、市私个协会长金鑫首先作汇报总结。最后，孙安民副市长做重要讲话

会议
办公室

▲ 2003年3月13日，北京市政府隆重召开北京市优秀私营企业者和个体工商户优秀经营者表彰大会，此次表彰的10名私营企业者和24名个体工商户是北京私营个体经济从业人员的杰出代表。图为北京市副市长孙安民（前排右4）与首批由市政府表彰的“优秀私营企业者”和“个体工商户优秀经营者”合影

▼ 2003年2月12日至14日，北京市私营个体经济协会召开2003年工作会，北京市副市长孙安民（右二）、市工商局长张志宽（左一）、中个协副秘书长王盛湖（左二）出席会议并讲话。会上总结了去年工作，提出了今年工作要点。金鑫会长（右一）作了会议总结讲话

▲ 2002年5月17日，北京市私营个体经济协会会长金鑫参加由宣武区政府主办的“宣武区商品房展、第三届资源调剂项目洽谈会”。图为金鑫会长（左）与宣武区常务副区长蒋德忠（右）在参会的私营企业摊位前亲切交谈

▲ 2002年12月2日，北京市私营个体经济协会为响应党中央号召学习宣传贯彻党的十六大精神，组织部分私营企业、个体工商户召开座谈会，认真学习座谈十六大精神，大家谈体会，理思路，明方向，增强了发展的使命感和责任感

北京市城市节约用水办公室

北京市城市节约用水办公室，受到市政管委委托负责规划市区内节约用水的监督与管理工作。

2002年城市节水办继续坚持开源与节流并重，节流优先、治污为本、科学开源、综合利用的原则，坚持城市建设和管理要量水而行，量水发展。经过全市各行业为不懈的努力，全面超额完成了《北京市2000年～2002年城市供水、节水目标和对策》（纲要），提出的城市用水总量控制在9.03亿立方米以内的目标。

城市节水工作2002年取得了显著成绩。完成节水量5043.7万立方米；完成节水技改项目63项、园林节水灌溉260万平方米；新建中水设施18座、增加处理能力3600立方米／日。积极开展节水型单位创建工作，目前已通过市级节水型验收的单位、企业共733个。加强定额管理，目前已对29个行业，36个生活用水类别制定了用水定额，将291个单位作为试点，涵盖了企业、相关团体、院校、医院、商业、饭店、餐饮、园林绿化等各类用水。大力推广雨水回收利用工程，2002年分别在不同单位建设了雨水回收利用示范工程8项。完成了《北京市工业用水模式的研究》、《良乡北潞春绿色生态小区生活污水回用示范工程研究》等8项节水科研项目，突出科研与实际工作需要相结合，使节水科研成果对节水管理工作起到了指导作用。

▲ 全国节水宣传周启动仪式

市市政管委主任林铎和有关领导参加节水宣传周的启动仪式，并向过往的市民发放节水宣传材料

▲ 北京市第十五中学塑胶操场

北京市第十五中学雨水回收利用系统主要是将学校塑胶操场近两万平方米面积内汇集的雨水，收集到地下蓄水池中，两个蓄水池共可储存雨水400立方米，收集的雨水经沉淀、过滤处理后用于冲洗操场、浇灌校园绿地，并提供操场厕所的冲厕用水

▲ 北京服装学院中水设施

北京服装学院中水工程是2000年高校10个中水建设项目之一，该工程收集学生浴室排水和学生公寓盥洗排水，经中水处理后，回用于学生公寓冲厕、校园绿沧、浇洒操场和道路用水。中水处理主要采用生物接触生化法处理工艺，设计每小时处理水10立方米。2001年8月中工程竣工，9月开始运行调试，经半年多运转，中水处理水质良好，达到北京中水水质标准，现已投入使用。每年可节约水2.5万立方米

▶ 节水执法人员对用水器具使用情况进行检查

▼ 推广绿地微喷技术，节约水资源

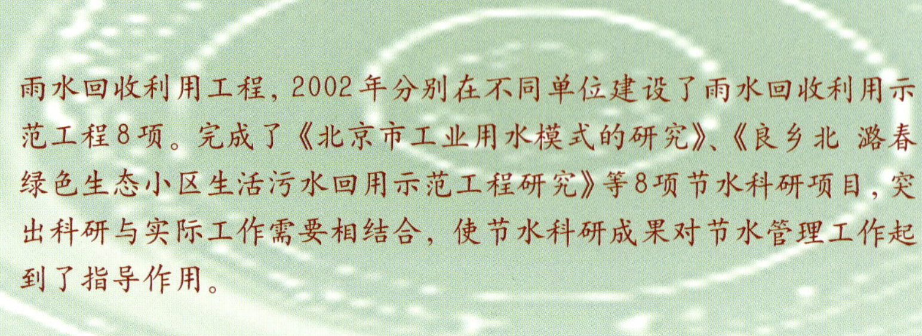

国家开发银行 营业部

CHINA DEVELOPMENT BANK BANKING DEPARTMENT

▼ 国家开发银行提供46.5亿元人民币贷款支持北京四环路建设，四环路于2001年6月全线通车。

营业部概述

国家开发银行营业部是国家开发银行在北京的直属经营机构，1999年10月28日正式对外营业。主要职责是办理国家开发银行在北京地区及借款人在北京的中央各部委、各总局、各总公司、各大企业集团贷款项目的信贷管理及相关存款、结算业务。

国有开发银行营业部自成立以来，积极贯彻国家宏观经济政策、产业政策和地区发展政策，坚持"既要防范金融风险，又要支持经济建设"的方针，积极履行政策性银行的职能，全力支持国家基础设施、基础产业、支柱产业项目以及重大技术改造和高新技术产业化项目的建设，促进国民经济持续、快速、健康发展。同时，努力建立健全内部经营管理机制，防范信贷风险，取得优良的经营业绩，主要经营指标已经全面达到国际先进标准。

▶ 国家开发银行提供20亿元人民币款，支持复兴门至八王坟地铁一期工程建设。

支持首都经济建设

2000年12月29日，国家开发银行与北京市人民政府签订了《长期金融合作协议》和《中关村科技园区建设金融合作协议》协议约定，未来五年内，国家开发银行将提供600亿元人民币贷款支持北京市经济建设。到目前开发银行已贷款支持的北京市重点建设项目有：四环路、地铁复八线、地铁八通线、城市轻轨、京沈高速公路、八达岭高速公路、菜市口南大街改造工程、西单北大街西侧改造工程、西客站、首都机场改扩建、十三陵抽水蓄能电站等。截至2001年末，国家开发银行营业部在北京地区的贷款项目共61个，借款人44个，承诺贷款金额355亿元人民币，贷款余额260亿元人民币，比营业部成立时增长了近1倍。

国家开发银行营业部将抓住北京市建设新北京、办好新奥运的契机，积极参与基础设施建设和奥运工程项目建设， 北京市经济建设提供高效率、高质量的金融服务。

健全的运营管理方式和良好的经营业绩

国家开发银行营业部按照总行确定的"统一法人、总行决策、分级管理、授权经营"的总分行管理体制运营。初步建立起了客户开发、项目评审、贷后管理、资金运营及风险控制等较健全的运营管理体系。

截至2002年三季度末，营业部资产总额由开业时的831亿元人民币增长到1738亿元人民币，年平均增长39%，主要集中在公路、铁道、电力、城建、石油石化等六大行业，开业以来累计实现利润75.76亿元人民币，取得了良好的经营业绩。

北京市西城区复兴门内大街158号 邮编：100031
电话：(010)66412212 传真：(010)66412282 邮箱：Yingyebu@CDB.com.cn

C D B

燕莎友谊商城

YOUYI SHOPPING CITY

Beijing Lufthansa Center

北京燕莎友谊商城于1992年6月30日开业，1993年4月实行合资经营，是国务院批准的、国内第一家开业的中外合资零售商业企业。

燕莎商城建筑面积4万平方米，营业面积2.2万平方米，经营全国各省市和美、英、意、德、日、韩等几十个国家和地区的名牌商品10万余种，约40万个花色规格。

十年前，燕莎商城创建了全国首家现代化大型高档百货商场。十年来，由于出色的经营与管理取得了突出的业绩。

开业十年，燕莎商城累计接待中外宾客8500万人次，其中外宾550多万人次（包括外国旅游团队52000个，游客140万人次）。现在燕莎不仅是北京市高收入阶层购物的必选名店，而且是来京游客和从事商务活动的人士观光购物的必选名店。

综观十年的经营状况，燕莎商城的销售额始终保持稳中有升，利润更是稳步增长。目前，燕莎商城作为唯一的一家商业企业进入了北京市百强纳税大户的行列中。

在中国零售商业领域，燕莎商城：

率先以中外合资经营的模式，导入现代企业制度；

率先采用计算机等高科技手段，提升了企业的经营管理水平；

率先实行百货店开架售货、提供享受式服务；

率先运用企业品牌输出管理技术；

率先通过了ISO9002国际质量管理体系和ISO14001国际环境管理体系的双认证、

十年来，燕莎商城先后获得国家与社会各界的表彰和奖励达300余项，连续八年被评为“首都文明单位”，连续七年在“首都旅游紫禁杯”评比活动中荣获“先进单位”称号，2001年又荣升为“最佳单位”。此外，还先后获得了“全国青年文明号”、全国“商业信誉企业”、全国“百城万店无假货”先进示范单位、全国“工商联手、开拓市场”先进单位和北京市“无假冒商标示范商场”、北京市“购物放心商店”，2001年又获得国家有关部门颁发的“中国商业名牌企业”、“中国商业服务名牌”等诸多荣誉称号。

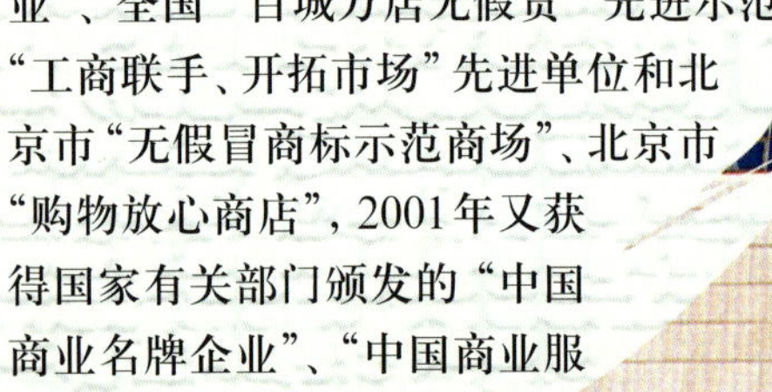

东安市场简介

东安市场始建于1903年，因其临近皇城东安门，故命名“东安市场”。1993年，东安集团与香港新鸿基地产公司合资对东安市场进行扩建，成为国务院批准的国内第一家商业合资企业。

1998年1月18日，东安市场重张开业，恢复起百年老字号的经营。确定了“百年东安、百姓乐园”的办店思路和“专而全”的经营方针。

面对开放的市场和国际化的竞争环境，东安人审时度势，坚持创新发展，不断调整适应，与时俱进。在继承老东安“诚信经营、优质服务”传统的基础上，不断加以总结、发展、提升，确定了“传统与时尚相结合”的经营特色和“专而全、中高档、品牌化、系统化”的商品定位，形成了以“情、勤、诚、信”为特色的经营哲学。提出了“服务树形象，服务出效益”的指导思想，又针对行业的服务竞争，推出了“真情＋真货＋真技＝让顾客一次性满意”的企业服务品牌，为消费者提供一流的环境、商品、服务，达到顾客购物的安全、放心、适意，使东安“三真一满意”的服务品牌在京城叫响。

东安市场重张五年来主要获奖情况

1998年：重张开业以来连续四年被评为“首都精神文明先进单位”
1999年：被认证为“消费者满意单位”
2000年：被确定为“购物放心单位”
2001年：被评为“诚信单位”、“消费者满意单位”
2002年：被评为“无假冒商标示范商场”
2002年：被评为“中国商业名牌企业”、“中国商业服务品牌”称号。

北京市住房贷款担保中心
HOUSING
BHLGC
ANTEE CENTER
地址：贵州大厦祺洋商务中心 18层
（朝阳区樱花西街 18号／北三环和平西桥东北角）
电话：6444.6220 传真：6444.6250 邮编：100029
网址：国内 www.51danbao.com.cn 国外 www.51danbao.com

北京市住房资金管理中心

北京市住房资金管理中心是经北京市人民政府批准，于1992年7月1日成立的自收自支事业单位，负责对北京市住房公积金的归集、管理、运用、偿还，对单位住房基金的建立、使用进行监督、管理，内部设有政策指导处、分中心管理处、资金管理处、综合处、审计处、归集部等12个处室。同时，为方便职工缴存住房公积金和办理个人住房担保委托贷款，北京市住房资金管理中心在全市设立了74个分中心。

北京市住房资金管理中心成立以来，根据国家法规政策，积极推进北京市住房公积金的建立，规范和加强住房公积金、单位住房基金的管理。截至2002年12月31日，全市共有24298个单位254万职工建立了住房公积金，累计归集住房公积金286.5亿元，余额186.6亿元；累计归集其他住房资金335亿元，余额90.65亿元。2001－2002年度北京市住房公积金结息对帐工作圆满完成。共准确完成24298个住房公积金汇交单位、221万名职工住房公积金结息工作；共计结住房公积金利息2.1亿元，并将住房公积金对帐单及时发至住房公积金缴存人。

北京市住房资金管理中心在加强住房资金归集的基础上，通过委托贷款支持北京市居民购房和单位建房。截至到2002年12月31日，北京市住房资金管理中心系统共支持106853户居民购买自住住房，累计发放个人住房担保委托贷款189.12亿元，余额151.9亿元，支持个人购房面积887万平方米；其中，为支持市政府组织实施的危旧房改造项目，向龙潭西里、天桥、牛街、金鱼池等危旧房改造项目发放个人贷款21756笔，金额24.74亿元，支持个人购房面积164万平方米，有力地支持了北京市住宅建设和危旧房改造。

按照《住房公积金管理条例》“住房委员会决策、住房公积金管理中心运作、银行专户存储、财政监督”的原则，北京市建立了以房改领导小组为决策主体、市住房资金管理中心为运作主体，委托中国建设银行北京市分行、中国工商银行北京市分行承办住房公积金和住房基金的金融业务；财政和审计监督规范化的住房资金管理体制。

北京市住房资金管理中心十分重视人才的培养，拥有一支政治素质高、专业化、年轻化的职工队伍。随着住房资金规模的不断扩大，北京市住房资金管理中心将以极大的热情，优良的素质，高效、优质的服务，为全市住房建设发展和住房制度改革的深化做出更大的贡献。

服务大厅

住房公积金管理协议签字仪式

北京市住房资金管理中心有关规章制度

中心控制室

中国华融资产管理公司北京办事处

中国华融资产管理公司北京办事处坚持“三公”原则处置不良资产暨重点项目简介

中国华融资产管理公司北京办事处（以下简称北京办事处）成立于2000年5月18日，主要从事收购并经营从中国工商银行剥离的不良资产。北京办事处收购不良债权资产768户282亿元，涉及化工、建材、机械、纺织、电子、商业贸易、物资贸易、轻工、医药等多种行业；北京办事处债权转股权企业19家，共计拥有股权45亿元，涉及电子、建材、冶金、汽车制造、机械制造、轻工等行业。

办公楼正面

目前谨向社会各界投资者推出以下重点资产处置项目：

北京办事处持有北京星牌建材有限责任公司（以下简称星牌建材公司）42%的股权，另外一家资产管理公司股权占比为32%。星牌建材建有较为先进的矿棉吸声板生产线，以矿棉吸声板、彩板、粒状棉及引进德国技术的防水环保涂料为主导产品。

位于北京市丰台区南顶路两栋办公楼及商用楼。该两座房产占地面积分别为7003.68平方米和1081.46平米。总建筑面积分别为6232.2平米和3468.9平米。随着北京南城开发力度的不断加大，此处房地产面临着升值的预期。

中天航业－惠州别墅

位于广东省惠州市下角菱湖二路的房产，为北京办事处之债务人之抵押资产，共有别墅20栋，以及娱乐城、住宅楼、公寓、管理房、配电房等，总建筑面积15464.7平方米。该房产位于菱湖边，交通方便，风景优美，区内居住环境质量较好。

北京市通州区张家湾工业开发区法院查封房产、设备。其中土地面积为3.33万平米；地上建筑物面积1.63万平米；被查封机器设备主要为1996年后从意大利、日本、韩国进口的织袜用纺织设备及辅助设备，技术较为先进，且相当部分设备尚未使用。

位于北京市朝阳区洼里乡的御苑花园别墅，为北京办事处之债务人在依法宣告破产后之破产财产。占地面积77000平方米，共建成多层砖混结构别墅94栋，其中已销售8套、鸿高中心会馆楼1栋、别墅区综合管理楼1栋。别墅总建筑面积30682平方米。该别墅群座落在北京市亚运村，随着北京申奥成功，该地区房地产具有很大的开发空间。

北京办事处将本着“公开、公正、公平”的原则开展各项处置工作，广邀社会各界有实力的投资者寻求合作。有意收购我公司资产者请与我们联系。

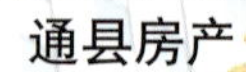
通县房产

鸿高御苑

联系电话：66060006转2151、2152
电子信箱：wuju@chamc.com.cn
联 系 人：吴 炬

北京市农村信用合作社

健全管理机制 改革创新发展

——北京市农村信用合作社联合社

2002年，北京市农村信用合作社联合社（以下简称“市联社”）认真贯彻中央和市政府农村工作会议和金融工作会议精神，结合全市农村经济和农村信用社工作实际，狠抓规范化管理，稳步推进农村信用社改革的各项措施，积极调整经营理念，改进金融服务，在积极支持京郊农民、农业和农村经济发展的同时，信用社的各项业务得到长足发展。截至2002年末，全市信用社的各项存款余额674.4亿元，比年初增长86.5亿元，增长14.7%。各项贷款余额346.2亿元，比年初增加40.3亿元，增长13.2%。信用社总资产1370亿元，实现总收36.7亿元，获纯益2.29亿元。

——健全法人治理结构，抗风险能力进一步增强。2002年，市联社在丰台、昌平两区县联社稳步推进了统一法人核算与管理的试点工作，市、区两级联社基本实现了理事长、主任分任制；继续加快筹集社会股本金的步伐，增加抵御风险的能力，全年信用社系统股本金余额达5.54亿元，比上年增长41%，区县联社资本充足率显著提高。

——坚持服务“三农”的办社宗旨，信贷支农成效显著。结合北京市大城市小郊区、城近郊区与边远山区经济环境差异明显的特点，全市农村信用社将调整农业信贷结构与调整农村产业结构、产品结构紧密结合，重点支持了“三高”农业、规模化农业的发展以及小城镇和城市绿化带建设；密切银政、银农、银企合作，促进了郊区环保农业、农副产品加工业、高科技农业的发展；配合山区农业结构调整，全面推广农户小额信用贷款和农户联保等深受农民欢迎的贷款业务，重点扶持了特色林果、绿色养殖、休闲旅游三大主导产业，累计向15000余户农民发放农户贷款7.5亿元。区县信用社与区县银农合作支持郊区建设取得了宝贵的经验和显著成果。全年，北京市农村信用社涉农贷款余额占全市金融机构涉农贷款余额的83.2%，比上年增加2.3个百分点，为富裕农民、推动京郊农业结构调整和农村经济的稳健发展作出了重要的贡献。

——充分发挥系统网络的支持作用，中间业务蓬勃发展。2002年，北京市农村信用社综合业务系统在安全稳定运行的基础上不断得到完善与优化，先后开发了按揭贷款程序、代签农行银行汇票系统、人行帐户信息管理系统、现代化支付系统及银行信贷登记咨询系统工作，信用社结算渠道进一步拓宽。在此基础上，全市农村信用社积极调整产品结构，开发新的中间业务品种，服务功能进一步提高。正式开办了代理城区电话费业务、代理寻呼机费业务、代理保险业务和代理北京市国税务局个体工商户税款业务等，全年中间业务交易额达3962万元。

同时，市联社根据人民银行开办银行卡业务的有关管理规定，结合信用社的特点，适时推出了带有农户小额信用贷款功能的信通便民卡，全年累计发卡量达1866张，其中农户小额信用贷款用卡674张，通过信用卡发放贷款1049万元。

——充分发挥对农村信用社的资金清算与营运职能，资金使用效益不断提高。2002年，市联社通过盘活存量资产，加速资金周转，在债券市场上积极开展债券的承销或分销业务，取得过了较好的经济效益。截至年末，市联社累计完成债券回购业务1110笔，交易金额6727.5亿元；累计承销债券46期，承销金额88.6亿元；实现收益2.04亿元，资金运用率达112%，投资到期收回率和利息收回率达100%，还荣获“2001-2002年度全国银行间债券市场突出进步自营结算成员”称号。

与北京市电信公司签订代理电话费业务合作协议

信用社贷款支持的农户喜摘丰收的果实

北京市农村信用合作社联合社新址办公楼

北京紫竹药业有限公司

北京紫竹药业有限公司是北京第三制药厂经过债转股、实施整体改革而成立的一家大型的集生产、经营和研发为一体的制药有限公司。1999年全国首家以七个车间、八种剂型全面通过国家GMP认证，并分别于2001年、2002年通过ISO9001质量管理体系认证和ISO14000环境管理体系认证。作为高新技术产业，紫竹药业是国家计生委、国家药品监督管理局指定的我国最大的计划生育用药科研与生产基地，被国家经贸委立项为全国人类生命生殖健康用药创新产业化基地，已跻身于世界人类生命生殖产业知名企业的行列，并于2002年底与美国生殖健康技术股份有限公司签署了全国最大的生殖健康合作项目。公司积极拓宽研发思路，形成四大系列产品：计划生育用药、生殖健康用药、眼科制剂系列、蜂王浆系列制剂（保健品系列）及普药系列。主要产品毓婷、米非司酮获得“北京市名牌产品”称号。持续3年实现综合经济指标平均以30%的速度增长，2002年销售收入达35319.48万元，比上年增长16.08%；工业总产值实现55671.77万元，比上年增长14.15%；实现利润3855.96万元，比上年增长138.25%，均取得历史最好水平。紫竹药业以振兴民族药业为己任，凭借实力、满怀信心冲刺计划生育和生殖健康用药领域的高峰，全心打造北京医药的航空母舰！

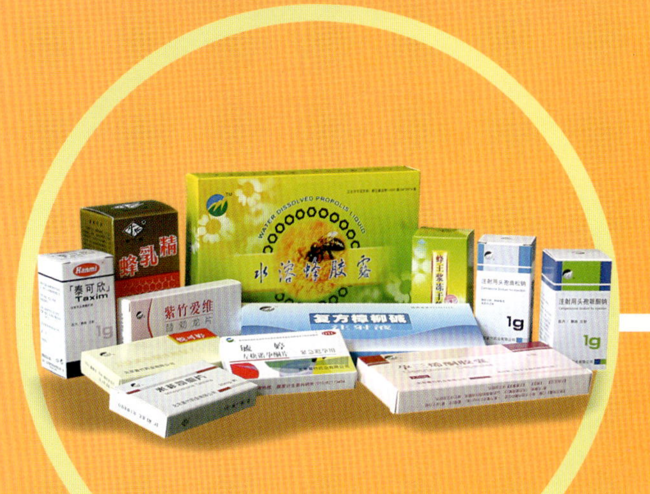

北京市
旧机动车交易市场
WWW.2SC.COM.CN
新址：北京市丰台区南四环西路123号
北京市旧机动车交易市场已于2002年7月28日迁至新址——北京市丰台区南四环西路123号，原菜户营旧址将停止办理二手车过户手续。
北京市旧机动车交易市场成立于二十世纪八十年代，经营场所几经变动，1992年迁入丰台区菜户营。近几年，本市旧机动车交易量逐年上升，自1996年开始，年交易量均在6万辆左右。为了适应旧车交易市场日益发展的需要，北京市统筹规划，合理布局。市发展计划委员会、市商业委员会、市规划委员会、市工商行政管理局和市城市规划计划研究院去年底联合发出通知，对北京市的汽车交易市场作出了十年规划。按照市政府和有关部门的布局方案，北京东、西、南、北各建一个综合汽车交易市场。北京市旧机动车交易市场就在京南的计划之列。迁入新址的北京市旧机动车交易市场占地506亩，将建成以旧车为主，新车为辅，兼搞配件、检测、修理、装饰等汽车服务的大型综合性汽车市场。这一市场是按照市政府的规划最先形成规模并投入使用的。
迁入新址的北京旧机动车交易市场。市场进驻经纪公司202户，他们都经过了严格的培训、经考试合格并持有国家工商局颁发的经纪资格证书。在经营中，他们都将做到持证上岗，规范服务，市场将禁止个人中介行为的出现，对于市场内的交易车辆，市场也将采取封闭式的管理，进入交易区的二手车必须首先接受市场管理部门的审验，坚决杜绝非法车辆、手续不齐备的车辆进入市场，保护广大消费者的合法权益。市场还在全市各家汽车市场中率先提出先行赔付的承诺，对于损害消费者权益的经纪公司，将清除出场。与此同时，购车环境宽敞整齐，场内绿树成行，花草相间。经纪公司挂牌经营，场内两千余辆车可供挑选，看车、咨询"各就各位"顾客"对号入座"，车商提供针对性服务。除经营旧车外，市场还将建成4万平米的进口汽车营业展示大厅，六十余间新车专卖店和检测中心、修理厂等配套设施。
多年来，市场在不断加强市场管理的同时，也投入大量资金进行信息化建设。他们在全国旧车行业率先实现了旧车交易网络化管理，并在互联网上建立了交易平台。主市场和分市场通过局域网络，实现了统一管理，统一评估，统一定价，并作到及时有效地发现并防止拼装车、抢盗车、走私车、报废车进入交易，确保贯彻"公平、公开、公正和合法"的原则，更好地维护正常交易秩序和买卖双方的合法利益。进场的202家经纪公司也纳入了局域网管理系统，既加强了市场对经纪公司的管理，同时也为经纪公司提供了网上交易的便利。市场建立了的交易平台，网址为WWW.2SC.COM.CN，目前已开展了网上评估、网上交易、网上拍卖等业务。用户买卖旧车，都可以通过市场的网站进行。买旧车，可以先上网上查询，然后"对号入座"实地看车；卖旧车，也可以上网登陆录，参加网上拍卖。
随着市场的进一步发展，必将成为城南的景点，百姓的热点，四环路的亮点，区域经济的增长点。同时，市场与正在筹建的"中国汽车等博物馆"隔四环路相望，这里将为北京最大的汽车服务园区
WWW.2SC.COM.CN
新址：北京市丰台区南四环西路123号

「您的零距离伙伴」

首都医科大学北京神经科学研究所

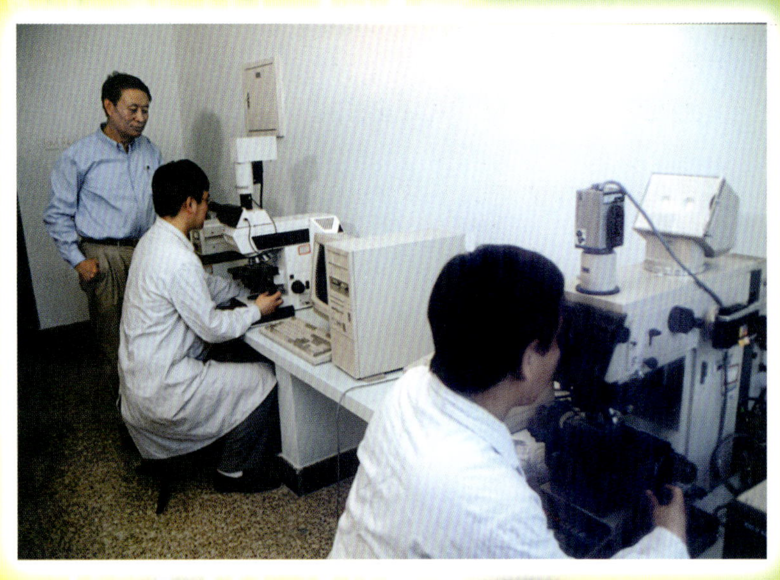

首都医科大学北京神经科学研究所成立于1988年，属北京市重点实验室、北京市教委重点学科、神经生物学学科博士学位授予点；现拥有2名教授2名副教授以及2名高级实验师，人员共18名；另有博士后1名、博士研究生11名和硕士研究生16名。目前所长为神经生物学教授徐群渊博士。

研究所目前在研的国家、省部级课题30余项；已获得国家及省部级科研成果奖20余项，发表大量论文，其中许多被SCI收录和引用。

实验室配备有齐全、先进的实验设备，拥有从事当代神经生物学研究的各种先进手段，包括显微图像、动物颅内手术、行为观察、神经束路追踪、细胞培养、DNA重组、分子克隆、蛋白分离纯化、生化微量检测、病理形态等技术平台。

研究所目前主要从事的研究领域包括：①帕金森病临床前基因治疗的实验研究；②有关中国人老年疾病相关易感基因的研究；③中枢神经系统结构、功能的基础研究；④神经系统再生修复抑制及有关活性物质研究；⑤神经干细胞的基础及应用研究；⑥与神经系统相关的组织工程研究。

北京城市开发集团有限责任公司

北京城市开发集团（简称开发集团）是一个以房地产业为主，多元化经营、多成份结构的企业集团，核心企业——北京城市开发集团有限责任公司为国家资质一级、资信AAA级房地产企业，注册资金人民币5亿元。截止2001年底，集团资产总额达195亿元，净资产19亿元。

开发集团成立22年来，共开发土地1800余公顷，拆迁安置3万多户，建成和在建的住宅区60多个，包括前三门大街、劲松、团结湖、左家庄、慧苑、方庄等，建成中化大厦、光大大厦、京信大厦、发展大厦等高档写字楼以及一批道路等市政基础设施，竣工交用各类房屋面积1600多平方米，其中住宅1100万平方米，为首都20万住户、70万余人提供了住房。

目前，开发集团正在建设的跨世纪宏伟工程——望京新城，总用地面积约860公顷，规划总建筑面积1400万平方米，包括各种配套服务设施，相当于一座总人口25-30万人的中等规模城市，建成后将成为首都北京的副都心。目前，在规划区域内已建成经济适用房、商品住宅、安居住宅共150余万平方米。其中，望京西园四区被国家建设部和科技部评为“2000年全国小康住宅示范区”，并获得规划设计、工程质量、物业管理、科技进步和环境质量5项优秀奖；南湖东园获得中国施工企业管理协会评选的99年度“国家优质工程民用工程组金奖”，这是全国开发企业在该项评选中获得的第一个金奖。

开发集团正在开发建设的重点项目还有通惠家园、紫芳苑以及开阳里、复内、建内等危改项目。通惠家园地处地铁八王坟车辆段平台上，总建筑面积60万平方米，其中30万平方米为经济适用房，其中E组团22平方米已全部售完并开始入住。复内2#地地处复兴门内，距离长安街不到一百米，交通十分便利，周围已建成并已投入使用的大型公建有国际金融大厦等，具有良好的商业、文化氛围，是此区域唯一具备成熟开发建设条件的地块。

开发集团的业务范围除了房地产主业，还涉及物业管理、房屋租赁、征地拆迁、建筑设计、物资贸易、建材制品、工程监理、餐饮旅游等。

开发集团以“建设首都、造福人民、用户至上、服务第一“为宗旨，坚持经济效益、社会效益、环境效益一起抓，取得了较好的效果。1992年以来，集团核心企业先后被评为“重合同，守信誉”先进单位和“北京市经济百强”开发类企业第一名；1993年，被国家建设部等有关部门共同评选为中国房地产开发企业百强之首；1995年入选“中国的脊梁”国有企业500强。

董事长致辞

北京城建兴华地产有限公司是北京城建投资发展股份有限公司的控股子公司，具有房地产开发一级资质。多年来，在社会各界的关心和支持下，企业走过了一条快速成长、健康发展的道路，我代表公司全体员工向朋友们致以诚挚的谢意！“尊崇诚信，共创理想空间”是企业的经营理念；“拥有城建地产，享受无限关爱”是公司的不懈追求，我们将继承和发扬“同心图治、唯实创新、追求卓越”的企业精神，用我们的智慧和才干，与你携手

董事长、总经理：

企业精神：“同心图治、唯实创新、追求卓越”
经营理念：“尊崇诚信，共创理想空间”
企业宗旨：“重信兴利，服务社会”
质量方针：“创建精美工程，提供满意服务”
企业口号：“拥有城建地产，享受无限关爱”

北京城建兴华地产有限公司

BEIJING URBAN CONSTRUCTION XINGHUA REAL ESTATE CO.,Ltd

公司简介

北京城建兴华地产有限公司是北京城建投资发展股份有限公司的控股公司，主营房地产开发。具有房地产开发一级资质、国家建设工程承发包二级资质并通过ISO9001：2000版质量管理体系认证。公司注册资金2亿元，具有从房地产前期划、规划设计、征地拆迁、施工管理、房屋销售、物业管理等房地产开发全过程的管理能力，可独立承担大中型公建及住宅开发建设。

公司先后完成了北京市南三环及成寿寺路综合市政工程、北太平庄立交桥、阜石路、华能热力，水源九厂三期、陕京天然气输气管（北京段）、双榆树供热厂以及牡丹园小区、罗庄西里小区的房地产开发建设。目前，投资在建的240万平方米的北苑家园是北京屈指可数的功能齐全的花园式大型社区，连续三年在北京市新闻媒体举办的各类开发项目评比中荣获多项荣誉。

公司遵循“重信兴利，服务社会”的企业宗旨，奉行“创建精美工程，提供满意服务”的质量方针，在顾客中赢得良好声誉。公司自成立以来，重视工程建设质量，先后取得市优“长城杯”三项、市级优质工程奖多项，公司所开发建设的项目质量一直受到社会的广泛关注，优良的工程质量和谦虚的工作作风得到市政府及其他业主的信任与赞誉，被市公商局长期评为“重合同，守信用”单位，财务资信度达到“AAA”级。

CEIEC 中国电子进出口北京公司

CHINA NATIONAL ELECTRONICS IMP. & EXP. BEIJING CO.

公司党政领导班子成员

中国电子进出口北京公司是一家以进出口业务为主、开展多种经营活动的综合型国有外贸公司。公司经营电子信息、通信设备、家用电器、化工纺织、五金建材、轻工工艺等多门类产品和技术的进出口业务，开展“三来一补”、进料加工、对销贸易及转口贸易。该公司成立于1980年，注册资本为6，589万人民币，现有资产3.2亿元人民币，职工80人。

多年来，公司进出口业务迅速发展，企业规模不断扩大，2002年进出口总额超过1.5亿美元。1992年就已进入全国进出口贸易总额最大的500家企业行列并名列前茅。

公司积极推动和参与国际著名企业在中国的投资活动，兴建多家中外合资企业，取得了良好的经济效益和社会效益。

公司注重人才的引进和培养，拥有一支具有现代营销观念、专业外贸和技术知识的职工队伍，专业人员占职工总额总数的95%。公司已经建立了基于intranet上的办公自动化网络和科学管理体系．

2002年秋季广交会部分参展展品

地址：中国北京西直门内大街113号 电话：62252919 ，62253156 网址：www.beiec.com

邮政编码：100035 传真：62252920 Email：beiec@beiec.con CEIEC

北京火马微电子技术有限公司

北京火马微电子技术有限公司坐落于北京中关村科技园区所属的丰台园区，是一家专门从事微电子与大规模集成电路产品设计和生产工艺研发的专业公司，也是一家结合了中美两国人才和技术的高科技企业。火马公司赢得了行业的重视与政府的大力扶持，得到了国家科技部、国家信息产业部以及北京市政府等政府部门的项目资金的支持，参与了多项国家重点集成电路产品的研制与开发。公司的宗旨是在三年时间内建设成中国最强的、世界一流技术水平的集成电路产品专业设计公司。

公司技术与产品

HOMAA公司在智能卡、个人图像处理和数字娱乐设备、无线通信、SOC这几个方面拥有具竞争力的产品系列；

智能卡系列

8bit CPU、8KB EEPROM 智能卡：用于社保卡、信用卡、石化加油卡等；

8bit CPU、32KB EEPROM 智能卡：用于支持增值服务的SIM卡；

32bit CPU、8KB EEPROM 智能卡：具有JAVA 功能的智能卡：用于高档SIM卡（支持更多的增值服务、高安全、使用更灵活）、网络安全认证卡；

非接触逻辑加密卡；用于城市一卡通；

非接触 CPU 智能卡；用于身份证；

数字娱乐产品

指纹采集芯片

MPEGII 编解码器

CMOS 图像传感器

EVD 核心芯片

通信产品

用于蓝牙和 802.11b 的射频芯片

用于手机的射频芯片

OC768

嵌入式软件

符合人民银行IC信用卡金融规范的PBOC卡片操作系统（PBOC COS）已通过银行卡检测中心的认证；

符合中石化加油IC卡规范的卡片操作系统（中石化COS）已通过银行卡检测中心的认证；

符合社会保障部社保IC卡规范的卡片操作系统（社保COS）已通过银行卡检测中心的认证；

符合 GSM11.11/GSM11.14 标准的 SIM 卡 COS

EVD （中国标准的DVD）核心操作系统软件

北京市统计信息

依托政府统计系统　　网络体系覆盖面广

权威丰富的数据支持　　科学先进的技术手段

经验丰富的专业人员　　范围广泛的业务领域

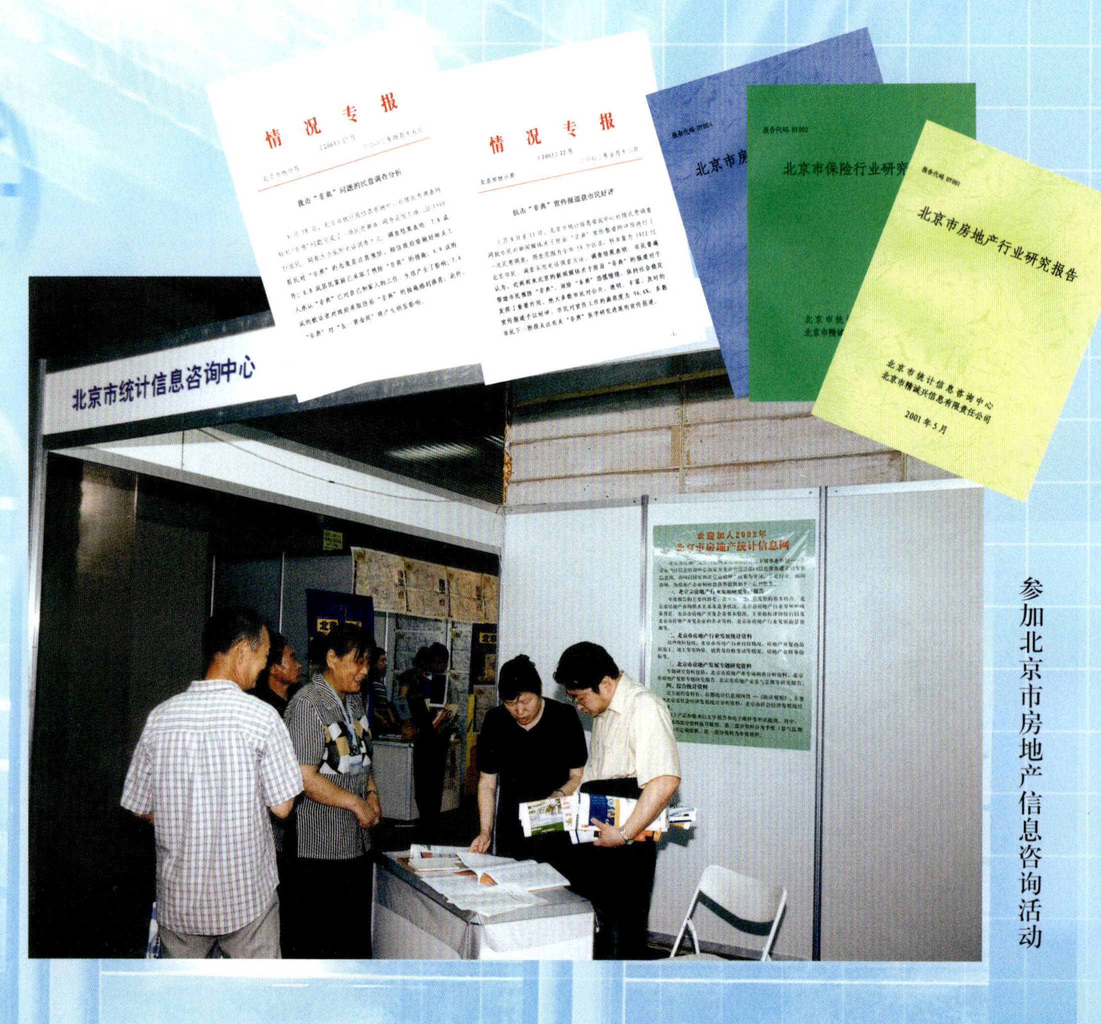

各类调查报告

参加北京市房地产信息咨询活动

咨询中心

市场调查　　民意调研

行业研究　　数据咨询

计算机辅助电话调查室

放歌2008

北京统计局最快居民调查显示，97.7%的人相信

北京奥运将是最伟大的盛会

市统计信息咨询中心对北京市民的调查显示

大运成功三大原因

本报记者陆纯　通讯员张雪原报道　大运会后，北京市统计信息咨询中心在全市范围内对508位北京市民进行了一次快速调查，调查表明，96.3%的市民认为大运会是一届成功的大运会。

"十一"出游　你准备好了吗

本市新闻

一项调查表明：87%的人不了解信用制度，76%的人不了解信用贷款的风险

市民需补"信用"课

市统计局民意调查表明——

"恐慌指数"明显下降

北京各报刊刊发的北京市统计信息咨询中心各类调查结果

调查监测室

地　址：北京市宣武区槐柏树街2号4号楼二层

邮　编：100053

电　话：63187356　63186900

创新求实　开创统计服务新天地

北京太子童装有限公司

北京太子童装有限公司是由湖南太子奶生物科技股份有限公司投资控股，暨北京太子奶生物科技发展有限责任公司投产之后的又一重大项目，公司位于北京密云工业开发区，占地320多亩，投资数亿元，建有16800平方米的现代标准厂房和10000平方米的现代化物流中心，采用了日本兄弟、重机公司最先进的电脑制衣流水生产线，引进法国Lectva公司和航天部七0一所电脑设计系统，聘有法国和国内的一流服装设计师，面料大部分采用从日本和法国进口的符合当今国际流行色彩和环保要求的全棉布料，并与清华大学美术学院服装系等国内知名服装学院联合打造符合儿童时尚、流行、健康、活泼、向上的太子童装，太子童装将迎着二十一世纪的朝阳冉冉升起，我们将以全新的理念、专业的水平、执着的追求打造儿童产业，创立国内最大的民族童装品牌。

北京太子奶生物美容化妆品有限责任公司

北京太子奶生物美容化妆品有限责任公司是一家专业从事生物日化用品科研与产业化生产的现代高科技股份制公司，主导产品涉及美容、护肤、护发、彩妆、洗涤等领域共100多个品种，形成了太子奶系列生物日化用品体系。公司位于北京怀柔经纬工业开发区，占地200亩。

公司坚持以科技为先导，以人才为根本的发展宗旨，形成了以知名专家、教授为主的科技攻关力量，拥有设备精良的“新产品开发试验室”和“产品质量检验室”，产品以高科技含量而享誉市场。公司专家们利用最现代的高科技生物技术，将最新生物研究成果运用于公司产品研发之中，研制和生产具有特效去斑、去皱、增白、防晒的最新一代化妆品。

公司引进国外先进生产工艺，拥有成套的化妆品、洁肤洗涤用品生产流水线，核心设备采用国外先进的电脑数控技术，确保太子奶生物日化产品的卓越品质。

目前，公司已在全国各省市拥有近1000家经销商，形成庞大的销售网络，并在国际市场有着广泛的触觉，在香港、巴黎、东京、洛杉矶、悉尼等城市设有对外联络窗口，能及时掌握全球日化用品领域的最新动态和发展趋势。

“云想衣裳花想容”。北京太子奶生物美容化妆品有限责任公司将持之以恒地走科技创新之路，用更高效、更自然的太子奶系列产品来美化人们的生活。

北京祥龙资产经营有限责任公司

祥龙公司董事长朱绵（右）、总经理张彤（中）陪同北京市委书记刘淇（左）视察工作

北京祥龙资产经营有限责任公司是经北京市政府批准，于2001年6月6日成立的国有（独资）资产经营公司，授权经营和管理原北京市交通局下属的十多家大型客、货运输和汽车修理企业（北京市汽车修理公司、北京双祥客运有限责任公司、北京市运通客运有限责任公司、北京凯立达公路运输股份有限公司、北京祥龙物流有限公司、北京市运输公司、北京市第二运输公司、北京市交通运输公司、北京浩达交通发展公司等），拥有资产313739万元。该公司是北京市首家由政府授权和管理的国有资产经营企业。

祥龙公司成立时，接管的十多家企业中除北京市汽车修理公司具有较好的经济效益外，其余的企业全部处在巨额亏损或微利状态，特别是以道路货运为主的7家企业，自主经营的货运车辆仅为350余部，货运主营项目基本处于瘫痪状态，企业靠出租厂房设施维持简单的经营生产。审计师事务所对当时经营状况的审计表明，十家企业的累计亏损额达到了12678万元，资产损失达到了36334万元。祥龙公司成立后，树立了“集约经营、提升管理、打造品牌、争创一流”的经营理念，坚持了“三个有利于”（有利于国有资产保值增值、有利于企业的健康发展、有利于员工生活水平的改善和提高）的工作标准，确保了“管人管事管资产”的一致性。初步形成了“公交客运、枢纽物流、汽车工贸”三大格局和“汽车工贸、汽车出租、城市公交、长途客运、枢纽物流和配送、物业开发与管理”六大创利支柱的雏形组建、资产分割和部分专业公司组建工作。通过对所属企业实施产业结构调整，各经营项目（或专业公司）的经营效益得到了增长和提高。截止到2002年底，祥龙公司累计实现运营收入451418万元、实现利润6270万元，分别比2001年增加了104376万元、1593万元。

汽修公司

双祥出租

凯立达长途客运

祥龙华通物流园区

祥龙赵公口客运站

六里桥综合客运枢纽

北京昊华能源股份有限公司

BEIJING HAOHUA ENERGY RESOURCE CO.,LTD.

▲ 北京昊华能源股份有限公司
党委书记、董事长：耿养谋

▲ 北京昊华能源股份有限公司
董事、总经理：阚兴

北京昊华能源股份有限公司是由北京京煤集团有限责任公司作为主发起人，与中国煤炭工业进出口集团公司、首钢总公司、五矿龙腾科技股份有限公司、煤炭科学研究总院共同作为发起人设立的股份有限公司。公司股东出资3.66亿元，注册资本2.38亿元。

公司经营宗旨为，以国家产业政策为导向，以追求顾客满意为目标，以发展为主题，以创新为动力，以专业化生产、科学化管理为手段，依法经营、规范运作，为社会提供优质无烟煤和新能源。努力实现企业最佳效益，为全体股东谋求最大利益。

公司经营范围是，煤炭开采、洗选加工、出口、销售；电力开发、供应；煤产品制造、深加工、销售、出口；能源产品开发、研制、生产、销售；技术咨询、技术转让、技术引进等。

公司所属生产经营单位有，木城涧煤矿、大安山煤矿、长沟峪煤矿、天津京西煤炭有限责任公司、南方商贸有限责任公司、济南京煤商贸有限责任公司、设备租赁站等。共有员工12698人。

公司直属的内部核算单位分别通过了ISO9001：2000质量管理体系认证和OHS18001：1999职业健康安全管理体系认证。

公司主导产品是洁净环保优质无烟煤，具有低硫、低磷、低氮、低灰分、高发热量、高稳定性的特点，并注册了“京局洁”煤炭商标。该产品广泛应用于冶金、电力、化工、建材等工业行业；畅销东北、华北、中南地区和京津两市，出口亚洲、欧洲、北美、南美四大洲。年产销量500余万吨，有可靠的资源储量，为中国五大无烟煤生产基地之一。年出口量近200万吨，是中国最大无烟煤出口基地之一。拥有先进的质量检测技术和完善的储装运系统，是中国北方距港口最近的煤炭生产企业之一。

北京昊华能源股份有限公司在大力发展煤炭主产品的同时，将重点拓展新能源和新材料领域。

北京昊华能源股份有限公司热忱欢迎洽谈合作，共图发展！

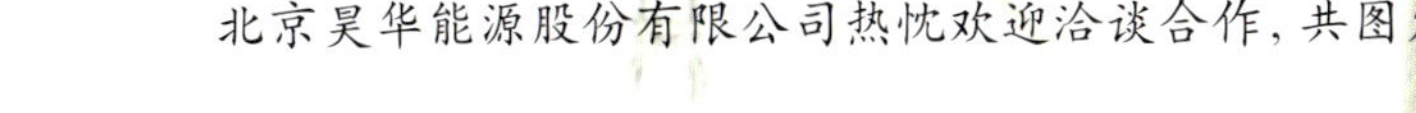

地址：北京市门头沟区新桥南大街2号
网址：www.beijingcoal.com.cn
邮编：102300　电子信箱：jmg@beijingcoal.com
传真：010-69842252　电话：010-69842252